Michael Mehnert

Warum kannst Du nicht fliegen?

Verlag für Medienpraxis und Kulturarbeit Ludwigshafen

Es kam ganz schnell auf uns zu. Ich war gerade bei Familie Seiler, als es hieß: "Wir ziehen um." Meine Mutter war zu dieser Zeit wegen ihrer Depressionen im Krankenhaus.
Da meine Schule freitags nur bis 12.10 Uhr ging, konnte ich zu Familie Seiler gehen. Dort aß ich zu Mittag, und Frau Seiler verwöhnte mich nicht schlecht mit ihrem Mittagessen. Ich blieb den Mittag über, der sehr unterhaltsam war, dort, bis mein Vater mich am Abend abholte. An den übrigen Wochentagen war es so:
Da meine Schwester Bärbel Praktikantin in meiner Schule war, konnte sie natürlich mit der Erlaubnis unseres Schulrektors, Herrn Ammann, mit mir im Schulbus heimfahren. Um vier Uhr kam dann Papa vom Geschäft, und meistens gingen wir dann gleich ins Krankenhaus zu Mama. Es sah am Anfang ziemlich schlimm mit meiner Mutter aus. Im Krankenhaus kam sie uns mit schwermütigem Blick entgegen, und ihre Augen waren matt und rot. Mama war völlig hoffnungslos. Sie sagte: "Ihr werdet sehen. Es wird nie wieder gut. Mit dieser Krankheit muß ich jetzt ewig leben."

Eines Abends waren mein Vater und ich mit Herrn und Frau Seiler bei Familie Ockel eingeladen. Dort kam plötzlich ins Gespräch, daß ein Wohnungswechsel für meine Mutter und schließlich für uns alle notwendig sei. Wir wohnten in der Stuttgarter Straße in einer ziemlich engen Wohnung. Meine jüngere Schwester und ich mußten uns das Zimmer teilen, und unsere Küche war so eng, daß gerade ein Tisch reinpaßte. Das einzig größere Zimmer war das Wohnzimmer, in dem ich mich die meiste Zeit aufhielt, aber da mußten entweder meine Eltern auf mich oder ich auf sie Rücksicht nehmen, denn jeder wollte etwas anderes. Besonders mein Vater wollte meistens

fernsehen, ich dagegen lieber Musik hören. Wir saßen uns also ziemlich auf der Pelle. Jeder konnte dem anderen nicht so richtig ausweichen. Hinzu kam noch die hohe Treppe von 15 Stufen. Da ich durch meine spastisch-athetotische Behinderung nicht laufen kann, wurde es für meine Eltern zunehmend schwieriger, mich immer wieder rauf und runter zu schleppen. Es wurden gleich sämtliche Schritte in die Wege geleitet, um für uns eine passende 4-Zimmer Wohnung zu finden. Auch Schwester Augustina vom Pfarrhaus schaltete sich energisch ein. Meine Eltern waren eigentlich schon lange auf der Wohnungssuche. Es wollte aber nie so richtig klappen. Doch die Hilfe, die man uns bot, machte sich rasch bemerkbar.
Es war an einem Freitag, Mitte Januar, ich war, wie schon erwähnt, bei Familie Seiler. Als mich mein Vater am Abend abholen wollte, meinten sie, wir sollten doch noch mit ihnen Abendbrot essen. Kaum saßen wir am Tisch, da klingelte das Telefon. Frau Seiler eilte an den Apparat. Als das Gespräch beendet war, kam sie freudig und aufgeregt ins Zimmer zurück, umarmte meinen Vater und rief: "Schwester Augustina hat eine Wohnung für euch mit 4 Zimmern und einem Aufzug." Ich fragte ganz überrascht, wo denn die Wohnung sei. Sie gab mir zur Antwort: "In der sanierten Altstadt, Markgrafenstraße 25." Als wir daheim waren, berichteten wir die gute Nachricht gleich Andrea. Sie freute sich riesig, endlich ein eigenes Zimmer zu bekommen. Dann telefonierte mein Vater ins Krankenhaus, um auch Mama diese Neuigkeit mitzuteilen. Sie reagierte zunächst ein wenig zurückhaltend, denn für sie und eigentlich auch für uns kam der mögliche Umzug zu plötzlich. Man mußte sich erst an den Gedanken gewöhnen. Aber dann, als meine Mutter für ein Wochenende nach Hause durfte, konnte die ganze

Familie die Wohnung besichtigen. Von Frau Brand, die noch in der Wohnung wohnte, ließen wir uns alle Zimmer zeigen. Uns gefiel die Wohnung, und wir sagten zu. Das Wohnzimmer war fast doppelt so groß wie unser eigentlich schon großes Wohnzimmer, und der Flur, oh je! Auch in die Küche konnte man ungefähr vier mal unsere alte Küche rein stecken. Hinzu kamen noch die zwei Jugendzimmer. Meine Schwester und ich, wir waren uns gleich einig. Ich nahm das etwas kleinere Zimmer. Es reichte für mich völlig aus. Wir freuten uns alle auf die neue Wohnung. Auch meine Mutter freute sich jetzt sehr. Ihr war es nur arg, weil sie Papa den Umzug alleine überlassen mußte. Mama hatte es selber gesagt, selbst wenn sie vom Krankenhaus die Erlaubnis bekommen hätte mitzuhelfen, hätte sie es nervlich wahrscheinlich noch nicht verkraftet.

Die Zeit rannte. Plötzlich war die Faschingszeit da. Am Rosenmontag gingen wir nochmals in die neue Wohnung, um die Zimmer auszumessen. Frau Brand war auch schon in Aufbruchstimmung. Möbel, Kisten, Plastiktüten, all dies stand in der Wohnung durcheinander herum. Ich ließ mich gleich in mein zukünftiges Zimmer schieben. So konnte ich mir überlegen, wie ich meine Möbel am günstigsten stellte. Da meine Eltern ein neues Wohnzimmer kauften, bekam ich unseren bisherigen Wohnzimmerschrank, der für mich eine große Bedeutung hat. Jetzt kam die eigentliche hektischste Zeit auf uns zu. Denn wir mußten damit rechnen, daß wir schon Ende Februar in die neue Wohnung einziehen konnten. Jeden Mittag kam mein Vater mit Kisten heim. Dann ging es los. Bücher, Geschirr, Vasen und Sonstiges wurden von den Regalen und Schränken geräumt und in die Kisten gepackt. Unsere Wohnung wirkte immer fremder und kahler, von Tag zu Tag fehlten Bilder an der Wand und Zierden, wie zum Beispiel Kerzenständer, Stehlampe, Bodenvase, alles was man an einem bestimmten Platz gewöhnt war. Ich hatte schon ein eigenartiges Gefühl, obgleich ich mich auf die neue Wohnung und mein eigenes Zimmer freute.

Plötzlich rannte die Zeit nicht mehr so schnell, ja sie dehnte sich wahnsinnig aus. Ich konnte es nun kaum mehr abwarten, da sich der Umzugstermin immer mehr verschob. Dann wurde es auch noch fraglich wegen Streitigkeiten zwischen Brands, die noch in unserer Wohnung wohnten, und dem Volkswohnungsamt, ob sie überhaupt in die kleinere Wohnung im selben Treppenhaus, gerade nebenan, hinüber wechseln konnten. Herr Brand, ein etwas mürrisch aussehender Mensch, versicherte uns, er werde solange in der Wohnung bleiben, bis ihm die andere Wohnung zugänglich sei. Das war natürlich schlecht für uns. Aber nachdem Schwester Augustina mit dem Bürgermeisteramt gesprochen hatte, klappte es nach vielem hin und her schließlich doch. Brands durften also die kleinere Wohnung daneben beziehen.
Für den Familienkreis, der sich gegenseitig schon bei vielen Umzügen geholfen hat, war es selbstverständlich, auch bei unserem Umzug und Vorbereitungen mitzuhelfen. Gleich als wir endlich unsere Schlüssel für die neue Wohnung bekamen, ging die große Arbeit los. Die Wochentage wurden genau eingeteilt. Die Zimmer wurden zuerst mit den noch weißen Raufasertapeten angestrichen. In jedem Zimmer waren zwei, drei Männer beschäftigt. Mit großem Interesse war ich voll dabei und konnte miterleben, wie so unsere neue Wohnung entstand. Von Herrn Heidel und Herrn Ockel wurde

mein Zimmer angestrichen. Ich hatte zwei Farben gewählt. Ein dunkles und ein helles braun. Anfangs war ich etwas enttäuscht, denn mein Zimmer schien mir viel zu grell, ich hatte mir das braun matter vorgestellt. Aber am nächsten Tag, als die Farbe trocken war, war ich dann doch zufrieden.

Auch Thomas bedeutete für uns eine große Hilfe. Er übernahm die Elektroarbeiten. Da der Lichtschalter in meinem Zimmer zu hoch für mich war, hat mir Thomas direkt unterhalb vom eigentlichen Lichtschalter einen Taster angebracht. Ebenfalls kam da, wo ich das Bett geplant hatte, ein gleicher Lichtschalter hin, damit ich auch vom Bett aus das Licht ein- und ausschalten konnte. Thomas war der Freund meiner älteren Schwester Bärbel. Meine Eltern hatten für die Wohnung neue Lampen gekauft. Frau Seiler hatte diesbezüglich eine gute Idee: Sie bastteltelte für mein und Andreas Zimmer aus Kordelschnur eine Lampe. Schnell stand nun unser Umzugstermin fest. Am 23. März war es endgültig soweit. Ich konnte es kaum glauben, daß es uns auf einmal von da ab räumlich so gut gehen sollte. Zuvor wurden aber erst noch die neu gekauften Teppichböden gelegt. Das war ein lustiger Anblick. In fast allen Zimmern und auf dem Flur krochen die Männer auf allen Vieren umher und schnitten an den Ecken die Teppichböden passend.
Unterdessen gab es auch in der alten Wohnung viel zu tun. Eines Abends räumten wir das Wohnzimmer aus, zum Glück war gerade Sperrmüll. Plötzlich hallte es in der Wohnung wie im Treppenhaus. Es war ganz komisch. Als schließlich die Arbeit getan war, saßen wir noch – es war schon spät – inmitten voller Kisten und Gerümpel auf dem blanken Fußboden und tranken gemütlich Bier, ich trank

etwas anderes. Wir unterhielten uns noch ein wenig.

Am nächsten Abend wurde das Schlafzimmer abgeschlagen. Als ich heimkam, sah ich völlig überrascht, daß nicht nur das Schlafzimmer abgeschlagen, sondern auch mein Wohnzimmerschrank schon weg war. Wo im Wohnzimmer der Schrank gestanden hatte, standen nur noch Bretter an die Wand gelehnt. Für mich sah der Anblick ein wenig traurig aus, weil ich so den Wohnzimmerschrank kaum mehr erkennen konnte. Überhaupt, die ganze Wohnung wirkte etwas traurig. Die kahlen Wände, die nur mit verschiedenen Möbelteilen bedeckt waren, schauten einem ungewohnt entgegen.

Am letzten Tag vor dem Umzug, es war an einem Freitag, kam ich ausnahmsweise nicht zu Familie Seiler, da mein Vater sowieso zu Hause war und die letzten Vorbereitungen für den Umzug machte. Als ich von der Schule kam, gingen wir im Alpenhorn bei Tante Anna essen. Da die alte Wohnung keine Möglichkeit mehr bot, sich für längere Zeit darin aufzuhalten, brachte mich mein Vater nach dem Mittagessen in unsere zukünftige Wohnung. Wie schaute ich, als ich in mein Zimmer kam! Auf dem Fensterbrett stand schon mein Zitronenbaum und die Bundnessel, auch mein Radiorecorder war schon da. Er lag schon angeschlossen auf dem Boden. Mein Vater legte mich auf den frisch gelegten Teppichboden und ließ mich allein, denn er hatte in der alten Wohnung noch etwas zu tun. Das war ein Gefühl, das erste Mal eine längere Zeit allein in der neuen Wohnung in meinem Zimmer zu liegen. Ich schaltete gleich mein Radiogerät ein. Aber zu meinem Schrecken konnte ich es nicht einmal auf die normale Lautstärke einstellen. In der ganzen

Wohnung hallte es furchtbar. Ein enttäuschtes Gefühl überkam mich, weil ich so gerne laute Musik höre. Mir fiel aber ein, daß es jetzt in der alten Wohnung auch schrecklich hallte. Meine einzige Hoffnung bestand darin, wenn erstmal Möbel in meinem Zimmer stehen, daß es dann bestimmt besser sein würde. Dann kroch ich alle Ecken meines Zimmers ab und versuchte, mir das Zimmer mit Möbeln vorzustellen. Ich wußte schon genau, wie ich meine Möbel stellen wollte. Ich konnte jetzt gar nicht mehr den morgigen Tag abwarten.

Schon um halb sieben in der Frühe kamen die Männer. Herr Nagel fuhr den Umzugstransportwagen, den wir vom Katzenmaier-Verleih geliehen hatten. Jetzt ging es rund. Brett für Brett, dazwischen auch ein paar ganze Möbel, wurden die Treppe hinunter in den Möbelwagen geschleppt. Der ganze Vorgang ging schneller als ich gedacht hatte. Anfangs meinte ich, ich könne bei diesem Vorgang, wie unsere Wohnung ausgeräumt wird, nur unter Schwermut dabei sein. Dann gings doch. Mit der zweiten Fuhre nahm mich mein Vater schließlich mit. Wir fuhren dem Möbelwagen hinterher in unsere neue Heimat, in die Markgrafenstraße Nummer 25. Auf dem Gehweg, vor dem Hauseingang standen noch von der ersten Fuhre ein paar Möbel. Das war zunächst einmal ein vertrauter Anblick.
Herr Homann holte mir sofort meinen Zimmerstuhl aus dem Möbelwagen heraus. Da saß ich nun auf dem Gehweg und sah zu, wie die Männer unsere Möbel aus dem Möbelwagen ins Haus schleppten. Als ich so den Häuserblock betrachtete, kam in mir eine Frage auf, ob ich hier vielleicht ein paar Freunde bekommen würde? Da es draußen noch sehr kalt war, nahm mich Herr Heidel mit nach oben. Der

Aufzug war voll mit Brettern, Kissen und sonstigem Kleinkram. Herr Heidel und ich, wir konnten uns gerade noch reinpressen. Schon vor der Haustür sah ich, daß unsere Wohnung Fortschritte machte. Im Flur stand schon das Schuhschränkchen an seinem Platz. Die Küche war auch schon bald fertig. Während der Möbelwagen die letzte Fuhre holte, sah ich beim Aufbau des Schlafzimmers zu. Dann fuhr ich in mein Zimmer. Wild standen Teile vom alten Wohnzimmerschrank und dem Bettrost mit der Matratze an der Wand gelehnt. Es fehlten noch zwei Sachen. Beim Einrichten meines Zimmers wollte ich unbedingt dabei sein, denn ich mußte den Männern ja zeigen, wie sie die Möbel stellen sollten. Vorher kam noch Thomas, der in der Küche als erstes den Elektroherd anschloß, damit wir zum Mittagessen heiße Würstchen machen konnten. Anschließend kam er leise pfeifend in mein Zimmer und montierte die Lampe von Frau Seiler an die Decke. Dabei konnte ich genau bestimmen, wie tief ich sie von der Decke herunterhängen lassen wollte. Als meine übrigen Möbel endlich alle da waren und am richtigen Platz standen, gingen gleich drei Leute ans Werk, um meinen Wohnzimmerschrank aufzubauen. Unterdessen war Thomas gerade dabei, mit einer Eisensäge die Füße meines Bettes ein Stück kürzer zu sägen, damit ich vom Boden aus selbstständig ins Bett konnte. Ich wußte gar nicht mehr, wem ich zuschauen sollte. Die Männer hatten sehr viel Mühe mit dem Wohnzimmerschrank, um ihn zusammenzubringen. Während der Arbeit meinten sie sogar, daß dies der schwerste Schrank wäre, zusammenzubauen. Im Hintergrund versuchte mich Thomas etwas zu ärgern. Er meinte spaßig: "Was hast du eigentlich mit dem alten Schrank, der macht es sowieso nicht mehr lange, und du läßt die Leute sich so abmühen?"Nein, nein, das halte ich nicht mehr aus", rief er kopfschüttelnd und lachte sich einen ab, bevor er bald mein Zimmer verließ. Schließlich stand der Schrank doch. Ich war stolz auf mein jetzt endlich mit Möbeln eingerichtetes Zimmer. Nachdem wir alle in der Küche zu Mittag gegessen hatten das wäre in der alten Küche gar nicht möglich gewesen- ging die etwas weniger hektische Arbeit los, zum Beispiel die Garderobe im Flur anbringen. Dazwischen stand Thomas auf der Leiter und montierte die Flurbeleuchtung. Da die Möbel im großen Wohnzimmer erst einige Wochen später kamen, war das Zimmer ein großer Abstellraum. Kisten an Kisten türmten sich darin auf. Auf jeder Kiste war gekennzeichnet, was drinnen war. Darunter standen auch drei Kisten mit meinem Namen, die ich selbst gepackt hatte. Mein Zimmer war ja fertig, ich konnte eigentlich sofort beginnen, die Sachen aus den Kisten zu packen. Auf diesen Augenblick hatte ich mich schon lange gefreut. Ähnlich wie zuvor, baute ich meinen Cassettenkoffer mit der Datumsuhr davor unter den alten Wohnzimmerschrank. Das war ein tolles Gefühl, zum ersten Mal ein eigenes Zimmer aufzuräumen. Besonders erleichtert war ich darüber, daß das Hallen im Zimmer weg war. Ja, jetzt hatten wir es geschafft, der Umzug lag hinter uns.

Um vier Uhr kam dann Mama mit Tante Friedel, Onkel Wilhelm und Tante Käthe, bei denen sie den ganzen Tag verbracht hatte, in die frisch eingerichtete Wohnung. Nachdem ich noch ein wenig meine Bücher und Puzzlespiele nur einmal provisorisch in das kleine Schränkchen verstaut hatte, kroch ich das erste Mal, es war schon spät am Abend, nachdem man mich ausgezogen hatte, ins Bett. Ich war selig, als es mir schon beim ersten Versuch gelang.

Zufrieden deckte ich mich zu und schaltete das Licht aus. Es dauerte einige Zeit bis ich endlich eingeschlafen war, denn ich freute mich so, eigentlich über alles.

Die darauf folgende Woche, das war zum großen Glück die letzte vor den Osterferien, saß ich oftmals ziemlich ungeduldig in der Schule. Ich konnte es kaum erwarten, bis der Schulbus mittags um 14,45 Uhr in die Markgrafenstraße bog und ich in mein eigenes Zimmer konnte. Lange kam mir diese Wohnverbesserung wie ein Traum vor, oder als ob ich nur für kurze Zeit im Urlaub wäre. Solange unsere Mutter im Krankenhaus sein mußte, brachte mich Bärbel nach der Schule nach oben in die Wohnung. So langsam mußte ich mir dann überlegen, wie ich mein Zimmer gestalten wollte. Die Wände schauten mir kahl entgegen. Ich war ja das zuvor nicht gewöhnt, gleich über ein ganzes Zimmer verfügen zu können. Eines wußte ich schon, daß ich meine schönsten Bilder, die ich mit der Schreibmaschine getippt hatte, aufhängen lassen wollte.
In den Osterferien kam mir eine Idee. Ich tippte ein großes Musterbild mit verschiedenen Formen. Bärbel, die mich in dieser Zeit versorgte, kaufte mir extra großes Zeichenpapier dafür. Das war toll, die ersten Ferien in der neuen Wohnung bzw. in meinem eigenen Zimmer verbringen zu können. Wenn ich am Morgen erwachte, brauchte ich keine Rücksicht mehr auf meine Schwester Andrea zu nehmen, sondern ich hatte gleich die Möglichkeit, mir das Licht einzuschalten. Dann rutschte ich vom Bett auf den Boden und hörte Radio bis Bärbel um neun Uhr kam. Während Bärbel mich anzog, richtete Andrea in der Küche meistens das Frühstück. Wir drei

allein, das war manchmal eine Gaudi. Beim Frühstück war große Diskussion, was wir zum Mittagessen kochen sollten. Nach dem Frühstück tippte ich oft mit Radiomusik an meinem Musterbild herum, denn es sollte bald an der Wand hängen. Als wir zu Mittag gegessen hatten, ging Bärbel wieder fort, sie mußte nämlich schwer lernen. Es stand ihr nach den Osterferien eine wichtige Prüfung bevor. Spät am Nachmittag kam dann mein Vater von der Arbeit zurück. Oft bot er mir an, mit ihm ein bißchen spazieren zu gehen. Aber nur selten hatte ich so richtige Lust dazu, denn ich fühlte mich in meinem Zimmer so wohl, und ich hatte immer etwas zu tun. (Bis heute hat sich da eigentlich nichts geändert.)

In der Hoffnung, ich käme ohne Hilfe in mein kleines Wägelchen, nahm ich eines Tages zwei Sitzpolsterkissen von der alten Möbelgarnitur in mein Zimmer. Ich legte die beiden Kissen aufeinandergelegt vor mein Wägelchen. Es könnte stimmen, dachte ich. Die Höhe der Kissen war ungefähr gleich mit der Sitzfläche meines Wägelchens. Dann kroch ich auf die Polsterkissen drauf und meinte, ich könne so leicht in mein Wägelchen nach hinten rutschen, aber, o weh, die Polsterkissen waren zu knatschig und weich, so daß ich durch mein Gewicht ein ganzes Stück hintersank. Da die Polsterkissen diesen Zweck nicht erfüllten, machte ich vorübergehend einen Bodensitz daraus.
Unter dem Wohnzimmerschrank stand noch vom Umzug her eine Kiste aus starkem Pappkarton. Ich dachte bei mir: Warum probierst du es nicht mal, mit dieser Kiste ins Wägelchen zu kommen. Also schob ich die Kiste hervor bis dicht an das Wägelchen heran. Mit einigen Schmerzen am Rücken, die Kanten waren sehr hart, saß ich endlich

auf der Kiste. Dann drückte ich mich mit den Füßen vom Boden ab und rutschte ins Wägelchen hinein. Der Versuch war also erfolgreich gelungen. Aber nachdem ich den Versuch ein paar Mal wiederholt hatte und sich die Kiste immer mehr zusammenquetschte, war es plötzlich ganz aus. Wie Butter sank die Kiste zusammen, bis ich schließlich fast auf dem Boden saß.

Als mein Vater am Gründonnerstag etwas später vom Krankenhaus nach Hause kam, teilte er uns freudig mit, der Arzt habe gesagt, daß Mama ab Montag für immer nach Hause dürfe. Ihr ging es in letzter Zeit zunehmend besser. Sie redete wieder mehr und vor allem konnte sie zwischenrein wieder lachen. Wir freuten uns riesig, daß sie ihre tiefste Zeit überstanden hatte. Leider gibt es immer noch sehr viele Leute, denen fällt bei dem Wort Psychiatrie gleich die Klappsmühle ein, wie man bei uns so schön sagt. Dies möchte ich aber als einen absurden Blödsinn bezeichnen. Gerade heutzutage leiden viele Menschen an psychischen Erkrankungen, viel mehr als einige vielleicht vermuten. Leute sind darunter, denen man es im Alltag auf den Straßen überhaupt nicht anmerkt. Tja, uns wurde es halt immer besser gelernt, uns auf übertriebene Weise zu beherrschen. Was bleibt vielen also übrig, als untereinander vor falscher Höflichkeit Theater zu spielen.

Aus einem Brett und vier Metallfüßen schraubte mir mein Vater ein kleines Tischchen zusammen. Es ist deshalb so niedrig, damit ich vom Boden aus im Langsitz am Tisch entweder mit der Schreibmaschine arbeiten oder lesen kann. Erst lange später baute mir Herr Ockel einen etwas höheren, etwas aufwendigeren Tisch zusammen. Es machte Spaß, meine zum Teil etwas komplizierten Ideen zusammen mit ihm zu verwirklichen. Herr Ockel ist ein sehr lieber Mensch, der sehr gut zuhören kann. So brachte er es fertig, einen sehr tollen Tisch mit einigen Raffinessen zu bauen. Da ich mich eigentlich immer auf dem Boden aufhalte und ich mich allein nicht auf meinen Stuhl setzen kann, ist für mich der Tisch wegen der Selbständigkeit wahnsinnig wichtig. So habe ich jetzt vom Boden aus ein großes Angebot, etwas ohne Hilfe zu tun.

Einmal sagte mein Vater, hinterm Haus sei eine ziemlich große und schöne Hofanlage. Meine Mutter und ich konnten es kaum glauben, denn vom Fenster und von der Haustüre aus sah man keine Spur einer Hofanlage. Voller Spannung machten wir uns also auf den Weg, unsere neue Umgebung einmal näher kennenzulernen. Mein Vater führte uns durch ein mir noch fremdes Tor. Von innen sah ich geradeaus eine ziemlich große Baustelle. Kurz davor ging es auf einem schmalen geplätteten Weg links herum. Und wirklich, wir standen vor einer schönen, großen Grünanlage mit Wiesen und einem Spielplatz. Viele junge Bäume und Sträucher waren dort gepflanzt worden. Dazwischen standen auch ein paar Rosenstöcke. Kleine verspielte Wegchen führten uns an alle Stellen und Winkelchen der Grünanlage. Ich war für den Anfang sehr zufrieden. Die Hofanlage war nicht so eintönig wie der Hof in der Stuttgarter-Straße, und ich nahm mir vor, hier bald mit meinem Wägelchen herum zu fahren. Auch außerhalb der Hofanlage hatte ich, wie ich gleich sah, eine Riesenmöglichkeit, selbsständig spazieren zu fahren. Vor allem war der Hof nicht in sich geschlossen, wie es vorher der Fall war. Gegenüber von unserem Hauseingang fingen Arbeiter gerade an, ein

Haus zu bauen. Unsere neue Heimat war noch tüchtig beim Aufbau. Die Kräne und das Geklopfe der Arbeiter verursachten einen ziemlich großen Lärm. Auch in der Wohnung war man nicht verschont davon. Meinen Eltern ging das manchmal ganz schön auf den Wecker. Mir dagegen machte es gar nichts aus, ja für mich war der Baulärm sogar beruhigend. Besonders merkte ich es, wenn ich von der Schule kam. Der Baulärm brachte mich immer auf den Gedanken: jetzt bin ich endlich zu Hause. Als das gegenüberliegende Haus noch ziemlich am Anfang der Bauzeit war, es standen gerade die Grundrißmauern, konnten wir vom Küchenfenster aus wunderbar die Altstadt überblicken. Der Blick war herrlich, die vielen kleinen alten Häuser mit den immer etwas verschiedenen Dächern zu sehen. Darüber waren wir etwas traurig, denn wir wußten, daß uns leider bald der schöne Ausblick genommen wird.

Oft bot sich Andrea an, mir Bilder an die Wand zu hängen. Sie konnte mich nicht verstehen, daß ich damit so lange warten konnte. Sie hatte ihr Zimmer schon voll mit Bildern und Postern.
Einmal nutzte ich die Gelegenheit aus. Gudrun Wenz, die mit meiner Mutter im Krankenhaus war und seither zwischen uns eine nette, freundschaftliche Beziehung entwickelt hatte, schenkte mir aus Holz drei Sternchen und zwei Tannenbäumchen dazu. Ich malte sie mit dem Kopfschreiber in der Schule bei Cornelia nur noch bunt an. Coni war eine sehr nette Beschäftigungstherapeutin. Zu Hause bat ich Andrea schließlich stolz, mir die Tannenbäumchen und die Sternchen an die Wand zu hängen.

In der Küche von Frau Seiler hing ein Kalender. Auf dem gefiel mir das Bild vom Monat März besonders gut. Auf diesem Bild war eine wunderschöne hügelige Wiese mit vielen gelben Frühlingsblumen zu sehen. Im Hintergrund der Wiese steht eine kleine Kapelle, dicht daneben breitet ein ziemlich großer Baum die Äste aus. Als mein Vater zufälligerweis zu Familie Seiler wollte, ließ ich ausrichten, ob ich dieses Bild haben könnte. Wie erstaunt war ich, als mein Vater wieder kam und mir gleich den ganzen Kalender brachte. Da ich ein großer Naturfreund bin, ließ ich mir jeweils die schönsten Bilder von den vier Jahreszeiten herausschneiden. Also hatte ich zunächst einmal meinen Stil gefunden.

Die Platzeinteilung von meinen ausgesuchten Naturbildern hat für mich nämlich einen tieferen Sinn. Unter dem Bücherregal oberhalb von meinem Bett hängt das Kommunionkreuz mit meinem Rosenkranz umschlossen. Darum herum hängen noch ein paar Heiligenbilder und ein Bild von meinem verstorbenen Klassenkamerad Klaus.
Die Heiligenbilder werden als Dank von mir umrahmt von all den Naturwundern, die nur von Gott kommen. So ließ ich die Bilder aufhängen.

In der Osternacht hörte ich mir im Radio die Auferstehungsmesse an. Das war herrlich. Es war mir so richtig festlich in meinem Zimmer zumute. Am Ostermontag gingen wir dann zum Mittagessen in die Gastätte zu Tante Anna. Der Weg dorthin löste in mir eine ziemlich große Freude aus. Die Bäume am Straßenrand schauten mir mit ihren jungen, noch ganz hellgrünen, zarten Blättern entgegen, und was mich besonders fröhlich stimmte, waren die Vogelstimmen. Vor lauter Umzug hatte ich in diesem Jahr kaum etwas vom Frühling gehabt. Nachdem wir reichlich gegessen hatten, spazierten wir ganz gemütlich wieder heimwärts. Für mich war es noch lange ein eigenartiges, beglückendes Gefühl, nach einiger Zeit wieder nach Hause zu kommen.

Woran ich mich auch noch gern erinnere: Es war an einem Samstag im April, im Fernsehen kam an diesem Tag gerade die Grandprix-Entscheidung 1980. An diesem Abend hütete ich zum ersten Mal alleine die Wohnung. Meine Eltern waren zusammen ausgegangen. Da saß ich nun in dem mir noch ziemlich fremden aber irgendwo doch vertrauten Wohnzimmer und sah mir die Grandprix-Entscheidung an. Die internationalen Liederhits aus 18, nein ich glaube aus 20 Ländern, waren sehr interessant. Die Katja Epstein mit ihrem Lied "Theater" gewann den zweiten Platz. Nicht nur das Fernsehen machte den Abend so schön und eindrucksvoll, sondern daß ich zum ersten Mal alleine auf mich gestellt war. Die für mich noch neuen Geräusche der Wohnung, die Geräusche, die manchmal von den Nachbarn zu hören waren, der Wind, der sich pfeifend an unserem Balkon verfing, belauschte ich voller Behaglichkeit. Nach der Fernsehsendung brauchte ich niemanden, der mich ins Bett schleifen mußte. Da wir eine Fernbedienung haben, kann ich den Fernsehapparat vom Wohnzimmertisch aus selbst ausschalten. Die Nase ist mir dabei am nützlichsten, weil ich für solche Dinge den Kopf am besten kontrollieren kann. Nun ja, dann fahre ich mit meinem Wägelchen in mein Zimmer, gebe mit meinem Fuß der Tür einen Schups, so daß sie zugeht, und rutsche vom Wägelchen auf den Boden. Ein Glück, daß es wenigstens runter ohne Hilfe geht. Entweder schaffe ich mich dann gleich ins Bett hinein, oder wenn ich noch nicht müde bin, höre ich noch ein bißchen Radio oder Cassetten. Manchmal lese ich auch noch ein Weilchen. Kurz gesagt, in dieser Wohnung fühle ich mich so richtig frei und ja, das kann ich sagen, nur halb so behindert, wie ich es eigentlich bin.

Eines Abends, wir saßen gerade in der Küche beim Abendessen, hatte mein Vater plötzlich eine Idee. Er fragte uns, was wir davon halten würden, noch einen Spaziergang zu machen, um einmal auszukundschaften, wo wir hier künftig in der Nähe am günstigsten unsere Lebensmittel kaufen könnten. Meine Mutter und ich, wir waren sofort mit diesem Vorschlag einverstanden. Mich erfreute es besonders, daß Mami dazu Lust hatte, noch kurzfristig etwas zu unternehmen. Als sie noch mit ihrer Depression kämpfen mußte, hätte meine Mutter so einen Vorschlag weinend und ängstlich abgelehnt. Weil wir ihre Reaktionen meist ahnten, fragten wir sie nur noch äußerst selten, ob sie noch ein bißchen raus an die frische Luft wolle. Oft blieben wir dann auch zu Hause.
Draußen war ein typisches Aprilwetter. Manchmal wurde es ganz dunkel, so daß man meinen könnte, jeden Augenblick müsse ein gewaltiger Regenguß herunterprasseln. Aber dem war nicht so. Es fielen nur ein paar Regentropfen zur Erde. Im nächsten Augenblick schien wieder hell und strahlend die Sonne. Man konnte schon, ohne zu frieren, mit offenem Mantel ins Freie gehen. Am Ende von unserem Häuserblock gab es einen Lebensmittelladen. Gegenüber war ein Platz mit Sandhäufen, der mit Brettern umzäumt war. Mein Vater wußte darüber schon von der Zeitung Bescheid. "Da entsteht ein Platz mit einem Springbrunnen. Junge Bäumchen werden da auch noch eingepflanzt", erklärte er uns. Das wird toll, dachte ich. Dann

könne ich mit meinem Wägelchen auch an einen belebenden Springbrunnen fahren. Ehrlich gesagt, konnte ich es mir noch schlecht vorstellen, denn hier sah alles noch wie ein riesiges Baufeld aus. Schließlich verließen wir die Markgrafenstraße. Ganz in der Nähe kam ein Metzgerladen. Wir schlenderten ein Stück die Fussgängerzone entlang bis zum Berliner Platz hin. Dort war gerade Wochenmarkt, auf dem wir uns ein wenig umschauten. Als wir genug gesehen hatten, waren wir im Begriff, wieder heimwärts zu gehen. Wir hatten es ja nicht weit. Am Rand des Marktes verkaufte ein Mann frisch gemachte Crepes. Meine Mutter kaufte sich einen, den sie mit großem Appetit aufaß. Wir saßen lange auf der Bank, die unmittelbar neben dem Stand war. Das war herrlich, die vielen Vogelstimmen zu hören, und die Luft roch stark nach Frühling. Es war auch toll, die vielen bunten Blumen wie Osterglocken, Tulpen, Narzissen und Stiefmütterchen in den großen Blumenkübeln zu sehen. Als Mami dann ihren Crepes gegessen hatte, gingen wir über die Fritz-Erler-Straße wieder heimwärts.

Nach ein paar Tagen kam ich ganz unverhofft zu zwei Wellensittichen. Beim Einkaufen hörte mein Vater ganz zufällig einen Mann, der mit zwei Kindern sprach und ihnen seine Wellensittiche anbot. Aber die Kinder verneinten. Da schaltete sich mein Vater in das Gespräch ein. Er sagte zu diesem Mann, er hätte einen Sohn, der vielleicht Interesse für seine Wellensittiche hätte, er müsse gerade noch fragen. Wie erfreut war der Mann, denn er mußte die Vögel nur wegen seiner Katze losbringen. Schon lange suchte er ein neues Heim für seine zwei Wellensittiche und hätte sie, was er äußerst ungern getan hätte, in den Zoo bringen müssen. Nur meine

Mutter stand der Sache ein wenig mißtrauisch gegenüber. Sie meinte, ich solle mir zu meinem Geburtstag in der Tierhandlung lieber selbst einen jungen Wellensittich kaufen. Doch so eine große Chance wollte ich mir nicht entgehen lassen. Jetzt, jeden Augenblick mußte der Mann mit den zwei Vögeln kommen. Ich wurde ganz ungeduldig. Plötzlich stand ein Herr Müller mit einem riesigen Vogelkäfig in meinem Zimmer. Ich war sichtlich überascht, denn es waren schöne und gepflegte Wellensittiche. Herr Müller teilte mir mit, daß es ein Pärchen sei. Ich fragte gleich nach ihrem Namen. Er antwortete mir, der grüne Vogel hieße Hansi, der blaue Vogel dagegen habe überhaupt noch keinen Namen. Das Weibchen habe er sich erst vor wenigen Wochen dazugekauft. Die beiden Wellensittiche saßen ganz verschüchtert eng beisammen auf einem Stengelchen. Sehr interessiert und prüfend schauten sie umher. Erst am folgenden Tag fingen meine neuen Zimmergenossen im Käfig an, lebendig zu werden. Für das Weibchen hatte ich auch schon bald einen Namen: Betty. Ich dachte, der Name würde gut zu Hansi passen. Als sich die Vögel einigermaßen an das Zimmer und an mich gewöhnt hatten, nahm ich mir vor, sie in zwei, drei Wochen zum ersten Mal fliegen zu lassen. Ich wollte das regelmäßig tun, denn unser letzter Wellensittich war mir eine Lehre. Der wollte nie so richtig aus dem Käfig, aber als er dann schließlich draußen war, machte ihm das Fliegen doch ziemlichen Spaß.

Es folgte eine ziemlich lange Regenzeit. Es regnete über zwei Monate fast ununterbrochen. Mir machte die recht trübe Zeit weniger aus. Ich war so in meinem Zimmer beschäftig. Ich kümmerte mich um meine neuen Vögel, ich las viel, dann legte ich schon alte vergessene Puzzle-Spiele zusammen und schließlich hörte ich viel Musik. Ich nahm vom Radio eine Cassette mit lauter Frühlingsliedern auf. Auch eine Cassette mit den neuesten Hits konnte ich bespielen.

Bald bekam ich zum ersten Mal in dieser Wohnung Besuch von Irene und Angelika. Ich war stolz, sie endlich in meinem Bereich begrüßen zu können, denn in der alten Wohnung mußten wir uns ständig im Wohnzimmer verweilen.

Am letzten Tag des Aprils tippte ich mit der Schreibmaschine selbst ein Landschaftsbild. Im Mai, die Regenzeiit war vorbei, machten wir sonntagmittags fast regelmäßig einen Spaziergang in den Schloßgarten. Das war schön, die warme Luft, die so nach Frühling roch. Man fühlte sich jetzt in dieser Jahreszeit frei. Nur mit Pollover mußte man sich noch draußen im Freien aufhalten. Herrlich war das viele frische Grün der Wiesen, Sträucher und Bäume! Manche Baumsorten, zum Beispiel die Kastanie, zeigten sich von ihren schönsten Seiten. Ein prächtiges und volles Blütenkleid wurde ihnen geschenkt. Ganz leicht brachte der Wind die Zweige der Bäume in Bewegung. Als meine Eltern nach einiger Zeit müde vom Laufen waren, gingen wir zum Abschluß ein italienisches Eis im Eiscafe Cortina essen.

Drei Wochen waren vergangen, seit ich die zwei Wellensittiche geschenkt bekam. Die Vögel hatten sich schon recht gut bei mir eingelebt. Da bat ich meine Mutter, sie solle den Käfig öffnen. Drei Tage wartete ich erfolglos ab, bis die Vögel sich aus dem

Käfig wagten. Sie taten aber so, als ob sie nicht das Verlangen hätten, sich einmal ordentlich auszufliegen. Als auch mein Vater eine Weile zugeschaut hatte, verhalf er ihnen dazu. Mein Vater hob einfach den Oberteil des Käfigs ab, so daß nur noch das Unterteil, wo sich die beiden Vögel befanden, auf dem Schränkchen stand. Hansi und Betty schauten ein bißchen verwirrt umher, aber dann flatterterten sie los. Anfangs flogen sie ein wenig unkontrolliert an die Wände, gegen das Glasfenster vom Wohnzimmerschrank usw. Was mich nicht besonders freute, die Betty neigte immer dazu, sich an den Rand von meinen Schreibmaschinenbildern zu klammern und ordentlich dran herumzupicken. Die Folgen kann man heute noch sehen. Mit der Zeit kannten meine Wellensittiche jeden Winkel meines Zimmers und konnten ganz toll fliegen. Das einzige komische war, Hansi und Betty kapierten einfach nicht, wie sie alleine aus dem Käfig und schließlich in den Käfig kommen sollten. Wir mußten ihnen ständig dazu nachhelfen.

So langsam kam in mir das Verlangen auf, von der neuen Wohngegend ein paar Leute, Jugendliche und Kinder kennenzulernen. Auch nur mit meinem Wägelchen draußen herumzufahren, denn die Regenzeit war vorbei, und die Sonne lachte warm vom Himmel herunter. Ich hatte es lange genug hinausgeschoben. Es kostete anfangs für mich schon einige Überwindung, alleine mit meinem Wägelchen draußen spazierenzufahren. Ich als Fremder und dann noch im Rollstuhl. Doch Carmela, die früher in meiner Klasse war und Erika, eine Betreuerin von meiner Schule, wohnten auch hier. Eines Tages, es war im Juni kurz vor den Sommerferien, das Wetter war sonnig und warm, packte ich es doch. Mein Vater fuhr mit mir den Aufzug hinunter und öffnete mir unten die Tür. Dann fuhr ich einfach mal drauflos.

Auf dem großen Platz, von dort konnte ich mein Zimmerfenster sehen, fuhren kleinere Kinder mit Rädern oder Rollschuhen, und die Kleinsten fuhren stolz mit ihren Kettcars umher. Manche von ihnen fuhren auf mich zu und betrachteten mich interessiert von allen Seiten. Dabei fragten sie mich: Bist du krank, gell, du hast einen Unfall gehabt, tut dir der Fuß weh, warum mußt du dich immer so bewegen, mußt du die ganze Nacht in diesem Stuhl sitzen bleiben usw. Ich stand den Fragen offen gegenüber und versuchte, sie so gut wie möglich zu beantworten. Die Kinder interessierten sich brennend dafür. Patrizia, Carmelas Schwester, kam mit noch einem gleichaltrigen Mädchen aus dem Tor der Hofanlage auf mich zu und stellte mir zunächst einmal ihre Freundin vor. Schließlich rief Patrizia: "Komm mit, ich zeig dir alles." Sie und ihre Freundin spazierten voraus, ich fuhr ihnen hinterher. Zunächst einmal durch das Tor hindurch, dann ging es links in die Hofanlage, wo sich die Wegchen verzweigten. Patrizia führte mich an ihren Balkon, wo ihre Familie wohnte. Mir lief in der Mittagshitze der Schweiß herunter. Plötzlich fragte mich Patrizia, ob sie Carmela rufen sollte. Ich nickte freudig. Schon nach wenigen Rufen schaute Carmela vom Balkon herunter. Wir plauderten eine ganze Weile über unseren Wohnungswechsel, über die Schule usw. Anschließend schaute ich Patrizia mit ihrer Freundin und mit noch ein paar Kindern zu, wie sie im Sand spielten. Sie zeigten mir voller Stolz die Burg, die sie bauten. Ich war richtig froh, daß mir Patrizia diesen Schritt erleichtert hatte, denn nun war der Anfang gemacht, und ich fühlte mich schon nicht mehr so furchtbar fremd. Als es Abend wurde, fuhr ich durch die Hofanlage auf der anderen Seite wieder heim.

Bei meinem zweiten Ausflug fuhr ich schon selbstsicherer in der neuen Umgebung umher. Dieses Mal fuhr ich die Markgrafenstraße entlang bis zum Springbrunnen, der inzwischen schon fertig geworden war.
Das Geplätscher, das auch von meinem Zimmer zu hören ist, wirkt auf mich irgendwie beruhigend. Vier, fünf Kinder standen mit nackten Füßen im Wasser und bespritzten sich gegenseitig. Auf einer Bank saß eine ältere Frau. Sie schaute, wie ich, den lachenden Kindern zu. Manchmal streifte mein Blick den Primaladen, der unmittelbar vor dem Brunnenplatz ist. Dort herrschte reger Betrieb. Leute eilten ein und aus. Manche, es waren auch Jugendliche darunter, waren mit Fahrrädern gekommen, die sie hastig in die Fahradständer vor dem Laden stellten. Zuletzt fuhr ich noch etwas um den Häuserblock. Ich kam an vielen Schaufenstern vorbei. An einigen klebte noch ein großes Plakat: LADEN ZU VERMIETEN. Der Gehweg war nur provisorisch geteert. Einige Stellen waren so schräg und uneben, daß ich beim Fahren ganz schön Kraft brauchte.

Bei meiner dritten Entdeckungsfahrt erging es mir so: Ich fuhr wieder einmal vor an den Zwischenplatz, um in die Hofanlage ins Grüne zu gelangen. Als ich auf die Auffahrt auffuhr, die extra für die behinderten Anwohner als auch für Kinderwägen gemacht worden ist, sah ich auf einer Bank fünf Jugendliche sitzen. Zwei Jungs, die auf ihren Mopeds saßen, standen davor. Ich bemerkte, wie das

Gespräch von ihnen ein bißchen ins Stocken geriet, während ich an ihnen hinten vorbeifuhr. Wir waren nur durch eine niedrige Betonmauer getrennt. Alle waren so im Alter zwischen 15 und 19 Jahren. Zwei Mädchen waren auch dabei. Eine mit rötlich blonden Haaren und einer Brille lächelte mir freundlich entgegen, als ich etwas unsicher hinter ihnen weiter durch das Tor in die Hofanlage eilte. Wie ich schließlich die Hofanlage erreichte und einige kleine Kinder, die ich zum Teil schon kannte, sah, dachte ich so bei mir: Es genügt dir nicht, nur die kleinen Kinder zu kennen. Du mußt jetzt wieder vor das Haus zu den anderen fahren. Mit einiger Überwindung folgte ich meiner inneren Stimme. Schon vom Tor aus sah und hörte ich, daß noch mehr Jugendliche gekommen waren. Als ich an die Stelle kam, wo es abwärts geht und mein Wägelchen sich fast selbständig machte, wandte sich mir ein ziemlich großer, blondhaariger, etwas stark gebauter Junge zu. Er fragte mich nach meinem Namen. Das Kopfsteinpflaster half mir ein wenig, mein Wägelchen zu stoppen. Ich antwortete ihm: "Michael". Der Junge lachte und sagte mir, daß er auch Michael heiße. Anschließend fragte er mich, ob ich hier irgendwo frisch eingezogen sei und wo ich denn wohne. Nachdem ich ihm geantwortet hatte, rief er: "Komm, setz dich doch ein wenig zu uns!" Also ließ ich mein Wägelchen rollen, kratzte die Kurve und setzte mich zu den Jugendlichen an die Bank. Michael erzählte mir gleich, daß es hier schon drei Michaels gäbe. Dabei klopfte er einem, der vor mir auf einem Moped saß, auf den Rücken und meinte spaßig: "Der da heißt auch Michael!" Nachdem ich den Gesprächen ein wenig zugehört hatte, fragte mich plötzlich ein anderer, ob ich denn nicht laufen könne und ob ich einen Unfall gehabt hätte. Viele schienen sich dafür zu interessieren, denn es war ziemlich ruhig geworden, als ich ihm antwortete. Es dauerte nicht lange, da fragte mich wieder ein anderer, ob ich auch in die Schule ginge und wie ich dorthin käme. Ich erwiderte: "Ja, ich besuche eine Schule." "In welche Schule gehst du?" wurde ich von der anderen Seite gefragt. "In die Körperbehindertenschule. Sie ist in Rintheim, und von einem Stadtbus, der alle behinderten Schüler fährt, werde ich jeden Morgen zur Schule gebracht, und mittags um viertel vor drei komme ich schließlich wieder mit dem Bus heim." Nach einer Pause wurde ich über mein Hobby befragt. Ich gab ihnen zur Antwort: "Viel Musik vom Radio oder von der Cassette hören. Außerdem lese ich sehr viel. Pflanzen machen mir auch sehr viel Spaß." Das Gespräch wurde immer lockerer. Es entwickelte sich später mit viel Spaß und Bekanntmachungen ein ganz schöner Mittag. Dabei stellte ich fest, daß auch Carmelas Brüder, Gino und Marijano, anwesend waren. Ich mußte mir gleich beim ersten Mal viele Namen merken, die ich entweder nachgefragt oder rausgehört hatte. Begeistert erzählte ich zu Hause meine Erlebnisse. Danach fügte ich hinzu: Ich glaube, mein ewiger Wunsch, hier in Karlsruhe ein paar Kumpels zu finden, ist in Erfüllung gegangen.

Nach diesem Tag fuhr ich immer öfters runter in den Hof. Zum Glück hatten schon die Sommerferien begonnen. So machte ich mich, wenn es nicht all zu heiß war, schon nach dem Mittagessen selbständig. Nur zu dieser Zeit waren meist die Jugendlichen noch nicht da. Öfters schaute ich dann in der Hofanlage zu, mit welcher Freude, drei, vier Jungs und ein Mädchen am Gerüstbau herumkletterten. Sie waren im Alter zwischen acht und fünfzehn Jahren. Manchmal sah es ein wenig gefährlich aus, doch je mehr es wackelte, knarrte und quietschte, desto mehr konnte man ihnen den Spaß aus den Augen quellen sehen. Auch beobachtete ich, mit welch einer riesigen Begeisterung die Kinder auf dem großen Baugelände herumtollten. Sie kämpften, balgten und sprangen von den hohen Sandbergen in die Tiefe hinunter. Dieses freie Gelände sollte später mit der Hofanlage eingeschlossen werden. Arbeiter fuhren mit Lastwägen Erde und Sand herbei, um den Betonboden der Tiefgarage zu verdecken. Wenn es mir in der Sonne doch zu heiß wurde, fuhr ich wieder an die Straße vor, die gekennzeichnet war durch die Motorgeräusche der Kräne und dem Geklopfe der Arbeiter. Manchmal kam auch ein schrilles Geräusch auf. Es hörte sich an, als wenn Arbeiter etwas geschliffen hätten. Das Haus gegenüber war schon gewaltig gewachsen.

Als ich wieder mal in die Hofanlage fuhr, erblickte ich vor dem Clubraum, wo auch Tische und Sitzgelegenheiten vorhanden sind, ein paar Jugendliche. Nur zwei davon, die Birgit und den Jasmingo, kannte ich. Ein blonder Junge saß am Boden an die Hauswand gelehnt und unterhielt sich mit Jasmingo. Die andern saßen an den Tischen und tuschelten miteinander. Noch einmal überkam mich ein seltsames Gefühl. Ob ich mich hier einfach dazusetzen kann. Aber eine andere Stimme sagte mir: Ach Quatsch, warum denn nicht. Also fuhr ich einfach hinein in die Runde und hörte zunächst einmmal nur den Gesprächen zu. Ich wollte mich ja nicht irgendwie aufdrängen. Nach kurzer Zeit kamen auch Gino, Marijano und Michael, ihn nannten wir alle nur Liede, dazu, die ein wenig Leben hereinbrachten. Sie machten einigen Blödsinn, diskutierten über Kinofilme und tauschten gegenseitig Erlebnisse aus, wo ich ab und zu auch mitreden konnte. Auf einmal merkte ich, daß mich Liede eine längere Zeit beobachtet hatte. Plötzlich fragte er mich ganz ungezwungen: "Du! Warum legst du deine Hände so krumm hin?" Dabei versuchte er meine Lage nachzumachen. "Er lachte und sagte zu den anderen: "Das bekomm ich nicht fertig." Ich antwortete: "Wenn ich ehrlich bin, mache ich es nur aus Bequemlichkeitsgründen, weil ich so nicht so verkrampft bin." "Das heißt also, du kannst deine Hände auch grad machen?" Ich antwortete: "Ja." "Zeig es uns doch mal", bat mich Liede. Nachdem ich ihnen das gezeigt hatte, sagte er: "Gell, du verzeihst mir, daß ich dich so furchtbar blöd und neugierig ausgefragt habe." Ich entgegnete: "Aber nein, ich finde das schon in Ordnung, wenn du dich für meine Behinderung interessierst, warum sollst du nicht mit mir darüber sprechen können. Wenn ich keine Behinderung hätte, wüßte ich nicht genau, ob ich mich einem behinderten Menschen gegenüber nicht noch viel blöder verhalten würde wie du." Gino erzählte ihm, von Carmela wisse er, daß ich mit dem Kopf schreiben würde. Etwas verdutzt schauten er und auch die anderen umher. "Ja, wie denn das?" fragten mich die Leute ganz erstaunt. "Mit dem Kopfschreiber", erwiderte ich, "den ich einfach wie einen Hut auf den Kopf gesetzt bekomme. Nur, daß vorne an der Stirn ein Stab befestigt ist, der ein wenig abgebogen bis auf die Tastatur reicht. So arbeite ich in der Schule. Allerdings zu Hause schreibe ich mit dem Mund. Mein Zahnarzt hat mir ein Mundstück angefertigt, an dem ebenfalls vorne ein Stab befestigt ist." Liede fügte ganz fasziniert hinzu: "Dann kannst du in der Schule bei richtigen Aufsätzen und Diktaten mitschreiben?" Ich antwortete: "Ja, es geht, nur etwas langsamer, aber es geht. Zu Hause male ich auch Bilder mit der Schreibmaschine." Daraufhin

platzte dem Liede fast die Geduld. "Au, können wir die Bilder einmal sehen?" "Ja, kommt mit", sagte ich kurz entschlossen und drehte mein Wägelchen schon in Fahrtrichtung.
Als wir klingelten, fragte meine Mutter: "Soll ich runter kommen?" "Nein, nein, das brauchst du nicht." Meine Eltern waren schon etwas erstaunt, als ich mit noch vier Jungs aus dem Aufzug kam. Gleich führte ich sie durch den Flur um die Ecke in mein Zimmer. Sofort entdeckten sie meine Schreibmaschinenbilder an der Wand. Sie standen etwas verblüfft davor und fragten mich, ob ich die Bilder wirklich alleine gemacht hätte. Liede versuchte, die verschiedenen Zeichen und Buchstaben der Basilika von Lourdes zu entziffern. Schließlich wollten alle wissen, wie lange ich an einem Bild arbeiten muß. Ich erklärte ihnen: "Bei der Basilika von Lourdes, die ich erst kürzlich getippt habe, habe ich volle sechs Tage gebraucht. Bei den anderen Bildern brauche ich so zwei bis drei Tage." Als meine neuen Kameraden sich die Bilder genügend betrachtet hatten, wandten sie sich um und sahen interessiert auf das Tischchen, auf dem meine Schreibmaschine stand. Nachdem sich mein Besuch noch ein wenig in meinem Zimmer umgesehen hatte, fragte mich Gino: "Was ist nun, Micha, gehst du mit uns wieder runter in den Hof?" Ich war sofort dabei, und wir zogen noch einmal los. "Du bist ja fast nur noch unterwegs", rief mir mein Vater spaßig nach. Inzwischen war es draußen schon dunkel geworden. Doch auch ohne Sonne mußten wir sehr schwitzen. Es war unheimlich schwül, und die Hitze saß in den Häuserwänden fest. Auf der Mauer unter den Hoflaternen war eine große Versammlung junger Leute. Darunter waren wieder Leute, die ich noch nicht gesehen hatte. Da saß zunächst einmal ein blondhaariger Junge, daneben saß

ein Mädchen mit hellblondem, schulterlangem Haar. Sie hießen Hansi und Silvia. Dicht vor dem Ende der Mauer saß ein Junge, der etwas jünger war als die anderen. Ich schätzte ihn so vierzehn Jahre. Habe ich den nicht schon irgendwann gesehen? überlegte ich. Ja richtig, da fiel es mir ein. Er kletterte heute Mittag mit noch ein paar anderen seines Alters auf dem Gerüstbau herum. Auch seinen Namen wußte ich bald. Thorsten hieß er. Gino und die drei anderen, die bei mir oben waren, erzählten ihnen sofort von den Schreibmaschinenbildern. Dadurch kam ich auch mit Hansi sehr schnell ins Gespräch. Es war einfach herrlich. Der Thorsten und die Silvia waren mir gegenüber noch etwas zurückhaltend. Ich hatte das Gefühl, sie wußten noch nicht recht, wie sie sich mir gegenüber verhalten sollten. Später kam auch noch Carmela dazu. Lästig waren die Schnaken, die fast schwarmartig durch die Hoflaternen angezogen wurden. Wir hatten es schwer, sie von unseren Körperteilen fernzuhalten. Carmela rieb mich extra mit einem Essiglumpen ein, den sie von oben geholt hatte. Da es aber kaum besser wurde, fuhr ich bald heim. Gino brachte mich in den Aufzug, drückte mir das dritte Stockwerk und ließ mich alleine hochfahren. Oben war die Wohnungstüre schon offen. Freudig begrüßte ich meine Eltern und fuhr in mein Zimmer. Nachdem man mich ausgezogen und gewaschen hatte, konnte ich aber noch nicht ins Bett. Um mich von dem schönen Tag abreagieren zu können, mußte ich erst noch ein wenig Musik hören. Selbst als ich mich nach einiger Zeit schlafenlegte, konnte ich vor Glückseligkeiten und Hitze kaum einschlafen.

Am nächsten Tag, beim Mittagessen, sah ich immer wieder aus dem

weit geöffneten Küchenfenster hinaus. Über dem neu gebauten Haus, wo tief gebräunte Arbeiter den letzten Stockwerk errichteten, zog sich ein blauer, wolkenloser Himmel. Trotz geöffnetem Fenster rannte besonders meiner Mutter der Schweiß herunter. Überhaupt keinen Windhauch vom Fenster her verspürte man. So ensetzlich heiß stand die Luft in der Wohnung. An diesem Mittag nahm sich mein Vater vom Geschäft frei. Er kam, als ich gerade in meinem Zimmer vor dem Fenster stand und meine Pflanzen betrachtete.
Beim Pflegen der Zimmerpflanzen ersetzt meine Mutter praktisch meinen Arm. Sie begießt meine Pflanzen genau nach meinen Anweisungen. Somit kann ich trotzdem das Gefühl genießen, ich würde für meine Pflanzen eigenhändig sorgen. Mein Vater fragte mich: "Würde es dir Spaß machen, kurz bevor sich das Rüppurrer Freibad leert, abends noch ein wenig im Schwimmbecken herumzupaddeln?" Zunächst wußte ich gar nicht, wie er das meinte, doch ich nickte trotzdem erfreut den Kopf. Wenige Minuten später hörte ich meinen Vater am Telefon reden: "Gut, dann komm ich heute Abend um achtzehn Uhr mit meinem Sohn. Danke schön, daß sie das möglich machen, mein Sohn wird sich bestimmt freuen." Ich fragte, mit wem er denn gesprochen habe. Er gab mir zur Antwort: "Mit dem Badeamt." Dabei öffnete er stolz den Schrank, um meine Badehose herauszuholen. Weiter sagte er: "Heute Abend gehen wir noch ins Freibad. Kurz bevor die Tore geschlossen werden und die Leute gerade in Aufbruchstimmung sind, können wir noch eine halbe bis dreiviertel Stunde ins Wasser.

Als wir am Abend das Auto in der Nähe vom Rüppurer Bad geparkt hatten, kamen uns schon ganz viele Leute, die aus dem Bad strömten, entgegen. Es gab welche, die schön gleichmäßig gebräunt waren. Darunter gab es aber auch Leute, die sich einen riesen Sonnenbrand am ganzen Körper geholt hatten. Wir kamen direkt in die Gegenströmung, als wir durch die Eingangspforte gingen. Die Lautsprecher ertönten im ganzen Badegelände, daß es jetzt langsam Zeit wäre, die Schwimmbecken und das gesamte Badegelände zu verlassen. Ganz vereinzelt lagen noch Leute auf ihren Teppichen, die gerade den Anschein machten, ihre Sachen einzuräumen. Ab und zu kam jetzt ein Wind auf, der die Blätter der großen Eichenbäume zum Rascheln brachte. Es roch nach frischem Grün der Wiese, und manchmal stieg mir der Chlorduft von den Badebecken in die Nase. In der Nähe der Dusche legte mein Vater ein großes Handtuch aus. Jetzt war ich wirklich ganz ungeduldig, ins Wasser zu kommen. Nachdem wir das Wenige an unseren Körperteilen ausgezogen hatten, duschten wir uns kalt ab. Schließlich hob mich mein Vater mit dem Autoreifen ins Wasser hinein. Ach, war das ein herrliches nasses Gefühl! Im Gegensatz zur Dusche kam mir das Wasser richtig warm vor. Nur noch ganz wenige Menschen waren mit mir im Schwimmbecken. So konnte ich nach Herzenslust mit den Füßen strampeln. Ja, ich paddelte und strampelte so lange ununterbrochen, bis mir die Puste ausblieb. Mein Vater verweilte sich unterdessen am Beckenrand und schaute mir beim Schwimmen zu. Als ich das Schwimmbecken der Breite nach drei bis vier Mal durchschwommen hatte, kam auf einmal eine ziemlich tiefhängende schwarze Wolkendecke auf, die bedrohlich den blauen Himmel verdrängte. Auch der Wind, der schon einem Sturm glich, wurde immer stärker. Noch lauter als vorher raschelten die Blätter an den Bäumen. "Es sieht aus, als ob ein gewaltiges Gewitter im Anzug sei", stellte mein Vater fest. "Komm jetzt lieber raus, wir wollen uns schleunigst anziehen und heimfahren, bevor es zum Regnen kommt", meinte er weiter. Und es war gut so. Wir erreichten gerade noch unser Auto, als das Gewitter ausbrach. Es donnerte und blitzte. Ein gewaltiger Regenguß folgte sogleich. Dicke Regentropfen trommelten aufs Autodach. Mein Vater mußte den Scheibenwischer auf die höchste Geschwindigkeit stellen. Die Bäume wurden von dem Sturm heftig durchgeschüttelt. Viele vergilbte Blätter flogen in der Luft umher. Mein Vater äußerte schwere Bedenken, daß es uns die Blumenkästen von dem Balkon herunterreißen könnte. Aber die Abkühlung war einerseits notwendig, denn die letzten Tage waren einfach zu heiß. Als wir schließlich in der Markgrafenstraße geparkt hatten und mich mein Vater vom Auto in den Rollstuhl gesetzt hatte, war es mir schon etwas frisch. Doch ich fühlte mich pudelwohl. Das Baden hat mir gut getan.

Einmal, das kam auch mal vor, kam ich mit einem fremden Mädchen hintereinander. Sie saß mit den anderen am Rande der Markgrafenstraße. Sie hielt mich richtig für blöd, und zwar nicht aus Unsicherheit, sondern aus Überheblichkeit. Sie redete mit mir fast noch schlimmer, wie man man mit einem Kleinkind spricht: Ei, ei, ei, usw. Ich wehrte mich dagegen und fragte sie, für wen sie mich eigentlich hielte und ob sie mit allen so dämlich redete. Als sie gerade weiter machte, wandte ich mich einfach den anderen zu und sagte laut: "Na ja, Blöde muß man eben lassen." Harry und auch die anderen konnten das nur bestätigen. Und als mir Harry sagte, daß sie bereits 22 sei, meinte ich, mich träfe der Schlag. Anschließend führte uns Wolfgang voller Stolz sein gerade gekauftes Auto, einen Gebrauchtwagen, vor. Nach einer kurzen Zeit riefen mich Gino und Birgit, die Silvia war auch noch dabei, ich solle mit ihnen in die Hofanlage kommen. Freudig nahm ich diese Aufforderung an und fuhr ihnen die leichte Steigung hinauf durch das Tor nach. Unter den Balkons saß Ralf Hempel und noch ein Mädchen, das, wie ich mit der Zeit erfuhr, Doris hieß. Wir gesellten uns zu ihnen. Später kamen Marijano, Jasmingo, Wolfgang und Michael auch noch nach. Wieder verging die Zeit so rasch. Im Nu war es 22,00 Uhr. Die Gespräche kann ich gar nicht alle niederschreiben. Es wäre einfach zu viel Stoff. Wenn ich hoch gehen möchte, ist immer jemand bereit, mich in den Aufzug zu bringen. (Bis heute hat sich in dieser Hinsicht wenig geändert.) So kam ich im Sommer meist sehr spät nach Hause.

Die Hitze hielt einige Zeit an. Für mich war es schon selbstverständlich geworden, daß ich meinen Oberkörper morgens nicht bekleiden mußte. Trotzdem war meine Mutter so fit, daß sie häufig nach dem Frühstück in die Bibliothek ging, um sich in aller Ruhe ein paar Bücher auszuleihen. Sie wurde plötzlich so lesebegierig. In fünf Tagen hatte meine Mutter ein Buch ausgelesen. Manchmal nahm sie mich auch mit in die Bibliothek. Jetzt war es ja auch für meine Mutter mit dem Aufzug unbeschwerlich, mit mir fortzugehen. Einmal spazierten wir noch zusätzlich in der Altstadt umher und betrachteten die alten, noch übriggebliebenen Häuserreihen. Einige Häuser davon sind noch bewohnt. Das sahen wir an den Vorhängen, die noch hinter den Fenstern hingen. Um 12,30 Uhr kamen wir dann in Schweiß gebadet nach Hause. Da wir in dieser Hitze überhaupt keinen Hunger verspürten, richtete uns meine Mutter gerade zwei Marmeladenbrote. Das reichte uns vollkommen aus. Meine Mutter hat so die Gewohnheit, kurz nach dem Mittagessen noch in aller Ruhe einen Kaffee zu trinken. Das ist auch für mich sehr gemütlich. Dabei plaudern wir noch ein wenig miteinander, bevor ich mich meist wieder runter in den Hof verzog. Zuerst drehte ich meine Runden. Ich fuhr trotz der heißen Sonne durch die Hofanlage. Als es mir schließlich doch zu heiß wurde, fuhr ich oft zum Brunnen, bei dem ich manchmal schon beim geringsten Windhauch eine leichte, kühle und erfrischende Wasserbrise abbekam. Anschließend nutzte ich immer wieder den Schatten und fuhr noch durch die Fritz-Erler-Straße an den erst frisch eröffneten Läden entlang. Darunter hatten auch die Eltern von Carmela Boiano eine Kleiderboutique eröffnet. Oft half auch Carmela darin aus. Wenn sie gerade keinen Kunden zu bedienen hatte, kam sie heraus zu mir, und wir hielten zusammen ein kleines Schwätzchen. Einmal kam mir zufällig Gino entgegen. Er rief: "Hay, Michael! Kommst du mit zur Bank?" Ich folgte ihm, und wir quatschten dabei auch über belanglose Dinge. Schließlich, an der Bank angekommen, erzählte mir Gino auch ein wenig von Italien. Auch, daß es dort 99 Fernsehprogramme geben sollte. Dem stehe ich eigentlich sehr kritisch gegenüber, weil die Menschheit so der Gefahr ausgesetzt ist, das Fern-sehen als wichtigstes Hobby zu betrachten. Somit sehen sich Menschen nur aus Distanz. Dies finde ich sehr bedenklich! Man braucht also keine Leute mehr unbedingt zu sich ins Wohnzimmer einzuladen, um sich bei einer netten Unterhaltung vom Alltagstrott abzulenken, sondern man läßt sich ganz einfach unterhalten. Somit ist man immer seltener gewillt, sich mit Leuten auseinanderzusetzen. So ist aus dem Nah-sehen ein Fern-sehen geworden. Bei meiner Betrachtung sah mich Gino mit einem nachdenklichen Blick von der Seite an. Doch wie immer, saßen wir nicht mehr lange alleine da.

Eines Tages, es war ebenfalls sehr heiß, lud ich meinen früheren Klassenkameraden, Andreas Laue, ein. Nachdem wir in meinem Zimmer ein wenig Musik gehört hatten, wollte ich Andreas draußen den Hof zeigen. Während ich ihn durch meine neue Umgebung führte, machten wir einigen Blödsinn miteinander. Wir spazierten durch einige Baustellen. Auch vor der neuen Tiefgarage an der Fritz-Erler-Straße, die noch im Bau war, machten wir nicht halt. Wir quetschten uns einfach durch die Spalte und vorsichtig pirschten wir uns ein Stück weiter. Es wurde immer dunkler. Plötzlich ging es nur noch abwärts. Ich schaute Andreas an, er schaute mich an. "Komm, wir gehen mal runter, um einmal zu sehen, wie es unten ist." Andreas war mit meinem Vorschlag sofort einverstanden. Damit ich meine Kontrolle über mein Wägelchen nicht verlor, denn es war ziemlich steil, fuhr ich lieber vorwärts die geteerte Straße hinunter. Als wir ungefähr die Hälfte geschafft hatten, überlegten wir es uns doch anders. Rasch eilten wir wieder hoch, dem Tageslicht entgegen, weil wir plötzlich befürchteten, daß die große Schiebetür ganz zufallen würde und wir nicht mehr hinaus kämen. Wir malten uns das schon aus, die ganze Nacht, und vielleicht noch länger, in der noch nicht in Betrieb gesetzten dunklen Tiefgarage festzusitzen. Also, obwohl es da unten angenehm kühl war, traten wir lieber wieder ins Freie. Zunächst blendete uns das Tageslicht in den Augen. Später gingen wir in den Hof. Da kam auch Liede dazu. Andreas gefiel es auch, einmal mit anderen Leuten zu plaudern. Der Nachmittag verlief ganz normal bis auf den Abend. Das war so: Als die Ersten vor dem verschlossenen Tor standen, ich war noch nicht so weit, wollte irgend jemand von den Jungs hastig das Tor aufschließen, das bei Dunkelheit immer abgeschlossen wird. Aber zum Schrecken aller brach der Schlüssel im Schloß ab. Recht ratlos standen wir vor dem Tor und sahen durch die Gitterstäbe. "Na, das ist doch kein Problem. Wir müssen eben durch die Baustelle und außen herum gehen", meinte Liede und wollte sich schon auf den Weg machen. "Ihr seid gut, und was machen wir mit Michael?" fragte Gino besorgt. "Ja, das ist wahr, Michael können wir hier nicht übernachten lassen. Einer von uns muß ihn eben über die Baustelle tragen", meinte Birgit. Liede stellte sich dafür bereit, und Gino trug mein Wägelchen hinterher. Andreas lachte nur und humpelte über die Unebenheiten recht vorsichtig neben Gino her. Auf der Baustelle gab es natürlich keinen Weg. Wir mußten über so manchen Sandhügel stolpern. Dadurch rutschte ich Liede fast durch die Arme. Birgit konnte mich gerade noch auffangen. Da erklärte ich ihnen, daß, wenn man mich hält, ich auch ein wenig laufen könne. Also stellte mich Liede nach einem großen Stück auf den Boden und hielt mich rechts unter dem Arm fest. Auf der anderen Seite hakte sich Birgit bei mir ein, und so setzten wir unsere Wanderung fort." Das ginge ja ganz gut", meinten sie etwas überrascht. Hinterher riefen mir Gino und Andreas spaßig zu: "Das ist ein guter Sport für dich, dies müßtest du öfters machen." Schließlich erreichten wir das andere Tor zur Kapellenstraße recht schnell. Somit konnten mich Liede und Birgit wieder in mein gewohntes Gefährt setzen, und ich konnte mich auf dem geteerten Gehweg wieder selbst fortbewegen. Die Jungs und Birgit begleiteten uns noch bis zu meiner Haustür. Unterwegs versicherte mir Andreas mehrmals, wie sehr es ihm heute gefallen habe. Als wir schließlich die Hausnummer 25 erreicht hatten, schaute Andreas auf seine Armbanduhr. "Oh, es ist ja schon 21.00 Uhr vorbei. Dann mach ich mich jetzt auf den Heimweg", meinte er. Nachdem wir uns verabschiedet hatten, brachte mich Gino noch in den Aufzug und ließ mich nach oben fahren.

Am sechsten August waren wir bei Tante Friedels Geburtstag eingeladen. Wir machten uns aber erst um 16.00 Uhr auf den Weg dorthin, nachdem mein Vater vom Geschäft gekommen war. Zuvor hatte ich nach dem Mittagessen noch genügend Zeit, um mich mit anderen im Hof zu treffen. Mit Schwung fuhr ich die Stufe der Haustür hinunter ins Freie. Dieses Mal kam ich mit Gino zum Kartenspielen. Wir spielten angeregt den ganzen Mittag, bis mich meine Mutter heraufholte. Obwohl ich mich sehr auf Tante Friedels Geburtstag gefreut hatte, ärgerte es mich doch ein wenig, daß ich nicht länger mit Gino spielen konnte. Die Zeit eilte einfach so schnell davon. Als mein Vater nach Hause kam, steuerten wir sofort mit dem Auto unserer alten Heimat entgegen. Kein bißchen Heimweh oder Wehmut verspürte ich, als ich mich plötzlich wieder in der von der Kindheit vertrauten Wohngegend befand. Immerhin bin ich in dem Wohnblock, wo auch Tante Friedel und Onkel Wilhelm wohnen, aufgewachsen. Oben wurden wir - wie immer - herzlich empfangen. Die Gäste waren fast alle schon da. Nach der Gratulation wiesen uns Tante Friedel und Hannelore gleich an den gedeckten Kaffeetisch. Wie üblich stand eine Auswahl von leckeren Kuchen da. "Greift zu", hieß es von allen Seiten. Bei Tante Friedel und Onkel Wilhelm gefällt es mir immer so richtig gut. Es geht da immer laut und irgendwie recht ungezwungen zu. Da braucht man keine falschen

Höflichkeitsnormen aufzusetzen. Einige fingen an, über unsere neue Wohngegend bzw. Wohnung zu sprechen, z.B. wie es uns in der Markgrafenstraße gefiele. Über viele Einzelheiten wurde nachgefragt. Während wir über unser neues Zuhause erzählten, machte Onkel Wilhelm seinen Spaß. Er nannte uns Ausländer, weil wir jetzt der frisch sanierten Altstadt und nicht mehr der Südstadt angehörten. Tante Käthe saß neben mir. Sie verwöhnte mich nicht schlecht mit Kakao und Kuchen, den sie mir fütterte. Auch die Bowle später gab sie mir wegen des Alkohols sogar ohne Trinkhalm. Tante Käthe machte das, ohne groß zu überlegen. Ich hatte wieder einmal nicht an den Trinkhalm gedacht. Schon zu Hause äußerte ich bei meinem Vater den Wunsch, von Onkel Wilhelm und Tante Friedels Wohnung aus in den Hof rüber zu unserer alten Wohnung schauen zu können. Nicht aus Heimweh, sondern nur aus purer Neugierde. Als ich dort meinen Wunsch äußerte, sagten sie: "Na klar kannst du das tun. Geht am besten in die Küche. Da ist es am günstigsten zum Rausschauen." Der erste Anblick war etwas seltsam. Der Hof schien mir einerseits fremd und anderseits doch irgendwie vertraut. Und da, mein Blick zog mich hinüber zu den drei Fenstern unserer alten Wohnung! Zum großen Glück brannte im Wohnzimmer ganz kurz Licht. Ich sah, daß es mit einem braunen Teppich ausgelegt war. Wo bei uns der Wohnzimmerschrank stand, breitete sich bis hoch an die Decke ein gewaltiger Bücherschrank aus. Mehr konnte ich leider nicht sehen, weil es plötzlich hinter dem Fenster wieder finster wurde. Bei dem Geschrei der Kinder, das mir jezt schon fremd vorkam, brach in mir eine heftige Freude aus. Ich dachte an unseren neuen Wohnort, daran, daß ich endlich meinen Traum erfüllt bekommen und Freunde in meiner Wohngegend gefunden habe.

Es wurde ziemlich spät, bis wir am Abend schließlich wieder nach Hause kamen. Trotzdem hörte ich noch Radio. Das wäre in der alten Wohnung ausgeschlossen gewesen. Da wäre ich mit den Eltern ganz selbstverständlich ins Bett gegangen.

Eines Mittags, ich saß mit noch ein paar Jugendlichen im Vorhof zusammen – das Wetter blieb noch lange unverändert heiß – kam plötzlich ein schwarzhaariger Junge daher und setzte sich neben mich auf die Bank. Das war wieder toll, wir diskutierten und blödelten bald miteinander. Besonders gefiel mir an diesen Leuten, daß sie mich nicht irgendwie abgesondert behandelten. Sie redeten mit mir, wie sie auch untereinander reden. Bei ihnen bin ich nicht der arme Bubi, sondern sie behandeln mich ganz normal. So auch der fremde Junge neben mir. Ganz ohne Unsicherheit sah er mir ins Gesicht und erkundigte sich bei mir, wie ich denn heiße und ob ich hier frisch eingezogen sei. Ich beantwortete ihm seine Fragen. Anschließend fragte ich ihn nach seinem Namen. "Ralf Koch", erwiderte er. Wir kamen noch weiter ins Gespräch. Über unsere Hobby's fragten wir uns gegenseitig aus. Schließlich kamen wir noch auf den Fußball. Birgit erzählte mit Gino zusammen den anderen das Erlebnis, wie wir vor drei Tagen wegen des verschlossenen Hoftores über das Baugelände gelaufen sind. Alle waren etwas überrascht, daß ich laufen könne, wenn man mich ein wenig stützt. Mittlerweile hatten mich die Jungs völlig mit ihren Mopeds umkreist, die sie mit den nach unten klappbaren Ständern abstellen konnten. Auf einmal wurden wir von einem lauten Lärm aufgeschreckt. Was sahen wir? Michael Gephart kam auf einem schweren Geländemotorrad angefahren. Sofort wurde Michael von allen umstellt. Keiner der Clique blieb auf der Bank zurück, denn das Geländemotorrad fanden alle wahnsinnig toll. Nachdem Michael ihnen so einige Fragen beantwortet hatte, beispielsweise wieviel er dafür zahlen mußte, wieviel PS es hat usw., führte er uns voller Stolz ein paar Motorradkunststücke vor. Ja, ich traute meinen Augen nicht. Er fuhr sogar die sechsstufige Treppe hoch und ohne Schwierigkeiten wieder hinunter. Das machte natürlich einen furchtbaren Lärm zwischen den Häusern. Von diesem Tag an hatten wir keine so richtige Ruhe mehr im Hof. Auch die anderen nervte es manchmal, denn oft verstanden wir unser eigenes Wort nicht mehr.

Eines Nachts, so gegen 22,30 Uhr, stand ich vor der Haustüre. Die Schnaken fraßen mich bald auf. Zufällig kam gerade Ralf Koch vorbei. Ihn fragte ich, ob er für mich schnell läuten würde. Bereitwillig erkundigte er sich nach meinem Nachnamen, den ich ihm zugleich recht freudig mitteilte. Als er den richtigen Klingelknopf gefunden hatte und die Stimme meiner Mutter aus der Sprechanlage ertönte, rief Ralf Koch: "Hier ist Ralf mit Michael." Schließlich fragte ich den Ralf, ob er mich gerade noch in den Aufzug bringen könnte. Lachend meinte er: "Ja, das ist doch klar." Mit einem Ruck war ich schon auf der Stufe. "Den wievielten Stockwerk soll ich dir drücken?" fragte mich Ralf im Aufzug. Ich erkundigte mich noch, wo er heute den ganzen Tag war. Ralf erzählte mir, daß Verwandte heute bei ihnen zu Besuch waren und er allerhand in der Wohnung mithelfen mußte. "Das war heute wirklich streßig, den ganzen Tag mit so vielen Leuten, und dann mußte man auch noch die Höflichkeit bewahren," fügte er augenzwinkernd hinzu. Dann drückte mir Ralf schließlich den Knopf. "Also, tschüs dann, bis morgen", rief Ralf mir noch zu, bevor sich der Aufzug schloß. "Tschüsle Ralf, und danke, daß du mir in den Aufzug geholfen hast", entgegnete ich ihm noch freudig. Oben angekommen, stand unsere Tür schon offen. Ich fuhr rein. Meine Eltern saßen in der Küche. Mein Vater sagte zu mir: "Dir scheint es im Hof sehr gut zu gefallen. Dich sieht man ja nicht mehr." Recht freudig erwiderte ich ihm: "Ja, das stimmt. Es hört überhaupt nicht mehr auf, jeden Tag lerne ich neue Leute kennen. Von dem Umtrieb hatte ich früher nur träumen können." Nachdem mich meine Eltern im Zimmer ausgezogen hatten, konnte ich -wie so oft- nicht gleich schlafen. In dieser Nacht drehte ich noch meinen Zitronenbaum um, damit er vom Licht her nicht einseitig wachsen konnte. Ich war noch so richtig wach dazu.

Am nächsten Mittag saß ich trotz der heißen Sonne mitten auf der Wiese und beobachtete, wie Patrizia und noch ein paar Mädchen auf dem Teppich spielten. Anschließend fuhr ich auf dem schmalen, geplättelten Weg hinunter. Kurz vor dem Durchgang zur Markgrafenstaße blieb ich stehen. Ich amüsierte mich immer wieder, wie sich Jungs den ganzen Tag auf dem Baugelände verweilen konnten. Sie gehörten nicht mehr direkt zu den Kindern, die den ganzen Tag lieblich auf dem Rasen spielten, aber auch noch nicht ganz zu den Jugendlichen, die sich jeden Abend an den Bänken trafen. Sie sprangen, tobten, rauften miteinander herum. Ihnen konnte ich so richtig die Lebensfreude aus den Augen ablesen, so daß es mich selbst beglückte. Danach fuhr ich durch das Tor zum Vorplatz. Auf der Bank saßen wieder einige Bekannte. Jasmingo stand mit seinem Moped davor. Flink fuhr ich zu ihnen an die Bank, und dann erschien wieder einer nach dem anderen. Darunter war auch Ralf Koch, der mich im Laufe des Mittags fragte, ob ich irgendwann einmal Lust hätte, mit ihm einen Stadtbummel zu machen. Da war ich natürlich sofort dabei. Ralf fragte mich: "Wie paßt es dir morgen Abend um sechs Uhr?" Nach einem kurzen Überlegen antwortete ich: "Ja, da hätte ich gut Zeit."Meine Eltern reagierten zunächst ein wenig überrascht, als ich ihnen erzählte, daß ich morgen Abend von Ralf zu einem Stadtbummel abgeholt würde. Meine Mutter fragte mich gleich: "Ja, meinst du, der Ralf kann mit dem Rollstuhl richtig umgehen? Ich meine auf der Straße und mit den hohen Bordsteinen." Ein wenig heftig rutschte es aus mir heraus: "Wenn Ralf es auch heute noch nicht richtig kann, weil er vielleicht bisher noch keine Gelegenheit gehabt hatte, dann lernt er es eben morgen, und so schwierig ist es auch wieder nicht. Wenn Ralf ein paar Mal einen Rollstuhl geschoben hat, bekommt er die Technik schon heraus."

Pünktlich stand Ralf —wie verabredet— am Abend vor unserer Wohnungstür. Ich saß schon startbereit im Rollstuhl. Nachdem mein Vater Ralf noch kurz erklärt hatte, wie man den Rollstuhl kippt, wenn er entweder auf den Bordstein oder vom Bordstein auf die Straße überwechseln muß, zogen wir los. Zunächst fuhr Ralf mit mir noch schnell nach hinten in die Hofanlage unter die Balkons zu den anderen. "Au, Micha hat mal sein Fahrzeug gewechselt", riefen einige mir entgegen, denn vor dem Abendessen war ich ja erst noch mit dem kleinen Wägelchen unter ihnen. Es saßen immer noch dieselben Leute da. "Wo geht ihr hin?" erkundigte sich Gino bei uns neugierig und etwas überrascht. "Wir schlendern zusammen ein wenig in der Stadt umher", entgegnete ihm Ralf. "Aber Michael, erlaubst du mir, wenn ich hier noch eine Zigarette rauche?" fragte mich Ralf. Etwas empört über diese Frage meinte ich: "Ralf, dazu brauchst du mich doch nicht zu fragen. Wenn du noch schnell hier eine Zagarette rauchen möchtest, dann rauche. Wir haben ja noch eine Menge Zeit." Als mich Ralf vor den Sitzgelegenheiten auf dem geplättelten schmalen Weg abstellte, kam Gino, machte entschlossen meine Bremsen auf und fuhr mich weiter vor in den Kreis der andern. Ungefähr nach zehn Minuten sprang Ralf von der Banklehne herunter und warf hastig seine ausgerauchte Zigarette ins Gebüsch. "So, jetzt marschieren wir los", rief er unternehmungsfreudig und löste die Bremsen. Ralf beherrschte den Rollstuhl sofort. Beim ersten Bordstein war er noch etwas unsicher. Aber dann klappte es sehr gut. Wir liefen zuerst die Kaiserstraße bis zum Kaufhaus Hertie hoch. Dann bummelten wir auf der anderen Straßenseite wieder zurück. An so manchem Schaufenster blieben wir stehen, vor allem an den Radio-Geschäften. Da schauten wir uns die neuen Schallplatten an. Dabei unterhielten wir uns über Musik, Fußball, Urlaub, und wir tauschten so manche Erlebnisse aus. Was ich besonders gut fand, Ralf fing gleich an, ganz offen über meine Behinderung zu sprechen. Er wollte wissen, wie es zu meiner Behinderung kam. Als ich ihm erklärt hatte, daß meine Mutter mit mir eine Zangengeburt hatte und daher der Arzt mich im Kopf in den Bewegungszentren verletzt hatte, meinte Ralf: "Michael, ent-schuldige, wenn ich so saudumm frage. Belastet es dich nicht ein wenig, als einziger Behinderter unter Nichbehinderten zu sein? Ich meine jetzt gerade bei uns." Ohne es im geringsten anzuzweifeln, antwortete ich: "Nein, im Gegenteil, ich bin sehr gern mit

Nichtbehinderten zusammen. Ich wollte nie abgekapselt von den Leuten, die keine Behinderung haben, leben, und, was deine Fragen betrifft, das ist für mich eine ganz normale Sache. Wenn du morgen mit einem Gipsfuß zu mir kommen würdest, dann würde ich dich auch offen fragen, was du mit deinem Gipsfuß gemacht hast." Als wir am Marktplatz angekommen waren, beschlossen wir, noch ein wenig im Schloßgarten herumzuschlendern. Zum Heimlaufen war es uns noch zu früh; es war erst 21.00 Uhr. Im Schloßgarten wäre es in der Abenddämmerung sehr schön gewesen, wenn nur die vielen Schnaken nicht gewesen wären. Ein zarter Windhauch wehte über die weiten Wiesen, die sehr gut nach frisch gemähtem Grün dufteten. Auf den fast regungslosen Bäumen trillierten die Vögel die heranrückende Abenddämmerung ein. Aber Ralf hatte alle Mühen, die lästigen Schnaken von mir und sich abzuwehren. Die Schnaken wurden durch das schwüle Wetter so lästig, daß wir uns schleunigst auf den Heimweg machten. Als wir in die Markgrafenstraße einbogen, fing Ralf an, über seine Probleme zu sprechen. Er erzählte mir, daß er von den anderen gar nicht richtig akzeptiert werde, daß er bei vielen ewig der kleine Ralf sei und ihn das ärgere. Ich erwiderte ihm, er solle sich nichts daraus machen. "Diejenigen, die das tun, müssen nur jüngeren gegenüber ihre Komplexe und Unsicherheiten verdecken. "Ralf", fügte ich noch hinzu: "Glaube mir, ich wäre froh, wenn ich jetzt in deinem Alter wäre und mit fünfzehn Jahren hier mit euch aufwachsen könnte."

Die Zeit verstrich wie im Fluge. Meine Mutter und ich, wir taten einmal, was wir schon so furchtbar lange vor hatten, nämlich im Schloßgarten picknicken. Morgens um zehn Uhr marschierten wir los, hinaus aus der Stadt dem Grünen entgegen. Bevor wir in den Schloßgarten spazierten, schauten wir zuerst in den Botanischen Garten hinein. Vom Vorplatz des Schloßgartens aus war es gar nicht so leicht, den Garten zu finden. Vor dem Bundesverfassungsgericht liefen wir ein paar Mal hin und her und suchten nach einem Weg, der uns in den Botanischen Garten führen sollte. Plötzlich kam ein Soldat auf uns zu und sprach uns mit diesen Worten an: "Entschuldigen Sie! Sie befinden sich hier in der Sicherheitszone der Soldaten. Verlassen sie bitte wieder durch die Absperrung dieses Gelände. Hier ist es strengstens verboten, spazieren zu gehen." Etwas erschrocken verließen wir schnell die sogenannte Sicherheitszone. Erst zu diesem Zeitpunkt fielen uns noch drei Soldaten auf, die schön im Gleichschritt vor dem Bundesverfassungsgericht hin und her marschierten. Jedoch mußten wir auch über unser Versehen anständig lachen. Bald darauf stießen wir auf den richtigen Weg, der uns in den Botanischen Garten führte. Dort wollte ich meiner Mutter etwas ganz Außergewöhnliches zeigen. Eine 65 jährige Agave, die nur einmal zum Erblühen kommt, bevor sie abstirbt. Ich führte meine Mutter dorthin. Und richtig, die Agave, ungefähr 4 Meter hoch, stand blühend in der Ecke bei den Gewächshäusern. Die Blüten waren gelb. Staunend betrachteten wir das Naturwunder. Auch noch andere Leute waren dort versammelt. Wir traten ziemlich dicht an die riesige Agave heran und schauten ihre übermäßigen großen, langen Blätter an. Sie wurden leider schon leicht braun. Der Stengel von ca. 4 Meter Höhe war ziemlich dick und hölzern. "So etwas habe ich noch nicht gesehen", äußerte meine Mutter sehr erstaunt. Als wir die Agave genügend bewundert hatten, machten wir uns auf den Weg direkt in den Schloßpark. Ich führte meine Mutter durch ganz viele schmale, kurvenreiche Irrwegchen. Ich finde, das sind die schönsten Wege. Sie führen kreuz und quer durch die manchmal hügeligen Wiesen. An verschiedenen Stellen wußten wir überhaupt nicht mehr genau, wo wir im Schloßpark waren. Auf einer Bank im Schatten aßen wir unsere Brezel. Das war sehr gemütlich. Wir waren ganz unter uns, umrahmt von Bäumen und wildem Gebüsch. Das Laub raschelte leicht im Wind. Bestimmt wären wir noch länger sitzen geblieben und hätten dort noch unsere Schneckennudel aufgegessen, wenn nicht auch die Wespen für unsere Brezeln und Schneckennudeln Interesse bekommen hätten. So machten wir uns lieber weiter auf den kurvenreichen Weg. Doch bald hörte dieses Seitenwegchen endgültig auf. Erst auf dem Hauptweg wurde uns wieder klar, wo wir uns befanden. Der kleine Weg hatte uns direkt an den See geführt. Wir spazierten noch rund um den See, der mit Seerosen bedeckt war. Auf der anderen Seite des Sees beobachteten wir ganz junge Entchen. Das war drollig, die Kleinen schwammen ganz zuversichtlich den großen schnatternden Enten hinterher. Ganz dicht am Wasser setzten wir uns noch einmal auf eine Bank und sahen zu, wie Leute die Enten mit Brot oder altem Kuchen fütterten. Währenddessen ließen wir uns die Schneckennudel schmecken. Dieses Mal ohne die Plage der Wespen. Ab und zu gaben wir auch etwas den Enten ab. So langsam wurde es wieder entsetzlich heiß. Besonders meine Mutter mußte plötzlich sehr schwitzen. Um vierzehn Uhr machten wir uns dann schließlich auf den Heimweg.

Häufig, wenn ich nach einem längeren Ausflug in die Markgrafenstraße zurückkomme, ist es mir, als zerspringe mir vor Freuden das Herz. In der Straße kommt mir alles so lebhaft vor. Das Lärmen der Arbeiter an dem gegenüberliegenden Haus, aber hauptsächlich das Geschrei der Kinder und Jugendlichen ist für mich der schönste Heimatklang geworden. Fast jedes Mal sah ich bekannte Gesichter, kaum daß wir in die Markgrafenstraße eingebogen waren. Schon von weitem werde ich oft von einigen mit einem "Hey, Micha", begrüßt. Dabei freue ich mich immer, bekannt und nicht so anonym gerade in einer Stadt zu sein. Manchmal stinkt es mir jedoch, wie ich Ralf Koch schon sagte, fast einer von den Ältesten im Hof zu sein. Ich wäre zu diesem Zeitpunkt viel lieber vierzehn Jahre alt gewesen. Auch Thorsten und seine Freunde fingen jetzt allmählich an, die Hemmungen vor mir abzubauen. Zum Glück aber fielen sie nicht in das falsche Mitleidsverhalten hinein oder waren mir gegenüber irgendwie verklemmt, wie ich es in der Südstadt oftmals erleben mußte. Nein, nein, sie nahmen mich gleich wie ich bin und zeigten ein ganz natürliches Verhalten. Am Mittag fuhr ich trotz der Hitze wieder in den Hof. Das hatte sich, wie immer, gelohnt, denn am späten Nachmittag stellte sich das Vergnügen für mich ein, Martina Koch (Ralfs etwas jüngere Schwester) kennenzulernen. Ich kam gerade dazu, wie Ralf Koch an den Tischen vor dem Gemeinschaftsraum mit Gino und ein für mich noch fremder Junge beim Kartenspiel saß. Die andern, Birgit, Marijano, Jasmingo, usw. verweilten sich entweder an den Nebentischen oder hockten auf der Mauer und quatschten miteinander. Nachdem mir die Kumpels den Weg mit ihren Mopeds freigestellt hatten, setzte ich mich so hin, daß ich beim Kartenspiel zuschauen, aber ebenso an den Gesprächen anderer teilnehmen konnte. Neben Ralf saß ein Mädchen mit langen, schwarzen Haaren, die ich vorher noch nie gesehen hatte. Nach einer Weile teilte sie mir mit, daß sie Ralfs Schwester sei und

Martina hieße. Da blickte Ralf kurz vom Kartenspiel hoch. Grinsend sagte er zu mir: "Ja, ja jetzt lernst du mal meine freche Schwester kennen. Nimm dich vor ihr nur in acht." Mit einem energischen Ellenbogenstoß wies Martina Ralf zurück. Sie wehrte sich: "Michael, meinem Bruder darfst du nicht glauben. Das ist nämlich nicht wahr." Ich lachte: "Ja, das kenn ich", erwiderte ich ihnen: "In dieser Art habe ich früher meine beiden Schwestern auch geärgert." Martina lachte nur und fragte mich, wie alt denn meine beiden Schwestern seien. "Die Bärbel ist 22 Jahre alt. Sie wohnt nicht mehr bei uns, und die Andrea ist 16 Jahre alt", gab ich ihr zur Antwort. "Und wie alt bist du?" fragte mich Martina sofort zurück. "Ich werde 19", antwortete ich darauf. So lernte ich Martina Koch kennen. Im Laufe dieses Abends plauderten wir noch über viele Dinge. Ralfs Schwester erinnerte mich wahnsinnig an Martina Denik, die ich von früher her kannte. Sie war eine von den wenigen, bei der ich mich in meiner früheren Zeit ernst genommen fühlte.

Plötzlich kam mir die Idee, mit Thomas eine Lichtorgel zu kaufen. So eine Lichtorgel wollte ich noch unbedingt vor dem Urlaub in meinem Zimmer leuchten sehen. Meine Eltern gaben mir mein Geburtstagsgeld schon vor meinem Geburtstag. Der Urlaub rückte immer näher heran. Meine Hoffnung bestand nur darin, daß ich mich mit Thomas noch vorher verabreden konnte, um mit ihm die Lichtorgel zu holen. Ich war so gespannt darauf, wie die Lichtorgel in meinem Zimmer wirken würde.

Die Leute vom Hof, denen ich erzählte, bald eine Lichtorgel zu kaufen, befragten mich fast jeden Tag, wann ich denn nun endlich in die Stadt ginge. Aber dann, es war Montag, die letzte Woche vor unserem Kurzurlaub brach an. Unten im Vorhof spielten Gino, Ralf Koch und Paolo gerade Fußball. Die zwei gegenüberstehenden Bänke dienten als Tore. Zuerst wurde nur wild herumgebolzt. Doch nach kurzer Zeit kamen zwei fremde Jungs auf Mopeds angefahren. Sie waren sofort freudig bereit, da mitzukicken. Begeistert rief Gino aus: "Au ja, jetzt machen wir ein Mannschaftsspiel." Dabei schaute er auch mich an und sagte: "Micha, wir haben keinen Schiedsrichter, wie wär's mit dir? Hast du Lust dazu?" Ich war sofort damit einverstanden. Ralf Koch meinte, ich solle aber lieber auf den erhöhten Vorplatz der Hausnummer 23 fahren. Erstens hätte ich da oben eine bessere Spielübersicht und zweitens wär ich da vor dem Ball ein wenig geschützt. Da ich diesen Ratschlag gut fand, fuhr ich auf der Rollstuhlauffahrt nach oben. Wirklich, das Spielfeld war auf der erhöhten Fläche viel besser zu überblicken. Kurz nachdem ich das Spiel frei gegeben hatte, tauchte plötzlich von hinten her Thomas auf und setzte sich lächelnd auf den Mauervorsprung vor mich hin. "Servus Michael", war seine Begrüßung. Eine Sekunde lang war ich völlig baff. Thomas kam für mich zu überraschend. Ich war so in das Fußballspiel vertieft, daß ich ihn überhaupt nicht kommen sah. Somit konnte ich gar nicht gleich recht reagieren. Thomas fragte mich ohne Umschweife, wann ich nun Zeit hätte, die Lichtorgel zu kaufen. Er fügte noch hinzu: "Es tut mir leid, daß es sich ein wenig hinausgezögert hat, aber ich hatte in letzter Zeit auch noch nachts Arbeitsverträge. Das Geld fällt leider nicht vom Himmel herunter, und ich brauche es notwendig, um neben dem Studium auch noch etwas leben zu können."

Ich antwortete Thomas: "Mir ist eigentlich jeder Tag recht. Die Hauptsache ist, ich habe noch vor dem Urlaub die Lichtorgel." Thomas überlegte kurz, bis er sich auf den Donnerstagmittag entschied. "Also, dann hole ich dich um fünf Uhr ab", rief er fest entschlossen. "Gut Thomas! Dann klappt es also doch noch, bevor wir am Sonntag in Urlaub fahren", rief ich zufrieden aus. "Oh, ihr habt es gut. Unser Urlaub ist schon längst vorbei. Ich schaffe schon wieder über acht Tage lang", seufzte Thomas. Danach erkundigte ich mich nach ihrem Urlaub. Bärbel und Thomas waren in diesem Jahr mit dem Motorrad in Spanien und Portugal. Während wir uns ein wenig über diesen Urlaub unterhielten, mußte ich dennoch ein Auge auf das Fußballspiel richten, damit keiner ein Foul machte. Thomas mußte bald wieder weg, weil er noch dringend etwas erledigen mußte. Dennoch mußte ich ihm noch kurz erzählen, wieviele Kumpels ich hier in der Markgrafenstraße und Umgebung gefunden hatte. Als Thomas schließlich weg war, rief Gino und auch Ralf mir zu: "War das eben der Thomas, der mit dir die Lichtorgel holen will?" Freudig nickte ich den Kopf und sagte: "Ja, am Donnerstag wird es endlich wahr." Schließlich kam auch noch Martina Koch dazu. Gleich als sie mich erlickte, winkte sie mir lachend zu und rief: "Warte, ich komme zu dir hoch!" Wir hatten uns so viel zu erzählen, während wir dem Fußballspiel zuschauten. Plötzlich kamen wir irgendwie auf das Krankenhaus zu sprechen. Ich erzählte ihr, was ich für ein Feigling in dieser Hinsicht sei, daß ich sogar vor einer Spritze wahnsinnige Angst hätte. "Au, das ist nichts", meinte Martina in ihrer aufgeweckten Art. "Ich war mit meinen beiden Brüdern zusammen wegen Gelbsucht schon über sechs Wochen im Krankenhaus. Diese Zeit aber war recht schön. Wir drei in einem Zimmer. Und schau, die lange Narbe an meinem Arm, da bin ungefähr erst vor einem Jahr operiert worden. Meinen Blinddarm habe ich auch schon los." Ich unterbrach sie: "Mensch, warst du schon tapfer." Über dies und über vieles andere sprachen wir. Gino spielt besonders gut Fußball. Das bemerkte ich sofort. Er kommt sehr leicht an den Ball und ist in der Ballführung sehr sicher. Als die beiden Jungs nach einiger Zeit mit ihren Mopeds wieder losdüsten, war Martina bereit, mit Hansi zusammen gegen Gino und ihren Bruder zu spielen. Martina kämpfte so energisch, daß statt des Fußballspiels fast ein lustiger Boxkampf entstand. Sie zog und zerrte ihren Bruder vom Ball weg, und dies tat sie mit einer Miene, daß es wirklich köstlich war, dieses Schauspiel verfolgen zu können. Auch die andern, die sich wieder allmählich versammelt hatten, amüsierten sich dabei. Für mich als Schiedsrichter fielen die Entscheidungen gar nicht schwer. Praktisch mußte ich ständig Freistöße geben. Bald hörte Martina auf, weil sie plötzlich keine Lust mehr verspürte. Also schlürfte sie ziemlich erschöpft zur Bank hin, die an der Ecke vor der Sparkasse stand. Ich sauste ebenfalls dorthin. Durch den Spaß verspürte ich eine doppelte Kraft in meinen Beinmuskeln. Die Sitzbank war wieder, wie meist, mit ganz vielen Mopeds und Fahrrädern umstellt. Birgit erzählte uns von ihrem heutigen Tag. Sie arbeitete nämlich über die Sommerferien bei der Behindertenfreizeit im Caritaswaldheim. Daraufhin meinte Birgit: "Micha! du kannst sicherlich auch ein Lied davon singen. Leute gibt es! Heute waren wir im Schloßgarten auf der Wiese. Plötzlich kam ein Ehepaar daher, blieb dicht vor uns stehen und gaffte nur. Wenn diese Leute mit den zum Teil schwerstbehinderten Kindern nur ein Wort gewechselt hätten, aber nein, sie blieben stumm vor ihnen stehen und besichtigten sie, als wenn sie dem größten Weltwunder auf Erden begegnet wären. Das hat mich furchtbar geärgert." Ich entgegnete ihr: "Ja, das kenn ich, heutzutage geht es eigentlich. Aber früher, in den siebziger Jahren, meine ich, reagierten die Leute noch schlimmer. Da stand auch so mancher vor mir und wußte nicht, was und wie er mit mir reden sollte. Da konnte ich hören: "Du bist doch ein armes Bubile, und dabei gab mir noch so mancher ein Geldstück in die Hand." Daraufhin meinten einige aus meiner Clique, mit Mitleid ist ja euch auch nicht geholfen. "Einerseits, das müssen wir offen zugeben", fügte Birgit hinzu, "waren wir anfangs auch etwas unsicher, als wir dich zum ersten Mal sahen. Du hast uns den Schritt so erleichtert, indem du einfach zu uns gefahren bist. Nur vom Sehen her, da wirktest du für uns irgendwie wie soll ich das ausdrücken - stärker behindert als jetzt, wo wir dich näher kennen. Wir merkten irgendwann, daß man mit dir reden und Blödsinn machen kann, wie mit jedem anderen. Ich weiß nicht, mir geht es jedenfalls so. Dabei vergesse ich völlig, daß du behindert bist." Einige stimmten ihr mit einem kurzen Nicken zu. "Die Integration der Behinderten müßte aber schon im Kindergarten beginnen", schaltete sich Ralf ein. Die spontane Einstellung der Leute freute mich ungemein. In diesen Gesprächen verging die Zeit so wahnsinnig schnell. Im Nu läuteten die Glocken der Bernharduskirche 18.00 Uhr. "Au, jetzt muß ich hoch, wir essen jetzt", rief ich und fragte zugleich, ob mich jemand in den Aufzug bringen würde. Gleich erhoben sich mehrere von der Bank. "Ja, klar machen wir das, entgegnete mir Harry und Gino. Ralf Koch, der mich auch bis in den Aufzug begleitete, fragte: "Micha, du kommst doch nachher wieder runter? Ich hole dich in einer Stunde wieder ab. Meinst du, da habt ihr gegessen? Oder soll ich später kommen?" Ich rief: "Nein, nein, in einer Stunde kannst du ruhig kommen. Ich habe heute sowieso keinen allzu großen Hunger." In einer viertel Stunde war ich schon mit dem Essen fertig. Es war noch lange Zeit, bis Ralf kommen sollte. So fuhr ich noch ein wenig in mein Zimmer, rutschte von meinem Wägelchen herunter und machte mir noch ein wenig Musik. Plötzlich läutete es. Ich lauschte und hörte aus der Sprechanlage, daß es Ralf Koch war. Bald darauf kam er in mein Zimmer. Er setzte sich wieder in meinen Zimmerstuhl, der vor dem Fenster stand. Ralf tauchte öfters bei mir auf. Wir plauderten ein wenig. Dann sprang Ralf plötzlich auf. "Micha, komm, wir spielen eine Mühle. Hast du Lust dazu?" fragte er mich. Ich nickte über diese tolle Idee. Ralf reizte es, gegen mich einmal zu gewinnen. Er ließ mich aber keinesfalls extra gewinnen. Solche Spielpartner hatte ich auch schon erlebt, die meinten, mir eine besondere Freude machen zu können, indem sie mich einfach gewinnen ließen. Ralf meinte dazu: "Das fällt mir gar nicht ein. So würde das Spiel für beide ja gar keinen Spaß machen." Da stimmte ich Ralf voll zu. Als wir drei hoch interessante Mühlespiele und zusätzlich noch ein Würfelspiel(Fang den Hut) gespielt hatten, hob mich Ralf in mein Wägelchen, und wir zogen wieder los in den Hof. Unten angekommen, mußten wir besonders lachen. Michael Gephart und sein kleiner Bruder Brijan fuhren immer wieder abwechselnd mit riesiger Geschwindigkeit auf einem Kett-Car die Rollstuhlauffahrt hinunter. Sie hatten zur Gaudy einen großen Karton aufgestellt, der ihnen den Weg versperrte. Mit viel Freude und Spaß rasten sie in den Karton hinein. Die Räder quietschten in der starken Kurve, und gleich darauf flog der Karton in die Luft. Hin und wieder kam es auch vor, daß Michael oder Brijan Übergewicht bekam und der Länge nach auf dem Boden lagen. Besonders amüsierten wir uns wegen Michael, wenn er mit seinem Gewicht auf dem Kett-Car saß. Das sah einfach zum Schießen aus. Wir dachten dann, jeden Augenblick müsse das Gefährt auseinanderkrachen. Ich war sehr froh, hinter der Mauer bei den andern zu stehen. Da konnte ich mich wenigstens sicher fühlen.

Nun stand der Donnerstag unmittelbar bevor, an dem Thomas mit mir die Lichtorgel holen wollte. Jedesmal, wenn ich mir die Lichtorgel bildlich auf meinem Schrank flackernd vorstellte, riß mir beinahe die Geduld. Um die Zeit bis 17.00 Uhr schneller zu vertreiben, beschäftigte ich mich noch ein bißchen mit meinen beiden Wellensittichen. Wie ich so mit ihnen sprach, läutete plötzlich das Telefon. Gespannt lauschte ich dem Gespräch. Dabei hörte ich meine Mutter folgendes reden: "Ah, Thomas du bist es." Schließlich folgte eine kurze Pause. Daraufhin fragte meine Mutter: "Also dann geht's heute nicht mehr." Wieder folgte für einen Augenblick Schweigen. Daraufhin meinte meine Mutter: "Na ja, da ist nichts dran zu ändern ... Ja, übermorgen fahren wir in Urlaub. Aber wir bleiben nur eine knappe Woche fort." Meine Enttäuschung war groß. Also vor dem Urlaub ist nichts mehr mit der Lichtorgel, dachte ich so bei mir, noch bevor meine Mutter in mein Zimmer kam. "Bist du jetzt sehr enttäuscht, Michael? Thomas muß heute länger arbeiten", sagte sie, kurz nachdem sie den Telefonhörer aufgelegt hatte. "Und wie!" entgegnete ich ihr mürrisch. "Die ganze Zeit freute ich mich auf diesen Tag und warte und warte. Ich bin gespannt, wann die

Lichtorgel endlich in meinem Zimmer steht", fügte ich recht sauer hinzu. Die unerwartete Enttäuschung war so groß, daß ich ungerechterweise auf Thomas eine Wut bekam.

Am nächsten Tag wollte Ralf Koch mich zum KSC-Training abholen. Um 15.00 Uhr hatten wir uns verabredet. Ich freute mich, nach der Fußball-Sommerpause die Mannschaft wieder einmal zu sehen. Wie ich so auf Ralf wartete, läutete es gut eine halbe Stunde vor der verabredeten Zeit an der Wohnungstür. Ich dachte noch, der kommt heute aber früh. Da rief meine Mutter zu mir ins Zimmer hinein: "Thomas ist es." Als ich dies hörte, war ich völlig baff. Sollte das etwa mit der Lichtorgel vor dem Urlaub doch noch klappen, war zunächst mein erster Gedanke. Mit einem Schwung setzte ich mich freudig in den Langsitz auf. Da trat auch schon Thomas ins Zimmer. "Hallo! Was ist, hättest du jetzt Zeit, die Lichtorgel zu holen?" fragte Thomas. "Ich habe nämlich heute Mittag frei." "Na klar, für die Lichtorgel habe ich immer Zeit. Ralf wollte mich zwar nachher abholen, doch die Lichtorgel ziehe ich jetzt im Augenblick vor", entgegnete ich Thomas. Meine Mutter, die auch zu uns ins Zimmer gekommen war, meinte: "Dem Ralf werde ich es nachher schon erklären. Ich denke, das wird er verstehen." Dann fügte sie noch hinzu: "Ach Thomas, die große Enttäuschung von Michael hättest du sehen müssen, nachdem du gestern Abend abgesagt hattest. Darauf antwortete Thomas nur: "Das tat mir auch leid, aber ich konnte wirklich nicht anders." Nach einem kurzem Schweigen meinte Thomas: "Na ja, jetzt sollst du zu deiner Lichtorgel kommen." Mit diesen Worten ging er, um meinen Rollstuhl zu holen, der immer draußen vor der Haustür steht. Mit einem Schwung hob mich Thomas in den

Rollstuhl. Meine Mutter gab uns noch das Geburtstagsgeld mit, und ab ging die Post. In einem Elektroladen fanden wir eine Lichtorgel, die ich auf Thomas Ratschlag bedenkenlos kaufen konnte. Als wir dann schließlich gezahlt hatten und draußen auf der Kaiserstraße standen, fragte mich Thomas: "Micha, ich hätte jetzt noch einen Durst. Sollen wir noch etwas trinken gehen? Oder hast du es jetzt sehr eilig, nach Hause zu kommen?" "Nein, nein, damit wäre ich jetzt auch einverstanden", antwortete ich lachend. Leider jedoch war jeder Biergarten, den wir ansteuerten, zu. Nach einer Weile meinte Thomas etwas erstaunt: "Heute scheinen wir besonderes Pech zu haben. Dann müssen wir eben doch noch zum Ludwigsplatz laufen. Hast du wirklich noch Lust dazu?" Ich nickte vergnügt den Kopf. Am Ludwigsplatz angekommen, sahen wir gleich, daß wir diesen Weg nicht umsonst gemacht hatten. Unter den Kastanienbäumen saßen ziemlich viele Leute und schlürften ihr Bier oder auch Cafe. Wir hätten bestimmt noch einen leeren Tisch bekommen, wenn es da nicht "Thomas" gerufen hätte. Sofort blickten wir auf die andere Seite hinüber. Da saßen irgendwelche Bekannte von Bärbel und Thomas. Das Mädchen hatte ich schon irgendwie einmal gesehen. Uschi hieß sie. Und der andere war für mich ganz fremd. "Kommt doch zu uns an den Tisch!" rief uns die Uschi entgegen. Einerseits wäre ich zwar lieber mit Thomas alleine an einem Tisch gesessen. Doch es war auch so recht schön und unterhaltsam. Dennoch mußte Thomas davon etwas gemerkt haben, denn kaum hatten wir unser Getränk leergetrunken, meinte er: "Komm Micha, wir müssen jetzt weiter. Auf dem Berliner-Platz aßen wir noch eine Crepe miteinander. Anschließend machten wir uns auf den Weg zu mir nach Hause. In meinem Zimmer setzte mich Thomas erst mal auf den Boden. Die Schachtel mit der

Lichtorgel stand neben mir. Thomas holte, so vor sich hinpfeifend, erst noch in der Küche den Werkzeugkasten. Auf diesen Augenblick hatte ich schon lange gewartet, als Thomas die Lichtorgel aus der Schachtel nahm und sie hinten in der Buchse meines Radiorecorders anschloß. Doch, was war das? Die Lichtorgel flackerte zwar munter drauflos, aber von meinem Gerät hörte man überhaupt keinen Ton. Thomas grinste nur und meinte: "Das war zu erwarten. So muß ich deinen Radiorecorder auseinandernehmen. Du hast doch nichts dagegen, oder? "Aber nein, Thomas, ich weiß ja, daß du etwas davon verstehst", entgegnete ich noch etwas erschrocken von dem Reinfall soeben. Bei dieser Gelegenheit konnte ich einmal meinen Radiorecorder von innen sehen. Plötzlich läutete es an der Wohnungstür. Es war Ralf Koch, der einmal nach meiner Lichtorgel schauen wollte. Nach kurzer Zeit kam auch noch Gino zu mir nach oben. Sie saßen alle zwei auf dem Bett, denn auf dem Boden gab es kaum noch Platz. Kabel, Drähte, Werkzeuge und die Lampen von der Lichtorgel, all dies lag wild verstreut auf dem Boden herum. An diesem Mittag redeten wir nur von der Lichtorgel: Thomas schraubte gerade wieder meinen Radiorecorder zusammen. Er machte das alles so flink. Beim Zuschauen hätte man leicht meinen können, für ihn wäre das ein Kinderspiel gewesen. Nun kam der entscheidende Augenblick. Thomas steckte wieder das Kabel von der Lichtorgel hinten in die Buchse meines Gerätes und schaltete das Radio ein. Sofort fing die Lichtorgel nach der Musik zu flackern an. Es war ein großes Durcheinander, jeder wollte etwas sagen. Plötzlich sprang Ralf auf und rief: "Micha, ich lasse mal den Rolladen herunter." Dabei zwinkerte er mir zu. Ich nickte begeistert den Kopf. Im Dunkeln wurde es erst toll. Die Farben rot, grün und gelb flimmerten die

Wände an. Das Zimmer, die Möbel, die Bilder an der Wand, alles dies wirkte auf einmal so lebendig. Auch imponierend waren die Schatten. Zum Beispiel der Schatten von der Blumenampel, der, je nachdem wie die bunten Lampen aufstrahlten, sich ruckartig verschieben konnte. Thomas meinte, ich könnte das nicht längere Zeit aushalten. Aber dann gab es noch ein kleines Problem. Das Kabel der Lichtorgel reichte nicht bis zum Schrank hinauf. "Was machen wir da, Thomas?" fragte ich etwas enttäuscht, denn ich hätte diese Sache heute gerne fertig gehabt. "Wir müssen die Lichtorgel eben solange auf den Boden stellen, bis ich ein längeres Kabel geholt habe", gab mir Thomas kurz zur Antwort, indem er mir die Lampen schön gleichmäßig nebeneinander aufstellte. Schließlich rief Ralf: "Wir gehen jetzt wieder. Kommst du später auch noch runter in den Hof?" "Ich weiß es noch nicht ganz genau", gab ich ihm nach einem kurzen Zögern zur Antwort. Da stand ich mal wieder, wie so oft, vor der Frage, was ich vorziehen sollte: Meine Lichtorgel oder die Kumpels im Hof. Aber da wir am übernächsten Tag in Urlaub fahren wollten, entschied ich mich doch für den Hof.

Obwohl es vielleicht ein wenig übertrieben klingen mag, mir wurde es ziemlich schwer zumute, als ich an die Abfahrt in den Urlaub dachte. In mir kam das Gefühl auf, als müsse ich von einem schönen Urlaub wieder fort. Meine neue Wohngegend strahlt auf mich irgendwie viel Geborgenheit aus. So war es nämlich bei vielen Urlaubszeiten gewesen: Bodensee, Schweden, Bayrischerwald und Kirchzarten. Weil ich dort im Dorf jedes Mal so tolle Bekanntschaften gemacht hatte, wollte ich einfach nicht mehr nach

Karlsruhe zurück. In dieser Zeit war es mir noch immer nicht recht bewußt, mein Glück für immer gefunden zu haben, und zwar den Hof mit den vielen Kameraden. So gegen dreiviertel zehn, es war schon fast dunkel, begleiteten mich Gino und Ralf Koch nach Hause.

Oben in meinem Zimmer angekommen, brachte ich gleich die Lichtorgel in Gang. Zuerst schaltete ich mit voller Erwartung das Radio an, dann drehte ich mit der Nase an dem Gesamtregler. Puh, das geht doch etwas schwer, dachte ich. Doch nach kurzer Zeit brachte ich es fertig. Auf einmal blinkten die Lampen auf. Im Radio wurde gerade gute Disco-music gesendet. Sofort machte ich das Licht aus. Da die bunten Lampen noch etwas schwach aufblinkten, drehte ich die Musik noch ein wenig lauter. Das fand ich unheimlich interessant, wie die Lichtorgel bei den verschiedensten Musikrhythmen anders reagierte. Wenn das Lied am Ende immer leiser wurde, begannen sich auch die Lampen ganz allmählich auszuflackern. Aber da ich unmittelbar vor dem Geflacker der Lampen lag, fing plötzlich mein Kopf zu brummen an. Normalerweise bin ich nicht mit Kopfweh behaftet. Da bekam ich schon einen Schrecken. Sollte ich vielleicht die Lichtorgel nicht vertragen? So wäre ja das Geld umsonst ausgegeben. Solche Gedanken schossen mir ganz schnell durch den Kopf. Zu meinen Eltern sagte ich aber nichts von meinem Schrecken. Freude hatte ich ja trotzdem an der Lichtorgel. Ich erinnerte mich halt daran, was Thomas zu dem wilden Geflacker gesagt hatte. Meine einzige Hoffnung bestand nur darin, wenn Thomas nach dem Urlaub ein Verlängerungskabel bringt und die Lichtorgel oben auf dem Schrank steht, daß es dann besser sein würde.

Ziemlich früh am anderen Morgen fuhren wir los nach Zell im Wiesental. Dort angekommen, fuhren wir gleich zu Oma und Opa, die uns sofort hinauf in ihre Wohnung führten. In diesem Augenblick fing es schon an. Steile Treppen führten in die Wohnung. Unter einigen Anstrengungen trug mich mein Vater nach oben. Dabei mußte ich an den Aufzug zu Hause denken, der jetzt doch nicht mehr wegzudenken wäre. Opa führte uns gleich ins Wohnzimmer, damit mein Vater mich in den Sessel setzen konnte. Während ich im Sessel saß und das Zimmer, in dem ich mich befand, genauer betrachtete, zeigte Oma und Opa meinen Eltern ihre neue Wohnung. Kurz darauf kamen sie wieder ins Wohnzimmer, um sich weiter zu unterhalten. Unterdessen war Oma beschäftigt, den Tisch im Nebenraum zum Mittagessen zu decken. Von dort duftete es großartig. Es dauerte gar nicht lange, bis uns Oma zum Essen rief. Da ich auf keinen Stuhl sitzen kann, konnte ich den Sessel in das Eßzimmer mitnehmen. Das Essen schmeckte mir ausgezeichnet. Hackbraten mit Spätzle gab es. Nach dem Essen merkten wir bei der Unterhaltung gar nicht, wie schnell die Zeit verging. Im Nu war der Uhrzeiger auf halb vier vorgerückt. Oma stellte uns noch einen Pflaumenkuchen auf den Tisch. Weil Opa anschließend sein Mittagsschläfchen halten wollte, suchten wir dann mit vollem Bauch unser Nachtquartier auf. "Drei König", so hieß das einfache Gasthaus, in dem wir unseren Kurzurlaub verbrachten. Da waren wir schon bekannt von den vorigen zwei Jahren. Zuerst besichtigten wir unsere Zimmer, bevor wir uns vor dem Abendessen noch zu einem Abendspaziergang entschlossen hatten. Der Urlaub war sehr schön und recht abwechslungsreich, obwohl ich den Umtrieb mit meiner Clique sehr vermißte. Unser Urlaubsort Mambach war günstig, um viele schöne

Gebiete des Schwarzwaldes erreichen zu können. Auch waren wir einmal in der naheliegenden Schweiz, wo ich mir gleich Schweizer Schokolade kaufte, die mir besonders gut schmeckt. Trotz allem freute ich mich wie nie zuvor auf daheim, auf mein Zimmer, wo ich so selbstständig leben kann wie nirgend anderswo. Man braucht mich praktisch nur an- und auszuziehen, drei Mal am Tag auf den Klostuhl zu setzen und zum Essen noch ins Wägelchen zu helfen. Hinunter auf den Boden komme ich ja von alleine. Der Tag der Heimreise kam eigentlich schnell auf uns zu. Als wir schließlich die Autobahn verließen und durch Karlsruhe fuhren, überkam mich eine Riesenfreude. Ich konnte es im Auto kaum mehr erwarten, bis wir in die Markgrafenstraße einbogen. Ob ich gleich jemand Bekanntes sehen würde? war mein Gedanke. Aber zuvor fuhren wir noch zum Wienerwald, um frische Hähnchen zu holen. Wir hatten ja an diesem Tag noch nichts zu Mittag gegessen. Ich selber verspürte überhaupt keinen Hunger. Ich wollte nur heim. Mit dem Hähnchen, das schon sehr lecker duftete, kamen wir endgültig zu Hause an. Aufgeregt schaute ich mich nach allen Seiten um. Der vertraute Baulärm klang wieder in meinen Ohren. Die Arbeiter an dem gegenüberliegenden Haus waren schon erheblich weitergekommen. Die Sonne brannte heiß vom blauen quellbewölkten Himmel herunter. Den Unterschied zwischen der klaren Schwarzwaldluft und der dämpfenden Luft in Karlsruhe merkte man schon. Oben in der Wohnung eilte es mir in mein Zimmer zu kommen. Gleich stand ich wieder vor den vielen Möglichkeiten, was ich alles im Zimmer selbstständig machen konnte. Da stand die Lichtorgel, auf die ich mich riesig freute. Im Radiorecorder war eine zur Hälfte aufgenommene Cassette drin, die ich weiter bespielen mußte. Auf dem Tisch lag ein interessantes Buch. Mit der Schreibmaschine mußte ich auch einmal wieder etwas machen. Einige mögen vielleicht mit Recht denken, was will denn der mit diesen wenigen Möglichkeiten, die er am Tag nur mit Mühen machen kann. Doch dadurch wird mein Ehrgeiz um so stärker. Außerdem fühle ich mich in meiner speziellen Situation nach einer Tätigkeit, die ich mit mehr Zeit vollendet habe, sehr bestätigt, sie trotzdem hingebracht zu haben, viel stärker vielleicht, wie für jemanden, bei dem alles viel leichter und schneller von der Hand geht. Jedenfalls reichen mir die Tätigkeiten im Zimmer vollständig aus, den Tag sinnvoll zu nutzen. Sonst müßte ich mich ja zerreißen. Ein Beispiel möchte ich nennen: Wenn ich mit Mund, Nase und Kinn eine Cassette einlegen möchte, (das geht ganz ohne Hilfe) brauche ich ungefähr fünf Mal so viel Zeit wie ein Nichtbehinderter. Oder ich schreibe mit der Schreibmaschine. Unter vier Stunden bekomme ich keine normale Din A 4 Seite voll. Beim Malen mit der Schreibmaschine dauert es schon mehrere Tage. —Mit dem Computer kann ich jetzt gut die Hälfte der Arbeitszeit sparen— Der Hof, auf den ich mich gerade nach den Urlaubstagen besonders freute, war ja auch noch da. Obwohl ich mich im Zimmer immer so ausgelastet fühlte, drängte es mich, gleich hinunter in den Hof zu fahren. In mir war einfach ein Verlangen da, noch am selben Tag ein paar Leute zu sehen. Unten brauchte ich gar nicht groß herumzufahren, da erblickte ich gleich im Vorhof Ralf Koch, seine Schwester Martina und Gino. Als sie mich sahen, rief Ralf: "Au, servus Micha! Gut, daß du wieder da bist. Während du weg warst, hast du hier überhaupt nichts versäumt. Es war nämlich nichts besonderes los im Hof." Martina rief dazwischen: "Wie war es bei dir im Urlaub?" "Ganz gut", antwortete ich und erzählte ein wenig davon. "Doch jetzt bin ich froh, daß ich wieder hier bin", so schloß ich die Erzählung ab. "Deine Urlaubskarte habe ich übrigens bekommen", sagte Ralf. Später tauchten auch die anderen auf. Da gab es ein großes Hallo. Als ich wieder einmal unter den Leuten saß, merkte ich überhaupt nicht mehr, daß ich zehn Tage fort gewesen war. Beglückt rutschte ich am Abend wieder in mein Bett. Im Urlaub konnte ich mich nicht alleine ins Bett bewegen. In dieser Situation war ich wieder, wie in der früheren Zeit, von meinen Eltern abhängig.

Eines Mittags, ich war gerade im Begriff, in die Hofanlage zu fahren, um zu sehen, ob man schon einen Busch oder Baum im neuen Teil der Hofanlage sehen konnte, da kam Martina Koch mit einem kleinen Bübchen dahergelaufen. "Oh, hallo Micha", rief sie. "Komm! Wir gehen zur Bank. Ich fuhr hin. Der kleine Junge schaute mich groß und prüfend an, bevor er sich an Martina anschmiegte. "Wer ist denn das, habt ihr heute Besuch bekommen?" fragte ich Martina. Sie lächelte und sagte: "Nein, das ist unser Pflegekind. Du darfst aber nicht denken, daß er immer so brav und anschmiegsam ist; ganz im Gegenteil", meinte sie und streichelte ihn über das Haar. Daraufhin forderte Martina den Jungen auf, mir seinen Namen zu verraten. Nach kurzer Zeit stieß der Junge gar nicht mal so leise heraus: "Alan, heiße ich." Martina bereitete mich schon frühzeitig darauf vor, daß ich nur abwarten sollte, bis Alan mit mir richtig warm geworden sei. Erst dann könne ich ihn so richtig kennen lernen. Anfangs konnte Martina der Mutter von Alan auch nicht so recht glauben, was sie über ihren Sohn alles erzählte, bis es Martina selbst erlebt hatte und darüber ein Buch schreiben

könnte, was Alan besonders in der Wohnung alles anstellte. Mit schelmischen Augen grinste Alan immer wieder Martina von der Seite an, als wollte er sagen, was du da alles erzählst. Ich fragte Martina nach seinem Alter. "Dreieinhalb", gab mir Martina schnell zur Antwort. Während unserer Unterhaltung knabberte Martina aus einer Kartoffelchipstüte. Wenn Alan in die Tüte griff, hätte man meinen können, er wolle gleich alle Chips herausnehmen. Auch ich bekam davon welche ab. Interessiert beobachtete Alan, wie mir Martina gelegentlich Kartoffelchips in den Mund schob. Plötzlich fragte er Martina, was ich vollig natürlich finde: "Warum muß denn der gefüttert werden?" Sie erklärte ihm: "Weißt du, Michael ist behindert, er kann nicht alleine essen, weil es mit seinen Händen nicht so geht, wie er es vielleicht gerne möchte." Jetzt schien Alan seine Schüchternheit so ganz allmählich abzulegen, und dabei merkte ich, wie sich Alan über mich ernsthafte Gedanken machte. Anschließend kam nämlich die Frage: "Sitzt er deswegen da drin?" Dabei zeigte er auf mein Wägelchen. Dieses Mal begann ich zu antworten. Ich sagte nickend: "Ja genau, deshalb sitze ich da drin, weil ich nämlich nicht laufen kann." Als Alan alles nach seiner Fragerei erfahren hatte, wurde auch er mir gegenüber irgendwie freier und gesprächiger. Er setzte sich sogar manchmal auf meinen Schoß und fütterte mich mit Kartoffelchips. Auch machte es Alan Spaß, vor mir wegzurennen, damit ich ihm, so schnell ich nur konnte, hinterher rasen mußte. "Fang mich doch, fang mich doch," stüpfelte er mich immer wieder von neuem auf.
Einmal, da zeigte mir Alan, daß Martina anfangs doch recht hatte, indem sie mir sagte, nimm dich vor Alan in acht. Er kann ein ungeheuerlicher Lausbub sein. Ich befand mich nahe beim

Springbrunnen und beabsichtigte gerade, den kopfsteinbepflasterten Weg hochzufahren, der zum Springbrunnen führt. Da begegnete mir Martina mit dem kleinen Alan, die gerade im "Prima" einkaufen mußten. Sofort, als mich Alan erblickte, kam er zu mir gerannt. Nun verlief alles furchtbar schnell. Martina war schon von uns ziemlich weit entfernt. Alan schnappte mein Wägelchen von hinten, so daß auch er rückwärts gehen mußte, und zog mich mit beiden Händen in Richtung Springbrunnen. Dabei verfiel sein Gesicht in ein freches Grinsen. Bis zum Brunnenrand dachte ich noch, Alan wolle mich nur an den plätschernden Brunnen schieben. Aber da der kleine Kerl selbst vor dem Brunnen nicht halt machte, bekam ich es plötzlich mit der Angst zu tun. Schon stand ich kurz vor der Stufe, die erstmals zu den vier kleineren Brunnen hinabführte. Flehend schrie ich: "Alan, halt an. Bitte nicht da runter. Martina, Martina, komm doch!" Aber sie war schon zu weit weg, um mich zu hören. Alan lächelte nur, und wumps stand ich unten zwischen dem Geplätscher der vier kleinen Brunnen. Da mich Alan von hinten rückwärts zog, war ich dem Geschehen vollkommen wehrlos ausgesetzt. So war es mir nicht möglich, mich mit den Füßen abzubremsen. Durch meine Sandalen quoll schon das Wasser. Ich begann zu spüren, wie die Strümpfe naß wurden. Mit einigen Kräften versuchte ich, mein Wägelchen noch abzubremsen. Ich preßte meine Füße gegen den nassen Boden. Doch da der Boden zusätzlich noch recht rutschig war, richtete ich mit meiner Bremserei nicht viel aus. Wenn mich Alan vorwärts geschoben hätte, wäre ich bestimmt nicht so wehrlos gewesen, dann hätte ich mich viel besser abbremsen können. Mir blieb nichts mehr anderes übrig, als laut um Hilfe zu schreien. Mit Schrecken merkte ich nämlich, was Alan anstrebte. Er wollte mich unter den größeren Brunnen in der Mitte ziehen. Das wäre eine kräftige Dusche gewesen. Hört mich denn niemand, dachte ich anfangs ziemlich hoffnungslos. Doch schließlich erspähte ich Ginos Vetter, der flink angerannt kam. Ein Stein fiel mir vom Herzen, als dieser mich aus dem Brunnen herausholte. Inzwischen war Martina auch dazugeeilt. Sie schimpfte ganz schön mit Alan herum und machte ihm klar, daß er das nie wieder machen sollte. Ich beruhigte Martina und sagte recht erleichtert, daß es ja noch einmal gut ausgegangen sei. Allerdings nahm ich mich jetzt vor Alan besser in acht.

Nun rückte mein Geburtstag immer näher. Der Tag davor war ein sehr trüber, verregneter Sonntag. Am Nachmittag beschloß ich, doch noch hinaus in den Hof zu fahren. Es hatte ein wenig aufgehört zu regnen. Mich drängte es einfach, etwas an die frische Luft zu kommen und mir ein wenig Bewegung zu verschaffen. Draußen erinnerte mich das öde Wetter schon gewaltig an den Herbst. Es hatte sich auch schwer abgekühlt. Ein orkanartiger Wind fegte durch die Bäumchen, die vor dem Haus der Reihe nach zwischen den parkenden Autos standen, und wirbelte schon erheblich viele vergilbte Blätter herunter. Am Boden konnte man ein lustiges Ringelreihen der Blätter beobachten. Nur fremde Leute spazierten die Markgrafenstraße entlang. Plötzlich bekam ich einen Regentropfen auf die Nase. So nutzte ich die Überdachung und fuhr weiter am "Prima" Laden vorbei. In Höhe des Ladens sah ich Carmela entgegenkommen. Sie sah etwas müde und abgespannt aus. Gleich teilte sie mir die traurige Nachricht mit, daß gestern Nacht ihr Vater gestorben sei. Vor Schrecken zuckte ich zusammen. Ich wußte zwar, daß Herr Boijano schon seit mehreren Wochen schwer krank gewesen war, doch dies kam für mich zu überraschend. Wir unterhielten uns eine ganze Weile darüber. Ich hatte so das Gefühl, Carmela tat es ganz gut, sich eine Weile aussprechen zu können. Auf einmal kam mir der Himmel noch düsterer vor. Beklommen von dieser Nachricht fuhr ich später weiter bis zu dem Textiliengeschäft der Familie Boiano. Als ich am Laden ankam, fiel mir gleich ein kleines Schildchen an der Ladentür ins Auge, auf dem stand: "Wegen Todesfall vorübergehend geschlossen." Dies und das Wetter drückten mir dermaßen auf die Stimmung, daß ich fest entschlossen umkehrte. Alle von der Clique waren wie vom Erdboden verschluckt. Irgendwie kam es mir draußen an diesem Tag so richtig doof vor. An unserer Haustür angekommen, ließ ich mich gleich von Nachbarn in den Aufzug bringen. Auch oben in der Wohnung kam es mir so furchtbar düster vor. Bis zum Abendessen las ich noch in der Bibel. Ich war gerade bei der Auferstehung Jesu. Zu dieser Zeit interessierte mich die Bibel wahnsinnig. Nicht, weil ich besonders fromm sein wollte. Ich besuche auch nicht jeden Sonntag gewohnheitsmäßig die Kirche. Vielleicht auch gerade deshalb! Denn in der Bibel finde ich, zum Beispiel gerade in der Bergpredigt oder in der Geschichte mit den Zöllnern, vor allem in den Evangelien, so einige Widersprüche zu der Organisation Kirche. Auch in den Römerbriefen konnte ich Ähnliches feststellen.

Am darauffolgenden Tag war mein Geburtstag. Da sah der Tag wieder freundlicher aus. Die Sonne schien hell in mein Zimmer herein. Nach dem Frühstück läutete es gleich an der Wohnungstür. Ralf Koch war es, der mit herzlichen Glückwünschen in mein Zimmer kam.

"Martina läßt dich auch grüßen", sagte er mir sogleich. Ralf blieb ein wenig bei mir, dann meinte er entschlossen: "Also Micha, ich muß noch in die Stadt, um ein Geschenk für dich zu kaufen. Heute Mittag bringe ich es dann mit. Untedessen hatte ich so viele Glückwunschkarten zu lesen, daß die Zeit bis zum Mittag sehr schnell verging. Am Nachmittag fing die rege Stimmung erst an, als die Gäste kamen. Es waren eigentlich nicht viele. Es kamen Hilde Knoch und Tante Friedel mit Onkel Wilhelm. Doch diese reichten völlig aus, um die nötige Heiterkeit aufkommen zu lassen. Als Ralf Koch schließlich mit seinem Geschenk kam, forderte ich ihn auch auf, mit uns Kaffee zu trinken. Das war eine Gaudi, Onkel Wilhelm machte wie immer seine lustigen Sprüche. Gegen 17,00 Uhr kamen noch Bärbel und Thomas. Thomas zeigte mir gleich unter der Wohnzimmertür das Verlängerungskabel für die Lichtorgel. "Aber erst kommst du rein ins Wonhzimmer. Wir haben für euch noch genügend Kuchen auf dem Tisch stehen", rief ich ihm zu. Bärbel meinte zwar, sie müsse abnehmen und wie so oft nahm sie sich vor, nur ganz wenig zu essen. Doch dann am Tisch konnte sie trotz ihrer guten Vorsätze nicht dem Kuchen widerstehen. Kaum hatte Thomas gemütlich fertig gegessen, rief er: "Komm, wir gehen in dein Zimmer und machen schnell die Lichtorgel fertig. Erfreut drehte ich mich in Fahrtrichtung. Spaßig und zugleich ein wenig verwirrt mischte sich Onkel Wilhelm ins Gespräch. Er meinte: "Lichtorgel, Lichtorgel, ich höre nur noch Lichtorgel, was ist das denn für ein neumodischer Krampf?" Lachend entgegnete ich: "Du kannst ja nachher mal in mein Zimmer kommen, dann siehst du, was das ist. Onkel Wilhelm hänselte weiter. Er flüsterte Ralf zu: "Du stimmst mir wenigstens zu, nicht wahr? Für einen solchen Blödsinn wie die

Lichtorgel haben wir kein Interesse." Auf die folgende Antwort von Ralf blickte Onkel Wilhelm verdutzt umher, denn er entgegnete ihm: "Nein! Wieso? Vielleicht kaufe ich mir, sobald ich Geld verdiene, auch mal eine Lichtorgel." Lachend erhob sich Ralf, um mir in mein Zimmer zu folgen. Ich mußte einfach lachen, denn ich hörte noch Onkel Wilhelm sagen: "Also auch so ein Spinner." Hilde Knoch entgegnete ihm daraufhin. "Was will man machen, das sind eben junge Leute." Onkel Wilhelm machte ja nur Spaß, ohne ihn konnte ich mir jedenfalls keinen Geburtstag vorstellen. Er lockerte alles ein wenig auf. Im Zimmer zeigte mir Thomas das Brett, auf das er die Lampen schraubte. Dann baute Thomas den Reglerkasten auseinander, um das längere Kabel anzubringen. Als Onkel Wilhelm mit Tante Friedel und Hilde in mein Zimmer kam, stand die Lichtorgel schon flackernd auf dem Wohnzimmerschrank. "Ja, kannst du die Lichtorgel auch selber ein- und ausschalten?" fragte mich Hilde interessiert. Ich nickte: "Ja, das geht, der gelbe Reglerkasten bleibt auf dem Boden, und da komme ich schon zurecht", antwortete ich freudig. "Du weißt ja, wenn es Schwierigkeiten gibt, dann mache ich dir noch einen Druckknopfschalter hin. Das wäre für mich kein Proplem", mischte sich Thomas ins Gespräch. "Jetzt bist du endgültig übergeschnappt. Dir ist jetzt auch nicht mehr zu helfen. Au, ich weiß etwas Besseres, wie du die Lichtorgel ganz schnell ausschalten kannst. Ich hole dir von draußen einfach einen schweren Stein. Den kannst du einfach gegen die Lampen nach oben werfen. Was meinst du, wie schnell das funktioniert." So versuchte mich mein lieber Onkel immer wieder zu ärgern. "Hui, das wäre aber auch nichts für mich, das unruhige Licht würde mir sehr bald auf die Nerven gehen", stellte Tante Friedel fest. Ralf und ich, wir lachten nur. Am Abend, als die Gäste gegangen waren, probierte ich noch einmal die Lichtorgel in aller Ruhe aus. Dabei stellte ich mit Freuden fest, daß die Kopfschmerzen wegblieben. Außerdem kamen die Farben aus der Höhe viel besser zur Geltung.

Die Sommerferien neigten sich jetzt leider dem Ende entgegen. Mein neues Zuhause gab mir so viel, daß ich gar nicht an den Schulbeginn denken wollte. Nicht nur wegen meiner Schule war es mir. Nein, ich hatte auch Angst, daß im Hof während der Schulzeit, der Hausaufgaben wegen, kaum noch etwas los sein würde. Da täuschte ich mich aber ganz gewaltig, wie es sich bald herausstellte. Ich lernte zusätzlich noch neue Kameraden kennen. Eines Nachmittags saßen auf der vorderen Wiese der Hofanlage ein paar Jüngere im Alter von so ca. acht bis sechzehn Jahren im Kreis und warfen mit einem Taschenmesser in den Boden. Von ihnen kannte ich noch niemanden. Doch da mich dieses Messerspiel interessierte, fuhr ich einmal hin. Sofort rückten einige zur Seite und meinten, ich könne ruhig näher kommen. Die Spielregeln waren so: Der Reihe nach warf jeder das Messer ins Gras. Dabei waren die Wurfmöglichkeiten erschwert, indem sie das Messer in fünf verschiedene Wurftricks ins Gras werfen mußten. Zum Beispiel mit dem Handrücken und so weiter. Wenn dann das Messer im Boden steckenblieb, war es gut, wenn nicht, dann bekam derjenige einen Strafpunkt. Wer am Schluß nach drei Runden die meisten Strafpunkte bekommen hatte, mußte mit dem Mund vom Boden ein Stöckchen ziehen. Dabei lag der- oder diejenige der Länge nach auf dem Bauch im Rasen, um das Stöckchen richtig aufschnappen zu konnen. Die andern konnten dieses Schauspiel zusätzlich erschweren, indem sie das Stöckchen der

Reihe nach mit zwei Schlägen noch tiefer in den Boden schlagen durften. Mehrere Mittage sah ich den Kindern und Jugendlichen beim Spielen auf dem Rasen zu, wobei sie nicht nur bei diesem einen Spiel blieben. Manchmal spielten sie auch Fußball, oder die Jüngeren unter ihnen balgten auf dem Rasen herum. Am Rande der Rasenfläche, wo auch ich mich meistens befand, war der Ausruhepunkt. Da saßen dann die Leute zusammen und unterhielten sich miteinander über die Schule und über so manche Erlebnisse. Hin und wieder erzählte einer einen Witz, worüber wir alle lachen mußten. Mit Freuden verspürte ich, daß mich auch dieser Kreis von Tag zu Tag immer mehr einbezog. Die neuen Bekanntschaften wuchsen und wuchsen. Das hieß also, ich mußte mir wieder ganz schön viele Namen merken. Mit einem blondhaarigen Jungen fings an. Er kam eines Tages plötzlich auf mich zu und fragte mich recht interessiert, wo ich denn wohne und ob ich hier frisch eingezogen sei. Nachdem ich ihm alles beantwortet hatte, fragte der Junge mit einem Lächeln im Gesicht nach meinem Namen. Als ich ihm geantwortet hatte, stellte ich ihm diese Frage zurück. Er erwiderte mir: "Frank Elchinger, heiße ich." So war es auch mit vielen anderen vom Hof. Irgendwann kam ein solches Gespräch zustande. Ein ziemlich dunkelhäutiger mit schwarzen Grusselhaaren war auch dabei. Gerade das gefällt mir in unserem Hof so gut, daß es hier ein selbstverständliches Zusammenkommen mit Kindern und Jugendlichen aus verschiedenen fremdsprachigen Ländern gibt. Hier wohnen zusammen: Italiener, Türken, Polen, Griechen und Russen. Aber da die meisten in Deutschland geboren sind, können sie sehr gut die deutsche Sprache. Vor zwei oder drei Jahren träumte ich einmal, ich säße mit einer großen Schar von Jugendlichen zusammen

auf einer großen Wiese. Die Hälfte von ihnen war auch international. Nur einen Unterschied gab es, nicht alle konnten deutsch. So verständigten wir uns eben mit der Zeichensprache. Mit etwas Geduld konnten wir uns so gut verstehen. Zwischendurch machten wir zusammen verschiedene Ballspiele: Fußball, Handball und andere. Ich machte ganz selbstverständlich mit, wo ich nur konnte. Da gab es einfach keine Hierarchiegedanken.
Als ich dann schließlich am Morgen erwachte, überfiel mich eine große Enttäuschung, weil ich diese Clique nur im Traum gefunden hatte und sie nicht in Wirklichkeit existierte. Solche ähnlichen Wunschträume hatte ich öfters. Sie waren nicht immer auf die Integrierung irgendwelcher Menschen beschränkt. Nein, ich wollte einen Freundeskreis haben, außerhalb der Schule. Ich wollte schon immer um gute Freundschaftsbeziehungen selber ringen, nicht ständig eine sichere Einrichtung oder Institution im Nacken haben, die mir eine Zusammenkunft mit anderen Leuten bieten und erleichtern soll. Das finde ich so furchtbar wichtig für mich und andere Behinderte und erst recht für die Nichtbehinderten, daß die Vorurteile, die ohne Zweifel aber auf beiden Seiten vorhanden sind, abgebaut werden. Denn wir helfen den Nichbehinderten, die sicherlich anfangs noch etwas unsicher einem behinderten Menschen gegenüberstehen, nicht, indem wir ihnen aus dem Weg gehen und ihnen noch ihre sicherlich manchmal recht blöde Verhaltensweise vorwerfen. Ein Behinderter hat es ohne Zweifel schwierig, als vollmündiger Mensch angesehen zu werden. Dadurch wird man für die Öffentlichkeit, wenn <u>man selbst nicht aufpaßt</u>, ewig ein kleines, armes Kind bleiben. Davor darf sich aber der Behinderte nicht scheuen. Gerade deshalb muß ich rein in den Kreis von

Nichtbehinderten. Denn nur ein Behinderter kann einem Nichtbehinderten zeigen, daß auch er ein Mensch wie jeder andere ist. Jetzt scheint es mir, als ob meine ewigen Wunschträume in Erfüllung gegangen sind. Es war manchmal sogar echt schwierig, wo ich mich überall zugleich hinwenden sollte. Manchmal wünschte ich, ich könne mich unter den Gruppen zerreißen und dabei lernte ich immer wieder neue Leute kennen, wie an diesem sonnigwarmen Spätsommertag.

Am nächsten Tag fuhr ich wieder in die Hofanlage. Mein erster Blick, als ich über den schmalen, geplättelten Weg fuhr, war jedes Mal das große Baugelände, wo laute Motorgeräusche der Planier- und Walzmaschinen zu hören waren. Die Arbeiter machten jetzt ganz schön voran. Bald, dachte ich, könne ich auch in diesem neuen Teil der Grünanlage umherfahren. Als ich genügend Ausschau gehalten hatte, fuhr ich weiter. Gleich an der ersten Rasenfläche waren bekannte Stimmen zu hören, die den Baulärm übertönten. Au, da hinten an der Schaukel muß wieder eine Menge los sein, dachte ich und mit beglückter Seele fuhr ich den schmalen Weg entlang. Um das Gestrüpp am Wegesrand schwirrten noch mit lautem Summen die Bienen umher, als müßten sie sich vor dem herankommenden Winter beeilen. Kurz vor meinem Ziel führte mich der Weg am Reck vorbei. Kleinere Mädchen, Patrizia Boijano war auch dabei, führten sich gegenseitig ihre Turnübungen vor. Jetzt kam gerade die Patrizia an die Reihe. "Ah Michael, schau mal, was ich kann", rief sie mir freudig zu. Nachdem ich ihr ein wenig zugeschaut hatte, fuhr ich weiter. Am hinteren Teil der Hofanlage, wo sich die Häuserfront zuspitzt, sah ich, daß einige wieder auf dem Rasen "Steckelchen fressen" machten. Schnell fuhr ich hin, um bei diesem lustigen Spiel zuzuschauen. "Servus Michael", rief mir Frank zu: "Vorhin hättest du hier sein müssen, da mußte nämlich ich den Stock herausziehen", erzählte mir Frank Elchinger voller Eifer. "Jetzt ist die Sandra bald dran", berichtete mir Silvia ketzerisch. In diesem Kreis entdeckte ich schon wieder neue Gesichter: ein Junge mit ganz hellblonden Haaren, der Thorsten Weber hieß, und ein Mädchen, die mir sofort mit ihrer unheimlich trockenen Art auffiel. Ihr Name war Silke, die auch mal auf dem Bauch liegen mußte, um das Stöckchen mit dem Mund aus dem Boden zu ziehen. Bei ihr mußten wir besonders lachen. Mit was für einer Miene sie vergeblichst versuchte, das Stöckchen aufzuschnappen! Ihre Reaktion auf unser Gelächter war geladen, sie bewarf uns alle mit Gras. Da ich auch nicht mehr aufhören konnte zu lachen, blieb auch ich nicht verschont. Mit einer Hand voll frisch gemähtem Gras zielte sie extra auf mich. Dabei setzte sie ein freches Lächeln auf. Dies fand ich besonders toll, nicht etwa deshalb, weil ich es schön finde, mit Gras beworfen zu werden, sondern weil ich einmal nicht der arme Behinderte war, bei dem man so etwas nicht machen durfte. Wie die andern mußte auch ich in Deckung fahren, wobei ich mich völlig integriert fühlte. Viele könnten aus dem spontanen Verhalten von Silke etwas lernen. Ich als behinderter Mensch möchte nicht ewig als Sondermensch behandelt werden. Deshalb ist es mein Bestreben, nicht nur die Leute zu suchen, die beruflich mit Behinderten zu tun haben. Diese fühlen sich im Umgang mit Behinderten sicherer und können sich somit besser – man müßte es wenigstens annehmen- mit einem behinderten Menschen auseinandersetzen. Das finde ich recht und schön, doch ich fände es traurig, wenn ein behinderter Mensch – ich drücke es ein bißchen überspitzt aus – nur mit bestimmten Fachleuten leben müßte oder könnte. Wobei ich damit sicherlich nicht für schlecht heißen möchte, daß es solche Leute gibt, die sich besonders auf beruflicher Ebene um Behinderte kümmern möchten. Doch allein damit könnte ich nicht zufrieden sein, da ich mich mit meiner körperlichen Behinderung nicht als ein außergewöhnlicher Mensch betrachte. Oftmals ärgere ich mich darüber, daß gerade in der Aktion Sorgenkind hauptsächlich <u>von</u> uns, nicht <u>mit</u> uns, geredet wird. Wenn ein Nichtbehinderter ewig für den Behinderten spricht, ist es doch ganz klar, daß der Zuschauer dieser Fernsehsendung auf die falsche Meinung gestoßen wird, wir behinderte Menschen wären entscheidungsunfähig und damit mit den Geistigbehinderten gleichzusetzen. So denken doch noch viele in unserer Gesellschaft. Das Schlimme ist leider nur dabei, daß dieses Denken gerade von Leuten, die sich für die Behindertenarbeit besonders angangieren, getragen und vertieft wird.

Am Freitag kam Ralf, um mich zum KSC-Training abzuholen. Wir nahmen den kürzesten Weg zum Wildparkstadion, den Elefantenpfad. Der Weg führt von der Stadtmitten durch den Hardtwald. Er soll deshalb so von den Bürgern genannt worden sein, weil, wenn unsere Fußballmannschaft verliert, die Menschenmassen enttäuscht und mit hängenden Rüsseln nach Hause gehen. Unterwegs sprachen wir viel über die Menschen und die Gesellschaft. Wir tauschten so einige Stories aus. Er erzählte mir viel von seinen Schwierigkeiten mit älteren Leuten. "Du Ralf! Gell, wenn du mit dem Liede, Jasmingo oder Wolfgang und Rolf zusammen bist, möchtest du unbedingt älter wirken?" fragte ich und versuchte, so gut es mir gelang, nach hinten an Ralf hochzuschauen. Etwas zögernd antwortete er: "Ja, das mag stimmen, ich möchte nämlich kein Außenseiter sein." Ernst blickte ich zur Seite und entgegnete: "Ralf! Jetzt muß ich dir etwas sagen. Sei mir aber bitte nicht böse. Wenn ich dich unter der Gruppe von Liede, Rolf usw. sehe, erkenne ich dich mit deiner Art nicht wieder. Man merkt ganz genau, du spielst einen Menschen vor, der du gar nicht bist. Hingegen, wenn du mit deiner Schwester oder mit Gino und Ralf Hempel und auch mit mir zusammen bist, wirkst du viel reifer und irgendwie echter. Jetzt, ohne Übertreibung, mit dir kann ich zum Beispiel besser und einfach vielseitiger reden wie mit Liede oder mit Rolf. Sie haben zur Zeit nämlich nur ein Thema, und das sind Mädchen oder Trinken, und das finde ich etwas langweilig. Wenn ich dich wäre, würde ich sie nicht so sehr beneiden." Daraufhin schwieg Ralf zunächst einmal. Es war schön, durch den Wald zu gehen. Die Sonne brannte auch nicht mehr so entsetzlich heiß. Immer wieder war mein Blick hoch auf die Bäume gerichtet, und ich genoß das dichte, noch grüne Laub. Bald würde ja der Herbstwind kommen und die Blätter auf die Erde wirbeln. Auch ich hatte Ralf Vieles zu erzählen. Ich teilte ihm mit, wie froh ich sei, daß ich jetzt unter Leuten wohne, die mich ganz einfach ohne falsches Mitleid so akzeptieren und nehmen, wie ich nun mal mit meiner Körperbehinderung bin. Ralf konnte es gar nicht gleich verstehen, daß es Menschen gibt, die nur wegen meiner Behinderung irritiert und hilflos sind. "Also anfangs, muß ich fairerweise zugeben, war ich auch ein wenig vorsichtig mit dir. Ich wußte auch zunächst nicht recht, was mit dir anzufangen sei. Doch dann, als ich dich jedesmal im Hof sah und hörte, wie du mit den andern sprichst und umgehst, merkte ich, daß du im Grunde ein Mensch bist wie jeder andere." Als wir schließlich ins Stadiongelände kamen, führte ich Ralf zu den Mannschaftskabinen hin. Da es noch ein wenig zu früh war, warteten wir dort auf die Spieler, die nacheinander eintrafen. Ein Rudel von Kindern und Jugendlichen, auch Erwachsene stürmten die jeweiligen Autos, in denen ein Spieler saß. Machtlos, ohne richtig in Ruhe aus dem Auto steigen zu können, mußten sie ihr Autogramm auf Fußballhefte oder Bilder schreiben. Schließlich kamen sie auch an uns vorbei. Mit schweren Sporttaschen eilten sie in die Umkleidekabinen. Mit Rolf Dohmen, Winfried Trenkel, Stefan Groß, Martin Wiesner, Uwe Dittus und dem Trainer Manfred Krafft hielten wir ein kurzes Schwätzchen und wünschten ihnen für die erste Bundesliga alles Gute. Ungefähr eine gute viertel Stunde mußten wir warten, bis diese Leute wieder aus dem Gymnastikraum herauskamen. Dann zogen wir mit der Mannschaft hinüber auf den Nebenplatz, wo sie ihr Training absolvierten. Aufmerksam schauten wir ihnen beim ganzen Training zu. Nach ungefähr eineinhalb Stunden, als die KSC Mannschaft ihr sehr strenges Training beendet hatte und recht verschwitzt an uns vorbei zu den Kabinen wankte, rief mir Rudi Wimmer, der Torwart, zu: "Servus! Bist du auch wieder da?" Ich rief zurück: "Ja, ja, ich wünsche ihnen, daß Sie morgen keinen Ball ins Tor lassen!" Rudi Wimmer drehte sich für einen kurzen Augenblick noch um und erwiderte mir: "Danke, danke, ich werde es versuchen." Ich schnuppere einfach gern ein wenig die intime Atmosphäre einer Fußballmannschaft. Ich glaube nicht nur, weil es der Karlsruher Sportclub ist, sondern einfach weil ich einige Spieler menschlich mag. Ich nutze einfach die Chance, diese Leute ohne großen Wirbel hautnah kennenzulernen. Deshalb macht es mir in diesem Fußballverein besonders zu schaffen, wenn ein Spieler für eine Ablösesumme einfach wie ein Gegenstand verkauft wird. Auf dem Heimweg fragte mich Ralf plötzich mit einer ziemlich ernsten Stimme: "Du Michael! Jetzt antworte mir bitte ganz ehrlich. Habe ich da einen Fehler gemacht, als ich ein paar Freunden von mir erzählte, wie du dein Musikgerät vollkommen mit dem Kopf, dem Kinn und der Nase bedienen kannst? Die Reaktion von denen war: Empörtheit. Sie meinten: "So etwas kannst du doch nicht herumerzählen. Das macht man doch nicht. Kurz gesagt, sie waren mir deshalb fast böse." Da antwortete ich Ralf, und eine innere Freude kam in mir auf, obgleich mir Ralf in seiner Situation leid tat: "Nein, im Gegenteil, das fand ich sogar ganz gut. Du hast etwas gesehen, das für dich neu und beeindruckend war, warum sollst du daraus ein Geheimnis machen. Das kannst du deinen Kameraden ruhig einmal sagen." Ralf wurde immer fröhlicher, nachdem er von mir diese Antwort gehört hatte. Daraufhin meinte er: "Das ist sicher nur eine reine Übungssache, und ein bißchen Selbstständigkeit tut dir sicherlich auch ganz gut. Ob du es jetzt, wie wir, mit den Händen oder mit dem Kinn und der Nase machst, ist doch im Endeffekt egal." "Sicherlich! Für mich wäre es zum Beispiel schlimm, wenn ich bei jeder Cassette, die ich hören möchte, meine Mutter oder Vater ins Zimmer rufen müßte", meinte ich sehr zufrieden und fügte noch hinzu: "Nicht, weil ich Angst hätte, meine Eltern hätten keine Zeit, sondern weil mein Selbstwertgefühl darunter sehr leiden würde." "Jeder Mensch braucht ein gesundes Selbstwertgefühl", erwiderte mir Ralf nachdenklich. Ich nickte und antwortete: "Ja, du hast es richtig erkannt, um das geht es auch."

Am 12. September 1980 war unsere große Einzugsfeier. Alle, die uns beim Umzug geholfen hatten, waren herzlichst eingeladen. Zum ersten Mal benützten wir den großen Gemeinschaftsraum, den man dreimal im Jahr mieten kann. Der Raum ist unweit von unserer Wohnung bei Hauseingang 23. Ich befand mich in den frühen Abendstunden gerade im Vorhof und verweilte mich noch ein wenig, bis die Gäste kamen mit Harry, Rolf, Ralf Hempel und seiner Freundin Doris. Doris fand ich auch von Anfang an sehr sympathisch, mit ihr konnte ich auch gleich gut und über Vieles reden. Meine Eltern richteten unterdessen mit Hilde Knoch den Gemeinschaftsraum her. Als sie damit fertig waren und an uns vorübergingen, rief mein Vater mir zu: "Michael, du kannst auch etwas tun. Wenn nachher die Gäste kommen, dann schicke sie zuerst in unsere Wohnung. Aber jetzt kannst du ruhig noch ein wenig mit deinen Kumpels zusammen sein, es ist ja noch ziemlich früh. Die Zeit ist ausgemacht, so zwischen sieben und halb acht Uhr. Da werden die Gäste nacheinander kommen." Also gut, ich nahm die Bitte meines Vaters an. Im Nu war es soweit. Ralf Hempel neckte mich immer wieder mit diesen Worten: "Gell Micha, du hast mich heute Abend zu euerem Fest eingeladen. Ich freue mich schon riesig darauf. Kann meine Freundin auch mitkommen?" Doris hielt den Zeigefinger auf ihre Stirn. Sie meinte nur: "Micha, höre nicht auf ihn, den kannst du heute nicht für vollnehmen, der spinnt wieder einmal." Ich lachte und antwortete nur: "Ich glaube, du hast recht." Ralf schüttelte nur grinsend den Kopf. Inzwischen war noch Hansi gekommen. Er lehnte sich an die Mauer, um dem Gespräch zu lauschen, als gerade die Hoflaterne anflimmerte. Das mit dem Fest interessierte ihn auch. "Was läuft denn bei euch heute Abend ab", erkundigte sich Hansi recht neugierig. Während ich ihm alles mit dem Umzug erklärte, sah ich plötzlich Familie Heidel daherkommen. Ralf sagte mir, daß es schon fünf vor sieben sei. So verabschiedete ich mich von den Leuten im Hof. Am liebsten hätte ich einige gern zu unserem Fest eingeladen. Familie Heidel und auch Familie Schmitt kamen schon auf mich zu, als ich ihnen entgegenfuhr. Nach der Begrüßung wies ich sie zuerst hoch in unsere Wohnung. Diese Leute befragten mich der Reihe nach, wie es mir hier gefiele und ob ich mich gut eingelebt habe. Kopfnickend konnte ich ihnen nur eines antworten, das war: "Sehr gut. Nie mehr wollte ich wieder in die Südstadt zurück." Vor unserer Haustür unten gab es ein großes Hallo. Alle, die zu unserem Einzugsfest kamen, schickte ich rauf zu meinen Eltern. "Kann man den Michael einfach alleine draußen lassen?" fragte Frau Lechner meine Mutter ein wenig besorgt, die gerade runter gekommen war. "Oh je, was meinst du, Michael ist fast jeden Tag mit seinen Freunden alleine draußen", erwiderte ihr meine Mutter. Oben gab's für die Männer zuerst einmal ein Empfangsschnäpschen. Daraufhin folgte eine große Wohnungsbesichtigung. Die Besucher waren sehr gespannt, wie sich unsere Wohnungseinrichtung weiter entwickelt hatte. Als ich unten wieder auf den Vorplatz fuhr, mußten sie gerade in meinem Zimmer gewesen sein. Als ich die Seitenfassade des Hauses hinaufblickte, sah ich Licht in meinem Zimmer brennen. Bei unserem Fest war es sehr gemütlich. Zum Abendessen gab es ein großes Bauernbrotvesper. Thomas und Bärbel waren auch dabei. Der Abend wurde bei guter Stimmung und reicher Unterhaltung ziemlich lang.

Eine Zeitlang wurde im Vorhof zwischen den Häusern fast jeden Tag

Fußball gespielt. Von Gino oder Ralf Koch wurde ich immer aufgefordert, den Schiedsrichter zu machen. Gino legte mir seine Armbanduhr vor mir auf die Mauer, so daß ich gut auf die Zeit achten konnte. Ich sollte die Jungs 2 x 30 Minuten spielen lassen. Auch bei Faulaktionen war ich verantwortlich. Die Aufteilung der Mannschaften war von Tag zu Tag unterschiedlich. Oft spielten Gino, Ralf Koch und Ralf Hempel gegen Uwe Koch, Hansi und Frank Elchinger. Mit großer Begeisterung schaute ich den spannenden Spielen zu. Manchmal kickte auch Olaf und Harry noch mit. Einmal, an einem schon sehr kühlen Herbsttag, war es wieder so. Durch Olaf und Harry bekam das Spiel eine besondere Note. Natürlich wurde wegen der etwas kleinen Spielfläche mehr gefault und geschoben, doch dies brachte gerade die besondere Heiterkeit. Außer Gino, der besonders gut mit dem Ball umgehen konnte, gefiel mir Frank Elchinger. Er trickste die anderen Jungs gerade so aus, obwohl sie drei oder gar vier Jahre älter waren. Frank war bei den anderen nicht der unterlegene Kleine, nein, er hatte sogar erheblich viel am Ball zu sagen. Mit ihm freundete ich mich auch sehr rasch an. Seine impulsive Art zog mich besonders an. Frank behandelte mich von Anfang an so wie er mit seinen Kumpels umgeht und nicht, wie manch anderer, der krampfhaft eine Verhaltensweise sucht, um mit einem Behinderten in Kontakt zu treten. Plötzlich wehte ein kalter, heftiger Wind. Eine graue Wolkendecke zog sich im Nu zusammen. Das bunte Laub wirbelte es nur so in der Luft umher. Es ärgerte mich ungemein, denn wegen des blöden Wetters, war der Tag im Hof schon vorbei. Mit Mißmut dachte ich an die Schule, weil bald eine Rechenarbeit ins Haus stand. So pflegte es unsere Lehrerin zu sagen. Als ich mich im Aufzug von meinen Freunden verabschiedete, dachte ich, nur hier kannst du so richtig glücklich sein. Mich machte nur der Herbst ein wenig traurig, der sich heute mit seinem ersten trüben, naßkalten Gesicht zeigte. Ich konnte nur hoffen, daß ich vom Wetter her morgen nach der Schule wieder in den Hof konnte.

Wehmut und Sehnsucht ergriff mich fast jedesmal, wenn ich mit dem Schulbus morgens in der Dunkelheit an Ralf Kochs Haus vorbeifuhr. Ich duckte mich extra, um hoch in den dritten Stock schauen zu können. Hinter einem Fenster – ich wußte von Ralf, welches sein Zimmer war – brannte Licht. Ich dachte, Ralf wird sich jetzt auch für den Ernst des Lebens fertig machen. Der Schulbus fuhr mich tagtäglich in zwei Welten: Früh morgens in die Schule und nachmittags wieder nach Hause. Ein einziger Trost blieb mir, daß alle, aber auch alle, den Weg zur Schule oder Berufsstelle gehen müssen, ob sie nun wollen oder nicht. Trotzdem hatte ich einen sehr unrealen Wunsch: Mich, zusammen mit Ralf, für den Arbeitstag fertig machen zu können. Aber es half nichts, im Autorückspiegel sah ich mein Wohngebiet in der Ferne verschwinden.

An den nächsten Tagen war das Wetter wieder erträglicher. Die Sonne schien wohl nicht mehr so warm, doch zum Rausgehen lohnte es sich noch. Ungefähr nach vierzehn Tagen sah ich völlig unerwartet das Gittertor zur Hofanlage offen stehen. Schnell, mit großer Spannung, wie es nun hinterm Haus aussehen würde, fuhr ich durch das Tor. Anstatt des engen Weges machte sich ein großer Vorplatz breit. Auf dem gut geplätteten Boden konnte ich mich jetzt für zwei Richtungen entscheiden. Doch mich lockte die Neugier, einmal geradeaus und dann rechts in den neuen Teil der Hofanlage zu fahren. Schmale Wege führten mitten durch die noch nicht ganz mit Pflanzen angelegte Zieranlage. Vorne, in der Ecke zur Kapellenstraße und der Fritz-Erler-Straße, grenzte eine über drei Meter hohe schalldichte Mauer den Autoverkehr ab. Davor lag ein ziemlich großes Gelände, das durch viel Matsch und Wasser gefüllte Schlaglöcher gekennzeichnet war. Aus der Ferne sah ich auf dem etwas unten liegenden riesigen Platz viele Heckenstöcke liegen, die noch nicht eingepflanzt waren. Sie leuchteten in der Sonne in den schönsten herbstlichen Farben. Beim Fahren entdeckte ich einige Gärtner, die damit beschäftigt waren, diese Heckenstöcke in langen Linien einzupflanzen. Da ich diesen Vorgang zuvor noch nicht gesehen hatte, schaute ich den Leuten lange zu. Die Arbeit machte schnelle Fortschritte. Mit einem spitzen Metallstab wurden einfach Löcher in den Boden gestoßen, dann wurden die einzelnen Heckenstöcke, jeweils zwei nebeneinander, in langen Reihen gesetzt. Durch die immer empfindlicher werdende Kälte mußte ich hin und wieder eine Runde fahren, damit es mir warm wurde. Kurz vor dem Durchgang zur Markgrafenstraße kam mir Olaf entgegen. Er meinte, während er bedenklich auf den neuen Teil der Hofanlage sah: "Ich finde die Fläche so richtig nutzlos verplant. Eine große Wiese mit Bäumen wäre für uns alle zweckmäßiger gewesen." Ich konnte Olaf eigentlich nur zustimmen. Bei der ganzen Hofplanung wurde wirklich zu wenig an uns Jugendliche gedacht. Bis jetzt wurde fleißig die Zieranlage erweitert, doch um die Zufriedenheit der Kinder und Jugendlichen schien sich keiner zu kümmern.

Harald saß einmal sehr ernst und nachdenklich neben mir. Während die anderen gerade lärmend auf ihren Mopeds davonflitzten, fragte er mich: "Sag mal, Micha! Tut es dir nicht weh, wenn wir manchmal von einer Sekunde zur andern mit den Mopeds ins Kino oder sonst irgendwo hinfahren und du mit deinem Rollstuhl alleine zurückbleiben mußt?" Ich senkte den Kopf und meinte: "Doch, manchmal schon." Eine solche direkte Frage empfinde ich nicht als das übliche, oberflächliche Mitleid. Ein gesundes Mitleid oder, besser ausgedrückt, mit-empfinden, finde ich sogar recht positiv. Ich fände es traurig, wenn es das nicht mehr gäbe, oder gerade nicht, weil man behindert ist.

Nach wenigen Tagen waren plötzlich junge Bäumchen im erweiterten Teil der Hofanlage eingepflanzt. Ich ärgerte mich ein wenig, bei der Einpflanzung wäre ich gern dabeigewesen. Doch wem hätte ich das sagen können, die Schule ging eben vor. Jetzt nahten die lang ersehnten Herbstferien. Ein Glück, das Wetter wurde noch einmal recht schön. So konnte ich mich täglich im Hof mit meinen Kumpels treffen. Das einzige, was mich erheblich nervte, war die Anzieherei. Im Sommer war das viel freier, da brauchte ich nicht zuerst in den Anorak zu schlüpfen, sondern fuhr einfach unbeschwert los. Fast jeden Abend kam ein älterer Herr aus dem Hoftor gelaufen. Bevor er um die Ecke den Heimweg suchte, kam er meist noch zu uns an die Bank. Wie ich sofort merkte, war es ein aufgeschlossener, sympathischer Mann, der unheimlich gern und oft lange über sämtliche Dinge mit uns zu schwatzen anfing. Auch wir freuten uns irgendwie, wenn er mit seinen Kniebundhosen auftauchte. Dieser Mann hatte so etwas Kameradschaftliches und Liebes an sich. Er fand jedesmal einen Gesprächspartner, obwohl er oft sehr lange über seine Grundstücke sowie Pflanzen erzählte, die er selbst angelegt hatte. Schnell lernte ich diesen Mann auch näher kennen. Wenn er mir begegnete, blieb er ziemlich lange bei mir stehen. Meist erzählte er mir von seiner Obstplantage, wobei er mir manchmal voller Stolz ein paar schöne Äpfel ins Wägelchen legte. Doch einmal wurde der Mann recht nachdenklich: "Sag mal, Michael?" fragte er, "ist das die Folge eines Unfalls, daß du nicht laufen kannst?" "Nein, nein, meine Behinderung kommt von der Geburt her. Es war eine schwierige Zangengeburt", antwortete ich. Der Mann gab mir daraufhin einen freundschaftlichen Klaps auf die Schulter und meinte: "Trotzdem hast du viel Freude am Leben, das sieht man dir schon von weitem an, und dies, so denke ich, ist die Hauptsache." Ich erzählte ihm viel von mir, auch daß ich solche Leute meide, die vor lauter Mitleid zerfliesen und mich nur als liebes, nettes Büblein betrachten, das man nicht richtig vollwertig bezeichnen kann. Daraufhin schüttelte der Mann bedenklich den Kopf und meinte: "Solche Leute mußt du einfach übersehen, die Hauptsache ist, du fühlst dich nicht so armselig wie sie meinen. Für mich bist du ein junger Mensch, wie es viele gibt. Du bist ja oft mit den Jugendlichen hier zusammen." Ich bestätigte das und sagte mit Freuden: "Ja, ich fühle mich hier auch so richtig wohl. Ich wünschte nur, wir wären schon eher hierhergezogen." Plötzlich deutete der Mann auf die neue Fortsetzung der Hofanlage und meinte: "Ich wohne hier im vierten Stock, da wo noch das Gerüst steht. Du weißt ja gar nicht, wie froh ich bin, wenn die Häuserfassade endgültig fertig ist. Das ist nämlich eine furchtbare Dreckarbeit, kann ich dir nur sagen." "Welche Hausnummer ist das?" wollte ich genauer wissen. "Fritz-Erler-Straße, Hausnummer 17" ließ mich dieser Mann wissen, während er mir schon wieder Neues erzählte. "In meiner Jugendzeit bin ich auf drei Berge geklettert", fing er plötzlich an und zog gemächlich an seiner Pfeife, die er trotz des Sprechens im äußersten Mundwinkel behielt. Der Mann versuchte mir, jede Einzelheit vom Bergsteigen zu erklären. Dabei leuchteten seine Augen volle Zufriedenheit aus. Als er einmal auf seine Armbanduhr schaute, erschrak er und sagte: "Meine Güte, es ist ja schon sieben Uhr vorbei. Michael, ich muß jetzt rasch nach Hause und mir noch ein Essen kochen. Also bis bald", rief er mir nach, während er schon im Durchgang verschwand. Es war längst dunkel geworden. In der Dunkelheit war es in der Hofanlage uninteressant. Als ich aus dem Gittertor kam, sah ich wieder den Mann tief in ein Gespräch mit Jugendlichen versunken. Dies amüsierte mich, weil er schon vor einer Stunde nach Hause gehen wollte, um zu kochen. Doch jetzt vergaß er seinen Vorsatz wieder in reger Plauderei.

Im Hof war plötzlich noch einer da mit dem selben Geländemotorrad wie Michael Gephart. Er hieß Ralf Finger. Im Herbst war im Hof fast noch mehr los als im Sommer. Schon als ich mit dem Schulbus vor unsere Haustür fuhr, herrschte vor dem Haus und weiter vorne an der Bank ein reges Leben. Ich wurde ganz freudig und ungeduldig, bis meine Mutter mit dem Rollstuhl runter kam und mich der Busfahrer mit sehr viel Späßen aus dem Bus in den Rollstuhl setzte. Einige Kumpels riefen mir gleich zu, ob ich nachher in den Hof käme. Freudig nickte ich ihnen zu. Ungefähr nach einer viertel Stunde war ich schon wieder im Freien. Vor unserer Haustür tummelten sich Ralf Waldmann, Thorsten Weber und Silvia Lamm auf

dem Müllcontainer herum. Silvia Lamm fragte mich gleich: "Was, Micha, du bist schon da, hast du heute keine Hausaufgaben aufbekommen?" Lächelnd antwortete ich: "Nein, nein. Bei Ganztagsschulen kommt das glücklicherweise seltener vor." "Oh, Mensch, du hast es gut", entgegnete mir Silvia. "Du darfst aber nicht vergessen, daß Micha dafür viel länger in der Schule bleiben muß als wir", mischte sich Ralf Waldmann in das Gespräch ein und sah dabei Silvia von der Seite an. Unterdessen kam Thorsten mit einem ganz tollen Fahrrad angefahren. "Servus, wie geht's, wie steht's?" rief er mir fröhlich zu. "Ziemlich gut", antwortete ich, wobei ich mir das Lachen nicht verkneifen konnte, denn er sah zu lustig auf diesem eigenartigen Rad aus. Es erinnerte mich direkt an eine Clownsnummer im Zirkus. "Wo hast du denn das tolle Fahrrad her?" fragte ich ihn. "Das habe ich mir selbst zusammengebaut", erwiderte Thorsten, während er stolz auf dem Sattel saß und das Vorderrad hoch in die Luft schwenkte. Es schloß sich ein Kreis von Kinder und Jugendlichen um Thorsten. Dazu kamen noch Markus und Patrizia Lamm. So entstand eine heitere Plauderei. Wir sprachen von der Schule, vom Fußball, und natürlich durften Fernsehfilme auch nicht fehlen. Danach wurde ich über die neuesten Witze informiert. Aber plötzlich wurde ich von Martina Koch gerufen. Sie meinte, ich solle doch vor zur Bank kommen, da würden viele von der Clique sitzen. "Au Michael, hast du auch schon Chancen hier?" fragte mich Thorsten recht verschmitzt. Während des Fahrens schüttelte ich lachend den Kopf und sagte: "So schnell geht das auch wieder nicht." Als ich auf den rot geplättelten Boden kam, sah ich, was mich erwartete.
Auf der Bank saßen Gino, Ralf mit seiner Schwester und ein mir

noch fremder Junge. Ich schätzte ihn so auf 16 -17 Jahre. Sofort rief er mir zu: "Hallo! Gell Michael heißt du? Mein Name ist Uwe, ich bin der Bruder von Ralf und Martina. Sie haben mir schon Vieles von dir erzählt." So fing es an mit Uwe. Wir schwatzten gleich vom Fußball, wo sich Ralf und Gino rege mitbeteiligten. Als dieses Thema ausdiskutiert war, kamen wir auf die Schule und auf Berufe zu sprechen. Ralf erzählte mir voller Stolz, daß er jetzt mit seinem Bruder einen Malerberuf erlernte. Sie erkundigten sich auch, was für mich beruflich in Frage käme. Ralf meinte richtig: "Du mußt ja jetzt auch bald fertig sein mit der Schule." Ich antwortete: "Ja, du hast recht, nächstes Jahr werde ich entlassen. Aber mit den Berufen sieht es nicht rosig für mich aus. Im Frühjahr mache ich ein Praktikum in Hagsfeld. Da ist eine Werkstätte hauptsächlich für Geistigbehinderte. Körperbehinderte sind zwar auch da, aber sie sind weit in der Minderzahl. "Oh je, ist das überhaupt etwas für dich? Du bist doch nicht geistigbehindert", fragte mich Uwe, während er mich forschend ansah. "Ja, ja, ich weiß", erwiderte ich. "Jetzt mache ich einmal das Praktikum, und dann sehe ich weiter. Sicher kommt da sowieso nichts dabei heraus. Mein Wunsch wäre, da ich mit meiner elektrischen Schreibmaschine gut schreiben kann, verschiedene Bücher zu schreiben." "Mein Bruder hat es mir schon erzählt, daß du mit dem Mund schreibst", sagte Uwe interessiert. Gino fragte nun: "Was machen wir jetzt, hat jemand einen Ball? Wir könnten Fußball spielen." Ralf gähnte und streckte sich. Er meinte, heute sei er zu faul dazu und außerdem müßte er den Ball erst holen. "Mich brauchst du nicht dabei anschauen, ich hol ihn nicht. Denn ich bin nicht euer Dienstmädchen." Bei diesen Worten schüttelte Martina heftig ihre langen schwarzen Haare nach hinten.

Einmal saß auf der Bank inmitten von uns Jugendlichen eine alte Frau. Neben sich legte sie eine Tüte voller Kekse. Immer wieder forderte sie uns mit einem gütigem Blick auf, anständig zuzugreifen: "Ihr braucht euch nicht zu genieren. Gebt auch dem Bub etwas." Dabei wurde ich gemeint. Daraufhin wurde ich von allen Seiten gefüttert. An diesem Abend, es dunkelte schon, waren wirklich fast alle, die ich kennengelernt hatte, im Hof versammelt. Auch Frank, Silke, Ute und Sandra, die ja jeweils einen extra Kreis bildeten, waren dabei. Es war aber nicht so, daß wir nur auf die Kekse aus waren und sonst für die alte Frau nichts übrig gehabt hätten. Nein, die Frau wurde richtig in unsere Unterhaltung miteinbezogen. Wir sollten einfach Oma zu ihr sagen, meinte sie einmal so nebenbei. Der Lärm der Mopeds und Mofas und auch der heitere, laute Umtrieb von uns Jugendlichen schien die alte Frau keineswegs zu stören. Interessiert wandte sie sich Michael Gephart zu, um mit ihm über sein schweres Geländemotorrad zu sprechen. Dabei wollte sie alles Mögliche wissen. Wie teuer der Tank sei, wie oft er zum Tanken fahren müsse, ob so ein Geländemotorrad sehr viel schwerer zu fahren sei als ein Moped oder Mofa usw.. Ich merkte, daß sich dabei nicht nur die Frau an der regen Unterhaltung freudig beteiligte sondern auch Michael. Er redete zu der alten Frau wie zu einem Kumpel, der sich für sein Motorrad interessiert. Es fehlte nur noch, daß die Oma mit Michael hinten auf dem Motorrad eine Probefahrt gemacht hätte. Dies wäre der Frau in ihrer Art direkt noch zuzutrauen gewesen. Plötzlich sauste aber oben ein Rolladen nach oben. Aus dem Fenster schaute eine Frau mit einem sehr verärgertem Blick heraus. Sie schimpfte, wir sollten doch verschwinden, hier sei kein Platz für uns. Da stand, für uns ganz unerwartet, die Oma auf und rief nach oben, wobei sie voller Zorn ihren Stock in die Lüfte schwenkte: "Sind sie doch still, wo sollen sich die Jugendlichen sonst aufhalten, sollen sie immer in Discotheken sitzen? An der frischen Luft ist es doch viel gesünder." Das Fenster wurde daraufhin rasch zugeknallt. Alle schauten die Oma mit erstaunten Blicken an. Ich sagte: "Gut haben sie das gemacht." Sie schüttelte daraufhin den Kopf und entgegnete mir: "Ach, das war doch selbstverständlich, der Jugend helfe ich doch immer, schließlich war ich auch einmal jung.

Wir hatten einen sehr schönen warmen und langen Altweibersommer. Die Sonne schien hell vom blauen Himmel, als wollte sie den herankommenden Herbst so lange wie möglich zurückdrängen. Nur die arme Martina Koch mußte wegen eines Beinbruchs bei diesem schönen Wetter oben bleiben. Als ich hinten in der Hofanlage herumfuhr, um noch das letzte Grün genießen zu können, rief mir Martina vom Balkon herunter: "Hallo Micha! Schau mal, was ich da habe." Und dabei legte sie ihr Gipsbein auf die Brüstung des Balkons. "Au, Martina, was ist denn mit dir passiert?" rief ich etwas schockiert nach oben. "Ach, in der Schule bin ich umgeknackst. Jetzt muß ich wegen des blöden Gipses sechs Wochen daheimbleiben. Wie mir das stinkt, das kannst du dir wohl vorstellen." "Und was machst du mit der Schule?" fragte ich sie zustimmend. Lachend meinte Martina: "Meine Klassenkameraden bringen mir die Arbeitsblätter nach Hause. Ab und zu kommt auch meine Lehrerin, sie ist ganz lieb und gar nicht streng. Mehrere Tage wiederholte sich die Situation, daß

Martina oben auf dem Balkon saß. Manchmal las sie auch in einem Buch. Ich besuchte sie jeden Mittag, sobald ich in den Hof kam. Als sie mich einmal kommen sah, blickte sie hinunter und rief: "Michael, mir ist es so langweilig, ich springe jetzt gleich hinunter." "Das ist doch nicht dein Ernst, bloß nicht", mahnte ich Martina, während sie mir unternehmungslustig und irgendwie frech von oben herab zulächelte. "Wir brauchen dich noch", fügte ich laut hinzu. So machten wir unseren Blödsinn. Oft stand auch Doris im ersten Stockwerk mit ihrer Sehnenscheidentzündung am Arm auf dem Balkon. Die Arme mußte sich schon seit längerer Zeit mit einem Gips in der Armschlinge begnügen. Zu dritt quatschten wir oft stundenlang.

In den Herbstferien wurde es nochmals ziemlich warm. Über Mittag konnte man sogar auf den Anorak verzichten. So trieb es viele Leute von den Wohnungen heraus, und es verbreitete sich wieder viel Leben im Hof. An den Herbsttagen hielten wir uns fast nur im Vorhof vor der Sparkasse auf. Wir spielten dort öfters Fußball zwischen den Sitzbänken. Das Schönste für mich war, daß auch die Jüngeren, wie Silke, Ute, Thorsten und Martina Schmitt, Patrizia, Frank, um nur ein paar zu nennen, die vorher überall im Hof zu finden waren, jetzt plötzlich bei uns saßen. Somit wurden die Gesprächsthemen viel abwechslungsreicher. Ich möchte wirklich nichts Negatives über die Älteren sagen, es waren ganz ohne Zweifel auch nette Kerle, aber mit der Zeit langweilten mich ihre Gespräche total. Zahnradähnlich konnten sie phasenweise nur begrenzt über vier Dinge reden: Motorräder, Mopeds und Mofas, schöne Mädchen und Kinofilme, die mehr auf Brutalität aus waren, oder sie machten sich gegenseitig an, wer am meisten Alkohol vertragen könne. Anfangs hatte mich jedes Gespräch, egal was es war, befriedigt. Die Hauptsache war, ich wurde als Jugendlicher beachtet. Aber im Laufe der Zeit wuchsen auch meine Ansprüche.

Frank Elchinger knabberte einmal an einer Kartoffelchipstüte. Er gab uns allen etwas davon ab. Hin und wieder steckte mir Frank ein paar Chips in den Mund. Als die Tüte fast leer war, machte Frank einfach kurzen Prozeß. Er rief: "Micha, Mund auf!" Und er schüttete alles in meinen weit geöffneten Mund hinein. Ich wollte noch stop rufen, aber es ging nicht mehr. Ich hatte so eine Maulsperre. Das Meiste viel daneben in meinen Sitz und auf den Boden. Frank lachte nur, und als ich schließlich alles gekaut und geschluckt hatte, mußte ich mitlachen. Die andern waren etwas empört, daß Frank solche Scherze mit mir machen konnte. Doch ich sagte spaßig: "Franky, Franky, warte nur bis ich dich einmal erwische!" Seither ist es für mich der Franky. Franky und ich, wir machten einfach eine Menge Spaß miteinander. Oft machten wir auch einige Kraftproben. Dabei drückte er mein Wägelchen von hinten nach vorne, und ich mußte mich mit meinen Beinen dagegen abstemmen, um zu verhindern, daß er mich von der Stelle bewegen könne. Franky setzte sich oft zu mir auf die Seitenlehne, dadurch wurden wir schon manchmal von den Leuten für Brüder gehalten. Dies löste in mir jedesmal eine tiefe Freude und zugleich eine schmerzliche Sehnsucht aus. Denn schon immer hätte ich furchtbar gern einen Bruder gehabt. Mit der Schwester von Frank verstand ich mich auch prächtig. Silke konnte zwar nicht lange über irgend ein Thema reden, aber aus ihr kam alles so spontan von innen heraus, was sie dachte. Sie versuchte erst gar nicht, irgendjemanden nachzuahmen, sondern sie war sie selbst. Silke verstand mich sofort was Behinderung und Mitmenschen anging. Oft, wenn ich gerade vom Umherfahren kam und nicht genau wußte, ob ich mich an die Bank dazusetzen konnte, weil ich dachte, Silke, Petra und Ute wollten einmal unter sich sein, forderte mich Silke fast etwas energisch auf, ich solle doch ruhig zu ihnen an die Bank kommen. Als ich äußerte, sie sollten es mir aber ruhig sagen, wenn sie einmal unter sich etwas reden wollten, -ich hätte da volles Verständnis gehabt- schüttelte Silke verständnislos den Kopf und meinte: "Ha, wieso? Du gehörst doch zu uns." Auch ihre Freundin Petra konnte ich gut leiden. Sie ist ein stiller, aber irgendwie lieber Typ. Sofort und ganz selbstverständlich wurde ich in das Gespräch einbezogen. Ohne den Gedanken: Jetzt stehen wir einmal zurück und unterhalten uns mit dem armen Kerl.

Eines Tages, wen sah ich da? Martina Koch mit einem Gehgips. Voller Freude saß sie zwischen den Jugendlichen auf der Bank. Ich rief: "Hallo Martina, hat es jetzt doch mit dem Gehgips geklappt?" Sie antwortete: "Ja, das wurde aber auch höchste Zeit, denn ich glaube, viel länger hätte ich es in der Wohnung nicht mehr ausgehalten." Zum Unterhalten im Hof wurde es so langsam zu kalt. Das Thermometer fiel blitzschnell von 14 Grad auf 3 Grad zurück. Wir froren schon manchmal sehr. Immer wieder rieben sich Harry, Gino usw. die Hände vor Kälte. Auch war unser Atem schon sichtbar. Jetzt qualmte es nicht nur bei den Rauchern. Von den Bäumen sah man immer mehr das nackte Geäst. Ganz vereinzelt kämpften noch ein paar bunte Blätter gegen den Wind an. Aber da gab es kein

Erbarmen. In der letzten Nacht mußte es Frost gegeben haben, der den Blättern die letzten Überlebenschancen nahm. Fast lautlos, mit einem kurzen Geraschel fielen ständig Blätter zur Erde hernieder. Mir tun die Bäume in dieser für mich traurigsten Jahreszeit immer ein wenig leid. Am liebsten würde ich sie dann mit in die warme Wohnung nehmen, damit sie nicht der nassen unfreundlichen Witterung ausgesetzt sind.

Im Schulbus bei der Heimfahrt an einem sehr trüben Nachmittag reifte in mir die Idee, eine Biographie von mir zu schreiben. Mensch, dachte ich, jetzt hast du dich in deinem neuen Zuhause so toll eingelebt und hast mit deinen neuen Freunden so schöne und erlebnisreiche Tage gehabt. Diese Zeit mußt du irgendwie festhalten. Da es ein sehr grauer, regnerischer Tag war, fing ich am gleichen Tag noch an zu schreiben. Nun kam die Zeit, wo man es sich mehr im Zimmer gemütlich machen mußte. Der graue verregnete Himmel hing erdrückend bis auf die Häuserdächer herunter. Dabei nieselte es ständig, und ein kalter, unfreundlicher Wind ließ die kahlen Bäume erschauern. Jetzt war endgültig kein Rauschen mehr in den Zweigen zu hören. Lautlos schwankten die Äste im Wind hin und her. Na ja, es war November geworden. Wenn ich mittags nach der Schule aus der Kälte in mein Zimmer kam, ließ ich mir die Heizung anstellen. Irgendwie war das auch ein schönes Gefühl, mich in meinem eigenen, warmen Zimmer verkriechen zu können. Sicherlich vermißte ich das Treiben im Hof, aber daran war nun mal nichts zu ändern, die lange Winterzeit stand bevor. Im Zimmer wurde mir jedoch die Zeit auch nicht lange. Langeweile kannte ich eigentlich überhaupt nie. Im Gegenteil, abends zögerte ich oft das

Zu-Bett-Gehen trotz der Schule am nächsten Tag so lange wie möglich hinaus. Denn wenn ich mich schon um neun Uhr schlafen legte, war die Nacht im Handumdrehen vorbei, bis mich mein Vater am frühen Morgen weckte und mich für die Schule fertig machte. So genoß ich die Zeit noch ein wenig mit Lesen, Schreiben oder einfach nur mit Radiohören. An manchen Tagen kamen Gino und Ralf Hempel ganz unverhofft zu mir, meist mit dieser Begrüßung: "Na, altes Haus, wie geht's?" Sie setzten sich zu mir auf den Boden, und wir quatschten von den Erlebnissen im Hof, vom heißen Sommer, den wir bei diesen vernebelten Herbsttagen alle vermißten. Von Italien sprachen wir auch viel. Ich weiß nicht warum, aber das Land interessierte mich immer mehr. Ohne daß Gino mit seinem Land angab, wußte er immer etwas zu erzählen. Die typischen Albereien von Ralf dazwischen lockerte das Ganze etwas auf. Ralf kann zwar wahnsinnig albern sein, Leute, die ihn in dieser Albernheit zum ersten Mal sehen, könnten meinen, das ist so ein oberflächlicher Kerl, der sich um nichts Gedanken macht. Doch wer ihn näher kennt, merkt, daß Ralf im Grunde genommen ein wahsinnig tiefer und feinfühlender Mensch ist. Plötzlich hörten wir von unten ein paar Stimmen. Gino stand auf, trat zum Fenster und sagte: "Au, im Hof ist etwas los, was ist, habt ihr noch ein bißchen Lust mitzukommen?" Ralf war sofort dabei. Ich antwortete nur ein wenig bedenklich: "Bei diesem Wetter?" Doch Ralf meinte: "Das Wetter ist doch egal. Wir ziehen dich eben danach an. Wo sind deine Sachen?" fragten sie mich. Kurz entschlossen ließ ich mich anziehen. Sie setzten mich noch in mein Wägelchen, dann ging es ab in den Hof. Im Flur schaute uns mein Vater etwas überrascht nach. Er fragte uns: "Was, ihr wollt jetzt noch bei diesem Wetter fortgehen? Aber bitte Michael, komm heute Abend nicht zu spät nach Hause. Wir sind nämlich sehr müde und haben heute eigentlich vor, früher ins Bett zu gehen."

Als wir schließlich draußen waren, war es mir nicht mehr zum Freuen zumute. Es war so grau und nebelig, wie ich es eigentlich noch nie gesehen hatte. Wie Schreckgespenster waren die kahlen Bäume im Nebelschleier nur teilweise zu erkennen. Dazu noch die Hoflaternen, sie machten das Ganze noch unheimlicher. Wenn man auf die Häuser sah, konnte man die Augen noch so sehr anstrengen, ab dem dritten Stockwerk schaute man ins Leere. Ganz still schlummerte die Welt so vor sich hin. Daß es mal wieder Frühling werden sollte, konnte man sich kaum vorstellen. Es hatte wenigstens etwas aufgehört zu regnen. Der nasse, verregnete Boden knirschte unter meinen Rädern. Beim Fahren mußte ich aufpassen, daß ich in der Dunkelheit über keinen Hundedreck fuhr. Vom Waldhornplatz her kam kein beruhigendes, heiteres Geplätscher des Springbrunnens mehr. Sicherlich wurde er über den Winter abgestellt. Als wir in die Höhe vom "Prima" Laden kamen, durchbrach lautes Gelächter die Stille. Erst wenige Zeit später erkannte ich, wer das alles war. Jedenfalls Gabi war das einzige Mädchen. Es ist auf keinen Fall so, nein ganz im Gegenteil, daß ich etwas gegen Ausgelassenheit und Albernheit habe. Aber was die Jungs an diesem Abend sich erlaubten, ging mir einfach über den Strich. Ich glaubte, ich spinne, als ich das sah. Die schreiende, sich wehrende Gabi, die gegenüber den vielen Jungs völlig wehrlos war, trugen sie wie eine Puppe umher, um sie ins Gebüsch zu werfen. Zwei oder drei packten die arme Gabi an Händen und Füßen und ließen sie wie eine

Hängematte hin und her schaukeln. Dazu die witzlosen, einfach blöden Sprüche, da konnte ich, obwohl ich es gern getan hätte, nicht mit den anderen lachen. Ralf Hempel und Gino hatten sich mittlerweile auch darunter gemischt und versuchten, da mitzumachen. Ich ärgerte mich, daß ich wegen dieses Schauspiels mit nach draußen gekommen war. Einmal rief ich: "Sagt mal, habt ihr heute nichts besseres zu tun, als ständig auf Gabi loszugehen?" Da kam Rolf daher, der nur daneben stand, um den anderen Ratschläge zu geben, was sie noch mit Gabi machen könnten. Er selbst traute sich jedoch nie, selbst in Aktion zu treten, um seine gemeinen Ideen zu verwirklichen. Er fragte mich auch noch: "Na, warum machst du so ein ernstes Gesicht? Gefällt dir das nicht." Ich antwortete: "Nein. Eine kurze Zeit macht es vielleicht auch der Gabi Spaß, aber wenn es dann übertrieben wird, ich weiß nicht, ob es dann noch so gut ist." Ich rief Gino, der auch etwas abseits stand, und sagte kopfschüttelnd: "Sind die heute lächerlich blöd." Fest entschlossen bat ich ihn, er solle mich doch bitte wieder nach Hause bringen. Gino rief Ralf und sagte. "Ich bringe Micha hoch, anschließend gehe ich auch heim." "Warte, ich komme auch mit", antwortete Ralf Hempel, während er uns mit langen Schritten hinterher eilte.

Eines Abends, ich war gerade mit der Radiosendung "Die Wissenschaft informiert" beschäftigt, läutete es zögernd an der Haustür. Kurze Zeit später kam meine Mutter ins Zimmer und teilte mir mit, daß es Ralf Hempel sei. Obwohl ich jetzt auf die interessante Sendung verzichten mußte, freute es mich sehr, einmal wieder jemand von meinen neuen Kameraden zu sehen, denn an den letzten

Tagen war so ein mieses, verregnetes, kaltes Wetter. Es lohnte sich wirklich nicht, in den Hof zu gehen. Sofort als Ralf Hempel in mein Zimmer kam, merkte ich, daß etwas mit ihm nicht stimmte. Er war irgendwie so niedergedrückt und schweigsam, wie ich Ralf noch nie gesehen hatte. Gleich setzte er sich zu mir auf den Boden und sagte: "Es ist Schluß mit Doris." Ralf quatschte fast den ganzen Abend davon. An Doris schien ihm schon viel gelegen zu haben. Ich versuchte, ihm gut zuzureden, indem ich ihm sagte: "Das ist für dich sicherlich eine schwere Zeit, aber glaube mir, diese Enttäuschung geht auch vorrüber. Du mußt nur immer wieder den Mut finden, dich mit irgendeinem, mit deiner Mutter oder besten Freunden so richtig auszusprechen, was dir auf dem Herzen liegt." Bei jedem langsamen Steh-Blues auf meiner Musikcassette bat mich Ralf, weiterzuspulen. Denn bei so langsamen Liedern müßte er ständig an Doris denken, meinte Ralf, während er auf die Stoptaste drückte. Ralf tat mir schon leid. Einerseits fand ich es gar nicht einmal so unnatürlich, daß diese enge Beziehung zwischen Ralf und Doris in diesem Alter einmal in die Brüche ging. Ich finde mit sechzehn Jahren ist es noch viel zu früh, so abhängig voneinander zu sein. Sonst war mit Ralf an diesem Abend nicht viel anzufangen. Er kreiste ständig um die verlorene Liebe mit Doris.

Ende November fiel schon der erste Schnee. An einem Samstagmorgen, als mein Vater den Rolladen meines Zimmers hochzog, erzählte er mir die Neuigkeit, daß draußen alles weiß sei. Daraufhin stellte mich mein Vater hoch, damit ich auch aus dem Fenster die weiße Herrlichkeit sehen konnte. Die Straße, der Vorplatz, auf dem wir Jugendliche uns getroffen hatten, war dick verschneit. Bis jetzt war der Schnee noch strahlend weiß und unbeschmutzt. Am meisten faszinierten mich die jungen Bäume, die aussahen, wie in Zuckerwatte getaucht. Auch die unterschiedlichen Dächer, wenn ich weiter in die übriggebliebene Altstadt hinüberblickte, sahen wie im Märchenland aus. Immer noch fielen einzelne Schneeflocken vom grauen, schweren Himmel herunter. Jetzt konnte ich auch einmal meine neue Wohngegend im Schnee erleben. Der Schnee hielt ein paar Tage an, und natürlich tappte ich mit meinem Wägelchen bald draußen im Schnee umher. Erst vor der Haustür merkte ich, daß ich es mir leichter vorgestellt hatte, im Schnee umherzufahren. Aber mit einiger Mühe brachte ich mein Gefährt doch zum Rollen. Einige Leute, die an mir vorbeistampften, sprachen mich etwas verwundert an, ob es mir nicht zu kalt wäre. Dabei standen mir Schweißperlen auf der Stirn. Ab und zu blieb ich stehen, um mich ein wenig auszuschnaufen, und um die tiefe Stille im Schnee zu genießen. Ich merkte gleich, daß es keinen Sinn hatte, in die Hofanlage zu fahren, weil dort der Schnee sicherlich noch höher lag. Wie ich mich ahnungslos vorwärts drückte, fiel mir plötzlich ein Schneeball an die Brust. Etwas erschrocken blickte ich auf die Seite, und wer kam mir mit schelmischen Blick entgegen? Silke und Petra. Sie meinten, ich müsse den Schnee auch einmal spüren. An den anderen Schneeballschlachten war ich auch voll beteiligt. Vor Frank Elchinger oder Thorsten, sowie Ralf Koch, Ralf Hempel, um nur ein paar zu nennen, mußte ich mich ständig in Sicherheit begeben. Ihnen traute ich nach ein paar Volltreffern nie so richtig. Frank Elchingers Zielscheibe war meistens mein Fenster im dritten Stockwerk. Wenn ich oben in meinem Zimmer war und durch einen dumpfen Knall an der Fensterscheibe aufgeschreckt wurde, dachte ich lachend an Frank. Jetzt war im Hof wenigstens wieder eine Menge los. Eines Abends stand ich gerade unterm Vordach an der Ecke des Saunageschäftes, weil es wieder wie verrückt zu schneien begonnen hatte. Einige Schneeflocken erreichten mich trotzdem. Ich war doch ohnedies schon halb verschneit. Die Schneeflocken an meiner Hose waren gerade dabei, in Wasser überzugehen. Bei jeder Schneeflocke, die in mein Gesicht fiel, schien es mir so, als würde mein Gesicht von einem ganz zarten Seidenfaden gekitzelt. Plötzlich, ich dachte, ich sehe nicht recht, erblickte ich Ralf Koch, Hansi, Harry und Ralf Hempel hoch oben auf dem Dach. Sie schauten überlegen auf uns herunter und bombadierten Frank, Thorsten, Paolo, Martina Koch und viele andere mit Schneebällen. Aber den Jungs machte es erst noch Spaß, sich immer wieder in Deckung flüchten zu müssen. Den Mädchen dagegen gefiel es weniger. Martina rief immer wieder verärgert: "Oh, warte Ralf, wenn du vom Dach herunter kommst." Eine kurze Zeit kam dann nichts mehr vom Dach herunter. Wir befanden uns alle im Trockenen unterhalb meines Fensters, so daß wir auf das gegenüberliegende Häuserdach sehen konnten. Sehr rasch erkannten wir, was die Jungs auf dem Dach vorhatten. Sie rollten Schneebälle im Schnee umher, bis sie riesengroß wurden. Mit einem lauten Warnruf stießen sie die Schneebrocken dann runter auf den freien und menschenleeren Platz. Dumpf viel der riesige Schneeball hinunter auf den weichen hohen Schnee.

An einem anderen eisigen Nachmittag zog mich Thorsten durch die dick verschneite Hofanlage. Alleine wäre es für mich unmöglich gewesen. Der hohe Schnee bremste mein Wägelchen sehr. Thorsten hatte einige Mühen, meine Räder zum Rollen zu bringen. Einige Male rutschte Thorsten hinter mir auch aus und lag der Länge nach im Schnee. Wir kamen uns vor wie zwei Eskimos, die ums Überleben ständig weiter laufen mußten. Thorsten machte vor dem tiefsten Schnee nicht halt. Jeder Schritt knirschte in der Stille, und wir hinterließen eine lange Spur im weißen Schnee. Natürlich machten wir dabei auch eine Menge Blödsinn miteinander. Als Thorsten einmal vor mir stand, warf ich ihm mit den Füßen eine Ladung Schnee ins Gesicht. "Oh, warte Micha", meinte er daraufhin, während er mich unter einen voll mit Schnee beladenen Baum zog. Thorsten schüttelte grinsend kurz an einem Ast, und es kam eine ganze Schneelawine auf mich herab. Eine ältere Frau schüttelte am Fenster den Kopf. Sie dachte bestimmt, was macht denn der mit dem armen Kerl, und dabei hatte ich mit diesem Spaß angefangen. Schließlich gingen wir hinten am Tor der Fritz-Erler-Straße wieder hinaus. Vor dem Hauseingang 27, wo Thorsten wohnte, fragte mich Thorsten: "Ich geh jetzt hoch, soll ich dich jetzt auch heimbringen? Ich nickte mit dem Kopf. Oben setzte mich mein Vater gleich in meinen Zimmerstuhl, weil die Räder von meinem Wägelchen voller Schnee waren. Draußen im Hausgang ließen wir ihn erst einmal abtropfen. Meine Mutter war gerade daran, Weihnachtsbrötchen zu backen. Ich fuhr noch eine Weile zu ihr in die gemütlich warme Küche und erzählte ihr von dem erlebnisreichen Tag mit Thorsten.

Ganz schnell kam nun die Weihnachtszeit heran. Am Vorabend des ersten Advents ließ ich mir von meiner Mutter genau nach meinen Anweisungen mein Fenster mit unseren selbstgebastelten Sternen aus Buntpapier schmücken. Mit Klebstoff wurden sie einfach an die Fensterscheibe gedrückt. Auch das Fensterbrett belegten wir mit frisch duftenden Tannenzweigen, und zwischen den Topfpflanzen stellten wir Kerzen mit selbstgebastelten Engeln auf. Bärbel, meine große Schwester, brachte mir noch ein Adventsgesteck. Das ließ ich mir auf das kleine Schränkchen neben dem Vogelkäfig stellen. Damit es festlicher aussah, legte meine Mutter noch ein weißes Tuch darunter. Direkt oberhalb an der kahlen Wand nagelte mir mein Vater einen größeren Tannenzweig hin. Daran hängten wir auch eine Menge selbstgebastelter Sterne und Tannenzapfen. Nun sah mein Zimmer richtig weihnachtlich aus. Abends ließ ich mir alle Kerzen auf dem Fensterbrett und die jeweilige Kerze am Adventskranz anzünden.

Die Wochen vergingen wie im Fluge, rasch war auch der vierte Advent vorüber. Am Tag vor dem Heiligabend stellte mein Vater im Wohnzimmer den Christbaum auf. Es war der erste Christbaum in unserer neuen Wohnung, und ich war sehr gespannt, wie er wirkte. Wir suchten, wie in der alten Wohnung, den Platz neben der Couch heraus. Während der Arbeit stand die Balkontür offen, draußen war es wieder so mild wie im Frühling geworden. Der Schnee war schon längst weggeschmolzen. Es sah nicht so aus, als ob es in den nächsten Tagen schneien würde. Also wieder nichts mit der weißen Weihnacht! Als der Christbaum schließlich fertig geschmückt war und mein Vater in der Küche zufrieden eine Zigarette rauchte, betrachtete ich unseren Weihnachtsbaum von allen Seiten. Sehr festlich stand er mit ausgebreiteten Ästen da. Das frische Tannengrün duftete. Die silbernen Lamettas sowie die runden, bunten Kugeln an den Zweigen glänzten strahlend im Licht. Unterhalb des Baumes umschlang wie immer ein weißes Tuch die Krippe. Oben auf der Tannenspitze war der große Stern mit dem blauen Punkt in der Mitte befestigt. Schon seit vielen Jahren, ich glaube schon seit meiner Geburt, strahlt der Stern mir und der ganzen Familie am Heiligabend entgegen. Doch trotzdem erschien mir der festliche Christbaum in dem großen Wohnzimmer kleiner als sonst, obwohl der Stern an der Tannenspitze wieder bis zur Decke reichte.

Als es am 24. Dezember zu dämmern begann und die Erwartung auf die Bescherung immer stärker wurde, ließ ich mir wieder all meine Kerzen in meinem Zimmer anzünden. Es gehört schon seit vielen Jahren zu meinen Gewohnheiten, daß ich an diesem Tag kein elektrisches Licht benütze. Während das Radio schöne Weihnachtssendungen bringt, erstrahlt mein Zimmer so traulich im Kerzenlicht. Alle Bilder an der Wand leuchten und kommen dann auch ganz anders zum Ausdruck. Draußen herrscht an diesem Festtag immer innige Stille. Kaum ein Auto hört man an diesem irgendwie so ganz anderen Abend. Die Menschen scheinen sich alle zum heiligen Fest vorzubereiten. Kurz vor dem Abendessen kam noch meine ältere Schwester Bärbel angestiefelt. Sie durfte in der heiligen Nacht nicht fehlen. Zum Abendessen gab es Rumpsteak mit Kräuterbutter und Brot. Nachdem wir gemütlich fertig gegessen hatten, fuhr ich nochmals in mein Zimmer, um mich noch ein wenig abzulenken. Plötzlich kam meine Mutter sehr festlich gekleidet in mein Zimmer herein. Sie setzte mich wieder in mein Wägelchen und sagte: "Jetzt ist es bald soweit." Kaum hatte sie das letzte Wort ausgesprochen, läutete das Weihnachtsglöckchen zum ersten Mal. Ganz zart und lieblich, auch ein wenig geheimnisvoll drang das Gebimmel in mein Zimmer. Meine beiden Schwestern waren inzwischen auch kichernd in mein Zimmer gekommen. Da saßen wir nun und warteten. Nach etwa vier Minuten erklang das Glöckchen zum zweiten Mal. Nach dem dritten Gebimmel gingen wir schließlich ins Wohnzimmer. Sofort stieg mir der besondere Weihnachtsduft in die Nase, der sich mit dem frischen Tannengrün und dem vielen Weihnachtsgebäck in den bunten, gefüllten Weihnachtstellern mischte. Vor dem hell erleuchteten Christbaum blieben wir stehen und sangen ein paar Weihnachtslieder. Der Christbaum schien mir noch prächtiger als am Vortag. In die Krippe hatte mein Vater noch zwei Kerzen gestellt. Nachdem wir die heilige Nacht eingesungen hatten, gingen wir an die Geschenke, die für jeden verteilt im Zimmer lagen. Meine Geschenke breiteten sich auf dem Boden unter dem Weihnachtsbaum aus. Mein Vater setzte mich runter, damit ich anfangen konnte, die bunt eingepackten Päckchen auszupacken. Trotz meiner Schwierigkeiten mit den Händen wehrte ich jede Hilfe dabei ab. Zwar brauchte ich dazu viel länger, doch ist die Spannung um so größer. Außer natürlich, wenn der Inhalt zerbrechlich ist, dann muß ich mir schon helfen lassen. Deshalb erkundige ich mich immer gleich vorher danach, denn sonst wäre das Geschenk durch meine unkontrollierten Bewegungen schon vor dem Auspacken kaputt. Überall im Zimmer wurde nun eifrig ausgepackt. Bärbel und Andrea vorne beim Wohnzimmertisch und Mama hinten am Tisch in der Ecke. Dabei herrschte irgendwie so eine stille Fröhlichkeit. Manchmal hörte ich nur, vertieft in meine eigenen Geschenke, "Oh, ist das schön, das kann ich gut gebrauchen." Papa schaut uns immer noch etwas zu, bevor er selbst ans Auspacken geht. Doch ich freute mich nicht nur über die Geschenke, die ich an diesem Abend erhielt, sondern auch über unser jetziges unbeschwertes Leben in der neuen Wohnung. Gerade vor dem strahlend erleuchteten Christbaum, der beschützend seine grünen Tannenzweige über die Krippe hielt, durchflutete mich eine tiefe Freude und Dankbarkeit. Meine innere Stimme sagte immer wieder: "Hab dank Gott, was du für meine Familie und für mich in diesem Jahr getan hast. Daß meine Mutter von der schweren Depression befreit wurde, für mein schönes Zimmer, in dem ich so Vieles selbstständig tun kann und vor allem für die vielen Jugendlichen im Hof, die mich so gut in ihre Gemeinschaft einbezogen haben". Gegen halb elf kam noch Thomas. In gemütlicher Plauderei mit einem Glas Sekt ließen wir diesen Abend ausklingen. Für die beiden Weihnachtsfeiertage bereitete mein Vater wie jedes Jahr eine große, fette Weihnachtsgans zu. Beim Essen, an dem auch Thomas und Bärbel dabei waren, merkten wir erst, was eine große Küche wert ist. Früher, in der alten Wohnung, mußten wir uns in die enge Küche zwängen. Wenn meine Mutter zum Gansessen den Tisch auszog, mußte ich mit meinem Stuhl immer zwischen der Türangel sitzen. Anders gab es damals keine Möglichkeit. Der Tisch reichte ja fast bis zur Tür. Jetzt ist es eine ganz andere und vor allem gemütlichere Esserei. Meine Eltern waren auch beim Essenrichten nicht so nervös wie damals. Am zweiten Weihnachtsfeiertag hängte mein Vater das Kreuz mit dem leidenden Jesus über meine Zimmertür. Schon lange habe ich mir so ein Kreuz für diesen Platz gewünscht, und jetzt habe ich es zu Weihnachten bekommen.

Nach den Weihnachtsfeiertagen fuhr ich wieder dick angekleidet in den Hof. Draußen spürte man sofort, daß der Alltag wieder begonnen hatte. Die Leute trieb es wieder zum Einkaufen, um den Ernährungsbedarf zu decken. So schön es an den Feiertagen auch sein kann, ich bin jedes Mal froh, wenn der lebhafte Alltag wieder Oberhand gewinnt. Zuerst fuhr ich die Markgrafenstraße entlang, wo ich vielen Menschen begegnete. Unter anderem lernte ich Frau Koch kennen. Mit ihr konnte ich auch gleich ganz gut reden. Ich wußte schon, daß sie die Mutter von Uwe, Ralf und Martina war. Sie erkundigte sich sofort, wo ich denn zur Schule ginge, und so kamen wir in immer tiefere Gespräche hinein. Sie erzählte mir Vieles von sich und der Familie, und ich wußte auch Vieles von mir zu erzählen. Auch fing sie plötzlich ohne Hemmungen an, über meine Behinderung zu reden. Später fuhr ich noch in die Hofanlage. Verträumt lagen Wiesen, Büsche und Bäume in der Dämmerung. Durch die tiefe Stille schallte jeder Schritt, den ich machte, um mein Wägelchen vorwärts zu bekommen, durch den ganzen Hof. Daher mußte ich manchmal anhalten, um wirklich nach der Stimme der Stille lauschen zu können. Von den Vögeln war nur ab und zu ein Spatz zu hören. Interessant war es auch, in die hell erleuchteten Fenster zu schauen. Dabei konnte ich verschieden große Christbäume erkennen. Es gab auch welche, die mit brennenden Kerzen auf dem Balkon standen. Plötzlich schreckte ich von einem lauten Knaller zusammen. Dies waren die ersten Boten, daß sich das Jahr bald zum Ende neigte. In wenigen Tagen fing das neue Jahr 1981 an, und wir konnten uns dann wieder ein gutes neues Jahr wünschen. Für mich war das alte Jahr gut genug, und ich hatte gewünscht, daß es nie zu Ende gehen würde. Das, was ich jetzt schreibe, klingt etwas übertrieben, aber es war so. Je näher der Jahreswechsel herankam, desto mißmutiger wurde ich.

Am schlimmsten war es am 31. Dezember. Den ganzen Tag lungerte ich traurig in meinem Zimmer herum. Am Mittag kam auch noch so ein nachdenklicher Film im Fernsehen. Er handelte von einem Pfarrer, der sich um milieugeschädigte Straßenjungen kümmerte. Der eigentliche Anlass, warum er ein Heim gründete, um sie vor einer schlechten Zukunft zu bewahren, war eine Messerstecherei, die sich bis zum Mord zuspitzte. Ein sechzehnjähriger Junge wurde deshalb gleich zum Tode verurteilt. Natürlich legte man dem Pfarrer schon bei der Planung einige Steine in den Weg, weil die Bürger meinten, diese Strolche verdienten keine Liebe. Doch der Pfarrer, der sich bei vielen Menschen unbeliebt machte, ließ nicht locker, bis das Haus auch mit Hilfe von den Straßenjungs selbst – endlich dastand. Anfangs bereiteten selbst einige der Jugendlichen dem Pfarrer sehr viel Kummer. Aber mit sehr viel Geduld und Liebe, ohne von oben herab den üblichen Respekt einzutrichtern, schaffte es der Pfarrer schließlich doch, den Jugendlichen das nötige Vertrauen und die nötige Selbstverantwortung zu vermitteln. Bei diesem Film konnte ich das Weinen nicht unterdrücken. Ich bekam so eine entsetzliche Wut über die bittere Realität. "Das war ja nur ein Film", wurde mir gesagt. Aber mit diesen Worten ließ ich mich nicht zufrieden stellen. Nein, im Gegenteil, ich geriet nur noch stärker in die Wut hinein. Meine Meinung ist, daß sich viele Pfarrer mit frommen Worten in den Pfarrhäusern abkapseln. Leider zu viele kommen zu wenig heraus, um der Realität ins Auge zu sehen. Damit meine ich, auch außerhalb der Gemeinde aktiv da mitzuhelfen, wo es mal "brennt". Jedoch die Gemeinde unterstützt noch das passive Glaubensverhalten, anders würden sie vielleicht zu sehr gefordert werden. Nur schöne Predigten zu halten, darin finde ich keinen Sinn. Der Leidensweg Jesu war ja auch lang und anstrengend. Also, dann sollte sich der Pfarrer auch mehr selbstverständlicherweise unters Volk mischen und sich den Problemen stellen. Ich war über die Reaktionen der Dorfbewohner, die ja leider eher realistisch scheinen mögen, so niedergeschlagen, daß ich noch etwas draußen spazieren fuhr, um mich abreagieren zu können.

Die Stunden bis zum Jahreswechsel kamen immer näher. Als ich am frühen Abend wieder in mein Zimmer kam, hängte ich meine Schlüsselanhänger an die Korkwand, die ich zu Weihnachten geschenkt bekommen hatte. Vom Boden aus kam ich damit ganz gut zurecht. Draußen böllerte es ganz schön herum. Knallkörper in der Nähe und aus der Ferne waren immer wieder zu hören. Es dauerte erst eine Weile, bis ich ihretwegen nicht mehr erschrak. Als dann schließlich nach unterhaltsamen Tagesschlagern im Radio Bundeskanzler Schmidt zum Jaheswechsel redete, brach ich meine Arbeit ab, um den Worten über die Zukunft zu lauschen. Mittlerweile tat mir auch schon das Kinn und die Nase weh, denn ich machte ja das mit der Korkwand alles mit dem Mund, Nase, Kinn und Kopf. Meine Eltern meinten zwar, es sei mit den Nägeln für mich zu gefährlich, die Schlüsselanhänger alleine anzuhängen, aber ich mußte es einfach mal probieren, und wie es sich herausstellte, mit Erfolg. Dazu brauchte ich einfach nur viel Zeit und Geduld.
Unterdessen waren auch schon meine Eltern von der Kirche gekommen. Sie deckten gleich den Küchentisch. Ich freute mich schon auf das

Essen. Es gab leckeres Fonduefleisch mit feinen verschiedenen Salätchen dazu. Alle Jahre wieder an Silvester brodelte der Fonduetopf mitten auf dem Tisch schön gleichmäßig dahin. So kommt jedesmal irgendwie eine romantische und beruhigende Atmosphäre auf. Dabei konnten wir uns so richtig gemütlich an all den guten Sachen satt essen, wobei man auf das Fleisch immer etwas warten mußte, bis es genug weich und braun war. Aber gerade dies ist das Besondere beim Fondue-Essen. Unwillkürlich nimmt man sich mehr Zeit zum Essen als sonst. Am Abend machten wir es uns im Wohnzimmer gemütlich. Anfangs saß ich noch ein wenig unter dem Christbaum, der ja schon bei den anderen die erste Aufmerksamkeit verloren hatte. Unter den grün geschmückten Tannenzweigen fühlte ich mich irgendwie geborgen. Während ich den Christbaum, die Kerzen, die bunten Sterne, die glänzenden bunten Kugeln und unten die Krippe genauer betrachtete, versank ich in tiefe Gedanken. Ich war froh, daß ich meinen Tiefpunkt vom Mittag überwunden hatte. Inzwischen hatten meine Eltern Salzgebäck, Orangensaft und den Sekt geholt. Dabei wurde die Stimmung bei uns etwas angeregter. Es war doch nicht das sture, ruhige Fernsehschauen wie es sonst meistens der Fall ist. Um neun Uhr fing im Fernsehen die Silvestershow mit lustigen Sketchen und bekannten Hits an. Mich freute es, die Leute, die ich das ganze Jahr über nur im Radio singen gehört hatte, auch einmal zu sehen. Sicherlich lag es auch ein wenig daran, weil bei vielen Liedern in mir die schöne Vergangenheit lebendig wurde. Am liebsten hätte ich die schöne Zeit wie eine Musik-Cassette zurückgespult. Ob das folgende Jahr auch wieder so schön werden würde? Diese Frage stellte ich mir oft. Der Uhrzeiger wanderte immer schneller auf die lang erwartete Mitternacht zu. Im Fernsehen wurden die Leute jetzt immer lustiger und ausgelassener. Mein Vater zog schon einmal den Vorhang zurück. Vom Wohnzimmerfenster aus konnten wir die ganze Südstadt bestens überblicken. Ab und zu stiegen schon bunte Leuchtraketen hoch in die Lüfte. Bestimmt können wir da einiges sehen, meinte mein Vater freudig. Wir erlebten ja den Jahreswechsel das erste Mal in der neuen Wohnung. Auch hatten wir zum ersten Mal überhaupt kein Feuerwerk gekauft. Mein Vater behauptete mit Recht, daß wir vom Balkon aus viel mehr davon hätten als selbst mitbeteiligt zu sein. Außerdem sparten wir eine Menge Geld. Blitzschnell war es soweit. Fünf Minuten vor zwölf Uhr standen wir vor der Balkontür bereit. In diesen Minuten überfiel mich Spannung und Schaudern zugleich. In mir war das Gefühl da, ich müsse mich von einer sehr schönen Zeit verabschieden. Alle schienen sich zu freuen, nur mir war ganz anders zumute. Ich schaute hinüber zu der Häuserreihe. Da brannte in vielen Fenstern Licht. Einige Leute sahen wie wir aus dem Fenster heraus. Ich dachte, was werden meine Freunde vom Hof jetzt wohl machen? Bestimmt würden sie mit der Knallerei beschäftigt sein. Plötzlich wurde der Nachthimmel von bunten Leuchtraketen ganz hell. Eine Rakete nach der anderen flog heulend durch die Lüfte. Oben am Himmel entfalteten sie sich in den schönsten Farben. Eine Gänsehaut durchprickelte meinen ganzen Körper. "Ich wünsche dir ein gutes neues Jahr", hörte ich meine Eltern sich gegenseitig zurufen. Dann kamen sie zu mir: "Ein gutes neues Jahr, Michael", riefen sie fast beide durcheinander und drückten mir einen Kuß auf die Wange. Etwas verwirrt erwiderte ich diesen Wunsch. Draußen war es jetzt richtig lebendig geworden. Mein Vater ließ mich auch aus dem Küchenfenster schauen. Am Rand der Markgrafenstraße entlang des Gehwegs sah ich viele Leute stehen, auch Jugendliche waren dabei, die ich kannte. Sie waren alle durch die Knallerei abgelenkt. Thorsten beobachtete ich, wie er einen Knaller nach dem anderen in die Luft schoß. Prost Neujahr, Prost Neujahr!, riefen sich die Leute auf der Straße und aus den weit geöffneten Fenstern immer wieder zu. Durch die viele Knallerei roch die Luft richtig pulvrig. Es hatte wieder ganz leicht zu schneien begonnen. Auf der Straße lag eine ganz dünne Schneedecke. Damit auch ich etwas fröhlicher wurde, trank ich jetzt Sekt mit Orangensaft. Es krachte noch eine ganze Zeitlang. Die Böllerschüsse und Schwärmer im Hof ließen erst eine halbe Stunde später allmählich nach. Wir blieben noch bis drei Uhr auf.

Am nächsten Morgen blieben wir etwas länger im Bett. Als ich aus dem Bett kroch und mein Radio antippte, war es kurz nach neun Uhr. Da Betty und Hansi, meine beiden Wellensittiche, einen furchtbaren Lärm machten, mußte ich das Licht noch einmal ausmachen, damit meine Schwester und meine Eltern noch ein wenig schlafen konnten. Samstag- und Sonntag morgens kommt das öfters vor, daß ich mich nur wegen meiner Vögel im Dunkeln verweilen muß. Etwa um zehn Uhr kam mein Vater in mein Zimmer und zog mir den Rolladen hoch. Sofort mußte ich die Augen zukneifen, denn durch das Fenster drang heller Sonnenschein. Meine Mutter machte in der Küche Kaffee, den sie jeden Morgen als erstes braucht, um den Tag richtig angehen zu können. Zum Frühstück aßen wir noch von Weihnachten Christstollen. Den esse ich für mein Leben gern. Wenn es in der Küche so mollig warm ist und der Kaffeegeruch in die Nase steigt, finden wir das sehr gemütlich. Im Winter sind auch manchmal die Fensterscheiben von der strengen Kälte draußen beschlagen. Das ist eben ein anderes Frühstücken als frühmorgens vor der Schule. Nach dem Frühstück hörte ich im Radio das Neujahrsprogramm an. Währenddessen schrieb ich an meiner Autobiographie. Bei lauter Discomusik schrieb ich am leichtesten. Da kam es mir vor, als könnte ich die Erlebnisse im Hof mit meiner Clique im Augenblick noch einmal erleben. In diesen Augenblicken fielen mir vor der Schreibmaschine Kleinigkeiten ein, die ich fast vergessen hatte. Am Mittag fuhr ich das erste Mal im neuen Jahr in den Hof. Ein kalter Wind blies mir um die Ohren. Die Sonne schien so hell wie schon lange nicht mehr vom Himmel herunter, als ob das junge, noch unverbrauchte Jahr sich gleich mit seinem hellsten Glanz zeigen wollte. Die Luft roch noch immer nach abgebrannten Feuerwerkskörpern. Auf der Straße und auf dem Gehweg lagen überall leere Hülsen von den verschiedensten Knallkörpern herum. Der Wind trieb sie raschelnd vor sich hin. Immer noch wurde auf der Straße ganz vereinzelt herumgeböllert. Das waren meist kleine Kinder, die in der Silvesternacht nicht so lange aufbleiben durften. Ihnen versuchte ich oft aus dem Weg zu fahren. Denn vor drei Jahren fiel mir schon einmal fast ein brennender Schwärmer in den Rollstuhl. Als ich in die Hofanlage fahren wollte, kam mir gerade Silvia Lamm mit ihrem kleinen, schwarzen Pudel Susi entgegen. "Ah, servus Michael", rief sie mir zu. "Ein gutes Neues Jahr noch", fügte sie hinzu. "Ich wünsche dir dasselbe", antwortete ich ihr und bremste mein Wägelchen ab. Silvia blieb neben mir stehen, und wir quasselten eine ganze Zeit lang miteinander.

An einem kalten Tag, es war Ende Januar, machte ich im Hof wieder einmal meine Runden. Draußen sah alles noch so richtig verschlafen aus. Matt lagen die Wiesen, auf denen im Sommer reges Treiben war, vor mir. Die kahlen, regungslosen Bäume, die noch recht klein waren, ähnelten eher Besen. Nur manchmal brachte ein schreiender Spatz die Zweige in Bewegung. Ein kühler Windhauch blies manchmal über meine Haare. Trotz alledem spürte ich irgendwie, daß es nun kein Absterben der Pflanzen mehr gab. Gräser, Sträucher, Büsche und Bäume lauerten dem Frühling entgegen, wo sie sich wieder frisch entfalten konnten. Plötzlich hörte ich ein Rufen ganz aus meiner Nähe. Ich wollte schon weiterfahren, weil ich dachte, der Ruf galt nicht mir. Als ich aber neben mir die Hauswand hoch schaute, sah ich im ersten Stockwerk auf dem Balkon ein Mädchen mit braunem schulterlangem Haar. Sie winkte mir zu und fragte: "Hör mal, hättest du Lust, mit mir diese Buchstabenkekse zu essen? Weißt du, ich brauche immer jemand, mit dem ich teilen kann, und alleine schmeckt es nur halb so gut." "Ja gern", antwortete ich, aber du mußt mich füttern. "Ja klar, mache ich das. Warte, ich komme runter", sagte sie und schon war sie verschwunden. Ich freute mich riesig, der Hof kommt doch immer mit Überraschungen, dachte ich. Ich brauchte nicht lange zu warten, bis das Mädchen kam. "Wie heißt du?" fragte sie mich gleich. "Michael. Und du?" entgegnete ich ihr. "Filiz, heiße ich, sagte sie lächelnd und steckte mir einen Keks in den Mund. "Es freut mich, daß ich dich einmal näher kennenlernen kann. Bisher habe ich dich nur im Hof mit den andern beobachtet", meinte Filiz, während sie an ihrem Keks herumknabberte. "Ich habe dich noch nie gesehen. Kommst du sonst nie in den Hof?" fragte ich sie, wobei mir Filiz wieder einen Keks entgegenhielt. "Weißt du, meine Eltern haben eine

Tankstelle, da muß ich oft helfen, und wenn wir dann abends nach Hause kommen, bin ich zu müde, um noch in den Hof zu kommen", erklärte Filiz, wobei sie hinzufügte: "Michael, ich finde, du hast hier schon einen guten Anschluß zu den anderen Jugendlichen bekommen. Ich finde es gut, daß du dich nicht von deiner Umwelt abkapselst. Verstehst du mich, was ich meine?" Dabei schaute sie mich forschend mit ihren großen braunen Augen an. "Ja, darüber bin ich auch sehr glücklich, daß es hier so viele Jugendliche gibt. Viele sind echt okay, bei denen war es nicht schwer, Kontakt zu bekommen. Sie bemitleiden mich auch nicht so wie dort, wo ich einmal wohnte. Toll finde ich es, daß man hier auch Gelegenheit hat, Menschen mit anderen Nationalitäten kennenzulernen." Plötzlich fing Filiz an zu lächeln und sagte: "Das freut mich, ich bin nämlich Türkin." Sie fragte mich auch nach meinen Hobbies aus und was ich daheim so alles mache. Dies erzählte ich ihr alles, und so plauderten wir noch eine ganze Weile miteinander, bis die Tüte Kekse leer war. "Freust du dich auch so schrecklich auf das Frühjahr, wenn die Bäume wieder grün werden und es wieder wärmer wird?" fragte ich Filiz, als sie gerade die leere Tüte zusammenknüllte. "Ja, ich freue mich auch wieder sehr auf die wärmere Zeit. Die kahlen Bäume habe ich jetzt so langsam satt. Also Michael, ich muß jetzt hoch. Wir sehen uns bestimmt mal wieder. Mir hat es jetzt echt Spaß gemacht, mich mit dir einmal zu unterhalten. Also tschüss dann", verabschiedete sie sich von mir. "Tschüss Filiz, und danke für die Kekse", rief ich ihr noch nach, als sie gerade die Treppe hinaufeilte.

Es war Mitte Februar an einem Freitag. Für mich war es der

schönste, langersehnte Augenblick in der Woche. Wie immer kam ich an diesem Tag von der Schule schon zum Mittagessen nach Hause. Ein tolles Gefühl war es, ein freies Wochenende vor sich zu haben. Meist kochte meine Mutter an diesem Tag meine Lieblingsspeisen, da ich ja die ganze Woche über in der Schule essen mußte. Als mich meine Mutter nach dem guten Essen in mein Zimmer schob, erblickte ich gleich etwas sehr Grausames. Erschrocken rief ich: "Schau mal Mama, was ist denn mit Hansi los?" Hansi, mein Wellensittich, saß gequält am Boden des Käfigs. Er fiel immer wieder nach einer Seite, spreizte seine Flügel auseinander und schrie ganz jämmerlich. Betty, der andere Wellensittich, saß aufrecht auf dem obersten Stengelchen und schaute sehr interessiert auf den leidenden Hansi herab. Ebenfalls sehr erschrocken meinte meine Mutter: "Vorhin, als ich die Vögel fütterte, saß Hansi noch ganz genüßlich oben neben Betty und zwitscherte vor sich hin." "Mama! Hansi ist krank. Was sollen wir jetzt tun? Das ist ja eine Qual für den armen Kerl", rief ich entsetzt. Meine Mutter schaute mich ratlos und hilflos an. "Wir müßten ihn zum Tierarzt bringen", sagte sie recht nervös. "Nur wie? Ich kann den Vogel in diesem Zustand nicht aus dem Käfig herausholen." Eine große Hektik entstand. "Andrea, Andrea!" rief sie laut. "Kannst du den Vogel nicht aus dem Käfig holen?" Andrea schaute bedenklich, von dem Anblick tief bewegt, in den Käfig: "Ich würde es schrecklich gern tun, aber ich kann es nicht", sagte Andrea, die soeben mit Mama den größten Streit gehabt hatte. "Wenn man dich einmal braucht ... Versuch es doch einfach einmal. Ich gebe dir Handschuhe dazu", meinte meine Mutter erregt. "Dann versuch es doch du einmal", konterte ihr meine Schwester scharf entgegen. Eilig raste meine

Mutter schließlich zum Telefon. "Hoffentlich ist jetzt Thomas zu Hause, der kann uns vielleicht helfen", sagte meine Mutter hastig. Doch leider merkten wir rasch, was los war. Thomas war nicht zu erreichen. "Was sollen wir jetzt machen? Wir können den Vogel nicht bis Papa um vier Uhr kommt im Käfig lassen. Oder soll ich einmal im Geschäft anrufen?" fragte Mami verzweifelt. "Das hat wenig Sinn", meinte ich. "Meinst du, Papa könnte extra wegen Hansi schnell heimkommen? Aber versuch es doch einmal bei der Zoohandlung Brehm. Die behandeln auch kranke Tiere, das habe ich mal gehört. Vielleicht schicken die jemanden vorbei", sagte ich ebenfalls sehr erregt. "Brehm, Brehm", murmelte meine Mutter und verschwand im Wohnzimmer, um im Telefonbuch die Nummer von der Zoohandlung zu suchen. Kurze Zeit später kam sie wieder heraus und hatte den Telefonhörer in der Hand, während sie schnell die Nummer wählte. "Leider können wir niemand zu ihnen vorbeischicken, da wir zur Zeit starken Personalmangel haben. Aber überwinden sie sich doch, den Vogel in eine durchlöcherte Schachtel aus Pappe zu tun, und bringen sie ihn dann vorbei. Wir werden den Vogel dann untersuchen und das Beste für ihn tun, damit er sich nicht weiter abquälen muß", hieß es sehr freundlich. Also jetzt mußten wir endlich etwas unternehmen. Nach einem kurzen Suchen hatte meine Mutter eine geeignete Schachtel gefunden. Dann war sie gerade beschäftigt, Luftlöcher in die Seitenwände zu stechen. Mit schnellen Schritten war sie wieder in meinem Zimmer. "Michael, ich läute mal bei Frau Fanandez, ob sie mir vielleicht helfen könnte", sagte meine Mutter hilfesuchend. Die Frau Fanadez war nicht aufzufinden. Dafür kam aber Frau Ludwig mit ihrer Tochter Elke. Frau Ludwig hatte Plastikhandschuhe an. Sie nahm Hansi ganz vorsichtig aus dem Käfig und legte ihn behutsam in die mit Watte ausgepolsterte Schachtel. Da meine Schwester keine Zeit hatte, brachte Elke den kranken Hansi zur Zoohandlung. Schon wenige Minuten später, ich versuchte mich durchs Radio etwas abzulenken, klingelte es an' der Haustür. "Das kann doch noch nicht die Elke sein", rief ich erwartungsvoll hinaus. Ich wollte endlich wissen, was mit Hansi los war. Mit fester Überzeugung dachte ich, daß Hansi eingeschläfert wurde. Doch es war nicht Elke, die wir so dringend erwartet hatten, sondern ich bekam Besuch von Irene und Angelika. Als sie zu mir ins Zimmer kamen, wußte ich zunächst gar nichts mit ihnen anzufangen. Mein Kopf war ganz woanders. Schließlich erzählte ich ihnen von der bösen Überraschung mit Hansi. Während wir so redeten, klingelte es stürmisch an der Haustür. "Das ist Elke", rief ich erregt und dachte schon zu hören, daß Hansi nicht mehr am Leben sei. Doch ich traute meinen Augen nicht, als meine Mutter und Elke nachdenklich mit der Schachtel und Hansi darinnen in mein Zimmer kamen. "Herr Brehm hat ihm Tropfen gegeben. Er meinte, wir sollten ihm noch eine Chance lassen", erzählte uns Elke. Meine Mutter reagierte darüber sehr aufgebracht. "Ja, und was für eine Krankheit hat er?" wollte ich wissen. "Er vermutet, daß er ein kleines Schlägchen bekommen hat. Deshalb kann er auch auf einem Füßchen nicht stehen, und der eine Flügel hängt ein wenig herunter," teilte uns Elke weiter mit. "Praktisch ist er dann halbseitig gelähmt", antwortete meine Mutter, während sie schon wieder überlegte, wie sie den Hansi nun in den Käfig bringen sollte. "Diese Lähmung, geht die eigentlich wirklich wieder zurück?" fragte Irene mitfühlend. "Ja, die Lähmung könnte mit der Zeit wieder verschwinden, wir müßten dem Vogel drei Mal am Tag, morgens, mittags und abends diese Tropfen hier in den Schnabel einflösen", erwiderte ihr Elke, während sie uns das Fläschchen, das mich an Nasentropfen erinnerte, zeigte. "So und jetzt, wie mache ich es am besten", stammelte meine Mutter unsicher. Hansi schien es in der Schachtel nicht mehr auszuhalten. Er wurde plötzlich so unruhig. Irene und Angelika waren meiner Mutter auch eine große Hilfe. Ganz vorsichtig öffnete Irene die Schachtel, hielt sie an den geöffneten Käfig und schon flatterte Hansi heraus. Da er auf keinem Stengelchen Halt fand, ließ er sich gleich wieder auf dem Boden nieder. Hansi schien es nicht viel besser zu gehen als vorher. Er saß immer noch auf einem Bein, kippte ständig auf die eine Seite und piepste ganz jämmerlich bei jedem Atemzug. Dazu ließ er den rechten Flügel verdächtig hängen. Der Anblick und die verschiedenen Laute verrieten einen Kampf, am Leben zu bleiben. Als mein Vater am Nachmittag nach Hause kam, erzählten wir ihm gleich die Neuigkeit von Hansi. Nachdem er ihn gesehen hatte, ging er zur Tierhandlung, um sich zeigen zu lassen, wie er dem Vogel am Besten die Tropfen geben müßte. Auch er hatte so etwas noch nie gemacht. Sofort als mein Vater zurückkam, probierte er es aus. Genau wie es ihm Herr Brehm gezeigt hatte, nahm er den fast regungslosen Vogel in die Hand. In senkrechter Haltung, damit er nicht zum Ersticken kam, träufelte er dem armen Kerl Tropfen in den Schnabel. Diesen Vorgang mußten wir drei Mal am Tag wiederholen. Trotz der Behandlung bemerkten wir keine Besserung. Hansi lag zuckend auf dem Boden, wobei bei jedem Atemzug ein leiser Piepston zu hören war. Meine Eltern und eigentlich auch ich hatten keine Hoffnung mehr, daß Hansi am Leben bliebe. Damit ich in der Nacht schlafen konnte, boten mir meine

Eltern an, Hansi über Nacht in die Küche zu stellen. Aber das wollte ich nicht. Meine Meinung war, wenn Hansi sterben würde, dann sollte er es in seiner gewohnten Umgebung. Die Nacht war zwar nicht so geruhsam wie sonst, doch ich nahm es gern in Kauf. Denn schließlich mußte Hansi ums Leben kämpfen, nicht ich.
Am nächsten Morgen schien es Hansi wieder besser zu gehen. Die Zuckungen und die qualvollen Piepstöne waren verschwunden. Außerdem saß er wieder auf einem Beinchen, wobei er das andere immer wieder hochzog. In fast aufrechter Haltung schaute Hansi erleichtert umher. Die Tropfen schienen ihm doch zu helfen. Oft saß ich neben ihm beim Käfig und sprach beruhigend auf ihn ein.
Am folgenden Tag, es war Sonntag, kletterte Hansi sogar wieder zu Betty hoch auf das Stengelchen und blieb neben seiner Gefährtin kurz sitzen. Das war für uns ein erfreulicher Anblick. Wir dachten schon, daß Hansi jetzt über dem Berg wäre. Abends mußte ich noch etwas für die Schule tun. Ich war allein zu Hause. Wenn meine Eltern weggehen, nütze ich das jedes Mal voll aus. Da lege ich eine Discocassette auf und höre sie etwas lauter als sonst an. Dazu schalte ich dann meistens die Lichtorgel ein. Doch an diesem Sonntagabend konnte ich das nicht tun, erstens hatte ich den kranken Hansi im Zimmer und zweitens kam am nächsten Tag der Schulrat, Herr Schreckenberger, zu uns in die Klasse, um unsere Lehrerin, Frau Eisenbeiß, zu prüfen. Um sie nicht zu blamieren, mußten wir zum Berechnen eines Körpers alle Formeln aus der Raumlehre können. Naja, alles, was mit Rechnen zu tun hatte, war nicht so mein Gebiet. Deswegen mußte ich gerade in dieser Zeit viel üben, um den Anforderungen nachzukommen. Nachdem ich alle Formeln durchgearbeitet hatte, schaute ich noch einmal nach

Hansi, bevor ich mich ins Bett bewegte. Hansi saß rund und aufgeplustert wie ein Wollknäuel am Boden. Immer wieder blinzelte er mich mit müden, schweren Augen an. Ich redete noch ein wenig mit ihm, während er seinen Blick nicht von mir abwandte. Irgendwie hatte ich so ein sonderbares Gefühl. Ich zögerte die Zeit mehr und mehr hinaus, bevor ich mich schließlich doch ins Bett legte.

Am nächsten Morgen, als mich mein Vater weckte, merkte ich, wie er verstohlen in den Vogelkäfig schaute. Ich fragte: "Was ist los? Ist etwas mit Hansi?" Mein Vater antwortete: "Soll ich es dir sagen? Aber erschrecke nicht! Hansi ist tot." Eine erdrückende Stille war im Raum. Es war nur das Ticken der Wohnzimmeruhr draußen zu hören. Irgendwie hatte ich es gestern Abend geahnt. "Willst du Hansi noch einmal sehen, bevor ich ihn jetzt raus auf den Balkon stelle?." Hansi hatten wir ja die letzten Tage von Betty getrennt. Zufälligerweise hatten wir noch den kleinen alten Vogelkäfig von früher im Keller untergebracht. Ich nickte auf die Frage meines Vaters hin den Kopf. Wie wenn er schlafen würde, lag Hansi ganz entspannt auf dem Boden des Vogelkäfigs. "Heute Mittag begrab ich ihn unten in der Hofanlage", sagte mein Vater und trug ihn hinaus. Traurig und doch irgendwie erleichtert, daß nun Hansi nicht mehr leiden mußte, fuhr ich mit dem Bus zur Schule. Trotz alledem wartete der Ernst des Lebens auf mich. Für Betty war es anfangs schon eine Umstellung, plötzlich ohne Hansi zu sein. Doch eigentlich gewöhnte sie sich sehr rasch daran. Wir gaben ihr ein Spielvögelchen in den Käfig. Auf das konnte Betty ihre ganzen Aggressionen ablassen. Dem Plastikvogel tat es nicht weh.

Am Faschingssamstag bekam ich endlich mein Wägelchen mit den Ballonrädern zurück. Wie ich zu diesen kam, war so: Im Herbst, nachdem ich gerade neue Vollgummiräder an mein Wägelchen montiert bekommen hatte, fragte mich Thomas so nebenbei: "Du Michael, warum müssen es eigentlich immer Vollgummiräder sein? Die laufen doch viel zu schwer. Warum probierst du es eigentlich nie mit Ballonräder aus." Dabei deutete Thomas auf die Vorderräder des Rollstuhls. "Ja, kann man denn diese Räder, die um einiges größer sind, so ohne weiteres an das Wägelchen montieren?" fragte ich Thomas erstaunt. "Warum soll man diese Räder nicht an dein Wägelchen montieren können? Da sehe ich eigentlich kein Problem dahinter. Aber laß das nur einmal die Leute vom Storch & Beller machen, die verdienen ihr Geld dafür. Wenn diese dafür zu unfähig sind, dir die Räder an dein Wägelchen zu schweißen, mach ich es dir. Aber das kann ich eigentlich nicht glauben", meinte Thomas. Tatsächlich brachten es die Leute nach einigem ernsten Wenn und Aber doch noch fertig, meinen Wunsch zu erfüllen. Das einzige Problem lag sicherlich darin, daß mein privat gebautes Wägelchen in keinem Katalog abgebildet war. Nur so kann ich im nachhinein das ablehnende Verhalten verstehen.

So, und nun war es nach einigen Tagen endlich soweit. Als mein Vater das Wägelchen in mein Zimmer schob, bekam ich zunächst einmal einen Schrecken. Mein Wägelchen kam mir jetzt so furchbar hoch vor. Ich hatte plötzlich Angst, daß ich nicht mehr so gut darin sitzen könnte. Mein Vater machte auch noch so eine Bemerkung dazu, als er mich in das veränderte Wägelchen setzte. Oh je, ich saß schon um einiges höher. Sofort machte ich ein paar

Fahrversuche. Das Kurvenfahren bereitete mir anfangs Schwierigkeiten. Doch ich gewöhnte mich sehr rasch an die veränderte Höhe. Das Fahren ging mit den mit Luft gefüllten Rädern viel leichter.

Der Rosenmontag war ein recht schöner Tag, hell schien die Sonne vom blauen, wolkenlosen Himmel herunter. Obwohl auf der Kaiserstraße der Faschingsumzug rollte, mußte ich gleich nach dem Mittagessen runter in den Hof, um meine neuen Räder einmal im Freien auszuprobieren. Gleich vor der Haustüre auf dem Gehweg merkte ich eine ungeheuere Erleichterung beim Fahren. Ich war auch viel schneller. Vorne im Vorhof machte ich eine beschwingte Kurve und fuhr hoch über das Kopfsteinpflaster in die Hofanlage. Im Gegensatz zu vorher hoppelte es auf dem Kopfsteinpflaser kaum noch. Außerdem hörte man kein ständiges Rattern der Räder mehr. So fuhr ich völlig geräuschlos durch das Gittertor in die Hofanlage hinein. Ich kann mich noch gut daran erinnern, als zu mir einmal jemand im Hof sagte: "Bevor man dich sieht, hört man dich." So wissen wir gleich, daß du es bist." Das war jetzt jedoch anders. Mit Freuden fuhr ich sofort in die Sonne, die schon ziemliche Kraft hatte. An Sträuchern, Büschen und Bäumen bildeten sich schon kleine Knospen. Liebliche Amselgesänge ertönten durch die Hofanlage. Ich blickte interessiert auf die Häuserdächer hinauf. Eine Amsel entdeckte ich hoch oben auf dem Dach ganz hinten, wo Martina Koch wohnt. Sie hatte es sich auf einer Fernsehantenne bequem gemacht. Mit süßen, aber doch ganz energischen Tönen trällerte sie in den schönen Tag hinein. Sehr begeistert blieb ich einen Augenblick stehen und lauschte dem lebhaften Gesang der Amsel. Dann fuhr ich weiter dem Amselgesang entgegen. An der

Wegbiegung vor dem Balkon von Doris blieb ich wieder stehen. Jetzt konnte ich die Amsel schon deutlicher erkennen. Der fast ununterbrochene liebliche Gesang der Amsel klang nun viel intensiver in meinen Ohren. Es war herrlich. Ich blickte auf die vor mir liegende Wiese. Dabei konnte ich vereinzelt schon ein paar Gänseblümchen entdecken. Jetzt beginnt bald der Frühling, dachte ich voller Freuden, und die Gräser werden wieder grün und saftig wachsen. Aus der Ferne war der Faschingsumzug mit viel Trommeln, Trompeten und Paukenschlägen zu hören. Helau, helau, riefen die Menschen durcheinander. Mich reute es kein bißchen, daß ich nicht in dem Menschengewimmel dabei stand. Mein Vater wäre mit mir zwar zum Faschingsumzug gegangen, aber ich wollte nicht. Mir gefällt die aufgepeitschte Fröhlichkeit einfach nicht. Kurz gesagt, ich bin ein Faschingsmuffel. Obwohl sich bis jetzt, außer ein paar kleinen Cowboys, niemand in der Hofanlage befand, gefiel es mir im Grünen in der Sonne tausendmal besser. Wild warfen sich die Cowboys und Indianer ins Gebüsch und schossen sich gegenseitig mit den Revolvern tot. Voller Stolz zeigten sich die Jungs mit aufgemalten Bärten und dicken Augenbrauen im Gesicht. Bei den Indianern war das ganze Gesicht rot gefärbt. Da einige noch eine Perücke aufhatten, war es echt schwierig, die einzelnen Jungs zu erkennen. Markus, den kleinen Bruder von Hansi, erkannte ich darunter. Tapfer stand er mit Pfeil und Bogen vor mir. Plötzlich hob mir Nando, der als Cowboy vekleidet war, einen Revolver vor die Nase. Nachdem er mich lachend tot geschossen hatte, setzten sie ihr Spiel fort. Als ich auf der anderen Seite an den Akazienbäumen wieder vorfuhr, kamen mir plötzlich Gino und Ralf Hempel entgegen. Dabei war noch Werner, der Freund von Carmela. Erst kürzlich hat mir Carmela erzählt, daß sie sich mit Werner verloben möchte. Gino fragte gleich: "Wir gehen zur Schaukel, kommst du mit?" Ich nickte und kehrte kurz entschlossen um. "Ich bin froh, wenn der Scheiß-Karneval vorbei ist", meinte Ralf, indem er die Leute nachahmte, die immerzu helau schrien. Die beiden anderen nickten ihm verständnisvoll zu. "Dann können wir uns also alle vier die Hand reichen. Ich kann mich auch nicht besonders am Fasching erfreuen", sagte ich, als ich gerade in den Rasen fuhr. Während sich Gino auf die Schaukel setzte, meinte er: "Mir gefiel der Fasching noch nie. Ich finde, die Leute sind dann nicht richtig lustig sondern nur aufgedreht." Jetzt kam noch Frank Elchinger dazu. Plötzlich hüpfte Ralf Hempel von der Schaukel in den nassen Rasen hinunter. "Schaut, wie weit ich springen kann", prahlte er. Das ließ sich Werner nicht zweimal sagen. Er nahm mit der Schaukel einen riesigen Anlauf, und plumps platschte er in den nahe liegenden Matsch. Also konnte er Ralf nicht übertreffen. Darauf folgten Gino und Frank. So war ein neues Spiel entwickelt. Sie kamen zwar über den Matsch, doch es fehlten noch Zentimeter. Richtig albern stand Ralf daneben und rief: "So springen wie ich, das kann nicht jeder." Dies spornte die andern richtig an. So fing die Runde von neuem an. Als erster hüpfte wieder Ralf Hempel. Ralf hatte schon eine unheimliche Sprungweite. Dieses Mal übersprang er sogar sein Ziel noch um einige Zentimeter. Gino purzelte dabei voll auf den Hintern. Als er sprachlos mit seinem schwarzen Lockenkopf auf dem durchnäßten Rasen saß, mußten wir alle lachen. Werner erging es ähnlich. Bei der nächsten Runde schafften es Gino und Frank fast. Nur ein paar Zentimeter fehlten ihnen noch bis zum Sieg. Nach einer Weile tauchte Hansi auf. Mit voller Begeisterung sprang auch er sofort mit. Wegen ihm mußte ich besonders lachen. Einmal lag er wirklich in voller Länge im Matsch. Plötzlich schimpfte jemand aus dem Fenster heraus: "Verschwindet, ihr Bengel, müßt ihr unbedingt den Rasen kaputt machen?" Wortlos, etwas verdutzt, brachen wir das Spiel ab. Irgendeiner, ich glaube, es war Frank, warf wütend einen dürren Stock, der im Wege lag, ins Gebüsch und sagte: "Nirgends kann man sich frei entfalten, überall wird gemeckert, nur gemeckert." So trotteten wir aus der Hofanlage vor an die Markgrafenstraße, wo reger Betrieb herrschte. Viele Leute kamen vom Faschingsumzug daher. Sie waren natürlich dem Tag entsprechend verkleidet. Matrosen, Hippymädchen, Seeräuber, Scheichs und natürlich jede Menge Cowboys kamen uns entgegen. Während ich die vorbeiziehenden Menschen beobachtete – Gino, Ralf, Frank und Hansi befanden sich weiter vorne – sprach mich plötzlich eine Frau an. Ich merkte am Sprechen, daß sie etwas zu viel getrunken hatte. Die Frau war so ungefähr 25 bis 30 Jahre alt. "Hey du", rief sie mir zu, wobei sie sich mir näherte. "Hättest du Lust, mit mir heute Abend um sieben Uhr essen zu gehen? Ich lade dich dazu ein. Ich reagierte etwas überrascht auf diese Frage. Verblüfft antwortete ich: "Nein danke. Heute Abend habe ich schon etwas anderes vor." Die Frau kam mir daraufhin noch einen Schritt näher und flehte mich beinahe an. "Oh, bitte, komm doch mit. Wir beide machen es uns ganz schön. Du kannst auch essen soviel du magst." "Liebe Frau, das glaube ich ihnen gern, doch ich kann wirklich nicht. Außerdem gehe ich nicht gern mit fremden Menschen weg", gab ich ihr schon etwas hilflos zur Antwort. Das letztere hätte ich vielleicht nicht sagen sollen, denn nun packte die Frau eine Wut. Sie stampfte wie ein kleines Kind, das unbedingt etwas durchsetzen möchte, mit den Füßen auf den Boden und schrie mich an: "Und doch kommst du mit mir. Ich hol' dich einfach. Nun kam in mir die Angst hoch. Ich rief sicherheitshalber die anderen herbei. Sie begriffen gleich, um was es ging und bestätigten der Frau, daß ich heute Abend schon mit ihnen etwas vorhatte. Die Frau wurde wieder etwas ruhiger und antwortete: "Ihr könntet ja alle mitkommen. Ich lade euch mit ein", stammelte sie lallend vor sich hin. Als wir abermals ganz ruhig verneinen, zog sie endlich weiter. Mir tat die Frau zwar etwas leid, denn sicherlich litt sie unter der Einsamkeit, weil gerade an diesen närrischen Tagen so viele lustige Menschen in Grüppchen unterwegs sind. Aber früher, als wir noch in der Stuttgarterstraße wohnten, wohnte direkt eine Haustüre nebenan ein Ehepaar, daß alkoholsüchtig war. Wenn ich im Hof war, begegnete ich ihnen manchmal, dann ging es los. Sie streichelten und küßten mich ab. Der Mann, der vor Betrunkenheit kaum stehen konnte, fiel dabei fast über mich. Mich ekelte es einfach. Obwohl es ohne Zweifel liebe Menschen waren, fuhr ich ihnen immer aus dem Weg, soweit es mir wenigstens möglich war. Ich kann mich nämlich überhaupt nicht wehren wie andere. Einmal wollte der Mann sogar seinen großen Hund an mein Wägelchen binden. Ja, der etwas wilde Hund wäre mit mir ab und davon. Das größte Unglück hätte passieren können, wenn ich nicht einfach abgehauen wäre. Glücklicherweise war mir das wenigstens möglich. Seither habe ich etwas Angst vor Leuten, die betrunken sind, weil diese so unberechenbar sein können. Zu meiner größten Erleichterung waren dieses Mal meine Freunde in der Nähe.

Nachdem sich der Winter verabschiedet hatte, zeigte sich nun endgültig das schöne Frühjahr. Laue Lüfte wehten wieder. Die Hände wurden draußen nicht mehr kalt. Dicke Anoraks brauchte man jetzt schon nicht mehr anzuziehen. Überall sangen Vögel wie um die Wette ihr Lied. An den Bäumen, Büschen und Sträuchern trieb wieder ganz zart das junge Grün heraus. Die dicken Knospen an den Bäumen waren jetzt auch bald am Aufplatzen. Nur noch wenige Bäume, die erst später vom Winterschlaf erwachten, standen noch ganz kahl da. Aber selbst diese Bäume, sie werden bald ihr neues grünes Kleid bekommen, dachte ich voller Freuden. Die Rasenflächen waren übersät mit Gänseblümchen und gelben Löwenzahnblumen. Die Grashalme fingen wieder an zu wachsen. Irgendwie roch nun die Luft ganz anders. Jetzt wurde es auch wieder viel lebhafter im Hof. Das schöne sonnige Wetter trieb sämtliche Leute aus dem Haus. Frank Elchinger, Paolo, Markus Lamm und Männle fuhren mit ihren Fahrrädern um die Wette. Ich sollte manchmal zählen, wie lange sie zu einer Runde brauchten. Frank und ich machten einigen Blödsinn miteinander. Einmal sauste er mit einer riesen Geschwindigkeit auf mich zu. Dabei grinste Frank frech. Ungefähr einen Zentimeter neben mir bremste er ab. "Haste gedacht", sagte er lachend. "Du, warte nur, wenn ich dich einmal erwische", rief ich spaßig aus. "Was denn, was meinst du, wie ich mein Fahrrad im Griff habe", erwiderte mir Frank. "Franky, und was ist, wenn deine Bremsen einmal versagen?" spöttelte ich. Er kratzte sich am Kopf und versicherte spontan: "Merke dir das, meine Superbremsen versagen nie." Einige kleinere Kinder spielten Versteck. Manche, auch zum Teil die größeren, konnten noch Spiele erfinden, das war sagenhaft. Nur leider sind wir durch die "schön angelegte" Hofanlage sehr eingeschränkt worden. Sämtliche Ball- und Wurfspiele sind auf den "Zierasen" nicht erlaubt. Ganz vorne, wo die Schallschutzmauer steht, ist noch immer eine riesige Fläche unbenützt, übersät mit spitzen Steinen. Doch kein Mensch von der Volkswohnung GmbH dachte bis jetzt daran, einen Bolzplatz zu machen, auf dem man sich im Spiel und Sport so richtig austoben kann. Die Hofanlage war ja sooo teuer, hieß es immer wieder. Ich behaupte, reines Desinteresse, uns Kinder und Jugendliche zufriedenzustellen.

Im neuen Jahr wechselte ich meinen Freundeskreis ein wenig. Von nun an war ich mehr mit den Jüngeren, bis zu 18 Jahren, zusammen. Mit ihnen war es sehr interessant. Vor allem hatten sie mehr Ideen als die anderen, was man alles machen könnte.

Zu meiner Erleichterung nahten jetzt die Osterferien. Dieses Mal hatte ich weniger Probleme wegen der Schule, sondern wegen dem Busfahrer, Herrn Zeltmann, der mich mit vielen andern jeden Morgen zur Schule fuhr. Ich saß immer ganz vorne auf dem Beifahrersitz. Herr Zeltmann war sonst ein recht lebhafter Mann. Sogar während des Fahrens machte er mit seinen Späßen nicht halt. Er boxte und zoppelte mich an den Haaren. Somit brachte er mich am frühen Morgen recht schnell wach und munter, weil ich mich ja so gut wie möglich wehren mußte. Plötzlich wurde Herr Zeltmann aber von einem Tag auf den andern ruhig und ernst. Wenn ich bei manchen plötzlich auftretenden Geräuschen zusammenzuckte, was bei meiner Behinderung so üblich ist und ich nichts dafür kann, schüttelte Herr Zeltmann nur ganz ernst und ohne eine Miene zu verziehen den Kopf. Manchmal sagte er auch so abwertig: "Du bist heute aber unruhig, was ist denn nur mit dir los?" Das nervte mich und vor lauter

Anstrengung, mit aller Gewalt ruhiger zu sein, wurde ich nur noch unruhiger und schreckhafter. Vorher dagegen war Herr Zeltmann derjenige, der mich absichtlich aus Spaß erschreckte. Ich konnte mich dabei selbst nicht ausstehen, daß ich so reagierte. Mein Verstand sagte mir, Herr Zeltmann hat vielleicht irgendwelche Sorgen. Gefühlsmäßig aber hatte ich Angst, daß ich ihm so unruhig und verkrampft, wie ich normalerweise gar nicht bin, zur Last falle. Auch wenn er mich zu Hause in den Rollstuhl setzte, verkrampfte ich mich so, daß ich mir richtig schwer vorkam. Herr Zeltmann verabschiedete sich dann so ungewohnt kurz, als hätte ich ihm irgend etwas getan – irgendwie ganz anders als vorher. Erst im Aufzug, als wir hoch zur Wohnung fuhren, wurde ich wieder ruhig und entspannt. Wie schon gesagt, in dieser Zeit verstand ich mich selbst nicht. Na ja, dachte ich, jetzt haben wir erstmal zwei Wochen Osterferien. "Hoffentlich", sagte ich zu meiner Mutter, "kann ich mich nach den Osterferien wieder ungezwungener Herrn Zeltmann gegenüber verhalten." "Sicherlich! Du mußt dir nur nicht so viele Gedanken darüber machen. Genieße jetzt erstmal die Osterferien. Heute ist so ein herrliches Wetter. Möchtest du heute Mittag in den Hof?" fragte mich meine Mutter, während sie mich in die Wohnung schob. "Ja, nach dem Mittagessen fahre ich gleich los", antwortete ich begeistert. Wie gesagt, so auch getan. Draußen war wirklich ein tolles Wetter. Tief atmete ich die milde Frühlingsluft ein. Blau und klar war der Himmel. Keine Wolke konnte ich sehen. Nur die klare Sonne blendete in meinen Augen. Gerade wollte ich in die grüne Hofanlage biegen, da wurde ich durch ein ständiges Lärmen wie von Baggern aufmerksam. Ich schaute vor zur Altstadt, die noch übriggeblieben war. Was sah ich da zu meiner Überraschung? Das alte Eckhaus wurde abgerissen. Es staubte und krachte dort fürchterlich. Da komme ich ja gerade recht, dachte ich, und fuhr so schnell ich konnte dort hin. An der Waldhornstraße blieb ich stehen. Der Bagger rüttelte und schüttelte an den Häuserwänden. Wie Butter ließen die Wände nach. Ganze Dächer fielen krachend und staubend zur Erde. Auch der Schornstein, wo vorher noch Vögel saßen, fiel wie ein Klotz der Vernichtung entgegen. Wie ich feststellte, wurden gleich drei Häuser abgerissen. Nur eine Stunde dauerte der Abriss, dann konnte man von dem Trümmerhaufen nur noch ahnen, daß da einmal Häuser gestanden hatten. Später, nachdem der Bagger und die Lastwagen abgefahren waren, krabbelte Thorsten mit noch ein paar Jungs auf dem großen Trümmerhaufen herum. Welch eine Freude hatten die Jungs daran, etwas Abenteuerluft genießen zu können! Erst als es still war, drangen wieder Vogelgesänge und Stimmen von Leuten, auch das fröhliche Schreien und Rufen von Kindern an meine Ohren. Der Bagger hatte dies alles vollständig übertönt. Gleichmäßig leise, aber doch unüberhörbar, plätscherte der Brunnen vor sich hin. Am Rande des Brunnenplatzes blühten die ersten Osterglocken. Während ich so umherblickte, sah ich Silke Elchinger auf mich zukommen. "Hallo Micha", rief sie und blieb neben mir stehen. "Jetzt sind vierzehn Tage Schulferien. Wie ich dich kenne, bist du auch froh." "Da hast du recht, endlich kann ich für ein paar Tage das Rechnen vergessen", antwortete ich mit einem Seufzer. Silke schaute mich forschend an. "Wie findest du das Kleid? Paßt es gut zu mir? Ich habe es erst neu gekauft." Ich nickte mit dem Kopf. "Ja, mir gefällt es an dir. Gerade vorhin dachte ich noch, o Silke im Kleid, welch ein Wunder, weil ich dich nur mit Hosen kenne."

Silke lächelte. "Mensch, ist das heute schon warm. Wenn das so weiter geht, können wir bald ins Freibad gehen. Kannst du eigentlich schwimmen?" fragte sie mich. "Ohne Schwimmreifen nicht", gab ich ihr zur Antwort. "Früher", erzählte ich, "als ich noch im Kindergarten war, hatten wir im Tullabad regelmäßig einmal in der Woche Schwimmen. Die Bademeister setzten uns alle in so ein rundes, mit Luft gefülltes Bassin. Alle Kinder wurden festgeschnallt. Nur mich vergaßen sie dabei. Dann ging es los. Die Bademeister drehten und drehten uns immer schneller. Wir schrien vor Angst. Am Ende bekam das Ding übergewicht. Ich, der nicht festgeschnallt war, flog natürlich schreiend ins Wasser. Wenn ich dieses schlimme Erlebnis nicht gehabt hätte, wäre ich heute bestimmt mutiger im Wasser." Silke schüttelte den Kopf und meinte: "Was sich damals die Bademeister dabei nur gedacht hatten. Aber hättest du einmal Lust, mit uns schwimmen zu gehen? Ich würde noch ein paar Jungs vom Hof fragen, dann wird das schon klappen." "Au ja, da würde ich gern einmal mitgehen. Diesen Wunsch hatte ich eigentlich schon lange, mit euch zusammen schwimmen zu gehen," antwortete ich. "Und warum hast du uns das noch nicht gesagt", unterbrach mich Silke energisch. Daraufhin schwieg ich nur etwas verlegen.

Genau eine Woche bis zum Karfreitag blieb das Wetter so toll. Nun brach das junge Grün auch aus den später ausschlagenden Bäumen heraus. Die Akazienbäumchen hinten in der Hofanlage bekamen auch wieder so langsam ihre grünen Blättchen. Das frische, zarte Grün schimmerte in der Sonne. Aber immer noch war jedes einzelne Ästchen erkennbar. Unter dem blauem Himmelszelt flog ein großer

Schwarm Vögel vorüber. Mit Freuden fuhr ich an den Hecken vorbei. Hecken, Wiesenflächen, Bäume und Sträucher, waren auf einmal wieder grün. Inzwischen waren die Blätter schon fast ausgewachsen. Plötzlich vernahm ich ein Rufen, ich wandte mich um und sah Frank Elchinger. Er winkte mir über die Hecken zu. "Hallo Michael! Ich sitze hier hinten. Kommst du?" Mit erhöhter Geschwindigkeit fuhr ich noch das letzte Stück der Rundkurve die Hecken entlang, dann kratzte ich die Kurve nach links und ließ mich abwärts an den Tiefgarageneingang vorbei rollen. Frank machte sich gerade an die Arbeit, einen der schweren Sitze an die Wand zu wälzen. Als er es schließlich nach einigen Anstrengungen geschafft hatte, hob Frank wie ein Gewichtheber die Arme in die Luft, bevor er sich niedersetzte. "Frank! Ich fürchte, du mußt noch einmal ran. Ich komme hier nicht durch", rief ich, denn noch ein Sitz versperrte mir den Weg zu unserem Stammplätzchen vor dem Gemeinschaftsraum. Frank sprang sofort in die Höhe und meinte: "Warte, das haben wir gleich." Kurze Zeit später war der Weg für mich frei. Ich fuhr neben Frank hin, und wir machten eine Menge Spaß miteinander. Wir erzählten uns lustige Erlebnisse von der Schule, und ein paar Ostfriesenwitze waren auch dabei. Frank wurde auf einmal ziemlich ernst. Sein Blick verriet mir, daß ihn etwas beschäftigte. "Du Michael! Ich verstehe gar nicht, warum manche Menschen so ein Problem darin sehen, mit Behinderten umzugehen. Wenn ich mit dir zusammen bin, ist das für mich nichts Besonderes. Du bist behindert, was soll's, daran kann man nichts mehr ändern, aber dennoch bist du doch ein Mensch wie jeder andere", meinte er. Etwas überrascht sagte ich darauf nur: "Du Frank! Ich finde, du hast eine gute Einstellung. Hast du sonst schon einmal mit behinderten Leuten Kontakt gehabt? Das könnte man meinen, denn du redest richtig aus meinem Herzen." Lächelnd schüttelte Frank den Kopf auf meine Frage. Plötzlich sprang Frank auf die Mauer und rief: "Du Michael! Ich springe schnell nach Hause und hole meinen Radiorecorder runter. Dann haben wir etwas Musik. Warte hier, ich bin gleich wieder da." "Au ja Frank, das ist eine gute Idee", rief ich ihm noch nach, ehe er verschwunden war. Während Frank weg war, zog sich am blauen Himmel eine graue Wolkendecke zusammen. Ein starker Wind rüttelte und schüttelte an den Bäumen. Die Sonne kämpfte mit aller Macht gegen die Wolken an. Ab und zu fand sie noch einen Spalt, wo sie hindurch scheinen konnte. Wenn sich dann die Wolkendecke vor die Sonne drängte, wurde es wieder dunkel. Das Spiel am Himmel beruhigte mich irgendwie. Ich fand es hochinteressant. Nun fing ich sogar leicht an zu frieren. Es kühlte ganz schön ab. Bald merkte ich, daß Frank wieder kam. Schon aus der Ferne ertönte seine Popmusik. "Tolle Musik hast du da laufen. Selbst aufgenommen?" Frank nickte mit dem Kopf und drehte noch etwas lauter auf. "Ich nehme auch viel vom Radio auf. Manchmal braucht man dazu eine Riesengeduld, bis die speziellen Lieder im Radio endlich kommen. Besonders ärgerlich finde ich es, wenn so ein Lied plötzlich unerwartet kommt und die Zeit nicht mehr dazu reicht, es aufzunehmen. Da könnte ich vor Wut einen Kopfstand machen. Ich liege den ganzen Tag aufnahmebereit neben meinem Radiorecorder und habe oftmals keinen Erfolg. Mache ich etwas anderes, Schreiben, Lesen oder sitze ich in der Küche bei meiner Mutter, dudelt gemächlich mein erwünschter Musiktitel im Radio vor sich hin, den ich für die Cassette brauche", erzählte ich. Frank sah mich aufmerksam an und antwortete: "Ja, so ähnlich ergeht es mir auch manchmal. Nur habe ich von vornherein keine so große Geduld, daß ich da stundenlang auf ein Lied warte." Nach einem kurzen Schweigen sagte ich: "Du Frank! Wahrscheinlich mache ich im Sommer eine Geburtstagsparty für den Hof." "Bin ich da auch eingeladen?" fragte mich Frank etwas zaghaft. "Natürlich Frank, bist du da dabei und deine Geschwister auch. Ich lade alle ein, mit denen ich oft und gern zusammen komme. Du gehörst doch zu meinen besten Freunden und für die soll die Party auch gerade sein", entgegnete ich ihm etwas überrascht auf seine Frage, denn daß ich Franky einlade, war für mich selbstverständlich gewesen. "Und wo willst du die Party machen?" wollte Frank interessiert wissen. Ich wandte meinen Blick zu dem Gemeinschaftsraum, wo die Rolläden zur Hälfte heruntergelassen waren. "Da drinnen, Frank", rief ich unternehmungslustig, während ich vor eines der Fenster fuhr. Voller Freuden versuchte ich in den Gemeinschaftsraum zu sehen. Trotz großer Anstrengung konnte ich dabei nicht viel vom Gemeinschaftsraum erkennen. Die Scheiben spiegelten zu sehr. Plötzlich tauchte Thorsten mit seiner Schwester Silvia auf. Sie setzten sich zu uns. Silvia rauchte hastig ihre Zigarette. Ich bemerkte sofort, daß es ihnen heute nicht zum Lachen zumute war. Schweigsam saßen sie nebeneinander und lauschten der Musik. Erst nach einiger Zeit schien sich Thorsten zu fangen. Franks Fröhlichkeit regte Thorsten ganz allmählich zum Lachen an. Er erzählte uns den neuesten Hasenwitz. Das war der Auslöser. Danach diskutierten wir über das Boxen, Catchen usw. "Michael, am liebsten würde ich jetzt einen Baum aus der Erde rausreißen", sagte Thorsten plötzlich zu mir, und in seinen Armen zuckte es. Ich spürte so richtig seinen Tatendrang. "Und wie dick dürfte dieser Baum denn sein?" fragte ich ihn interessiert zurück. Thorsten schaute mich lächelnd an und meinte: "Oh, der könnte ruhig dick sein. Den würde ich auch herumkriegen, dann würde ich eben eine Axt zu Hilfe nehmen. Hier kann man überhaupt nichts mehr machen. Die Erwachsenen denken nur an sich und an die schöne Hofanlage, auf der man nicht spielen kann. Unser Hausmeister ist der Schlimmste. Der schimpft wegen jeder Kleinigkeit. "Wenn ich nur nicht erst auf diese blöde Welt gekommen wäre", fluchte er und warf einen kleinen Stein in die vor uns liegenden Rosenbüsche hinein. Bumbs, das war knüppeldick, doch ich fand, daß Thorsten nicht einmal unrecht hatte. "Ja, als der blöde Häuserblock noch nicht gebaut war, konnte man hier noch echt etwas unternehmen", wandte Frank ein. "Ja, wie sah es hier früher aus? Ich kann mich gar nicht mehr so recht erinnern, was hier zum Beispiel war, wo wir jetzt gerade sitzen", fragte ich Frank interessiert. "Hier war gar nichts als ein freier, unbenützter Platz. Für dich zum Fahren wäre es nichts gewesen, denn der Boden war sehr tief und sandig. Damals war noch etwas los hier. Wir konnten uns ganz anders bewegen als jetzt. Ach, da kommt Hansi! Der kann auch erzählen, was wir hier alles machen konnten", kicherte Frank. So erzählte Hansi gleich abwechselnd mit Frank die lustigsten Erlebnisse weiter. Dabei kugelten sie sich fast vor Lachen. Weißt du noch als wir, du, ich und Olaf ... So begann fast jedes Erlebnis und somit konnten wir uns schon zum Lachen bereit machen. Inzwischen waren noch Gino, Martina, Paolo und Ralf Hempel gekommen. Gino und Martina Koch saßen wie üblich dicht nebeneinander gekauert auf der Bank. Ab und zu gab es ein Küßchen, so wie es sich für junge Liebespaare gehört. Wenn ich Martina alleine traf, kamen wir oft auf Gino zu sprechen. Dabei fing Martina einmal so an: "Du Michael, weißt du, wie lange ich schon mit Gino gehe?" Ich schüttelte ahnungslos den Kopf, denn wie sollte ich das wissen. Mit großem Eifer antwortete sie mir dann: "Nächste Woche werden es genau zweieinhalb Monate, und darüber bin ich sehr glücklich, denn Gino habe ich sehr gern." Manchmal fühle ich mich oft überfordert, wenn ich im Streit um Rat befragt werde. Dann sitze ich meist zwischen zwei Stühlen. Eine dumme Situation ist es für mich, wenn es um Schuldfragen geht und sie meine Meinung dazu hören wollen. Dabei versuche ich, ohne direkt das blöde Wort Schuld in den Mund zu nehmen, mich ganz klar zu äußern, denn ich finde, einen Alleinschuldigen gibt es nie. Natürlich ist es mir am liebsten, wenn ich erst gar nicht in einen Streit reingezogen werde. Dabei komme ich mir nicht so wohl vor. Plötzlich rief Frank: "Schau mal Michael, deine Mutter!" Ich sah zur Seite und entdeckte meine Mutter. Sie winkte mir entgegen und rief: "Michael, kommst du? Wir essen jetzt, und heute Abend, das weißt du ja, möchte ich in die evangelische Kirche ..." Meine Kumpels machten mir sofort Platz, damit ich rausfahren konnte. "Also mach's gut, bis bald, Micha", verabschiedeten sich die Leute von mir. Mir tat der schnelle Aufbruch etwas leid, denn ausgerechnet heute fand ich es besonders toll im Hof. Erst als ich mich von meinem Freundeskreis gelöst hatte, fiel mir auf, daß sich der Himmel mit grauen Wolken zugezogen hatte.

Später hörte ich die Osternachtsfeier im Radio an. Dazu ließ ich mir meine Osterkerze anzünden. Das Kerzenlicht machte mein Zimmer so geheimnisvoll. Glücklich saß ich nur da, lauschte der Osternachtsfeier und betrachtete wie ein Fremder jedes Bild an der

Wand. In solchen Augenblicken fühle ich mich am meisten zu Gott hingezogen, wobei ich an alles denken kann. So feiere ich auf meine Weise Gottesdienst. Da kann ich andächtiger sein als in der Kirche. In der Kirche, und das finde ich schade, wird zu viel auf Äußerlichkeiten geachtet. Was mich in der Kirche noch stört, ist die übertriebene Freundlichkeit. In den Kirchenmauern lassen sich die Menschen vom Pfarrer mit frommen Worten berieseln und draußen, ich möchte dabei keinesfalls alle Menschen in einen Topf werfen, zeigen sie erst ihr wirkliches Gesicht, indem sie über andere schimpfen oder Vorurteile aufbauen. Gerade weil ich mich als überzeugter Christ bekenne, halte ich nichts von dem traditionellen sonntäglichen Kirchgang. Ein Gottesdienst spielt sich für mich nicht nur innerhalb eines kirchlichen Gemäuers ab, sondern hauptsächlich in der Öffentlichkeit, bei der Begegnung verschiedenster Menschen.

Nach den Osterferien machten wir von der Schule aus unser Berufspraktikum in der Hagsfelder Werkstätte, kurz HWK genannt. In der HWK arbeiten hauptsächlich Geistigbehinderte. Der Arbeitstag fing so an: Früh morgens wurden wir wie immer mit dem Schulbus zur Schule gefahren. Manchmal ließ ich mich dann noch kurz ins Klassenzimmer fahren, um den Rest meiner Klassenkameraden zu sehen, die auch in verschiedenen Betrieben ihr Berufspraktikum machten. In der kurzen Zeit vor der Abfahrt tauschten wir unsere verschiedenen Erlebnisse und Erfahrungen am Arbeitsplatz aus. Elisabeth und Manuela hatten fast nur Lustiges aus dem Kindergarten zu erzählen. Dabei kam ich mir schon blöd vor, denn was konnte ich von der Arbeit in der HWK erzählen? Kaum etwas. Mit unserer Klasse machten noch zwei Abgangsklassen ein Berufspraktikum. Wegen unserer stärkeren Behinderung kamen ich und Claudia für das Praktikum in die Schwerstbehindertengruppe, zu der zum Teil noch Lernbehinderte und Geistigbehinderte gehörten. Als meine Klassenkameraden schließlich von unserem Lehrer abgeholt wurden, machten ich und Claudia uns auf den Weg rüber zum Pavillion, wo sich unsere Gruppe zur Abfahrt traf. Manchmal blieb ich auch gleich im Freien, um den schönen Morgen genießen zu können. Wenn ich ein Stück weiter fuhr, konnte ich über den Gleisen die Sonne aufgehen sehen. Die Luft war noch so herrlich rein am frühen Morgen. Jetzt lohnte es sich noch tief einzuatmen. Die Vögel sangen munter ihr Morgenlied um die Wette. Manchmal schreckte ich richtig auf, wenn ein leerer Schulbus vorbeirauschte. Ganz allmählich versammelten sich die Leute, die mit mir das Praktikum machten. Besonders verstand ich mich mit Dietmar Schreck. Mit Armin Ruf war auch gut auszukommen, obwohl er nicht reden konnte. Die andern waren etwas kindsköpfig. Herr Tlaskal, mein Fachlehrer, saß am Steuer des Busses, der uns jeden Morgen nach Hagsfeld in die HWK brachte. Zuerst wurden wir von den Betreuern in den Bus geladen. Eine Betreuerin hieß Maria. Sie war Spanierin und eine recht kleine Person, aber dafür ein um so größerer Spaßvogel. Wir verstanden uns sehr gut mit ihr. Es gab keinen Morgen, an dem Maria irgendwie ernst oder schlecht gelaunt war. Ihr spanisches Temperament brachte etwas Stimmung in den täglichen Ablauf, der uns so manche Realität bewußt machte. Als wir schließlich im Bus saßen, stellten die Betreuer noch unsere Rollstühle und Orthoschalen auf den Anhänger, und dann ging es ab nach Hagsfeld. Die Fahrt dauerte starke zehn Minuten. Wir wurden vor einem tristen, neuzeitlichen Gebäude wieder aus dem Bus in unsere Rollstuhle gesetzt, und mit viel zu großem Eifer stürzten wir uns rein in die Arbeitswelt.

Die Arbeiten waren nach Arbeitsgruppen eingeteilt: Parfümfläschchen sortieren und sie in die jeweiligen Schächtelchen packen, Wäscheklämmerchen machen, sie verkaufsfertig in Plastiktüten packen. In dieser Art waren bei uns in der Einführungsgruppe die Arbeiten. Da standen wir nun, wir, die körperlich Schwerstbehinderten, und warteten geduldig auf Arbeit. Doch wir mußten gleich feststellen, daß dies nicht so einfach war. Wir hatten nämlich unsere Stärken im Kopf, nicht in den Händen. Der Gruppenleiter und die Helfer aus der HWK mit vier Lehrern und ein paar Erziehern aus unserer Schule grübelten und dachten darüber nach, mit was für Hillfsmitteln sie die Arbeiten für uns anpassen konnten. Bei mir dauerte es am längsten. Vier Tage saß ich ohne Arbeit da. Unterdessen fuhr ich so umher und redete mit den Geistigbehinderten, die zum größten Teil richtig anhänglich und lieb waren. Klaus König, ein Nachbar unserer früheren Wohngegend, der immer etwas Neues im Schilde führte, war auch dort beschäftigt. Am fünften Tag unseres zehntägigen Praktikums kamen meine Helfer auf die Idee, wie ich mit meinem Kopfschreiber zehn Wäscheklämmerchen in eine Tüte füllen könnte. Mir wurde einfach ein Magnet an den Stab meines Kopfschreibers geklebt. Die Tüte banden sie an einen großen Trichter, der mit Tesafilm an die Tischkante befestigt wurde. So konnte ich mit dem Magnet die einzelnen Wäscheklämmerchen aus dem Kasten aufspießen. Dann streifte ich die Wäscheklammer an der Tischkante wieder ab, so

daß sie in den Trichter fiel und somit in der Tüte landete. Es war schon eine tolle Erfindung, ganz ohne Zweifel. Die Helfer von der HWK wunderten sich, wie schnell ich zehn Wäscheklammern in einer Tüte hatte. Denn jedesmal, wenn ich fertig war, mußte mir jemand die volle Tüte gegen eine leere austauschen. Erst später merkten meine Helfer von der HWK selbst, daß ich überhaupt keine Schwierigkeiten beim Zählen hatte. Anfangs machte es mir schon Spaß, die Tüten zu füllen, aber auf die Dauer, das sahen auch die Erzieher und Lehrer meiner Schule ein, wurde ich bei dieser Arbeit total unterfordert. Wäscheklämmerchen zu zählen, diese Arbeit war auch schon alles, was mir in der HWK angeboten werden konnte.
Nachmittags kam ich trotzdem ziemlich schlapp und abgespannt nach Hause. Ich fühlte mich irgendwie so niedergeschlagen. Nie hätte ich gedacht, daß so ein unausgefüllter Arbeitstag auch müde machen würde, schon alleine das Schnuppern der neuen Eindrücke, die ganz anders waren als in der Schule. Dazu der ständig aufkommende Gedanke: Du kannst in der HWK nichts Vernünftiges leisten. Du bist da nur einer, der für die Helfer mehr Arbeit bringt, als du selbst verrichten kannst. Dies alles schaffte mich schon sehr. Um mich dann zu Hause besser ablenken zu können, fuhr ich meistens in den Hof zu meinen Freunden.

Zum Glück hatte uns Frau Gruhl, unsere Konrektorin, schon Wochen vor dem Berufspraktikum so gut es ging vorbereitet. Selbst wenn ich mit den Händen aktiver sein könnte, wußte ich vorher schon, daß die HWK nichts für mich sein würde. Mein Geist würde dort überhaupt nicht weiter gefördert werden. Frau Gruhl meinte auch, da könnte ich mich zu Hause mit meiner Schreibmaschine sinnvoller beschäftigen, denn mit dem Schuljahresende – das war für mich auch so ein komisches Gefühl – kam ich aus der Schule. Dann war meine Schulzeit für immer vorbei. Wenn ich auch froh war, einmal für mich selbst ohne Lehrer etwas tun zu können, dachte ich mit Grauen an den allerletzten Schultag. Ich überlegte mir schon, ob ich ihn nicht einfach schwänzen sollte. Das würde ein harter Abschied werden, dachte ich, denn die Schule war für mich in den zwölf Jahren trotz mancher Sorgen mein zweites Zuhause geworden. Damals wußte ich schon, daß ich meinen Schwerpunkt auf meinen Lebensbericht und die Sprache legen würde. Außerdem war mein Vorsatz, mich mehr mit meiner Außenwelt auseinanderzusetzen. Das erschien mir besonders wichtig, selbst meinen Lebensweg ohne Anleitung zu suchen. Ich sah der Zukunft eigentlich keinesfalls skeptisch entgegen. Man darf sich nur nicht auf das Abstellgleis schieben lassen, sonst geht man wie ein durchlöchertes Boot unter.

Einmal fuhr ich wieder nach der Schule in den Hof. Welch ein Leben empfing mich dort! Fröhliches Kindergeschrei dröhnte gleich an meine Ohren, als ich durch den Durchgang zur Hofanlage kam. Dazu brachte der herrliche Vogelgesang eine besondere Stimmung in den Hof, die man kaum beschreiben kann. In mir stieg wieder ein derart freies Gefühl auf, das mich rundherum alles vergessen ließ. Tief atmete ich die laue, warme Luft ein. Sie roch so würzig nach frischem Grün. Hie und da hörte man von den Wohnungen her Gelächter. Was die Hofanlage noch lebendig machte, war, wenn tolle Musik durch manche geöffneten Fenster erschallte. Ich fuhr links den schmalen Weg hoch, denn an den Tischen und Bänken war niemand. Oben an den Hecken angekommen, wo sich die Wegchen nach links und

rechts teilen, hörte ich bekannte Stimmen. Ute schrie dabei am lautesten von allen herum. Die Töne schienen von der Schaukel her zu kommen. Also legte ich einen Zahn zu, um schneller dorthin zu gelangen. Beim Fahren sah ich, wie kleinere Kinder Ringelreien tanzten. Wieder andere spielten mit dem Ball auf der vorderen Rasenfläche. Ich dachte noch: Mal sehen, wie lange die Kinder hier spielen dürfen. Verschiedene Hausbewohner, sogart einige, die selbst Kinder haben, sind der Ansicht, den Rasen schonen zu müssen, damit er schön grün bleibt. Und was ich dachte, traf wirklich ein. Als ich fast hinten bei den anderen war, wurden auch schon die begeistert Spielenden mit barschen Tönen aufgefordert, ihr Spiel zu unterbrechen. "Hier ist kein Fußballplatz, merkt euch das," schallte es durch die ganze Hofanlage. Es sind ja nur Kinder. Statt mit ihnen normal und anständig von Mensch zu Mensch zu reden, schreit und jagt man sie wie ein Stück Vieh davon. Aber über die geburtenschwachen Jahrgänge in Deutschland wird geschimpft. Oft sind es gerade die Leute, die sich schon jetzt verärgert über ihre spätere Rente Gedanken machen. Ich bin der festen Überzeugung, der größte Teil der Kinder und Jugendlichen wäre gar nicht so frech wie es häufig behauptet wird. Sie werden so gemacht. Ich finde sogar, man müßte den Spieß einmal umdrehen. Die Erwachsenen sollten von den Heranwachsenden lernen und nicht immer umgekehrt, dann würde es viel offener und bestimmt auch ehrlicher in der oftmals zu verplanten und durchorganisierten Gesellschaft zugehen.
"Hallo Michael", riefen mir einige von den Jugendlichen zu, während ich gedankenverloren zu ihnen durch den Rasen holperte. "Servus", entgegnete ich und hielt kurz vor der Betonplatte mit

den Belüftungsspalten der Tiefgarage an. Wenn unten ein Auto aufheult, hört man es durch die Belüftungsspalten ganz deutlich. Außerdem kann da der Benzingestank entfliehen. Dort saßen sie fast alle. Außer Ute und Silke, die saßen gemütlich auf der Schaukel. Frank warf Ute, die sich so toll ärgern ließ, mehrmals von der Schaukel herunter. Frank legte sie auch manchmal im Spaß übers Knie. Dies alles konnte man mit der Ute wunderbar machen. Dazu wäre noch zu erwähnen, daß Frank einen guten Kopf kleiner war als Ute. Statt sich zu wehren, lachte und schrie sie nur gellend laut auf. "Was ist denn heute mit dir los? Du wirkst irgendwie so niedergeschlagen und traurig", fragte mich plötzlich Ralf Hempel. Auch Ginos Blick richtete sich nachdenklich auf mich. Zunächst zuckte ich auf diese Frage zusammen. Gleichfalls stieg in mir wegen des blöden und mir lästigen Zusammenzuckens die Wut hoch. "Ach, soeben wurden gerade wieder Kinder des Spielens verjagt. Außerdem mache ich in Hagsfeld bei geistigbehinderten Leuten ein vierzehntägiges Berufspraktikum durch, und da können sie mich nicht sinnvoller beschäftigen, als jeweils zehn Wäscheklämmerchen in eine Tüte zu werfen. Das den ganzen Tag, bis vier Uhr nachmittags, da verdumme ich ja", entgegnete ich ihm. "Was schicken sie dich auch zu den Geistigbbehinderten? Wissen die denn nicht, daß du Grips im Gehirn hast", konterte Ralf ernergisch zurück. "Ja Micha, sag mal, wieviel würdest du da verdienen" mischte sich Gino interessiert ein. "Knapp über hundert Mark monatlich, wenn Nebenkosten wie Essen und Busfahrt abgezogen werden. Außerdem würde mein Pflegegeld gekürzt werden", entgegnete ich ohne großes Zögern. Hansi, der das Gespräch mitgehört hatte, wandte mit einer logischen Folgerung ein: "Das ist ja nicht viel, wenn man einmal überlegt, wieviel Pflegegeld deine Eltern durch dich monatlich bekommen." "Also, ich bin sicherlich nicht fürs Arbeitslosengeld einkassieren, aber in deiner Situation würde ich es glatt tun. Ich bin doch nicht auf den Kopf gefallen und täte eine Arbeit, die mir überhaupt nichts brächte. Da würde ich mir zu Hause lieber ein schönes Leben machen", versicherte Ralf, während er sich mit der Hand über den Kopf strich. "Ja, ich werde Hagsfeld auch ablehnen. Zu Hause kann ich mit meiner Schreibmaschine Sinnvolleres tun. Ich werde versuchen, meine Autobiografie zu Ende zu schreiben. Vielleicht kann ich sie dann einmal veröffentlichen. Auf die faule Haut werde ich mich jedenfalls nicht legen." Mit einem tiefen Seufzer fügte ich noch hinzu: "Na ja, nächste Woche fahre ich sowieso nach Lourdes. Dann habe ich das Ganze außer der Abschlußfeier zum großen Glück hinter mir."

Am Abend vor der Abreise nach Lourdes machte ich mich noch einmal auf die Socken. Ich hatte einen richtigen Drang, das Versäumte von früher nachzuholen. Ich mußte einfach losziehen, um meine eigenen Leute zu suchen. Bisher war es meist so, daß ich Bekanntschaften nur über meine Eltern, Schwestern oder die Schule machen konnte. Jetzt war ich frei, wie es eigentlich für einen jungen Menschen so üblich ist. Nur leider konnte ich mich nicht so frei verhalten, wie ich es gerne wollte. Das kommt, glaube ich, daher, weil ich früher zu gut behütet wurde. Ich brauchte während meiner Kindheit kaum etwas für eine Freundschaft tun, weil sie mir sowieso irgendwie organisiert wurde. So wurde krampfhaft verhindert, daß ich ohne Freunde zu haben aufwachse. Aber dadurch wurde ich mit den Gefühlen nur noch einsamer. Sicherlich, meine Familie meinte es gut mit mir, doch es wäre ab und zu besser gewesen, sie hätten mich draußen im Gesellschaftsleben mehr mich selbst überlassen. Dann hätte ich schon früher die Chance gehabt, meine eigenen Erfahrungen zu sammeln. Dabei hätte ich auch viel früher gelernt, mich ohne schlechtes Gewissen selbstbewußter durchzusetzen. Ein Scheinverhältnis mit jemandem zu haben, der dir aus Mitleid die Zeit vertreiben möchte, ist ein großer Unterschied zu dem, der dich wirklich mag und deshalb gern mit dir zusammen ist.

Als ich in der Hofanlage meine Runde fuhr und den Liedern der Vögel lauschte, rief mich Gino plötzlich an den Balkon. "Hey Michael! Hättest du Lust, zu mir hochzukommen? Bei mir ist die Bude voll. Martina Koch, Ralf Hempel und die Doris sind bei mir." "Gut, ich komme! Wartest du vorne an der Haustüre auf mich? In zirka fünf Minuten bin ich dort", entgegnete ich ihm freudig, indem ich mein Wägelchen ins Rollen brachte. Aus der Hofanlage an der Hausnummer 19 angekommem, wartete Ralf Hempel schon auf mich. Er zog mich die eine Stufe hoch, und schon war ich mit dem Aufzug oben in der Wohnung der Familie Boiano angelangt. "Hallo Michael, wie geht's? Du fährst morgen nach Lourdes? Nachher gebe ich dir zwei Fläschchen mit, damit ihr mir Wasser von der heiligen Madonna mitbringen könnt", redete mich Frau Boiano im Flur in gebrochenem deutsch an. Daraufhin fuhr mich Ralf in Ginos Zimmer. Ein behangenes Nachttischlämpchen machte das Zimmer gemütlich finster. Der Rolladen war bis auf die Spalten heruntergelassen, so daß ganz leicht das Tageslicht hereindrang. Gino und Martina lagen auf der Liege und liebkosten sich. Ihr kleiner Hund lag genüßlich zwischen ihnen und schien zu schlafen. Ach ja, Carmela und Werner waren noch im Zimmer, sie saßen auf der anderen Seite mit Doris auf der Matraze. Dabei tönte schöne, zärtliche Musik aus den Stereoboxen. Besonders ein Lied ließ wieder mein beglückendes Lebensgefühl überschwappen. "Hallo Micha", riefen sie mir zu. Gino sagte mir: "Du brauchst doch nicht allein im Hof umherfahren, während wir hier oben sitzen. Das nächste Mal mußt du einfach rufen, dann holen wir dich." Hocherfreut über dieses kameradschaftliche Angebot, antwortete ich: "Okay, das nächste Mal mache ich es so." Schließlich äußerte ich mich zu diesen schönen englischen Liedern, die Gino von der Cassette abspielen ließ. "Die habe ich selbst vom Radio aufgenommen", sagte Gino und warf sich wieder neben Martina auf die Liege. Der Abend war sehr gemütlich. Wir quatschten über dies und jenes. Nach einer Weile stieß mich Ralf von der Seite an und flüsterte mir zu: "Kannst du dir vorstellen, wie weh es mir tut, nicht neben Doris zu sitzen?" "Gell, eure Trennung hast du noch immer nicht überwunden", stellte ich ihm die Frage zurück. Ralf schüttelte den Kopf und meinte: "Nein, ich habe Doris immer noch so gern. Aber sie hat jetzt einen anderen Freund. Wenn ich den einmal unter die Finger bekomme!" fluchte er zornig. "O Ralf, das bringt doch nichts. Ich würde mich einmal ganz kritisch fragen, ob ich Doris wirklich liebe, wenn ich ihr keinen anderen Freund zugestehe. Ich meine, wenn man ein Mädchen richtig gern hat, muß man sie auch loslassen können. Sonst würde man sie nur besitzen", meinte ich, während er mich von der Seite sehr nachdenklich musterte. Wir wurden unterbrochen, denn Frau Boiano kam aufgeregt ins Zimmer herein. "Auf den Papst wurde geschossen. Er hat schwere Verletzungen", rief sie erschüttert. "Wann war das?" wollte Gino wissen. "Heute Mittag soll es gewesen sein", antwortete sie. "Weiß man schon, wer das war?" fragte

Werner. Frau Boiano schüttelte den Kopf. "Nein, nichts wissen", sagte sie, während sie wieder das Zimmer verließ. Nicht lange danach ging die Tür wieder auf, und wer stand da? Elli, meine Klassenkameradin. "Elli, daß du mich hier gefunden hast", rief ich begeistert aus. Elli lachte laut auf und sagte: "Ich habe eben einen besonderen Riecher. Zuerst schaute ich im Hof nach, dann klingelte ich bei dir. Deine Eltern wußten auch nicht, wo du steckst. Sie rieten mir aber, ich solle einmal bei Gino nachschauen. Tja, und jetzt bin ich hier." Nun mischte sich Carmela ins Gespräch, die Elli ja auch von der Schule her kannte. "Ah Elli, wie geht's dir so? Du bist jetzt nicht mehr bei Frau Guldner, hat mir Micha erzählt. Gefällt es dir in der neuen Klasse besser?" wollte Carmela wissen. "Ja, viel besser, und vor allem lerne ich da viel mehr. Außerdem ist es bei denen lustiger." Elisabeth, das muß ich kurz erklären, war lange Zeit bei geistigbehinderten Schülern in einer Klasse. Obwohl Elli keinesfalls geistigbehindert ist, mußte sie wegen Platzmangels der Schule jahrelang auf eine bessere Bildung verzichten. In ihrer Kindheit bekam Elli einmal Anfälle, die aber seit ihrer Pubertät völlig ausblieben. Nur mit größtem Eifer mußte Elli, sowie auch Manuela, die in der gleichen Situation war, den Hauptschulabschluß erkämpfen.

Die Zeit verging im Nu. Als wir um halb zehn Uhr im Begriff waren zu gehen, gab mir Frau Boiano noch die Fläschchen mit, worin ich ihr das Lourdeswasser mitbringen sollte. Dabei sagte sie: "Richte der heiligen Madonna in der Grotte einen schönen Gruß von mir aus. Sage ihr, Frau Boiano ist sehr krank, deswegen dieses Jahr nicht kommen kann. Vielleicht komme ich, wenn ich bis dahin noch lebe, das nächste Jahr nach Lourdes." "Na Mutti", rief Carmela energisch aus. "Man weiß nie", winkte Frau Boiano ab. Mich faszinierte, wie lebendig Frau Boiano von der heiligen Maria sprach. Draußen spazierten Elli und ich noch ein wenig in der Hofanlage umher. Der klare Nachthimmel wölbte sich mit vielen Sternen über uns. Der Mond stand wie eine Sichel in der Mitte. Elli machte sich die vergebliche Mühe, die Sterne zu zählen. Ich atmete tief die reine Luft ein. Vor Ginos Balkon kam uns plötzlich Filiz entgegen. "Na, was macht ihr noch so spät unterwegs?" fragte sie uns lächelnd. "Oh, bei so einem schönen Wetter kann man unmöglich in der Wohnung sitzen. Wir schnuppern noch ein wenig die frische Abendluft", antwortete ich. "Und Elli ist gerade dabei, die vielen Sterne am Himmel zu zählen. Ich selbst habe es schon längst aufgegeben", fügte ich lachend hinzu. "Das habe ich auch schon mehrmals versucht. Ich bin aber auch immer wieder rausgekommen," erwiderte mir Filiz, die mit ihrer kleinen Cousine nach Hause mußte. An der Schaukel konnte Elli nicht vorbeigehen. Blitzschnell, wie von einem Magnet angezogen, saß sie fröhlich auf dem schaukelnden Brett. Immer höher und höher wippte sie in die Luft. Dabei lachte sie vor Ausgelassenheit laut auf. Es war einfach herrlich, die Vögel waren längst verstummt. Nur die Grillen waren von den Kellerlöchern und Wiesen zu hören. Elli war nur schwer von der Schaukel zu trennen. Ehe wir uns auf den Heimweg machten, wußten wir uns noch Vieles zu erzählen. Auch ich wäre gerne noch länger geblieben, aber das Gefühl, meine Eltern wollten ins Bett und warteten jetzt ganz ungeduldig auf mich, trieb mich heim.

In Lourdes war es sehr beeindruckend, unter Menschen aus der ganzen Welt zu sein. Vor der Grotte, wo einst die Gottesmutter Maria der Bernadette erschienen sein soll, waren wir alle eine große Familie. Während der Lichterprozessionen dachte ich oft: Könnten das nur meine Freunde zu Hause miterleben! Dabei waren mir die Zurückgebliebenen ganz nahe. Besonders faszinierten mich die fröhlichen und zufriedenen Gesichter der Schwerstkranken, von denen viele regungslos auf fahrenden Bahren lagen. Unwillkürlich kamen mir einige Fragen auf: Was machen diese Leute nur zu Hause? Was ist das für ein Dasein, wenn man überhaupt nur die Augen bewegen kann? Einige Leute waren ja zu allem Übel noch blind. Den ganzen Tag auf der Bahre zu liegen, ist das nicht ein Verzicht auf Leben? Die Antworten, und dies faszinierte mich sehr, gaben mir nur die ausgeglichenen, zufriedenen Gesichter der liegenden Menschen. Sie schenken jedem die Kraft, mit dem kleineren oder auch größeren Schicksal weiter zu leben. Unter so vielen Menschen muß man sich einfach fragen, wenn so ein Schwerstkranker noch lachen kann, warum kann ich es nicht mehr?
In Lourdes wohnten mein Vater und ich in einem der vielen Hotels, die außerhalb des "Heiligen Bezirks" die vielen Pilger aufnehmen. In so einem Pilgerwallfahrtsort wird natürlich auch ein riesiges Geschäft gemacht. Viele Kitschläden säumen die Straßen. Nur ein Beispiel, Maria als Wasserflasche, bei der man den Kopf als Deckel abdrehen muß. Aber sonst ist Lourdes ein Erlebnis für sich, das man einfach nicht beschreiben kann. Im "Heiligen Bezirk" herrscht eine eigenartige geistige Stille, die nur gelegentlich von Gesängen der einzelnen Pilgergruppen unterbrochen wird. Dort wird nach meinem Empfinden tatsächlich zu den Heiligen gebetet, die

einem so sonderbar nahe sind. Da stehen die Menschen aus vielen Nationen friedlich beisammen. Warum frage ich mich oft, warum funktioniert das nur in Lourdes?

Nach der langen Heimreise bremste der Zug quietschend im Karlsruher Hauptbahnhof. Wir hatten zwanzig Minuten Verspätung. Ich saß schon ausstiegsbereit im Rollstuhl. Meine Glieder spürte ich vom langen Sitzen nicht mehr. Auf dem Bahnsteig in der Menschenmenge suchte ich gleich meine Mutter. Als erster wurde ich aus dem Zug gehoben, damit der schmale Gang für die Menschenmasse frei wurde. Jetzt atmete ich wieder die Karlsruher Luft ein, die nicht so rein wie in Südfrankreich ist. Es war drückend heiß und schwül. Meinem Vater und mir stand der Schweiß im Gesicht. Plötzlich tauchte Mama zwischen der Menschenmenge auf. Nach dem Empfangsküßchen schlenderten wir erzählend runter vom Bahnsteig, wo uns draußen das Behindertentaxi schon erwartete. "Sag mal Mama, seit wann ist es bei euch so heiß?" fragte ich meine Mutter, als wir gerade auf dem Heimweg waren. "Schon seit Sonntag 32 Grad." Ich nahm mir vor, sofort in den Hof zu fahren. Wenn nur die blöden Ampeln nicht wären, an denen wir immer wieder anhalten mußten, dachte ich, denn in dem hohen Bus stand die Hitze jämmerlich. Die Sonne brannte unerbittlich auf das Dach. Wir waren alle heilfroh, als wir schließlich zu Hause ankamen. Zuallerst legte ich mich in meinem Zimmer auf den lang ersehnten Boden, um mein Hinterteil ein wenig zu entlasten. Es war irgendwie ein komisches Gefühl, wieder zu Hause zu sein. Ich war noch halb in Lourdes. Die Bilder und Gesänge klangen noch immer in meinen Ohren. Gleichzeitig tönten vom offenen Fenster wieder vertraute Kinderstimmen. Nachdem meine

Eltern die Koffer und Taschen hochgeschleppt hatten, fuhr ich voller Freude in den Hof. Begeistert rollte ich in die Hofanlage. Wen würde ich als ersten sehen, dachte ich erwartungsvoll. Alle Bäume standen nun in vollster grüner Blätterpracht. Unter einem Baum auf der linken Seite der Hofanlage, lag Ralf Hempel faul und genüßlich auf der runden vorderen Wiese. Er hatte eine Decke ausgebreitet und las in einem Buch. Ich fuhr hin und sagte: "Hallo Ralf, gell im Schatten kann man es aushalten." Ralf ließ das Buch sinken und rief: "O Micha, na wie war's? Du hast mir doch nicht geschrieben." "Was! Jawohl habe ich dir geschrieben. Die Karte wird nur noch nicht bei dir angekommen sein", konterte ich zurück. "Ah so, dann nehme ich alles zurück. Du siehst recht blaß aus, finde ich", stellte Ralf plötzlich fest. "Ich nehme an, das kommt von der langen anstrengenden Zugfahrt. Gestern Abend sind wir von Lourdes losgefahren, und vor einer guten Stunde sind wir im Karlsruher Hauptbahnhof eingefahren", meinte ich. Gerade schlug die Kirchturmuhr der Bernharduskirche 18,30 Uhr. Ich sprach weiter: "Glaube mir, das ständige Rattern der Räder auf den Schienen die ganze Nacht hindurch und dazu noch die drückende Hitze, das war doch zu viel. Jetzt noch schwankt bei mir der Boden." "Ja Micha, wo liegt denn Lourdes genau?" wollte Ralf interessiert wissen. "Lourdes liegt ganz unten in Südfrankreich in den Pyrenäen, unweit von der spanischen Grenze", erklärte ich Ralf. Wenige Meter von uns spielte Patrizia mit ihren Freundinnen" Vater, Mutter und Kind." Sie saßen auf einer großen ausgebreiteten Decke beieinander und ahmten so mit Getränk, Keksen und Schokolade die typischen Familienepisoden nach. Manchmal finde ich es ganz reizend, dem Geschehen zuzuschauen, vor allem, wenn die Kinder nicht folgsam den Eltern gegenüber sind. Patrizia und noch zwei andere Mädchen hatten schon Bikinis an. Dies zeigte, daß nun ein ganz anderer Zeitabschnitt begonnen hatte. Von nun an wurden die warmen Abende wieder länger, an denen wir in der Hofanlage unseren Spaß treiben konnten. Eine Zeitlang saßen wir mit neuester Discomusik vor dem Sandkasten am Rande der Wiese, unmittelbar vor dem Balkon, wo Familie Hempel wohnte. So ab sieben Uhr abends trafen wir uns dort an der Bank. Ralf Finger hatte meist seinen Stereocassettenrecorder dabei. Das brachte noch zusätzlichen Schwung für den Abend. So saßen wir in den lauen Abendstunden gemütlich zusammen. Ich muß zugeben, wenn Silke Elchinger kam, freute ich mich besonders. Dieses Mädchen faszinierte mich irgendwie. Ihr Wesen finde ich einfach so unheimlich natürlich. Nachdem mich Silke heimtückisch, wie sie es sich angewöhnt hatte, von hinten mit ihren spitzen Fingern in die Seiten gekniffen hatte, quatschten wir oft miteinander. Zum Lachen war es jedesmal, wenn Frank seine Schwester ärgerte. Niemals ließ sich Silke dabei unterkriegen. Sehr trocken konterte sie ihm zurück, oder sie rannte dem lachenden Frank nach und schüttelte ihn ein wenig. Aber Frank ließ sich dabei niemals einschüchtern. Gino und Martina Koch sowie Doris und Ralf Finger saßen meist wie junge Pärchen beisammen. Nur wenn die Jungs auf der nahe liegenden Wiese Fußball spielten, blieben die Mädchen alleine zurück. Mich freute es jedesmal, wie harmonisch meine Kumpels zusammen spielen konnten. Einen ernsten Streit hatte ich im Hof noch nie erlebt. Natürlich kommen ab und zu kleine Auseinandersetzungen vor, die aber meistens mit einer Versöhnung enden. Manchmal kam in mir das Gefühl auf, unsere Hofgemeinschaft ist ein wenig mit einer großen

Familie zu vergleichen. Deshalb wünschte ich mir manchmal, ich wäre schon als kleiner Junge da reingewachsen, dann wäre ich auch nicht einer von den ältesten im Hof. Meine Kumpels wußten mich genau zu ärgern. Nicht selten riefen sie, wenn ich mit meinem Wägelchen angefahren kam: "Ah, der Herr Mehnert kommt! Oder sie fragten: "Wie geht's denn Herr Mehnert?" Überhaupt wenn Fremde dabeisaßen, brachten mich diese Redewendungen manches Mal schon zur Weißglut. Am schlimmsten waren Ralf Hempel und Frank Elchinger, die mich in diesser Beziehung mit Freuden ärgerten und dabei einen Heidenspaß hatten. Sie brachten mich manchmal in Verlegenheit, und Martina Koch meinte, meine Backen liefen ein wenig rot an.

Die Clique ist so ziemlich für jeden zugänglich. Nur nicht für jemand, der mordsmäßig angibt, sich für etwas Besseres hält und noch auf diejenigen runterschaut, die nicht ins Gymnasium gehen. Solche Leute haben wir nicht so gern. In unserem Häuserblock wohnte so eine typische Familie. Die Kinder tun mir manchmal leid, denn für ihre Erziehung können sie nichts. Sie wurden durch ihre Eltern von uns abgekapselt. Eines Abends, wir saßen wieder vor dem Sandkasten, riskierte ein Junge von ihnen ein freches Mundwerk gegen uns. Gino meinte noch, vor seinem Haus kann er es ja machen. Als der freche Kerl das zweite Mal stichelte und noch einen Stein auf uns warf, sprang Frank Elchinger auf, rannte auf ihn zu, hielt ihn nur ein wenig fest und forderte ihn auf, sich dafür zu entschuldigen. Er schrie, als ob Frank ihn mordsmäßig verprügelte. Blitzschnell, als hätte sie darauf nur gewartet, keifte die Mutter vom Balkon herunter: "Laßt ihr meinen Jungen in Ruhe! Ihr asoziale Bande! Sonderschüler seid ihr alle zusammen!" Wir waren alle perplex wegen der niederträchtigen Behauptungen. "Ihr seid alle Sonderschüler", wiederholte sie ein paarmal hintereinander. "Ich bin in der Realschule, merken sie sich das", konterte Frank energisch zurück. Nachdem die Frau nur noch ausfälliger wurde, rief ich: "Frank! Laß sie, es hat doch keinen Wert." Frank blickte mich nur kurz an. Daraufhin brüllte er laut: "Dumme muß man eben lassen, aber machen sie nur weiterhin so schöne Komplimente. Wir warten nur darauf." Diese Worte bezweckten ihren Sinn. Wütend knallte die Frau die Balkontür zu. Während dieser recht unnötigen Episode hörte ich im Hintergrund das Mädchen weinen. Sie flehte die Mutter an: "Mami, sei doch still. Sei doch bitte still." Als ich die schluchzenden Anflehungen der Tochter hörte, tat sie mir richtig leid.

Ein paar Schulkameraden von mir planten, mit dem Behindertentaxi zum Auswärtsspiel KSC gegen den VFB Stuttgart zu fahren. Damit es sich auch rentierte, machten sie dafür fleißig Werbung in der Schule, weil die Fahrtkosten auf die Personenzahl umgelegt wurden. Wie ich mich noch erinnern kann, kam der Kilometer auf eine Mark und fünfzig Pfennige. Je mehr Leute mitfuhren, um so billiger wurde es für den einzelnen. Uwe fragte mich eines Morgens im Schulbus, ob ich Interesse hätte, am Wochenende mit nach Stuttgart zu fahren. Da ich ein treuer KSC Anhänger bin, der bei jedem Heimspiel zu finden ist, nahm ich dieses Angebot mit Freuden an. "Du kannst noch ein paar Nichbehinderte mitnehmen. Du kennst doch so viele aus deiner Nachbarschaft. Jedem Rollstuhlfahrer steht ja eine Begleitperson zu", sagte Uwe, und wackelte aufgeregt mit dem

Kopf. Mit seinen großen dunklen Augen schaute er unternehmungslustig drein. "Du Uwe!" rief ich und drehte mich so gut es ging nach hinten, denn ich saß ja ganz vorne im Bus. Uwe saß in der mittleren Sitzreihe am Fenster. "Du kennst doch Andreas Jene. Er ist auch immer bei jedem Heimspiel dabei, der würde bestimmt auch noch mitfahren. Soll ich ihn einmal anrufen?" "Au ja, mach das mal. Wenn Andreas mitfahren würde, wären wir schon sechs Rollstuhlfahrer. Bestimmt kann er auch noch die eine oder andere Begleitperson mitbringen. Das würde bedeuten, wir wären schon zehn Mann", stellte Uwe begeistert fest. Unser Busfahrer, Herr Zeltmann, mit dem wieder alles in Ordnung war, lachte und sagte: "Wozu wollt ihr eigentlich nach Stuttgart? Der KSC verliert ja doch haushoch, das kann ich euch jetzt schon sagen." Trotzdem, wir setzten alles in Bewegung, daß diese Fahrt durchgeführt wurde. Am selben Tag rief ich noch Andreas an. Auch er zeigte, wie schon vermutet, dafür großes Interesse. "Gunther, mein Bruder und ein Freund, würden höchstwahrscheinlich noch mitfahren. Geht das Micha?" fragte mich Andi "Natürlich, dann wird für uns alle auch der Fahrpreis billiger und vor allem macht es sehr viel mehr Spaß, wenn wir mehrere Leute sind." Im Hof hatte ich Glück, Gino und Ralf Hempel waren sofort bereit mitzufahren. So konnte ich Uwe am nächsten Morgen sagen, daß er den Bus bestellen konnte. Mit großer Spannung und Freude warteten wir diesen Tag ab, wo wir unsere KSC Mannschaft ins Stuttgarter Neckarstadion begleiten konnten. An diesem Samstag holten mich Gino und Ralf um 12,30 Uhr ab. Um 13,00 Uhr war der Abfahrtstermin vom Karlsruher Hauptbahnhof. Wir waren mit Uwe die ersten. Von den anderen und vom Behindertentaxi war noch nichts zu sehen. Vom Bahnhof her drang laut das Schreien,

Singen und die Hupkonzerte der KSC Fans. Sie machten das Ganze noch aufregender. So nach und nach tauchten auch die anderen auf. Einer, er hieß Marco, kam mit einem KSC-Stirnband an. Dazu hupte er auf einer Hupe. Andreas ging wie immer sachlich an die Sache heran. Er versicherte mir, er sei in Stuttgart schon mit einem Unentschieden zufrieden. Ein Sieg wäre sehr überraschend, denn der VFB sei zur Zeit sehr stark. Inzwischen waren wir alle versammelt. Nur, wo blieb das Behindertentaxi? Ungeduldig schaute Uwe immer wieder auf seine Armbanduhr. "Na warte, dem werde ich was erzählen. Um 13,00 Uhr habe ich den Bus bestellt und jetzt ist es schon viertel zwei durch", schimpfte er. Gino und Ralf steckten sich auch schon ganz nervös eine Zigarette an. Da endlich bremste ein weißer Bus vor unserer Nase. "Wir dachten schon, ihr kommt nicht mehr", rief Uwe vorwurfsvoll. Freddy, ein früherer Fahrer, der den Ersatzdienst hinter sich hatte, war auch dabei. Das war ein guter Kumpel. Mit ihm konnte man einigen Fez treiben. "Ihr werdet den KSC noch rechtzeitig verlieren sehen. Da braucht ihr gar keine Angst haben", konterte Freddy zurück, nachdem er uns kurz mit einem Hallo begrüßt hatte. Jetzt hieß es, wer muß die Fahrt über im Rollstuhl sitzen bleiben und wer kann auf die Sitzreihen sitzen. Wir, Andreas und ich, blieben hinten in den Rollstühlen, die anderen setzten sich alle vor. Die leeren Rollstühle wurden bis auf einen, in dem es sich Ralf bequem gemacht hatte, zusammengeklappt. Dann endlich ließ der Fahrer den Motor aufheulen, und wir fuhren siegesfreudig nach Stuttgart ins Neckarstadion. Eine Stunde dauerte die Fahrt. Selbst in Stuttgart dauerte es seine Zeit, bis wir endlich ins Stadiongelände kamen. In der Stadt kamen wir zeitweise nur im Schrittempo vorwärts, denn mordsmäßige Autoschlangen begleiteten uns zu unserem Ziel. Wir alle rutschten schon ungeduldig auf unseren Sitzen herum. Schließlich war es keine halbe Stunde mehr bis zum Spielanpfiff, und es schien nicht vorwärts zu gehen. Alle überfiel die Ungeduld, nur Ralf nicht. Er saß gemächlich im Rollstuhl und winkte den Stuttgarter Mädchen zu. "Nicht, daß es dich einmal nach Stuttgart verschlägt, Ralf", sagte ich lachend. "Das könnte schon sein, hübsche Mädchen laufen hier herum. Schau mal die eine da", erwiderte Ralf grinsend, und winkte ihr mit einem Handkuß entgegen. Das Mädchen sah das und schaute verständlicherweise etwas verdutzt zu uns herüber. Zum Glück wurde die Ampel grün, sonst wäre Ralf, glaube ich, noch läufig geworden. "Ich darf dich erinnern, wir sind nach Stuttgart gekommen, um Fußball zu sehen", mischte sich Andreas ein und verfiel in ein herzhaftes Gelächter. Unsere Herzen schlugen höher, als plötzlich vor uns die wuchtigen Flutlichter des Neckarstadions auftauchten. Wir kamen bis dicht vors Stadiongelände, aber nicht weiter, weil jeder Polizist uns zu einem anderen Eingang wies. Mindestens drei, viermal fuhren wir im Kreis um das Stadion herum, ohne daß einer uns hinein gelassen hätte. Schimpfend schauten wir immer wieder auf die Uhr. Die Minuten eilten gerade so dahin. Es waren nur noch sieben Minuten vor Spielbeginn. Gerade ertönte der Stadionsprecher, der die Gäste durch die Lautsprecher herzlich begrüßte. Danach folgten schon die Mannschaftsaufstellungen, die durch ein lautes Geschrei beendet wurden, und wir saßen in dem warmen Bus voller Ärger. Während wir die vierte Runde zu kreisen begannen, packte auch Freddy die Wut. Laut schrie er mit den Polizisten herum. Als er auch so keinen Erfolg hatte, stieg er aus dem Bus und stellte einfach die

Absperrung beiseite. "Wenn man anders nichts erreichen kann, muß man eben handeln", meinte Freddy, wobei der Fahrer Gas gab und wir hineinfuhren. Hastig stiegen wir über die Hebebühne aus. Nach dem Tönen der Menschen mußte das Spiel schon begonnen haben. Schnell schnappte mich Gino, während Ralf einen anderen Rollstuhlfahrer schob, und rein ging es ins Spielgeschehen. Aber o weh, es stand schon 2 : 0 gegen den KSC, gerade war das zweite Tor für Stuttgart gefallen. Die große Anzeigetafel klärte uns gleich auf. Fortwährend stürmte die Mannschaft aus Stuttgart auf unser Tor zu. Der KSC kam nur selten zum Zuge, und wenn überhaupt, dann meistens zu ungefährlich. Der Stuttgarter Mannschaft gelang schließlich noch ein herrliches Tor. Der Stefan Groß verkürzte noch gegen Ende der ersten Halbzeit zum 3 : 1, bis dann in der zweiten Halbzeit der Ball zum vierten Mal im Karlsruher Tor unhaltbar für Rudi Wimmer zappelte. So endete das Spiel 4 : 1. Die Stuttgarter Fans brüllten ganz schön auf uns hernieder. "Karlsruhe weg, hat kein Zweck" usw. So lauteten die Rufe. Ein wenig beschämt eilten wir nach dem Spiel zum Auto. Zum Glück war der Bus noch heil geblieben, trotz der vielen herausströmenden Fans. Mich macht es immer sehr traurig, daß es Leute gibt, die auf den Fußballplätzen keine Mitmenschen, sondern nur Gegner sehen. Dementsprechend gehen sie auch miteinander um. Da setzt bei mir der wunde Punkt der Gesellschaft ein. Wenn man seine Agressionen in der Schule, im Beruf, in der Familie, in unserer ganzen Gesellschaft nicht mehr richtig ausleben kann, kommen sie beim Sport in doppelter Weise, manchmal sehr grausam zum Ausdruck. Auch die verstärkte Polizeiwache kann die unausgelebten Agressionen der Fans nicht klären, sondern nur verschieben. So wird ein Teil der Menschen –bei Demonstrationen

verläuft es ähnlich – zu wilden Tieren ohne jegliches Feingefühl zu ihren Mitmenschen. Strengere Maßnahmen oder Vorschriften, finde ich, können manche Menschen nur zum Terroristen ausbilden, weil so die gesunde Achtung zueinander völlig verlernt wird. So kann das eigene Gewissen nur noch sehr begrenzt zum Ausdruck kommen.
Um einiges ruhiger als bei der Hinfahrt fuhren wir schließlich nach Hause. Gino schlief sogar mehrere Male im Sitzen ein.

Im Hof gibt es, obwohl es eigentlich ein begrenzter Raum ist, ständig etwas Neues zu erleben, manchmal auch recht traurige Dinge. So an einem sonnigen Abend. Meine Kumpels hatten mit Hilfe eines Fahrrads und der Hecken eine Schnur über die Wiese gespannt. Mit diesem Notbehelf wurde Tennis gespielt. Die Wiese eignete sich recht gut dafür, obwohl es laut Mietergesetz, wie könnte es auch anders sein, VERBOTEN ist. Trotzdem finde ich es sehr gut, daß Kinder und Jugendliche eigene Ideen entwickeln, um Spiele spielen zu können. So lassen sie sich nicht ganz unterkriegen und werden im Erfinderischen gefördert. Bei dieser Gelegenheit lernte ich die Tennisregeln kennen. Ich wurde gebeten, genau aufzupassen und mitzuzählen. Plötzlich kam Rolf recht kurvenreich angeradelt. Schon von weitem merkten wir, daß etwas mit ihm nicht stimmte. "Ach Gott, ist der zu und fährt noch mit dem Fahrrad", rief Gino erstaunt, während er zu mir auf den Weg kam. "Das ist echt Rolf, was meinst du, wenn ihn so in diesem Zustand die Polizei erwischt. Dann ist er weg vom Fenster", konnte Uwe gerade noch sagen, während Rolf vor uns beim Bremsen beinahe hinfiel. Gino konnte ihn gerade noch auffangen. Dabei erzählte er lallend voller Stolz wie ein kleines Kind, was er alles getrunken hatte. Ich versuchte mich so gut wie möglich von Rolf fernzuhalten, denn er schwankte bedenklich, und man mußte ständig gefaßt sein, daß er umfallen würde. Ich könnte ihn ja nicht auffangen, sondern würde selbst mit ihm auf dem Boden liegen. Ich erkannte im Laufe der Zeit schon, was mit Rolf los war. Er hat es auch nicht leicht im Leben. Ich denke, Rolf kommt sich aufgrund seiner einfachen Schulausbildung und seiner ständig unsicheren Arbeit zu minderwertig vor. Deshalb muß er sich ab und zu betrinken, um auf sich aufmerksam zu machen. Als mich Rolf mit seinen kleinen verschwommenen Augen entdeckte, kam er zu mir geschwankt, um mit mir über den KSC zu reden. Ich aber rief und das fiel mir nicht leicht, denn ich unterhielt mich mit Rolf oft und sehr gern: "Du Rolf! So kann und möchte ich mich mit dir nicht unterhalten. Mich widerst du in diesem Zustand an. Morgen, wenn du wieder nüchtern bist, können wir uns über den KSC unterhalten. Ich denke, du weißt, daß ich dich gut leiden kann, aber so habe ich noch Angst, daß du auf mich fällst." Rolf wurde ein wenig sprachlos und versuchte, sich ganz sicher auf den Beinen zu halten. "Bestimmt falle ich nicht auf dich", versicherte er mir lallend, während er sich nur einen Schritt näherte. Der Wille wollte es nicht, doch beinahe wäre er noch gestolpert, wenn nicht Frank Elchinger dazwischen gegangen wäre. "Keine Angst Michael, ich halte ihn schon", versicherte mir Frank, als ob er meine Gedanken und Gefühle kannte. Solche unerhofften Gesten tun mir besonders gut, denn sie setzen voraus, daß ich Menschen um mich habe, die mich auch richtig kennen. Viele Leute meinen sich zu kennen. Viele Leute grüßen sich auf der Straße. Manche unterhalten sich auch länger miteinander, doch ohne sich gegenseitig zu erkennen. Aus lauter Angst vor der Wahrheit hält man mit einer leeren Freundlichkeit eine gewisse Distanz zu dem Anderen. So ein Verhalten kann nur eine überzüchtete Gesellschaft an den Tag legen. Als Rolf merkte, daß ich seinen Zustand wirklich gar nicht toll fand, ließ er sich von Frank überreden und nahm Abstand von mir. Rolf torkelte schwankend zu dem Gestrüpp am Rande des Weges. Wir meinten schon, er müsse sich übergeben. Da rief Gino energisch: "Wenn du dich erbrechen mußt, bitte nicht hier!" Rolf blickte Gino mit kleinen verschwommenen Augen an und erwiderte ihm lallend: "Wer sagt denn, daß ich kotzen muß. Das hat noch Zeit." Kaum hatte er ausgesprochen, schon lag Rolf mit der vollen Länge im Gebüsch. Plötzlich kam Hansi daher. Er lachte, als er Rolf im Gebüsch liegen sah. Gino zog ihn ein paar Mal heraus, aber immer wieder plumpste er ins Gestrüpp. Uwe, Hansi und Gino konnten ihn jetzt ständig aus dem Gebüsch herrauszerren, denn alleine hatte Rolf in seinem angetrunkenen Zustand nicht mehr die Kraft dazu. Das bekamen natürlich auch die spielenden Kinder mit. Neugierig standen sie jetzt bei uns und schauten kichernd und etwas verblüfft dem betrunkenen Rolf zu. Nando schlich sich einmal immer näher zu Rolf. Seine dunkelbraunen Augen blickten recht schelmisch umher. Sie ließen ahnen, daß er etwas im Schilde führte. Und richtig, im nächsten Augenblick lag Rolf wieder reglos im Gestrüpp. Nando lachte laut auf, er hatte ihn mit einer leichten Berührung gestoßen und schon war er wie ein morsches Stück Holz umgefallen. Hansi richtete ihn wieder auf und sagte lachend: "Du wirst doch nicht wegen den kleinen Kindern auf die Knie gehen. Aber Rolf, die lachen dich ja aus." Danach wurde er noch ein paar Mal von kleineren Jungs ins Gestrüpp geschuppst. Dabei hatten sie einen Heidenspaß, weil sie sich mordsmäßig stark fühlten. Als es

Rolf schließlich zu viel wurde, machte er sich beschämt aus dem Staub. Ich wollte Rolf noch fragen, ob das ein tolles Gefühl für ihn sei, wenn schon kleine Kinder mit ihm machen können, was sie wollen. Aber Rolf entfloh regelrecht der Antwort.

Bei einem Klassenausflug hatte ich selbst einmal einen starken Schwips, als ich mit meinem Freund Klaus Ziegler, der leider wegen Muskelschwund inzwischen gestorben ist, ein Viertele Heidelbeerwein mit dem Trinkhalm trank. Von da an wußte ich selbst, wie das ist, wenn sich Sämtliches dreht und die Umrisse ineinander verschwimmen, so daß man beginnt, alles doppelt und dreifach zu sehen. Eine schlimme Erinnerung habe ich daran, weil es mir so wahnsinnig übel war. Die ganze Nacht mußte ich mit meinem Bett Karusell fahren. Es kreiste alles um mich. Eine solche Nacht möchte ich eigentlich nicht mehr so schnell erleben. Deshalb wundert es mich immer wieder, daß es Menschen gibt, die diesen Zustand ständig ertragen können.

Als ich das erste Mal im Jahr wieder kurze Hosen anzog, nutzte ich jede Pause, um im Schulhof in der Sonne meine noch schneeweißen Beine zu bräunen. Die Fortsetzung folgte dann im Hof. Da verweilte ich mich fast nur noch in der prallen Sonne. In diesem Jahr wollte ich einmal so richtig braun werden. Meine Mutter warnte mich zwar vor der längeren Sonnenkur wegen der Gefahr eines Sonnenbrandes und eines Sonnenstichs. Aber was sollten diese Worte, ich ertrug die Sonne recht gut. Als es mir dann schließlich doch zu heiß wurde, machte ich eine Schattenpause. Die Schwalben kreisten piepsend und zirpend am tiefblauen wolkenlosen Himmel umher.

Während ich ahnungslos den schmalen geplätteten Weg an Ginos Fenster vorbeifahren wollte, wurde ich plötzlich mit lauten Rufen erschreckt. Ich blickte neugierig zur Seite, denn zunächst sah ich hier niemanden. Genau unter dem Balkon der Familie Boiano waren viele von der Hofclique versammelt. "Wir dachten schon, du wolltest an uns vorbeifahren", rief mir Silke lachend zu. "Euch habe ich auch nicht hinter dem Gebüsch vermutet", erwiderte ich ihr spaßig. "Komm zu uns in den Schatten! Komm, ich helfe dir die Stufe hinunter", sagte Filiz, und schon war ich unten. "Das hätte Michael auch alleine geschafft, die eine Stufe da", funkte Frank dazwischen. "Der soll sich nur mehr zutrauen", fügte er noch hinzu. Ehe ich Frank etwas erwidern konnte, fuhr er mich energisch die Stufe wieder hoch. "Jetzt versuch es einmal alleine, Micha, dir passiert nichts. Ich stehe ja hinter dir," meinte er. Also recht zaghaft fuhr ich der hohen Stufe entgegen. Zack! die Hinterräder plumpsten nach unten, so daß ich für einen Augenblick in einer recht schrägen Lage war. Gleich darauf plumpsten die Vorderräder nach unten. Alles war überstanden. Frank klopfte mir auf die Schultern und sagte: "Siehst du, es geht viel mehr als du denkst." Ich lachte und sagte: "Ja Franky, du hast recht", und ich erzählte ihm einiges vom Turnen in der Schule. "In der pädagogischen Hochschule wurde mehrmals die ganze Halle mit Matten ausgelegt. Dabei überraschte mich selbst, wie leicht und beschwingt ich im Kniestand mit dem Kopf Ball spielen konnte. Zuvor hätte ich das nie gedacht. In der Schule jedoch auf nur einer Matte schaffte ich das nicht aus lauter Angst, daß ich auf den harten Boden fallen könnte." Frank schaute nachdenklich drein. "Na und, dann fällst du eben einmal. Wir machen uns ja auch manchmal

weh", konterte Frank offen zurück. "Ja das stimmt schon, aber ich habe schon schlechte Erfahrungen hinter mir, weil ich meist wegen eines Lochs im Kopf ins Krankenhaus mußte", erwiderte ich ihm.
"O je, was meinst du, wieviele schlechte Erfahrungen ich schon gemacht habe, als ich durch die Glasscheibe flog. Weißt du noch Silke? Hingebengelt hat es mich oft, so daß ich mir einmal fast die Zunge abgebissen habe. Nur noch an einem Zipfel hing sie schlaff herunter. Ein Glück, der Arzt konnte sie wieder richtig hinnähen", erzählte mir Frank und fügte noch hinzu: "Ich mußte wirklich oft das Krankenhaus von innen sehen, aber wie du siehst, lebe ich immer noch." "Was uns Frank schon Schrecken eingejagt hat", beteuerte Silke, während mir Frank noch einige Narben von den früheren Unfällen zeigte. Erst im Schatten merkte ich, wie rot meine Beine geworden waren. Martina und auch die anderen machten mich darauf aufmerksam.

Gino sorgte in diesen Tagen für die Musik. Er ließ natürlich auch italienische Musik laufen. Eine Cassette von Pupo, ein beliebter italienischer Sänger, wurde zu einem richtigen Ohrwurm für uns alle. Ich plante am Freitag nach meinem Geburtstag eine größere Party mit all den Leuten vom Hof zusammen. Ich gebe zu, daß es reichlich früh war, Anfang Juni mit den Leuten über meine Party zu reden, die am Freitag, dem 4. September, sein sollte. Nur meine Ungeduld zwang mich, schon so früh alles klar zu machen. Einzelnen Leuten hatte ich schon verkündet, was ich vorhatte. Jetzt mußte ich es einfach allen sagen, damit ich überhaupt sah, ob Interesse vorhanden war. Ich ging etwas zu nervös an die ganze Sache heran. Uwe Koch traf genau den Nagel auf den Kopf, als er zu mir sagte:

"Du wirst schon sehen, es geht alles glatt, Micha, das ist deine erste größere Party, habe ich recht?" Ich nickte lächelnd und erwiderte ihm: "Früher hatte ich ja keine richtigen Freunde." "Und jetzt," fügte Uwe hinzu, "weißt du nicht genau, ob dir deine Party gelingt. Du möchtest es uns allen so gut wie möglich recht machen, stimmt's? Aber laß nur, deine Party wird schon toll werden. Bestimmt, glaub es mir. Als ich meine erste Party machte, ging es mir so wie dir jetzt. Ich grübelte auch herum und meinte anfangs, alles nur perfekt machen zu müssen. Mir half dieses Gespräch ungemein, alles viel lässiger zu nehmen.

Am Abend, sobald es kühler wurde, setzten wir uns auf den Rasen. "Was ist, Micha, möchtest du dich nicht einmal zu uns auf das Gras setzen?" fragten mich Gino und Silke. Ich nickte. Da lachte Ralf Hempel auf und meinte: "Micha macht gleich eine Bauchlandung." Aber in diesem Augenblick stand schon Silke hinter mir und, schwup, schon saß ich unten auf dem Rasen. Frank Elchinger nutze die Gelegenheit und fuhr grinsend mit meinem Wägelchen spazieren. So saßen wir im Rasen und diskutierten über Erlebnisse im Urlaub. Außerdem fiel öfters das Wort Zeugnisse, die uns in wenigen Wochen präsentiert wurden. Schon in drei Wochen begannen die Sommerferien. Für die anderen bedeuteten die sechs Wochen Ferien eine längere Pause vom Schulstreß. Für mich dagegen endete die Schulzeit für immer. Das war doch ein komisches Gefühl, wenn ich daran erinnert wurde. An einem solchen Abend durfte die Frisbeescheibe nicht fehlen. Die Leute standen dabei kreisförmig vor mir auf der Rasenfläche und ließen sich so die Frisbeescheibe zufliegen. Wer die Scheibe dreimal nicht fangen konnte, mußte

ausscheiden. So blieb am Ende ein Sieger übrig. Gino ließ dabei immer wieder die Cassette von Pupo laufen. Diese Lieder machten mich schon ganz happy. Später, es war ca. 22 Uhr, wanderten wir alle wie in einer großen Prozession ganz um den Häuserblock herum. Das war ein tolles Gefühl, gemeinsam durch die Nacht zu gehen. Dabei hatte Gino das Lied "Santa Maria" auf voller Lautstärke laufen. Er trottete, den Radiorecorder auf dem Arm, mit Martina und Ralf Hempel voraus. Dahinter folgte ich mit der ganzen Clique. Die wenigen Leute, die uns entgegen kamen, schauten uns lange nach. Es war Sonntag, und meine Eltern waren ausgegangen. Sie hatten mir den Umhängegeldbeutel mit dem Wohnungsschlüssel um den Hals gehängt. So konnte ich mir an diesem Abend ohne Absprache schön Zeit lassen. Es ist halt blöd, daß ich mich am Abend nicht selber ausziehen kann. Schuhe und Strümpfe kann ich ohne Schwierigkeiten ausziehen. Bei der Hose würde es gerade noch hinhauen, wenn sie nicht zu eng ist, aber dann wäre schon Schluß. Trotzdem habe ich in dieser Hinsicht irgendwie Glück, mein Vater ist im Gegensatz zu meiner Mutter ein Nachtmensch. Normalerweise geht er selten vor 23 Uhr schlafen. Jedoch ändert das nur wenig am lästigen Gefühl, daß mein Vater jedesmal auf mich warten muß.
Der Mond stand ziemlich voll am Himmel. Er tauchte alles in ein bezauberndes Licht. Aus dem Mond war leicht ein Gesicht zu erkennen. Viele waren nun heimgegangen. Übrig blieben nur noch Gino, Filiz und ich. Am Springbrunnen trafen wir noch Carmela. Sie führte ihren Hund Susi aus. Wir setzten uns noch ein wenig zu ihr auf die Bank. "Micha, du kommst jetzt dann auch aus der Schule, oder?" fragte mich Carmela, während sie alle Mühe hatte, den quirligen Hund festzuhalten. "Ja, ich komme noch in diesem Sommer

raus. Eigentlich bin ich recht froh, denn unsere ganze Klasse wird jetzt vor den Sommerferien entlassen. So fällt der Abschied von der Schule, glaube ich, doch nicht so schwer wie es für dich, Monika und Elke, war, als ihr alleine aus der Klasse entlassen wurdet", erwiderte ich, froh darüber sprechen zu können, denn mir war es schon jetzt bange zumute, wenn ich an denn allerletzten Schultag dachte. "Ja, du hast recht, es ist ein großer Unterschied, ob die ganze Klasse entlassen wird oder du alleine. Weißt du noch, als wir drei Mädchen unser Abschiedsfest in der Schule feierten? Wir liefen den ganzen Tag mit dick verheulten Augen herum. Jede steckte die andere an, und als unser Schulrektor, Herr Amann, in der letzten Stunde seine berühmte Abschiedsrede hielt, mußte ich raus aufs Klo", erzählte Carmela ziemlich lebendig, als ob sie ihren letzten Schultag erst gestern erlebt hätte. Wir erzählten den anderen noch eine ganze Weile von unserer gemeinsamen Schulzeit. Mit "weißt du noch..." fing fast jeder Satz an. Der Springbrunnen plätscherte unaufhörlich vor sich hin. Da es auf den Straßen immer stiller wurde, war das Geplätscher auf einmal so laut zu vernehmen. Oft blickte ich hoch zum Nachthimmel, wo ich viele Sterne entdecken konnte. Auch einige Grillen zirpten munter in die stille Nacht hinein. Es war einfach schön, der geheimnisvollen Stimme der Nacht lauschen zu können. Ein leichter Windhauch brachte jetzt angenehme Kühlung. Von der Ferne schlug die Turmuhr der Bernharduskirche 23 Uhr. Auch das Schlagen der Uhr war in der Nacht viel lauter zu hören. Wir blieben noch ein wenig sitzen. Dann fragte mich Gino: "Sollen wir dich jetzt heimbringen Micha?" Ich hob meinen Umhängebeutel in die Luft und antwortete: "Ja, da drin habe ich den Haustürschlüssel. Würdet ihr mich noch in die

Wohnung lassen? Ich glaube, meine Eltern sind noch nicht da." "Nar klar machen wir das", meinte Gino lächelnd. "Auf, kommt ihr mit, Micha hochbringen?" fragte Gino die Mädchen, die sich angeregt miteinander unterhielten. "Ja, wir kommen mit", antworten sie, und so schlenderten wir zu mir nach Hause. Oben in meinem Zimmer fragte mich Carmela: "Sollen wir dir noch irgendwie helfen? Du kannst uns das ruhig sagen, sollen wir dich nicht ausziehen, damit du dich später schlafen legen kannst?" "Au ja, wenn ihr das fertig bringt", entgegnete ich ihnen etwas verunsichert. "Warum sollen wir das nicht fertig bringen?" fragte mich Filiz etwas erstaunt, die, kaum hatte ich mich versehen, schon mein T-Schirt in der Hand hatte. "Wo ist denn dein Schlafanzug?" fragte mich Gino umherschauend. "Der muß unter der Bettdecke liegen", antwortete ich beglückt, daß ich mir auch einmal ohne Eltern helfen lassen konnte. Gino fand den Schlafanzug dort. "Weißt du noch? Als wir mit der Schulklasse in Bärental waren, da habe ich dich fast jeden Abend ausgezogen", fing Carmela wieder an, die immer wieder alte Erinnerungen auffrischte. "Oh ja, weiß ich das noch, und einmal hatten wir im Bett noch heimlich französischen Rotwein getrunken. Da wir keine Gläser in unseren Bungalows hatten, benutzten wir einfach unsere Zahnbecher dazu", erzählte ich lachend, während man schon dabei war, mir meine Schlafanzugshose anzuziehen. Carmela mußte jetzt auch lachen. "Ja, ja, bei uns war schon einiges los." Nun war ich komplett fürs Bett fertig. Es ging viel schneller und problemloser, als ich gedacht hatte. "Also, wir gehen jetzt, sollen wir noch etwas für dich machen?" wurde ich noch gefragt. "Wenn ihr mir gerade noch den Rolladen runterlassen würdet! Dann ist alles okay", antwortete ich. "Und ins Bett kommst du alleine?" wollte Filiz noch einmal bestätigt wissen. "Ja, es ist so niedrig gemacht worden, daß ich ohne Hilfe reinrutschen kann. Weißt du, so bin ich weniger abhängig von meinen Eltern. Jetzt können meine Eltern ins Bett, wann sie wollen, und ich kann solange aufbleiben, wie ich mag", erwiderte ich ihr. "So, der Rolladen ist unten, wenn du sonst nichts mehr brauchst, verlassen wir dich jetzt. Also tschüß Micha, dann bis morgen. Das Licht machen wir draußen aus. Schlaf gut", verabschiedeten sich die Leute von mir. "Also tschüß dann, schlaft auch ihr gut, und nochmals danke für euere Hilfe", rief ich selig zurück. "Nichts zu danken, das war doch selbstverständlich", hörte ich noch Gino rufen, bevor die Haustür ins Schloss fiel. Dann war ich mit meinem Glücksgefühl alleine. Ich konnte einfach noch nicht schlafen, so schaltete ich noch ein wenig das Radio an und ließ so mit den Mitternachtsschlagern meinen Gefühlen Platz. So langsam wurde ich müde. Zufrieden, wieder einen wichtigen Schritt in meinem Leben weitergekommen zu sein, schlief ich ein.

Von nun an saß ich öfters mit den anderen auf dem Rasen. Schon als ich nach der Schule in die Hofanlage fuhr, entdeckte ich aus der Ferne manchmal Silke Elchinger, Martina Koch, Ute und Patrizia Lamm auf Decken liegen. "Oh Micha, komm nur her und setz dich zu uns auf die Decke", rief Silke, wobei sie schon aufstand, um mir flink aus dem Wägelchen zu helfen. "Soll ich dir irgendwie helfen?" fragte Martina. Währenddessen schmunzelte ich ein wenig, so viele junge Mädchen um mich zu haben. "Au ja, ich halte ihn auf der rechten Seite und du auf der anderen Seite fest. Dann soll Micha nur ein bißchen laufen", rief Silke unternehmungsfreudig.

So machten wir es auch. Es ging eigentlich recht flott, so daß Martina zu Ute und Patrizia im Spaß sagte: "Vorsicht, der Micha kommt im Dauerlauf", und plumps saß ich zwischen den Mädchen auf der Decke. "Wie war es heute bei dir in der Schule?" fragte mich Silke interessiert. Mit einem leisen Seufzer antwortete ich: "Heute spielten wir nur und quatschten über die Zukunft. Wir lernen nichts mehr Größeres. Die Noten sind alle schon gemacht." "Micha, wie lange gingst du eigentlich zur Schule?" fragte mich Martina. "Genau zwölf Jahre. Ich habe schon drei Jahre verlängert", erwiderte ich ihr, während mich Martina mit ihren schwarzen Augen nachdenklich musterte. "Das wird für dich aber nach so einer langen Zeit eine große Umstellung sein, plötzlich nicht mehr in die Schule gehen zu müssen", meinte Ute. "Ja, anfangs kannst du recht haben, aber ich denke, daß ich mich sehr rasch daran gewöhnen werde, denn zu Hause kann ich mir auch genügend Arbeit machen", meinte ich recht optimistisch zu meiner Lage. "Außerdem hast du noch uns hier im Hof", sagte Silke und kniff mich freundschaftlich in die Seiten. Nachdem sie sich erkundigt hatten, welche Turnübungen ich in der Schule mache, fingen sie an, mit mir die gespreizte Rückenlage zu üben. O je, da habe ich etwas angefangen, dachte ich, während Silke zwischen meinen Beinen saß und so lange wartete, bis ich ganz gestreckt auf dem Rücken lag. In dieser Lage wird vorallem der Bauchmuskel gedehnt. Daher ist es für mich nicht leicht, wenn ich mich vom Langsitz ganz gestreckt nach hinten lege. Eine Zeitlang ließ mich Silke mit dieser Übung nicht mehr in Ruhe. Täglich ging sie ganz energisch an die Sache. Einmal schlug ich ihr vor, sie solle später doch Krankengymnastin werden. "Du hast echt gute

Fähigkeiten dazu", sagte ich zu Silke. Aber sie schüttelte den Kopf und meinte: "Ich möchte einmal Floristin werden. Du wirst aber lachen, an den Beruf der Krankengymnastin oder an eine Tätigkeit mit Kindern habe ich schon gedacht." So vergingen die Mittage mit viel Spaß und angeregten Unterhaltungen im Nu.

Schnell gingen die Tage dahin. Jetzt kam endgültig der allerletzte Schultag. Schon morgens fing es an, als mein Vater mich zum Bus brachte. Da mein Vater Herrn Zeltmann und die Busbegleiterin, Frau Bickel, mittags nicht mehr sehen konnte, verabschiedeten sie sich schon morgens voneinander. Schon in der frühen Morgenstunde kam in mir so ein komisches Gefühl auf. Diese Verabschiedung war nicht, wie so oft, für ein paar Wochen, sondern für immer. In der Schule selbst war der Abschiedsschmerz nicht so schwer, wie ich ihn mir ausgemalt hatte. Viele Lehrer, wie auch meine Klassenlehrerin Frau Eisenbeiß, erschienen schon nicht mehr. Die eigentliche Abschiedsfeier machten wir am vorletzten Tag. Der letzte Tag war mehr gekennzeichnet durchs Aufräumen. Die Putzfrauen baten uns, alles mitzunehmen, was uns privat gehörte, sonst würde alles im Mülleimer landen. Also stellten wir noch das ganze Klassenzimmer auf den Kopf, um ja nichts zu hinterlassen, um das es schade wäre. Elli und ich, wir nahmen sogar drei Bücher von der Schülerbibliothek mit. Herr Tlaskal, ein Fachlehrer von uns, sagte nur: "Sucht euch interessante Bücher aus. Ihr habt recht, die Bücher liegen nur im Schrank herum und keiner kümmert sich darum." Auch ein paar Deutschlehrbücher konnte ich mitnehmen. Da unser Schulrektor, Herr Amann, schon längere Zeit erkrankt war, fiel die lange Abschiedsrede aus. Frau Gruhl, die Konrektorin, redete zu uns ganz persönlich ein paar Worte und überreichte jedem von uns ein Buch als Abschiedsgeschenk der Schule. Ich war erleichtert. Diesen Tag konnte man nicht, im Gegensatz zu den vorigen Jahren, als Trauertag bezeichnen. Nein, wir waren sogar recht munter und fröhlich. In den letzten beiden Stunden kam noch einmal Josef Seubert, unser Religionslehrer, in die Klasse. Zu unserer Freude hatte er seine Gitarre dabei. So sangen wir in den letzten Schulstunden schöne befreiende Lieder. Die Texte paßten zum größten Teil zu unserer momentanen Situation, wo die Zukunft noch fremd und ungewiß vor uns stand. Mir brachten diese Lieder sehr viel Hoffnung. Plötzlich wurde mir richtig bewußt, daß es so viele Änderungen und Herausforderungen im Leben gibt, durch die man hindurch muß. Von so vielem muß man im Laufe der Zeit Abschied nehmen, von der Umgebung, von lieben Menschen, von bestimmten Zeiten, nur von Gott nicht, er begleitet uns durchs ganze Leben bis zum Tod. Er ist die Richtschnur für die spätere Zukunft. Also kann ich getrost die beschützende Schule verlassen und mich hoffnungsvoll in die weitere Zukunft wagen. Solche Gedanken überfielen mich, während wir mit Josef temperamentvoll lossangen. Josef konnte ich sehr gut leiden. Als Außenstehender war Josef für mich jedesmal eine Wohltat, wenn er in die Schule kam. Ich kann sagen, ihm kann ich verdanken, daß ich weiterhin mit Überzeugung Christ sein kann. Bisher hatte ich kein so gutes Vorbild der sogenannten Christen. In unserem Gemeindehaus erlebte ich sie gehemmt, mit Komplexen beladen, sittsam und kritiklos. Gerade so, finde ich, sollte ein Christ nicht sein. Daß so ein Bild von Christen, Gott sei Dank, nicht stimmen muß, zeigte mir Josef. Er ist ein überzeugter Christ, der nicht nur blind mit der

Menschenmasse mitläuft. Josef kann auch mal stop sagen, so geht es nicht weiter. Gerade weil er so ein offener Mensch ist, brachte er viel neuen Wind als Pastoralassistent in seine Gemeinde. Natürlich wurde es ihm manchmal recht schwer gemacht, seine Ideen verwirklichen zu können. Josef wollte nicht nur große, verherrlichende Reden halten, sondern er stellte der Gemeinde auch mal trübe Tatsachen vor Augen, auch was gerade in der dritten Welt geschieht. Wie es auf der Welt manchmal wirklich zugeht, will man ja oft nicht hören und das gerade noch in der Kirche ... Mit Bischöfen setzte er sich auch schon offen auseinander. Einmal fragte ich ihn, warum er dann trotzdem für die Kirche arbeiten kann? Er antwortete mir: "Dann hätte ich vor Gott versagt. Ich muß einfach den schwierigen, meist unbequemen Weg weitergehen. Schon meiner Überzeugung wegen fühle ich mich verantwortlich, den Glauben weiterzutragen." Josef ist auch politisch sehr engagiert. Dabei ist er eher linksorientiert, wobei sich mir manchmal die Frage stellt, ob die sogenannten linken Gedanken von Josef nicht etwa im Kern konservativ geprägt sind, wenn er sich verstärkt für den Frieden und für die Erhaltung der gesunden Luft, Erde und Wasser einsetzt.
Drei Jahre hatte ich bei Josef Religionsunterricht gehabt. Auf diese Stunden freute ich mich jedesmal sehr. Außer der Bibel behandelten wir viele aktuelle Themen. Auch über Behinderte und Nichtbehinderte diskutierten wir oft. Das ging manchmal hin bis zur Sexualität, die ja bei uns genau so funktionieren kann. Also kurz gesagt, bei Josef lernte man viel, auch Persönliches.
Jörg Brecht schaute immer wieder erwartungsvoll auf seine Armbanduhr. "Jungs! Die letzte Viertelstunde ist angebrochen",

rief er uns freudig zu und klatschte mit den Händen. Es war mir so ähnlich wie an Silvester. In den letzten Minuten schaute jeder mehrmals feierlich auf seine Uhr. Mir kam dabei die Gänsehaut hoch, als Peter Heil die letzten fünf Minuten ankündigte. Josef quatschte mit uns noch über den Urlaub, Freizeit und Beruf. Er erzählte uns auch, wie es bei ihm selbst weitergehe und daß er in die Nähe von Tauberbischofsheim versetzt würde. Josef vielleicht nie mehr zu sehen, tat mir schon weh. Jetzt machte er sich so langsam an die Runde, jedem von uns alles Gute zu wünschen. Da läutete auch schon die Schulglocke. Nun war die Schulzeit endgültig vorbei. Nachdem auch wir Schüler uns gegenseitig herzlichst verabschiedet hatten, humpelten und fuhren wir mit gemischten Gefühlen aus dem Klassenzimmer zu den Bussen. Während der Schulbus aus dem Schulhof fuhr, kam in mir noch einmal ein leichtes Wehmutsgefühl auf. Nun konnte ich der Schule für immer ade sagen. In den Jahren zuvor, als meine alten Klassenkameraden aus der Schule kamen, konnte ich mich nur schlecht in die Lage eines Abgängers versetzen. Nun war es mit mir selbst soweit. Noch einmal schaute ich durch den Rückspiegel, bis die Schule in der Kurve hinter den Häusern verschwand. Während der ganzen Busfahrt fühlte ich mich so seltsam. Meine Gefühle waren so wechselhaft, wie das Wetter im April. Teilweise war ich recht froh, alles hinter mir zu haben, aber irgendwie drückte es mich doch. Verschiedene Schulerinnerungen schwirrten mir wild im Kopf herum, und jetzt sollte auf einmal Schluß sein? Herr Zeltmann, der Busfahrer, machte mit mir die letzten Späße, wobei er mir wieder ab und zu auf die Schenkel klopfte. Nachdem Herr Zeltmann und Frau Bickel sich händeschüttelnd von mir und meiner Mutter verabschiedet hatten, war ich sichtlich erleichtert. Nun war auch dieser Abschiedstag überstanden, und ich konnte mich jetzt wirklich mit meinen eigenen Dingen stärker beschäftigen. Bevor ich runter in den Hof fuhr, erzählte ich meiner Mutter noch ein wenig, wie es mir am allerletzten Schultag ergangen war. Das Verabschieden von all den Leuten schlauchte mich schon sehr.

Jetzt stand unmittelbar unser Urlaub bevor. Schon am nächsten Tag in aller Frühe ging es ab nach Bayern. Deshalb mußte ich jetzt runter in den Hof, um vielleicht noch ein paar Freunde von mir sehen zu können. So war es schließlich dann auch. Kaum war ich in der Hofanlage, wurde ich von Silke Elchinger ganz plötzlich überrascht. "Komm mit! Hinten an der Schaukel setzen wir uns wieder auf den Rasen", rief sie freudig aus. Es war entsetzlich heiß. Die Sonne brannte erbarmungslos. In der Hofanlage staute sich die Hitze noch mehr. Aber das machte mir nichts aus. Ich finde einfach, das Schwitzen gehört zum Sommer dazu. Die heiße Luft roch nach dem frisch gemähtem Gras. Alle Wiesen mußten am Morgen abgemäht worden sein. An der Rasenfläche angekommen, suchten wir uns ein schattiges Plätzchen. Dort hob mich Silke aus dem Wägelchen, und wir machten es uns gemütlich. "Na Micha! Wie fühlt man sich, wenn man aus der Schule gekommen ist?" fragte mich Silke etwas nachdenklich, während sie mit dem abgemähten Gras herumspielte. "Ach, es ist schon ein wenig komisch, wenn ich daran denke. Aber das geht, denke ich, bald vorbei. Wann kommst du eigentlich aus der Schule?" stellte ich gleich die Frage zurück. "Ich habe noch ein Jahr Zeit", erwiderte mir Silke kurz und warf mir ein Grasbüschel zu. Ich lachte und versuchte, sie ein wenig

am Rücken zu kitzeln. Daraufhin fing sie an, mich mit ihren spitzen Fingern in die Seiten zu kneifen. "Ist ja schon gut, ich gebe ja schon auf", schrie ich vor Lachen. Silke lachte auch und fragte: "Ehrenwort Micha?" schnaubend vor Lachen nickte ich nur mit dem Kopf. Nachdem wir uns wieder vom Lachen erholt hatten, sagte ich: "Wenn ich an morgen denke, bekomme ich zwiespältige Gefühle. Da fahren wir, meine Eltern und ich, drei Wochen nach Garmisch Partenkirchen. Irgendwie bin ich schon gespannt auf die Berge, doch am liebsten würde ich hier bleiben." Mit einem fragenden Blick meinte Silke: "Wieso denn, das ist doch mal eine Abwechslung für dich, oder?" "Schon Silke, aber hier gefällt es mir zur Zeit einfach besser. Schließlich erwiderte sie: "Von uns geht nur Frank zwei Wochen an die Ostsee. Wir bleiben sonst zu Hause. Meine Eltern wollen auch nicht fort. Die können sich, ähnlich wie du, in ihrer Wohnung am besten entfalten. Warum sagtest du eben, daß es vielleicht blöd klingt, wenn man am liebsten zu Hause ist? Solche Leute gibt es, da bist du nicht der Einzige." Plötzlich erschien Martina Koch. Sie pflanzte sich neben uns auf den Rasen. Martina sah richtig vergnügt aus. "Endlich Sommerferien", waren ihre ersten Worte.
Jetzt kam auch noch Doris vollbeladen mit einer Decke, einem Eimer Wasser und drei Flaschen Limonade herbeigeschlichen. Der Wassereimer war natürlich für Silke ein gefundenes Fressen, uns gleich temperamentvoll naßzuspritzen. Das war eine tolle Erfrischung. Mich schonte Silke natürlich in keinster Weise. Ich lachte und wartete eine günstige Situation ab, bis ich sie mit meinen Beinen packen konnte. Martina wich aber gleich aus. Einmal bekam ich auch eine Ladung Wasser von Martina Koch ab. Nun kam auch noch Frank

dazu. Er hatte eine Wasserpistole dabei. Damit war die Wasserschlacht perfekt. Wir waren am Ende alle triefend naß. Plötzlich tauchte mein Vater auf: "Ich habe alles schon ins Auto verpackt. Jetzt muß ich schnell dein Wägelchen entführen", sagte er etwas erstaunt, als er mich auf der Decke zwischen den Mädchen sah. "Okay, ich sitze hier gut", rief ich lachend, wobei mich Silke, Martina, Ute, Patrizia und Doris schelmisch von der Seite musterten. Daraufhin bekam ich schon wieder einen Kneifer von Silke. "Was soll das heißen?" wollte Silke spaßig wissen. "Ha, Silke, wem würde es hier nicht gefallen? Zwischen so jungen Mädchen", ulkte ich und klopfte ihr freundschaftlich auf die Schulter. Endlich tauchte jetzt auch Gino auf. Martina sah plötzlich so glücklich aus. "Schau mal Gino, Micha flirtet gleich mit fünf Mädchen", rief Frank Gino zu. Frank ist auch so ein hinterlistiger Bursche. Oft wenn er an mir vorüberschlenderte, tat er so, als ob ich ihm den Fuß stellen wollte. Dabei rief er: "Was fällt dir denn ein?" und fing dann schließlich an, mit mir herumzucatchen. Frank gab solange nicht auf, bis er ganz sicher und mächtig auf meinem Bauch saß, meine Arme an den Seiten fest hielt und grinsend mich anlachte. In dieser Lage konnte ich nichts mehr machen. "Und was jetzt? Gibst du nun auf? Jetzt habe ich dich", höhnte Frank, während er mich noch durchkitzelte und massierte. "Ja, ich gebe auf. Ich gebe ja auf", schrie ich vor Lachen. Sofort aber, als sich Frank von mir erhob, machte ich eine blitzschnelle Bewegung und schon hatte ich Frank zwischen meinen Beinen in der Zange. "O warte Micha, diese linke Tour hätte ich nicht von dir erwartet. Jetzt geht es dir schlecht, kann ich dir nur sagen", meinte Frank ächzend und holte erstmal so richtig tief Luft. Ich drückte meine Beine so fest wie möglich zusammen, denn Frank hatte eine Mordskraft. Langsam aber sicher ging mir der Atem aus. Ich war so etwas auch nicht mehr gewohnt. Früher, als meine Schwestern klein waren, balgte ich mich mit ihnen herum. . Aber da lagen Jahre dazwischen. Dann plötzlich mit einem schnellen Ruck sprang Frank wieder auf meinen armen Bauch. "Aha Micha, du wolltest es nicht anders. Was fällt dir ein, mich so zu veräppeln", rief er und klatschte mir links und rechts auf die Backen. Schließlich sprang Frank mit einem Satz von mir herunter. "Ich glaube, wir müssen öfters ein Kämpfchen miteinander machen. Dir fehlt nur die Kondition: Das ist ja kein Wunder, wenn man den ganzen Tag so faul und träge sitzt", meinte Franky, wobei er mir noch schallend auf die Schultern klopfte. Schließlich stand Gino neben mir. "Micha, meinst du, du bekommst mich auf dem Boden zu Fall?" fragte er mich recht gespannt. Bereitwillig schlang ich sofort meine Arme um seine Beine, um ihn nieder zu ziehen. Mehrere Male versuchte ich, meine ganze Kraft zu sammeln. Aber vergeblich. Gino stand da, wie ein fest angewurzelter Baum. Atemlos mußte ich aufgeben. "Gell Micha! Ich streng mich normal an. Du hättest ja auch keinen Spaß, wenn ich mich absichtlich fallen ließe. Außerdem würde ich so etwas auch nicht einsehen. Ich möchte dich behandeln wie jeden anderen", meinte Gino und strich mir freundschaftlich übers Haar. "Genau so erwarte ich es auch von euch. Sonst hätte ich kein Interesse an euch, wenn alles nur wegen meiner Behinderung Schauspielerei wäre. Darauf würde ich pfeifen", antwortete ich erfreut darüber, wie sich Gino unsere Beziehung vorstellte. Ich lag gerade gemütlich im frisch gemähten Rasen und ließ mir die Sonne ins Gesicht scheinen. Da lachte Silke plötzlich, wobei sie mit dem Finger auf mein Hinterteil zeigte. Etwas verdutzt fragte ich: "Was ist denn los Silke?" Sie grinste und rief: "Warum hast du an deinem Hintern einen Kaugummi hängen. Bist wohl voll reingesessen." Erschrocken entgegnete ich: "Wirklich? Möchtest du mich nicht auf den Arm nehmen?" Silke antwortete trocken: "Wenn du es mir nicht glauben willst, Ute kann es dir versichern." Ute nickte und sagte: "Ja, es stimmt Micha." Frank zeigte mir das Fell im Wägelchen. "Schau mal Micha, da hängt auch ein Stück Kaugummi", rief er und schaute mich etwas nachdenklich an. "Pfui Silke, kannst du ihn wegmachen? Ausgerechnet heute muß ich mich in einen Kaugummi setzen", fluchte ich und streckte meine Beine in die Höhe. Silke mußte lachen, wie ich so da lag. Sie versuchte das Bestmöglichste, den Kaugummi von meiner Jeanshose zu entfernen. "So, nun ist er so ziemlich weg. Deine Mutter muß die Hose aber trotzdem waschen", meinte Silke. "Okay Silke, danke für deine Mühe", sagte ich daraufhin erleichtert. Die Kirchturmuhr schlug jetzt von der Ferne schon 18 Uhr. Ein Blitzgedanke überfiel mich. Ich muß ja auch noch zum Abendessen. Aber ich dachte, wenn ich mich jetzt hochbringen lasse, lohnt es sich kaum noch, nach dem Essen noch einmal abzuzischen, weil mich ja mein Vater noch baden wollte. Zugleich kam mir eine Idee. Ich fragte die Mädchen einfach, ob sie mir die Wurstbrote in den Hof bringen würden. "Wißt ihr, sonst kann ich später nicht mehr runter kommen", erklärte ich ihnen kurz. Martina lachte und sagte: "Du bist aber ein ganz Schlauer." "Na klar machen wir das", rief Silke und fragte die anderen, wer mitkommen wolle. Ute und Martina Koch standen sofort auf. "Sollen wir deinen Eltern noch etwas ausrichten?" fragte mich Ute. "Ja, viele Grüße und daß es mir sehr,

sehr gut geht," erwiderte ich freudig und kugelte mich auf dem Rasen. Die anderen spielten mit der Frisbeescheibe. Uwe Koch, der inzwischen auch dazugekommen war und alles mitbekommen hatte, zwinkerte mir zu. "Du hast recht Micha, ich an deiner Stelle würde mich genauso verwöhnen lassen." Ich wußte sofort, was er damit meinte. Die Mädchen blieben ungefähr fünf Minuten weg. Aha, dann haben meine Eltern nichts dagegen, daß ich heute einmal im Hof esse, dachte ich und mußte mich blitzschnell duken, weil die Frisbeescheibe ganz knapp über meinen Kopf hinwegschwebte. "Huch!" schrie ich", ich war schon beim Friseur. "Wegen dieser Bemerkung mußten alle lachen. Daraufhin kamen die Mädchen mit zwei halbierten doppelten Wurstbroten zurück. "Einen schönen Gruß von deinen Eltern, du sollst es noch genießen, aber nicht so spät heimkommen", richtete mir Silke aus. Im Nu saßen Silke, Ute und Martina neben mir. Jede hielt ein Stück Wurstbrot in der Hand. Zum Glück einigten sich die Mädchen selbst, wer mir zuerst das Brot geben wollte, denn die Auswahl wäre mir bestimmt schwer gefallen. Jetzt erblickte ich Frau Koch auf dem Balkon im dritten Stockwerk. Sie beobachtete uns und rief mir dann lachend zu: "Ja ja, das gefällt dir, umringt von so vielen jungen Mädchen, die für dich sorgen und dich verwöhnen." Daraufhin rief ich Frau Koch ebenfalls lachend hoch: "Da habe ich gar nichts dagegen, so einen Service gleich von drei Mädchen gefüttert zu werden, habe ich nicht alle Tage", und schon gab mir Silke, die mich gerade fütterte, einen Kneifer. "Hier sind wir", meinte sie: "Mit vollem Mund spricht man nicht!" "Okay, okay", erwiderte ich und schluckte den letzten Bissen hinunter. Martina Koch und Ute lösten dann Silke mit dem zweiten Doppelbrot ab. So aß ich das Abendbrot in munterer

Gesellschaft. Spaßig riefen die andern Jungs zu den Mädchen: "Füttert ihr uns auch? Wir bringen uns auch ein Wurstbrot in den Hof hinunter." Martina zeigte ihnen mit dem Zeigefinger einen Vogel und rief: "Das würde euch so gefallen. Seid froh, daß ihr alleine essen könnt. Wir sind doch nicht euere Dienstmädchen." "Oh schade, das Brot würde uns doch viel, viel besser schmecken", neckten die Jungs weiter. Daraufhin winkte Martina nur ab und lächelte Ute an. Ute meinte nur: "Ach laß sie doch reden, das hat doch keinen Wert." Solche Anspielungen kamen häufiger vor. Dadurch wurden die Mädchen im Laufe der Zeit ganz schön schlagfertig. Mit viel Leben und munterer Unterhaltung endete dieser Abend für mich. Ausgerechnet an diesem Tag, wo es besonders toll war, mußte ich früher nach Hause. Dies tat weh und auch noch den Leuten für drei Wochen ade zu sagen. Punkt acht Uhr sprang Silke auf: "Micha, es ist jetzt Zeit. Soll ich dich nach Hause bringen, damit du noch baden kannst?" fragte sie mich, wobei sie mir aufmunternd auf den Rücken klopfte. "Also gut, einmal muß es doch sein", erwiderte ich zögernd. "Oh Micha, nimm's doch nicht so schwer, du kommst ja bald wieder", meinte Silke freundschaftlich. Martina lächelte mir von der Seite zu und meinte: "Ach ja, Micha, du wirst doch drei Wochen ohne uns auskommen." "Frank! Hol mal bitte Michaels Stuhl. Er muß jetzt nach Hause", rief Silke ihrem Bruder zu, der gerade gemütlich drinnen saß und mit Thorsten Weber herumalberte. "Okay, ich komme hergefahren. Frank kratzte die Kurve, und schon stand er lächelnd neben mir. "Du bist mit meinem Wägelchen schnell wie die Feuerwehr", meinte ich trocken, während ich ihm mit der Hand, die ja nicht immer so geht wie ich es möchte, einen Klaps auf den Rücken gab. "So, jetzt geht's aber heim in die Badewanne", trieb mich Silke recht energisch an und forderte Ute auf, ihr zu helfen, mich in mein Gefährt zu setzen. Als ich schließlich drinnen saß, kam noch Ralf Hempel in den Hof. Was ärgerte ich mich, daß ich den Abend, der im Hof erst so richtig begann, abbrechen mußte. Aber daran war nichts zu ändern. "Also tschüss ihr. Macht's gut!" rief ich allen zu, während Silke mich zu schieben begann. "Tschüß Micha, schönen Urlaub, und gehe uns nicht fremd", wurde mir erwidert. Ich lachte und schüttelte den Kopf. "Nein bestimmt nicht", entgegnete ich ihnen laut, denn Silke hatte ein Höllentempo drauf. Ute begleitete uns. Weit vorne, kurz bevor der Durchgang aus der Hofanlage führt, waren noch die Stimmen von den Kameraden zu hören. Welche Ausgelassenheit und Spontaneität war da zu spüren! Oben in der Wohnung sah es schon richtig aufbruchsmäßig aus. Mein Vater war gerade dabei, den letzten Koffer zu packen. Gleich nachdem ich mich von Silke und Ute verabschiedet hatte, setzte mich mein Vater in die Badewanne. Plötzlich kam meine Mutter etwas aufgeregt ins Badezimmer: "Was sollen wir jetzt machen? Schon ein paarmal war ich oben bei Herrn Müller, der unseren Wellensittich nehmen wollte. Es macht aber niemand auf. Michael, weißt du nicht jemand anders, der Betty nehmen könnte und zu dem du Vertrauen hast? Du kennst doch hier so viele", fragte sie mich. Ich brauchte da überhaupt nicht lange zu überlegen. "Ja, Silke Elchinger", rief ich freudig aus. "Schau mal, ganz hinten in der Hofanlage, wo auch die Schaukeln sind, da muß sie noch sein." Ich freute mich so, daß ich Silke meinen Vogel anvertrauen konnte. Es dauerte nicht lange, bis der Schlüssel in der Wohnungstür raschelte. Ich meinte, mein Herz müsse vor Spannung stehenbleiben. Mein Vater verstand mich in diesem Augenblick sicherlich nicht.

Das Badewasser schlug Wellen, als meine Mutter schnaufend herein kam. "Na, was ist jetzt? Was hat sie gesagt?" wollte ich hastig wissen. "Sie kommt gleich vorbei und holt Betty." Die Wellen des Badewassers drohten fast überzuschwappen, so daß mein Vater vorsichtshalber den Abflußstöpsel herauszog. Solch eine Freude überfiel mich. Das wirkt sich bei mir besonders an den Bewegungen aus. Ein wenig später klingelte es schon, und Silke stand mit Ute vor unserer Wohnungstür. Meine Mutter ließ sie herein. "Hoffentlich schreit Betty bei euch nicht so sehr. Dann mußt du den Vogel einfach mit einem Handtuch abdecken", hörte ich Mutter reden. "Bei uns hat er genügend Unterhaltung. Wir haben selbst noch zwei Wellensittiche", erwiderte ihr Silke. "Badet Micha schon?" fragte Silke. "Ja, ihr könnt aber ruhig noch schnell reinschauen", entgegnete ihr meine Mutter und führte sie zu mir ins Badezimmer. An der Türschwelle blieben sie ein wenig schüchtern stehen. "Hallo Micha", riefen sie. "Einen schönen Gruß von allen im Hof sollen wir dir noch ausrichten." Ich versuchte so gut wie möglich nach hinten zu schauen und erwiderte: "Ja danke. Seid ihr alle noch unten?" "Ja", antwortete Silke, "aber wir gehen jetzt dann auch gleich hoch. Also nochmals schönen Urlaub, und für deinen Vogel wird gut gesorgt", verabschiedeten sie sich von mir.

Am nächsten Morgen fühlte ich mich zwar etwas niedergeschlagen, doch ich war irgendwie trotzdem freudig, als wir in Richtung Bayern fuhren. Wir wohnten die drei Wochen in einem Ferienhaus. Das wuchtige Gebirge faszinierte mich sehr. Die Landschaft lockte uns, viele schöne, interessante Tagesausflüge zu machen.

Unser Urlaub ging genau so schnell zu Ende wie er gekommen war. Vor der Abfahrt standen alle Feriengäste um unser Auto herum und verabschiedeten sich herzlich von uns. Mir tat es zwar auch leid, alle vielleicht nie wieder zu sehen, dennoch war tief in mir eine riesige Freude da. Ich sehnte mich danach, wieder nach Hause zu kommen. Mir war sogar zum Singen zumute, als wir von München auf die Autobahn fuhren. Ich wußte, daß mich daheim wieder eine schöne Zeit mit meinen Freunden erwarten würde. Zu Hause angekommen, schaute ich kurz in mein Zimmer, dann flitzte ich runter in den Hof. Wie freute ich mich, wieder in meiner Umgebung zu sein. In dem Durchgang, der in die Hofanlage führt, traf ich gleich Silke mit ihrem Vater. "Oh hallo Michael, auch schon wieder da? Na wie war's?" fragte Silke, während sie und ihr Vater neben mir stehenblieben. "Gut", antwortete ich erfreut. "Wir haben fast jeden Tag etwas anderes unternommen", fügte ich noch hinzu. "Deine Karte haben wir bekommen, und deinem Vogel geht es auch recht gut. Er hat sich gut mit meinen Vögeln vertragen. Heute Abend bring ich den Schreihals noch bei euch vorbei", sagte Silke lächelnd. Daraufhin setzte ich meinen Weg freudig fort, wobei ich an die vorige Begegnung dachte. Herr Elchinger, das merkte ich sofort, gehört auch zu den einfühlsamen Menschen. Er ist kein Mensch, der vorlaut herumredet, eher ein stiller Typ. Aber was er sagt, ist ehrlich gemeint und kommt auch vom Herzen. Ich freue mich jedesmal, wenn mir Herr Elchinger über den Weg läuft. Er redet mit mir, ohne falsches Mitleid zu haben. Einmal, wir sprachen gerade von meinen Berufsaussichten, die ja leider wegen meiner körperlichen Behinderung hoffnungslos sind — da mache ich mir auch nie etwas vor — da sagte er ganz treffend zu mir: "Gell Michael, du würdest auch gern später dein Geld unabhängig von anderen verdienen und mit jungen Mädchen herumziehen." Diese tiefe und wahre Feststellung tat mir unheimlich gut. So weiß ich, daß ich mit meinem Innenleben doch nicht ganz alleine bin. So erzählen wir uns in Tages- und manchmal auch in Wochenabständen ganz zwanglos immer das Neueste. Hinzufügen möchte ich noch, daß Herr Elchinger auch ein wenig behindert ist. Er hat manchmal ziemliche Kreuzschmerzen, und sein Bein ist seit dem zweiten Weltkrieg verletzt. Deshalb humpelt er auch ein wenig. Oft sehe ich Frank, wie er seinem Vater beim Sprudeltragen hilft. Die beiden haben ein richtig kameradschaftliches Verhältnis. Manchmal nehmen sie sich gegenseitig richtig hoch und albern herum, wobei Frank seinem Vater liebevoll auf die Schultern klopft. Später lernte ich auch Frau Elchinger kennen. Auch mit ihr habe ich im Laufe der Zeit ein ganz nettes Verhältnis bekommen. Mit der ganzen Familie hatte ich einen Volltreffer gemacht. Ich glaube, niemand weiß, wie wertvoll es für mich ist, solche Leute in der Nachbarschaft zu haben.

Plötzlich vernahm ich beim Fahren immer lauter werdende Stimmen. Es hörte sich an, wie wenn ein paar von der Hofclique irgendwo Tischtennis spielen würden. Vor dem Balkon, wo Filiz wohnt, blieb ich gespannt stehen und blickte an einer Treppe suchend hoch. Richtig, da oben im Tischtennisraum am offenen Fenster entdeckte ich Gino, Martina, Anes und Doris. Sie qualmten eine Zigarette. Im Hintergrund hörte ich Ralf Hempel und Werner, Carmelas Verlobten. Die beiden mußten gerade gegeneinander gespielt haben. Sofort sah mich Gino. Er erhob grüßend die Hand, während er rief: "Au Micha! Bist du wieder vom Urlaub zurück?" "Wie du siehst", antwortete ich glücklich. Daraufhin linsten auch schon die andern aus dem Fenster: "Oh Micha! Wie war's im Urlaub", riefen sie mir zu. Beim Erzählen mußte ich ziemlich laut reden. Jetzt erblickte ich auch Ute. Natürlich mußte ich Gino und auch Ralf Finger, der auch am Fenster auftauchte, erzählen, daß wir auch das Olympiastadion besucht hatten. "Was ist, Micha, wir können uns so schlecht unterhalten. Möchtest du nicht zu uns rauf kommen?" rief Gino hinunter, wobei er mich fragend ansah. Ich starrte auf die Treppe, die mir den Weg zu meinen Freunden abschnitt. "Ja schafft ihr es, mich da hochzuschleppen?" fragte ich etwas ängstlich. In diesem Punkt bin ich empfindlich, weil ich Niemandem zur Last fallen möchte. Gino antwortete, als ob er meine Gedanken lesen könnte: "Oh Micha! Dich werde ich doch die Treppe hinaufbringen. Was meinst du, welche Lasten ich auf meiner Arbeitsstelle tragen muß: Betonplatten, Eisenrohre usw. Dagegen bist du ein Hampfling. Das kannst du mir glauben." Im Nu war Gino bei mir unten und zeigte lachend seine Muskeln, die ihm beim Anbeugen aus den Oberarmen quollen. "Hilft mir noch jemand, das Wägelchen hinaufzutragen?" rief Gino nach oben den anderen zu. Eilig kam Anes, der Bruder von Filiz, herbei. In meinem Innern zitterte ich immer noch. Ob ich jetzt, wo es darauf ankam, nicht doch zum Problem der anderen werde? Aber Gino machte das so spaßig, daß ich in diesem Augenblick gar nicht zum Grübeln kam. Ich zeigte ihm gleich den Hebetrick von Thomas, wobei ich meinen rechten Arm um den Hals von Gino schlang, so daß Gino nicht mein volles Gewicht auf den Armen trug. Gino lachte, während er mit mir die Treppe hinauf lief. "Dich habe ich mir drei-, viermal so schwer vorgestellt, nachdem ich deine Bedenken hörte. Schau mal, ich halte dich jetzt nur mit einem Arm", meinte Gino und lachte mich fast aus, als er mich wieder oben in das Wägelchen abgesetzt hatte. "Ja, man muß eben den Griff wissen", antwortete ich glücklich, das Hindernis mit Hilfe von Gino gut überwunden zu haben und bei den anderen im Tischtennisraum zu sein. Jetzt lösten Gino und Anes gerade Ralf Hempel und Werner beim Spiel ab. "Hallo Michael! Wieder im Lande?" rief mir Ralf Hempel zu. Er kam auf mich zu, klopfte mir auf die Schulter, wobei er sich vor mir grinsend auf den Boden setzte. "Na, wie war's in Bayern?" wollte er interessiert wissen. "Du, für die drei Wochen war es eigentlich ganz gut", antwortete ich. Nur für immer wollte ich in Bayern nicht leben. Und wie war es bei euch in dieser Zeit?" Ralf schaute mich etwas nachdenklich an, während er mir nach kurzem Zögern und einem Zug aus seiner Zigarette die Antwort gab. "Du, jetzt ohne Scheiß, seid du weggegangen bist, war hier gar nichts Richtiges mehr los. Seit ungefähr einer halben Woche spielen wir hier nur noch Tischtennis." Martina, die neben mir stand, verdrehte bei diesen Worten die Augen. "Mittagelang spielen sie Tischtennis, und draußen ist das schönste Sommerwetter. Aber das geht, hoffe ich, auch wieder vorbei", meinte Martina ein wenig gelangweilt, während sie mir übers Haar strich. "Na, und du bist froh, daß du wieder da bist, wie ich dich kenne, Micha", sagte Martina mit einem leichten Lächeln im Gesicht. "Ja, du hast recht. Ihr habt mir schon gefehlt", konnte ich darauf nur erwidern. Der Mittag verlief noch ziemlich spannend. Die Leute machten ein richtiges Tischtennistunier miteinander, das so lange dauerte, bis sich alle gegeneinander ausgespielt hatten. Am Ende blieb Gino als Sieger übrig.

Wenige Tage später saßen wir alle einmal wieder im Hof, außer Gino, der im Urlaub in Italien war. Schon früh gingen im Hof in der Abenddämmerung die Lichter an. Die Schatten von den Rosensträuchern wurden immer länger. "Schaut mal da auf die Tür, sieht das nicht aus wie ein richtiges Gesicht?" machte uns Ralf Hempel aufmerksam. Alle schauten zur Tür, die in den kleinen Gemeinschaftsraum führt. Auch ich drehte mich extra herum. Tatsächlich von der Ecke glotzte uns lachend ein Gesicht an. Es war richtig unheimlich. Hansi war wieder einmal richtig albern, so verdeckte er mit seinem ganzen Körper blitzschnell den Schatten und rief: "Ha, ha, jetzt ist das dumme Gesicht weg. Paßt auf, jetzt ist es wieder da." Bei diesen Worten sprang er mit einem Satz wieder aus der Lichtquelle. Daraufhin machten wir lustige Schattenspiele. Thorsten und Frank Elchinger, auch Ralf, beherrschten das sagenhaft. Sie brachten richtige Figuren zusammen. Auf einmal kam recht bedrohlich ein Krokodil um die Ecke geschlichen. Es sperrte das Maul auf und zu. Wer ist das? dachte ich im Stillen und sah leicht zur Seite. Es war Ute, die grinsend da saß, wobei sie mit fast gefalteten Händen ein Krokodil formte. Auch ein Hase sprang plötzlich an der Wand entlang. Das war Hansi, der auch ganz geschickt mit den Händen war. Natürlich ging es vor Begeisterung etwas laut her. Bis eine Frau im zweiten Stockwerk, in freundlichem Ton rief: "Bitte habt Verständnis! Ich habe ein kleines Baby, es kann so schlecht einschlafen. Könntet ihr nicht ein klein wenig leiser sein?" Daraufhin nickten einige direkt verständnisvoll mit dem Kopf, wobei Frank rief: "Habt ihr gehört? Wir sollen etwas leiser sein. Ein kleines Kind kann wegen uns nicht einschlafen." Und siehe da, alle hielten sich daran. Ich gebe ja zu, wir waren im Hof auch keine Engel, aber so frech, wie manche behaupten, waren wir auch nicht. Es kam eben auch darauf an, wie man mit uns sprach. Wenn wir wie dreckiges Vieh behandelt wurden, kam es durchaus vor, daß einige verständlicherweise die Wut packte. Die Folge war, daß allzu oft mit einer frechen Antwort geantwortet wurde. Wie heißt ein berühmter Spruch? Wie es in den Wald ruft, so kommt es zurück. Wenn sich Vorurteile auch bei den Jugendlichen vertiefen, kann es leider passieren, daß diese bei jedem Erwachsenen gleich ausrasten. Ich kann viele ältere Menschen überhaupt nicht verstehen, die große Befürchtungen vor der Zukunft haben, gleichzeitig jedoch schwere Bedenken wegen der geburtenschwachen Jahrgänge äußern. Wenn junge Leute schon am Anfang ihres Weges ins Erwachsensein versauert und verbittert werden, wie kann da eine neue, gute, verantwortungsvolle Generation nachwachsen? Die Hörner werden leider im Berufsleben noch früh genug abgestoßen. Gut erinnern kann ich mich, als Ralf einmal ein älteres Ehepaar freundlich grüßte, das direkt vor uns aus der Tiefgarage kam. Die Reaktion der Leute war: sie schauten, nachdem sie uns genau gesehen haben mußten, unverkennbar auf die Seite und wankten, ohne uns wenigstens einen lächelnden Blick zu schenken, an uns vorbei. Lange sah Ralf den Leuten hinterher: "Nicht einmal grüßen können sie einen", bemerkte er laut, so daß es die Leute hören mußten.

Plötzlich sprachen mich Silke und Ralf Koch an: "Du Micha! Am Sonntag gehen wir alle zusammen ins Rüppurrer Freibad, hättest du Lust mitzugehen?" Vor Begeisterung konnte ich zunächst nur mit dem Kopf nicken, denn mir blieben die Worte weg. "Ja gern würde ich da einmal mitgehen", antwortete ich schließlich, während ich mir ausmalte, wie toll das werden würde, mit der Clique zusammen schwimmen zu gehen. "Jetzt wäre da nur ein einziges Problem, wie kommen wir mit dir ins Rüppurrer Bad hinaus?" meinte Ralf und schaute nachdenklich zu Boden. Lächelnd wußte ich diese Frage zu lösen. "Wofür ist das Behindertentaxi da? Wartet! Heute ist Freitag. Wenn meine Eltern gleich morgen früh anrufen und es für Sonntag bestellen, müßte es noch reichen", rief ich aus. "Ja Micha, wie viele könnten da mitfahren?" wollte Ralf von mir wissen. "So vier bis sechs Leute bestimmt", antwortete ich spontan. Meine Gedanken waren schon im Freibad. "Hey, hört mal bitte alle zu! Wer möchte am Sonntag mit dem Behindertentaxi ins Bad fahren?" rief Ralf recht unternehmungslustig. Genau sechs Leute meldeten sich. "Ja Micha, wie kannst du dann im Wasser schwimmen?" fragte mich Hansi interessiert. "Ich benötige einen Autoschlauch, dann kann ich ganz alleine und ohne Helfer im Wasser herumpaddeln. Nur in das Becken muß mir jemand helfen und später auch wieder heraus. Meint ihr, das schafft ihr auch?" fragte ich etwas unsicher, denn hiermit stieß ich wieder an meine Grenzen. Daraufhin erwiderte mir Silke ganz lässig: "Klar schaffen wir das. Es sind doch starke Jungs dabei. Was meinst du, wie die dich ins Wasser werfen", lächelte Silke, während sie mir schon wieder einen schnellen Kneifer gab. "Micha! Wieviel müssen wir dann für die Hin- und Rückfahrt zahlen?" fragte mich Frank. "Überhaupt nichts", erwiderte ich kurz. "Eine Fahrt innerhalb des Landkreises Karlsruhe ist kostenlos." "Und wieviele Fahrten stehen dir in der Woche zu?" wollte Ralf Hempel interessiert wissen. "Ich bekomme vier Freifahrten in der Woche. Das heißt, ich kann wöchentlich zweimal mit dem Fahrdienst etwas unternehmen", erklärte ich. Sofort machte ich mich mit Ralf Koch und Hansi auf den Weg zu mir nach Hause, um meinen Eltern zu berichten, was wir am Sonntag vorhatten. Da es schon kurz vor zehn Uhr war, lag meine Mutter schon schlafend auf der Couch. Mein Vater machte uns schon im Schlafanzug die Wohnungstür auf. Als ich ihm meine Absicht verkündigte, am Sonntag mit allen vom Hof ins Freibad zu gehen, reagierte er zunächst etwas überrascht. "Ja meint ihr, das geht mit dem Tragen?" fragte er etwas überbesorgt, als wäre mein Gewicht so furchtbar schwer. "Ach lässig schaffen wir das. Michael ist ja für sein Alter verhältnismäßig leicht. Ihn packe ich alleine", meinte Hansi mir zublinzelnd. "Sie brauchen sich wegen uns wirklich keine Sorgen zu machen, Herr Mehnert, das machen wir schon mit Michael. Ich weiß auch schon, wie man ihn heben muß", versicherte Ralf meinem Vater. "Jetzt dreht es sich nur noch um das Behindertentaxi", schaltete ich mich ein wenig energisch ein. "Würdet ihr gleich morgen früh die Zentrale anrufen, daß wir noch eine Fahrt bekommen?" fragte ich schließlich meinen Vater. Nickend sagte er. "Gut, dann werde ich noch den Schwimmreifen aus dem Auto holen." "Also gut, bis morgen dann, und daß du mir noch schlafen kannst bis Sonntag", lächelte Ralf und brach somit das Gespräch ab. Tatsächlich war es auch so. Im Bett wälzte ich mich immer wieder auf die andere Seite, ohne einschlafen zu konnen. Eine solche Freude brannte tief in meiner Seele. Jetzt war endlich in Erfüllung gegangen, was ich mir schon immer ersehnt hatte. Ich dachte dabei an den Freundeskreis, den ich innerhalb eines Jahres kennengelernt hatte. Es sind Leute, die mich annehmen und mich mögen wie jeden anderen. Ich glaube, das kann kaum jemand verstehen. So ein Tag im Bad mit vielen jungen Leuten ist für viele nichts Besonderes. Sehr schwer schlief ich dann schließlich doch ein. Gleich am nächsten Morgen ließ ich meinen Eltern keine Ruhe, bis sie mit dem Behindertentaxi telefonisch alles klar gemacht hatten. Zum Glück konnten wir noch ein Fahrzeug für den nächsten Tag bekommen. Am Abend, als wir uns alle wieder im Hof trafen, wurde meine Freude etwas abgeschwächt. Bei Silke war es sehr fraglich, ob sie mit ins Bad konnte. Sie bekam nämlich plötzlich die Periode. Ich hätte Silke schon gern dabei gehabt. Sie ärgerte sich selbst darüber. Aber ich konnte sie schließlich überreden, wenigstens nur so mitzugehen, ohne zu schwimmen.

Am nächsten Morgen war es endlich soweit. Kurz vor zehn Uhr klingelte Ralf Koch an der Wohnungstür, um mich abzuholen. Unten, vor unserem Hauseingang, hatten sich schon alle startbereit versammelt. Ich bemerkte sofort, daß Thorsten und Silvia noch fehlten. Sofort läuteten wir bei ihnen, um zu fragen, was mit ihnen los sei. Denn wenn einmal das Behindertentaxi vor der Tür steht, kann man nicht mehr lange auf jeden Einzelnen warten. Daraufhin schaute Thorsten aus dem Fenster und winkte uns zu. "Wir kommen gleich!" rief er zu uns herunter. "Aber beeilt euch, in zehn Minuten soll das Taxi kommen", rief ihm Ralf Hempel zurück. Hastig verschwand Thorsten am Fenster. Auf dem Gehweg sah es richtig aufbruchsmäßig aus. Seitlich an der Hauswand standen Plastiktüten, Badetaschen und eingerollte Decken. Es wehte ein leichter Wind. Der Himmel zeigte sich noch etwas verschleiert. Die Sonne schien noch nicht mit voller Kraft, doch man merkte, daß es wieder sehr warm werden würde. Endlich kam Thorsten mit Silvia.

"Gut, daß ihr noch gekommen seid", sagte ich freudig zu Thorsten, der gleich lächelnd neben mir stand und mir kumpelhaft einen Klaps gab. "Weißt du, wir haben etwas verschlafen, deswegen ist bei uns heute morgen alles drunter und drüber gegangen", erklärte mir Thorsten. Ich konnte ihm daraufhin gar nicht mehr antworten, denn plötzlich rief Frank laut: "Das Taxi kommt!" Alle schnappten ihre Taschen, und einer schob mich hinter das große Auto. Sehr überascht rief ich dem Fahrer zu, den ich zufällig von früher her kannte, während er die Hebebühne herunterließ: "Hallo Jürgen! Seit wann fährst du schon das Behindertentaxi?" "Ich fahre heute nur ausnahmsweise, weil jemand krank geworden ist. Ansonsten, das weißt du ja noch, fahre ich Krankenwagen beim Roten Kreuz. "Und was machst du so? Du scheinst dich in deiner neuen Umgebung gut eingelebt zu haben", bemerkte Jürgen. "Ja, du hast recht, ich habe hier auch einen ganz guten Kontakt zu jungen Leuten bekommen. Anders als im Canisiushaus, wo ich, seit du weggegangen bist, überhaupt keinen engeren Kontakt bekam." Dies mußte ich einfach einmal sagen. Aber Jürgen gab mir da vollkommen recht und meinte: "Genau das war auch der Grund, warum ich diesem Laden für immer den Rücken zugedreht habe. Ich merkte mit der Zeit, daß diese Leutchen nur fromm daherreden können und nicht danach handeln. Verstehst du, das ging mir mit der Zeit erheblich auf den Wecker." Schließlich stand ich mit meinem Wägelchen schon im Auto. "Fahren die Leute hier alle mit?" wollte Jürgen wissen, bevor er die schweren Türen hinter mir zuknallte. Ich nickte. Daraufhin meinte Jürgen und schaute dabei Ralf Koch an, der auf dem Sitz neben mir Platz genommen hatte: "Gut, dann kannst du Michael etwas festhalten, damit er sich während der Fahrt nicht selbstständig macht." Ralf lachte und antwortete: "Ja, ja, das mache ich schon. Micha fährt uns schon nicht davon." Die anderen saßen auf der mittleren Sitzbank, und einer setzte sich vorne auf den Beifahrersitz. Bald darauf saß Jürgen am Steuer und ließ den schweren Motor aufheulen. "Also ins Rüppurrer Bad soll es gehen?" fragte Jürgen nach hinten, während das Auto in Bewegung geriet. "Ja richtig", erwiderten wir freudig. "Habt ihr es gut, ihr könnt bei dieser Hitze ins Freibad, während ich heute den ganzen Tag Fahrdienst habe", meinte Jürgen. "Das geht aber auch nur am Wochenende. Unter der Woche haben wir auch keine Zeit, den ganzen Tag im Freibad herumzuliegen", antwortete ihm Ralf Hempel. Es herrschte eine richtig tolle Atmosphäre im Bus. Wir durften bis vor die Eingangspforte fahren. Freudig bald ins Wasser zu kommen, stiegen wir aus, und schon standen wir in der Menschenschlange an, um ins Badegelände zu kommen. Die Wiese war schon ziemlich bevölkert. Die großen prächtigen Bäume raschelten leicht im Wind. Von den Badebecken her waren begeisterte Stimmen zu hören. An der großen Uhr ließen wir uns nieder und breiteten unsere Decken aus. Dann zogen wir uns aus —mir half Ralf Koch dabei— und schließlich machten wir uns sofort auf, um ins Wasser zu kommen. Zuvor mußten wir aber noch das Fell von meinem Sitz entfernen. So konnten mich die Burschen in meinem Wägelchen unter die Dusche schieben. Im Nu hatte mich Hansi in mein Gefährt gesetzt, und ab ging es dem mittleren Schwimmbecken entgegen. Frank hatte sich den Schwimmreifen für mich um den Hals gehängt und trottete neben uns her. Hinter Frank folgte Ralf Koch mit Silke, die mir zuriefen: "Jetzt sind wir einmal gespannt, wie du dich im Wasser bewegen kannst." Auf der anderen Seite schlenderte Ralf Hempel her, der mich mit diesen Worten ärgern wollte: "Warte nur, jetzt werfen wir dich im hohen Bogen ins Wasser." Ich jedoch konterte zurück: "Sei bloß ruhig, dann nehme ich dich in die Beinklammer und ziehe dich nach unten. Ihr kennt mich im Wasser noch nicht." Daraufhin lachten sie alle, wobei Ralf Hempel antwortete: "Das werden wir ja jetzt sehen." Schräg neben mir tappte Thorsten, der anfangs ziemlich schweigsam wirkte. Er grinste mich plötzlich recht schelmisch an und meinte: "So, jetzt werden wir dich erst mal unter die kalte Dusche stellen." Ich lachte und erwiderte: "Ihr duscht euch doch auch erst mal ab, bevor ihr ins Wasser springt, oder?" "Klar lassen wir uns das nicht entgehen", rief Hansi, der mich dem Nassen näher schob. Unmittelbar vor der Dusche rannte Frank hin, um die Dusche anzustellen. Rasch war ich unter dem prickelnden kalten Strahl, und die andern standen um mich herum und grinsten sich einen ab. "Jawohl, nur drunter mit ihm!" rief Frank lachend. "Aber du auch, komm komm", rief ich schnatternd aus, bevor ich schrie: "Es reicht!" denn es war saumäßig kalt. Aber es erfrischte auch enorm. Schließlich duschten sich die andern noch kurz ab und weiter ging es zum Schwimmbecken. Während wir am Beckenrand entlangliefen, um an die tiefste Stelle zu gelangen, bibberte schon etwas mein Herz: Werden die mich jetzt auch gut und problemlos ins Wasser bringen? Stoße ich jetzt nicht an die Grenze, wo meine Leute ratlos vor mir stehen? Aber all dies traf nicht ein. Nein, ganz im Gegenteil. Meine Freunde schienen sich darüber keine so schweren Gedanken zu machen, wie ich selbst es tat. Munter pfeifend schoben sie mich an den Beckenrand. Ralf Koch hob mich von oben hoch, während mir Hansi und Frank von unten meinen Schwimmring den Körper hochdrückten, bis ich ihn unter den

Achseln hatte. Dann ließ mich Ralf Koch ins Wasser. Das Ganze verlief so spielend, daß ich meine Angstgefühle sehr rasch verlor. Ich spritzte und räkelte mich hochbeglückt im Wasser. Sofort sprangen die anderen kopfüber auch ins Wasser und tauchten plötzlich neben mir hoch. "Na, alles okay?" rief mir Ralf Koch zu. "Jawohl, ich bin ganz happy", antwortete ich, während ich meine Beine hochtreiben ließ, um meine Freunde einmal tüchtig vollzuspritzen. Aber ich bekam gleich selbst eine Ladung Wasser von Frank ab. Deshalb mußte ich mich schnell umdrehen, weil ich Schwierigkeiten mit dem Atmen bekam. Eine Menge Wasser atmete ich durch die Nase ein. Aber Frank bekam schon noch eine Abreibung von mir. Ich nützte eine ziemlich heimtückische Situation aus. Schließlich interessierte mich, ob ich noch so lange wie früher tauchen konnte. Damals hatten wir in der Pädagogischen Hochschule von meiner Schule aus einmal in der Woche schwimmen. So atmete ich drei mal tief ein, bevor ich meinen Kopf vornüber ins Wasser tauchte und versuchte, mich so lange wie möglich unter Wasser zu halten. Um den anderen einen kleinen Schrecken einzujagen, ließ ich ein paar Luftblasen hochtreiben. Sofort merkte ich, wie jemand ins Wasser sprang und mir hastig den Kopf aus dem Wasser riß. Es war Frank, der mich mit erschreckten Augen betrachtete. "Ist alles okay?" fragte er mich etwas besorgt. "Wieso Frank? Ich tauchte doch extra so lange", antwortete ich ihm lächelnd und gelassen. In diesem Augenblick schlang ich meine Beine um Frank's Körper. Dabei konnte ich seine Rippen spüren. Ich mußte meine Kräfte schon etwas einsetzen, denn Frank war für sein Alter schon ziemlich stark. "Oh Micha, das war eine linke Tour von dir. Voller Schrecken sahen wir deine Luftblasen. Ich bekam es nach einer gewissen Zeit doch mit

der Angst zu tun. Ich wollte dich vor dem Absaufen retten, und jetzt war das nur ein ganz übler Trick von dir." Frank sah aber trotzdem irgendwie erleichtert aus. Vergeblich versuchte ich, ihn einmal kurz unter Wasser zu drücken. Frank spritzte wie wild um sich, so daß ich ihn schließlich doch loslassen mußte. Im Wasser und mit Bademütze sahen meine Kumpels so verändert aus. Plötzlich merkte ich unter mir ein Kitzeln. Erschrocken drehte ich mich und entdeckte Hansi neben mir wie ein Flußpferd auftauchen. Immer mußte ich auf irgendeinen Blödsinn gefaßt sein. Noch schlimmer trieben sie es mit Ute, die so laut und schrill schreien konnte. Mehrmals wurde sie recht unverhofft vom Beckenrand ins Wasser geschubst. Einmal nahm Hansi mit Frank die sich wehrende Ute hoch und warfen sie einfach im hohen Bogen ins Schwimmbecken hinein. Ach, war das ein Gelächter. Beim nächsten Mal war es Ralf Hempel, der Ute zum Schreien brachte, als er sie unter die kalte Dusche hob. Ja, ja, mit Ute trieben sie schon ihren Spaß, gerade weil sie sich so toll ärgern ließ. Jedoch ich hatte das Gefühl, Ute genoß das auch. Ganz plötzlich tauchte jetzt Thorsten vor mir auf.
Er zeigte mir einen Handstand unter Wasser. "Toll Thorsten, wie hast du das denn gelernt?" fragte ich interessiert nach. Er lächelte und antwortete: "Das habe ich mir alleine beigebracht." Silke tat mir Leid, weil sie uns nur zuschauen konnte. Ich wußte genau, wenn Silke bei unserer Gaudi mitmachen könnte, würde sie es ziemlich energisch tun.
Nach ungefähr einer dreiviertel Stunde machte ich mich bei meinen Leuten bemerkbar, weil ich aus dem Wasser wollte. Ich fing auf einmal zu schnattern an. "Ist gut Micha, komm gerade noch an den Beckenrand geschwommen!" rief mir Hansi zu, während Ralf Hempel

mich fragte: "Schaffst du das noch?" Ich nickte, wobei ich den Beckenrand ansteuerte. Meine Arme und Beine setzte ich nochmals stark in Bewegung, so daß Wellen aufkamen. Frank stand inzwischen auch bei Ralf Koch und Hansi, die mich an meinem Ziel erwarteten, und rief ihnen zu: "Ja klar schafft es Micha, er muß sich eben noch ein wenig anstrengen." Am Beckenrand schließlich angekommen, hielt mich Hansi unter den Armen fest und zog mich aus dem Wasser. Frank streifte mir den Schwimmring an den Beinen herunter, während mich Hansi kurz daraufhin in mein Wägelchen setzte. Ich atmete erleichtert auf, alles klappte so problemlos. "Au ja, jetzt probieren wir etwas", rief Ralf Hempel uns zu und fragte mich: "Micha, kann ich deinen Schwimmreifen kurz haben?" Sehr gespannt, was Ralf jetzt vorhatte, erwiderte ich: "Ja natürlich, nimm ihn nur." Er warf den Ring ins Wasser und brüllte: "Achtung! Ich versuche jetzt durch den Schwimmring zu springen", und schon plumpste er ins Wasser. Richtig getroffen. Ralf erwischte gerade mit dem Kopf das Loch des Schwimmreifens und tauchte neben ihm wieder auf. Grinsend forderte er die andern auf, es auch mal zu probieren. Dieses Springen fand bei den anderen Jungs großes Interesse. Zunächst hüpfte Hansi, wobei es bis zu uns an den Beckenrand spritzte. Aber Hansi blieb im Schwimmreifen hängen. Wir lachten alle über die lustigen Bemerkungen von Hansi, die er dabei wieder einmal machte. Daraufhin sprang Frank. Ihm gelang es sehr gut. Jetzt machte sich schon Thorsten am Beckenrand zum Sprung bereit. Auch er traf voll durch die Mitte. "Nun komme ich noch", brüllte Ralf Koch und nahm einen Riesenanlauf, so daß man meinen konnte, Ralf wolle das ganze Schwimmbecken überspringen. Trotzdem blieb Ralf fast im Schwimmreifen hängen, er konnte ihn gerade noch unter Wasser abstreifen. Wir jubelten alle vor Begeisterung. Der Anblick war sagenhaft, wie die Burschen in der Mitte meines Schwimmreifens plötzlich verschwanden. "So, nun muß ich es noch einmal probieren, es ist doch kaum möglich, daß ich da nicht durchkomme. Oder Michael? Kaufe dir mal einen größeren Schwimmreifen", meinte Hansi spaßig, wobei er mir einen Freundschaftsklaps auf die Schulter gab. "Ja, ja Hansi, ich werde mir wegen dir einen größeren Schwimmreifen holen, damit auch ich im Wasser so richtig gut durchrutschen kann", rief ich Hansi schelmisch hinterher, während er sich schon am Beckenrand sprungbereit machte. Daraufhin platschte er grölend ins Wasser. Dieses Mal verschwand Hansi erfolgreich im Loch des Schwimmreifens und tauchte mit erhobenen Armen wieder auf. Nun sprangen alle noch einmal, bevor wir wieder zu unseren Decken tappten. Die Mädchen hatten sich inzwischen schon selbstständig gemacht. Aus der Ferne sahen wir, wie sie sich geruhsam und entspannt auf den Decken sonnten. Langsam pirschten wir uns heran, denn wir wollten sie erschrecken. Ute lag gerade auf dem Bauch. So schlich Ralf Koch grinsend zu Ute hin, um sich vor ihr wie ein nasser Pudel zu schütteln. Sofort ertönte, wie schon erwartet, ein schriller Schrei. "Sag mal, spinnst du? Das Wasser ist eiskalt", rief Ute empört, nachdem sie sich etwas von dem Schock erholt hatte. "Ach Ute, das weiß ich doch. Wenn es nicht so kalt wäre, könnten wir dich auch nicht so ärgern." Nun kam auch noch Frank mit einer Bademütze voll Wasser angerannt. Wer bekam das Wasser über den Kopf geleert? Natürlich Ute, die sofort schreiend aufsprang und Frank brüllend vor Zorn nachrannte. "Na warte, wenn ich dich erwische", fauchte die in Wut geratene Ute. Aber am Ende zog Ute

doch immer wieder den kürzeren. Der lachende Frank war einfach viel schneller. Trotzdem ließ er sich manchmal einfach von Ute einfangen. Dann aber drehte Frank einfach den Spieß herum, wobei er Ute mit Leichtigkeit übers Knie legte. Ute konnte sich einfach nie so richtig wehren. Da meine ich, ist die typische Mädchenerziehung in unserer Gesellschaft schuld. So konnten die Jungs mit ihr machen, was sie wollten. Etwas anderes war es bei Silvia und Silke. Hansi wollte auch die beiden ein wenig naß machen. Aber Silke mahnte ihn sofort. "Wage es bloß nicht! Du bekommst so eine Tracht Prügel, daß du heute Nacht nicht mehr schlafen kannst." Hansi lachte laut auf und antwortete schlagfertig: "Oh Silke, du sollst doch bei so einem heißen Wetter auch etwas Berührung mit dem Wasser bekommen." Silke schüttelte leicht den Kopf, während sie einen schnellen Blick zu mir warf. "Du könntest etwas Gescheiteres tun. Micha sitzt noch im Wägelchen. Setz ihn mal zu uns auf die Decke." Während Silke Hansi diesen Vorschlag machte, zwinkerte sie mir zu, wie wenn sie sagen wollte: Endlich kommt mal Hansi auf andere Gedanken. "Komm her Micha, vor lauter Mädchen ärgern, haben wir dich ganz vergessen. Du mußt dich aber selbst melden", sagte Hansi und lupfte mich zu den Mädchen auf den Teppich. "Ist gut Hansi, aber treibe es mit den Mädchen nicht zu weit. Sonst möchte keine mehr mit uns ins Schwimmbad gehen", antwortete ich spaßig. "Jawohl wenigstens einer, der uns hilft", meinte Silvia trocken. Ralf Koch lachte und rief: "Micha, du bist ganz schön raffiniert. Ich glaube, du versuchst es auf andere Weise. Sei still, du bist durchschaut." Ich senkte ein wenig verlegen den Kopf und sagte nur: "Ralf, was du wieder denkst."
So langsam bekamen einige Hunger. Einer nach dem anderen packte

seine Vespertüte aus, um ins belegte Wurstbrot zu beißen. Das Schwimmen machte einen besonderen Appetit. Auch mir knurrte plötzlich der Magen. Also bat ich jemanden, mir beim Essen zu helfen. Meistens fütterten mich mehrere, die sich mit viel Spaß untereinander abwechselten. Das für mich echt Lehrreiche bei dieser Sache war, ich wurde keinesfalls umsorgt und bemuttert wie ein armer, hilfloser Kerl. Nein! Natürlich bekam ich die nötigen Hilfen in Situationen, die ich nicht alleine bewältigen konnte. Aber wenn ich etwas wollte, mußte ich mich eben melden. Mir las niemand meine Wünsche von den Augen ab. So blieb mir keine andere Wahl, als mich offen zu äußern. Für viele mag das ganz selbstverständlich klingen, aber für mich, der immer nur der arme Behinderte war, um den man sich sorgen muß, war dies ein wichtiger Schritt. Man soll mir gegenüber ganz ehrliche Antworten geben, auch wenn mal eine Ablehnung drin ist. Wenn Freunde mal keine Lust verspüren, etwas zu tun, was eigentlich für beide Spaß machen soll, sollen sie es mir nur offen sagen. Denn, wenn man mir dann Interesse zeigt, weiß ich, daß der andere genau so viel Spaß hat wie ich selbst. Es fiel mir anfangs in meiner Clique schon ein wenig schwer, mich offen und frei zu äußern, gerade weil ich öfters mal eine Ablehnung erfahren mußte, die ich vollkommen persönlich nahm. Ich sah fast jede Ablehnung in bezug auf die Befürchtung, daß ich ihnen endgültig zur Last falle.

Nachdem wir längst gegessen hatten und die Sonne jetzt mordsmäßig heiß vom Himmel herunterbrannte, wollten alle einmal im tiefen Schwimmbecken schwimmen. Zuvor befragten mich einige: "Gell, Micha, wir haben jetzt einmal Lust, im Tiefen etwas herumzuschwimmen. Macht es dir etwas aus? Nachher, wenn wir zurückkommen, nehmen wir dich wieder ins mittlere Schwimmbecken mit." Fast ein wenig verlegen, erwiderte ich ihnen: "Warum sollte es mir etwas ausmachen. Ihr sollt ja auf nichts wegen mir verzichten. Geht nur auch mal ins Tiefe. Ich möchte kein Hindernis für euch sein." So blieb Silke, die ja sowieso nicht ins Wasser konnte, mit mir alleine zurück. Es war sehr gemütlich. Wir quatschten über dies und jenes, hauptsächlich über die Leute im Hof und über meine Party, die immer näher rückte. Plötzlich, als eine längere Zeit vergangen war, meinte Silke. "Micha! Ich hätte nicht gedacht, daß du dich so gut ohne Hilfe im Wasser bewegen kannst. Möchtest du eigentlich jetzt wieder einmal ins Wasser? Wenn du möchtest, hole ich die andern herbei." Ich druckste ein wenig herum, denn eigentlich wollte ich schon gern, aber andererseits war es mir auch äußerst peinlich, die Leute meinetwegen herbei befehlen zu lassen. Silkes Gesicht verriet jetzt Verständnislosigkeit. "Na, sag schon, du möchtest doch ins Wasser. Das weiß ich genau. Micha, warum sagst du das nicht einfach?" wollte Silke etwas energisch wissen. Verlegen strich ich mit dem Fuß eine Falte aus der Decke, während mich Silke forschend ansah. Dann antwortete ich: "Wenn sich die andern gerade vergnügen, ist es für mich wahnsinnig schwer, einfach zu sagen, kommt jetzt, ich möchte ins Wasser. Dabei spielt eine gewisse Angst mit, euch mit der Zeit nicht doch zur Last zu fallen", sagte ich erleichtert, meine Gefühle auch mal aussprechen zu können. "Das finde ich ganz blöd von dir. Wir akzeptieren dich wirklich, wie jeden anderen. Warum mußt du dann immer so vorsichtig sein? Du mußt dich schon äußern im Leben, sonst kommst du kaum weiter. Niemand kann dir irgendwelche Wünsche von den Augen ablesen, wir auch nicht. Und keine Angst, wenn wir mal keine Zeit oder Lust haben, sagen wir es dir schon offen ins Gesicht. So, jetzt hole ich die Jungs aus dem Wasser, damit du auch wieder zum Schwimmen kommst", rief Silke abschließend, wobei sie schließlich kurz entschlossen aufsprang und zum tiefen Schwimmbecken rannte. Bald darauf kamen Hansi und Frank triefend naß angerannt. Hansi erschreckte mich ganz schön, indem er mich von hinten mit seinen kalten, nassen Händen packte und mich, ehe ich mich versehen konnte, ins Wägelchen hineingesetzt hatte. Währenddessen suchte Frank meine Badmütze, die irgendwo im Gras lag. Spaßig setzte er mir die Badmütze auf. "Wo sind die anderen?" fragte ich etwas verwundert. "Die anderen warten vorne beim mittleren Schwimmbecken auf uns", erwiderte Hansi recht fröhlich, während wir uns schon auf dem Weg zur Dusche befanden. Wir mußten ganz schön im Slalom um die Decken fahren, wo ab und zu junge Mädchen und Frauen sich in der Sonne bräunten. Dazu die trockenen Bemerkungen von Hansi und auch Frank. Ich mußte einfach lachen. "Hey, nicht stehen bleiben, ich möchte heute noch ins Wasser", rief ich spaßig aus, denn die Fahrt wurde plötzlich immer langsamer. "Komm, sei ruhig, mach nicht so, als ob du dich überhaupt nicht für schöne, junge Frauen interessieren würdest. Mit bald zwanzig Jahren auf dem Rücken muß man schon so langsam Ausschau halten", entgegnete mir Hansi auf seine witzige Art, wobei er einem liegenden Mädchen beinahe über die Decke fuhr. Die Wiese war jetzt ziemlich dicht bevölkert. Nun kamen wir endlich mit viel Gelächter an der Dusche an. Es hieß also wieder Luft anhalten, denn der erste Augenblick war am schlimmsten, bis sich der schwitzende Körper an das kühle Wasser gewöhnt hatte. Da sich unter der Dusche Wasser in meinem Sitz ansammelte, wurde es sehr rutschig, so daß ich in meinem Wägelchen kaum Halt fand. Aber ich spürte eine gewisse Sicherheit bei meinen Freunden, so daß ich rasch meine Ängste verlor. Bei der hohen Stufe des Duschbeckens hob mich Hansi mit dem Wägelchen von hinten hoch, und Frank hob es zugleich vorne an, damit ich nicht rausrutschen konnte. Solche speziellen Handgriffe brauchte ich vorher gar nicht erst lange zu erklären. Diese Spontaneität freute mich besonders. Die Übrigen warteten schon etwas ungeduldig auf uns. "Ja, sagt mal, wir haben gedacht, ihr seid fremdgegangen. Es hat bedenklich lange gedauert", rief Ralf Koch uns zu. "Da müßt ihr Micha fragen. Vor fast jeder jungen Frau hat er uns gebeten, halt zu machen", konterte Frank schlagfertig zurück, wobei er mich von der Seite frech anlinste. "Aha, da kommt es wieder heraus", meinten die anderen spaßig. "Ja, ja, jetzt bin ich es wieder. Wer machte bei den jungen Frauen so bedenklich langsam?" wehrte ich lachend ab und versuchte, den Spieß wieder umzudrehen. Daraufhin meinte Hansi gerissen: "Das machten wir ja nur dir zuliebe." "Auf, kommt jetzt endlich mit Micha ins Wasser", rief Ralf Hempel, nachdem er grölend ins Wasser gesprungen war. Daraufhin griff mich plötzlich Ralf fest entschlossen unter die Arme. "Kommt, zieht jetzt Micha den Schwimmring von unten nach oben an", befahl er. "Nun wollen wir Micha ins Wasser werfen." Sobald ich richtig im Ring war, ließ mich Ralf ins Schwimmbecken hinunter. Gleich darauf hüpfte er, sowie Frank und Hansi, mit einem Kopfsprung dicht neben mir nach. Schnell mußte ich den Kopf zur Seite drehen, denn ich bekam eine beträchtliche Ladung Wasser ab. Für einen kurzen Augenblick waren die drei ganz verschwunden, bis sie vorne, in der Nähe der Rutschbahn, wieder auftauchten. Tief atmete ich ein, weil ich den

Verdacht hatte, sie wollen mich wieder unter Wasser erschrecken. Frank rief mir aus der Ferne zu: "Micha, schau mal zu, wie wir von der Rutschbahn herunterrutschen." So laut ich konnte, entgegnete ich: "Jawohl, Frank, ich bin gespannt darauf." Was mußte ich wegen denen lachen! Zunächst war Ralf Hempel an der Reihe. Ralf machte dort oben die lustigsten Figuren, bis er endlich auf dem Bauch ins Wasser rutschte. Thorsten, der vorher schon mehrere Male gerutscht war, blieb in dieser Zeit bei mir und mußte sich dabei ebenfalls totlachen. In sämtlichen Haltungen ließen sie sich ins Wasser rutschen. Frank versuchte es auch einmal in der Rückenlage, wo er sich dann im aufgepeitschten Wasser noch etwas treiben ließ. Hansi setzte sich rückwärts auf die Rutsche. Wir hörten bis zu uns das Lachen der Jungs. Nun stand Silke mit Silvia zusammen am Beckenrand. Sie feuerten mich an, ich solle mich etwas mehr bewegen und nicht so faul im Wasser liegen. Dazu hatte ich jetzt sowieso keine Zeit mehr, denn die Jungs kamen wieder von der Rutsche angeschwommen. Schon fing Ralf Hempel eine Wasserschlacht mit mir an, wobei ich natürlich eifrig zurückspritzte. Dabei mußte ich ziemlich an den Beckenrand getrieben worden sein, denn plötzlich verspürte ich einen gewaltigen Druck von oben. Ehe ich mich versehen konnte, war ich für einen Augenblick unter Wasser. Da ich total unverhofft getunkt wurde, trank ich ziemlich viel Wasser. Außerdem bekam ich durch den großen Schrecken eine Menge Luft in den Bauch, so daß ich zunächst einmal lange husten mußte. Erst nach einer gewissen Zeit war der Druck im Bauch weg, da ich ein paar mal rülpsen konnte. Ansonsten bekam ich von diesem plötzlichen Schrecken überhaupt nichts mit. Ich vermutete, es war einer von den frechen Jungs, der sich mit mir wieder einmal einen Spaß erlaubt hatte. Aber meine Vermutung erwies sich später als falsch. Später, wir waren längst aus dem Wasser gegangen und saßen gemütlich auf unseren Decken, wobei einige Karten spielten, zog sich plötzlich eine graue Wolkendecke zusammen. Ein starker Wind kam auf, so daß sich die wuchtigen Bäume gerade so schüttelten. Sämtliche Leute packten schleunigst ihre Sachen zusammen und verließen rasch das Bad. "Was sollen wir jetzt machen? Es ist erst 16,00 Uhr vorbei, und das Taxi kommt erst um 18,30 Uhr", fragte ich etwas ratlos die anderen. "Auf kommt! Das gibt nur ein Gewitter. Wir gehen vor zu den Kabinen unters Dach", rief Ralf Koch und setzte mich schon ins Wägelchen. Er hängte mir meine Badetasche hinten an mein Gefährt, damit ich mich schon einmal auf den Weg machen konnte. Richtig, es begann schon zu donnern. Die anderen holten mich kurz vor den Kabinen ein, und einer zog mich noch vollends unter das schützende Dach. Im selben Augenblick fing es wie aus kübeln zu regnen an. Dicke Regentropfen prasselten auf das Dach. Wir kauerten uns alle, in Decken gehüllt, an die Wand und warteten einmal ab. Wir amüsierten uns auch in unserer Notunterkunft. Nach ungefähr einer halben Stunde ließ der Regen allmählich nach. Die Sonne kam sogar wieder zum Vorschein, und es wurde wieder ziemlich heiß. Das Regenwasser verdampfte auf den Steinplatten sehr rasch. Es roch nach dem Gewitterregen herrlich frisch. Frank sprang schon längst wieder im Freien herum. Selbst als es noch leicht tröpfelte, war er schon im Wasser. Frank meinte daraufhin: "Es ist doch egal, ob ich von der Dusche und vom Schwimmen naß werde oder vom natürlichen Regenwasser." Eigentlich hatte er dabei recht. Kurzum, als es aufgehört hatte zu regnen, nahmen wir unseren Krempel und kehrten wieder an unser Plätzchen zurück. "Was ist?" fragte Thorsten. "Jetzt können wir ja noch einmal mit Micha ins Wasser gehen." Frank linste mich von der Seite kurz an. "Das wollten wir eigentlich von Michael selbst hören", war Franks kurze Bemerkung dazu. "Also, was ist Micha, wollen wir uns zusammen noch einmal ins Wasser stürzen?" wollte Ralf Koch von mir wissen und rieb sich unternehmungslustig die Hände. "Ich habe nichts dagegen einzuwenden, nein ganz im Gegenteil. Ich schwimme gern noch eine Runde", antwortete ich durchaus begeistert. Nach dem starken Gewitterregen hätte ich es nie für möglich gehalten, daß wir noch einmal ins Wasser kämen. Das Tollste für uns war, im Schwimmbecken war es nun ziemlich leer. Während des Regens hatten viele Leute fluchtartig das Badegelände verlassen. Wir konnten viel freier Schwimmen, ohne das Gerangel und Gestoße im Wasser. So konnten meine Freunde vielmehr Kunststücke ausprobieren, Handstände unter Wasser machen u.s.w. Auch ich hatte mehr Möglichkeiten, meine Bewegungsübungen zu machen, die ich in der Schule gelernt hatte. Jeder zog mich ab und zu ein wenig hinter sich her. Auch war es mir möglich, ohne Rücksicht auf fremde Leute, mich so richtig müde zu strampeln, so daß das Wasser nur so in die Luft spritzte. Dabei paddelte ich wie wild mit den Armen. Ich versuchte mich so lange und fest in Bewegung zu halten, bis mir beinahe der Atem wegblieb und ich meinen konnte, das Herz schläge mir bis zum Halse. Diese körperliche Verausgabung bringt mir sehr viel gegen meine Bewegungsunruhe. Für mich ist es sehr angenehm, wenn ich meine Glieder auch mal schlaff vor Müdigkeit spüren kann. So ein Gefühl verspüre ich nur äußerst selten. Als wir schließlich pudelnaß an unsere Decken kamen, zeigte die große Uhr schon dreiviertel sechs an.

So langsam begannen wir uns anzuziehen, denn um halb sieben wurden wir vom Behindertentaxi wieder abgeholt. Dieses Mal half mir Hansi beim Anziehen. Im Nu hatte ich meine wenigen Sachen an. Beim T-Shirt fackelte Hansi nicht lange herum. Zuerst die Arme, dann den Kopf, und ehe ich mich versehen konnte, war mein Oberkörper angekleidet. Dabei durfte natürlich der Blödsinn nicht fehlen. Bald war ich zum Abmarsch bereit. Während die anderen ihre Decken einrollten, ließ ich mich schon einmal ins Wägelchen setzen, damit ich schon in Richtung Ausgang fahren konnte. Meine Kameraden kamen mir rasch nach. Auch sie waren etwas abgeschlafft vom Schwimmen und der heißen Sonne. Vor dem Badeingang warteten wir nun unter dem Dach im Schatten auf das Auto. Die schweren Badetaschen stellten wir auf den Boden. Das Behindertentaxi hatte etwas Verspätung, aber wir waren so aufgedreht, voller guter Laune, daß uns das Warten kaum störte. "Thorsten, kommst du mit? Ich möchte mal vor zur Alb. Einmal schauen, ob Fische drin herum schwimmen", fragte ich Thorsten, der etwas abseits von den anderen auf seiner Badetasche saß und die andern schweigsam beobachtete. Er war sofort bereit und sagte: "Nimm deine Beine hoch, ich schiebe dich." Die Schatten wurden jetzt immer länger. Doch der Teerboden dampfte noch von der Mittagshitze. Auf der Brücke, wo unter uns die Alb durchfloß, wehte ein erfrischendes Windchen. Wir entdeckten aber beim Hinabschauen keine Fische im Wasser. "Thomas hat mir erzählt, früher, als er noch klein war, gab es in der Alb ziemlich viele Fische", erzählte ich Thorsten, der mich nachdenklich anschaute, während auch die anderen zu uns kamen. "Was macht ihr hier eigentlich", wollte Hansi wissen. "Oh, wir haben vergeblich gehofft, in der Alb ein paar Fische zu sehen", gab ihm

Thorsten zur Antwort. "Micha! Gib es doch zu, du hast immer noch nicht genug vom Wasser", meinte Ralf Hempel und grinste schelmisch übers ganze Gesicht. Plötzlich hörten wir einen schweren Motor, der immer lauter wurde. Richtig, es war das Behindertentaxi, das wie die Feuerwehr um die Ecke bog und schließlich vor uns abbremste. Alle hatten im Nu ihre Taschen geschnappt und standen einstiegsbereit da. Einer hatte auch meine Tasche, ich brauchte mich gar nicht um sie zu kümmern. Der Fahrer kam eilig aus dem Bus gesprungen, um die Rollstuhlhebebühne bereit zu machen. "Entschuldigt bitte. Es wurde etwas später. Wir bekamen einen unverhofften Einsatz", sagte der etwas ältere Fahrer, während er mich mit der Hebebühne schon oben hatte und mich hinten in das Auto schwenkte. Meine Freunde waren unterdessen schon von der Seite eingestiegen. Sie hatten es sich schon bequem gemacht. "Ralf, jetzt setzt du dich zum Micha, um ihn festzuhalten, und ich setze mich vorne auf den Beifahrersitz. Ich darf doch oder?" fragte Ralf Koch den Fahrer, der sofort spaßig antwortete: "Ja natürlich, dann habe ich endlich einmal einen Beifahrer. Du kannst mir gleich einen großen Gefallen tun." Er blickte zum rechten Rückspiegel hinüber und lies Ralf den Spiegel richtig einstellen. Als er schließlich einen guten Blick nach hinten hatte, bedankte er sich bei Ralf kameradschaftlich. Nun heulte der Motor auf. "So, jetzt wird es aber Zeit, ihr wollt ja schließlich nach Hause", meinte der Fahrer, wobei er das Radio ziemlich laut aufdrehte. "Ihr seid doch sicherlich auch für etwas Stimmung", vergewisserte er sich zuvor bei uns. "Jawohl, immer!" riefen wir begeistert aus. "Ja, ich weiß doch, wie die jungen Leute sind", meinte der schon etwas ältere Fahrer, der in seinem Gemüt trotzdem noch blutjung wirkte. Weil dieser so schwungvoll um die Kurven fuhr, mußte mich Ralf Hempel ganz schön halten. Oftmals mußte er lachen und wurde dabei fast mitgerissen. Die Fahrt war so ulkig und spaßig. Wir konnten es mit dem Fahrer echt gut. Ich glaube, uns hätte es wenig ausgemacht, wenn der Heimweg noch etwas länger gewesen wäre. Dann schließlich hielten wir schon in der Markgrafenstraße an. Während ich von der Hebebühne mit einem Geräusch, ähnlich wie beim Zahnarzt, herunter gelassen wurde, sah ich etwas nachdenklich zu unserem Küchenfenster im dritten Stockwerk hinauf. Welche Stimmung würde mich dort oben erwarten! Eine gelöste oder eine verklemmte? Könnte ich Ohren und Seelen finden, die sich für meine schönen Erlebnisse mit meinen Freunden und für die wichtigen Lebenserfahrungen auch wirklich interessierten? Bei meiner Mutter weiß ich da eher Bescheid. Sie kann mir mit wahrem Interesse zuhören. "Also, macht es gut alle zusammen, und fahrt einmal wieder mit mir", verabschiedete sich der Fahrer von uns. Nachdem wir uns ebenfalls von ihm verabschiedet hatten, ging jeder seine eigenen Wege. "Bis nachher im Hof", riefen wir uns noch nach.

Beim Abendessen erzählte ich meinen Eltern viel von dem heutigen Tag im Freibad. "Je, bist du rot an den Schultern und Armen. Brennt das nicht sehr, Michael?" fragte mich mein Vater besorgt. Ich schüttelte den Kopf und erwiderte kurz; "Etwas schon, aber nicht sehr." Daraufhin erzählte mir mein Vater, daß ein richtiger Sonnenbrand sehr schmerzlich sei. Doch mir waren meine schönen Erlebnisse, die ich erst verdauen mußte, viel wichtiger. Nach dem Essen ließ ich mich gleich auf den Klostuhl setzen, damit ich dann rasch in den Hof konnte. Draußen war es immer noch recht warm.

Zwischendurch wehte ein erfrischendes Lüftchen auf. Vorsichtshalber hatte ich mir jetzt ein T-Shirt anziehen lassen zum Schutze meines Sonnenbrandes, denn noch mehr Sonne durfte ich meiner Haut wirklich nicht zumuten. Die Sonne stand jetzt schon ziemlich tief, so daß es viel Schatten gab. Vom Halse hing mir mein Brustbeutel hinunter mit dem Haustürschlüssel darin. Diesen Brustgeldbeutel hatte ich einmal vor langer Zeit bei einem Sommerschulfest gewonnen. Ich trug ihn sehr gern um den Hals. War es gar die Erinnerung an meine Schulzeit, die doch irgendwie schön war?
Aber nein, ich wollte trotz alledem die Zeit nie mehr zurückdrehen. Jetzt kann ich mich viel besser entfalten und verwirklichen. So wie im Freibad, das wäre für die Schule ein Riesenaufwand gewesen. Man kann mir darauf mit Recht entgegen halten, mein privates Handeln könne ich schlecht vergleichen mit dem, was die Leute mit einem Behinderten in der Schule machen. Richtig. Irgendwo sind da auch Grenzen gesetzt. Nur das behinderte Kind, das fängt schon im Kindergarten an, wächst doch hauptsächlich in einem Behindertengetto auf. Da wird einem im Laufe der Jahre automatisch der Stempel des Andersseins aufgedrückt. Sicherlich, von den Verantwortlichen oftmals ungewollt. Man kommt dann spät am Nachmittag müde heim, und das private Leben kann sich nur schlecht enfalten, weil der Tag ja sowieso gelaufen ist. Muß es eigentlich eine Nichtbehinderten- und ganz weit weg eine Behindertenwelt geben? Warum können sich die Wege nicht in gemeinsame Kindergärten und Schulen kreuzen??? Meine Erfahrungen bestätigen mir immer wieder, daß sich oft ein Nichtbehinderter, der nicht in eine Sondereinrichtung eingespannt ist, viel freier und spontaner mit einem behinderten Menschen verstehen kann und dadurch, wenn man

ihm Verschiedenes erklärt, auch eine innigere Freundschaftsbeziehung entstehen kann. Gerade, was das Heben betrifft, brauchen wir da überhaupt bestimmte Fachleute? Oder kann ein Mensch mit Behinderung den Nichtbehinderten nicht selbst aufklären, wie er ihn anfassen muß? In der Theorie sieht vieles anders aus als in der Praxis. Diese Erfahrung konnte ich in meiner Schulzeit bei einigen Erziehern und hauptsächlich bei Betreuern genügend machen: Menschen, die zwar zum Helfen Vieles angelernt bekamen, es in der Praxis aber kaum individuell umsetzten konnten. Ein Behinderter hat ja, wie jeder andere Mensch auch, das Recht, ein Individuum zu sein. Meine Klassenkameradin Elli war in der Lage, mich mit Leichtigkeit alleine auf den Klostuhl zu setzen, während es manchem Betreuer alleine zu schwer erschien, obwohl ich mein ganzes Gewicht auf die Beine nehmen kann, wenn man mit mir den Dreh raus hat. Ich brauche nur ein wenig gehalten werden, damit ich nicht umfalle. Die Bewegungsunruhe hört dann bei mir von alleine auf, wenn ich das sichere Gefühl bekomme, mein Körpergewicht selbst zu tragen und dem anderen somit nicht zu schwer zu sein. Ich bin kein Ding, das man erlernen muß. Denn wie sollte ich zu schwer sein, wenn ich mein ganzes Körpergewicht auf meine Beine tragen kann? Wenn man mich eine Treppe hinauf tragen muß, sieht die Sache natürlich schon etwas anders aus, obwohl ich auch nicht der Allerschwerste bin. Gerade da liegt der Kern. Um bestimmte Routinen oder Tricks herauszufinden, muß man auf jeden Menschen mit einer Behinderung anders eingehen. Eher feinfühlend sollten die Helfer sein, damit sie die Bedenken, Sorgen und auch Ängste besser verstehen und abfangen können. Ja, sich einfach mehr in die andere Lage versetzen, statt sich immer auf eine höhere Stufe dem

Behinderten gegenüber zu stellen. Wir Behinderte sind auch ganz verschiedene Persönlichkeiten! Ich möchte nicht wie ein Schema behandelt werden. Bei Brigitte, meiner letzten Krankengymnastin, fühlte ich besonders den Menschen heraus, der <u>mit mir</u>, eher auf eine einfache, liebe Art, verschiedene Ziele erreichen wollte. Sie vermittelte mir das Gefühl der Verantwortung für mich selbst. Mit ihr kam ich sogar ganz angstfrei zum Laufen am Gehwägelchen.
Deshalb haben für mich die Beziehungen mit den Leuten im Hof und Umkreis eine ganz andere Bedeutung, weil ich da oft mehr spontane Herzenswärme spüren kann. Diese sehen und beurteilen mich aus einer ganz anderen Sicht. Da werde ich ganz anders gefordert.
Lautes Geplauder entriß mich aus meinen Gedanken. Als ich vorne am Eckgeschäft vorbei war, sah ich, daß alle wieder vor der Sparkasse versammelt waren. Die Leute hatten sich noch die andere Bank zu sich herüber geschoben. So saßen sie Gesicht zu Gesicht gegenüber und plauderten angeregt miteinander. Zwischendurch lachte einer laut auf. So fuhr ich zunächst einmal unbemerkt dicht neben die Bank. "Ah, servus Micha! Hast du dich vom Freibad wieder erholt?" fragte mich Silke Elchinger und linste mich etwas verstohlen an. "Warum erholt? Ah so, weil man mich einmal unter Wasser gedrückt hat. Ja, ja, das kam zwar etwas plötzlich, doch ich lebe noch, wie du ja siehst", antwortete ich lachend, während es plötzlich bedenklich still wurde und ich merkte, daß alle mir gespannt zugehört hatten. Ich wurde dadurch etwas verunsichert, weil ich merkte, daß etwas in der Luft lag. Daraufhin rief Ralf Koch: "Ich glaube, Micha hat gar nichts gemerkt." Ich überlegte, was ich nicht gemerkt haben sollte. Dann schließlich wurde ich von allen und von Silke selbst aufgeklärt. "Hast du das wirklich nicht

mitbekommen?" fragte mich Silke recht verwundert. "Ich wollte dich vom Beckenrand unter Wasser drücken. Dies ist mir auch gelungen, nur fiel ich dabei selbst ins Wasser hinein. Deshalb bin ich auch anschließend so schnell verschwunden. Mein T-Shirt, meine Hose, alles war natürlich triefend naß. Oh, hatte ich eine Wut", erzählte mir Silke. "Schade, das hätte ich gern mitbekommen", gab ich ihr hell heraus lachend zur Antwort. "Da hast du echt etwas Tolles versäumt. So etwas sieht man wirklich nicht alle Tage. Aber Micha, daß du das nicht mitbekommen hast", meinte Ralf Hempel. Alle erzählten und lachten noch lange über diesen lustigen Zwischenfall.
Ganz plötzlich kam ein Mann auf recht kurvenreichen Wegen auf uns zugelaufen. "Laßt mich eine Weile zu euch sitzen. Ich kann fast nicht mehr laufen", lallte uns der Mann mit einem barschen Ton an. Dabei quoll eine deftige Alkoholfahne aus seinem Mund. Ich entfernte mich gleich ein Stück von der Bank weg, denn als sich dieser Mann setzen wollte, fiel er beinahe wieder von der Bank herunter, so betrunken war er. Zudem war es nicht gerade ein friedlicher Typ. Das merkten, glaube ich, alle. Es herrschte plötzlich eine gebannte Stille. Silke war dieser Mann auch nicht geheuer. Sie saß neben ihm und machte, daß sie auf die andere Seite der Bank kam. Darauf brüllte der fremde Mann: "Warum geht sie weg, hat sie Angst vor mir?" Ralf Koch blockte ab und erwiderte diesem Mann, wobei er uns zuzwinkerte: "Nein, das glaube ich nicht. Schauen Sie, da sitzen ihre Freundinen, zu denen wollte sie nur." Ralf vermittelte uns, ruhig zu bleiben. Wir versuchten es wenigstens, unsere Gespräche so unbefangen wie möglich weiterzuführen. Martina versuchte, zusammen mit Doris und Silvia,

die ein wenig verdatterte Silke abzulenken. Nun kam noch Martina Schmitt dazu, die mit ihrer unbefangenen Art auch dafür sorgte, unsere Situation etwas aufzulockern. Sie plapperte frisch drauf los. "Was ist denn das für einer, der ist ja sternhagelvoll?" fragte sie uns und sah zu ihm hin. Nun wandte sich der Mann zu mir und warnte mich mit lauter Stimme: "Du mußt aufpassen. Alle die hier sitzen, wollen dich nur unterdrücken. Auf der Welt gibt es fast nur böse Menschen." Verblüfft erwiderte ich ihm: "Das sind doch Freunde von mir." "Die wollen dich nur unterdrücken. Glaube mir doch endlich", schrie der Mann jetzt noch lauter. Da stand Ralf Hempel ziemlich verärgert auf und rief mit ernster Stimme zu diesem Mann: "Was fällt ihnen ein, hierherzukommen und zu behaupten, wir wollten Micha unterdrücken. Hören sie, das stimmt überhaupt nicht. Micha ist ein guter Kumpel von uns." Blitzschnell stand jetzt der Mann auf, fuchtelte wie wild mit seinen Armen. Dabei fauchte er Ralf an und seine Augen funkelten bitterböse. "Komm doch, du alte Sau, daß ich dir eine in die Fresse schlagen kann." "Komm doch du her, wenn du etwas willst. Du hättest nicht so viel trinken sollen, dann würdest du wahrscheinlich nicht so einen Blödsinn daherreden", wehrte sich Ralf ganz schön mutig. Sehr erschrocken flüchtete ich mich in Sicherheit. Ich hätte Ralf ja doch nicht helfen können. In so einem Augenblick komme ich mir so richtig unnütz vor. Ralf blieb stehen und ließ den betrunkenen Mann auf sich zuwanken. Sicherlich dachte Ralf nicht, daß er es total ernst meinen würde. Der Mann blieb dicht vor Ralf stehen und wiederholte noch einmal: "Dieser Junge da", und dabei zeigte er auf mich, "wird von euch allen hier unterdrückt. Ihr Dreckspatzen, ihr", brüllte der Mann, so daß es zwischen den Häusern nur so hallte. Ich schrie, was ich nur hervorbringen konnte: "Das stimmt doch gar nicht." Ich hatte wirklich Angst um Ralf. "Micha, sei ruhig! Das nützt überhaupt nichts, im Gegenteil, er wird nur noch mehr verärgert", forderte mich Frank auf. Ruckartig hatte der Mann Ralf am Hemd gepackt. Erschrocken riß er sich davon. Die Folge war, das bunte Hemd war futsch, es hing in Fetzen an Ralf herunter, aber er kam zum Glück heil davon. Daraufhin wollte der Mann aber nicht locker lassen, Ralf zwischen die Finger zu bekommen. Er brüllte wie ein wildes Tier. Sämtliche Spaziergänger, die die Markgrafenstraße entlang bummelten, blieben neugierig stehen. Da mischte sich endlich Ralf Koch ein. Er sprach ruhig und behutsam auf diesen Mann ein, stimmte in allem zu, was er in seiner blinden Wut auf uns übertrug und siehe da, der Mann wurde immer ruhiger und zog dann schließlich davon. Wie ich im Nachhinein finde, hatte der Mann in seinen Worten nicht mal so unrecht, wenn er unsere Gesellschaft gemeint hätte. Wird nicht all zu oft der kleinere, beziehungslose, arme Bürger von den Bessergestellten unterdrückt? Trotzdem fiel uns ein Stein vom Herzen, als er ging. Ralf Hempel blickte sein verrissenes Hemd an und meinte trocken: "Ich glaube, ich muß mich erstmal umziehen. Ich bin sofort wieder da." Wir atmeten alle wieder auf. Ralf Waldmann meinte mit ernstem Gesicht: "Das hätte aber auch ganz böse ausgehen können. Wißt ihr das? Ralf hatte diesen Mann völlig unterschätzt." Kurz darauf kam auch schon wieder Ralf mit einem frischen Hemd daher. "Was haben denn deine Eltern zu deinem verrissenen Hemd gemeint", wollte Martina Koch gleich wissen. "Oh nichts", antwortete Ralf kurz. Man merkte, daß ihm die Gefahr erst jetzt so richtig bewußt wurde. "Trotzdem hätte mich der Typ nicht erwischt", rief er in die Runde, als bräuchte Ralf jetzt eine Bestätigung. "Trotz alledem, Ralf, das vorhin hätte leicht ins Auge gehen können", meinte ich und atmete nach dem Schrecken erst einmal erleichtert auf. "Ha, der braucht nicht zu behaupten, wir würden dich unterdrücken. Der spinnt wohl etwas. Wie kommt er eigentlich dazu?. Oder kommst du dir hier unterdrückt vor", vergewisserte sich Ralf bei mir. Ich schüttelte entschieden den Kopf. Diese Behauptung beschäftigte Ralf sehr. "Du darfst das nicht so sehr auf uns bezogen sehen. Dieser Mensch kommt sich, glaube ich, von der ganzen Gesellschaft unterdrückt vor. Da ich ihm in seinen Augen auch klein und schwach vorkomme im Gegensatz zu euch kräftigen Kerle, wollte er mich praktisch nur verteidigen", versuchte ich Ralf zu erklären. Diese Gedanken kamen mir natürlich erst im Nachhinein, nachdem ich den Schrecken überwunden hatte.

Nun konnte ich schon die Tage bis zu meiner Geburtstagsparty zählen. Zuvor kam aber erst noch mein eigentlicher Geburtstag. Da mein Geburtstag auf einen Dienstag fiel, legten wir die Party drei Tage später. Meine Mutter hatte sich für den Gemeinschaftsraum beim Hausmeister schon ein viertel Jahr vorher eintragen lassen. Sicher war sicher. Der Partyraum ist oft schon ein halbes Jahr im voraus besetzt. Am 30. August feierte noch jemand Geburtstag: Silke Elchinger. Für sie hatte ich eine kleine Überraschung. Nachdem ich ihr einen lieben Brief mit einer Schreibmaschinenzeichnung getippt hatte, rief ich sie an und bat sie, zu mir rüber zu kommen. Ich brauchte schließlich nicht lange auf Silke zu warten, bald stand sie vor der Tür. Lauschend hörte ich, wie meine Eltern Silke kurz gratulierten, bevor sie zu mir ins Zimmer kam. Auf dem Boden lag das Geschenk, das mein Vater ganz orginell mit einer brennenden Kerze obendrauf verpackt hatte. "Da habe ich etwas für dich, mit dem ich dir alles Gute zu deinem neuen Lebensjahr wünsche", rief ich freudig aus. "Das hättest du doch nicht machen brauchen", entgegnete Silke und sah mich etwas erstaunt, aber doch irgendwie begeistert an. Wir mußten beide lachen, als sie das Geschenk vorsichtig ausgepackt hatte und ein Minikaktus zum Vorschein kam. Am gleichen Tag nämlich, nachdem ich mit meiner Mutter zusammen den Kaktus gekauft hatte, kam ausgerechnet Silke, zusammen mit Petra und Ute, um mich zu besuchen. Ich hatte den kleinen Kaktus vorübergehend auf das Fensterbrett zwischen meine Pflanzen stellen lassen. Ich konnte ja den kleinen Kerl nicht schon 14 Tage vor Silkes Geburtstag einpacken. Jedenfalls, als Silke und die anderen Mädchen plötzlich auftauchten, dachte ich nicht einmal mehr an den kleinen Kaktus zwischen den Pflanzen am Fenster. Erst als Silke plötzlich vom Boden aufsprang und gezielt gerade nach dem Minikaktus griff, den ich für sie gekauft hatte, bekam ich einen Schrecken. Ach Gott, dachte ich, jetzt hat sie ausgerechnet mein Geburtstagsgeschenk erwischt. Der schien sie zu faszinieren. Ja, von allen Seiten betrachtete Silke den samtig weichen Minikaktus. "Ist der süß", rief sie auch noch, sie war ganz verzückt wegen diesem kleinen Kerl, den sie ganz zart streichelte. "Diesen Kaktus hast du noch nicht lange oder?" befragte mich Silke frisch und heiter. "Daraufhin stotterte ich: "Nein, nein, nein, nicht so lange." Ute und Petra schauten, nachdem sie ebenfalls den winzig kleinen Kaktus etwas genauer betrachtet hatten, mich etwas verwundert an.

Auch Silke fragte jetzt: "Ist etwas Micha? So einen Kaktus muß ich mir auch kaufen. Die anderen sind so derartig stachelig, während dieser so schön weich ist. Nun, sag schon Michael, ist etwas los?" Silke sah mich fragend an. "Das möchte ich dir noch nicht sagen. In ein paar Tagen weißt du warum", erwiderte ich stark verlegen. Deshalb mußten wir lachen. Silke sagte noch ganz trocken: "Diesen kleinen Kaktus habe ich doch schon einmal in der Hand gehabt." "Endlich weißt du jetzt, warum ich mich neulich so merkwürdig verhalten habe. Ich habe dir doch nicht sagen können, daß ich das für deinen Geburtsag bestimmt habe", erklärte ich Silke lachend. "Ich danke dir, Micha. Demnächst wollte ich mir wirklich so einen Kaktus kaufen. Petra, Ute und ich, wir haben für dich auch eine Überraschung. An deinem Geburtstag kommen wir schnell vorbei und bringen es dir. Hoffentlich gefällt es dir auch. Aber, wie ich dich einschätze, ist es etwas für dich", meinte Silke. Wir plauderten noch eine Zeitlang. Wir streiften auch kurz die bevorstehende Geburtstagsparty. Silke betonte noch einmal, wie sehr sie auf diesen Abend gespannt sei. Als ich sie nach einigen guten Tips befragen wollte, wie die Party besser ablaufen könnte, wehrte Silke nur mit folgenden Worten ab: "Micha, sei mir bitte nicht böse, aber ich finde, du machst dir zu viele unnötige Gedanken. Freu dich doch einfach, und laß die Party erst einmal beginnen."

Als ich an meinem Geburtstag nach dem Frühstück in mein Zimmer fuhr, lagen auf dem Boden die Geschenke von meinen Eltern ausgebreitet da. Freudig ließ ich mich auf den Boden nieder, um die Geschenke erst einmal zu befühlen. Dabei stellte ich gleich

fest, daß zwei Musikcassetten dabei sein müßten. Die anderen Päckchen waren schlecht zu erraten. Also machte ich mich einmal an die Arbeit und packte ein Geschenk nach dem anderen aus. Für diesen spannenden Augenblick lasse ich mir immer genügend Zeit. Mit den zwei Cassetten hatte ich recht. Es war eine tolle von Peter Maffay und eine italienische Cassette mit verschiedenen Interpreten, wie Pupo und so weiter. Dann machte ich mich an das andere Päckchen. "Ist da etwas Zerbrechliches drin?" fragte ich vorsichtshalber meine Mutter, die immer mal in mein Zimmer kam, um zu sehen, was ich gerade alles aufgepackt hatte. Aber meine Mutter schüttelte den Kopf und sagte lachend: "Nein, das kann bestimmt nicht kaputt gehen. Du kannst es also mit gutem Gewissen selbst auspacken." Wie mußte ich lachen, als eine ganz süße Stoffmaus zum Vorschein kam. Das ist typisch Mami, dachte ich begeistert.
Mittags kamen Ute, Petra und Silke. Nachdem sie mir alle gratuliert hatten, hob mir Silke ein Buch vor die Nase. Es hieß einfach "ANDY." "Das ist von uns allen", sagte sie. Hoffentlich gefällt es dir, es ist eine wahre Geschichte", erklärte mir Petra. "Es handelt von einem sechzehnjährigen Jungen, der durch ein schlechtes Elternhaus in nicht so gute Kreise gerät. Das Buch geht aber ganz böse aus. Mehr verraten wir dir nicht", meinte Silke. Daraufhin tauchte meine Mutter im Zimmer auf und fragte meine Gäste, ob sie etwas trinken möchten. Sie brachte uns auch noch einen Teller voll mit Kartoffelchips. So war es ganz gemütlich. Während Silke gerade fragte, ob sonst schon jemand vom Hof bei mir oben war, wurde ich aufgeschreckt. Mit schrillem Ton läutete es an der Wohnungstür. Daraufhin hörte ich meine Mutter rufen: "Michael, es ist für dich, Martina Koch kommt!" "Kommt jetzt eigentlich

auch Uwe Koch zu deiner Party am Freitag?" fragte mich Silke interessiert. Ich zuckte die Achseln und antwortete: "Ich hoffe es doch. Uwe hat mir noch nichts gesagt." Da ging die Türe auch schon auf, und Martina trat ins Zimmer herein. "Ich wünsche dir alles Gute zum Geburtstag", grautlierte mir Martina lachend und klopfte mir freundschaftlich auf die Schulter. "Unser Geschenk von mir, Ralf und Uwe, bekommst du ein paar Tage später", fügte Martina sofort hinzu. "Ist schon in Ordnung", erwiderte ich. "Komm, setz dich zu uns", rief ich freudig. "Ich soll dich von meinen Brüdern auch recht herzlich grüßen. Ob Uwe zu deiner Party kommt, weiß er noch nicht. Er meint, er gehöre nicht mehr richtig in unsere Clique, weil er in der letzten Zeit nur noch so selten in den Hof gekommen ist. Uwe meint, daß es dann so aussehen würde, als käme er nur zum Essen und Trinken und gerade das will er nicht", berichtete mir Martina. "Oh, Uwe soll nicht so dumm denken. Ich kann ihn gut leiden, ob er jetzt oft in den Hof kommt oder nicht. Ich würde mich wahnsinnig freuen, wenn er bei meiner Geburtstagsfeier trotzdem dabei wäre. Richte ihm das bitte von mir aus", entgegnete ich ihr. "Besser würde es bestimmt sein, wenn du mit Uwe selbst sprichst", meinte Silke. "Ruf ihn doch gleich mal an! Martina, ist Uwe jetzt zu Hause?" Auf diese Frage von Silke nickte Martina und meinte: "Ja, jetzt müßte Uwe noch zu Hause sein. "Na also, Micha, du mußt nur handeln. Soll ich das Telefon holen? Die Schnur reicht ja bis in dein Zimmer hinein", fragte mich Silke, ohne lange zu überlegen. Ich nickte begeistert auf diesen Vorschlag hin. Bald darauf stand das Telefon, mit dem kleinen Mithörapparat daneben, zwischen der Türöffnung. Martina sagte Silke ihre Telefonnummer, und schon hatte ich Uwe an der Strippe.

Nachdem mir Uwe erstmal zum Geburtstag gratuliert und kurz seine Bedenken geschildert hatte. konnte ich ihn schließlich doch umstimmen. Am Ende unseres Gesprächs versicherte mir Uwe, daß er zu meiner Party kommen würde. Anschließend wurde es noch ein gemütlicher Plaudermittag. Ja, ja. Silke brachte mich schon dazu, selbst zu handeln und aktiv zu werden. Kurze Zeit später tauchten Hansi und Frank Elchinger auf. Lachend überreichten sie mir ein Geschenk. "Ich glaube, das kannst du gut gebrauchen, Micha!" meinte Frank recht zuversichtlich. Es waren sechs leere Cassetten, die mir Frank und Hansi zusammen geschenkt hatten. Schon allein, daß sie sich um mich Gedanken gemacht hatten, löste in mir Freude aus. Hansi meinte dabei: "Es war gar nicht leicht, für dich das Geeignete zu finden." Nachdem wir uns schließlich ausgequatscht hatten, gingen wir zusammen noch ein wenig runter in den Hof.

Einen Tag vor der Party begann meine Mutter, die feinsten Salate zuzubereiten. Mein Vater sorgte für die Getränke. Ein paar von meinen Freunden waren bei der Vorbereitung selbst mit einbezogen. Gino, Ralf Hempel, Frank und ich, wir mußten am frühen Nachmittag im Vorhof den Hausmeister abpassen. Wir hatten den Schlüssel zum Partyraum bisher noch nicht. Meine Mutter. schwer in der Küche beschäftigt, bat uns darum. Sie war am Morgen schon mehrere Male bei unserem Hausmeister gewesen, ohne ihn angetroffen zu haben. Bald hatte meine Mutter die Salate fertig und wollte sie schon einmal rüber in die Küche des Partyraums stellen. Außerdem mußten wir am Abend in den Raum. Gino hatte vor, seine Stereoanlage aufzubauen. Frank stellte seine Lichtorgel für diesen Abend zur Verfügung. Während wir im Hof über unser Vorhaben redeten und das

Hausmeisterbüro im Blick hatten, kam plötzlich zu unserem großen Glück der Hausmeister daher. Er wollte gerade seine Türe zum Büro aufschließen, da sprang Gino zu ihm hin. Lächelnd kam er mit dem Schlüssel in der Hand zurück. Jauchzend vor Freude sagte ich: "Sehr gut. Kommt, wir gehen jetzt gleich zu meiner Mutter hoch." Mami war auch erleichtert, als ihr Gino den Schlüssel in die Hand drückte. Denn riesige Schüsseln voller Salate belagerten den Küchentisch. Gino, Ralf und Frank waren sofort bereit, meiner Mutter beim Rübertragen zu helfen. Ich folgte ihnen in den Gemeinschaftsraum nach. Unterwegs machte Ralf, wie üblich, mit einer Salatschüssel seine Späße. Frank warnte ihn lachend: "Laß den Salat nur nicht fallen." Daraufhin grinste Ralf nur und sagte: "Nein, nein, das kann mir nicht passieren. Schaut, mit meiner Geschicklichkeit könnte ich Kellner sein." Mit diesen Worten hob Ralf die große Schüssel mit der flachen Hand in die Höhe bis über seinen Kopf. Es sah wirklich recht gefährlich für den Salat aus. Recht ausgelassen traten wir in den Gemeinschaftsraum. Meine Freunde trugen den Salat gleich in die nebenan liegende Küche. Meine Mutter war unterdessen schon dabei, den Kühlschrank mit Wurst und anderen Eßbarkeiten zu füllen. "Sollen wir noch etwas helfen?" hörte ich Ralf fragen. Frank mischte sich ein und sagte: "Drüben stehen doch noch zwei Salate in der Küche, die sollen wir bestimmt noch holen." Meine Mutter entgegnete Frank darauf: "Ja, das wäre lieb von euch, und dann müßt ihr euch einmal überlegen, wie ihr für morgen die Tische stellen wollt, damit ihr zum Tanzen auch genügend Platz habt". Gino hatte mit seiner Familie schon genügend Feste im Partyraum gefeiert, wo auch ganz tüchtig getanzt wurde, daher konnte er uns ganz gute Vorschläge machen. In dem

Raum lag eine tiefe Stille. Nur die Stimmen von meiner Mutter und von Gino waren zu hören. Morgen Abend würde es hier bestimmt lauter zugehen, dachte ich vergnügt. Ein heiteres Hallo unterbrach jetzt für einen Augenblick die Stille. Ralf und Frank kamen mit den restlichen Salaten zurück. Daraufhin stellten wir alle Tische in einer Reihe in den hinteren Teil des Raumes, so daß der vordere Teil zum Tanzen frei blieb. Sämtliche Stühle, die im Raum herumstanden, stellten wir um die langen Tischreihen. Ich stand da und konnte nur meine Vorschläge machen. Meine Freunde meinten dennoch immer wieder: "Das ist deine Geburtstagsparty, daher mußt du uns schon sagen, wie du den Raum für morgen Abend herrichten möchtest. Um jeden Ratschlag von dir sind wir froh." So waren meine Freunde. Dabei fühlte ich mich so richtig einbezogen. Das schöne Gefühl der Gemeinsamkeit stieg wieder in mir hoch. Hier wurde ich beachtet. Meine Vorschläge wurden entweder für gut geheißen oder kritisiert. Sie fanden nicht große Begeisterung, nur weil ich ein armer Behinderter bin, sondern sie wurden echt respektiert. So muß ich mich auseinandersetzen und weiß dann genau, ob das, was ich sage, Anklang findet oder nicht. Trotzdem war mir nicht ganz wohl zumute, weil ich mir in dieser Situation vorkam wie ein Chef, der in der Mitte nur herumkommandiert und Anweisungen gibt, anstatt aktiv mitzuhelfen. Es beschäftigt mich in so einem Augenblick schon manchmal, daß ich da nicht mit anpacken kann. "Meint ihr nicht auch, daß die Lampen hier vorne über der Tanzfläche ein wenig zu tief herunter hängen?" fragte ich meine Freunde, als die Tische schließlich richtig standen. "Oh ja, du hast recht, warte, das haben wir gleich", rief Ralf, während er einen Stuhl unter die Lampe zog und daraufstieg. "Ist es so recht, Micha?" fragte er mich, als er gerade das Kabel der Lampe ein wenig kürzer schnürte. Ich nickte und sagte: "Ja, so müßte es gut sein. Frank und Gino machten sich ebenfalls auf, um die anderen zu tief hängenden Lampen ein wenig hochzuschnüren. Frank meinte nur nebenbei: "Jetzt wäre es noch gut, wenn wir für diese Lampen bunte Birnen hätten." Ohne zu überlegen, rief ich: "Ich habe ja von meiner Lichtorgel eine rote, grüne und gelbe Birne. Die können wir nehmen." "Au ja, dann wäre unsere Disco perfekt. Die bunten Lampen machen sich gut, wenn wir Stehblues tanzen. Das wirst du schon sehen morgen Abend, Michael! Soll ich die Birnen jetzt schon holen?" fragte mich Frank begeistert. Meine Mutter war währenddessen wieder in unserer Wohnung beschäftigt. Sie schien ein großes Vertrauen zu uns zu haben. Mami überließ uns trotz großer Verantwortung den Partyraum ganz alleine. So kam, ohne das Gefühl kontrolliert zu werden, eine ganz lockere Atmosphäre auf. Ich antwortete Frank: "Ja, das kannst du tun." Frank trat zur Tür und rief mir noch zu: "Soll ich sonst noch etwas holen?" Nach kurzem Überlegen schüttelte ich den Kopf. Gino meinte: "Dann hole ich gleich meine Stereoanlage. Wo wollen wir sie hinstellen, Micha?" fragte er mich. "Ich denke, hier vorne auf das Schränkchen, oder?" war meine Vorstellung. "Ja, da haben wir auch immer die Anlage stehen, wenn meine Familie hier feiert. Ralf, kommst du mit? Wir kommen gleich mit der Stereoanlage wieder. Kannst du einen Augenblick alleine bleiben?" fragte mich Gino. Ich stieß mich jauchzend vor Freuden mit den Füßen ab, so daß mein Wägelchen mit einem Schwung rückwärts rollte. Dabei hielt ich meine Beine ausgestreckt in die Höhe. Hui, das ging aber ab. Ich drehte mich mit einem Schwung einmal um die eigene Achse. Mich haute es fast aus dem Sitz. Nachdem sich mein Wägelchen blitzschnell gedreht hatte, ließ ich mich vorwärts ausrollen. Ich war schon etwas erschrocken, mit welchem Schwung das geschah, trotzdem mußte ich diesen Vorgang noch einmal wiederholen. Beim zweiten Mal war ich auf das schnelle Kreisen gefaßt. Es machte mir einen Riesenspaß. Auf dem glatten Boden bekam ich einen richtigen Schwung drauf. Plötzlich ging die Tür auf und Frank kam mit den bunten Lichtorgelbirnen herein. Er stieg sofort auf den Stuhl und tauschte die Birnen aus. Daraufhin ließ Frank den Rolladen herunter und knipste versuchsweise das Licht an. Er lachte begeistert über das ganze Gesicht und fragte mich: "Na, wirkt das nicht gut, Michael?" Ich blickte in alle Ecken des Raumes und antwortete ebenfalls sehr begeistert: "Ja! ich finde es auch toll. Sehr stimmungsmäßig sieht es hier jetzt aus." Nun klopfte es wie wild an die Tür. Frank rannte hin und öffnete sie. Es waren Gino und Ralf, die eine schwere Stereoanlage hereintrugen. Schnell stand die Anlage an Ort und Stelle. Bald waren die vielen Anschlüsse in die Buchsen gesteckt, und schon erklang mit Power der erste Discohit. Man hätte zu diesem Zeitpunkt meinen können, die Party fange schon an. "Wie findet ihr das Dämmerlicht über der Tanzfläche? Michael hat die bunten Birnen von seiner Lichtorgel gegeben", rief Frank mit lauter Stimme, um die Musik zu übertönen. "Super", meinten Ralf und Gino, während sie schon einmal drauflostanzten. "Au, seid ihr schon so weit? Die Musik und alles ist ja schon da. Das habt ihr prima gemacht", sagte meine Mutter und legte das Pappgeschirr in die Küche. "Jetzt brauchen wir nur noch die Tische zu decken", meinte meine Mutter umherblickend. "Und das Tischdrehfußballspiel noch", erinnerte ich meine Mutter. "Ach, das Flipperspiel wäre auch ganz gut", fügte ich noch hinzu. "Wo hast du das Flipperspiel?" wollte meine Mutter schließlich wissen. "Das müßte, wie das Tischdrehfußballspiel auch, seit dem Umzug im Keller sein", gab ich ihr zur Antwort. "Au, ihr habt ein Flipperspiel", wollte Gino etwas genauer wissen und schaute mich recht erstaunt an. "Ja! Natürlich kein großes, das nur mit Geld funktioniert", erklärte ich ihm. "Ach so! Ich habe schon gedacht, ich könnte dem Spielfieber verfallen", erwiderte Gino lachend, wobei er hinter seine Anlage trat und sagte: "Micha, jetzt kommt etwas für dich." Gino griff in meinen Cassettenkoffer, den Frank geholt hatte. Ich ahnte schon, was nun kam. Richtig, es war mein Lieblingslied aus Italien. Das Lied vom Sturm. Gino drehte es ziemlich laut auf. Sofort bekam ich vor Freude eine prickelnde Gänsehaut. Im Stereoklang hörte sich das Lied noch viel besser an. Plötzlich klopfte es abermals an der Tür. Wer mag das wohl sein? Ralf sprang zur Tür hin. Eigentlich hätte ich nicht mehr zusammenzucken sollen, denn, wie so oft, schlich sich Silke von hinten an mich heran und kniff mich in die Seiten. Dieses Mal wurden mir noch die Augen zugehalten. Wer mochte das wohl sein? Nach kurzer Zeit entlarvte ich Martina. Silke stand lächelnd daneben und sagte: "Gell, du hast bestimmt wieder gedacht, ich sei der Übeltäter gewesen." Daraufhin mischte sich Ralf ein: "Mensch Micha! Du mußt dich wehren, aber ich versteh schon, du läßt das recht gern über dich ergehen", meinte er in seiner trockenen Art. Mit der Musik und Allem schien es wirklich so, als hätte die Party schon längst begonnen. Wenn die Stimmung jetzt schon so hoch ist, wie wird es dann erst morgen Abend werden, dachte ich. "Ach, ich freue mich so", flüsterte mir Martina von der Seite zu und strich mir liebevoll über die Wange. "Ich freue mich auch riesig, so daß ich es bis morgen Abend kaum mehr aushalten kann", erwiderte ich ihr heiter. Ute, die neben uns stand, meinte: "Ob du heute Nacht überhaupt noch schlafen kannst, Micha?" Ich wandte mich zu Ute und rief so laut wie nur möglich, denn die Discomusik setze wieder ziemlich laut ein: "Ja, ich befürchte kaum." Für mich war die Vorfreude wie die Erwartung auf Weihnachten. Nachdem meine Eltern die Tischreihen mit Papiertischdecken, die erst zugeschnitten werden mußten, gedeckt hatten, holte mein Vater noch das Drehfußballspiel und das Flipperspiel in den Raum. Schließlich verließen wir alles und machten, trotz größter Versuchung, länger zu bleiben, daß wir nach Hause kamen. Vorschriftsmäßig schlossen wir alle Türen zu. Alle Vorbereitungen waren nun gemacht. Wir konnten uns also gelassen auf unsere bevorstehende Party freuen. In der Nacht lag ich tatsächlich lange Zeit wach im Bett.

Am Nachmittag des nächsten Tages zogen wir schließlich schon einmal in den Partyraum hinüber, denn um 17,00 Uhr war es endlich soweit. Meine Mutter nahm noch eine Kiste voll mit Knabberzeugs mit, die sie gleich rüber in die Küche schleppte. Anschließend deckte sie die langen Tischreihen mit den Papptellern und dem dazugehörigen Besteck und dann konnte es losgehen. In mir prickelte einfach alles vor lauter Freude. Meine Mutter schaute einmal flüchtig zu mir und fragte, als sie fertig war: "So Michael! Schau einmal herum, ob noch etwas Wichtiges fehlt? Ich denke, jetzt haben wir alles." Ich spähte auf den Tischen, auch auf das Schränkchen, wo die Salate standen, zuckte die Achseln und rief in die Küche hinein: "Ich wüßte nichts Mama." Endlich ging die Türe auf. Gino und Martina Koch waren die ersten. Dann, kurze Zeit später, tauchte Ralf Hempel mit einem Hallo auf. So ging dann schließlich immer wieder die Tür auf. Als nächstes kam Sandra Umlauft. Es folgten Silke, Frank und Olaf Elchinger, nach einer kurzen Zeit tauchte Ute zusammen mit Petra auf, unmittelbar danach kamen Martina, Silvia und Thorsten. Hansi Schwarz klopfte mir auch irgendwann zum Gruß auf die Schulter. Es wurde schließlich ziemlich unübersichtlich, wer alles von den eingeladenen Gästen zur Tür herein kam. Es wurden einfach so viele. Die zwei ältesten Mädchen der Familie Ludwig waren natürlich auch dabei. Auch war meine Klassenkameradin Elli eingeladen, die zusammen mit ihrer Freundin kam. Es war mein Wunsch, daß dieses Mädchen mitkam. Sie kannte ich von der Schule her. Elli hatte dieses Mädchen einmal in unsere Schulklasse mitgenommen. Damals bot sich gleich die Gelegenheit, daß sie zusammen mit unserem Lehrer, Herrn Tlaskal, Gitarre spielte und dazu ganz temperamentvolle Lieder sang. Wie flott sie mit der Gitarre umgehen konnte, faszinierte mich sehr. Ihre Stimme klang dazu noch so frisch. Damals kam mir blitzschnell der Gedanke auf, das Mädchen wäre etwas für unsere Party. Daraufhin sprach ich sie sofort an und erzählte ihr kurz von der Hofparty. Ob sie da nicht mit der Gitarre für uns ein paar Lieder singen würde? Das Mädchen schrieb bereitwillig den genauen Termin in ihren Terminkalender und sagte freudig: "Wenn nichts dazwischen kommt, dann komme ich gern mit der Elli zusammen. Ich danke dir für die Einladung." So kam sie tatsächlich mit der Gitarre unterm Arm plötzlich in den Raum geschneit. Freudig begrüßte ich die beiden. Ich fand es einfach toll von dem Mädchen, die mich ja nur flüchtig kennengelernt hatte, daß sie es wirklich ernst gemeint hatte, zu kommen. Es stellte sich gleich heraus, daß sie eine alte Bekannte von Harald war. Wie erstaunt war ich, als Harald sie begrüßte: "Altes Haus, was machst du denn hier?" Gino sorgte schon längst für heiße aktuelle Discomusik, die er ziemlich laut laufen ließ. Also hatte unsere Party begonnen. Inzwischen waren so viele gekommen, daß es einem echt schwer fiel, in dem Partyraum keinen zu übersehen. Thorsten Weber war auch dabei. Er hielt mir gleich zur Begrüßung eine weiße Halskette mit schwarzen Perlen vor die Nase. "Das schenke ich dir nachträglich zum Geburtstag. Soll ich dir die Kette gleich um den Hals hängen?" fragte mich Thorsten bereitwillig. Ich nickte und rief: "Au ja, das kannst du machen. Herzlichen Dank auch dafür." "Schau her, Micha, ich habe dieselbe Kette", brüllte Thorsten zurück, denn die Musik war so laut. Schnell, mit einem leisen Klick, hatte er mir die Kette um den Hals gehängt. Plötzlich begrüßte mich Filiz. Sie hatte eine ganz schicke Hose und Bluse an. Sie strahlte übers ganze Gesicht und rief mir ins Ohr: "Toll, daß hier endlich einmal etwas los ist." Da Filiz gerade einen Tag nach mir Geburtstag hatte, beteiligte sie sich ein bißchen an dem Fest. Sie brachte gleich drei selbstgebackene Zwetschgenkuchen mit. Sofort verzierte Filiz die langen Tischreihen mit Kerzen, die wir später brennen ließen. Die Stimmung war anfangs noch nicht so richtig da. Auch an die Salate trauten sich die Leute noch nicht richtig heran. Erst als meine Mutter rief: "Gell, die Salate stehen nur für euch da. Also greift nur zu! Geniert euch nicht!" Erst dann wurde so langsam zugelangt. Carmela war natürlich auch dabei. Sie tanzte gerade mit Filiz auf der Tanzfläche. So langsam steigerte sich die Stimmung im Raum. Ein paar Jungs und Mädchen tanzten bei Stehblues eng umschlungen miteinander, während Frank Elchingers Lichtorgel bunt an den Wänden und an der Decke herumflackerte. Freudig, aber auch mit etwas gemischten Gefühlen, schaute ich da zu. Es war interessant, wie jeder einen anderen Tanzstil draufhatte. Ginos und auch Filiz Tanzbewegungen, so hatte ich wenigstens den Eindruck, saßen irgendwie tiefer im Blut. Sie bewegten sich so rhythmisch. Aber auch andere hatten einen ganz fetzigen Tanz drauf. Aber eben auf eine andere Art. Wegen Frank Elchinger mußte ich besonders lachen, wie fröhlich und frei erfunden er tanzte, das war einfach herrlich anzusehen. Silke saß fast etwas traurig auf der Eckbank und schaute nur zu, wie die anderen tanzten. Wie gern wollte ich mit ihr einmal tanzen, kam mir ganz schnell in den Sinn, was ich aber wieder sehr gut verdrängen konnte. Auf einmal ging die Türe abermals auf, und wer kam herein? Es waren meine Schwester Bärbel und Thomas, die ich eigentlich schon lange erwartet hatte. Mit riesiger Freude begrüßte ich die beiden. Thomas meinte gleich, hier sei aber schwer etwas los. "Sind die alle von der Clique im Hof?" fragte er fast etwas erstaunt über die Menge. "Ja, das sind sie. Wenige fehlen noch", schrie ich zurück. "Thomas! Du kannst dich hier nach deinen Wünschen selbst bedienen. Hier drüben stehen die Salate", erklärte ich Thomas, während ich mit ihm an die lange Tischreihe fuhr, wo sich Bärbel schon angeregt mit unserer Mutter unterhielt. Thomas wurde mit einigen Leuten sofort warm. Er quatschte mit Verschiedenen, als ob er sie schon lange kennen würde. Da plauderte ich oftmals mit, sofern es die laute Musik zuließ. Es war wie Gedankenübertragung, plötzlich stand die Freundin von Elli auf und holte die Gitarre vom Nebenraum. Zunächst sang sie ein ruhiges Lied, das mir von der Melodie recht bekannt erschien. "Donna, Donna", hieß das schöne Lied. Harald kannte es auch von früher her, als er noch mit ihr in der Gruppe war. Gerade während dieses Liedes, als im Raum eine fast andächtige Stille herrschte, platzte durch die Tür eine Frau herein. Sie war ziemlich redselig und kam sofort zu mir, um mir noch nachträglich zum Geburtstag zu gratulieren. Ich freute mich sehr darüber, obwohl ich anfangs überhaupt nicht wußte, was das für eine Frau war. Zuvor hatte ich sie noch nie gesehen. Ich ahnte nur, daß es die Mutter einer meiner Gäste sein mußte. Sie beugte sich zu mir und wollte gar nicht mehr aufhören, mit lauter Stimme auf mich einzureden. Mir tat es in diesem Augenblick furchtbar leid, ich und auch die andern wollten doch das Lied von diesem Mädchen, das auch noch einen guten Text hatte, zu Ende hören. Die Frau fragte mich, wie es mir ginge und schwatzte unaufhörlich immer weiter an mich hin. Ich befand mich in einer richtigen Zwickmühle. Schließlich versuchte ich ihr freundlichst zu sagen, ob sie nicht noch ganz kurz warten könnte, bis das Lied fertig gesungen wäre. Wahrscheinlich hatte sie mich nicht richtig verstanden und redete unaufhörlich mit mir weiter. Schon hörte ich Ralf, Hansi, Harald u.s.w rufen, die ganz gebannt waren, wie das Mädchen sang: "Könntet ihr nicht noch einen Augenblick ruhig sein?" Endlich schien es die Frau begriffen zu haben. Erst später wußte ich, daß es eine Mutter war. Dies war eine peinliche Situation für mich. Das Mädchen spielte nach kräftigen Zugaberufen noch zwei Lieder hintereinander. Ich war stolz, daß Ellis Freundin mit der Gitarre und ihrem Gesang soviel Begeisterung bei meinen Leuten fand. Kaum hatte das Mädchen aufgehört zu singen, setzte wieder laute, tolle Discomusik ein. Viele gingen wieder auf die

Tanzfläche. Die etwas jüngeren spielten meist Drehfußball. Da schaute ich auch oft zu und beteiligte mich bei ihren Späßen. Nun ging wieder einmal die Tür auf. Wer kam da noch so verspätet herein? Es war Uwe Koch, der zunächst etwas verlegen wirkte. "Hallo Uwe!" rief ich, als er mir entgegen kam. "Ich freue mich, daß du noch gekommen bist!" brüllte ich so laut ich nur konnte. "Tut mir leid, es ist etwas später geworden", erwiderte mir Uwe, wobei er interessiert um sich sah und den einen oder anderen aus der Ferne begrüßte. "Wenn du Hunger hast, da vorne stehen die Salate. In der Küche gibt es noch Brot", erklärte ich ihm sofort. Falls ich selbst Hunger oder Durst verspürte, brauchte ich es nur jemandem zu sagen. Meine Freunde halfen mir ganz selbstverständlich beim Essen oder Trinken. Nur mußte ich eben meine Wünsche auch äußern. Okay, der eine oder der andere fragte mich auch mal danach, aber generell war es für sie eine Selbstverständlichkeit, daß ich mich von selbst meldete. Das empfand ich aber keineswegs als Unachtsamkeit. Dadurch erst bekam ich die Chance, aus dem ewigen Gefühl, nur versorgt zu werden, herauszukommen. Jetzt noch würde mich wahnsinnig interessieren, ob einige Freunde die eigentlich erzieherische Maßnahme bewußt durchgeführt haben. Plötzlich eilte Silvia zu mir. "Du, Micha", rief sie mir vergnügt zu. "Können wir deine neue Cassette, die wir dir zum Geburtstag geschenkt haben, einmal laufen lassen? Die ist nämlich ganz gut." Ich nickte begeistert und rief zurück: "Au ja, ich bin gespannt darauf." In wenigen Minuten ertönte meine neue Cassette, auf die alle wie wild tanzten. Auf einmal bekam ich richtig Lust, mich, so wie die anderen, rhythmisch nach der Musik zu bewegen. So versuchte ich im Sitzen, mit dem Wägelchen zu tanzen. Zwischendurch drehte ich mich wieder, sofern es der Platz erlaubte, um die eigene Achse. Dabei mußte ich aufpassen, daß ich niemandem über die Füße fuhr. Ich bekam daraufhin genügend Beifall. "Toll machst du das", riefen mir einige zu. Frank neckte mich, wie so oft. Er meinte: "Toll Micha! Endlich bewegst du dich auch ein bißchen mit." Mehrmals holte mich Filiz zum gemeinsamen Tanz. Einmal blieben wir sogar alleine auf der Tanzfläche zurück. Das war anfangs ein wenig peinlich für mich. Aber Filiz tanzte vor mir so leicht und lächelnd her, daß ich bald meine Scheu verlor. Die schwungvollen Bewegungen steckten mich einfach an. Alle anderen, die uns zuschauten, klatschten laut zum Takt der Musik. Es war einfach herrlich. Nach diesem freimachenden Tanz bot mir Harald einen Becher Sekt an. "Trinkst du mit mir etwas Sekt? Das gibt dir jetzt nach dem Tanzen neuen Schwung." Und schon hielt er mir den Becher Sekt vor den Mund. Fest entschlossen schnappte ich den biegsamen Trinkhalm, um einmal kräftig daran zu ziehen. Dabei prosteten wir uns zu. Sonst meide ich zwar entschieden den Alkohol, weil ich ja nur mit einem Trinkhalm trinken kann. Da wird man ja bekanntlicherweise um einiges schneller betrunken. Außerdem, das möchte ich ehrlich zugeben, mache ich mir nichts aus dem Geschmack des Alkohols. Aber Haralds Angebot wollte ich in dieser Nacht einfach nicht ablehnen. Bei so einem Anlaß mache ich gern einmal eine Ausnahme. Auf einmal hörte ich die ersten Töne von dem italienischen Lied: "Der Sturm." Ich sah, wie mir Gino dabei freundschaftlich zuzwinkerte. Jedes Mal freute ich mich bei diesem Lied sehr. Beim Refrain kamen mir sogar fast die Tränen. Es ging auf Mitternacht zu. Es wurden langsamere Lieder herausgesucht, auf die man eng umschlungen Stehblues tanzen konnte.

Einmal tanzte ich bei einem schnelleren Titel zu meiner großen Freude auch mit Silke Elchinger. Sie forderte mich richtig dazu auf, als ich mal eine Ruhepause machen wollte. Den Sekt, den ich getrunken hatte, spürte ich plötzlich erheblich. Ich wurde auf einmal so enorm redselig. Deswegen ließ ich mir soviel Salzstangen, Erdnüsse, Kartoffelchips füttern, wie nur möglich. In diesem Augenblick wurde mir plötzlich so richtig bewußt, warum eigentlich einige unserer Gesellschaft und immer mehr Jugendliche so gern leichtfertig nach dem Alkohol greifen, in dieser hochkulturellen Zeit, in der sich viele vor lauter Mißtrauen aus dem Weg gehen, vielmals aus Angst sich nicht so zeigen zu können, wie ihnen eigentlich zumute ist. Hierbei möchte ich mich selbst nicht ausschließen. Sich zu verstellen, ist auf die Dauer auch zu anstrengend. So überschreiten viele Menschen die Hemmschwelle einfach mit Alkohol. Manchmal wird der Mensch lustig, heiter und redselig. Sein ursprünglicher Drang nach Kontakt kommt dann ganz klar zum Ausdruck. Andere werden, wenn sie betrunken sind, erst so richtig agressiv. Ich denke, das ist die Folge einer oftmals falschen, heuchlerischen Freundlichkeit in unserer Gesellschaft. Weil unter Alkoholeinfluß der Verstand ausgeschaltet wird, kann der Mensch erst seine aufgestauten Gefühle freien Lauf lassen, die dann auch oftmals in Agressionen umschlagen. Wir haben es verlernt, mit der versteckten Wut ehrlicher und aufrichtiger umzugehen. Damit meine ich natürlich nicht, daß jeder einfach, wenn es ihm danach zumute ist, draufhauen soll. Nur, ich meine, wir Menschen würden auch im Innern viel genüßlicher miteinander leben können, wenn wir uns nicht gegenseitig den Druck, extra freundlich sein zu müssen, aufzwängen ließen. Man kann sich, finde ich, in unserer Gesellschaft zu wenig zeigen, wie man wirklich ist, fühlt und denkt. Vor allem auch mal offen seine Meinung sagen, ohne gleich in verdrängte Streitigkeiten zu geraten, die einem vielleicht lange nur unnötigerweise verletzen. Ich möchte dies einmal so darstellen. Aus einer Glut brennt eine Stichflamme immer höher und höher, bis sich die Flamme endgültig zu einem größeren Brand ausbreitet. So ungefähr spielt es sich auch in unserer Gesellschaft ab. Wir verdrängen und verdrängen den bisher noch winzig kleinen Ärger, anstatt ihn gleich bei dem Betreffenden selbst loszuwerden. So staut sich alles in uns auf, und irgendwann kommt dann die große Explosion. Komisch, man versucht oftmals noch, gerade zu den Leuten, denen man so furchtbar gern einmal Bescheid sagen möchte, stinke höflich zu sein. Besonders im Berufsleben bleibt oft leider keine andere Wahl dazu. Die Menschen wissen bei diesem Spiel leider überhaupt nicht, was ihnen da an Ehrlichkeit und Aufrichtigkeit verloren geht. Ich finde, man kann sich erst so richtig gefühlsmäßig mit jemandem verstehen, wenn man sich auch mal erlauben kann, miteinander ganz offen zu streiten. Anstandsregeln sind Feinde der ehrlichen Gefühle zueinander. Das ist meine feste Meinung. Traurig ist es, wenn durch starre Anstandsregeln Gefühle sterben müssen, egal, ob sie nun negativ oder positiv ausfallen. Oder fühlt sich die Menschheit so bösartig, daß sie Angst hat, sich völlig ohne äußerliche Fassaden wie die wildesten Tiere in Afrika zu benehmen??? Wo bleibt da die gesunde Erfurcht der Menschen, die aber von innen kommen muß? Wo bleibt das echte, berechtigte schlechte Gewissen, das einem selbst ohne Polizei oder Richter überfällt? Haben wir diese wahren Empfindungen, die doch eigentlich den

Menschen auszeichnen, verlernt, oder hat sie der Mensch jemals für wichtig gehalten?? Jedoch, wehe dann, wenn mit Hilfe des Alkohols die Sau, wie man so schön sagt, herausgelassen wird, dann werden die verdrängten Agressionen und die Energien der unausgesprochenen Probleme freigesetzt.

In dieser Nacht konnte ich also wieder einmal, wie damals in meiner Schulzeit, so einen Rausch selbst am eigenen Leib erleben. Ich wurde auf einmal so enorm gesprächig. Mir ging alles so spontan von den Lippen. Viele Freunde waren ebenfalls leicht beschwipst. So wurde es nach Mitternacht noch ganz lustig. Um 1,00 Uhr schloß ich noch Brüderschaft mit Thorsten bei einem weiteren Becher Sekt. "Prost, auf diese schöne Party", riefen wir uns freudig zu. Meine Mutter ließ mich gewähren. So eine Party ist ja nicht alle Tage. Wenn ich abends ausgehen könnte, würde ich bestimmt öfters solche Späße mitmachen.
Jetzt kam noch einmal Geli mit der Gitarre zum Zuge. Sie wollte schon nach Hause gehen, aber meine Freunde ließen es nicht zu. Sie bestanden darauf und bettelten, daß sie noch ein drittes Mal singen sollte. Auch ich drängte darauf, und als schließlich alle im Takt riefen: "Ein Lied, eins, zwei, drei. Ein Lied, eins, zwei, drei," blieb ihr schließlich nichts anderes mehr übrig, als die Gitarre noch einmal auszupacken. Zufrieden klatschten daraufhin alle wie wild in die Hände. Zum guten Schluß, das mußte ja noch kommen, sangen und grölten mir die Kameraden aus voller Kehle noch ein Geburtstagslied vor. Außerdem ließen sie mich noch hoch leben. Als Elli sich verabschiedete, sagte sie noch zu mir, "Micha! So gefällst du mir", und strich mir übers Haar. "Heute trinke ich

aber keinen Sekt mehr. Ich vertrage das Zeug nicht so", erwiderte ich heiter. So nach und nach, wie sie alle gekommen waren, verabschiedeten sie sich und schlenderten müde, aber froh gelaunt, davon. Die Gesellschaft wurde langsam aber sicher wieder übersichtlich. Kurz spielten wir, die Übriggebliebenen, noch Drehfußball, wobei ich die Stürmer übernahm. Wir machten ein kleines Turnier miteinander. Meine Mutter wurde jetzt zwar so langsam müde und fing hin und wieder zu gähnen an, aber sie wartete den Verlauf noch geduldig ab. Sie bot jedem noch belegte Brote an, die noch übrig waren. Silke und Martina Koch waren zu dieser späten Stunde auch noch da. Inzwischen sahen sie auch recht schläfrig aus. Noch vor der Party bat mich Martina, ich solle doch bitte mit ihrer Mutter reden, damit sie nicht schon um 23,00 Uhr nach Hause müßte. Da ich es mit Frau Koch gut kann, entschuldigte ich Martina gleich für die halbe Nacht. Daraufhin hatte Frau Koch nur herzlich gelacht und dazu gemeint: "Wenn Martina bei deiner Party da unten ist, weiß ich ja, wo sie sich herumtreibt, dann kann ich mal eine Ausnahme machen. Bei dir ist sie ja gut aufgehoben." Mit dieser Antwort war ich zufrieden, denn es wäre schade gewesen, wenn die Jüngeren schon früh heim gemußt hätten. Es wäre immerhin fast die Hälfte gewesen. Ich selbst war bis zum Schluß noch ganz munter. Manchmal mußte ich zwar etwas gähnen, doch das tat nichts zur Sache. Nach 2,30 Uhr verließen schließlich auch die Letzten den Raum. Dann kam auch mein Vater, der beim Grillfest der Familie Seiler gewesen war. Wegen der lauten Musik hätte er sich bei uns sowieso nicht ganz wohl gefühlt. Auch er war vom Fest ziemlich froh gestimmt. Gleich danach schlichen wir in unsere Wohnung hinüber. Meine Mutter schloß den Raum, selbst noch sehr vergnügt, zu. In der Stille der Nacht vernahm ich das Klimpern der Schlüssel ziemlich laut. Draußen wehte eine erfrischende Brise. Sämtliche Rolläden waren vor den Fenstern herunter gelassen. Nicht nur wir schienen recht verschlafen, auch unser Häuserblock und das gegenüberliegende Haus wirkten recht verträumt. Unsere Schritte kamen mir richtig laut vor. Auch das Laub an den Bäumen und Sträuchern hörte man viel lauter rascheln als am Tage. Schnell waren wir an unserer Haustüre angekommen. Ich atmete noch tief die frische Nachtluft. Während mich mein Vater mit den Hinterrädern auf die Eingangsstufe hob, schweifte mein Blick zum Himmel. Ich suchte vergeblich nach ein paar Sternen. Vielleicht hatte ich auch zu wenig Zeit dazu, denn schon hatte meine Mutter die Haustüre aufgeschlossen, und mein Vater zog mich ins Haus hinein. Stickige, warme, abgestandene Luft umhüllte mich. Vor dem Schlafengehen mußten wir, meine Mutter und ich, noch einige Eindrücke über die Party austauschen. Erst als ich so seelig im Bett lag, wurde mir plötzlich wahnsinnig übel. Ich wußte zunächst nicht, was ich machen sollte. Mit einem leichten Faustschlag auf die extra große Lichtschaltertaste machte ich mir Licht und setzte mich zunächst einmal hin. Meine allerletzte Hoffnung erwies sich als falsch. Ich dachte, ich könnte einmal tüchtig aufstoßen, aber blitzschnell wurde mir bewußt, daß ich mich übergeben mußte. Groß war mein Grauen davor, denn in dieser Situation komme ich mir alleine immer so entsetzlich hilflos vor. Zum Glück brauchte ich nicht lange zu rufen, bis meine Mutter herangeeilt kam. Sie ahnte schon, was los war. Schnell sprang sie ins Badezimmer, um die große Waschschüssel zu holen. Es reichte gerade noch bis zu mir, als ich zu spucken anfing. In meinem Bauch gurgelte es gerade so. Mir war wirklich nicht mehr zum Lachen zumute. Nur meine Mutter lächelte freundschaftlich und hielt mich sanft an den Schultern fest, wobei sie mir im Flüsterton sagte: "Siehst du, Michael, das hätte ich dir voraussagen können. Du hast zuviel durcheinander gegessen und getrunken. Aber das macht ja nichts, was meinst du, wie vielen es ähnlich nach so einer Party geht." Diese Worte erleichterten mich erheblich. Denn mich plagte das Gewissen, daß ich sie nach diesem schönen und langen Abend noch aus dem Schlaf reißen mußte. Als sich mein Erbrechen etwas beruhigt hatte, leerte meine Mutter die halbvolle Schüssel aus. Danach kam sie noch einmal herein, setzte sich auf meinen Bettrand, während meine Übelkeit so langsam abflaute. Immer wieder kam die zurückliegende Party ins Gespräch. "Aber schön war sie trotzdem", beendete ich unser Gespräch. Anschließend schlummerte ich rasch und erleichtert ein.

Am nächsten Morgen, Punkt 11.00 Uhr, kamen schon die ersten, die uns beim Aufräumen helfen wollten. Ralf Hempel und Frank Elchinger sahen wieder recht munter aus. "Was ist, Micha, sollen wir heute Nacht nicht einfach weiter feiern?" fragte mich Ralf unternehmungslustig, wobei er mir heiter auf die Schulter schlug. "Schön wäre es, Ralf. Da würde ich glatt mitmachen", erwiderte ich mit einem leichten Seufzer, während Frank einhakte. "Mensch, das wäre toll, wenn wir vom Hof öfters in diesem Raum eine Party machen könnten. Ich meine jetzt ohne größere Aufmachung. Gerade so mit ein bißchen Musik, so daß wir zusammen mit Tanz und Spiel uns vergnügen können." An diesem Morgen herrschte beim Aufräumen eine richtige Aschermittwochsstimmung. Uns tat es schrecklich leid, daß wir unser schön Hergerichtetes wieder abräumen mußten. Doch zu allererst tranken und aßen wir alle Reste auf. Dazu kamen noch Martina Koch, Sandra und Silke Elchinger. Da Gino bis jetzt noch nicht aufgetaucht war, um seine Stereoanlage abzubauen, ließen wir nebenbei noch einmal Musik laufen. Da, als die gestrigen Lieder wieder erklangen, wurde uns ein wenig schwer zumute. Es schien so, als ob die Party tatsächlich nahtlos weiter gehen würde, aber wir mußten ja so langsam ans Aufräumen denken. Während wir die übriggebliebenen Knabbersachen wegfutterten, erzählten wir uns noch Einiges über die gestrige Party. Plötzlich meinte Frank: "Micha! Du hast ja auch ganz schön Babbelwasser bekommen mit deinem Sekt, den du mit dem Trinkhalm getrunken hast." Dabei lächelte er mich von der Seite an. Daraufhin wurde ich auch von den anderen ganz schön durch den Kakao gezogen. Schließlich kam auch noch Gino dazu. Immer wieder kam meine Mutter aus der Küche und stellte uns angebrochene Flaschen Fanta, Sprite oder Cola auf den Tisch. "Seht zu, daß ihr die Flaschen noch leer trinken könnt", rief sie uns lächelnd zu. So blieb uns noch genügend Zeit zum Zusammensitzen übrig. Auch wurde noch einmal Drehfußball und Flipper gespielt. Es war wirklich noch unverhofft schön. Silke saß neben mir und spielte zur Abwechslung auch mal mit dem Flipperspiel. Ich hetzte sie lachend dazu auf, einen Tausender zu treffen. Silke hatte einen enormen Ehrgeiz. Als es ihr schließlich gelang, jubelte sie auf. Unvermeidlich kam jetzt die Zeit, wo wir die Ärmel hochkrempeln mußten, um endlich aufzuräumen. Inzwischen hatte meine Mutter schon die Küche und die Garderobe geputzt. Während sich schließlich meine Freunde doch zum Aufräumen des Raumes begaben, überreichte mir Frank noch ganz unverhofft einen wunderschönen Kaktus. Es rührte mich, wie er sagte: "Diesen

Kaktus möchte ich dir noch nachträglich zu deinem Geburtstag schenken als Zeichen unserer Freundschaft." "Au, ist der schön", rief ich vor Bewunderung aus. "Aber, du hast mir doch mit Hansi zusammen schon die Cassetten geschenkt", reagierte ich stark überrascht. Ich freute mich aber riesig über diesen Kaktus und die freundschaftliche Geste von Frank, den ich irgendwie besonders mochte. Wir lächelten wohl beide etwas verlegen. Er meinte nur: "Ist schon recht, Micha." Ich wußte, wie schwer es Frank fiel, solche Worte zu finden. Deshalb suchte er sich auch bestimmt diesen Augenblick aus, wo die anderen beim Aufräumen beschäftigt waren. Frank stellte mir den Kaktus der Sicherheit wegen ins Schränkchen, in dem auch die anderen Geschenke lagen. Inzwischen war die Aufräumaktion schon in vollem Gange. Zusammen mit meiner Mutter wurde der Boden von meinen Kameraden gefegt und naß aufgeputzt. Währenddessen war Gino gerade beschäftigt, seine Stereoanlage abzubauen. Tja, nun erfolgte halt alles rückwärts. Wie ich vor der Party beim Aufbauen munter und freudig war, so war es mir jetzt ein wenig traurig zumute. Unsere Party, auf die wir uns schon so lange gefreut hatten, sollte nun zu Ende sein? Aber meine Mutter versprach mir, ganz sicher wieder einmal so eine Party machen zu können. Nun war endgültig die Zeit gekommen, in der wir nichts mehr im Partyraum zu suchen hatten. Also mußten wir hinaus ins Freie an unser Stammplätzchen zurück, das unmittelbar vor den großen Fenstern des Partyraumes liegt. Hier saßen wir schon manch heitere Stunden, doch jetzt kamen wir uns wie ausgesetzt vor.

Es war an einem schon etwas kühlen Septemberabend. Nach dem Abendessen war es recht angenehm, sich etwas Leichtes überzuziehen, wenn man noch einmal nach draußen gehen wollte. Jede Zeit nutzte ich, bevor wieder das trübe, kalte, nasse Herbstwetter ausbrach. Ab 20,00 Uhr brach schon die Abenddämmerung ein. Aber dafür leuchteten in der Hofanlage die Leuchtpfosten hell auf, die am Wegrand den Hof erhellen. Sie werfen gespenstische Schatten überall hin. Also, ich muß es zugeben, alleine in der Hofanlage, wenn es stockdunkel ist, ist mir schon etwas unheimlich zumute. Jedoch kommt es am Abend äußerst selten vor, daß ich wirklich ganz alleine den verschiedenen Schatten ausgeliefert bin. An jenem Abend fand ich Thorsten, hinten an den Tischen unter den Balkons, angeregt mit Martina Koch plaudern. Freudig fuhr ich zu ihnen hin. "Ich störe doch nicht in euerer Unterhaltung. Oder?" fragte ich, um auch wirklich sicher zu gehen. Ich wollte ja nicht einfach intime Gespräche stören. "Aber nein, Micha, du störst doch nie", entgegnete mir Martina lächelnd. Beim Zuhören des Gespräches erschrak ich etwas. Ich bekam mit, wie Thorsten eigentlich ziemlich gelassen erzählte, daß sein Vater erst vor kurzem ausgezogen sei. Ich wunderte mich ein wenig darüber, weil Thorsten so unbefangen darüber reden konnte. Schließlich muß das doch ein Schock für die Familie gewesen sein. Was da vorausgegangen ist, darüber möchte ich mich in meinem Buch nicht auslassen. Das steht mir auch nicht zu, mich in fremde Angelegenheiten der Familie zu mischen. Doch Thorsten war mir besonders nahe, deswegen war ich von dieser Neuigkeit sehr betroffen. Erst vor kurzem half mir Thorstens Vater noch ins Treppenhaus über die hohe Eingangsstufe hinweg. Nach den paar Worten, die er mit mir wechselte, war mir dieser Mann sehr angenehm. Nun kam noch Frau Schulze dazu. Sie hatte noch ein kleines Mädchen an der Hand, die sie, wie es sich später herausstellte, zur Pflege hatte. Sie ging sehr heiter und kameradschaftlich mit dem Kind um. Als mich Frau Schulze erblickt hatte, rief sie mir recht vergnügt zu: "Ah, wen sieht man denn hier! Guten Abend Micha." Freudig erwiderte ich ihren Gruß. Mich wunderte es ein wenig, denn Frau Schulze sprach zu mir, als ob sie mich schon längere Zeit kennen würde. Zunächst mußte ich mich erst einmal bei ihr entschuldigen, weil ich sie auf meiner Party einfach so schnell abgekanzelt hatte. Das schlechte Gewissen bohrte immer noch in mir. Daraufhin antwortete sie mir, was ich ihr aber nicht so richtig abnahm, daß sie das nicht einmal gemerkt hatte. "Für die tolle Cassette möchte ich mich auch recht herzlich bedanken", fing ich das Gespräch wieder an, um die verlegene Stille zu beenden. "Ist schon recht. Dafür habe ich extra unsere Silvia in die Stadt geschickt, die hat mehr Ahnung, was junge Leute so gerne hören", meinte Frau Schulze, wobei sie nur gutmütig abwinkte und ständig ein Auge auf das spielende Kind richtete. Mir fiel besonders auf, wie Frau Schulze ziemlich oft betonte: "Jetzt ist Thorsten der Herr im Hause." Daraufhin grinste Thorsten nur leicht verlegen. Der Mann ist aber etwas jung, dachte ich unwillkürlich. Daraufhin redete sie sehr offen über ihre Situation mit Martina Koch. Das war mein erster, näherer Kontakt mit Frau Schulze. Ich fand sie gleich unheimlich lieb. Begeistert erzählte ich zu Hause meinen Eltern, jetzt auch Thorstens Mutter näher kennengelernt zu haben. Bald schon erkannte ich, daß Frau Schulze im Grunde ein sehr sensibler Mensch war. Daher hatte sie auch bestimmt ihre Schwierigkeiten mit dem Alkohol, dem sie ganz allmählich verfallen ist. Doch diese Tatsache hinderte mich nicht daran, einen Kontakt mit dieser Frau aufzubauen und aufrecht zu erhalten. Die Alkoholsucht ist schließlich eine Krankheit, in die jeder Mensch durch äußere Umstände irgendwie dumm hineingeraten kann. Einen Kranken irgendwelcher Art läßt man ja auch nicht einfach im Stich, nur weil ihm vielleicht schlecht zu helfen ist. Ich merkte jedoch erst eine gewisse Zeit später, wie sich Thorsten veränderte. Er wirkte irgendwie so ruhig und immer verschlossener. Thorsten brauchte immer länger, bis er sich an Gesprächen beteiligen konnte und seine alte Art wieder zurückkehrte. Thorsten besuchte mich auch oft zu Hause. Dann machten wir natürlich eine Menge Spaß miteinander. Thorsten bastelte sehr gern herum. So reparierte er einmal meine alte Taschenlampe, die ich vor langer Zeit zum Geburtstag geschenkt bekommen hatte. Diese Taschenlampe kann man vom normalen hellen Licht auf grün und rot verstellen. Damals, während unseres Schullandheimaufenthalts in Bärental im Elsass, benutzte ich sie bei unserer Nachtwanderung. Aber seit ich sie einmal in der Dunkelheit im Hof benutzt hatte, gab sie ihren Geist auf. "Das haben wir gleich", meinte Thorsten ziemlich sicher, nachdem ich ihm so manche Erlebnisse mit dieser Taschenlampe erzählt hatte. Im Nu hatte Thorsten meine Taschenlampe in zwei Teile zerlegt. Kurz probierte er, ob der Kontakt überhaupt noch in Ordnung war. Aber ja, plötzlich leuchtete die Lampe kurz auf. "Aha, ich hab's", sagte Thorsten sehr sicher. Er zeigte mir die Ursache, und schon war der Fehler behoben. In solchen Sachen war Thorsten sehr geschickt.

Die Freizeit verbrachte Thorsten oft im Keller. Dort ging er seinem allerliebsten Hobby nach. Er baute gerne an alten Fahrrädern herum, die er im Sperrmül gefunden hatte. Dabei flickte er die besten Teile zusammen. Gerade weil das selbstgebastelte Fahrrad noch so ungewöhnlich aussah, hatte Thorsten seinen Spaß daran und probierte es voller Stolz im Hof aus, bevor er wieder dieses oder jenes Teil umbaute, diese oder jene Lampe austauschte. Das war Thorsten's ganz wichtiger Ausgleich, auch wenn ein Hausbewohner über die unnütze Stromverschwendung im Keller schimpfte. Wenn es regnete oder es draußen einfach zu kalt war, ließ ich mich manchmal von Thorsten nachmittags abholen. Im Keller war es dann wärmer, und wir hatten zusammen etwas Unterhaltung. Oft waren auch Markus Lamm, Thorsten Weber oder zwei von seinen Klassenkameraden dabei.

Außer den Kellerbesuchen suchte ich Thorsten auch oft oben in der Wohnung auf. Als mich Thorsten einmal ganz unverhofft mit nach oben nahm, merkte ich besonders, daß Thorsten so unheimlich ruhig und fast ein wenig traurig wirkte. Mir war da ganz unsicher zumute. Sollte ich ihn einfach einmal danach fragen, daß er sich aussprechen kann oder sollte ich seine Traurigkeit einfach übergehen?? Irgendwie fühlte ich mich in einer schwierigen Lage, weil ich mich nicht in Familienangelegenheiten mischen wollte. Thorsten war ein leidenschaftlicher Elvis Presley Fan. Sein ganzes Zimmer, sogar die Decke, war voll mit Elvis Postern behängt. Fast jedes Mal, wenn ich bei Thorsten drüben war, ließ er Platten vom Elvis laufen. "Oh, den Elvis höre ich auch sehr gern", rief ich begeistert zu Thorsten. "Ich habe selbst zwei Cassetten von ihm", fügte ich hinzu, wobei mich Thorsten auffordernd ansah und meinte: "Ich zeige dir jetzt ein paar Platten und du sagst mir, welche du davon hast, okay?" Sofort erkannte ich meine heraus und zeigte sie Thorsten. "Hast du viele Elvis-Schallplatten", fragte ich erstaunt. "Ja, das sind aber nicht alle, mein Vater hat noch welche mitgenommen. Er ist Hobbysänger und macht den Elvis nach. Das kann er ganz gut", erzählte er mir, wobei die Augen von Thorsten wieder die alte Fröhlichkeit ausstrahlten. Mich interessierte Näheres über seinen Vater. Ich wollte daraufhin wissen, wie er das macht, in einer Gruppe oder alleine? Denn ich stellte es mir wirklich schwierig vor, den Elvis einfach nachzuahmen. Plötzlich raschelte ein Schlüssel in der Wohnungstür. Einen kurzen Augenblick später trat Frau Schulze scheinbar froh gelaunt ins Zimmer herein. "Hallo, Micha, wie geht's dir?" fragte sie mich mit einer aufgesetzten Heiterkeit. "Danke, ich kann nicht klagen, und wie geht es ihnen selbst?" fragte ich sie zurück. Frau Schulze lächelte mich von der Seite an, als wollte sie sagen, endlich fragt auch mal jemand nach mir. Sie antwortete nur: "Mir geht es so olala. Man muß halt viel arbeiten, damit Geld ins Haus kommt." Thorsten streichelte, während ich mich mit seiner Mutter unterhielt, seinen kleinen Hund Ary. Diesen Hund könnte man mit seinem wuscheligen Fell und seiner Größe mit einem Bettvorleger verwechseln. "Wollen wir jetzt ein wenig im Wohnzimmer Fernsehen schauen", schlug Thorsten plötzlich vor. Wahrscheinlich redete ihm seine Mutter zuviel. Ich nickte. Schon sprang Thorsten auf, um mich rüber ins Wohnzimmer zu schieben. Er stellte mich ganz dicht an den Sessel heran, bevor er den Fernseher anschaltete und sich in den Sessel plumpsen ließ. Es kam gerade ein lustiger Zeichentrickfilm. Martina und Silvia, schauten auch mit zu. Frau Schulze holte sich aus der Küche ein Gläschen Wein und gesellte sich mit dazu. Martina veräppelte ihre Mutter ganz schön. Als Frau Schulze einmal auf der Toilette war, ließ sie mit einem Trick das eigene Telefon klingeln. Danach rief sie ihre Mutter herbei: "Ein ganz wichtiger Anruf für dich, Mama." Martina konnte sich bei diesen Worten das Kichern kaum verbeißen. Daraufhin kam Frau Schulze ins Zimmer geeilt. Als sie vergeblich in den Hörer redete, grinste sie nur die sich halb totlachende Martina an und rief: "Warte nur, dich bekomme ich auch noch dran. Gell Micha, ich habe unmögliche Kinder. Geht es bei euch zu Hause auch so zu?" Lachend erwiderte ich: "Ja, das kommt manchmal auch vor." Frau Schulze hatte vor Lachen Tränen in den Augen. "Aber so ein Affentheater bestimmt nicht. Wenn du wüßtest, was meine Kinder mit mir den ganzen Tag über alles machen", fügte sie noch hinzu. Alle lachten und waren sehr fröhlich gestimmt, nur Thorsten nicht. Er saß fast unbeweglich neben mir im Sessel und schaute mit einer finsteren Miene in den Fernseher hinein. Ich überlegte, was wohl in der Seele von Thorsten so alles vorging. Manchmal blickte er mich fast etwas peinlich von der Seite an, als wollte er sagen, hör nicht so genau meiner Mutter zu. "Micha, sollen wir jetzt ein wenig zu dir gehen?" fragte mich Thorsten plötzlich. "Okay, können wir machen", antwortete ich bereitwillig. Als Thorsten gerade aufspringen wollte, rief Frau Schulze: "Halt, halt, nicht so schnell, ich möchte Micha noch ein Buch zum Lesen mitgeben." Kurz mußte sie es im Bücherschrank suchen. "Hast du es bald, Mama? Wir wollen doch jetzt gehen", rief Thorsten etwas ungeduldig. Jetzt hatte Frau Schulze das richtige Buch erwischt. "Einen Augenblick wirst du noch warten können, Thorsten", entgegnete Frau Schulze, während

sie sich vor mir herunterbeugte, um mir das Buch zu zeigen. Es hieß: Gott sieht DICH an in jedem Kind. "Das Buch wird dir bestimmt gefallen. Hast du schon einmal etwas von dem Kinderdorf "Klinge" gehört? Davon handelt das Buch. Mein Mann war selbst einmal ein Jahr dort und half mit, das Kinderdorf zu gründen", erklärte mir Frau Schulze, wobei sie mich so warmherzig und tief ansah, daß ich sie sofort tief in mein Herz schließen mußte.
Daraufhin spielte sich eine für mich sehr peinliche Episode ab. Frau Schulze wollte unbedingt mit uns gehen, um mich nach Hause zu begleiten. Thorsten lehnte es jedoch energisch ab. Mit einem ziemlich strengem Ton wies Thorsten seine Mutter zurück. "Nein Mama, du bleibst hier. Es reicht doch, wenn einer Micha nach Hause bringt." Frau Schulze winkte nur energisch ab. "Aber hör mal, ich kann doch da mitgehen. Ich möchte schließlich Michaels Eltern auch einmal kennenlernen." So ging es hin und her. Bis Frau Schulze schließlich mich entscheiden ließ, ob sie mitkönne oder nicht. Was hätte ich da sagen sollen? Mir tat Frau Schulze leid, die vom eigenen Sohn so abgewiesen wurde. Aber irgendwie verstand ich auch Thorsten. Er genierte sich vor meinen Eltern, denn Frau Schulze war durch den Wein schon etwas angeheitert. Außerdem wußte ich auch genau, daß mein Vater Frau Schulze nicht akzeptieren würde. Aber das war mir ganz egal. Menschlich war Frau Schulze schwer in Ordnung. Also sagte ich kurz, wegen Thorsten etwas verlegen: "Klar können sie mit." Den dankbaren Blick von dieser Frau, nicht abgelehnt zu werden, sehe ich heute noch vor mir. Also tappten wir zu mir gerade einen Hauseingang weiter. Meine Mutter öffnete die Wohnungstür. Sie war etwas überrascht, das Thorstens Mutter dabei war. Sie begrüßte Frau Schulze und führte sie gleich in die Küche

hinein. "Ich freue mich sehr, heute die Gelegenheit zu haben, sie näher kennenzulernen. Bisher sind wir uns ja schon mehrere Male auf der Straße begegnet", rief Frau Schulze freudig aus. Ich bekam nichts weiter mit, außer, daß sich meine Mutter über diesen kurzfristigen Besuch freute. Thorsten wollte gleich mit mir in mein Zimmer flüchten. Ich konnte gerade noch ins Wohnzimmer linsen, mein Vater schaute gerade die Sportschau an. Er wandte sich im Sessel um. Beim Grüßen erschreckte mich sein finsterer, recht verwirrter Blick etwas. Als wollte er sagen: Was sucht denn diese Frau bei uns. Ich kenne in dieser Hinsicht meinen Vater sehr gut. Später bestätigte sich leider, was ich erahnt hatte. Danach war mir zum Weinen zumute.
In meinem Zimmer suchte sich Thorsten sofort die Frank Duval Cassette heraus, um sie abspielen zu können. Ganz spontan kam mir noch der Gedanke auf, ob das jetzt die richtige Musik für Thorstens angekratzte Stimmung sei, denn Frank Duval muntert nicht gerade auf. Jedoch sagte ich Thorsten nichts von meinen Bedenken. Mir gefiel es einfach, wie frei sich Thorsten in meinem Zimmer bewegen konnte, als ob er bei mir zu Hause wäre. Während die ersten Töne erklangen, es war gerade ein Klavierstück, merkte ich plötzlich, wie Thorstens Kopf immer tiefer sank. Zuvor hatte Thorsten das Licht ausgemacht. Die Lichtorgel flackerte nur ganz leicht. Zunächst dachte ich, Thorsten wolle sich so richtig auf die Musik konzentrieren. Dann wurde ich recht ratlos, denn ich merkte, daß Thorsten weinte. Nach einer gewissen Zeit nahm ich endlich meinen Mut zusammen. "Thorsten, was ist los?" fragte ich in leisem Ton. Ich zögerte etwas, bevor ich hinzufügte: "Thorsten! Falls dich etwas Schweres drückt, kannst du dich bei mir, wenn du

möchtest, ruhig aussprechen." Langsam hob Thorsten den Kopf, dicke Tränen kullerten von seinen Wangen herunter. "Ach, früher war es viel schöner, als mein Vater noch bei uns wohnte. Als wir an den Sonntagen noch zusammen Ausflüge unternahmen", schluchzte er und sagte mit ernster, trauriger Stimme, was mich ziemlich erschreckte. "Oh Micha! Warum bin ich eigentlich noch auf dieser Welt? Mich mag ja doch keiner. Wenn ich nur sterben könnte." Bei diesen Worten kribbelte mir gerade die Gänsehaut hoch. Thorsten sagte dies so total ernst. Das war nicht irgendwie so dahergesagt und auf keinen Fall prahlerisch gemeint. "Doch es gibt bestimmt Menschen, die dich mögen", fiel ich ihm sofort ins Wort. "Und ich mag dich auch sehr. Was meinst du, warum ich mit dir so oft zusammen sein möchte?" Im Gesicht von Thorsten kam ganz kurz ein Lächeln auf. "Aber das meine ich ernst, Thorsten. Sieh mal, früher hatte ich keine richtigen Freunde, weil ich wegen einer hohen Treppe mehr auf meine Eltern angewiesen war. Wir wohnten in der Stuttgarterstraße, und nun wohnen wir zum Glück hier. Nachdem ich mich nach wenigen Monaten endlich in den Hof getraut hatte, bist du mir als netter Kumpel gleich aufgefallen. Weißt du, als Fremder, und dann noch als Behinderter, wo sich manche Leute sowieso etwas komisch verhalten, ist das in einer neuen Umgebung gar nicht leicht. Durch deine lockere, nette und liebe Art hast auch du mir damals wesentlich geholfen", ließ ich Thorsten einmal wissen, wobei er schluckte: "Weißt du, was ich gerade heute Nacht geträumt habe, Micha?" fragte Thorsten plötzlich und fing gleich an zu erzählen. "Ich wäre gestorben. Bei der Beerdigung standen viele Menschen um meinen Sarg. Alle waren fröhlich, lachten und waren froh, daß ich endlich gestorben bin." Wie erschrak ich, als

Thorsten mit völlig ernster Miene mir diesen Traum erzählte. "Nein, nein Thorsten! Du bist viel zu wertvoll, ich glaube niemand würde sich über deinen Tod freuen", erwiderte ich aus meinem Schrecken, völlig ohne zu überlegen. "Na, wer weiß", ließ Thorsten diese Frage offen. Jetzt erst, nachdem Thorsten nur auf den Teppichboden gestarrt hatte, sah er mir mit recht skeptischen Augen ins Gesicht. Nun schnalzte plötzlich die Taste von meinem Radiorecorder in die Höhe. Da zuckte ich wieder, wie so oft, zusammen. Die erste Seite von der Cassette war vorüber. Also saßen wir jetzt völlig im Dunkeln. Aber nicht sehr lange, bald sprang Thorsten auf, um schließlich auch die zweite Seite der Cassette laufen zu lassen. Scheinbar brauchte er trotz seines augenblicklichen Tiefs jetzt nichts Beschwingteres. Nun läutete es an der Haustür. Wer kommt denn jetzt, dachte ich. Wir hörten bald darauf seine Schwester, die lebhafte Martina. Ihr dagegen schien es wenig auszumachen, daß sich ihre Eltern getrennt hatten. Oder war es auch nur eine heitere Fassade? Kurze Zeit später ging meine Zimmertür auf. Martina und Frau Schulze spickten in mein Zimmer hinein. "Ich wollte dir noch Aufwiedersehen sagen", rief mir Frau Schulze recht aufgekratzt zu. "Gehn sie schon?" fragte ich sie darauf, während sie mir liebevoll über die Schultern strich. "Ich muß, drüben wartet jede Menge Arbeit auf mich. Aber du kannst ja jederzeit, wenn du Lust hast, zu uns rüber kommen", gab Frau Schulze mir zur Antwort. Martina musterte unterdessen jeden Winkel meines Zimmers. Die Lichtorgel lief noch. "Toll hast du es hier, Micha", rief mir Martina zu. "Ich bleibe aber noch ein wenig hier", erklärte Thorsten seiner Mutter. Frau Schulze nickte verständnisvoll. "Ist in Ordnung! Aber komme nicht allzu spät nach Hause", meinte sie nur. Thorsten verweilte sich noch eine längere Zeit bei mir. Während uns die Musikcassetten im Hintergrund berieselten, erzählten wir uns noch einiges voneinander. Als Thorsten dann schließlich aufbrach, war er fast wieder der Alte.

Was mir Thorsten so alles im Vertrauen erzählt hatte, beschäftigte mich noch lange. Mit niemanden sprach ich darüber, außer kurz mit Silke Elchinger, als sie mich wieder besuchte. Da Silke nicht der Typ ist, der alles bei den anderen breit herumerzählt, konnte ich mich ihr anvertrauen. Silke konnte nämlich Thorsten auch gut leiden. Gerade in dieser Zeit steigerten sich Thorstens Agressionen mehr und mehr. Im Keller war ich einmal dabei, als er zum Beispiel alte Fahrräder mit voller Wucht einfach an die Wand schmetterte. Sicherlich können da durchaus auch welche dabei gewesen sein, die er damals irgendwie entwendet hatte. Diese Aktion wiederholte er mit einer wahren Begeisterung, bis sie vollständig kaputt waren und er die noch ganz gebliebenen Teile für ein anderes Fahrrad ausschlachten konnte. So richtig agressiv wurde Thorsten verständlicherweise erst dann, wenn andere über seine Mutter lästerten. Thorsten erzählte mir oft, daß einige nur hintenherum gemein über seine Mutter herziehen würden. Die gemeinsten Schimpfwörter erzählte mir Thorsten auf seine Mutter bezogen. Das tat ihm natürlich sehr weh. "Weißt du, Micha, wenn diejenigen mir das wenigstens offen ins Gesicht sagen würden! Aber so erfährt man es über sieben und noch mehr Ecken. Oh, wenn ich nur einen erwische, den schlage ich krankenhausreif", meinte Thorsten sehr aufgebracht.

Eines Tages tauchte Thorsten völlig aufgebracht bei mir auf und erzählte mir, daß dieses Mal auch Michael Koen etwas äußerst Freches und Kränkendes über seine Mutter gesagt hätte. Ich versuchte Thorsten zu beruhigen. Für mich war es kaum vorstellbar, daß Michael so etwas gesagt haben sollte. Mit Michael verstehe ich mich eigentlich auch recht gut. Er kam manches Mal zu mir hoch. "Soll ich Micha jetzt einmal zu mir hoch bitten, damit ihr euch einmal in aller Ruhe auseinandersetzen könnt? Dies muß man im Leben auch beherschen lernen", schlug ich Thorsten vor. "Nein, nein, Micha, dann gehe ich. Eine Aussprache alleine genügt mir lange nicht. Michael schlage ich für sein freches Mundwerk zusammen, daß er sich erbrechen muß. Leider hast du im Zimmer kein Waschbecken", fügte er recht erzürnt noch hinzu. "Wofür denn ein Waschbecken, Thorsten?" fragte ich verwundert nach. "Na, möchtest du den Boden anschließend putzen, Micha?" erwiderte Thorsten in seiner Wut, recht erstaunt über meine Frage. Ich erschrak etwas, denn so brutal kannte ich Thorsten nicht. Mir war klar, wenn Thorsten das verwirklichte, was er mit Michael vorhatte, wäre er am Ende der Dumme. Das versuchte ich Thorsten zu erklären. "Du bestätigst so den Leuten nur, daß sie Recht haben, was sie von deiner Mutter halten. Denn nur der Schwächere fängt gleich an loszuprügeln. Am Ende bekommst du und deine Familie nur noch mehr Schwierigkeiten mit den Leuten." Ich wußte, daß Thorsten längst nicht so brutal war, wie er in diesem Augenblick tat.

Am nächsten Tag war unsere Clique wieder hinten in der Hofanlage versammelt. Ich schaute zu, wie sie auf dem brachliegenden Platz Fußball spielten. Thorsten, oftmals mehr im Hintergrund, machte da nur ganz selten mit. Fußball lag ihm, glaube ich, auch nicht so. Er stand mit einem von seinen selbst zusammengebastelten Fahrrädern neben mir. Ihm stand noch der Frust von dem Ärger über Micha im Gesicht. Plötzlich kam Michael Koen angeradelt. Ich bekam es gleich mit der Angst zu tun. Thorsten wird doch jetzt keinen unüberlegten Fehler machen! Micha kam ahnungslos zu uns gefahren. Er grüßte mich und die andern. Da schlug Micha Thorsten freundschaftlich auf die Schulter. Thorsten konnte ein Lächeln, das über sein Gesicht zog, nicht verbergen. Er sagte nur: "Wenn du meine Mutter noch einmal eine Hure nennst, kannst du etwas erleben." Michael bestritt, was er gesagt haben sollte. Aber das schien Thorsten nicht zu stören. Er fragte Michael gleich, ob sie mit dem Fahrrad ein wenig umherfahren sollten. Ich freute mich darüber. Thorsten kann nämlich im Grunde keiner Fliege etwas zu Leide tun. Die Wut war verraucht.

In der darauf folgenden Nacht hatte ich einen für mich furchtbaren Traum. Thorsten sei in ein Kinderdorf gekommen. Dies kam ganz schnell. Mir tat das sehr weh, und ich mußte deswegen weinen. Da bot sich ausgerechnet mein Vater an, mit mir das Kinderdorf aufzusuchen. Also brausten wir mit dem Auto los. Nach einer längeren Fahrerei waren wir endlich dort. Das Kinderdorf lag ganz in der Natur, umringt von hügeligen Wiesen, Wäldern und weiten Ackerfeldern. Mir schlug das Herz immer kräftiger. Hoffentlich hat es Thorsten hier gut, war mein erster Gedanke. Als wir in den Vorraum traten, blickte ich erwartungsvoll in alle Ecken, um Thorsten zu suchen. An den Tischen saßen grüppchenweise Jugendliche. Einige spielten mit Karten, wieder andere machten

Würfelspiele, und es gab auch welche, die nur miteinander plauderten. Nur von Thorsten sah man keine Spur. Also fragten wir nach. Von dem Personal wußte fast keiner Bescheid. Nur eine Dame sagte uns nach geraumer Zeit schließlich: Wenn sie sich einen Augenblick gedulden, ich schaue einmal nach ihm. Plötzlich hörten wir Schritte, und die Türe ging etwas zögernd auf. Es war Thorsten, der mich sofort mit einem Lächeln entdeckt hatte. Er kam auf mich zu, fiel mir um den Hals und weinte jämmerlich. Solche Träume überfielen mich in den Nächten damals öfters. In dieser Zeit las ich auch das Buch, das mir Frau Schulze ausgeliehen hatte. Da das Buch von einem Kinderdorf erzählt, schien es mir nahe, daß ich deshalb inbezug auf Thorsten diesen Traum hatte. Ich hoffte nur, daß dieser Traum niemals Wahrheit werden würde. Dies würde ich Thorsten, sowie seiner jüngeren Schwester Martina, nicht wünschen. Auf diesen Traum hin fühlte ich mich verpflichtet, einmal ganz ernst mit Frau Schulze zu reden. Denn Frau Schulze wurde durch die schlimmer werdende Alkoholsucht immer kränker.

An einem sonnigen Spätsommernachmittag riß ich all meinen Mut zusammen. Als ich in der Hofanlage wieder einmal meine Naturentdeckungsfahrten machte, rief mich plötzlich Frau Schulze vom Balkon im vierten Stockwerk herbei. Sie fragte mich nach meinem Wohlergehen und was ich den ganzen lieben, langen Tag so alles treibe. Nachdem ich ihr geantwortet hatte, fragte ich, ob sie nicht ein wenig zu mir in die Hofanlage herunterkommen würde, damit wir uns ein wenig unterhalten könnten. Frau Schulze antwortete gleich bereitwillig: "Ja, ich komme sofort. Du kannst ja dort an die Bank fahren." Und schon war sie vom Balkon verschwunden. Gerade war ich an der Bank angekommen, sah ich Frau Schulze schon auf mich zukommen: "Hallo Micha! Was gibt es? Komm nur noch ein wenig her, damit wir nicht so schreien müssen," rief Frau Schulze mit einem freunschaftlichen Ton. Ich befolgte diesen Rat von Frau Schulze und suchte nach den richtigen Worten, wie ich am besten anfangen sollte. Schließlich packte ich es doch an. "Frau Schulze! Ich mache mir Sorgen um sie und ihre Familie. Thorsten wird immer ruhiger und verschlossener. Er wird von seinen Schulkameraden oft gehänselt. 'Deine Mutter ist eine Säuferin', sagen sie manchmal auf hinterlistige Weise. Um Martina habe ich weniger Sorgen, weil sie es mit ihrer lebhaften Art irgendwie besser verkraften kann", so fing ich innerlich zitternd an. Frau Schulzes Gesicht wurde auf einmal recht nachdenklich. Sie meinte daraufhin: "Ich freue mich, daß du mit mir so offen darüber reden möchtest. Ich wünschte, es würden sich mehr Menschen über uns Gedanken machen." Mir fiel ein Stein vom Herzen. Immerhin drang ich in intime Familienangelegenheiten ein, aber Frau Schulze schenkte mir ihr Vertrauen und erzählte mir so einiges über sich und ihr verpfuschtes Leben, wie sie es ausdrückte. "Schon in der Kindheit fing es an", meinte sie. "Ich war die Älteste von sechs viel jüngeren Geschwistern. Mein Vater trank, und meine Mutter war für ihr Leben schwer krank. Sie mußte sterben, als ich gerade vierzehn Jahre alt wurde. Kurz danach starb auch mein Vater. Ich wußte damals nicht mehr ein noch aus. Das Leben mußte für uns weitergehen. Also mußte ich gleich die Mutterrolle für meine Geschwister übernehmen. Ich machte dies auch gern, du kannst mir aber glauben, Micha, leicht war es nicht. Die schwere Nachkriegszeit kam noch hinzu. Nun gut, mit sechzehn lernte ich schon meinen ersten Mann kennen. Was sollte ich tun? Ich war zunächst einmal froh, einen Mann in der Familie an meiner Seite zu haben. Mit siebzehn bekam ich, kurz nach unsere Heirat, gleich die Silvia. Aber mein Glück mit meinem Mann sollte nicht lange anhalten. Zwei Jahre später ließ mich mein Mann sitzen. Also blieb ich jetzt mit sieben Kindern alleine zurück. Mein eigenes, die Silvia, ist ja noch dazugekommen. Tja, und heute bin ich mit drei Kindern wieder alleine. Besonders die Martina ist manchmal richtig frech zu mir. Schon oft habe ich gedacht, einfach Schluß zu machen. Doch ich habe meine Kinder zu lieb, um sie einfach zu verlassen", endete sie mit einem harten Seufzer. "Aber könnten sie den Alkohol nicht ein wenig reduzieren. Sie sind eine so liebe Frau, nur der Alkohol macht sie noch vollständig kaputt. Es wäre wirklich schade um sie", bekräftigte ich frei heraus. "Meinst du, mich beweint dann jemand?" fragte mich Frau Schulze skeptisch. Ein Stich brannte in meiner Seele, erst vor nicht so langer Zeit kam bei Thorsten dieselbe zweifelnde Frage auf. "Doch, ich weiß jemand, ihre Kinder. Was meinen sie, was sie für sie gerade jetzt in dieser Situation sind", warf ich ein. Ich streifte kurz, daß es so, wie es jetzt bei ihr abläuft, Thorsten besonders zu schaffen macht. Ich erzählte Frau Schulze auch von meinem Traum, als ich Thorsten in einem Kinderdorf besucht hatte, wo er sich darin aber überhaupt nicht wohl fühlen konnte. Frau Schulze winkte beruhigend ab und meinte: "Nein, nein, keine Angst. Meine Kinder lasse ich mir nicht wegnehmen. Das ist doch noch meine einzige Liebe." "Gell, sie sehnen sich nach jeder Menge wahrer Liebe?" Diese Vermutung rutschte mir gerade so heraus. Daraufhin strich mir Frau Schulze über die Schulter. Sie hatte Tränen in den Augen.

Nach einem kurzen Schweigen erzählte sie mir, wie sie von einigen Menschen gemieden wird. "Dann überspüle ich eben die Kränkungen mit Alkohol", fügte sie traurig hinzu. "Nur, sie müssen bedenken, daß der Alkohol den Ärger betäubt, doch nicht beseitigt und schon gar nicht verarbeitet. Außerdem bestätigen sie den Leuten nur, was sie von ihnen halten. Somit macht der Alkohol ihre ganze Situation nur noch viel schwieriger", versuchte ich Frau Schulze klar zu machen. Sie lächelte, wobei sie mich darauf aufmerksam machte, daß ihr Arzt zu ihr gesagt hätte, sie wäre noch lange keine Alkoholkranke. Ich beteuerte ihr aber, daß ich dies nicht so richtig glauben könne. Frau Schulze erwiderte mir daraufhin freudigst, seit drei Tagen schon trinke sie nur noch Tee. "Ich habe mir für die Zukunft vorgenommen, nicht mehr so viel Wein zu trinken", äußerte sie noch nachträglich. Dazu konnte ich sie nur beglückwünschen. Ich ließ dies aber nicht völlig ohne Skepsis stehen und betonte noch: "Hoffentlich bleibt es nicht nur für wenige Tage dabei." Ich äußerte mich, daß es für sie speziell sicherlich besser wäre, überhaupt ganz und vollständig mit ihrem Feind, dem Alkohol, aufzuhören. Ich ließ sie auch absichtlich über einige Situationen wissen, die wegen meiner Körperbehinderung manchmal auch nicht leicht zu bewältigen sind. Denn ich fühlte mich so doof als Moralprediger, der nur von oben herab einen Menschenfall behandelt. Deshalb wollte ich ihr unbedingt auch selbst von einigen Schwierigkeiten in unserer heil erscheinenden Gesellschaft erzählen. Dies gelang mir auch recht gut. Auch Frau Schulze interessierte sich voll für mich. Abschließend bedankte sie sich für das offene Gespräch. Ich antwortete aber: "Nein, ich muß mich bedanken, sie hätten mich ja auch einfach abweisen können."

So verabschiedeten wir uns recht glücklich voneinander, daß wir uns durch das vertrauliche Gespräch noch näher gekommen waren. Ich dankte auch Gott für diese wichtige Begegnung und hoffte, Frau Schulze machte es mit ihrer Versprechung wahr.

Im Hof wurde wieder Fußball gespielt. Ich stand gerade auf der erhöhten Fläche, von wo aus ich einen guten Überblick über die ganze Spielfläche genießen konnte. Neben mir saßen Patrizia Lamm und Silke Elchinger. Rechts von mir saß Olaf auf dem Rasen, der ältere Bruder von Silke und Frank. Während ich mich mit Olaf unterhielt, machten wir uns auch über die Jungs auf dem Platz lustig. Einige nahmen das Spiel einfach viel zu ernst und motzten dann manchmal miteinander herum. Da plötzlich klopfte mir jemand von hinten auf die Schulter. Es war Frau Schulze, die mich etwas erschreckte. Sie flüsterte mir leise ins Ohr: "Du, Michael, leider kann ich nicht halten, was ich versprochen habe. Bist du mir jetzt böse? Der Mann da hindert mich daran." Ich verstand sofort, was sie meinte. Neben ihr stand ein ebenso fertiger Mensch, wie es bald auch Frau Schulze sicherlich sein würde. Diesem Mann, der etwas kleiner als Frau Schulze war, sah man seine Schwierigkeiten mit dem Alkohol schon aus der Ferne an. Er rief Frau Schulze etwas ungeduldig zu: "Was ist, kommst du noch?" Mir tat dies sehr weh. Ich konnte gerade noch sagen, daß ich ihr keinesfalls böse sein könne, da sie schließlich ihr Leben kaputt mache und nicht meines, aber denoch von ihr irgendwie sehr enttäuscht sei. Daraufhin lief sie etwas beschämt mit dem Typ davon. Lange blickte ich ihnen nach, wie sie nebeneinander geradeaus, vielleicht ins Verderben schlenderten. Ich konnte ahnen, wohin sich Frau Schulze mitziehen ließ. An der Kapellenstrasse, unweit des Durchgangs, der in unseren Innenhof führt, befindet sich "Ritchys Treff." Das ist eine kleine Kneipe, wo meist die sogenannte Unterschicht verkehrt. Ich betone extra das Wort "sogenannte", weil ich sehr stark daran zweifle, daß es überhaupt eine Unterschicht gibt. Mir steigt der Zorn hoch, wenn ich höre und auch miterleben kann, wie wir Menschen uns einfach das Recht herausnehmen, die Menschheit in drei oder noch mehr Schichten einzuteilen. In unserer Gesellschaft zählt doch meist nur noch der Profitmensch. Nach einem reinen Herzen fragt niemand. Gerade mit dieser Schichteneinteilung werden in unserer Gesellschaft doch immer mehr Menschen gezwungen abzustürzen. Sie rotten sich dann zusammen und werden somit zu einem Problem für uns alle. Wir geben Menschen noch den letzten Stoß. Oft sehen wir auf Menschen anderer Lebensart, sei es durch Armut, Krankheit oder Lebenseinstellung, einfach herunter und weisen sie auch noch von uns ab. Meiner Meinung nach hat jeder Mensch einen besonderen Wert. Aber um einen Wert des Mensches entdecken zu können, muß man ihm erst die nötige Anerkennung schenken.

Oft war ich mit Thorsten im Spielraum. Meist war Michael Koen dabei. Dort unten spielten wir gerne Fußball. Da konnte ich auch gut mitmachen. Michael und Thorsten waren fair, sie kickten genauso wie ich von der Sitzlage aus. So war ich keinesfalls benacheiligt und schoß auch gelegentlich ein paar Tore. Manchmal waren auch noch Klassenkameraden von Thorsten dabei. Ich forderte sie oft dazu auf, ein kleines Ringkämpfchen zu machen. Dabei war ich der Kampfrichter. Wie ein Luchs mußte ich aufpassen, wer zuerst flach mit beiden Schultern auf dem Boden lag. Die Jungs schwitzten vor Anstrengung. Sie verausgabten sich total. Es tat mir gut zuzusehen, wie so die Agressionen im Kampf abgebaut wurden. Nach meiner Erfahrung wirkte Thorsten nach einem Kampf wieder ruhiger und ausgeglichener.

Inzwischen waren viele Tage vergangen. Draußen war es nun wieder kalt und regnerisch geworden. Ein mächtiger Herbstwind ließ die bunten Blätter umherwehen. Zwischen den dunklen Wolkenfeldern, lugte hie und da die Sonne hervor. An diesem Sonntagnachmittag nutzte ich die wenigen Sonnenstrahlen und fuhr in den Hof. Hinter dem Haus traf ich Frank Elchinger, er probierte gerade eine Steinschleuder aus. Sofort winkte er mich herbei. Frank stand an jener Stelle, wo ich oft saß, um beim Fußballspielen zuzuschauen. Geradeaus ging es vor zur Kapellenstrasse, links führte ein ziemlich steiler Weg zu den älteren Häusern herunter und rechts war der große Platz, der in dieser Jahreszeit durch den vielen Regen tief im Dreck stand. "Glaubst du, daß ich den Laternenmast mit meiner Steinschleuder treffen werde?" fragte mich Frank und setzte erneut frisch den Bogen an. "Warum, hast du das bisher noch nicht geschafft?" wollte ich erst wissen. "Doch, schon zwei Mal, ich habe mir die Schleuder ja erst gebaut", gab mir Frank zur Antwort, ehe der Stein wieder durch die Luft flog. Dieses Mal prallte der Stein wirklich an den Laternenpfosten. Das konnte man direkt hören. Frank zwinkerte mir erfreut zu. Er war seelig, daß er den ungefähr 5 Meter entfernten Laternenpfosten getroffen hatte. Ich rief ihm meinen Beifall zu. Danach zielte Frank nach den Tauben, die sich vor dem roten Häuserblock niedergelassen hatten. Im Nu flatterten die Tauben hoch auf die Dächer. "Das sind doch nur Bazillenträger, die können hier ruhig verschwinden", rief mir Frank zu. "Die Tauben nisten sich hier nur ein, weil ihnen jemand vom Haus Brot füttert", erwiderte ich. Plötzlich kam Nando angerannt. Nando ist, wie er mir selbst erzählt hatte, seiner Abstammung nach ein Zigeuner. Ziemlich lange rätselten wir eines Mittags im Hof nach seiner Abstammung herum. Ich zählte sämtliche Nationalitäten auf. Jedesmal schüttelte er lächelnd den Kopf. "Weißt du, meine Großväter sind so herumgezogen von einem Land zum anderen", erklärte er mir mit großen nachdenklichen Augen. Da fiel mir endlich der Groschen. "Zigeuner", rief ich plötzlich aus. "Richtig Zigeuner!" rief Nando glücklich und forschte gleich wegen meiner Behinderung weiter. Wie ich am Abend ins Bett gehe, ob ich immer in diesem Stuhl sitzen muß, was ich für eine Krankheit habe und noch manches mehr. Dies schien ihn brennend zu interessieren. So gut ich konnte, beantwortete ich Nando jede Frage. Mit seinen acht Jahren wollte Nando alles ganz genau wissen. So haben wir uns näher kennengelernt. Nando interessierte sich natürlich auch sehr für Franks Steinschleuder. Frank ließ ihn auch mal schießen. Voller Begeisterung schoß Nando nach den Tauben, so daß sie abermals erschrocken aufflatterten. Plötzlich stand Nando vor mir und fragte mich mit einem recht nachdenklichen Blick, ob ich auch mal mit der Schleuder schießen wolle. Daraufhin antwortete ich ebenfalls etwas verlegen, daß ich das mit meinen Händen nicht könne. Nando ließ sich damit nicht zufrieden geben und forderte mich auf, es einfach einmal zu versuchen. Als ich abermals verneinte, fragte mich Nando: "Warum kannst du eigentlich nicht laufen?" Ich konnte ihm aber nicht mehr antworten, denn Frank fiel ihm ganz energisch ins Wort: "Oh Nando! Warum kannst du eigentlich nicht fliegen?" Nando, über diese Frage überrascht, zuckte nur recht nachdenklich die Schultern. Das war schon eine schlaue Gegenfrage von Frank, auf die ich selbst nie gekommen wäre. Als Nando wieder zu den anderen Kindern in seinem Alter zum Spielen gegangen war, hakte Frank noch einmal bei mir nach: "Du Micha, nervt dich manchmal nicht die ewige Fragerei?" "Also, wenn ich schlechte Tage habe, nervt mich das schon, besonders bei purer Neugierde. Wenn andererseits ein ehrliches Interesse dahinter steckt, finde ich die Fragen der Leute schon wichtig. Schlimmer finde ich es, wenn sich die Leute an meine Eltern wenden, statt mich selbst anzusprechen", erwiderte ich ihm. Kurz darauf schnappte mich Frank und schob mich den steilen Abhang auf dem Bolzplatz hinunter. Mich überkam die Angst. Ich machte bei der rasanten Fahrt beinahe in die Hosen. Frank schob mich so schnell über die Unebenheiten hinweg, daß ich manchmal schreien und zugleich auch wieder lachen mußte. Frank rief mir zu: "Warum sollst du gleich fallen? Du bist doch ein alter Hosenscheißer! Du mußt dir viel mehr zutrauen." Dann ließ mich Frank auch noch mitten auf dem Abhang los. Ich wollte schon erschrocken aufschreien, aber sofort rief mir Frank lachend zu: "Versuche dich einmal selbst abzubremsen und vorwärts zu bewegen." Frank ließ mich eine Weile abstrampeln und wartete ab, bis ich mich selbst mit den Beinen ein paar Meter abstoßen konnte. Dann drückte er mich wieder herunter und drehte mit mir noch eine Runde über Schlaglöcher, Steine und buschige Gräser. Ich kam mir vor wie auf der Achterbahn. Mir standen schon Schweißtropfen auf der Stirn vor Angst aber auch vor Freude. Doch ich merkte auch, wie Frank schwitzte. Schließlich nahm Frank einen gewaltigen Anlauf, und schon stand ich wieder oben auf dem Weg. Ich war, wohl bemerkt, heil geblieben. "Oh, hallo Thorsten und Micha", rief ich und atmete zunächst einmal tief ein. Ich fühlte mich so geschlaucht, als ob ich selbst gerannt und geschoben hätte. Thorsten und Michael Koen erwiderten lachend meinen Gruß. "Was hat denn der Frank mit dir gemacht? Du siehst jetzt so richtig fertig aus", fragte mich Thorsten, während er seinen Fahrradständer herausklappte. Frank winkte nur lässig ab und erwiderte Thorsten: "Wir haben nur eine kleine harmlose Rundfahrt durch das Gelände hier gemacht." Ich lachte und rief: "Ja, ja, die Fahrt war ganz schön schnell. Aber Spaß hat sie mir trotzdem gemacht."

Im nächsten Frühjahr, als es langsam wieder wärmer wurde, nahm das Leben im Hof wieder zu. Außer meinen alten Freunden wurde der Bekanntenkreis im Nu größer. Die neuen Leute lernte ich beim Fußballspielen auf unserem freigelegenen Gelände kennen, zwei Hellblondhaarige, Alex und Joe. Sie waren im Alter zwischen fünfzehn und achtzehn Jahren. Wir lernten uns ganz allmählich kennen. Als wir nach einem spannenden Fußballspiel abends auf dem Außenhang des Platzes, wo das Gras nicht so spärlich war, zusammensaßen, setzte sich plötzlich Alex neben mich. "Na!" fragte er noch etwas schüchtern: "Wie hat dir unser Spiel gefallen?" Begeistert rief ich: "Ich fand es sehr gut und vor allem ganz schön schnell. Bist du eigentlich in einem Fußballverein? Du kannst nämlich, wie ich finde, sehr gut mit dem Ball umgehen." Ein Lächeln kam im Gesicht von Alex zum Vorschein. Er zuckte mit den Achseln und meinte: "Ja, findest du? Nein, ich spiele sonst in keinem Verein mit. Gell, dein Name ist Michael", lenkte Alex etwas verlegen ab. "Ja!" erwiderte ich ihm beglückt, denn Alex fand ich sofort sehr sympathisch. Alex Heinemann ist mehr ein ruhiger Typ, aber was er sagt, hat Hand und Fuß. Alex saß den ganzen Abend neben mir. Während wir auch zwischen unseren Geprächen den anderen Spaßmachern zuhörten, kamen wir uns irgendwie immer näher. Was mir bei Alex und bei vielen im Hof auffiel, sie fragen nicht groß wegen meiner Körperbehinderung nach, sondern ich bin gleich selbstverständlich einer von ihnen. Das zu spüren, tut mir jedesmal gut. Alex bereicherte meinen Freundeskreis ungemein. Auch mit den anderen neuen Bekanntschaften war es nicht anders. Mit Anton, Dietmar, von uns nur Didi genannt, wie auch mit den beiden Brüder Joe und Adrian, wurde ich durch die tägliche Begegnung im Hof immer vertrauter. An jenem schon ziemlich warmen Maiabend - die Schwalben schwirrten am blauen Himmel umher - ging es bei uns besonders heiter zu. Gino saß meistens neben Martina, wenn er nicht gerade mit anderen Fußball oder mit der Frisbeescheibe spielte. Martina konnte dann manchmal ganz schön sauer reagieren. Überhaupt, bei den Fußballspielen schüttelte sie häufig gelangweilt den Kopf und murmelte vor sich hin: "Jetzt jagt Gino wieder dem Ball nach und mich läßt er sitzen." Ich versuchte öfters, Martinas Wut etwas zu mildern, indem ich sagte: "Oh Martina, laß ihm doch seinen Spaß. Du kannst doch nicht verlangen, daß Gino ständig nur für dich da ist. Plötzlich sprang Ralf Hempel in die Höhe und fragte: "Leute, wie wär's? Ich hätte so richtig Lust, ein wenig Frisbee zu spielen. Wer ist damit einverstanden?" Alle waren mit diesem Vorschlag einverstanden. Die Leute verteilten sich sehr rasch auf dem großen Platz und ließen sich die Frisbeescheibe zufliegen. Meistens wurde die Scheibe gefangen, doch es kam auch vor, daß sie über die Köpfe hinwegflog. Frank war an diesem Abend wie aufgedreht. Er versuchte bei jedem Spaß, den wir machten, mein Lachen nachzuahmen. Dabei kam heraus, daß er wie Josef Götzmann, ein Bekannter von mir, der inzwischen Pfarrer geworden ist, rückwärts lachte. Dies war so lustig. Frank steckte uns alle richtig mit seinem Gelächter an. Nach kurzer Zeit mußten wir alle lachen. Nur Silke versuchte immer wieder, ihren Bruder etwas zu bremsen. Schließlich rief sie nach einiger Zeit: "Frank, mach mal wieder halblang!" Frank winkte aber nur ab und machte weiter. Jedoch war nicht nur Frank so dermaßen aufgedreht. Wir waren alle ziemlich happy. Inzwischen war es dunkel geworden. Die Lichter in der Hofanlage brannten schon einige Zeit. Wenn einer den Aufbruch macht, um nach Hause zu gehen, brechen meist viele oder gar alle auf. So war es auch an diesem Abend. Didi sah plötzlich auf seine Armbanduhr, stand auf und rief. "Was, es ist schon bald 22,30 Uhr! Ich muß jetzt gehen, Leute, also tschüss bis morgen".

Plötzlich brach die große Schachwelle aus. Viele, die ein Schachbrett besaßen, brachten es mit und setzten sich schon am frühen Mittag hinten in unserer Sitznische unter den Balkons zusammen und fingen bedächtig an zu spielen. Im Nu lag auf jedem der drei Tische ein Schachbrett, umringt von den Leuten vom Hof. Ich selber interessiere mich nicht so für Schach. Dafür spielte ich mit den Leuten gelegentlich Mühle. Bei Familie Brüstle, enger befreundet mit meiner Mutter und mir, lernte ich so richtig Mühle spielen. Ich war oft mit dieser Familie zusammen. Besonders früher, als sie noch in dem niedlichen Häuschen in der

Rüpurrerstraße wohnten, holte mich die ständig frische und frohgelaunte Gudrun immer mal wieder kurzfristig zu sich nach Hause. Da dieses schöne Haus leider 1979 abgerissen wurde, zogen diese Leute nach Feldrennach. Dort konnte ich schon zwei- drei Mal bei Franz und Gudrun übernachten, mit denen ich mich wie ein enger Verwandter verbunden fühlen konnte. Ihre Kinder waren zu dieser Zeit noch im jugendlichen Alter: Michael, mit Spitznamen Mille, Martina und Andi. In dieser recht lebhaften Familie fühlte ich mich schon pudelwohl und verstanden. Die Jungs verstanden es auch nicht, mich extra gewinnen zu lassen. Im Gegenteil, Andi versuchte sogar manchmal, bei unseren Spielen zu bescheißen. Mille lernte mir im Laufe der Zeit sämtliche Tricks, die man in Mühle beherrschen muß. So spielte ich mit Mille und Andi ganze Mittage lang. Zur Erleichterung nummerierten sie jede Ecke. Also brauchte ich nur zu sagen: "Ich möchte mit dem neuner zurück auf acht u.s.w. Somit konnten sie mir den Stein gezielter setzen. Von dieser Idee war ich so begeistert, daß ich gleich, als ich nach Hause kam, meine Schwester Andrea bat, unser Mühlebrett auch zu nummerieren. Damals war ich mächtig stolz, denn ich gewann sogar gegen meine Mutter manchmal.
Nun, drei Jahre später, spielte ich mit meinen neuen Freunden vom Hof Mühle. Anfangs hatte es Frank schwer mit meinem Spielsystem, doch schnell erkannte er meine Tricks. Nur schwer konnte ich meine Zwickmühlen machen. Die Siege gingen hin und her. Einmal gewann er, dann wieder ich. Es reizte uns so, daß wir die Siege, wie ein kleines Turnier, zusammenzählten. Frank kam dazu auch öfters zu mir nach Hause, was mich riesig freute. Eines Abends saßen wir wieder alle hinten im Hof. Die meisten waren natürlich, wie so

oft, im Schachspiel vertieft. Die andern standen an der Mauer gelehnt und plauderten miteinander. Zu denen gesellte ich mich öfters dazu. Es waren Martina Koch, Patrizia Lamm, Silvia Mitteldorf mit ihrem Freund Manfred. Manfred war ein langer, schlanker Junge. Ungefähr 18 Jahre alt. Er hatte einen blonden Miniplilockenkopf. Was Manfred alles zu erzählen wußte, war zwar etwas prahlerisch', doch man mußte ihm einfach zuhören. Ähnlich wie ein kleines Kind mußte er sich ein wenig wichtig machen. Zum Beispiel erzählte er uns fast jedes Mal, wie spät er am vorigen Tag von der Discothek heimgekommen sei. "Meistens komme ich vor Mitternacht gar nicht mehr nach Hause", verkündete uns Manfred grinsend und beobachtete daraufhin unsere Reaktionen. Fast noch Stolz erzählte er uns gleich anschließend, wieviel Alkohol er in dieser Nacht getrunken habe. Über Motorräder glaubte er auch Bescheid zu wissen. Er werde sich bald eine 80iger Maschine kaufen und dann gleich den Autoführerschein machen, meinte Manfred eines Tages bestimmt. "Nimmst du dir nicht gleich zuviel vor?" fragte ich ihn einmal unter vier Augen. "Das alles kostet doch wahnsinnig viel Geld. Kannst du dir denn das alles zugleich leisten?" Manfred schaute mich etwas verunsichert an. Zögernd antwortete er nur: "Kommt Zeit, kommt Rat. Zur Zeit bin ich zwar arbeitslos, aber ich denke, ich werde bald eine Arbeit vermittelt bekommen. Vor zwei Jahren saß ich für sechs Monate im Gefängnis." Unwillkürlich zuckte ich etwas zusammen. "Was?" fragte ich erschrocken, "warum denn das?" Manfred antwortete besänftigend: "Keine Angst Micha. Umgebracht habe ich niemanden. Ich habe bei einem Kaufhauseinbruch mitgeholfen. Vier junge Männer versprachen mir eine Menge Geld dafür. Die Schweine sind davongekommen, mich hat die Polizei geschnappt. Zum Glück hat man mich wegen mildernder Umstände früher freigelassen. Ich konnte der Polizei damals wichtige Hinweise zur Ermittlung der Täter geben." Ein kurzes Schweigen brach zwischen uns aus. Manfred sieht nicht wie ein Einbrecher aus, schwirrte mir im Kopf umher. "Ob er mir nicht etwas vorgeflunkert hat?" kam mir plötzlich der Gedanke. Aber Manfred erzählte es mir so im Vertrauen, daß ich es einfach glauben mußte. "Sicherlich würdest du jetzt so etwas nicht mehr tun", erkundigte ich mich, um die peinliche Stille zu unterbrechen. Manfred schaute mich mit großen Augen an und erwiderte: "Nein, meinst du ich bin blöd? Ich bin doch kein Handlanger für andere. Nie mehr lasse ich mich in so eine Sache ein. Da kannst du ganz sicher sein."

Helge und Elmar lernte ich in dieser für mich schönen Zeit auch kennen. Diese zwei Brüder wohnten direkt über der Familie Boiano in Hausnummer 19. Der jüngere war ein quirliger Bursche, auch ein tüchtiger Fußballer. Wenn auf dem Platz hinterm Haus herumgekickt wurde, kam Helge immer mit einem Fußballtrikot. Sein älterer Bruder Elmar war ein wesentlich ruhigerer und besonnener Typ. Mit ihm konnte man, sicherlich auch altersbedingt, ganz toll über alles mögliche in unserer Gesellschaft diskutieren. Elmar hatte schwarzes, leicht gelocktes Haar. Er kam nicht allzu oft in den Hof und wenn, dann nur auf einen Streifzug mit seinem Fahrrad. Auch Elmar hatte eine sportliche Veranlagung. Eines Mittags, bei einem schönen sommerlichen Wetter, blieb er doch einmal für eine längere Zeit bei uns und spielte Schach mit. Während Elmar nach längerem Spielen aussetzte, fragte ich ihn, ob er Lust hätte, mit mir ein Mühlespiel zu machen. Elmar willigte sofort erfreut ein.

"Aber du wirst es schwer mit mir haben. Ich bereite dich gleich mal darauf vor", meinte er lächelnd. "Das wollen wir erst einmal sehen", entgegnete ich gespannt und war froh, wieder einen Spielpartner gefunden zu haben. Zunächst einmal plante ich, Elmar einfach einzusperren, denn seine Steine setzte er für mich sehr günstig oft in die Ecken. Aber dann konnte mir Elmar durch eine Mühle einen wichtigen Stein wegnehmen. Also mußte ich umdisponieren. Jetzt mußte ich unbedingt selbst eine Mühle bekommen. Schließlich gelang es mir auch. Ich konnte sogar eine Zwickmühle bauen. Plötzlich wurden die Steine von Elmar immer weniger. Aber auf einmal lachte Elmar laut auf. Etwas brennend Wichtiges hatte ich total übersehen. So konnte Elmar auch noch zu einer Mühle gelangen, wobei er von mir einen Stein wegnahm und sich den Weg zu einer doppelten Mühle freimachte. Nun war wieder alles offen. Jedoch konnte ich in diesem recht spannenden Spiel am Ende doch noch gewinnen. Das Spiel mit Elmar hatte ganz schön Ausdauer gekostet, und es hat uns sehr viel Spaß gemacht.

Im Frühjahr lernte ich Michael Waldmann kennen. Ich sah ihn hinten in der Hofanlage mit den anderen Jungs Fußball spielen. Ich dachte noch, was ist denn das für einer? Damals hatte Micha noch einen richtigen Bauch, der ihm sicherlich das Rennen schwer machte. Ich merkte dann schließlich, wie sich Michael Mühe gab, näher mit mir in Kontakt zu kommen. Nach so einem Fußballspiel kam Michael jedesmal zu mir und erkundigte sich fast ein wenig höflich nach meinem Wohlergehen. Anfangs fand ich das etwas komisch. Bei neuen Bekanntschaften bin ich anfangs sowieso eher etwas zurückhaltend. Erst wenn ich jemanden näher kenne und er mir vertraut ist, kann ich seine Zuneigung richtig erwidern. Im Laufe der Zeit wurden unsere Gespräche immer tiefer. Bald erfuhr ich, daß Michael der ältere Bruder von Ralf Waldmann ist. Ich schmunzelte etwas darüber, denn die beiden sind total verschieden. Ralf ist so dünn wie eine Bohnenstange und Michael dagegen ist untersetzt und eher etwas kräftig gebaut. Michael Waldmann konnte ich nach einer gewissen Zeit gar nicht mehr wegdenken. Verwundert fragte ich ihn eines Tages, wo er denn die ganze Zeit zuvor gesteckt habe. Micha zuckte daraufhin die Achseln und antwortete: "Ich war hauptsächlich in meinem Zimmer und las." Michael war ein starker KSC Fanatiker. Er kaufte sich jedes Jahr die neuen KSC Fußballtrikots. Darauf war Micha ziemlich stolz und kickte mit ihnen im Hof herum. Sogar im Schlaf mußte ihn der KSC verfolgen. Ich besuchte Micha einmal, als er stark erkältet war. Nach wenigen Tagen mußte ich einfach mal schauen, was mit Micha los war. Er war plötzlich wie vom Erdboden verschwunden. Während mich Frau Waldmann in das Zimmer von Micha und Ralf schob, mußte ich gleich lachen. Michael lag genüßlich im blau- weißen KSC Bett. "Servus! Schön, daß du mich einmal besuchst. Wie findest du meinen Bettüberzug?" war die Begrüßung von Michael. "Den finde ich toll. So einen Bettüberzug habe ich noch nie gesehen. Aber sag mal, wie geht es dir? Hast du auch Fieber gehabt", erwiderte ich. "Oh ja, jetzt geht es mir wieder besser. Ich dachte, jeden Augenblick müsse mein Kopf platzen. Solches Kopfweh hatte ich. So langsam stinkt es mir, immer im Zimmer zu bleiben. "Na ja, das einzig Gute ist, daß ich noch über eine Woche krank geschrieben bin." Maschinenmechaniker lernte Micha. Er zeigte mir ein paar selbst zusammengeschweißte Bauteile. "Schau mal, solche Sachen machen wir im Geschäft. Das

Zahnrad und das hier habe ich selbst gemacht", teilte mir Micha nicht ohne Stolz mit. Der Mittag war richtig gemütlich. Wir ließen ganz tolle Musikcassetten laufen und schwatzten miteinander über alles mögliche. In diesen Stunden kam uns plötzlich die Idee auf, eine gemeinsame Party im Januar nächsten Jahres zu machen. Wir beschlossen, unsere Geburtstage einfach zusammenzulegen. Erstens macht es irgendwie mehr Spaß, wenn man gemeinsam eine Party vorbereiten kann., und zweitens kommt jeder mit den Kosten günstiger davon. Sehr aufgelockert und fröhlich kam ich erst wieder am Abend nach Hause.

Die beiden Waldmänner hatten noch zwei Geschwister. Ein Mädchen mit Namen Manuela und den kleinen Sascha. Der blonde Sascha war oft mit seinem Cousin Thorsten zusammen. Die beiden waren ungefähr im selben Alter. Damals waren sie vier Jahre alt. Sie hatten auch die gleiche Größe. Nur war Sascha blond, und Thorsten hatte pechschwarzes Haar. Thorsten wohnte auch im selben Häuserblock. Über diese beiden Unzertrennlichen amüsierte ich mich manchmal sehr. Beim Spielen schaute ich ihnen oft zu. Diese kleinen Jungs konnten noch so richtig frei und unbefangen sein. Wie zwei junge Hündchen tollten sie im Rasen umher. Mit kindlichem Interesse fragten sie mich einmal, ob ich nie wieder laufen könne und warum das so sei. Dabei schauten sie mich mit so großen vertrauensvollen Augen an, daß ich mir richtige Mühe gab, es ihnen kindgerecht zu erklären. Ausdauer im Zuhören hatten die Kleinen meist keine. Schnell wurden sie durch eine andere Spielidee abgelenkt. Dafür kamen sie aber oft in den nächsten Tagen und befragten mich wieder. Thorsten forderte mich einmal ziemlich energisch auf, einmal einfach aufzustehen. Es dauerte schließlich ein wenig, bis ich sie davon überzeugen konnte, daß es eben nicht ging. Ganz schön clever waren die beiden, ich sah ihnen einmal zu, wie sie von den vier Bäumen im Vorhof die Samenwürstchen herunterzuholen versuchten. Ich fragte Sascha, was sie denn damit machen wollten. Er gab mir eine ausführliche Antwort: "Schau her! Wir verreiben die Samen zu Mehl. Dann kommen sie in diesen mit Wasser gefüllten Becher und fertig ist unsere Suppe." Ich schaute interessiert zu, wie Sascha und Thorsten voller Hingabe die Samenkörner ins Wasser schütteten und verrührten. "Schau Micha! So sieht unsere Suppe aus", sagte Thorsten. Dabei hörte man den Stolz aus seiner Stimme, und er hob mir eine gelbliche Brühe vor die Nase. "Toll", erwiderte ich, "das habe ich früher mit meinen Schwestern auch gemacht." Nach kurzer Zeit rannten sie wieder zu den Bäumen und warfen alte zerbrochene Stöcke hoch, die man im Hof immer mal wieder finden konnte. Für einen Augenblick hatten die beiden Jungs sehr wenig Glück. Es fielen kaum Samenwürstchen zur Erde herunter. Ratlos blickten Sascha und Thorsten umher. Gerade ungefähr drei Meter daneben stand ein Mercedeswagen. Was der, mitten auf dem Gehweg, zu suchen hatte, wußte ich auch nicht. Darin saßen zwei Männer und zwei Frauen. Sie schienen auf irgend jemanden zu warten. Sascha und Thorsten ließen sich die Chance nicht entgehen. Sie rannten zu dem Mann, der gerade aus dem Wagen gestiegen war. Ich hörte, wie sie ihn baten, er möge sie auf den Baum hochheben. Ich traute meinen Ohren nicht. "Wir müssen unbedingt noch ein paar von diesen Dingern pflücken", erklärte Thorsten diesem Mann mit größter Wichtigkeit und zeigte auf den Baum hoch, um ihm die Samenwürstchen zu zeigen. Bereitwillig hob der Mann abwechselnd

Thorsten dann auch Sascha hoch, damit sie gut an die Zweige herankamen. Schmunzelnd dachte ich, was die kleinen Jungs durch ihre, wie ich finde, vorbildliche Art alles erreichen. Diesen Mann holten die beiden noch mehrmals aus dem Auto, um ihnen beim Pflücken zu helfen. Diese Geste fand ich ganz enorm, denn allzuoft werden Kinder, gerade bei so einer ausgefallenen Frage, einfach ungeduldig und leichtfertig abgewiesen. Nachdem die Leute abgefahren waren, hatten es Sascha und Thorsten nicht mehr so leicht, an die Zweige des Baumes heranzukommen. Die Spaziergänger zeigten keinen Sinn für solche Kindereien. Es war interessant, die verschiedenen Reaktionen zu beobachten. Mit recht verdutzten Gesichtern sagten viele, sie hätten jetzt wirklich keine Zeit. Einige Menschen eilten auch schnellstens weiter und taten so, als würden sie die Bitte der Kinder überhaupt nicht hören. Wieder andere brachten auch die bequeme Ausrede und vertrösteten die Kinder auf das nächste Mal. Ein älterer Herr mit einem braunen Anzug zeigte ein wenig verärgert seine Aktentasche und meinte recht mürrisch: "Hört mal, ich komme gerade von der Arbeit und habe wirklich keine Zeit für solche Lausbubereien." Daraufhin hörte ich erstmals Thorsten rufen: "Du altes Arschloch!" Das sind dann die Folgen, weil man Kinder, auch Jugendliche, nicht ernst genug nimmt."Tja, das sind ja nur Kinder," denken viele. Ich finde, dazu gehört sehr viel Mut und Vertrauen, einen fremden Menschen einfach anzusprechen. Kinder können noch, bevor sie von den Verhaltensnormen der Erwachsenen geprägt werden, so unkompliziert und einfach sein.

Schon lange nagte in mir der Wunsch, auch einmal Frank und Silke

zu besuchen. Wahrscheinlich hätte ich es schon längst getan, wenn die hohen Treppen nicht wären. Familie Elchinger wohnte in einer Altbauwohnung im dritten Stockwerk. Als Silke wieder mal bei mir auftauchte, packte ich die Gelegenheit am Schopf und ließ sie von meinem Wunsch wissen. "Aber natürlich kannst du mal zu uns hoch kommen, du mußt eben jemand finden, der dich die Treppen hochträgt. Mein Vater würde es gerne tun, aber durch seine Kriegsverletzung am Rückgrat kann er es leider nicht", meinte Silke recht nachdenklich. "Au ja!" rief ich hoch erfreut. "Da weiß ich schon jemand. Thomas, der Freund meiner Schwester, macht das bestimmt einmal." Gleich am Abend rief ich Thomas an, um ihn zu fragen, ob er mich den kommenden Sonntag zu Familie Elchinger hochtragen würde. Bereitwillig sagte Thomas zu. Bis zum Sonntag konnte ich kaum noch schlafen, so riesig war meine Freude, auch einmal Familie Elchinger besuchen zu können. Auf Thomas war Verlaß, er kam zum verabredeten Zeitpunkt fast auf die Minute pünktlich. Thomas und ich, wir planten, in diesem Sommer vier Wochen mit dem Zelt durch halb Italien zu fahren. Bei Thomas habe ich überhaupt keine Bedenken, daß ich ihm zu schwer bin oder durch meinen unruhigen Körper irgendwie zu einem Problem werden könnte. Diese Ängste sind bei Thomas vollkommen weg. Das liegt sicherlich daran, daß wir uns prächtig verstehen.
Als wir ins Treppenhaus der Familie Elchinger kamen, schaute ich etwas respektvoll die Treppen hoch. "Oh Michel, nach deiner Schilderung habe ich mir steilere Treppen vorgestellt", sagte Thomas zuversichtlich, als ob er meine Gedanken vom Gesicht ablesen könnte. Erleichtert legte ich Thomas den rechten Arm um den Hals und hinauf ging es. Die letzten oberen Treppen waren aus

Holz. Unter den Füßen von Thomas knarrte es romantisch. Vor einer Wohnungstür stellte mich Thomas hin. "Sind wir schon oben?" fragte ich Thomas seelig. Thomas zeigte mir das Namensschild und läutete an der Wohnungstür. Es dauerte nicht lange, da wurde von Frank die Wohnungstür geöffnet. "Kommt nur herein!" rief er uns lächelnd zu. Wir traten ein. Flink setzte mich Thomas auf den Teppichboden im Flur ab, weil er noch mein Wägelchen heraufholen mußte. Der Flur war sehr lang und breit. Frank war in irgendeiner Tür verschwunden und gab den Eltern Bescheid, daß ich gekommen sei. "Er soll nur hereinkommen!" hörte ich Herr Elchingers Stimme. Jetzt kam auch Silke aus einem Zimmer heraus. "Oh, hallo Micha, warum mußt du hier auf dem Flur herumsitzen?" fragte mich Silke etwas erstaunt. "Servus Silke! Ich muß gerade noch warten, bis Thomas mein Wägelchen die Treppe heraufgetragen hat. Kaum hatte ich Silke geantwortet, kam auch schon Thomas mit meinem Gefährt zur Tür herein. Im Nu saß ich darin. Daraufhin verabschiedete sich gleich Thomas. Er hinterließ mir seine Telefonnummer. Also war ich an diesem Mittag frei und ungebunden. Thomas hielt nichts von einer ausgemachten Zeit. Er meinte, daß er sowieso auf eine kurz bevorstehende Klausurarbeit lernen müsse und deshalb den ganzen Tag zu Hause wäre. Nun kam Frau Elchinger heraus und rief: "Guten Tag, Michael. Komm nur zu uns ins Wohnzimmer herein!" Frank half mir über die Teppiche hinwegzukommen. Durch einen Zwischenraum ging es ins Wohnzimmer. Dort saß Herr Elchinger auf der Couch vor einer Tasse Tee. Er hob die Hand und rief: "Na, servus Michael! Hast du einmal den Weg zu uns gefunden?" Freudig entgegnete ich: "Ja, ich freue mich riesig darüber." "Micha, magst du etwas trinken?" fragte mich Silke. "Strohhalme haben wir auch", bemerkte Frank dazu. "Au, ja gern", entgegnete ich. "Aber gib ihm Orangensaft, das ist bestimmt besser für Michael, weil da keine Kohlensäuere drin ist", meinte Herr Elchinger, wobei er genau recht hatte. Mit Frau und Herrn Elchinger konnte ich mich an diesem Tag gut unterhalten. "Hast du denn wirklich überhaupt keine Berufsmöglichkeiten jetzt nach der Schule?" erkundigte sich Herr Elchinger mit einem recht nachdenklichen Gesicht. Ich schüttelte den Kopf und gab ihm zur Antwort: "Nein, leider nicht. Im Büro wäre ich zu langsam. Zusätzlich langsamer werde ich dann, wenn ich mich unter Zeitdruck verkrampfe. So mache ich mir meine Arbeit lieber selbst mit meinem Buch, das ich schreibe. Vielleicht habe ich damit einmal Erfolg, und ich kann es irgendwie veröffentlichen lassen." Herr Elchinger wandte sich zu seiner Frau und meinte recht nachdenklich: "Ah, wenn ich mit meiner Verletzung schon kaum Arbeit finden kann, dann wird es für Michael fast aussichtslos sein." Frau Elchinger fügte hinzu: "Nichtbehinderte sitzen sogar auf der Straße. Unsere Silke wollte Floristin werden, aber was war? Nichts. Sämtliche Geschäfte haben wir abgeklappert. Alle Stellen waren besetzt. Nun möchte sie eine Ausbildung in einem Hotel machen. Am günstigsten wäre es drüben im neuen Hilton Hotel. Aber da sind sicherlich auch schon alle Ausbildungsplätze vergeben. Bei Frank hatten wir Glück, der kann nach der Berufsschule durch Beziehungen gleich im Elektrofachgeschäft Teutsch anfangen." Frank hob die Arme und rief lachend: "Tja, ich bin eben ein Glückspilz." Silke musterte Frank gleich von der Seite: "Oh, gib doch nicht so mordsmäßig an!" fauchte Silke. Olaf, der Älteste, war an diesem Mittag nicht da. Er kam erst später dazu. "Komm Michael! Ich zeige dir mal mein Zimmer", rief Silke plötzlich. Erfreut und recht gespannt fuhr ich ihr nach. Das Zimmer war etwas länglich. Recht geschmackvoll eingerichtet, mit hellbraunen Möbeln. An der Wand hingen viele tolle Poster. "Schönes Zimmer hast du, Sillke", rief ich, während ich geradeaus zum Fenster blickte, von dem man angeblich in die Hofanlage sehen konnte. Ich sah nur Himmel und Schornsteine, weil ich zu niedrig unten saß. "So, jetzt zeige ich dir mal Franks Zimmer", meinte Silke. Frank war gerade beschäftigt, Telespielcassetten zu richten. "Ich zeige dir mal alle meine Telespiele, die ich habe", rief mir Frank gleich zu, wobei er gerade ein Kabel in eine der Fernsehbuchsen steckte. Frank hatte ein eigenes Fernsehgerät in seinem Zimmer. Solange Frank mit dem Anschließen zu tun hatte, schaute ich mich etwas im Zimmer um. Die Räumlichkeit war so ähnlich wie bei Silke. An der Wand hingen, wie sollte es bei Frank anders sein, ziemlich viele Kissposter. Palmen, Kakteen und andere Pflanzen lockerten das Zimmer auf. Nun war das Rieseln im Bildschirm verschwunden und ein Telespiel mit vielen Autos war zu erkennen. Frank mußte eine recht kurvenreiche Geschicklichkeitsfahrt starten. Das schien mir gar nicht leicht, denn nun kamen plötzlich ganz viele Fahrzeuge entgegen. "Schau Micha! Das kann man langsam stellen und sehr schnell", erklärte mir Frank, wobei er es mir vormachte. Bei jedem Aufprall mit einem entgegenkommenden Auto krachte es ganz fürcherlich. Anschließend führte mir Frank ein Panzerspiel vor. Reihenartig tauchten am Bildschirm plötzlich ganz viele Panzer auf. Zwei verschiedene Gruppen mußten sich gegenseitig beschießen. Nun war aber ein Mitspieler erforderlich. Obwohl ich überhaupt kein Freund von Kriegsspielen bin, kam in mir wieder das Gefühl hoch, mit dir kann man ja überhaupt nichts anfangen. Gegen diesen Gedanken versuchte ich mit aller Kraft anzukämpfen. In diesem Augenblick kam Herr Elchinger ins Zimmer. "Laß Michael doch einmal probieren. Vielleicht kann er das Steuerungsgerät irgendwie bedienen", sagte er zu Frank, der mir das Steuerungsgerät gleich auf den Schoß legte. "Na komm, versuche es einmal", ermutigte mich Frank. Er schaltete um auf ein Tennisspiel. Ich konnte den Schläger auf dem Bildschirm zwar bewegen, doch nicht gezielt den Ball abfangen. So bekam ich gleich 10 Minuspunkte. "Leider hat es doch keinen Wert, Frank", meinte ich schließlich. Daraufhin nahm er mir die Steuerung wieder weg. "Mach dir nichts draus. Diese Telespiele beherrschen sowieso nicht alle. Auch Nichtbehinderte haben ihre Schwierigkeiten damit. Dazu braucht man eine ganz schöne Konzentration", meinte Frank. Plötzlich entdeckte ich auf dem Boden dreierlei Gewichtshebegeräte. "Au Frank! Tust du etwas für deine Armmuskeln?" fragte ich, wobei ich auf das eine Stemmgerät zufuhr. Ganz spontan hob ich meinen linken Fuß unter die Stange, die an den beiden Enden mit den räderartigen Gewichten endete. Donnerwetter war das Ding aber schwer. Meine Kräfte genügten nur, das Gerät vielleicht 2 cm vom Boden abzuheben. So sehr ich auch meine Beinmuskeln anzog, daß mir fast die Luft wegblieb, ich mußte es aufgeben. Frank lachte und meinte: "Da mußt du eben noch ein bißchen trainieren." Er zeigte mir gleich noch seine anderen Geräte, die er vollkommen beherrschte. Erst am Tag darauf merkte ich, daß ich mir eine leichte Muskelzerrung zugezogen hatte. Ungefähr drei Wochen schmerzte mich der linke Oberschenkel etwas. Ich hätte mich nicht so wild auf das schwere Ding stürzen sollen. Die Zeit verging bei der Familie Elchinger sehr schnell. Frank zeigte mir noch allerhand von seinen Sachen. Danach verzogen wir uns wieder ins Wohnzimmer. Herr Elchinger war gerade dabei, Zigaretten zu drehen. "Frank, gib Michael noch etwas zu trinken", forderte Herr Elchinger Frank auf. "Michael wird es mir schon selbst sagen, wenn er noch etwas möchte. Mich kann es nämlich auch aufregen, wenn ich irgendwo bin und werde nach jeder Viertelstunde gefragt", meinte Frank zurückweisend. "Aber Frank, es gibt auch Leute, die trauen sich einfach nicht so zu bitten. Da muß man manchmal schon zuvorkommen", erwiderte Frau Elchinger. Nun kam Silke ins Wohnzimmer herein und verabschiedete sich. "Also, ich gehe jetzt", rief sie entschlossen. "Als fort, als fort", brüllte Herr Elchinger spaßig hinterher. "Tschüß Michael, wir sehen uns ja bald wieder im Hof", verabschiedete sie sich auch von mir. Während ich ihr ebenfalls ein paar Worte mit einem "viel Spaß" hinterher rief, brannte in mir die Sehnsucht, einfach mit ihr zu gehen. In diesem Augenblick merkte ich erneut meine Lebensgrenzen. Soviele Jungs in meinem Alter hatten schon längst eine Freundin, doch mir blieb es einfach verwehrt. Silke und auch anderen konnte ich von meiner heimlichen Liebe nichts sagen, denn wer war ich eigentlich? Jetzt fragte ich Frank, ob er mir das Glas Orangensaft hinhalten würde. Frank sah seine Eltern grinsend an und sagte erfreut. "Seht ihr, Micha meldet sich schon von selbst." Wir schauten noch Familienalben an. Das war für mich hochinteressant, Frank, Silke und Olaf im Babyalter zu sehen. Plötzlich wurde ich so unruhig. Würde Thomas jetzt auf mich warten? Vielleicht wollte er heute Abend doch noch etwas unternehmen. Thomas ist sonst keiner, der den ganzen Tag zu Hause bleibt. Sicherlich wollten Thomas und Bärbel heute Abend noch etwas fortgehen. Niemand anders konnte mich die langen Treppen hinuntertragen. Aber warum wollte ich eigentlich jetzt so plötzlich vom Turm herunter, auf dem mir es so gut gefiel? Thomas hat mir doch ausdrücklich gesagt, daß er heute den ganzen Tag zu Hause beschäftigt sei. Warum konnte ich das einfach nicht glauben? So gut müßte ich Thomas inzwischen schon kennen. Und ich kannte ihn auch, daß er es mir offen gesagt hätte, wenn es anders gewesen wäre. Also bat ich Herrn Elchinger, er solle jetzt Thomas anrufen. Darauf läutete es nach einer viertel Stunde, und Thomas kam nach wenigen Minuten ins Zimmer herein. Er machte auf mich ein wenig einen geschafften Eindruck. Herr Elchinger bot Thomas noch ein Gläschen Wein an. Thomas willigte mit Freuden ein. Somit freute ich mich auch, noch ein wenig bei meinen wirklich selbst gefundenen Bekannten bleiben zu können. Ich hatte den Eindruck, Thomas fühlte sich recht wohl bei diesen Leuten, die er außer Frank noch nicht kannte. Thomas war begeistert von dieser großen Altbauwohnung. Davon war sehr lange die Rede. "Jetzt bräuchten wir nur noch einen Flaschenaufzug, damit Micha uns ohne Schwierigkeiten besuchen kann", meinte Herr Elchinger, wobei er mir freundschaftlich zulächelte. "Das wäre toll", erwiderte ich. "Wieso? Du hast doch eine Menge Freunde hier, die dich doch manchmal die paar Treppen rauftragen können", fügte Thomas hinzu und sah mich recht fragend an. "Aber, aber, das ist doch fiel zu schwierig", gab ich ihm etwas verunsichert zur Antwort. "Ach Michael, hör doch auf. Man könnte gerade meinen, du würdest über 2 Zentner wiegen. Wenn du den Leuten erklärst, wie sie dich am besten nehmen können, bekommt dich jeder die Treppen hinauf. Natürlich darfst du keine 12 bis 16jährigen darum bitten. Aber das ist dir wohl selbst klar. Das dürfte doch kein größeres Problem sein", entgegnete mir Thomas mit fester Überzeugung. Diese totale Sicherheit von Thomas überträgt sich auf mich. Deshalb kann ich mich bei ihm richtig unproblematisch fühlen. Das löst in mir den größten innerlichen Druck, wenn ich merke, ich werde von anderen nicht als Problemfall gesehen. "Ha ja, wofür trainieren einige vom Hof Body-Building. Da brauchst du doch eigentlich überhaupt keine Bedenken zu haben", fügte Herr Elchinger hinzu. Frank und Thomas waren im selben Berufszweig. Das stellte sich im Laufe der Gespräche heraus. Nur stand Frank noch ganz am Anfang. Die beiden führten angeregte Fachgespräche miteinander. Erst um 23,30 Uhr verabschiedeten wir uns. Noch an der Wohnungstür sagte Frau Elchinger: "Also du weißt, wenn du uns besuchen möchtest, brauchst du uns nur zuvor kurz anrufen." Und Herr Elchinger fügte noch hinzu: "Irgend jemanden vom Hof wirst du schon finden, der dich zu uns hinaufträgt." Frank ließen wir vor, er trug mein Gefährt die Treppen hinunter. Runter ging es, fand ich, schneller als rauf. Glücklich dieses Ziel einmal erreicht zu haben, saß ich wieder unten in meinem Wägelchen. Nachdem wir uns von Frank verabschiedet hatten, rief er mir noch nach: "Schön selber fahren, nur nicht so faul sein! Also, bis morgen dann, da sehen wir uns bestimmt im Hof." Frank lachte wieder auf seine schelmische Art. "Du hast vollkommen recht", spöttelte Thomas zurück. "Michael hätte es wohl gern, aber keinen Zentimeter werde ich ihn schieben." Dann liefen wir in die dunkle Nacht hinaus. Zu Hause im Aufzug wollte ich mich bei Thomas bedanken, daß er mich zu den Leuten hochgetragen hatte. Daraufhin sah mich Thomas etwas verdutzt an und erwiderte mir: "Du bist doch blöd. Kann es denn nicht sein, daß mir dieser unverhoffte Abend auch etwas Spaß gemacht hat?" Diese Antwort

von Thomas gab mir zu denken und machte mich zugleich froh, endlich zu fühlen, daß ich für ihn ein richtiger Partner bin.
Das nächste Mal kam ich durch Gino zu Familie Elchinger hoch. Ich mußte es einfach einmal ausprobieren, um die Erfahrung zu machen, daß meine Grenzen doch weiter liegen, als ich immer gemeint hatte.

Wie ich ja schon erwähnte, wurde im Hof eine Zeitlang fast nur noch Schach gespielt, so daß den Leuten die Köpfe rauchen mußten. Jedenfalls mir rauchte er nur vom Zuschauen. Wenn mich das ständige Schachspiel langweilte, wandte ich mich einfach den Mädchen zu, um mich ein wenig im Gespräch zu amüsieren. Petra und Silke waren in diesen warmen Frühlingstagen auch oft dabei. In dieser Zeit war ich überzeugt, Silke merkte etwas von meinen tiefen Sympathien, die ich für sie empfand. Ich schrieb ihr auch einige Briefe in der Hoffnung, durch die offenen, aber doch indirekten Zeilen, meine ekelhafte Mauer ihr gegenüber zu verlieren. Warum kann mich Silke nicht weiterhin kennen lernen, wie ich eigentlich sein kann? Diese Frage schwirrte mir ständig im Kopf herum. Bei Leuten, die ich nicht unbedingt mag, kann ich ein sehr lockerer Kerl sein. Auch einigen anderen, wie zum Beispiel Thomas, Gino und auch Ralf Hempel, die die Schwelle zu mir schon überschritten haben, kann ich ruhig, mit einem sicheren Gefühl begegnen. Weil ich weiß, ihnen brauche ich nicht mehr zu beweisen, wie ich sein kann. Das Resultat ist dann, daß ich mich ihnen gegenüber lösen und öffnen kann. Trotzdem habe ich auch diese Leute tief in mein Herz geschlossen. Aber bei Silke war das irgendwie anders. Nicht, daß ich mit ihr besondere Absichten gehabt hätte, wie könnte ich auch! jedoch ihre Art und ihre Person gefielen mir einfach. Ich frage mich oft, ob das für mich die erste Liebe gewesen ist. Das Ganze kam für mich zu plötzlich. Auf einmal hatte ich so viele junge Leute, mit denen ich mich jeden Tag treffen konnte, wo ich ganz für mich unterscheiden lernte, bei wem es sich lohnte, eine Beziehung tiefer einzugehen und wo nicht. Dann noch gleich die neuen Gefühle zu einem Mädchen. Das viele Neue, das plötzlich in mein Leben einstürzte, war für mich einfach zu viel. Ich konnte das gar nicht irgendwie einordnen. Oft machte ich mir Vorwürfe, weil ich mich Silke gegenüber so unheimlich blöd und verklemmt verhalten habe. Ich kam mir dabei richtig im Weg vor, und daß meine Konflikte das Verhältnis zu Silke natürlich erschwerten, ärgerte mich ungemein. Von Silke aus merkte ich, daß sie mich als guten Freund achtete und akzeptierte. Was wollte ich eigentlich mehr? Kein Mensch vom Hof konnte ahnen, obwohl da viele Liebeleien ausgetauscht wurden, daß ich etwas Besonderes Silke gegenüber empfand. Nicht einmal ich hielt es für möglich, daß ich mich einmal in ein Mädchen verlieben könnte. Keinem Menschen konnte ich etwas von meiner heimlichen Liebe erzählen. Sogar meine Mutter ließ ich es nur ganz oberflächlich wissen. Als ob ich etwas Verbotenes im Herzen verbergen müßte, mußte ich in mir verschließen, daß ich Silke besonders gern mochte. Wie hätte wohl Silke selbst meine Liebe zu ihr aufgenommen? Etwa erschreckt, weil ihr Verehrer nun mal behindert ist? Oder doch ganz anders?? Meine besondere Zuneigung zu Silke machte nicht alleine ihr Aussehen aus, sondern ihre zum Teil scheue, beobachtende, aber dennoch sehr energische, liebe, spontane Art. Ihr war es fremd, andere Leute irgendwie nachzumachen oder gar nachzuahmen. Oftmals überfällt mich heute noch die Reue, daß ich Silke selbst keine Chance ließ, mir gegenüber Stellung zu nehmen. Manchmal hatte ich zwar das Gefühl, Silke ahnte etwas. Sie traf bei anderen Dingen öfters den Nagel auf dem Kopf, wenn mich etwas beschäftigte. Über alles konnten wir reden, nur über unsere freundschaftliche Beziehung nicht. Die paar Briefe, die ich ihr geschrieben hatte, belasteten unsere lockere Freundschaft nur, wie es sich im Laufe der Zeit herausstellte. Mir tat es sehr weh, als ich merkte, daß Silke durch meine immer stärkere Unsicherheit selbst mir gegenüber unsicher wurde. Die Folge war, Silke wandte sich langsam aber sicher von mir ab. Zwar unterhielten wir uns manchmal noch, wenn wir uns begegneten, doch so, wie ein Jahr zuvor, war es nicht mehr. Schließlich fand Silke einen festen Freund. Sie kam daraufhin überhaupt nicht mehr in den Hof. Jetzt sah ich Silke nur noch einige Male verliebt mit ihrem Freund Hand in Hand durch den Hof zur anderen Straßenseite schlendern. Na ja, so brach diese für mich wichtige Freundschaft auseinander. Die beiden blieben zwar oft, wenn sie mich trafen, bei mir stehen, und Silke fragte nach meinem Ergehen. Ich fragte dann oft, wie es ihr in ihrer neuen Stellung gefiel. So offen jedoch war es nicht mehr. Vielmehr ist von unserer früheren kameradschaftlichen Beziehung leider nichts übriggeblieben. Wenn ich an die Vergangenheit denke, könnte ich mir selber jedesmal einen Tritt geben. Frank stellte eines Mittags im Hinterhof, völlig spontan aber ernst und sehr nachdenklich, eine Frage: "Hast du eigentlich auch wie die anderen eine feste Freundin?" Frank sah mich dabei so forschend an, daß mir zunächst einmal ganz heiß wurde. "Oh nein, ich habe mehrere Freundinnen", stammelte ich stark verlegen. Dabei dachte ich aber, wenn Frank nur wüßte! Daraufhin gab sich Frank jedoch nicht zufrieden. Er hakte, für mich zunächst noch nicht verständlich, leicht ärgerlich ein. "Das gibt es doch nicht. Irgendein Mädchen muß dir doch in deinem Alter besonders gefallen." Nachdem ich es abermals, so bestimmt wie ich es nur konnte, verneinte, wandte sich Frank den anderen zu. Er winkte mir fast ein wenig zornig ab und meinte: "Ach, du erzählst mir doch Märchen. Das kannst du andern erzählen, nicht mir." Da stand ich nun ziemlich verdutzt da und überlegte mir, ob Frank wegen seiner Schwester Silke etwas ahnte. Jetzt hätte ich die Chance gehabt, mit jemanden darüber zu reden. Sogar mit einem Bruder von Silke, der das gewiß nicht bei anderen ausgeschlachtet hätte. Mir wäre es nämlich sehr peinlich gewesen, Silke würde es über sieben Ecken erfahren. Frank ist nämlich überhaupt kein Schwätzer. Soweit kannte ich ihn schon. Doch wenn ich ehrlich sein soll, war das lange nicht der einzige Grund. Ich hatte vielmehr Angst, ich würde Frank und somit auch Silke erschrecken, daß die Auserwählte gerade seine Schwester war. Denn welches Mädchen würde sich schon in mich verlieben? Dies frage ich mich heute noch oft. Mich, der als ein Behinderter abgestempelt ist, den man noch versorgen muß wie ein kleines Kind! Ich, der kaum etwas geben kann, würde für eine feste Beziehung praktisch nur eine Last bedeuten. Und dann noch etwas: Bin ich mit meinem Körper identisch? Könnte ich mit meiner Sexualität, die voll intakt ist, von Frauen etwas verlangen??? Diese wichtigen Fragen, die ich mir schon manchmal stelle, müssen leider völlig offen bleiben. Bis heute konnte ich nur mit fünf ganz engen Freunden darüber reden. Bei der Beziehung im Hof mit Silke dachte ich längst noch nicht so weit. Ich war damals einfach in einer

Hinsicht, glaube ich, etwas zu naiv, und hatte damals noch nicht die nötigen Erfahrungen sammeln können. Für mich war ja lange eine ganz übliche zwischenmenschliche Freundschaft noch eine Stufe zu hoch. Deshalb schirme ich mich für dieses Thema, feste Freundin zu haben, von anderen jungen Leuten total ab. Ich kann gut mit meinen Freunden über ihre eigenen Beziehungen zu einem Mädchen reden, wenn sie sich, wie so oft, mit ihren Problemen an mich wenden. Für mich selbst blieb dieses Thema ein Tabu.
Ich glaube jedoch, darüber bin ich mir erst heute bewußt geworden, für viele Leute im Hof war es gar nicht so unmöglich, daß ich mich selbst auch einmal verlieben könnte. Viele Leute machten so einige Anspielungen wegen Silke und mir. Dadurch fühlte ich mich eigentlich erst recht bei den anderen integriert.

An einem warmen Frühlingstag wurde ich erneut auf die Probe gestellt. Ich kam gerade in die Hofanlage gefahren, da entdeckte ich viele Leute von der Clique unten auf der unbenützten Fläche. Voller Freuden setzte ich mein Gefährt in Bewegung, als ich meine Kameraden sah. Plötzlich spürte ich, wie jemand von hinten die Lehne anfaßte, mich blitzschnell herumdrehte und mich nach vorn schob. Ich schaute nach hinten und sah, daß es Silke war. "Warte, ich helfe dir Micha, dann kannst du schneller bei uns sein", rief sie fest entschlossen. Petra lief freudig neben uns her. Lustig wippte ihr langer Pferdeschwanz dabei hin und her. Silvia Lamm eilte gerade auf uns zu, als sie mich mit Silke und Petra kommen sah. "Aha, Michael kommt mit seiner Freundin Silke", rief sie uns, aufgeschlossen wie sie war, von der Ferne entgegen. Ich hätte mich am liebsten verkrochen. Ich dachte verlegen, warum muß das Silvia

so laut herumschreien. Ich war so perflex, daß ich Silvia zunächst einmal gar nicht begrüßen konnte. Verstohlen sah ich zu Silke. Sie schien keinen Anstoß daran genommen zu haben. Zum Glück, dachte ich. Gleich darauf mußten wir den Platz wegen des Fußballspiels räumen. Silke schob mich wieder den steilen Abhang hoch. Es war noch ein ganz toller Nachmittag. Damals ahnte ich nicht, daß Silke bald nicht mehr in den Hof kommen würde. Silke war häufig diejenige, die mich ins Hofgeschehen einbezog. Auch behandelte sie mich so vollkommen normal, als ob ich überhaupt keine Körperbehinderung hätte. Sie konnte mir auch manchmal ihre Meinung sagen. Das schätzte ich an Silke sehr, denn es gibt auch viele Menschen, die heucheln dir etwas vor und hinten herum wird über dich hergezogen.
Noch einmal verleugnete ich unverständlicherweise meine besondere Zuneigung zu Silke. Als ich eines Abends mit Rosi, einer jungen Betreuerin von meiner Schule, gerade vom Stadtgarten kam, wollte ich ihr noch abschließend unseren Hof zeigen. Auch hoffte ich, Rosi ein paar Leute aus der Hofclique vorstellen zu können. Ich hatte ihr nämlich in der Schule schon vieles erzählt. Rosi konnte sich von der Straße aus gar nicht vorstellen, daß wir hinterm Häuserblock so eine große Hofanlage haben. Da ich ihre Neugierde merkte, zeigte ich ihr den Weg durch das Hoftor. Rosi war sehr überrascht über die großen Grünflächen. Die Amseln und andere Vögel sangen schon ihre Abendlieder. Das Gepiepse und Gezwitschere der Vögel brachte eine gemütliche Atmosphäre in den Hinterhof. Ein frisches Grün belebte wieder Bäume, Sträucher und Hecken. Auf den Rasenflächen blühten Gänseblümchen massenweise. Ja, der Frühling hatte wieder die volle Macht erobert. An den Häuserfronten sah

man wieder weit geöffnete Fenster, denn es wehte eine frische, warme Frühlingsluft. "Das Traurige an der Hofanlage ist nur, daß Kinder, schon vom sechsten Lebensjahr an hier kaum etwas machen können. Das Toben ist zwischen den Zieranlagen untersagt. Sämtliche Spiele sind darin kaum möglich. Lieber schickt man Kinder und Jugendliche auf die Straße, wo so Vieles mit dem wachsenden Autoverkehr passieren kann. Ach ja, das tut weh, wenn man beobachten muß, wie das gesunde, für die spätere Entwicklung so wichtige Toben der Heranwachsenden unterdrückt wird", sagte ich zu Rosi, die mir äußerst nachdenklich zugehört hatte. Daraufhin meinte sie zustimmend: "Das finde ich auch schlecht. So ist es aber fast überall. Man merkt direkt, wie die Gesellschaft so langsam aber sicher abstumpft." Bei diesem Thema könnte ich mich in einen richtigen Zorn reinsteigern. Ich entgegnete Rosi noch: "Für uns Körperbehinderte ist das Toben nicht oder nur bedingt möglich. Deswegen sind viele, ich bin da auch mitbetroffen, um einiges in der Entwicklung zurück. Darum finde ich es so traurig, daß den Nichtbehinderten (besonders in der Stadt) mißgönnt wird, sich im Freien tüchtig auszutoben. Was soll dann aus den Behinderten werden, wenn alle Menschen auf eine, wie ich finde, vergleichbare Weise behindert gemacht werden. Ich meine jetzt in der Seele, im Verstand." Rosi meinte: "Von dieser Sicht hatte ich noch gar nicht darüber nachgedacht. Ich finde es gut, daß du dir über die gesamte Bevölkerung solche Gedanken machst und dich nicht wegen deiner Körperbehinderung von all den Dingen isolierst", antwortete sie, während sie mich langsam den schmalen Rundweg schob, der um die ganze Hofanlage führt. Schon von der Ferne sah ich Martina Koch und Ute auf der Schaukel sitzen. Während sie miteinander plauderten, ließen sie sich behutsam hin und her wippen. Riesig freute ich mich, Rosi jemanden vorstellen zu können. Ganz spontan fragte ich Martina und Ute, als wir bei ihnen angelangt waren, wo denn Silke sei. Martina zuckte zunächst noch ganz ernst die Schultern und antwortete. "Micha, ich weiß es nicht, heute habe ich die Silke überhaupt noch nicht gesehen." Ute meinte daraufhin das gleiche. "Michael hat mir schon oft von euch erzählt. Ich finde es ganz gut, daß sich hier so eine Gemeinschaft von jungen Leuten gebildet hat", sagte Rosi lächelnd. Plötzlich merkte ich, wie bei den beiden Mädchen ein Lachen ins Gesicht kam. "Gell, du hättest gern deine Freundin Silke vorgestellt. Gib es zu, Micha", riefen die Mädchen. Stark verlegen schaute ich zu Boden, wobei ich nach einer richtigen Antwort suchte. "Ihr übertreibt vollkommen. Ich habe auch schon oft nach euch gefragt", konterte ich zurück. "Micha! Du wirst ja ganz rot. Natürlich bist du in Silke verliebt. Das spürt man doch", meinte Martina und lachte mich wegen meiner Verlegenheit aus. Ute lachte ebenfalls. Nur Rosi schaute mich etwas nachdenklich von der Seite an. Schließlich fragte sie mich fast etwas unverständlich. "Warum bestreitest du eigentlich, daß du in Silke ein wenig verliebt bist? Das ist doch keine Schande. Du hast mir schon so vieles von dieser Silke erzählt. In deinem Alter ist so etwas doch ganz natürlich. Warum sollte das bei dir nicht so sein?" Nun mußte ich mich geschlagen geben. Jedoch konnte ich es immer noch nicht offen zugeben. Daß ich Silke besonders mochte, verschloß ich in mir weiter.

Am Rande erwähnte ich schon oft die nicht sehr kinderfreundliche Grünanlage hinter unserem Häuserblock. Es stimmte mich manchmal recht traurig, wie ich miterleben mußte, wie Kindern und uns Jugendlichen, Kreativität zu entwickeln und irgendwelche Spiele im Freien zu erfinden, fern von den autoverkehrsreichen Straßen in der Stadt, so ganz allmählich verwehrt wurde. Mit der Fertigstellung unserer Hofanlage wies die etwas übertriebene Innenhofordnung so ganz langsam Kinder und auch uns Größere hinaus auf die Strasse. Nur Kindern bis sechs Jahren etwa bietet die kostspielig angelegte Hinterhofanlage mit den Sandkästen, den beiden Rutschbahnen und der Schaukel etwas Erfüllendes. Zeitweise schlugen Mädchen auch im herangereiften Alter Purzelbäume am Reck. Nur kann man sich ja nicht den ganzen Mittag am Reck drehen. Gerade die Heranwachsenden haben ja das Bedürfnis, nach der Schule sich tüchtig wild auszutoben. Dann erst entstehen gemeinsame Spiele, wie zum Beispiel Räuber und Gendarm und die ganzen Fangspiele und so weiter. Gestellte Schaukeln, auch weitere Sachen, die viele Spielplätze gleich aussehen lassen, bieten verständlicherweise nur einen kurzen Augenblick Anreiz. Die Kinder wollen beim Toben viel mehr. Sie wollen ihren Körper kennenlernen. Sie müssen im Toben und Raufen ihre Kräfte und Ausdauer ausprobieren. Es reizt sie auch, sich richtig schmutzig zu machen. Auch müssen sie kleinere Wagnise im Klettern überstehen. Kinder müssen im Kinderalter noch richtig schreien können. Sie müssen beim Toben lernen, sich konsequent aber fair durchzusetzen. Sie müssen für ihr späteres Leben lernen, Ausdauer zu haben. Sie müssen auch erfahren, was wirkliche Kameradschaft heißt. In Spielkasinos kann man nur das Gegenteil lernen. Nur, für diese Entwicklung sind bei weitem die

Jugendlichen nicht alleine dafür verantwortlich zu machen. Für diesen neuen Lebensstil vieler Jugendlicher sind auch Politiker und Stadtplaner sowie die Gesellschaft mit ihren Wünschen nach immer mehr Konsum verantwortlich. Weil noch das letzte freie Feld in der Stadt verschönert wird, kann sich der heranwachsende Mensch nur noch ganz vereinzelt mit seiner Umgebung anfreunden. Somit fällt jegliches Verantwortungsgefühl flach. Der Hof gehört ja doch niemandem.
Ab zehn Jahren etwa, wenn das Kind so langsam zum Jugendlichen heranreift, reizt es den Jugendlichen, sich durch sportliche Spiele auszutoben. Er kann sich durch Fußball, Handball, Volleyball und weitere Spiele vom Stillsitzen in der Schule abreagieren. Es gibt verschiedene Sportvereine, das ist vollkommen richtig.
Nur können sich die Trainingszeiten nicht durch die ganze Woche ziehen. Außerdem, wenn man nur noch nach einem strengen Plan zum Spielen kommt, finde ich dies für die Spontaneität des Kindes recht bedenklich. Als Erwachsene werden sie noch früh genug nach Terminkalender leben müssen. Vor allem werden durch das Toben Agressionen abgebaut. Den Unterschied konnte ich im Laufe der Zeit selbst feststellen. Als die rechte Seite der Hofanlage noch eine große Baustelle war, tummelten sich Kinder vom vierten bis zum sechzehnten Lebensjahr im tiefen Sand auf den Sandbergen. Welchen Spaß sie dabei empfunden hatten, konnte man ihnen nachempfinden. Mich erfreute es damals auch, dem zufriedenen Treiben zuzuschauen. Auch hieß es noch selten von den Größeren: "Du bist noch zu klein, weg mit dir!" Nein, klein und groß wußten damals noch vielmehr etwas miteinander anzufangen als heute. Sicher gab es auch kleinere Auseinandersetzungen, das gehört ja vollkommen dazu.

Wenn man heute Jugendliche oder Kinder fragt, was sie machen, wird oft vor Ratlosigkeit das Gesicht verzogen, und es heißt dann nicht sehr selten: "Nichts, langweilig ist es. Was sollen wir denn auch machen." Achselzuckend kommen diese Worte, manchmal fast hilflos heraus. Was mag in den Kindern und Jugendlichen wohl vorgegangen sein, als man ihnen dieses für sie interessante Baugelände durch einer Zieranlage ersetzte???

Rasch verspürte ich eine um sich greifende, lähmende Resignation. Recht ratlos kamen einige zu mir und meinten: "Siehst du, Micha, alles wird uns weggenommen. Daß wir jetzt nicht mehr gescheit herumtollen können, interessiert keinen Menschen. Es ist denen alles egal, was wir machen." Ein anderer sagte: "Wir werden jetzt als frech angesehen, nur weil wir verbotenerweise auf dem Rasen spielen. Aber wofür ist denn der Rasen überhaupt da?" Ich war bestürzt, was alles an mich herangetragen wurde. Mit ihnen im selben Boot überlegte ich, was ich tun konnte. Meine Kameraden waren mir das wert. So schrieb ich einen Leserbrief an die Zeitung. Ich dachte, da viele Menschen erreichen zu können.

Dann folgte eine große Agression gegen die Zieranlagen. Mit Messern wurde an den Holzbänken und Holztischen vermehrt herumgeschnitzt. Es wurden Verbote extra übertreten. So spielten wir auf der runden Rasenfläche in der Mitte der Zieranlagen trotzdem mit der Frisbeescheibe. Der runde Platz eignete sich besonders gut dazu. Wir vergnügten uns so lange mit der fliegenden Scheibe, bis unser Hausmeister kam. Er empörte sich über den zertretenen Rasen und sagte: "Schon zweimal mußte der Rasen euretwegen frisch eingesät werden. Wenn es so weiter geht, müßt ihr, wie ihr da steht, mit einer Mieterhöhung rechnen. Diese Grünanlage sollte eigentlich ein Erholungsgebiet sein und kein Rummelplatz werden." Dann verschwand er wieder. Daraufhin wurde wegen dieses Mannes gescholten, aber wie. Die übelsten Schimpfworte wurden genannt. Mir wurde ganz Angst um meine Freunde. Denn so kannte ich sie nicht wieder. Fremde hätte denken können, wir seien das primitivste Volk, das es je geben könne. Dabei tat es mir weh, denn ich wußte, was für wertvolle Menschen das im Grunde waren. Wenn man uns beachten würde und wir uns nicht wie ein Stück Vieh behandelt gefühlt hätten, wären die Reaktionen nicht so hart ausgefallen. Das behaupte ich mit allergrößter Bestimmtheit. Nun war alle Beherrschung endgültig vorbei. Meine Freunde ließen jetzt erst recht ihre ganzen angestauten Aggressionen gegen den Hausmeister heraus. "Der soll doch nur kommen, dann bekommt er eine auf das Maul", rief der eine und noch ziemlich laut.

Nach wenigen Tagen war die runde Rasenfläche mit einem Holzzaun umzäunt. Das löste natürlich wiederum erneut starke Agressionen gegen unseren Hausmeister aus.

Im Grunde glaube ich, ist unser Hausmeister gar nicht so übel, wie er oftmals wirkte. Sicherlich hatte er in der Vergangenheit schon manche schlechte Erfahrungen mit Jugendlichen im Hof gemacht, die halt immer wieder die Verbote übertraten. Außerdem ist er auch ein Mensch, der sich im Grunde auch vor seinen Vorgesetzten und vielen Hausbewohnern beugen muß, sonst würde er ja seinen Job als Hausmeister verlieren. Somit hat selbst dieser Mensch eigentlich auch nichts zu sagen. Irgendwie habe ich manchmal das Gefühl, wenn ich den Hausmeister sehe, er würde uns eine Rasenfläche anlegen, könnte er es selbst entscheiden. Nur steht er eben ewig zwischen zwei Stühlen, und es allen recht zu machen, ist bekanntlich sehr schwierig. Seine ursprüngliche, liebe Art kann er deshalb nur selten zum Ausdruck bringen. Urplötzlich bekam ich eine Idee. Ich schlug vor, dem Hausmeister einmal ein kleines nettes Briefchen zu schreiben und ihm zwei Päckchen Zierrasensamen zu kaufen. Zuerst stieß ich auf erheblichen Widerstand. "Dem auch noch ein nettes Briefchen schreiben, wir sind doch nicht blöd. Der soll erst ein wenig Verständnis für uns haben. Schau her, so ein großes Gelände ist noch unbenützt, darauf könnte man einen gescheiten Rasen säen, und die zwei Tore würden auch nicht die Welt kosten. Ach, laß doch den Schweinehund. Das bringt ja doch nichts", rief einer, bevor ein anderer meinte: "Das einzige, was wir bekommen können, ist Ärger." Nun wollte ich schon meine Idee zurückstecken. Traurig dachte ich, gerade das will man erreichen, daß sich keiner mehr traut, etwas zu sagen. Den Menschen wird systematisch abgewöhnt, sich für etwas einzusetzen. Wenn die Leute dann resignieren und ihren Agressionen freien Lauf lassen, reiben sich die, die eigentlich dafür verantwortlich wären, die Hände und sagen sich: Seht sie euch doch an, die heutige Jugend bringt doch nichts als Ärger. Ein Stein fiel mir vom Herzen, als einer näher wissen wollte, wieso ich das eigentlich gerne tun wollte. "Durch einen lieben, netten Brief könnten wir ein wenig Aufmerksamkeit erreichen. Warum sollten wir uns nicht öffentlich für einen Bolzplatz einsetzen. Die sollen nur wissen, warum wir so verärgert sind. Ob es am Ende etwas nützt, das ist eine andere Frage.

Außerdem leben wir in einer Demokratie. Wenn wir diesen Brief recht höflich schreiben, kann uns überhaupt nichts passieren. Ich finde, gerade das wäre einmal notwendig, denn wir sind ja auch noch jemand. Uns ist nicht geholfen, wenn wir immer mit Agressionen geladen sind. Wir müßten da diplomatischer vorgehen", sagte ich zu einigen, die sich nicht von mir abwandten. Daraufhin bekam ich überraschenderweise eine Menge Zustimmung. Schließlich wurde abgestimmt. Nur noch zwei blieben dagegen, alle anderen waren nun plötzlich für meinen Vorschlag. Also wurde am Tag danach ein kleines Briefchen, wie auch die beiden Päckchen mit den Rasensamen, in den Briefkasten des Hausmeisters geworfen. Einige hatten nach wie vor etwas Angst wegen der Folgen. Jedoch ich dachte, mit dieser netten Geste seien wir dem Hausmeister etwas näher gekommen. Doch wir hörten nie etwas von seiner Reaktion auf diesen wirklich lieben Brief hin. Trotzdem, so finde ich, war dieses Unternehmen nicht ganz umsonst. Dies zeigte unser Hausmeister sogar mit einem kleinen Funken Verständnis. Als wir verbotenerweise wieder auf der kleinen Rasenfläche mit den vier Bäumen ein wenig Fußball spielten, stand plötzlich der Hausmeister da. "Leute!" rief er uns recht kameradschaftlich zu. "Seit doch vernünftig! Ihr denkt immer, ich sei derjenige, der euch hier alles verbieten möchte. Glaubt mir, von mir aus könntet ihr hier auf dem Rasen ruhig mit dem Ball spielen. Aber was soll ich tun, wenn mich laufend Anwohner anrufen und sich wegen euch beschweren. Außerdem habe ich auch Vorgesetzte, die mir feste Bestimmungen geben. Ihr könnt mir ruhig glauben, ich wäre gewiß nicht derjenige, der euch Steine in den Weg legen würde." Daraufhin, als man mit uns vernünftig geredet hatte, wurde nicht so eine haßerfüllte Agression aufgebaut. Nur war der Spiel- und Tobdrang zu stark, um sich ständig, selbst bei gutem Willen, an die Anweisungen des Hausmeisters halten zu können. Also, wie ich schon vorausgesagt hatte, unser Hausmeister ist nur ein Angestellter und kann selbst auch nicht alles durchsetzen, was er für richtig halten würde. So ist das nun mal eben in unserem wohlgeordneten Gesellschaftsleben.

Blitzschnell kam mir der Gedanke in den Sinn, auch einmal der Volkswohnungs GmbH zu schreiben. Da mir viel daran lag, schon wegen der bedrohenden Videoalternative. schrieb ich diesen Brief:

Betr.   Problem der Jugendlichen wegen nicht
        Vorhandensein einer Spielwiese.

Sehr geehrte Damen und Herren!

Nun möchte ich Ihnen zunächst einmal sagen. daß ich als Rollstuhlfahrer sehr glücklich in der Markgrafenstrasse (zwischen Fritz-Erler und Kapellenstrasse) wohnen und leben kann. Der Aufzug und die große Wohnung, die ja besonders behindertenfreundlich ist, bedeuten für mich und meine Eltern eine große Hilfe.

So, und jetzt zu meinem Anliegen. Da ich oft unter den Jugendlichen bin, wird mir immer wieder bewußt. daß hinter dem Haus ziemlich wenig für die heranwachsende Jugend getan wurde. Pflanzen, Blumen und Büsche, dies ist zwar recht und schön, doch ob Kinder oder Jugendliche, sie können alle fast nichts damit anfangen. Schaukeln, den ganzen Tag auf einem Fleck, ist ihnen auf die Dauer verständlicherweise auch zu langweilig. Ein Junge sagte einmal: "Wir wären ja schon mit einer großen Rasenfläche zufrieden." Ich finde, bei uns wäre das nicht einmal so unmöglich. Ich möchte sie erinnern, daß noch eine ziemlich große Fläche, besät mit spitzen Steinen, unbenutzt ist. Daraus könnte man doch ohne Schwierigkeiten eine Spielwiese machen, auf der auch mal Ball- oder sonstige Spiele gespielt werden könnten. Dann hätten die Kinder und Jugendlichen Platz genug, sich frei zu entfalten. Die Zieranlage würde dadurch auch keinen Schaden erhalten. Ich habe auch schon mit vielen Anwohnern darüber gesprochen, die nichts einzuwenden hätten.

Bitte haben Sie Verständnis und überlegen Sie unser Anliegen, ob nicht mit wenigen Mitteln dieser <u>große Wunsch</u> von uns realisiert werden könnte. Ich wäre Ihnen sehr dankbar, wenn Sie mir Ihre Meinung in den nächsten Tagen mitteilen könnten.

                    Mit freundlichen Grüßen

                    Michael Mehnert

Ps. Da ich nur mit dem Mund, mit Hilfe einer elektrischen Schreibmaschine, schreiben kann, kann ich meine Unterschrift nicht mit der Hand abgeben.

Daß unser Hausmeister eigentlich ganz in Ordnung ist, zeigte er uns eines Abends im Hinterhof. Alle saßen oder standen um die Bank herum. Dabei plauderten wir angeregt miteinander. Vor uns lag die mit Holzpfosten umzäunte runde Wiese, auf der wir früher so gerne mit dem Ball und mit der Frisbeescheibe gespielt hatten. Bald bemerkten wir, daß im Gemeinschaftsraum irgend etwas gefeiert wurde. Musik aus den 50iger Jahren tönte zu uns herüber. Irgendwann lief unser Hausmeister in Begleitung anderer Männer grinsend an uns vorbei. Aber wie sah denn unser Hausmeister aus? Wir konnten das Lachen nicht unterdrücken. Er lächelte uns ebenfalls fröhlich an und meinte recht ausgelassen, "Gell, so habt ihr mich noch nie gesehen." Wie Schmittchenschleicher persönlich sah er aus. Mit eingefetteten, glatten, glänzenden Haaren und einer Hornbrille auf der Nase, grinste er uns von der Seite an. Außerdem trug er noch einen Anzug mit Streifen mit einer ziemlich großen Fliege am Kragen. "Hoppla, der Hausmeister heute einmal ganz anders?" dachte ich und wahrscheinlich auch viele andere von der Clique. Einige Zeit später war unser Hausmeister mit seiner Gesellschaft im Gemeinschaftsraum verschwunden. Sie waren alle nach der Mode der 50iger Jahre angezogen. Plötzlich rief uns der Hausmeister herbei. Jedem, der wollte, drückte er ein Maß Bier in die Hand. Da war natürlich der Jubel groß. Die jüngeren, die noch kein Bier wollten, bekamen ein Glas Cola. Diese nette Geste wunderte viele. "Dieser Mann ist doch nicht so übel", wurde getuschelt, während sie genüßlich die großen Gläser austranken.

Ungefähr einen Monat später erhielt ich einen Brief von der Volkswohnungs GmbH. Meinen Freunden im Hof hatte ich natürlich von meinem Unternehmen erzählt. Wahre Begeisterung entzündete sich, und vielleicht die letzte Hoffnung, etwas zu verändern. Sie waren alle recht gespannt, was die Volkswohnungs GmbH mir schreiben würde. Frank Elchinger fragte mich jedesmal, wenn wir uns begegneten, ob mir schon die Volkswohnung geschrieben hätte. Dann endlich war es so weit. Als mir meine Mutter den Brief öffnete, war ich auf die Reaktion riesig gespannt. Ich fand es gut, daß die Volkswohnungs GmbH es für nötig gehalten hatte, mir zurückzuschreiben. Doch leider wurde mein eigentliches Anliegen abgelehnt. Es wäre zu kostspielig, aus der jetzt noch unbenutzten Fläche eine Spielwiese anzulegen. Die Hofanlage wäre schon so teuer gewesen. Doch wir bekamen wenigstens erlaubt, uns selbst zwei Tore auf diesem ziemlich großen Platz zu errichten. Außerdem wurde ich am Ende dieses netten Briefes gebeten, ein wenig darauf zu achten, daß meine Kameraden im Hinterhof nicht zu laut wären. Diese Aufgabe mißfiel mir, denn ich wollte eigentlich weiterhin für die Leute im Hof als guter Kamerad geachtet werden und nicht zu einer Autoritätsperson werden. Dazu hatte ich überhaupt keine Lust. Außerdem glaube ich, daß man als guter Freund viel mehr Einfluß auf den anderen haben kann als mit erhobener Hand. Übertriebene Verbote lehren den heranwachsenden Menschen nur, gewissenlos Verbote zu übertreten.

Die recht kleine Neuigkeit erzählte ich gleich am Mittag den Leuten im Hof. Die Reaktion darauf, selbst Tore aufstellen zu können, war recht begeisternd. Daraufhin wurde wie wild herumdiskutiert. Unsere dringlichste Frage war, wo wir diese zwei Tore für unseren Bolzplatz am günstigsten auftreiben sollten. Jetzt war wenigstens eine Alternative da. Von nun an konnte ich die Leute im Hof bei der Freizeitbeschäftigung einmal recht akiv erleben. Da saßen wir nun, 20 oder gar 30 Leute, im Hof unter den Balkons zusammen und debattierten manchmal mittagelang unsere Pläne. Tore aus Aluminium waren zu teuer. Carmine meinte: "Ich bin der Meinung, unsere Tore dürfen nicht zu teuer sein. Nachher kommt so einer und macht sie uns mutwillig kaputt, oder dieser Platz wird uns wieder weggenommen. Dann hätten wir die Tore völlig umsonst bezahlt. Wie wär's denn, irgendwelche Pfosten selbst zusammenzusuchen? Überall kann doch so etwas Brauchbares herumliegen, das man dann irgendwie zusammen basteln kann." Daraufhin entgegnete Michael Waldmann: "Das können wir immer noch tun, wenn wir tatsächlich auf anderen Wegen nichts bekommen. Ich werde einmal in meinem Geschäft fragen, ob ich nicht sechs Eisenstangen vom Abfall haben könnte." "Aber, wie willst du die Latten befestigen?" fragte Ralf Hempel recht nachdenklich. Ein wenig stutzend antwortete Micha: "Ja, das wäre ein Problem. Da schaltete sich Ralf Koch entschieden ins Gespräch ein: "Wo ich zur Zeit arbeite, könnte ich vielleicht alte Tore bekommen. Ich frage gleich morgen einmal nach." Ralf Waldmann und Dietmar sagten schließlich: "Ja, und wir müssen inzwischen anfangen, den Platz von den Steinen und Glasscherben zu befreien. Denn so ist es unmöglich, auf diesem Platz herumzukicken." Gino räumte ein: "Ich helfe gerne mit, aber wenn schon, dann sollten, finde ich, alle mithelfen, damit alle auch mitverantwortlich sind." "Was sollen wir dann mit den Fremden machen, die auch mal auf diesem Platz spielen wollen?" fragte Frank berechtigterweise, denn dies könnte wirklich zu einem Problem werden, wenn diejenigen absichtlich oder unbewußt wieder Sauereien machen. Ganz von selbst kamen wir auf diesen Punkt zu sprechen, etwas auf unsere Spielwiese zu achten. Und da liegt auch das Wesentliche, warum viele Jugendliche manchmal den Anfall bekommen, Sämtliches gewaltsam kaputtzumachen oder ihren Abfall unachtsam überall hinzuwerfen, nur nicht in den Abfalleimer. Hier kann man auch nicht nur eine schlechte Erziehung verantwortlich machen. Ich finde, mit dieser voreiligen Behauptung machen es sich allzuviele Menschen zu einfach. Ist die heranwachsende Generation etwa zu unerzogen oder gar undankbar? Die heutige Jugend bekommt doch alles, sagen viele Menschen, die sogar schon eine schwere Kriegszeit erleben mußten. Ja, materiell mag das stimmen. Nur, etwas außerordentlich Wichtiges wird den heranwachsenden Menschen immer mehr weggenommen, und das ist die Eigeninitiative. Plätze im Freien fehlen, um ein kleines Stück ihrer Träume selbst aufzubauen, Flächen, für die sie richtige Verantwortungsgefühle entwickeln lernen können. Jeder zweite oder dritte Wohnblock müßte so eine Freifläche zur Verfügung haben. Es käme dann automatisch soweit, daß Kinder und Jugendliche ihr Gelände wirklich liebgewinnen. Somit würden sich Kinder und Jugendliche selbst erziehen, weil sie dann erst zu schätzen wüßten, was sie überhaupt den anderen mutwillig zerstören. So, wie ich es draußen leider beobachten kann, sehen Heranwachsende ihr Umfeld als etwas Fremdes und Feindliches an, auf das es sich nicht besonders lohnt aufzupassen. Was ich gerade auszudrücken versuchte, konnte ich innerhalb meiner Clique selbst miterleben, als meine Freunde selbst Hand anlegen konnten, um ihren Platz in Ordnung zu bringen. Plötzlich stellten sie sogar Regeln auf, um den Platz nachher nicht wieder selbst zu zerstören.

In der nächsten Zeit wurde eifrig geschafft. Mit Schaufel und Rechen bewaffnet, begannen sie gleich am nächsten Tag mit den Aufräumarbeiten. Die größten Steine wurden entweder noch tiefer in den Boden geschlagen oder aufgesammelt. "Diese Steine brauchen wir noch, um die Torpfosten besser befestigen zu können", meinte Michael Waldmann. Alle nahmen das entstehende Fußballfeld so wahnsinnig wichtig. Am Abend teilte uns Ralf Koch mit, daß er von seinem Geschäft leider keine Tore bekommen könne. "Dann müssen wir eben doch Tore aus Holz zusammennageln", schlug ich vor und fügte noch hinzu: "Frank! Dein Vater meinte, als ich ihn heute Mittag traf, der ältere Mann, der bei euch im Haus wohnt, hätte genügend Holz für seinen Wintervorrat. Warum fragen wir ihn nicht einfach einmal, ob er uns nicht sechs längere Holzlatten geben könnte?" "Ja, das stimmt, mit diesem Mann könnte man auch einmal reden", erwiderte mir Frank rasch, ehe er hinzufügte: "Holz ist zwar nicht so gut, weil es mit der Zeit im Boden abfault, jedoch finde ich es besser als überhaupt keine Tore." Dieser Vorschlag wurde von allen angenommen. So beschlossen wir, diesen Mann am nächsten Tag gleich danach zu fragen.
Ich beobachtete diesen Mann, der schon im hohen Alter sein mußte, oft beim Holzhacken. Von der neuen Hofanlage kann man direkt runter ins Hinterhöfle sehen. Deutlicher als an dieser Stelle zeigt sich kaum irgendwo die Grenze zwischen Alt- und Neubaugebiet. Für die kleinen Hinterhöfe besitzen die Anwohner noch Verantwortungsgefühle. Die Hinterhöfe werden auch zum Teil noch zu etwas benützt und dabei auch automatisch saubergehalten. So wie dieser ältere Mann, der nach dem Holzhacken seinen Dreck wieder selbst wegfegte. Mich freut es ganz riesig, weil ich öfters sah,

daß dieser Herr auch Kinder und Jugendliche mithelfen ließ. Die Kleinen durften ihm das Holz bringen, das massenweise im Hof herumlag. Woher hatte dieser Mann das viele Holz gesammelt? Wahrscheinlich im Wald bei seinen Fahradausflügen mit dem Anhänger, der auch im Hof in einer Ecke stand. Die etwas Größeren durften schon mal mit der Säge arbeiten. Kameradschaftlich gab der Mann ihnen die nötigen Anweisungen dazu, wie man überhaupt eine Säge richtig in der Hand hält, bevor die Jungs einfach lossägen wollten. Nach einer gewissen Zeit konnten sie richtig mit der Säge umgehen, und der Mann lobte sie sehr. Als es diesem Mann sicher genug erschien, die Jungs alleine sägen zu lassen, machte er sich selbst wieder an die Arbeit, am Hackklotz Holz zu hacken. Natürlich reizte es die Größeren auch mal, mit dem Holzbeil Holz zu spalten. Auch dies ließ er manchmal geduldig zu. Thorsten half ihm auch öfters bei dieser Arbeit. Bei dem kräftigen Draufhauen auf das Holz schwangen sicherlich auch gewisse Agressionen mit. Der Rentner, der gewiß schon über 70 Jahre alt war, verstand sich gut mit den Jungs. Ich glaube, er war sehr stolz, ihnen etwas beibringen zu können, wenn es auch manchmal etwas gefährlich aussah, wie die Jungs mit der Säge und dem Holzbeil hantierten. Doch der Mann paßte schon auf. Ihn freute es selbst, daß er dabei noch Gesellschaft hatte. Selbstverständlich stellte er uns für unsere Tore Holzlatten zur Verfügung, mehr noch als wir verwenden konnten. Danach begannen wir gleich, für die Torpfosten tiefe Löcher zu graben. Es war wirklich toll, wie nun die Clique mit Rat und Tat zusammenhalf. Manchmal foppte man sich gegenseitig mit den Worten: "Du stehst da bloß herum und schaust uns zu. Wie wärs, wenn du mir beim Lochgraben helfen würdest?" Der Boden war nämlich durch die Steine ganz schön hart. Es war recht mühsam, mit der Arbeit voranzukommen. Ein Glück, daß wir von dem älteren Herrn auch noch zwei Pickel geliehen bekamen. Anders wäre es kaum möglich gewesen, den Boden zu bearbeiten. Jeder Schlag in den Boden hallte dumpf durch den Innenhof. Wenige Anwohner standen entgeistert auf den Balkonen. Sie wunderten sich bestimmt, was wir da machten. Doch wir hatten es ja von der Volkswohnungs GmbH erlaubt bekommen, uns selbst zwei Tore aufrichten zu können. Endlich waren die Löcher im Boden tief genug. Also wurden die Torpfosten hineingestellt. Ein paar Steine schlugen wir noch als Verstärkung rund um die Pfosten. Das geschah alles, während sich andere um das gegenüberliegende Tor kümmerten. Nachdem die Löcher, worin wir die Pfosten mindestens 40 cm tief eingegraben hatten, noch mit Erde aufgefüllt waren, wurden die Querlatten angenagelt. Sehr stolz betrachteten wir schließlich unser fertiges Werk. Dietmar Krauss holte gleich seinen Ball herunter, und das Fußballspielen konnte beginnen. Zunächst machten wir Torschießen, um überhaupt einmal zu sehen, ob das Tor auch wirklich standhielt. Als der Ball, von Gino aus mindestens 25 Meter Entfernung geschossen, an der Latte abprallte, breitete sich ein rasches Raunen in unserer Clique aus. Denn das war schon ein Gewaltschuß, den das Tor aushalten mußte. "Auf richtige Tore zu zielen, ist doch etwas anderes", stellte Gino zufrieden fest. "Wie wär's? Wenn wir uns jetzt in zwei Mannschaften aufteilen und Michael ein erstklassiges Fußballspiel präsentieren", schlug Michael Waldmann in seinem KSC Trikot vor. Also wurden daraufhin zwei Mannschaften gebildet.

Einige spielten ja schon regelmäßig in einem Fußballverein. Aber mit der Zeit wuchs die Mannschaft so zusammen, daß auch die Gelegenheitsfußballer zu sehr guten Leistungen kamen. Alex Heinemann steigerte sich von Tag zu Tag. Er beherrschte das Raumspiel sehr gut und konnte mit dem Ball sehr gut tribbeln. Wie ich beobachten konnte, war es für die anderen sehr schwierig, ihn vom Ball zu trennen. Adrian, anfangs am Ball noch sehr unsicher, wurde auch immer stärker. Michael Waldmann identifizierte sich immer mit Gerhart Bold, dem früheren Mannschaftskapitän des KSC. Michael war zwar nicht der Gerhart Bold, er spielte aber trotzdem sehr gut. Er konnte gut und vorallem schnell mit weiten genauen Pässen den Sturm bedienen. Dabei feuerte er auch gewaltige Torschüsse ab, manchmal aus 25 Metern. Sein Bruder Ralf, auch ein guter Techniker am Ball, der manchmal besonders schwer vom Ball zu trennen war, regte sich wegen Michael häufig auf. "Schau doch Michael", sprach mich Ralf einmal schnell vor einem Eckball an, "wie mein Bruder wieder angibt. Daß der bald achtzehn Jahre alt wird, könnte man sich so, wie er sich aufspielt, auch nicht vorstellen." Gino ist auf dem Fußballfeld ein Wirbler. Er kann oft mit seinen Alleingängen sehr torgefährlich sein. Er erzielte auch schon ein paar prachtvolle Tore. Sein einziger Fehler ist, manchmal hält er den Ball zu lange. Dann kommt er ins Tribbeln und verliert den Ball schließlich unnötigerweise. Jeden Mittag wurde im Hof nur noch Fußball gespielt. Es entwickelte sich eine wirklich gute Mannschaft. Schließlich war es unser Wunsch, einmal gegen eine richtige Jugendmannschaft anzutreten. Michael Waldmann organisierte es irgendwie mit Beziehungen, daß unser brennender Wunsch zweimal Wirklichkeit wurde. Herr Umlauft, der Vater von

Sandra, auch ein fleißiger Hobbyfußballer, stiftete uns richtige orangenfarbige Fußballtrikots für die gesamte Hofmannschaft. Wir konnten den Samstag kaum mehr abwarten. Auch ich war sehr gespannt, meine Kameraden einmal voll geprüft zu erleben, auch noch gegen eine richtige Jugendmannschaft mit einem festen Trainer dabei. Sicherlich machten wir das hauptsächlich aus Spaß, trotzdem bedeutete für uns das Spiel einen wichtigen Leistungs- und Konditionstest.

Ausgerechnet an diesem Samstag nieselte es ein wenig. Doch unser Fußballspiel zogen wir trotzdem durch. Schon um 12, 30 Uhr wurde ich von zu Hause abgeholt. Das Spiel sollte um 13, 15 Uhr beginnen. Die Stimmung war recht heiter. Eine leichte Nervosität vor so einem Spiel ist ja verständlich. Selbst ich war eine dreiviertel Stunde vor dem Spielanpfiff leicht aufgeregt, obwohl ich nicht mitspielen konnte. So zogen wir also los zu dem abgemachten Fußballfeld, wo die andere Mannschaft auf uns wartete. Alle trugen große Sporttaschen. Deshalb schob mich ziemlich jeder einmal. Ich fand in diesen Minuten vor der Entscheidung, ob wir bei diesem Fußballspiel überhaupt mithalten konnten, die Kameradschaft toll. Jeder versuchte dem anderen Mut zu machen: "Vor allen Dingen den Gegner früh angreifen, damit er nicht zu seinem Spiel findet. Ihr müßt euch immer nach vorne orientieren. Euch nicht in den Strafraum drängen lassen", rief ich meinen Freunden zuversichtlich zu. "Wir werden es versuchen", bekam ich zur Antwort. Eine innere Stimme sagte mir: Du kannst gut reden, aber du schaust ja nur zu. Eine andere Stimme meinte: Ein Trainer muß ja auch nicht die Leistungen vollbringen, um seinen Leuten gute

Ratschläge geben zu können. "Nur blöd, daß es gerade heute regnen muß," sagte Dietmar. "Sei froh, es könnte auch stärker regnen." antwortete Michael Waldmann, der am aufgeregtesten schien. Endlich näherten wir uns dem Ziel. Der Sportplatz liegt direkt vor dem Stadiongelände. Den Platz habe ich schon oft gesehen, nur nicht so beachtet. Er liegt praktisch in der Nähe des KSC Eingangs. Da ja nach unserem Fußballspiel noch der KSC spielte, war es für meinen Vater und mich problemlos, uns dort zu treffen. Wir wunderten uns, daß noch keiner der anderen Mannschaft da war. Es war schon zwanzig Minuten vor dem Spielanfang. Sollten sie es etwa vergessen haben? Doch dann fiel uns ein Stein vom Herzen. Einer nach dem anderen kam schließlich mit dem Fahrrad angeradelt. Durchschnittlich war die Mannschaft älter als wir. Insgesamt waren die Burschen auch viel muskulöser. O je, dachte ich, mit denen wird es schwer werden. Aber zugleich freute es mich, daß wir mal so richtig ernst genommen wurden. Weil das Tor zum Spielfeld verschlossen war, schlüpften die Spieler einfach durch ein enges Loch im Zaun. Also mußte ich halt draußen bleiben. Dietmar stellte mich aber so hin, daß ich auch durch den Zaun das Spielgeschehen gut überblicken konnte. Ein paar Eltern waren auch gekommen, die links und rechts neben mir standen. Irgendwie war es eine Stimmung wie vor einem richtigen Profifußballspiel. Während sich die Mannschaften am Spielfeldrand umzogen, diskutierten die Zuschauer schon sehr viel miteinander. Auch ich fand schnell ein Gespräch mit Dietmars Vater und Herrn Umlauft. Beide waren der Meinung, daß die Mannschaft, die sich im Hof zusammengefunden hatte, einen guten Fußball spielte. Sie erzählten mir, sie schauten oft vom Balkon zu, wie wir Fusball spielen. Sie betonten, es wäre bemerkenswert, welche Leistung wir auch ohne Trainer erzielt hätten. So eine Feststellung hörte ich von anderen Leuten zum ersten Mal. Wir unterhielten uns recht angeregt miteinander. Ich befürchtete nur mit meinen Gesprächspartnern, daß die Kondition bei einigen unserer Leute in diesem Spiel nicht ausreichen würde. Ziemlich schnell standen die Jungs in den Fußballtrikots bereit und machten sich für das Spiel warm. Noch nie zuvor hatte ich die Leute in einem Fußballtrikot gesehen. Das Orangenrot sah ganz toll aus. Ich freute mich richtig. Ab und zu winkte mir der eine oder andere begeistert zu. Plötzlich kam ein Mann mit dem Fahrrad angeradelt und wollte uns von dem Fußballfeld jagen. "Wenn ihr euch nicht vorzeitig angemeldet habt, bitte ich euch, das Spielfeld schleunigst zu verlassen. Aber schnell!" rief der Mann. "Oh, sind sie doch nicht so, mein Vater ist Leitender bei der Stadt, er hat zuvor alles klargemacht", sagte der Kapitän der anderen Mannschaft beschwichtigend. "Das kann ja jeder behaupten. Damit ihr Bescheid wißt, wenn ihr in einer Viertelstunde nicht verschwunden seid, hole ich die Polizei", schrie der Mann ziemlich verärgert zurück. "Wenn es ihnen besonders Spaß macht, bitte sehr, holen sie doch die Polizei. Vielleicht können wir mit diesen Leuten vernünftiger reden als mit ihnen. Den ganzen Zirkus würde ich sogar verstehen, wenn dieser Fußballplatz in dieser Zeit benötigt werden würde, aber so kann ich wegen ihrer Kleinlichkeit nur laut heraus lachen." Recht wütend radelte der Mann wieder davon. "Auf! Fangen wir jetzt endlich an!" rief der Trainer allen zu. Schließlich ertönte der lang ersehnte Anpfiff von unserem Schiedsrichter, und ich befürchtete schon nach diesem Zwischenfall, daß das Spiel heute ins Wasser fallen würde. Also nun ging es endlich los. Sandra Umlauft und Silvia Mitteldorf waren auch mitgekommen, um unsere Hofmannschaft anzufeuern. Der Schiedsrichter war für mich ein fremder Mann. Er machte seine Sache, wie es sich erwies, wirklich gut. Anfangs sah unsere Hofmannschaft gegen den routinierten Gegner erstaunlich gut aus. Es schien sogar so, als hätten sie die anderen total im Griff. Sie griffen schon an der Mittellinie energisch an, stürmten nach vorne, wann es nur möglich war, und schlugen haargenaue Pässe, um die Torjäger Gino, Ralf und Michael Waldmann, sowie Joe vor dem Tor zu bedienen. "Mensch, wollt ihr den Ball ins Tor tragen? Schießt doch um Gotteswillen einmal", rief Herr Krauss, Dietmars Vater, der neben mir stand. Doch dann endlich faßte sich Gino ein Herz und schoß aus ca. zehn Metern ein Tor. Der Jubel von uns Zuschauern war groß. Der Trainer der anderen Mannschaft, der schräg vor mir stand, und seine Leute laut anfeuerte, schaute recht bedenklich um sich. Die Hofmannschaft spielte erstaunlicherweise überlegen. Auch unsere Abwehr stimmte sehr gut. Dietmar Krauss, schon in der Jugendmannschaft ein Verteidiger, ließ es kaum zu gefährlichen Torchancen für die anderen kommen. Immer wieder wehrte Dietmar den Ball geschickt ab und spielte ihn selbst nach vorn, um ihn mit einer schönen, oftmals genauen Flanke zu Frank, Anton oder Alex Heinemann zu schießen. Wir machten natürlich auch einige Fehler, aber unser Spiel lief einzigartig. Nach den Torchancen hätte gleich das 2 : 0 oder gar ein 3 : 0 fallen können. Doch es wurde am Ende zu viel mit dem Ball gedribbelt. Dann, in der zwanzigsten Minute, geschah es schließlich doch. Nicht wir machten ein weiteres Tor, sondern die andere Mannschaft erzielte das 1 : 1. Dieser gewaltige Schuß war unhaltbar für Mathias. Nach diesem

Treffer kippte unser Spiel plötzlich um. Immer seltener gewannen wir Zweikämpfe. Wir kamen praktisch kaum noch an den Ball. So gelang es der anderen Mannschaft noch vor der Halbzeit, ein Tor zu erzielen. Also stand es in der Halbzeit 1 : 2. Recht verschwitzt drangen sich die Spieler zu den mit Wasser gefüllten Eimern und machten sich tüchtig naß. Dann gingen Sprudelflaschen von Spieler zu Spieler. Wie halb verdurstet setzten sie die Flaschen an den Mund. Wir, die Zuschauer, debattierten angeregt miteinander. Ob sich das Blatt noch einmal für die Hofmannschaft wenden würde? Zuerst spielte die Hofmannschaft fast einen richtigen Profifußball mit Spielsystem, und dann auf einen Schlag konnten wir nur noch recht ungenau herumbolzen. Auch nach der Halbzeit wurde die Mannschaft vom Hof nicht mehr stärker. So einen schnellen Leistungsverfall hatte ich im Fußball noch nie gesehen. Meine Befürchtung trat noch krasser ein, als ich gedacht hatte. Unsere Kondition reichte bei einer richtig trainierten Fußballmannschaft nicht lange aus. In der zweiten Halbzeit wechselten wir aus. Syren kam auf das Spielfeld. Syren ein für mich ganz sympatischer Typ, spielte auch in einer Jugendmannschaft. Er ist ein mittelgroßer, kräftiger Bursche. Er war zu dieser Zeit so ungefähr sechzehn Jahre alt. Einige hielten Syren für einen kleinen Angeber, weil er sich wegen seiner vielfachen sportlichen Betätigungen etwas wichtig nahm. Schwimmen, Body Building und sämtliche Ballspiele machte Syren mit Vorliebe. So hofften wir, daß Syren noch einmal einen Antrieb geben könnte. Aber auch ihm gelang es nicht, unsere Hofmannschaft wieder aufzurichten. Wir waren einfach am Ende unserer Kräfte. Unser Gegner stürmte und stürmte. Sie gewannen jetzt fast jeden Zweikampf! So gelang es ihnen, noch zwei Tore zu schießen. Wir verloren also schließlich 1 : 4. Trotzdem hörte ich den Trainer der anderen voller Anerkennung sagen, die Spielstärke unserer Mannschaft hatte ihn anfangs sehr überrascht. Aus dieser Mannschaft könnte noch etwas werden. Wenn diese Jungs mehr Kondition gehabt hätten, hätten wir mit unserer Leistung niemals gewonnen. Recht bedrückt waren einige aber trotzdem, als wir heimwärts trotteten. Über einige Spielszenen wurde noch lange diskutiert. Irgendwelche Vorwürfe machte keiner dem anderen. Michael Waldmann meinte denoch: "Aber, beim Rückspiel werden wir es ihnen zeigen." Dazu antwortete ich: "Ihr hättet schon eine Chance gegen diese Mannschaft. In den ersten zwanzig Minuten habt ihr bewiesen, daß ihr etwas könnt. Eine kurze Zeit ward ihr sogar spielüberlegen. Was euch verließ, war nur die Kondition. Wenn ihr euch durch ein regelmäßiges Training eine bessere Kondition zulegen würdet, wette ich mit euch, daß ihr gegen eine solche Mannschaft auch mal gewinnen könnt." Da war ich ziemlich sicher. "Also Jungs!" rief Michael Waldmann. "Neben unserem Fußballspielen im Hof, wollen wir zweimal in der Woche Waldläufe machen." "Oh, meinst du, da machen alle mit? Ich wette, da kommt nicht mal die Hälfte unserer Mannschaft zusammen. Dann heißt es, ich kann heute einfach findet man die Ausrede, heute geht es mir nicht gut", befürchtete Frank. "Das darf natürlich nicht sein", erwiderte Carone ernst. "Aber wie willst du das verhindern?" fragten Anton und Ralf Waldmann fast gleichzeitig zurück. Schließlich trafen wir meinen Vater, und ich trennte mich von meinen Freunden. Hoffentlich gewinnt wenigstens heute der KSC das Spiel, dachte ich, nachdem ich meinem Vater alles erzählt hatte. Trotz guter Vorbereitung verloren wir, die Hofmannschaft, auch das Rückspiel.

Aber dieses Mal haushoch. Es begann wieder wie das erste Mal. Anfangs spielten wir sehr stark auf. Jedoch sehr bald verließen uns wieder die Kräfte. Zuerst schossen die anderen ein Tor. Bald darauf gelang es uns mit 1 : 1 auszugleichen. Ich glaube, es war Joe, der die Hoffnungen mit dem schönen Tor wieder wachrüttelte. Zu diesem Zeitpunkt dachte ich, dieses Spiel würden jetzt wir machen und gewinnen. Aber o weh, nichts war mit meiner Vermutung. Nach unserem Tor fing erst die Torflut der anderen an. Bis es dann schließlich 1 : 11 ausging.

Bis in den Spätsommer hinein konnten wir ungestört auf unserem Bolzplatz Fußball spielen. Zwischendurch machten wir auf dieser großen Fläche auch andere Spiele, wie Handball, Frisbee und sonstiges. Auch kleine Kinder tummelten sich oft auf diesem Platz. Dann, plötzlich von einem Tag auf den anderen, wurden von Arbeitern viele Wasserrohre auf unserem Bolzplatz gelagert. Tags über reparierten die Männer oft mit Schweißen und wildem Klopfen die langen, dicken Rohre. Ich ärgerte mich riesig mit meinen Leuten, daß plötzlich über unseren Platz verfügt wurde, ohne uns wenigstens vorher zu fragen. Aber warum sollte man denn überhaupt die Jugendlichen rechtzeitig benachrichtigen? Die finden ja doch immer etwas Neues. Man stelle sich vor: Ein Hobbygärtner, der sich viel in seinem Garten aufhält und auch noch mordsmäßig stolz auf seine eigenhändige Arbeit ist, findet am nächsten Tag voller Überraschung statt seines beliebten Gartens nur noch eine dreckige Baustelle. So etwas darf nicht vorkommen. "Der Mann könnte die Firma anzeigen, weil diese einfach seinen Garten vernichtet hat, ohne ihn vorher wenigstens zu benachrichtigen", würden jetzt

wahrscheinlich viele sagen. Aber warum kann dann so ein kühles, fast unmenschliche Kaputtmachen bei Kindern und Jugendlichen erlaubt sein? Ist nicht gerade der Nachwuchs ganz wichtig für unsere spätere Gesellschaft? Doch so lernt die frische Generation nur, daß vieles, was sie ganz spontan erschafften hat, nichts wert ist. Also fangen sehr viele erst gar nicht mehr an, sich für etwas Längerfristiges einzusetzen. Das Schlimme dabei ist, manche werden völlig passiv im Leben. Das Desinteresse in der Gesellschaft, auch an der Politik, nutzen viele Politiker dann auch aus. Ich habe einfach Angst, daß eine abgestumpfte Generatiion gezüchtet wird. Mit Jugendhäusern, die jetzt plötzlich immer mehr gebaut werden, ist das längst nicht wieder gut zu machen. Kinder, selbst Jugendliche, müssen im Freien spielen und toben können, sonst fehlt ihnen später vollkommen der Bezug zur Natur.
Vor lauter Wut und Zorn vernichteten gerade die, die geschuftet hatten, um die Tore zu errichten, selbst noch vollständig ihr Werk. Zuvor hatten die Lastwägen und die Kräne, welche die Wasserrohre transportieren mußten, ja schon erheblich auf unserem Platz gewütet. Ich konnte es täglich beobachten, wie dies ganz allmählich geschah, bis kein Tor mehr dastand. Einige sagten mir ganz ehrlich: "Siehst du, Micha, dein Einsetzen für uns war völlig für die Katz!" Dem mußte ich mich geschlagen geben. Eines steht aber fest: Als unser Bolzplatz bestand, war vor dem Haus an der Sparkasse Ruhe, wo Kinder und wir Jugendliche oft verbotenerweise Fußball spielten. Das ganze Spielgeschehen verlagerte sich nach hinten auf den riesigen Platz, zum berechtigten Wohle der Anwohner. Natürlich habe ich auch Verständnis für die Anwohner, die am Abend gestreßt und abgespannt von ihrer Arbeit nach Hause

kommen und ihre Ruhe brauchen. Ich habe ja schließlich auch einen Vater, bei dem es das gleiche ist. Doch man darf die jungen Menschen nicht nur ausschimpfen, sondern man muß ihnen auch eine wirkliche Alternative bieten. Eine solche Alternative sah ich auf diesem großen Platz hinter unserem Häuserblock gegeben.

Nun möchte ich über ein ganz lustiges Erlebnis mit meiner Mutter erzählen. Schon im Winter planten wir, im Frühling einen Ausflug nach Ettlingen zu machen. Ettlingen ist ein hübsches, altes Kreisstädtchen bei Karlsruhe. Das Ziel konnten wir mit dem Behindertentaxi problemlos erreichen. An einem schon sehr warmen Tag im Mai war es schließlich so weit. Die Sonne lachte vom klaren blauen Himmel herunter. Es war direkt ein schöner Tag, den wir da herausgesucht hatten. Freudig stiegen wir ins Behindertentaxi ein. Schnell waren wir dort. Im Zentrum von Ettlingen, auf einer Brücke über der Alb, ließen wir uns absetzen. Nun spazierten wir einfach mal drauflos. Zunächst befanden wir uns vor einem ganz romantischen Torbogen, der uns auf den Rathausplatz führte. Wir schlenderten durch die engen Gassen und schauten die kleinen Einkaufsläden an. Die verwinkelten Gäßchen imponierten uns sehr. Ettlingen besteht aus sehr alten, kleinen Häuschen. Einige bewohnte Fachwerkhäuser sind in Ettlingen auch noch übriggeblieben. Wir hatten viel Spaß in diesem alten Städtchen. Die Zeit verhuschte im Nu. Wir bekamen langsam Hunger. Also suchten wir um halb zwölf nach einer gemütlichen Wirtschaft. Gaststuben gab es genug, nur fanden wir keine ohne Treppen. Der Uhrzeiger rückte immer schneller voran. Vor lauter Suchen war es im Nu eine Stunde später, bis wir schließlich etwas aus dem Stadtzentrum herausgingen. Es mußte doch auch in Ettlingen eine Wirtschaft ohne Treppen geben, dachten wir beide mit leerem Bauch trotzdem recht fröhlich. Nachdem wir eine Schnellstraße überquert hatten, kamen wir plötzlich zu einem von außen recht gepflegten Haus. Wir sahen es durch einen sehr kunstvoll geschwungenen, mit Goldstäben geblümelten Zaun. Vor dem Haus lag ein größerer Garten, beinahe ein Park, der mit wuchtigen, fast pingelig gepflegten Zierbüschen und vielen kleineren Edeltannen angelegt war. Das gleichmäßige Geplätscher sorgte für etwas Leben in dem wunderschönen aber doch irgendwie toten Park vor dem Haus. Gleich fanden wir einen Zugang zu diesem Haus. Denn meine Mutter war fest überzeugt, daß dies eine für uns günstige Wirtschaft sei. "Die drei Stufen können wir leicht überwinden", meinte sie recht zuversichtlich. Zuvor fragten wir aber noch eine Frau, die ebenfalls gerade dieses für mich schon etwas eigenartige Haus betrat. "Ja, darin kann man schon etwas essen", bestätigte uns die Frau. "Nur", fügte sie lächelnd hinzu. "Haben sie sich vorher schon die Preise angesehen?" Schließlich kam schon ein ganz elegant gekleideter Mann mit einem weißen Anzug und einer braunen Fliege am Kragen herbeigeeilt, um uns höflichst über die wenigen Stufen zu helfen. "Meine Dame, was wünschen sie bitte", erkundigte sich der Mann sehr vornehm, als wir oben im Empfang standen. Ein wenig verwirrt schaute ich mich in diesem Vorraum um. Es schien ein Hotel zu sein, in das wir hineingeraten waren. "Wir wollten eigentlich nur etwas zum Mittagessen", antwortete meine Mutter, ebenfalls ein wenig verunsichert. "Ja, da sind sie hier genau richtig. Würden sie mir bitte nachfolgen?" Der Mann führte uns zu einem schmalen, längeren Gang, der mit einem roten Teppich ausgelegt war. An den Wänden hingen wertvolle Gemälde, die verrieten, daß wir uns hier in einem sehr vornehmen Haus befinden mußten. "Gnädige Frau, gehen sie jetzt ganz gerade aus. Dort vorne wird man sie empfangen", klärte uns der Mann in vornehmster Art auf. Daraufhin dachte ich, wie bestimmt auch meine Mutter: Hoppla, wo sind wir denn hier gelandet, daß wir behandelt werden wie die reinsten Fürsten. Recht stolz, mit einer gewissen Spannung im Bauch, stolzierten wir den Flur entlang, bis wir wieder eine riesige gläserne Eingangstür entdeckten. An der Schwelle warteten schon gleich zwei Diener und zwei Dienerinnen auf uns. Nun traten wir in eine sehr vornehme Gaststube ein. Die Wände waren mit einer komfortablen geblümelten Tapete ausgestattet. Sehr niedliche Lämpchen, die an den Wänden über den Tischen angebracht waren, machten den Raum irgendwie romantisch. Ringsum hingen sehr wertvolle Bilder. Manche waren sogar mit goldenen, geschwungenen Rähmchen. Der ganze Raum war etwas verwinkelt. Er war auch mit einem geschmackvollen Teppich ausgelegt. Auf den wenigen Regalen standen teure Vasen aus Kupfer und Zinn. Hie und da stand auch ein holzgeschnitzter Knecht oder ein Hirsch da. Also der Speiseraum war wirklich sehr, fast zu wertvoll eingerichtet. Durch eine riesige Fensterfläche konnte man einen schönen Ausblick in den Park mit den Tannen und dem Springbrunnen genießen. "Wo wünschen sie bitte Platz zu nehmen", erkundigte sich die Dienerschaft sehr höflich. Auf mich machten diese Leute eher einen steifen, marionettenartigen Eindruck. Zögernd zeigte meine Mutter auf einen kleineren Tisch ungefähr in der Mitte des Raumes, gut erreichbar für den Rollstuhl. Mit einem stolzen Schritt folgte uns die Dienerschaft. Gleich zu viert rückten sie uns die Stühle zurecht. Ganz nach unseren Wünschen.

Dann halfen sie meiner Mutter aus der Jacke. Mich wunderte es, daß die Dienerschaft meine Mutter nicht noch auf den Stuhl setzte. "Gnädige Dame, gnädiger Herr, wünschen sie vor der Speise noch einen Aperitiv?" fragte uns der eine Diener irgendwie so leer. Mit allergrößter Mühe suchte ich wenigstens nach einer Spur Persönlichkeit. Aber die übertriebene Höflichkeit erstickte jedes herzliche Lächeln im Keim. In einer fremdem Welt wiesen wir den Aperitiv ab. Daraufhin brachte uns ein anderer Diener die Speisekarte. Bei dieser Gelegenheit bestellten wir gleich etwas zum Trinken. Meine Mutter wollte einen sauren Sprudel, und ich bestellte mir einen Apfelsaft. Uns genügte nur ein Blick in die Speisekarte, um fast vom Stuhl zu fallen. Die Preise waren entsetzlich hoch. Das billigste Gericht war eine Maultaschensuppe für 19-,DM. Dann kam eine Schildkrötensuppe für 27-,DM. Von da ab stiegen die Preise rapid hoch. Wir suchten vergeblichst nach den üblichen Gerichten, wie zum Beispiel Pommesfrites mit Schnitzel. Was halt in sämtlichen Wirtschaften so angeboten wird. Statt dessen gab es nur Delikatessen, wie Artischocken, verschiedene Meerestiere, Krabben, Froschschenkel, Muscheln, Schnecken, Wildgerichte, Wildschwein, Rehrücken feinster Art und so weiter. In der Mitte des Tisches stand ein Körbchen mit drei, vier Brötchen darin. Ich überlegte schon, ob wir diese nicht einfach essen könnten, und dann, nachdem wir unsere Gläser leer getrunken hatten, einfach verschwinden sollten. "Ist das hier aber teuer", flüsterte ich zu meiner Mutter, die auch ein wenig bedenklich dreinblickte. In diesem Speiseraum mußte man sich einfach im Flüsterton unterhalten. Zwischen den Gästen herrschte fast eine langweilige Stille. Auch die anderen Leute an den Nebentischen unterhielten sich nur im Flüsterton, wenn sie überhaupt etwas miteinander plauderten. Viele Ehepaare, man konnte sofort merken, daß sie in der Gesellschaft besser gestellt waren, saßen sich stumm gegenüber und schauten nur vor sich hin. Aber ein teures Gericht vor der Nase! Wie ich so umherlinste, um in andere Teller zu sehen, was sich besonders in diesem Hause eigentlich nicht gehört, entdeckte ich, daß die verschiedensten Portionen gar nicht so groß waren, wie man es für diese Preise eigentlich erwarten könnte. Viel größer war das golden und silbern schimmernde Geschirr. "Was meinst du, sollen wir nicht lieber von hier verschwinden? Diese großen Preise können wir ja doch nicht bezahlen. Außerdem möchte ich etwas anderes essen", riet ich meiner Mutter recht unbeholfen. Aber sie reagierte trotzdem sehr gelassen. "Du mußt bedenken, wir speisen nicht immer in so einem vornehmen Haus. Laß es uns doch einmal genießen. Was würdest du gerne essen? Vielleicht machen sie für uns auch etwas anderes", meinte meine Mutter trotz allem recht freudig. Ich war schon etwas über sie erstaunt. Mutter ließ sich die gute Laune in keinster Weise nehmen, trotz der hohen Preise. "Eigentlich wollte ich wieder einmal ein Wienerschnitzel mit Pommes-Frites essen", antwortete ich, während ich immer noch suchend in die Speisekarte schaute. Aber vergeblich, nirgendwo entdeckte ich so ein Essen verzeichnet. "Ach was, da fragen wir einfach. Vielleicht machen sie auch ausnahmsweise ein Schnitzel", sagte meine Mutter lachend. Man merkte, wie sie sich hier richtig amüsierte. "Denen wollen wir doch zeigen, wer wir sind", fügte meine Mutter recht heiter hinzu. Ich fühlte mich in diesem Lokal wie ein richtiger Bauer unter den feinen Leuten. Wohlbemerkt nicht negativ gemeint. Ich bin eigentlich recht froh, daß ich der unteren Gesellschaft angehöre, wo es oftmals herzlicher zugehen kann. Wir brauchten den Diener nicht zu rufen. Mit aller Unauffälligkeit, als sei er hergeflogen, stand ein Diener plötzlich bei uns, mit einer weißen Serviette um den Arm gelegt. Er hielt ein Blöckchen zum Notieren in der Hand bereit. "Was wünscht die Herrschaft zu speisen?" fragte uns der Diener mit einer Anrede, die ich nur von Fernsehfilmen kannte. Im Stillen dachte ich, jetzt fehlt nur noch das Wort Mayestätischehoheit. Meine Mutter schaute mich kurz an und zwinkerte mir zu, ich solle selber sagen, was ich wolle. Also fragte ich: "Kann ich auch ein Wienerschnitzel mit Pommes-Frites bekommen?" Der Diener schaute etwas bedenklich drein. Nach einem kurzem Überlegen meinte er: "Ja, das läßt sich bestimmt machen, und sie gnädige Frau, was wünschen sie bitte?" fragte der Diener meine Mutter. "Ich hätte gern einen bunten Salatteller", gab ihm meine Mutter kurz zur Antwort. Der Diener räusperte sich ein wenig und erwiderte ein wenig fragend: "Wär es das schon?" Sehr betimmt nickte meine Mutter den Kopf. Kurze Zeit später kam ein anderer Diener zu uns an den Tisch und brachte uns das Getränk. Auch da durften die Gläseruntertellter nicht fehlen. Schließlich bemerkte ich, wie ein Mann hinter der Theke blitzschnell von der Küche heraustrat, wobei er zu uns herüberspähte. Wir malten uns schon aus, daß dieser Mann die Leute sehen mußte, die mit einem Wienerschnitzel und Pommes-frites sowie einem Salatteller zufrieden sind. Für diese Leute waren wir bestimmt ungewöhnliche Gäste. Na ja, da konnten wir eben nichts machen. Für uns war das bestellte Essen fast etwas Besonderes und Gutes. Während für diese Leute, zu denen wir uns aus Versehen dazugesellt hatten, war unser Essen wie wahrscheinlich für uns ein ganz einfaches Salamibrot in einem Lokal. Erstaunlich rasch kamen mehrere Diener, um uns das Essen zu servieren. Mich wunderte es sehr, daß das Personal den Überblick bewahrte. Denn vorher war es wieder ein anderer, der uns das Besteck brachte. Der kleine gemischte Salatteller für meine Mutter wurde uns zuerst serviert. Schließlich brachte uns der andere Diener eine große silberne Schale mit Deckel. Höflichst stellte er uns die Schale auf den Tisch und verschwand wieder mit einem eleganten schwebenden Schritt. Wir sollten uns noch einen Augenblick gedulden, gleich würde jemand kommen, der uns das Schnitzel auf den Teller serviert, hieß es zum Glück noch rechtzeitig, denn wir wollten schon in die silberne Schale schauen. Noch heute male ich mir aus, wie die Dienerschaft dann reagiert hätte, wenn meine Mutter selbständig die Schale geöffnet hätte. Sollte das Schnitzel so groß wie die Schale sein? Dann bezweifelte ich schwer, ob ich das alles essen konnte. Nachdem uns eine Dame die Pommes-Frites servierte, —es war eine relativ kleine Portion— lüftete ein Diener endlich das Geheimnis, was sich in der Schale befand. Darin brutzelten in der Soße zwei längliche kleine Schnitzelchen. Die Portion war im Gegensatz zu anderen gut bürgerlichen Gaststuben wirklich nicht groß. Dafür schmeckte es aber vorzüglich. Die feinen Leute an den Nebentischen pflegten fast übertrieben langsam und genüßlich zu speisen. Die Teller der Herrschaften wurden einfach nicht leer. Wir genossen unser Essen aber auf unsere Art. Weil wir ja Zeit hatten, aßen wir nach unseren Verhältnissen auch sehr gemütlich. Trotzdem waren wir bald fünfmal so schnell fertig wie die anderen Leute. Ein einzelner Mann am Nebentisch linste ständig hinter einer Zeitung versunken zu uns herüber. Vor ihm auf dem Tisch dampfte eine Tasse Tee. Dieser Mann durfte in den späten dreißiger Jahren gewesen sein. War es ein Doktor, ein Rechtsanwalt oder ein Schauspieler? rätselten wir vergnügt herum und amüsierten uns weiterhin. Der Mann, der uns ständig beobachtete, machte uns überhaupt nichts aus. Plötzlich lenkte sich unsere Aufmerksamkeit zu dem Eingang, wo auch meine Mutter und ich, aus Versehen kann man sagen, hineingetreten sind. Eine kleine Gruppe Jugendlicher wollte in den Speisesalon hineingehen. Die Leutchen waren ganz üblich mit Jeanshosen bekleidet. Wahrscheinlich gerade deshalb wurden sie von einem Diener sofort aus dem Speisesalon gewiesen. Eine kleine Auseinandersetzung durchbrach die leere Stille des Raumes. Mein Blick schweifte an mir hinunter. Mir wurde wieder bewußt, daß ich ausgerechnet heute auch etwas verwaschene Jeanshosen anhatte. Ich flüsterte zu meiner Mutter. "Welche Ehre für mich, bei mir hat man eine Ausnahme gemacht. Etwa nur, weil ich behindert bin und im Rollstuhl sitze?" Meine Mutter nickte lachend den Kopf, wobei sie mir erwiderte: "Wahrscheinlich ist es so. Schau dir doch mal die Leute an. Alle sind irgendwie eleganter gekleidet." Ich glaube, meine Mutter hatte zufällig an jenem Tag auch Jeanshosen an, muß ich noch erwähnen. Sie war in diesem Speisesalon die einzige Frau überhaupt mit langen Hosen. Die anderen Frauen hatten alle teure Kleider an. Das machte meiner Mutter aber überhaupt nichts aus. "Du Michael! Es ist jetzt schon bald halb drei, wollen wir nun so langsam zahlen?" Mit diesem Vorschlag meiner Mutter war ich einverstanden. Mich wunderte es, daß es überhaupt schon so spät war. Die Zeit war bei den reichen Leuten im Nu verstrichen. Wir überlegten jetzt, wie wir die Dienerschaft in diesem Hause rufen sollten. Schließlich aber nutzten wir die Gelegenheit und riefen einfach einen Diener herbei, als er gerade an uns vorbeihuschen wollte. Nachdem der Diener alles, was wir gegessen und getrunken, aufnotiert hatte, dachten wir, wir könnten gleich zahlen und aufbrechen. Dem war nicht so. Der Diener verschwand erst einmal. Ungefähr nach einer Viertelstunde kam der Diener mit einem silbernen Tablett zurück. Ich dachte wunder was, was wir nun serviert bekämen. Der Diener stellte das Tablett wortlos auf unseren Tisch und verschwand abermals. Auf dem Tablett lag nur die Rechnung, auf der zu lesen stand:

SEHR GEERTER GAST! WIR HOFFEN, DIE MAHLZEIT WAR IHREN WÜNSCHEN GEMÄß. GERNE WÜRDEN WIR SIE EINMAL WIEDER BEGRÜßEN.
GESAMTPREIS : DM 83,34   WIR DANKEN FÜR IHREN WERTEN BESUCH.

Auf diese Weise zu zahlen, hatte ich noch nicht erlebt. Meine Mutter erklärte mir nun: "Jetzt müssen wir, bevor wir aufbrechen, das gewünschte Geld auf das Tablett legen. Somit hätten wir dann bezahlt." Also, so was Unpersönliches, dachte ich. Bisher war ich gewöhnt, daß man das Geld mit ein paar persönlichen Worten der Bedienung selbst ohne einen solchen Zirkus in die Hand drückt. Aber was soll's! Wir waren halt in diesem vornehmen Haus in einer anderen Welt. Erst als wir plötzlich draußen an der Straße standen, wurde es uns wie im Traume bewußt, wo wir eigentlich waren. Wie die Goldmarie im Märchen Frau Holle fühlten wir uns. Ganz schnell befanden wir uns wieder in der realistischen Welt, nur daß wir eben viel mehr Geld weniger in der Tasche hatten. Junge, Junge, das waren Preise. Obwohl, wir sind noch ziemlich billig davongekommen, nach der Speisekarte wenigstens. Wir hätten dafür beide woanders mindestens dreimal zum Mittagessen gehen können. Die anderen Gäste blätterten die Hundertmarkscheine gerade so als wären es Pfennige auf den Tisch. So reich sind wir eben nicht. "Ach jetzt ist einmal alles egal. Ich schlage vor, wir trinken noch irgendwo im Städtchen einen Kaffee. Dafür wird unser Geld gerade noch reichen", schlug meine Mutter jetzt vor. Diesen Vorschlag fand ich nicht schlecht, denn ich hatte noch einen riesigen Durst. Also bummelten wir wieder ins Stadtzentrum zurück in der Hoffnung, bald etwas zu finden. Am Marktplatz entdeckten wir gleich eine italienische Eisdiele. Dort ging es an den Tischen, die draußen in der Sonne standen, recht munter zu. Das muntere Leben schien uns nach dem sehr vornehmen und stillen Speisesalon fast als etwas Besonderes. Recht freudig beschlossen wir, uns hier für eine Kaffeepause niederzulassen. Gleich darauf kam ein Italiener, der unsere Bestellungen aufnahm. Recht erleichtert atmeten wir auf, weil wir wieder Menschen um uns hatten nach unserer Art. Der Mann bediente uns recht witzig und laut. Meine Mutter bestellte sich, wie schon gesagt, einen Kaffee und ich eine Citron Natur. Es war eine recht gemütliche Stelle, wo wir saßen. Vor uns lag der Marktplatz von Ettlingen. Mit dem Brunnen, wie es noch, Gott sei Dank, in den alten Städtchen üblich ist. Für mich war es schwer vorstellbar, daß wir nur acht Kilometer weit von Karlsruhe entfernt waren. Wir fühlten uns schon wie im Urlaub, mit den malerischen, alten Häuschen rings herum. In diesem Sommer fuhr ich ja vier/fünf Wochen mit dem Freund meiner Schwester nach Italien. Darauf, vor allem, mit Thomas zusammen zu zelten, freute ich mich schon riesig. Meine Mutter meinte, ich würde eine ganz andere Art von Urlaub kennen lernen. Meine Mutter belastete es immer noch, daß sich Bärbel von Thomas trennen wollte. "Kannst du das verstehen? Thomas war für mich schon wie ein richtiger Sohn", sagte sie mir in Ettlingen. "Mama! Die Beziehung zwischen dir und Thomas muß doch nicht wegen Bärbel zu Ende gehen", erwiderte ich recht zuversichtlich. Als mir Bärbel in der Schule ausgerechnet vor der Rechenstunde (sie war ein Jahr Praktikantin in meiner Schule) diese Neuigkeit mitteilte, war mir fast zum Heulen zumute. Doch nachdem mich Thomas abholte, um mit mir etwas Trinken zu gehen, war ich sehr erleichtert. Thomas sprach mit mir ganz offen über die zu Ende gehende Beziehung mit Bärbel. Thomas fügte aber gleich hinzu: "Bärbel und ich, wir sind uns deshalb nicht böse. Wir bleiben dennoch Freunde, nur eben auf eine andere Weise. Doch von dir bin ich etwas enttäuscht. Bärbel erzählte mir, wie du unsere Entscheidung aufnimmst. Michael, denkst du eigentlich, daß unsere Beziehung von deiner Schwester abhängig ist? Wir haben uns zwar durch Bärbel kennengelernt, doch wenn ich mit dir zusammen sein will, weil ich in dir einen guten Freund gefunden habe, hat das nichts mehr mit Bärbel zu tun. Du traust mir ja so etwas Gutes nicht zu, gelt? Als ob ich mit dir einen näheren Kontakt wollte, um mit Bärbel eine gemeinsame Zukunft vorzubereiten!" So getrennt von meiner Schwester hatte ich über unsere Beziehung noch gar nicht richtig nachgedacht. Diese offene Unterredung machte mich wieder sehr froh. Zu Thomas wollte ich niemals den Kontakt verlieren. Er ist für mich mehr als ein Freund. Thomas interessiert sich für vieles, er reist viel in der Welt umher. Allein mit seinem Motorrad bereiste er schon fast die halbe Welt. Südfrankreich, Spanien, England, Schottland,

Finnland, Norwegen, Schweden und so weiter. Im Winter fährt er leidenschaftlich gern in der Schweiz oder auch in Österreich Ski. Thomas hat eine gute Auffassung vom Leben. Sein Motto ist: Man arbeitet, um zu leben und nicht umgekehrt. Sein Elektrostudium macht er ganz gelassen. Wenn er Geld braucht, nimmt er irgendwo in seinem großen Bekanntenkreis einen Job an. Als routinierter Elektriker kann er fast überall etwas Geld verdienen. Mit Thomas kann man sich sehr gut über verschiedene Dinge auseinandersetzen. Mir gefällt besonders, daß Thomas überhaupt keine Scheuklappen vor den Augen hat. Er bewertet Leute nicht danach, was sie sind oder was für eine Lebensaufassung sie haben, sondern Thomas sucht sich das Persönliche, was ihm gerade gefällt, aus seinen Mitmenschen heraus. So sieht Thomas auch in mir nicht "den Behinderten", sondern den Menschen, wie ich bin. Wir haben wirklich schon manchen Spaß miteinander bei unseren Ausflügen erlebt. Meiner Mutter geht die Trennung zwischen Bärbel und Thomas heute noch manchmal nach. Immer wieder, sowie damals in Ettlingen, sprach sie davon. Ich war sehr froh, daß ich inzwischen diese Sache mit Bärbel und Thomas getrennt von mir sehen konnte. Gestärkt von dem Kaffee und dem Zitronensaft spazierten wir anschließend noch ein wenig durch das schöne Ettlingen. Dabei stießen wir auf einen bewaldeten Park. In diesem kleinen Park führte uns ein schmaler, verwinkelter Weg zu einem Teich. Darauf schwammen zwei große Schwäne, die sehr stolz mit den langen Hälsen umherblickten.
Auch verschiedene Enten schnatterten im Wasser. Dort war es sehr urwüchsig. Fröhlich zwitscherten die Vögel von den Bäumen herunter. Die seltenen Baumarten und das hohe Alter der Bäume waren am Wegrand ausführlich beschrieben. Bei einer Bank machten

wir halt, um unsere Schneckennudeln zu essen, die wir gleich nach dem Mittagessen gekauft hatten. Nur vereinzelt spazierten Leute in dem schattigen Park umher. Wahrscheinlich suchten die meisten Menschen doch noch die warme Sonne auf. An diesem wunderschönen Mittag war der schattige Ort noch nicht gefragt. Doch wir bereuten nicht, daß wir ganz zufällig auf diesen Park gestoßen waren. So bekamen wir am Schluß unseres Ausfluges noch etwas urige Natur mit. Schnell war es höchste Zeit, an unseren verabredeten Treffpunkt zu kommen, denn um 17,00 Uhr hatten wir das Behindertentaxi zur Rückfahrt bestellt. Recht vergnügt von dem erlebnisreichen Tag, fuhren wir nach Hause.
Meine Mutter und ich, wir lachten noch lange Zeit wegen des eigenartigen, aber sehr teueren Mittagessens. Erst Thomas teilte uns nach einigen Tagen lachend mit, daß wir im Erb-Prinz, einem der teuersten und vornehmsten Speiserestaurants von ganz Karlsruhe gelandet waren. Sehr witzig berichtete er weiter, daß im Erb-Prinz nicht nur die üblichen feinen Leute speisten, sondern Politiker, berühmte Schauspieler und Sänger usw., die durch Presse, Rundfunk und Fernsehen weltberühmt sind. "Tja, Mutter und Sohn Mehnert essen im fast weltbekannten Erb-Prinz zu Mittag", spöttelte Thomas.

Die Urlaubszeit kam nun auf einmal sehr schnell heran. Wenn Thomas bei uns auftauchte, sprachen wir schon sehr viel über unsere gemeinsame Italienfahrt. Vom Hof her kannte ich viele Jungs aus Italien. Jeder gab mir einen Tip, welchen Ort ich in Italien unbedingt sehen müßte. Paolo und Carmine kamen von Sizilien. "Soweit werden wir nicht kommen", meinte Thomas. "Dafür reicht uns die Zeit nicht." Wir wollten uns ja im Urlaub nicht unter Streß setzen. Unser Plan war die Riviera, an der Meeresküste bis Neapel hinunterzufahren und schließlich an der anderen Meeresküste, der Adria, wieder zurückzufahren. Auch Gino Boiano hatte mir im Laufe der Zeit sein Land Italien richtig schmackhaft gemacht. Im Hof erzählte mir Gino viel von Sehenswürdigkeiten, wo ich unbedingt hinmüßte. Vor allem schwärmte Gino vom Nachtleben dort. "Um 22.00 Uhr, am späten Abend, fängt dort das Leben auf den Strassen der Stadt erst so richtig an. Dagegen hier in Deutschland ist um 21.00 Uhr kaum noch etwas los", prahlte Gino oft, wobei seine dunklen Augen hell aufleuchteten. Martina Koch konnte manchmal mit ziemlich schnippischem Ton sagen: "Warum fährst du dann nicht für immer in dein Heimatland, wenn du es dort viel besser findest?" "Sei gefaßt, irgendwann fahre ich für immer nach Italien zurück. Von meinem Onkel könnte ich leicht einen Job bekommen. Nicht wie hier, Hilfsarbeiter, sondern einen richtigen", kam die Antwort spontan von Gino zurück. Am Abend machte mir Gino auch oft Hunger, wenn er mir italienische Gerichte aufzählte. Kurz, Italien war bei uns in der Clique ständig aktuell. Daher wollte ich auch mal selbst das Land und die Bevölkerung dort kennenlernen. Weil Thomas zufälligerweise Italien noch nicht bereist hatte, war er mit dem Urlaubsziel sofort einverstanden. So stand die Italienreise schon über ein halbes Jahr vorher fest.

An einem warmen, sehr sonnigen Maimorgen fuhr ich einmal schon nach dem Frühstück in der Hofanlage spazieren. Meine morgendliche Schreibarbeit konnte auch mal für einen Tag ruhen, dachte ich einmal sehr freizügig. Ansonsten bin ich nämlich sehr pflichtbewußt, um nachher den Tag richtig genießen zu können. Schon am Morgen draußen zu sein, vor allem im Frühling, ist für mich ganz herrlich. Mit vollen Atemzügen genieße ich dann immer die frische Luft, die von der Sonne immer mehr erwärmt wird. Zu jener Zeit fielen gerade nach jedem Windhauch die rosa-weißen Blüten von den recht kleinen noch sehr jungen Bäumchen herunter. Ich suchte mir einen sonnigen Platz, um diesen Naturvorgang richtig beobachten zu können. Da kam plötzlich Frau Boiano, Ginos Mutter auf mich zu. Sie trug einen vollen Wäschekorb bei sich. Wie so oft, blieb sie bei mir stehen, um sich mit mir ein wenig zu unterhalten. Mit ihrem gebrochenen deutsch sagte sie: "Ich hörte von Gino, du reist bald nach Italien. Aber, ich sage, Italien nicht gut. Zur Zeit sehr gefährlich. Dort gibt es viele, viele Mafia. Die stehlen alles mit Auto und schießen Leute tot." Diese Worte von Frau Boiano erschreckten mich ziemlich, so daß ich sehr wenig darauf antworten konnte. "Davon hat mir Gino noch gar nichts erzählt", antwortete ich jedoch sehr verwundert. "Nein? Hat Gino dir nichts davon gesagt? Ich rate euch, fahrt woanders hin. Italien wirklich heutzutage sehr gefährlich", entgegnete mir Frau Boiano noch einmal mit der Absicht, weiter zu gehen. "Tschüßele", rief sie mir schließlich zu. Da stand ich nun alleine mit meinen zweifelnden Gedanken da. Ist Italien wirklich so gefährlich mit den Mafias? Bei der nächsten Gelegenheit erzählte ich Thomas, wie mich Frau Boiano vor Italien gewarnt hatte. Thomas lachte nur und meinte recht gelassen: "Denkst du, von uns armen Leuten will jemand etwas. Die Mafias gehen hauptsächlich und zum Teil noch mit Recht auf die Touristen los, die den Urlaub nutzen, um mit ihrem Reichtum anzugeben. Ich würde mir auch überlegen, denen etwas wegzunehmen, wenn ich selbst arm wäre. Glaube mir, ich habe schon Touristen in fremden Ländern erlebt, hauptsächlich waren es Deutsche, die führten sich auf, als seien sie etwas Besonderes und meinten noch, sie könnten die Einheimischen schikanieren. Gerade den Leutchen gönne ich es, wenn ihnen die Räder oder der Motor des Autos abmontiert und gestohlen werden. Oft werden ja ganze Autos geklaut. Aber von uns möchte bestimmt keiner etwas. Unser Auto ist viel zu alt und schon äußerlich zu verbraucht. Außerdem haben wir ja ebenfalls nicht viel und schon gar nichts zum Angeben dabei", erwiderte mir Thomas mit einem triumphierenden Ausdruck im Gesicht. Es trennten uns nur noch wenige Wochen von der lang ersehnten Urlaubsreise. Meine Eltern nutzten es unterdessen, nach Griechenland zu fliegen. Vier, fünf Wochen ist schon eine ziemlich lange Zeit. Obwohl ich mich auf den Urlaub riesig freute, machte mir doch ein wenig die Trennung von meiner Wohngegend und den vielen Freunden zu schaffen.

Im Nu wurde es so heiß, daß unser Hausmeister in der ganzen Hofanlage drei Rasensprenger aufstellte. Das Wasser tat den Pflanzen und Rasenflächen gut. Da diese über der Tiefgarage liegen, muß man schon aufpassen, daß man das künstliche Bewässern nicht versäumt. Denn schon nach wenigen heißen Wochen sehen die Rasenflächen bei uns aus wie bei der größten Hitzekatastrophe. Mit kurzen Hosen und freiem Oberkörper saß ich sehr oft zur Erfrischung unter den kreisenden Rasensprengern. Ich suchte den Platz so aus, daß kräftige Wasserstrahlen bis hin zu mir reichten. Puh, das war aber naß und kalt. Genügend abgekühlt fuhr ich dann wieder auf die linke Seite der Hofanlage. In der prallen Sonne bereitete ich meinen Körper schon einmal auf die Hitze in Italien vor. Ich wollte während des Urlaubs keine besonderen Schwierigkeiten wegen der Hitze haben. Ich wußte ja. daß es in dem ziemlich südlich gelegenen Land noch viel heißer ist als bei uns. Wenn wir uns schon ab 32 Grad über die Hitze beklagen, so kann es für die Italiener noch erträglich sein. Die Südländer sind eben mehr abgebrüht als wir es sind. Für manchen Nachbarn von uns war es sicherlich etwas unverständlich. mich in der glühend heißen Sonne zu sehen. Aber ich wollte mich wirklich auch für die größte Hitze ganz langsam abhärten. was mir auch schließlich gelang. Am Ende konnte ich es schon sehr lange Zeit in der Sonne aushalten, ohne mich gleich wieder in den wohltuenden Schatten flüchten zu müssen. Das dauerte natürlich eine gewisse Zeit. Übertreiben wollte ich es schließlich nicht. Tag für Tag dehnte ich die Zeit aus. So hatte ich auch meine ersten Sonnenbrände hinter mir und wurde schon vor dem Urlaub sehr braun. Am frühen Abend kam dann meistens mein Freundeskreis zusammen. So kam Leben in den Hof. Wir warteten mit angeregtem Geplauder in einer großen Runde die Kühle des Abends ab. dann plötzlich kickte einer mit dem Ball oder einer ließ die Frisbeescheibe fliegen und schon fing ganz spontan, auch für mich zum Zuschauen, ein interessantes gemeinsames Spiel an.

In dieser Zeit konnte ich noch eine Lebenserweiterung in unserer Wohngegend erleben. Das damals erst neu eröffnete Jugendzentrum am Kronenplatz sollte für mich mit meinem Wägelchen auch gut erreichbar sein. Das probierte ich gleich an einem sehr heißen Nachmittag aus. Meine Unternehmungslust hatte mich einfach gepackt. So fuhr ich zu der neuen Brücke, die über die

Fritz-Erler-Straße zum Kronenplatz führt. In der Mittagshitze war es für mich etwas mühsam, die Steigung der Brücke hochzufahren. Schweißtropfen perlten mir von meiner Stirn herunter. Aber mit etwas mehr Anstrengung schaffte ich es doch, bis hoch auf die Brücke zu gelangen, wo unter mir die Autos vorüberrasten. Auf der anderen Seite der Brücke, wo es wieder abwärts zum Kronenplatz geht, kommt dann schon das große, wuchtige, mit rotem Backstein gebaute Jugendzentrum, auch einfach JUBEZ genannt. Der nicht sehr schöne Bau ist so geschickt neben der Brücke angebaut, daß der Haupteingang in die Cafeteria ganz gut für mich als Rollstuhlfahrer zugänglich ist. Dies entdeckte ich an diesem Tag zum ersten Mal, denn das Jugendzentrum feierte vor nicht so langer Zeit erst Eröffnung. Bei mir dauerte es eben eine Weile, bis ich mich einfach überwinden konnte, selbst und alleine in das Haus zu fahren. Diese Überwindung hatte sich schließlich gelohnt. In dieser sehr großen Cafeteria, mit ziemlich hoher Decke und sehr großen Fenstern, saßen eine Menge junge Leute an kleinen Tischen, die kleinere Grüppchen bildeten. Die eine Clique spielte angeregt mit Karten, andere spielten Schach, wieder andere machten gar nichts, als nur zusammen eine Cola zu trinken. Über große Musikboxen an der hohen Decke ertönte laute, tolle Discomusik mit Hardrock vermischt. Mancher Jugendliche versuchte, sich nach dem Takt zu bewegen. Dort herrschte wirklich eine gute Stimmung, wie ich beim ersten Besuch im JUBEZ fand. Gegenüber der Fensterfront stand die Theke. Außer den Getränken konnte man dort kleinere warme Mahlzeiten bekommen: Wie zum Beispiel Würstchen, Pommes-Frites mit Schnitzel usw. Gemischte Salate waren, wie ich bei einigen Leuten sah, auch zu bekommen. Einige Jungs und Mädchen saßen an der Theke auf hohen Stühlen. Einige schmusten miteinander. Ich schaute in alle Richtungen: fast nur fremde Gesichter. Auch einige Punker konnte ich entdecken. Ich fuhr mal auf die andere Seite der Cafeteria, ob ich nicht dort jemanden von meinen Bekannten treffen könnte. Da saßen einige junge Leute auf den Stufen unterhalb der großen Fenster. Plötzlich rief eine bekannte Stimme nach meinem Namen. Ich richtete meinen Blick auf die andere Seite und sah Gino, sowie Uwe Koch. Sie spielten mit anderen Karten. "Komm doch etwas zu uns", riefen sie. Sichtlich erleichtert, ein paar Bekannte gefunden zu haben, folgte ich diesem Rat. Denn unter all den Fremden, die mich zum Teil interessiert, aber doch irgendwie aus Unsicherheit abweisend musterten, kam ich mir ein wenig verloren vor. Gino fragte mich gleich: "Bist du heute zum ersten Mal hier?" Ich konnte gerade noch mit dem Kopf nicken, da fragte mich Uwe weiter, während er seine neuen Karten sortierte: "Und wie findest du es hier?" "Vom ersten Eindruck her ganz gut, mit der Musik und so", rief ich so laut wie möglich zurück. Die Musikboxen dröhnten nämlich ziemlich laut durch die Cafeteria. "Ja, und wie gefällt es euch hier", fragte ich interessiert zurück. Nach einem kürzeren Zögern antwortete mir Gino. "Och, es geht eigentlich, direkt schlecht finde ich es hier nicht. Aber den ganzen Mittag und Abend ist es hier auch langweilig." Uwe und die andern stimmten Gino sofort zu. Wenn die laute Musik auch noch so toll war, erschwerte sie ungemein, mit den andern etwas tiefer ins Gespräch zu kommen. Auch die übrigen am Tisch waren schwer in Ordnung. Zunächst sah ich im JUBEZ eine weitere Möglichkeit, andere zu treffen und neu kennenzulernen. Bis zum späten Nachmittag saß ich bei Gino, Uwe und den andern und amüsierte mich mit am Tisch. Dann urplötzlich sehnte ich mich wieder nach draußen, an die frische Luft zu kommen. Im Haus war halt eine abgestandene dicke, verrauchte Luft. Draußen waren zwar die Schatten etwas länger geworden, doch die Sonne schien immer noch heiß von einem tiefblauen Himmel herunter. In der Luft schwirrte ein ganzer Schwalbenschwarm umher. Die hell piepsenden eigenartigen Laute der Schwalben erfüllten die ganze Stadt mit sommerlicher Atmosphäre. Das Gute war nun, ich brauchte die Brücke nur noch abwärts zu fahren. Die Leute, die an mir vorbeiliefen, schauten mir lange etwas ängstlich nach. Ich dagegen grüßte sie lachend und wohl vergnügt. Dabei ließ ich mein Wägelchen nie in die schnelle Fahrt kommen. Ständig bremste ich mit meinen Füßen ab. Das kostete vielleicht Schuhe, aber viel lieber kam ich wieder heil zu Hause an. Freudig über die Entdeckung, die ich im neuen Jugendhaus gemacht hatte, fuhr ich in unsere Hofanlage. Auf dem kleinen Vorplätzchen vor den großen Fenstern des Gemeinschaftsraumes unter den Balkons war fast die ganze Clique wieder versammelt. Angeregt und etwas laut redeten sie miteinander. Als ich kam, fragte mich Michael Waldmann sofort: "Wo hast du denn die ganze Zeit gesteckt?" Sofort fügte sein Bruder Ralf hinzu: "Ja, ja. Micha war bei seinen Mädchen. Komm, du kannst es ruhig zugeben." Auch Frank, Adrian und Ralf Hempel spöttelten jetzt im Spaß meinetwegen herum und nahmen mich etwas hoch. Währenddessen wehrte ich lachend ab: "Nein, ich war soeben im neuen Jugendzentrum in der Cafeteria", erwiderte ich. "Und wie fandest du es da drinnen?" fragte mich Ralf jetzt ziemlich ernst, während er seine Füße seitlich auf das Rohr meines Wägelchens stellte. "In der Cafeteria finde ich es eigentlich mit der Musik ganz toll. Nur für den ganzen Mittag und Abend weiß ich nicht, ob es das bringt", gab ich ihm offen zur Antwort. Daraufhin entgegnete mir Ralf: "Siehst du, Micha, das gleiche habe ich auch gedacht. Ich möchte mit dir wetten, daß viele in der Zukunft selbst bei schönem Wetter nur noch im JUBEZ herumsitzen. Diejenigen hier kann man dann vergessen." Entschieden schaltete sich Adrian in unser Gespräch ein. "Ja, aber im JUBEZ gibt es ja nicht nur die Cafeteria. Da soll es noch eine große Sporthalle geben, wo man sämtliche Sportarten betreiben kann. Werkräume soll es im JUBEZ ebenfalls noch geben." "Na und, wenn ich mittags von der Schule komme, möchte ich meine Freizeit nicht auch noch in einem Haus verbringen", meinte Alex Heinemann in seiner ruhigen, sachlichen Art. Also bestätigten mir meine Freunde das, was mir im JUBEZ nur flüchtig durch den Kopf ging. Irgendwie verleitet es den jungen Menschen, sich in ihrer Freizeit nur noch sehr wenig draußen an der frischen Luft aufzuhalten. Das Jugendzentrum ist mal schön und recht, für ein bis drei Stunden oder hauptsächlich im Winter bei kaltem, trüben Wetter. Sonst kann es keinen Spielplatz, Bolzplatz oder stillen, heimlichen Jugendtreff im Freien ersetzen. Auch ich fühle mich bei geeignetem Wetter unter dem freien Himmelszelt am wohlsten. Draußen ist es -bis jetzt wenigstens noch- viel gesünder. Das bliebe auch zweifellos so, wenn hauptsächlich den Verantwortlichen so langsam bewußt wäre, daß die noch übrig gebliebene Natur zum Überleben aller Menschen weitaus wichtiger ist als unsere gute Wirtschaft. Vom Reichtum kann die Menschheit nicht ewig leben, ja nicht einmal überleben. Der Mensch hat es schon lange verlernt, gesund mit der Natur zu leben. Er hat die Natur völlig untertan gemacht. Aber eines ist sicher: die bisher noch zu geduldige Natur läßt sich nicht ewig verarschen. Nur, dann sterben auch alle Menschen mit, die es völlig vergessen haben, daß _wir_ im Grunde ein Teil der Natur sind. Gerade wenn viele erst am Mittag nach der Schule und nach Erledigung der Hausaufgaben kommen, brauchen Kinder und Jugendliche noch die Freiheit. Selbst viele, die schon eine Berufschule besuchen, wollen nach einem anstrengenden Tag nur noch nach draußen. Eine Behauptung möchte ich wagen: wenn dieser Drang, nach draußen zu gehen, notgedrungen nachläßt, weil der Wald der Verbotsschilder für Kinder und Jugendliche immer größer wird, läßt auch die letzte Achtung vor der Umwelt nach. Gerade dies hätte in der ferneren Zukunft verheerende Folgen für unsere Umwelt. Je mehr verantwortliche Menschen Kinder und Jugendliche in Jugendhäuser oder daheim vor Fernseher und Videos drängen, desto stärker wird das Entfremden von der Umwelt. Somit kann die heranwachsende Generation schlecht die natürliche Beziehung zur "noch" schönen Natur mitbekommen. Es ist dann nur logisch, daß die späteren Verantwortlichen natürlich ebenfalls nur die Natur weiter vernichten helfen.

An den letzten Tagen vor der Abreise wußte ich nicht genau, ob ich traurig oder froh war. Thomas hatte schon ein großes, altes, aber noch gutes Auto besorgt. Wir mußten ja schließlich einen Wagen haben, in dem neben den vielen Sachen, die für den ziemlich langen Urlaub mit dem Zelt nötig waren, auch noch zwei Rollstühle Platz hatten. Nur für unsere Urlaubsreise sollte es halten. Nun war es also bald soweit. In diesen Tagen gab es noch manches zu erledigen. Wir mußten für die Gültigkeit der Reisepässe sorgen und für viele Kleinigkeiten mehr. Am Tag vor der Abreise fuhr ich noch einmal in den Hof. Hier, wo ich so viele Freunde gefunden habe, war ich einfach fast ein wenig zu fest verwurzelt. Vor dem Urlaub kommt das jedesmal um so stärker zum Ausdruck.

Am Abend vorher packte ich dann meine speziellen Sachen zusammen. Thomas forderte mich auf, für die lange Fahrerei ein paar Musikcassetten zusammenzustellen. Meinen Radiocassettenrecorder nahm ich auch mit, denn ich wollte in Italien vom Radioprogramm einmal orginal italienische Hits aufnehmen. Andere Sachen waren von meinen Eltern schon in meiner großen Sporttasche verpackt.
Am anderen Morgen fuhren wir dann los. Um 9,30 Uhr kam Thomas recht frohgelaunt zu uns. Bei meinen Eltern dauerte es noch eine halbe Woche, dann begann auch für sie eine große Reise mit einem Flugzeug von Stuttgart aus nach Griechenland. Thomas fuhr noch bei seinen Eltern im Dammerstock vorbei. Glücklicherweise muß ich sagen. Denn nur deshalb befanden wir uns noch in der Nähe von zu Hause, als sich Thomas nach meinem Schlafsack erkundigte, der ja zum Zelten unbedingt nötig war. Sehr ratlos schaute ich drein, während Thomas schon entschlossen umdrehte. "Halte ich das aus, gerade das Wichtigste beim Zelten vergißt du", lachte Thomas und nahm mich etwas hoch. "Hast du noch nie etwas vergessen?" fragte ich entschieden zurück. "Doch!" antwortete Thomas frech grinsend. "Aber so etwas bestimmt noch nicht", meinte er weiter. Zum Glück waren meine Eltern zu diesem Zeitpunkt, als wir noch einmal auftauchten, noch nicht beim Einkaufen. Ich sah vom Auto aus, daß Thomas nach dem Läuten hereingelassen wurde. Nach einem kurzen Augenblick entdeckte ich meine Eltern am Küchenfenster. Sie

winkten mir lachend zu. Mir war es in diesem Augenblick schon etwas schwer zumute. Vor allem weil mir in dieser Situation wieder die Erinnerung hochkam, wie ich als kleiner Junge von fünf Jahren, anfangs noch recht freudig in den großen Bus hineingesetzt wurde, der uns alle vom Kindergarten aus zur Erholung nach Donaueschingen fuhr. Wie meine Mutter vor der Haustüre stand und mir noch lieb nachwinkte, bevor der Bus schließlich mit einem lärmenden Motor losfuhr, ist mir noch deutlich im Gedächnis geblieben. Doch nun war es eine völlig andere Situation. Damals wußte ich nicht, was auf mich zukam. Jetzt wurde ich herausgefordert, aus einer freundschaftlichen Beziehung heraus, den Urlaub mit einem mir nahe stehenden Menschen mitzugestalten. Dies ist ein erheblicher Unterschied. Nicht nur die Freude auf den Urlaub war entscheidend, sondern auch eine längere Zeit mit Thomas zusammen zu sein. Nun überwältigte mich die Freude doch, als Thomas leise vor sich hin pfeifend mit meinem Schlafsack aus dem Haus kam. "So, jetzt wird es aber höchste Zeit, daß wir endlich wegkommen", meinte Thomas, während er den Zündschlüssel umdrehte und den Motor aufheulen ließ. So fuhren wir jetzt endgültig auf die Autobahn, Richtung Basel und Geneve in die Ferne. Das Auto, ein Peugeot Kombi, war mit den Polstersitzen sehr bequem. Es war recht gemütlich. Während der Fahrt hatten wir allerhand zu erzählen. Ich möchte nur erwähnen, daß wir so angeregt miteinander geplaudert hatten, daß die Grenze zur Schweiz sehr rasch erreicht war. Ehe ich mich versehen konnte, waren wir schon in der Schweiz. Thomas, der oft in die Schweiz Skifahren geht, erzählte mir viel von diesem Land. Nach kurzer Zeit kamen wir schon an die französische Grenze. Als ich Thomas nach der Uhrzeit fragte, schüttelte er nur entschieden

den Kopf und meinte: "Du, wenn ich in Urlaub fahre, habe ich nie eine Uhr dabei. Immer muß man im Alltag genau nach der Zeit gehen. Deswegen finde ich einen Urlaub mit Uhr keinen richtigen Urlaub." Dem mußte ich eigentlich sehr zustimmen. Von der Schweiz, den Ortschaften und den Bergen sahen wir von der Autobahn aus wenig: Weite grüne Felder, einzelne Häuser und Wälder. Der Blick, fand ich, unterschied sich eigentlich nicht so sehr von der deutschen Autobahn. Das Wetter war mittelmäßig, wechselhaft. In Karlsruhe bei der Abfahrt schien einmal hell die Sonne, so daß meine Mutter lachend meinte: Wenn Engel reisen, lacht der Himmel. Nun, an der Grenze zu Frankreich versteckte sich die Sonne hinter ein paar grauen Wolkenfeldern. Wenn dann aber nach einer kurzen Zeit die Sonne wieder hervorkam, war es im Nu stechend heiß. Wieder gab es an der Grenze keine längere Wartezeit. So, nun waren wir auf französischem Boden. Häuser und Landschaft erinnerten mich stark an die Pyrenäenlandschaft rund um Lourdes. Um nach Italien zu kommen, mußten wir nun mehr in die westliche Richtung fahren. An weiten Weinfeldern vorbei führte uns nun eine kurvenreiche Landstrasse. Französische Strassenschilder zeigten uns den Weg nach Grenoble. Dieses Ziel strebten wir zunächst einmal an. Wir mußten also durch die Alpen hindurch. Bis jetzt sah man nur weit in der Ferne die ersten Berge. Thomas meinte während der Fahrt: "Michel, gell, wenn du etwas siehst, das du von der Landschaft näher sehen möchtest, oder auch sonst eine Rast machen möchtest, kannst du es ruhig sagen." Daraufhin antwortete ich: "Irgendwann könnten wir eine Rast machen, ich habe so langsam Hunger und außerdem muß ich bald einmal." Thomas schaute mich grinsend von der Seite an und erwiderte. "Also, du mußt dich schon selbst melden, wenn irgendetwas ist. Ich kann und will dir nicht alles von der Nase ablesen." Bei der nächsten Haltemöglichkeit hielten wir an einer großen Wiese mit Obstbäumen an. Da ich mir schon darüber Gedanken machte, wie lange ich auf dem Topf brauchen würde, entschied ich mich, erst das zu erledigen. Also trug mich Thomas weit in das grüne Gras hinein. Draußen war es für mich erstaunlich frisch. Wir fuhren doch in Richtung Italien. Ich hatte mir eigentlich die Vorstellung gemacht, je mehr wir in den Süden kommen, desto wärmer würde es werden. Trotzdem ich mich auf der ziemlich großen Rasenfläche ungestört fühlen konnte, setzte ich mich selbst unter Druck, möglichst schnell machen zu müssen. Die lieblichen Gesänge der Vögel beruhigten mich auch nicht mehr, je länger es dauerte, desto mehr verkrampfte ich mich. Immer wieder schaute ich zurück zu unserem vollgepackten Auto. Thomas las gerade in der Landkarte. Schon längst hatte ich es aufgegeben, machen zu können. Deswegen wollte ich es aufstecken. Ich hatte einfach keine Geduld mehr. Immer wieder kreiste in meinem Kopf herum, Thomas wolle so langsam wieder weiterfahren. Aber diese Gedanken waren völlig falsch, das stellte sich heraus, nachdem ich Thomas zu mir gerufen hatte. Er sagte: "Laß dir doch Zeit. Ich warte überhaupt nicht auf dich. Auch ich kann jetzt eine längere Pause gebrauchen. Außerdem mußt du immer denken, wir beide machen Urlaub. Ob du nun die Hälfte Zeit des Urlaub auf dem Topf verbringst oder nicht, das juckt mich nicht im geringsten." Daraufhin fühlte ich mich so frei, so daß ich, kaum hatte es sich Thomas wieder im Auto bequem gemacht, ihm schon rufen konnte. Von da an brauchte ich nie mehr so lange auf dem Topf. Die Worte von Thomas nahmen mir im Nu die Ängste vor der falschen Rücksichtnahme. Im Auto vesperten und tranken wir gemütlich zusammen, bevor wir weiterfuhren. Wir hatten von zu Hause belegte Brote mitgenommen. Thomas trank dazu eine Flasche Bier. Meine Eltern hatten mir einen Liter Milch eingepackt. Nachdem wir uns gestärkt hatten, fuhren wir wieder weiter in Richtung Süden. Bald darauf erreichten wir die bergenreiche, schöne Alpenlandschaft. Die Alpen kann man einfach nicht mit dem Schwarzwald oder sonst irgendwelchen Bergen in unserer Umgebung vergleichen. Moosgrün und trotzdem ungleichmäßig bewaldet, ragen die Alpen irgendwie wuchtiger aber doch verspielter nach oben. Ein intensives Grün ließ wenige Steine herausschauen. Plötzlich entdeckten wir auf der rechten Straßenseite etwas sehr Interessantes. Eine sehr lange, fasziniert gebaute Hängebrücke führte über eine tiefe, breite Schlucht. "Kennst du diese Hängebrücke? Wollen wir da einmal aussteigen?" fragte ich Thomas. Dauraufhin ließ Thomas schon den rechten Blinker blinken und erwiderte: "Nein! Von dieser gigantischen Hängebrücke habe ich noch nie etwas gewußt. Ich muß zwar schon öfters an ihr auf dieser Strecke vorbeigefahren sein. Doch jetzt fällt mir die unheimlich lange Hängebrücke zum ersten Mal auf. Dieses Bauwerk müssen wir uns unbedingt etwas näher betrachten." Im Nu hatten wir einen Parkplatz gefunden. Ich wählte zum Aussteigen mein kleines Wägelchen zum Selberfahren aus. So schlenderten wir ein wenig auf der langen Hängebrücke herum. Auf den beiden Seiten blickten wir tief in die Schlucht hinunter, wo unten mitten durch grüne waldbewachsene Hügel lustig ein breiterer Bach plätscherte. Ich konnte durch die Pfeiler den Blick tief nach unten prächtig geniesen. Manchmal hob mich Thomas auch hoch. Das war schon etwas komisch, auf der nicht sehr breiten, etwas schwankenden

Hängebrücke hoch über der Schlucht zu stehen. Am Beginn der Brücke stand auf einer Tafel in vielen Sprachen zu lesen, diese Hängebrücke sei die längste der Welt. Wir erreichten längst nicht die andere Seite, als wir glaubten, genug gesehen zu haben. Langsam bewegten wir uns wieder zum Auto hin. Zu dieser Zeit schien die Sonne kraftlos wie im Frühjahr. Überhaupt hatte ich das Gefühl, als wenn es immer kälter würde, je weiter wir fuhren. Nun, auf der Fahrt hinauf nach Grenoble merkten wir, daß es langsam aber sicher Abend wurde. Thomas meinte bald: "Es wird jetzt höchste Zeit, daß wir an einen Campingplatz kommen." Meine Ohren fielen plötzlich zu, daran merkte ich, daß uns die Strecke ganz schön hinaufführte. Noch nie zuvor lenkte ich meine Aufmerksamkeit auf Campingplätze. Deswegen wunderte ich mich, weil an der linken Seite, wie auf Bestellung, ein Campingplatz auftauchte. "Na bitte, wir haben ja Glück. Wollen wir uns hier für diese Nacht niederlassen?" fragte mich Thomas und grinste mich begeistert von der Seite an. Ich nickte und war sehr gespannt auf das Zelten. Zuvor war ich ja noch nie auf einem Zeltplatz gewesen. Im Gegensatz zu Thomas, der schon öfters gezeltet hatte, war für mich der Campingplatz ein völliges Neuland. Zunächst mußten wir am Eingangshäuschen zum Campingplatz einen Platz für ein Auto, sowie ein Zweimannszelt mieten. Der Preis für uns beide betrug so ungefähr 36,-Franc. Kleine, größere und ganz komfortable Zelte, die bestimmt eingerichtet waren wie kleine Häuschen, waren kreuz und quer auf diesem Gelände aufgebaut. Ich staunte, was für große Zelte es überhaupt gab. Für unser Zweimannzelt genügte ein kleineres Plätzchen. Wir brauchten nicht lange zu suchen, bald wußten wir, wo wir unser Zelt für diese Nacht aufbauen wollten. Thomas setzte mich zunächst raus aus dem

Auto in mein gewohntes Wägelchen. Mit großem Interesse schaute ich Thomas zu, wie er das Zelt aufbaute. Diesen Vorgang sah ich ja zum ersten Mal. Sehr gespannt war ich, was Thomas überhaupt für ein Zelt hatte. Zunächst konnte ich nur ein paar längere und kürzere Aluminiumstäbe sehen. Dazwischen lag schon der Kunstoffboden des Zeltes, den Thomas als erstes mit Haken im Boden befestigt hatte. Daneben lag noch der übrige Teil des Zeltes für mich noch undefinierbar auf dem Rasen herum. Ich war gespannt, wie unser Zelt wohl aussehen sollte. Weil ich ja schon immer etwas Platzangst habe, machte ich mir wegen des Schlafens ein wenig Gedanken. Als ich diese Bedenken Thomas gegenüber äußerte, erzählte er mir: "In diesem Zelt haben wir schon zu viert übernachtet, dann wirst du wohl auch darin genügend Platz haben." So wartete ich recht begeistert, aber doch irgendwie mit gemischten Gefühlen die Nacht ab. Es war für den Sommermonat August ziemlich kalt. Wir mußten sogar unsere Anoracks aus den Koffern heraus holen. "Thomas, ich merke noch nichts von der sommerlichen Hitze, wie mir überall vorausgesagt wurde", sagte ich spaßig zu Thomas. "Wir sind noch nicht in Süditalien, warte nur ab, wir können schon noch schwitzen. Du mußt bedenken, jetzt im Augenblick befinden wir uns noch in der Höhe", rief Thomas lachend. Nachdem wir alles für das Schlafengehen hingerichtet hatten (ich pumpte mit dem Blasebalk die Luftmatratze auf), wanderten wir noch in den nahe gelegenen Ort. Denn wir hatten beide Lust auf etwas Warmes. Lange brauchten wir nicht zu suchen. Bald saßen wir in einer warmen, gemütlichen Kneipe, wo einige Franzosen genußvoll an der Theke ihren Wein oder ihr Bier zu sich nahmen und gemütlich miteinander quatschten. "Siehst du, solche Kneipen in Frankreich habe ich gern. Da kann man noch richtig gut essen. Mit Freunden bin ich schon die halbe Nacht in so einer Kneipe gesessen. Wir haben uns voll gegessen, bis uns der Bauch zu platzen schien", erzählte mir Thomas recht vergnügt. Durch den ganzen Raum breitete sich ein feiner Zigarrengeruch aus. Auch an den Nebentischen saßen Menschen, die sich Zeit ließen. Ganz ohne Hetze und Eile schlürften sie auch vereinzelt ihr Bier. Nun kam eine Bedienung zu uns an den Tisch. Zum Glück konnte Thomas ein wenig französisch reden. So konnte er mir zunächst einmal mit der Speisekarte und schließlich bei der Bestellung helfen. Ich wählte gerade für die Nacht ein leichtes Reisgericht aus. Thomas bestellte sich verschiedene Meerestiere. Doch zuvor ließen wir uns als Vorspeise einen gemischten Käseteller kommen, der uns von der recht jungen Bedienung extra empfohlen wurde. Dazu gab es das typische französische Stangenweißbrot. Den richtigen Appetit merkten wir erst, als wir zu essen begannen. Die verschiedenen Käsesorten waren köstlich. Die Hauptspeise selbst schmeckte auch ganz pikant und gut. Zu meinem Reis gab es eine weiße, würzige Soße mit kleinen Fleischstückchen darin. Das schöne war, wir hatten genügend Zeit. Wir konnten wirklich tun und lassen, was wir wollten. Für uns existierte überhaupt keine Uhr. So lauschten wir der fremdartigen, irgendwie so gemütlich klingenden Sprache, unterhielten uns und lachten miteinander, bis wir müde waren. Wir saßen noch ziemlich lange in der gemütlichen Dorfkneipe. Draußen war es inzwischen ganz dunkel geworden. Rasch liefen wir die zwei bis drei Kilometer zum Zeltplatz. Wir empfanden es noch kühler als vorher. "Wie wird das jetzt erst im Zelt kalt sein", rief ich zu Thomas. Er schüttelte aber den Kopf und meinte: "Bestimmt nicht kühler als draußen, eher etwas wärmer." Das konnte ich mir nicht so richtig vorstellen. Nun ja, bald konnte ich ja die erste Nacht im Zelt erleben. Irgendwie waren jetzt meine Bedenken wegen meiner Platzangst im Zelt verschwunden. Ich dachte nur noch an das Hinlegen. Nicht nur wegen der Müdigkeit, sondern so langsam tat mir mein Hinterteil vom langen Sitzen weh. Der finstere Nachthimmel war stark bedeckt. Nicht einen einzigen Stern konnte ich am weiten Himmelszelt entdecken. Endlich hatten wir den Campingplatz erreicht. Fast alle Leute hatten sich in ihren Zelten verkrochen. Nur noch ein leises Murmeln war hie und da aus den Zelten zu hören. Wenige Leute hielten sich noch im Freien auf. Aber im großen und ganzen herrschte auf dem Zeltplatz Ruhe und Frieden. Die großen Bäume ringsherum rauschten laut im Wind. An unserem Zelt angekommen, kniete Thomas nieder, um den Reißverschluß des Zeltes zu öffnen. Schließlich hob mich Thomas ziemlich mühelos in das Zelt hinein. Dies bedeutete für mich eine wesentliche Erleichterung, zu fühlen, daß ich für Thomas überhaupt kein Problem bedeutete. Nachdem mir Thomas nach meiner Zustimmung die Hosen und Schuhe ausgezogen und mich in den Schlafsack gesteckt hatte, machte er sich ebenfalls zum Schlafen fertig und legte sich neben mich hin. Wir wünschten uns noch eine gute Nacht. Außerdem versicherte mir Thomas noch, ich könne mich ruhig frei bewegen. Bald darauf merkte ich schon, daß Thomas neben mir eingeschlummert war. Gedämpft hörte ich von draußen Stimmen. Beim Vorbeifahren der wenigen Autos sah man Schattenflächen vorbeihuschen. Das von innen gelbe Zelt schien mir jetzt immer vertrauter und wohnlicher zu werden. Beim Hochschauen sah ich, wie die gelben Wände des Zeltes oben spitz zusammentrafen. Thomas atmete jetzt gleichmäßig. Er war schon tief eingeschlafen. Kurz streifte mein Blick zu ihm hinüber. Für Thomas war das Zelten schon lange nichts Neues mehr. Er nutzte oftmals die Gelegenheit dazu. Ich dachte jetzt an zu Hause, an meine Eltern und all die Leute, die ich noch heute morgen zurückgelassen hatte. Irgendwie schien es mir schon länger zurückzuliegen, seit ich nicht mehr daheim war. Schließlich mußte auch ich eingeschlafen sein, denn plötzlich weckte mich das helle Tageslicht am frühen Morgen auf. Zunächst zweifelte ich, wo ich denn überhaupt war. Schnell erkannte ich, daß ich nicht in meinem Bett lag, sondern im Zelt bei Thomas, der noch nicht erwacht war. Von draußen aber hörte ich lustig das Morgengezwitscher der Vögel. Es war so richtig toll, dem Gesang zu lauschen. Bald reckte und streckte sich auch Thomas und sah noch recht verschlafen zu mir herüber. Gähnend wünschte er mir einen guten Morgen. "Na, wie hast du heute Nacht geschlafen?" fragte er mich neugierig. "Oh, eigentlich sehr gut, du auch?" fragte ich Thomas zurück. "Ich habe eigentlich überhaupt keine Schwierigkeiten mit dem Schlafen. Bei mir muß schon jemand mit einem Preßlufthammer unmittelbar neben mir arbeiten, um mich aus dem Schlaf zu bringen", antwortete Thomas, während er sich aufrichtete, um den Reißverschluß des Zeltes zu öffnen und prüfend hinaus ins Freie zu schauen. "Die Wolken haben sich verzogen. Das Wetter scheint heute besser zu werden", stieß Thomas erfreut hervor. Die recht frische Luft drang jetzt durch die Öffnung des Zeltes. Nun merkte ich tatsächlich, daß es im Zelt längst nicht so kühl war wie draußen. Schnell zog mir Thomas die Hose und Schuhe an, damit ich auch das herrliche Wetter sehen konnte. Nachdem ich mit sehr schnellem Erfolg auf dem Topf war, zerrte mich Thomas aus der nicht sehr großen

Zeltöffnung hinaus ins Freie. Draußen war es zwar noch etwas kühl, aber ein ganz tolles Wetter. Die Wolkendecke war über Nacht abgezogen. Nun schien hell die Sonne von einem tief blauen Himmel herunter. Die Sonne war an diesem frühen Morgen nur noch ein wenig schwach, so daß die Wärme sich nicht entscheidend gegen die recht kühle Luft durchsetzen konnte. Tief atmete ich die gute Höhenluft ein und wartete, bis Thomas sich fertig gemacht hatte. Die Leute neben uns mußten schon eher aufgestanden sein. Interessiert schaute ich ihnen zu, wie sie ihr großes Zelt abbauten. Die ganze Familie, ob groß oder klein, half da sehr gut zusammen. So dauerte es selbst bei diesem großen Zelt nicht lange, bis es abgebaut war. Mich wunderte es eigentlich, wie rasch das ging. Schließlich fuhren die Leute fort und ließen einen leeren Platz zurück. Scharenweise drangen jetzt die Leute zu den von uns aus nahe gelegenen Toiletten und Waschhäuschen. Auch Thomas war mit seinem Wäschebeutelchen und Handtuch über dem Rücken gehängt, schon vor einiger Zeit darin verschwunden. Als er nach einigen Minuten wieder frisch gewaschen herauskam, holte mich Thomas zum Waschen und Zähneputzen ab. Man merkte irgendwie, daß hier alle Leute in bester Urlaubslaune waren. In dem Wäschehäuschen, wo der Reihe nach viele Waschbecken mit Spiegel an der Wand angebracht waren, wurde munter gepfiffen und vereinzelt gesungen. Thomas schob mich mit dem Rollstuhl so dicht ans Waschbecken heran, daß ich mich mit seiner Hilfe gut erfrischen konnte. Irgendwelche Bedenken, die mich manchmal begleiten, die nötigen Hilfen von anderen möglichst unproblematisch hinter mich zu bringen, kannte ich bei unserem gemeinsamen Italienurlaub nicht. So war für mich auch das morgendliche Waschen in immer anderen Campingwaschhäuschen eine

Freude und keine Prozedur. Wir sind eben glänzend aufeinander eingespielt. Als Hände, Gesicht und Zähne geputzt waren, fühlte ich mich in diesen frühen sonnigen Morgenstunden so frisch wie nie. "Hältst du es noch ein wenig aus mit dem Frühstück? Dann würden wir unterwegs an einer Bäckerei halt machen." Mit diesem Vorschlag von Thomas war ich sehr einverstanden. Denn außer, daß wir sowieso nur noch wenig in unseren Taschen zu essen hatten, war es hier oben in den französischen Alpen auch außerordentlich kühl. Rasch baute Thomas das Zelt ab und hatte es im Auto verstaut. Im Auto fand ich es mollig warm, nachdem mich Thomas hineingestzt hatte. "Warte nur!" meinte Thomas, während er zur Weiterfahrt den Motor aufheulen ließ. "Wir werden in Italien schon noch ganz ordentlich schwitzen. Verlaß dich drauf!" "Na ja, darauf habe ich mich eigentlich auch vorbereitet", erwiderte ich lässig. Zunächst fuhren wir nur noch abwärts auf einer von Urlaubern recht befahrenen Landstraße. Wieder einmal fielen mir durch den Luftdruck die Ohren zu. Nun wurde mir richtig bewußt, wie hoch wir auf den französischen Alpen unser Zelt aufgeschlagen hatten. Auf der Höhe ist es bekanntlich immer etwas frischer als unten in der Ebene. Nach ungefähr zwanzig minütiger Fahrt mündete die Straße in eine kleine Ortschaft. Dort fanden wir gleich einen kleinen Bäckerladen. Davor machten wir halt. Uns knurrte beiden der Magen. "Was soll ich dir bringen?" fragte mich Thomas, während er vorne im Autofach nach unserem Geld kramte. "Ich hätte gern ein Nußhörnchen und sonst noch eine Besonderheit aus der Bäckerei", äußerte ich nach einem kurzen Zögern. Thomas sprang, leise vor sich hinpfeifend, aus dem Auto. Unterdessen beobachtete ich das Dorfleben. Am Morgen waren, wie überall, sämtliche Leute mit dem

Einkaufen beschäftigt. Menschen mit fröhlichem Gesichtsausdruck und ernsteren Mienen, ob alt oder jung, schritten an mir vorüber. Ähnlich konnte ich das Bild vom Menschentreiben schon in Deutschland oder anderswo beobachten, außer daß es hier in dem französischen Ort etwas gemütlicher und gemächlicher zuging. So konnte ich es wenigstens beobachten. Das Öffnen des Autos riß mich plötzlich aus meinen Gedanken heraus. Thomas ließ sich mit zwei Tütchen in der Hand neben mir auf den Sitz fallen. "Ich war noch in einer Metzgerei und habe für uns noch ein paar Landjäger mitgenommen. Ist dir das recht?" fragte mich Thomas vergnügt. "Oh ja, Landjäger essse ich sehr gerne", entgegnete ich Thomas begeistert. So aßen wir im Auto in aller Ruhe unser Frühstück, während es um uns von beschäftigten Menschen wimmelte. Nachdem wir uns gestärkt hatten, fuhren wir wieder weiter. Plötzlich schien die Sonne stechend heiß ins Auto hinein, und die Morgenkühle war im Nu verschwunden. Während der Fahrt kamen wir auf das Meer zu sprechen. Mir war schon bekannt, daß das Meereswasser salzig war, nur konnte ich mir nicht so richtig vorstellen wie salzig überhaupt. Thomas lachte nur, als er von meinen Zweifeln erfuhr und meinte sehr frech: "Warte nur, wir werden bald ans französische Mittelmeer kommen, dann werden wir gleich einmal darin schwimmen. Ich freue mich schon darauf. Das ist einfach herrlich. Weißt du, daß du im Meereswasser auch ohne Schwimmreifen eher an der Wasseroberfläche bleiben kannst als im Süßwasser?" "Wieso?" fragte ich recht erstaunt. "Weil das Salzwasser viel besser trägt, außerdem ist es viel weicher. Ach, was erzähle ich dir, in wenigen Stunden wirst du selbst darin schwimmen." "Aber nicht ohne Autoreifen", unterbrach ich Thomas rasch. Thomas grinste nur schelmenhaft, wobei er mir einen Freundschaftstoß gab. "Weißt du, was du eigentlich bist, ein alter Muffegänger", mußte er mir noch sagen. Die Sonne knallte jetzt immer heißer ins Auto hinein. Je näher wir ans Mittelmeer kamen, desto blauer und klarer wurde der Himmel. Neben Thomas erschien mir die Fahrt überhaupt nicht lange, die Stunden zerrannen wie Minuten. Bald schon breitete sich vor uns groß und weit das Meer aus. Schöne, nicht so hohen Wellen rauschten in gleichmäßigen Abständen den Sandstrand empor. Der Strand war reichlich besät mit Touristen. Sie hielten sich alle beim herrlichen südlichen Wetter am etwas rauschenden Meer auf, um in der Hitze zu baden und sich im weichen Sand von der Sonne bräunen zu lassen. Kinder bis zum Babyalter sah ich, wie sie heiter und voller Lebensfreude im Sand herumtollten. "Na, was hältst du davon, wenn wir hier eine kleine Badepause machen?" fragte Thomas lustvoll. Natürlich war ich mit diesem Vorschlag sehr einverstanden. An meinem Körper klebte alles. Auch Thomas sah sehr verschwitzt aus. So suchten wir den nächstbesten Parkplatz. Man kann sich vorstellen, daß dies unmittelbar am Meer gar nicht so leicht war, und ab gings nach einer kurzen Wegstrecke ins Wasser. Flott hatte Thomas sich und mich ausgezogen. Daraufhin hob mich Thomas unter den Armen, und wir liefen den Wellen entgegen. Das Meereswasser war gar nicht so kalt, wie ich es mir vorgestellt hatte. Thomas stellte mich ab, als uns das Wasser fast bis zu den Knien reichte. Ich spürte den weichen, nassen Sand unter meinen Füßen. Es war ein herrliches, irgendwie recht eigenartiges Gefühl. Wir mußten noch ziemlich weit hinauslaufen, bis mir das Wasser an den Bauch reichte. Meinen Schwimmreifen hatte mir Thomas schon längst schwimmbereit bis zum Bauch hochgezogen. Die ständigen

Wellen sorgten dafür, daß ich mit dem Schwimmreifen ganz schön schaukelnd gegen den Strom ankämpfen mußte. Zum Glück war er schon um mich gehängt, sonst hätte sich mein Schwimmring längst mit den wogenden Wellen selbstständig gemacht. Ich muß sagen, mir war es schon ein wenig mulmig zumute, als mich Thomas völlig alleine losschwimmen ließ. Während Thomas noch ein Stück weiter ins Meer schwamm, mußte ich mich ganz schön gegen die Wellenflut vorwärts kämpfen. "Du darfst dich nicht von den Wellen treiben lassen!" rief mir Thomas zu, während ich mich gerade spontan umdrehte. Daraufhin, ich hatte keine Zeit mehr, mich wieder abzuwenden, platschte eine größere Welle über mich hinweg. Dabei riß es mich in die Höhe und warf mich ein schönes Stück der Brandung entgegen. Durch den riesigen Schrecken, der mich so urplötzlich überfiel, schwappte mir viel Wasser in den Mund und, was noch viel scheußlicher war, in die Nase. Wegen des Schreckens atmete ich auch noch so richtig tief ein. Pfui Teufel, ich hatte das Gefühl, ich müßte mich erbrechen. Zu diesem Zeitpunkt zweifelte ich nicht mehr, wie salzig das Meereswasser ist. Ich meinte, mir würde von innen die Nase zerspringen. In diesem Augenblick hatte ich schon genug vom Meereswasser, das so salzig war, wie ich es mir niemals vorher vorstellen konnte. Thomas kam sofort zu mir herangeschwommen, während ich hustete und mich räusperte. "Niemand hat dir empfohlen, das Meereswasser auszutrinken", rief er mir lachend zu. Da sich mein Übelsein zunächst nicht besserte, hatte ich fürs erste genug vom Schwimmen im Meer. Also ließ ich mich aus dem Wasser holen. Das Meereswasser mit der regelmäßigen Wellenflut hatte meinen Körper ganz schön geschlaucht. Dieses Gefühl der Erschöpfung kenne ich sonst beim Schwimmen nicht so schnell.

Da saß ich eben am Strand und schaute den andern Leuten mit Vergnügen beim Schwimmen und Toben zu. Auch mir machte es einen enormen Spaß, ein wenig im warmen, weichen Sand herumzuspielen. Zum Beispiel versuchte ich, immer wieder meine Hände oder Füße tief im Sand zu vergraben. Unterdessen war Thomas noch ein wenig schwimmen gegangen. Mich faszinierte auch sehr, wie sich der feine Sand wieder ganz allmählich von meinem Körper löste, je trockener ich wurde. Als ich triefend naß vom Schwimmen war, klebte der Sand gerade so an mir. Da dachte ich noch, das wird eine Wäscherei geben, bis ich wieder völlig sauber bin. Doch dies ergab sich, wie es sich herausstellte, eigentlich sehr rasch von selbst. Die Menschen um mich herum sprachen alle in einer anderen Sprache. Also konnte ich meinen Beobachtungen freien Lauf lassen. So merkte ich zunächst gar nicht, daß Thomas in Richtung Strand geschwommen war. Plötzlich saß er triefend naß neben mir auf seinem Handtuch. Die Wellen rauschten unermüdlich gegen den Strand hoch, während Thomas meinte: "Das war schön. Ich weiß nicht, was du behauptest, die Wellen sind nicht zu hoch." Jedenfalls mir reichte das Erlebnis mit dem Salzwasser fürs erste Mal. Beim Süßwasser macht es mir weniger aus, auch wenn ich einmal eine Ladung trinke oder in die Nase bekomme. "Beim nächsten Mal mußt du nur darauf achten, daß du dich nicht so sehr an den Strand spülen läßt. Du mußt dir merken, die Wellenflut läuft am Strand immer stärker aus", erklärte mir Thomas. Sobald auch er wieder trocken war und der Sand von seinen Füßen sich gelöst hatte, duschten wir uns noch gründlich das Salz von der Haut ab. Gleich an der Mauer, wo eine Treppe hinauf zur Küstenstrasse führte, bot sich die Gelegenheit, sich unter einen kalten Wasserstrahl zu stellen. Gleich anschließend setzten wir uns wieder erfrischt ins Auto, um weiterhin die Küstenstrasse in Richtung Monaco zu fahren. Immer mehr fremdartige Palmen entdeckten wir während der Fahrt auf Grünanlagen, vor den Häusern und entlang der Strasse. Es muß spät am Nachmittag gewesen sein, als wir uns nach der Badepause wieder auf die Fahrt machten, denn ich erinnere mich noch gut, daß es schon zu dämmern begann, als wir Monaco erreicht hatten. Verzweifelt suchten wir dort einen Parkplatz im Zentrum. In einer engen Seitengasse hatten wir nach längerem Suchen doch noch Glück. Thomas meinte noch: "Nur müssen wir aufpassen, daß wir den Parkplatz später noch wiederfinden." Ich lachte nur und blickte links und rechts die alte Häuserfront entlang. Typisch waren die etwas länglichen Fenster mit den großen klappbaren Fensterläden. Viele waren schon vor das Fenster geschlagen. Einige Schwalbenschwärme schwirrten durch die Abendlüfte. Wir schlenderten vergnügt hinunter zum bekannten Schifferhafen Monacos. Beim Entlanglaufen am Hafen sahen wir die tollsten Luxusboote an Land liegen. Darin saßen die reicheren Leute der Gesellschaft. Man konnte gut in die Innenräume der Boote schauen. Meist waren die Kajüten weit geöffnet. Einige heitere Gesellschaften saßen in den Kajüten rund um Tische. Lebhaft wurde darin diskutiert, Karten gespielt und auch in einigen gegessen. Selbst Fernsehapparate flimmerten aus nicht sehr wenigen Boote in die klare Nacht hinaus. "Diese Leute sind in ihren Booten fast so eingerichtet wie zu Hause. Was meinst du, wie diese Menschen im Reichtum schwimmen, die da im Hafen von Monaco mit ihren Schiffen liegen", meinte Thomas. "Mir kommt es so vor, als wenn sich diese Menschen im Reichtum ein wenig zur Schau stellen wollen. Aber ich weiß nicht, ob diese Leute mit ihrem Gemüt auch so im Glanz stehen," antwortete ich ein wenig nachdenklich, während ich die frische, würzige Meeresluft einatmete. Es war einfach romantisch in dieser recht warmen Nacht, an dem eigentlich sehr berühmten Hafen spazieren zu gehen. Das Rauschen leichter Wellen verzauberte die Atmosphäre noch mehr. Monaco ist ziemlich hügelig. Auch die Anhöhen waren eng bebaut. Jetzt in der Dunkelheit sah es mit den vielen Lichtern, die Monaco beleuchteten, recht bezaubernd aus. Aber am hellen Tag, wenn der Lichterglanz erloschen ist, war Monaco bestimmt nicht die schönste Stadt. Nachdem wir den Hafen ganz entlang gelaufen waren, bummelten wir wieder in den Stadtkern Monacos hinein. Dabei stießen wir auf das Schloß von Fürst Rainer und Grace Kelly mit einem prächtigen Park davor. Vor diesem großen, prächtigen Schloß überlegte ich mir ganz unwillkürlich, ob ich mit diesem Reichtum und in so einem Schloß als Zuhause glücklich wäre. Ich glaube, meine Gefühle, vor allem mein Wesen, würde darin verkümmern. Fast wurden wir noch von einem fein angezogenen Herrn in das weltbekannte Spielcasino von Monaco eingeladen. Uns überraschte es sehr, daß der Mann mit einem feinem Anzug und einer Fliege am Hals gerade uns in das Spielcasino einladen wollte. Wir lehnten die Einladung aber höflichst ab und schauten, daß wir von diesem in allen Farben erleuchteten Haus wegkamen. Nachdem wir meinten, genug von Monaco gesehen zu haben, machten wir uns in der tiefen Dunkelheit auf den Weg, unser Auto zu suchen. Tatsächlich hatten wir dabei erhebliche Schwierigkeiten. Ich behauptete, diese Gasse gehe es hoch. Aber vergebens. Thomas meinte, jene Gasse müßte es sein. Beim Durchlaufen fanden wir unser Auto abermals nicht. Thomas wunderte sich nur, von Erregung keine Spur. Wir nahmen die Sucherei mit viel Humor auf, was blieb uns auch anderes übrig. Schließlich mußten wir am nächsten frühen Morgen nicht pflichtbewußt in die Schule oder zur Arbeit wandern. Der Himmel war ganz klar. Die Sterne schienen so deutlich und nahe, als wenn man sie ergreifen könnte. Endlich, nach einigem Suchen, standen wir doch vor dem richtigen Auto. Wir waren einfach noch zu munter, um zu schlafen. Daher beschlossen wir, noch die kurze Strecke über die Grenze nach Italien zu fahren. Jetzt, vor der Grenze, war ich unsagbar gespannt auf das Land, das mir von den Erzählungen her schon so bekannt erschien. Gino, Paolo und einige mehr, hatten mir ja so vieles von Italien erzählt. Nahe der Grenze machten wir noch bei einer Kneipe Halt. Thomas reizten die gemütlichen französischen Kneipen, wo man in der angenehm kühlen Nacht auch draußen sitzen konnte. Außerdem wollten wir auch noch das restliche französische Geld verbrauchen. Also bestellte sich Thomas ein Bier, das nach seiner Äußerung längst nicht so stark ist wie im deutschen Lande. Ich bestellte mir ein Limo Citron. Von unserem Platz aus konnten wir gut aus der Ferne die Grenze nach Italien sehen. Das entflammte in mir ein sehr spannendes Gefühl. Bald würde ich endlich Italien selbst kennen lernen. Würde es so sein, wie mir es Gino die ganze Zeit beschrieben hatte? Oder doch ganz anders?? Das weite Meer war auch ganz in der Nähe. Es glitzerte in der nächtlichen Beleuchtung. Alles war so unsagbar schön. Die Luft war mild und roch nach Meer. Unmittelbar vor der italienischen Grenze kamen in mir aber doch Befürchtungen auf, weil ich daheim ja auch von einigen vor den Mafias gewarnt wurde, die in Italien ausländische Touristen überfallen sollten. Diesbezüglich unterhielt ich mich auch mit Thomas über die italienische Regierung und die Gesellschaftsprobleme, warum es überhaupt zu den gefährlichen Mafias gekommen ist. Wir kamen unter anderem auf den Grund, daß dort die Kluft zwischen arm und reich immer größer geworden ist. Über solche Dinge kann man mit Thomas gut diskutieren. Immer wieder streifte mein Blick vor ans Grenzhäuschen, als würde dahinter eine ganz andere Welt beginnen. Wir kamen so tief ins Gespräch, daß der Zeiger der Uhr vor der Grenze im Nu auf eine Stunde nach Mitternacht vorgerückt war. Als wir genug getrunken hatten und damit auch das französische Geld ausgegeben war, brachen wir auf, um jetzt endgültig die Grenze in das andere Land zu passieren. Das ging ziemlich flott. In der Nacht war an der Grenze sowieso wenig Betrieb. Außerdem wurden wir von den Grenzbeamten nur kurz zum Anhalten gezwungen. Ein kurzer Blick in unsere Reisepässe genügte, um uns freie Fahrt nach Italien zu geben. Zunächst zogen sich weite grünbehügelte Wiesen mit einzelnen Getreidefeldern die Straße entlang. Auch einige Waldgebiete huschten in der Dunkelheit seitlich an uns vorbei. Schließlich wurden wir doch noch müde. Jetzt wohin? Die Campingplätze hatten alle zu dieser späten Stunde geschlossen. Thomas lenkte das Auto einfach in einen schmalen, etwas holprigen Seitenweg. Uns blieb nichts anderes übrig, als dort im Wilden zu übernachten. Der Weg endete ungefähr 40 Meter neben der Straße auf einem nicht sehr gepflegten Platz. Jede Menge Abfall lag dort wild verstreut auf dem Boden herum. Darum versuchte Thomas, das Auto an einer verhältnismäßig sauberen Stelle zu parken. Daraufhin klappte mir Thomas meinen Autositz nach hinten, gab mir meinen Schlafsack, und fertig war mein Schlaflager. Thomas selbst schlief neben dem Auto. Es war eine sehr helle Mondnacht. Der runde Vollmond grinste beruhigend durch die Windschutzscheibe ins Auto hinein. Wenige Wolken trieben gemächlich ihr Spiel am Nachthimmel. Während ich so da lag, mußte ich bei meinen Beobachtungen plötzlich eingeschlafen sein, denn auf einmal war es hell und die Sonne schien warm ins Auto hinein. Ich richtete mich auf, gähnte und sah mich um, wo ich mich befand. Auf der naheliegenden Landstrasse war jetzt etwas mehr Betrieb als vorige Nacht. Ich kurbelte mit dem Fuß die Scheibe an meiner Seite herunter. Noch etwas verschlafen atmete ich die frische Luft ein. Es war noch angenehm kühl. Dicht neben dem Auto wiegte sich das hohe Gras im Wind. Der Platz, auf dem wir uns befanden, schien eher eine bessere Schuttabladestelle zu sein. Weiter vorne endete der Weg in einem wilden Gestrüpp. Beim Umherschauen dachte ich, da haben wir nicht gerade die schönste Übernachtungsstelle erwischt. Doch was sollte es. Hauptsache, wir konnten einigermaßen gut schlafen. Plötzlich vernahm ich von draußen ein Rascheln. Ich sah auf die andere Seite zur Fahrerseite hinaus. Da entdeckte ich Thomas, wie er sich im Stehen der Sonne entgegenstreckte. Daraufhin öffnete er die Tür des Autos und ließ sich neben mir auf den Steuersitz fallen. Recht grinsend wünschte er mir einen guten Morgen. Auf die Frage, wie er denn draußen im Freien geschlafen habe, erwiderte mir Thomas lachend: "Ich konnte so gut schlafen, daß ich überhaupt nicht merkte, daß ich mit meinem Schlafsack in einem großen Scherbenhaufen lag." Verwundert erwiderte ich: "Hast du wirklich überhaupt nichts gespürt? Ich meine, im Scherbenhaufen kann man sich ja verletzen." "Darüber wundere ich mich auch. Außer, daß ich ab und zu eine Druckstelle spürte, schlief ich wirklich sehr gut. Ich hoffe, du ebenfalls." "Ja, außer daß ich keinen Scherbenhaufen unter mir hatte, schlief ich recht gut", antwortete ich ein wenig stüpfelnd. Nachdem ich in aller Ruhe draußen im Freien mit sehr raschem Erfolg auf dem Topf war, fuhren wir weiter. Wir beschlossen, irgendwo an der Meeresküste zu frühstücken und anschließend wieder im Meer zur körperlichen Erfrischung eine Runde zu schwimmen. Kurz dauerte die Fahrt nach Genova. Zu allererst mußten wir aber unser Geld wechseln. So hielten wir vor einem alten Bahnhof. Rasch stieg Thomas aus und verschwand in dem alten Gebäude. Jetzt waren wir endlich in Italien. Wenn nicht neben und vor mir die vielen Autos mit den italienischen Autokennzeichen herumgestanden wären, hätte man auch den Eindruck haben können, noch in Frankreich zu sein. Die Gebäude, die ich von dem Parkplatz aus sehen konnte, waren in einem älteren Baustil. Bald tauchte Thomas wieder auf. Er sagte: "So, jetzt habe ich unser Geld außer einem kleinen Rest in italienische Lire gewechselt. Nun suchen wir uns am Meer endlich ein gemütliches Cafe und frühstücken erstmal." Tatsächlich fanden wir, wie wir es uns vorgestellt hatten, ein gemütliches kleines Cafe direkt an einem schönen Strand. Beim Durchlesen der Speisekarte wurden wir zum ersten Mal mit der italienischen Sprache konfrontiert. Das Wort Cafe war einheitlich, somit für Thomas leicht zu bestellen. Doch ich trank keinen Cafe. Ich wollte viel lieber ein Glas kalte Milch. Thomas lächelte schelmisch und meinte: "Siehst du, jetzt wäre es gut, du hättest zu Hause etwas die italienische Sprache gelernt. Du hast doch genügend Kumpels aus Italien, die hätten dir doch ein wenig italienisch beibringen können." Da kam schon die Bedienung an unseren Tisch. Jetzt, was sollte ich sagen? Mein Glück war, daß ich an den Nebentischen einige Leute entdeckte, die auch Milch tranken. So konnte ich der Bedienung zeigen, was ich wollte. Daraufhin fragte sie mich in italienischer Sprache: "fresco o caldo?" Das Wort "caldo" klingt nach kalt, so muß fresco heiß bedeuten, dachte ich. Demnach antwortete ich: "caldo." Wenige Minuten später brachte die Bedienung flink unsere Bestellung. Neben dem dampfenden Cafe für Thomas, dampfte mein Glas Milch. Verwundert sah ich zu Thomas. "Da bin ich aber schwer hereingefallen, ich hätte, glaube ich, doch fresco sagen sollen. Aber wer hätte das schon denken können, daß "caldo" heiß bedeutet", meinte ich, wobei ich immer noch recht verwundert auf die heiße Milch schielte. "Tja, du hättest es eben nicht denken sollen, sondern viel besser wissen müssen", konterte mir Thomas in seiner trockenen Art zurück. Dazu aßen wir ein Hörnchen aus Blätterteig, das mir sehr gut schmeckte. Wir ließen uns richtig Zeit in diesem schönen kleinen Gartencafe. So konnte ich meine heiße Milch abkühlen lassen, bis uns das Rauschen des Meeres irgendwann zum Baden lockte. 8000 Lire kostete unser Frühstück. Das klang so schrecklich ungewohnt viel. Für einen kurzen Augenblick dachte ich, das kann ja nicht stimmen. Doch schließlich fiel mir ein, daß das umgerechnet nur so ungefähr 10 Deutsche Mark sind. Gut gesättigt, doch zum Schwimmen nicht zu voll, liefen wir die wenigen Schritte über die Straße zum weiten Meer. Ich achtete zu allererst auf die Wellen, die zu meiner Beruhigung nicht ganz so stark waren wie an der französischen Küste. Somit konnte ich das Baden im Meer richtig genießen ohne die ständige Angst, eine Ladung Salzwasser trinken zu müssen. Freudig ließ ich meine überschüssigen Kräfte in der ständigen Bewegung raus. Ich versuchte, hinter Thomas ein Stück vom Strand wegzuschwimmen. Es gelang mir nur unter Mühen, gegen die herankommenden Wellen voranzukommen. Thomas feuerte mich immer wieder an, weiter zu machen. Denn ruhte ich mich nur für einige Sekunden aus, dann trieb ich mit den Wellen wieder ein großes Stück zurück. Dieser ständige Kampf gegen die Wellen erschöpfte mich auf eine angenehme Weise. Ungefähr 25 Meter vom Strand entfernt verließen mich meine Kräfte. Ich ruderte gerade noch so, daß mich die Wellen nicht zurückwerfen konnten. Ansonsten ließ ich mich gehen und legte meinen Kopf nach hinten auf den Rand des Schwimmreifens, blickte zum tiefblauen Himmel hoch, um einmal sehr entspannt nur auf dem weichen Meerwasser zu liegen. Auf einmal tauchte Thomas vor mir auf und sagte: "Gell, wenn du raus möchtest, meldest du dich." "Ja bald, noch ungefähr 5 Minuten", gab ich ihm zur Antwort. "Ich meinte nur, wenn du wolltest, könntest du auch länger baden. Mir ist völlig egal, ob wir eine Stunde früher oder später weiterfahren." Gerade das völlig freie Verfügen über die Zeit, ganz wie es uns paßte, gefiel mir so. Um zurückzukommen zum Strand, brauchte ich mich nur von den Wellen tragen zu lassen. Jede neue Welle brachte mich dem Sandstrand ein gewaltiges Stück näher. Bald berührte ich mit den Füßen wieder den weichen Sandboden. Das war ein eigenartiges, schönes Gefühl. Jetzt konnte ich mich mit den Beinen am Boden abstoßen. Thomas, der inzwischen am Strand saß, hatte ich schon gerufen. Er ließ mich so weit herankommen, bis mein Hinterteil das leicht ansteigende Ufer berührte. Schließlich griff mir Thomas unter die Achseln, hob mich hoch und trug mich an Land. Wir blieben nicht mehr lange am Strand liegen. Wir wollten noch am Nachmittag in Milano sein, um meine beiden Schwestern Bärbel und Andrea, die zusammen mit noch zwei Freundinnen vom

Griechenlandurlaub kamen, vom Bahnhof abzuholen. Die Mädchen wollten uns um 16.00 Uhr an diesem zentralen Punkt treffen. Sie waren mit einem alten VW Käfer unterwegs. Um zu diesem Zeitpunkt auch dort zu sein, mußten wir uns jetzt so langsam auf den Weg machen. Wir fuhren trotz der Autobahngebühr auf die Autobahn. Denn inzwischen zeigte eine Straßenuhr, daß wir uns ein wenig beeilen mußten. Es war nämlich schon zwölf Uhr. Bis nach Milano waren es ungefähr noch 200 Kilometer. Zum ersten Mal erlebte ich, wie es auf einer Autobahn zugeht, die alle 50 Km Gebühren in Höhe von 5000 Lire verlangt. Jedesmal war es so eine ähnliche Atmosphäre wie beim Warten in der langen Autoschlange vor einer Grenze. Anfangs konnte man denken, es würde noch Stunden dauern, bis wir endlich zum Zahlen kämen. Wir drehten in der knalligen Hitze alle Fenster auf. Ein Glück, daß sich die Autoschlange doch recht schnell auflöste. Ungefähr eine viertel Stunde dauerte jedesmal die Prozedur. Dann endlich konnten wir bis zur nächsten Gebühren- stelle weiterfahren. Thomas trat jetzt etwas fester auf das Gaspedal, um die verlorene Zeit wieder aufzuholen. So kamen wir doch noch rechtzeitig in Milano an. Die Schwierigkeit war unvorhergesehen die, den richtigen Bahnhof zu finden. In Milano gab es nämlich mehrere Bahnhöfe. Wir mußten jetzt unbedingt an den richtigen Bahnhof kommen, wo in einer guten halben Stunde meine Schwestern mit ihren beiden Freundinen sein wollten. Aufgrund der logischen Folgerung, daß, wenn wir neben dem Bahngleis herfahren, dann auch ein Bahnhof kommen müsse, fuhren wir einmal drauflos. Wir fuhren solange, bis wir schließlich merkten, daß wir ständig nur im Kreis herumfuhren. "Das gibt es doch nicht, nun muß ich doch einmal nachfragen, sonst verpassen wir sie noch." Flink steuerte Thomas das Auto nach diesen Worten an den Straßenrand, denn auf dem Gehweg spazierte gerade ein älterer Mann mit blauer Arbeitshose. "Den muß ich jetzt nach dem Hauptbahnhof fragen", sagte Thomas fest entschlossen, wobei er rasch aus dem Auto gestiegen war. Recht gespannt beobachtete ich die beiden, wie sie sich mit Händen und Füßen versuchten zu verständigen. Dabei konnte ich das Lachen nicht unterdrücken. Es war einfach so lustig, wie Thomas dem Mann, der kein Wort deutsch zu verstehen schien, klar zu machen versuchte, was er suchte. Jeder tat sein Bestes, um den anderen zu verstehen. Nach einigen vergeblichen Bemühungen machte Thomas einfach einen Zug nach. Es sah lustig aus wie Thomas vor dem kleineren, etwas untersetzten Mann stand und die Laute eines fahrenden Zuges nachahmte. Dazu machte er noch mit den Armen die Radbewegungen einer Lokomotive nach. So aktiv hatte ich Thomas überhaupt noch nie erlebt. Ach mußte ich lachen, es war zu ulkig. Doch ich stellte fest, daß der Mann daraufhin kapierte, was Thomas von ihm wissen wollte, denn plötzlich zeigte er in eine Richtung. Die zwei redeten noch eine Weile angeregt miteinander, ehe sie sich verabschiedeten und Thomas zielstrebig zum Auto eilte. "So, endlich weiß ich, wohin wir zum richtigen Bahnhof fahren müssen", meinte Thomas. Schnell fuhr Thomas durch die fremde Stadt Milano, bis wir schließlich vor einem älteren Bahnhofsgebäude standen. Rasch hatte Thomas einen Parkplatz gefunden. Er stieg aus dem Auto, holte meinen Rollstuhl aus dem Kofferraum, setzte mich hinein, und wir eilten in die große Bahnhofshalle. Thomas meinte: "Eines verspreche ich dir, das war unser letzter Streß im Urlaub." Plötzlich strömten viele Leute von einem Bahnsteig die Treppe hinunter. Für viele, das merkte man irgendwie an der

Ausstrahlung, fing der Urlaub erst an. Unter dem Menschengewimmel tauchten plötzlich Bärbel und Andrea auf. Schon von der Ferne rief uns Andrea zu. Aus dieser Richtung hätten wir sie am allerwenigsten erwartet, weil sie eigentlich mit dem Auto kommen wollten. Sie waren unheimlich braun gebrannt. Die Freude, uns auf dem fremden Bahnsteig zu treffen, war riesengroß. Schließlich erzählte uns Bärbel ein wenig aufgeregt, daß die anderen in Parma auf uns warteten. "Das Auto ist plötzlich mitten auf der Strecke stehengeblieben. Zum Glück waren wir schon in Parma. So konnten wir die restliche Strecke mit dem Zug weiterfahren", erzählte sie weiter. Zunächst einmal suchten wir den Weg hinaus aus dem Menschentrubel. Bärbel war sehr erleichtert, daß sie uns gleich gefunden hatte. Andrea erzählte daraufhin, Bärbel habe die ganze Fahrt Bedenken gehabt, uns vielleicht im Bahnhof unter den vielen Menschen zu verfehlen. Nun war sie sehr froh, daß alles so gut geklappt hatte. Meine Schwestern erzählten von ihren schönen Erlebnissen in Griechenland. Sie hatten aber auch schlechte Erfahrungen mit fremden, aufdringlichen Männern gemacht, die sich ihnen gegenüber, ohne "männlichen Schutz", ziemlich unverschämt verhielten. Bärbel war verständlicherweise noch immer sehr aufgebracht darüber. Vom Bahnhof aus spazierten wir ein wenig in einer Einkaufsstraße im Stadtzentrum herum und sahen so nebenbei die Schaufenster an. Die Stadt Milano fanden ich und auch die anderen gar nicht so etwas Besonderes. Genauso hätten wir auch bei uns in Karlsruhe herumlaufen können. Ich dachte, die Menschen seien so schwarzhaarig wie ich bei uns einige Italiener kenne. Die Leute, die ich in der Stadt sah, hätten auch Deutsche oder Nordeuropäer sein können. Auch empfand ich nichts von dem italienischen Temperament, wie ich es von einigen Familien aus meiner näheren Wohngegegend kenne und auch liebe. Von Milano fuhren wir weiter nach Parma. Auf der Fahrt dorthin kamen wir plötzlich in ein recht bergiges Gebiet. Wieder meinte ich, wir wären irgendwo bei uns im Schwarzwald. Um nach Parma zu kommen, mußten wir eine recht kurvenreiche Straße hinauf auf einen Berg fahren. Warm schien die Sonne ins Auto hinein. Ganz tolle, weiße Wolken mit sehr malerischen Formen standen am blauen Himmel. Während der Bergfahrt hatte ich das Gefühl, bald die Wolken berühren zu können. Oben auf dem Berg angekommen, entdeckten wir unter wenigen alten Häusern, an denen an den Wänden schon vereinzelt der Putz herunterblätterte, ein uriges Cafe. Der Raum für die Gäste war wie ein größeres Wohnzimmer eingerichtet. Lange Regale mit schönen Figuren und sehr geschmackvollen Vasen sowie Krügen zierten die Gaststube. Wir bestellten guten Kuchen und etwas zu trinken dazu. Es war sehr gemütlich, zusammenzusitzen und die verschiedenen Erlebnisse auszutauschen. Bärbel wollte, wie immer, von jedem ein kleines Stück Kuchen versuchen. Nachdem wir in aller Ruhe alles aufgegessen und leergetrunken hatten, machten wir uns wieder weiter auf den Weg, um nach Parma zu kommen. Wir konnten doch nicht so lange die Mädchen warten lassen. Bestimmt machten sie sich schon Gedanken, wo wir so lange blieben. Trotzdem spazierten wir noch kurz hoch zu einer altertümlichen Kapelle. Hier auf der Anhöhe war es richtig kühl. Die Kapelle stand etwas außerhalb des Ortes. Viele flache Treppen führten noch zusätzlich hoch zur Kapelle. Für Thomas waren die vielen Stufen kein Hindernis mit dem Rollstuhl. Ich konnte auch mit, um die Kapelle zu besichtigen. Stufe um Stufe kamen wir dem Ziel näher. In mir kam etwas die Angst auf, als es vor mir plötzlich sehr steil hinunter ging. Recht schnell standen wir oben auf der Plattform. Der Wind war jetzt schon fast sturmartig. Zum Glück hatten wir uns vorher noch unsere Jacken angezogen. Neugierig öffnete nun Bärbel die große Holztür der Kapelle. Daraufhin stieg mir ein moderner Geruch in die Nase. Die Kapelle war auch von innen sehr schlicht, so wie ich Gebetshäuser schätze. An den Wänden waren nebeneinander Tafeln der Gefallenen angebracht. Das war recht interessant. Es waren auch gefallene Menschen darunter, die vor dem ersten Weltkrieg ihr Leben lassen mußten. Wir hätten uns noch viel länger in dieser kleinen Kapelle verweilen können, doch wir mußten jetzt schleunigst endgültig zu Feli und Geli nach Parma fahren. Ungefähr eine halbe Stunde benötigten wir noch. Mit Andreas Magen mußte irgend etwas nicht in Ordnung gewesen sein. Immer wieder mußten wir anhalten, damit sie kurz ihren Magen entleeren konnte. Das schien Andrea aber nicht besonders zu stören. Sie war auch nach der Spuckerei wieder sehr fröhlich. Nur mir wurde es etwas mulmig, wenn Andrea Thomas bat, anzuhalten, die Tür für einen kurzen Augenblick zu öffnen, um ins Freie spucken zu können. Da wurde es mir jedesmal ganz anders, als ich mir anhören mußte, wie sich Andrea erbrach. Wir rieten ihr alle, gleich nach dem Urlaub sofort einmal den Arzt aufzusuchen. Obwohl Andrea darüber lachte, fanden wir das längst nicht mehr lustig. Zum Glück waren wir bald in Parma. Parma ist eine kleinere Stadt. Mir fiel jetzt so richtig auf, daß die Italiener eine Vorliebe haben mußten für Häuserfronten im Gelbton. "So, jetzt müßt ihr mir den Weg zeigen, wo wir die andern treffen", sagte Thomas zu meinen Schwestern. Nach einiger kreuz-und-quer-Fahrerei durch die fremde Stadt kamen wir an eine Parkanlage mit vielen alten, hohen Bäumen und mit einer groß angelegten Grünfläche. Dort am Rande entdeckten wir auch schon den alten VW Käfer, in dem Bärbel, Andrea, Geli und Feli nach Griechenland gefahren waren, verlassen am Straßenrand stehen. Sofort fiel mir das Karlsruher Autokennzeichen ins Auge. Geli und Feli saßen daneben auf einer Parkbank im Schatten und vesperten Wurstbrötchen. Als sie uns sahen, sprangen sie sofort auf, begrüßten uns erleichtert und meinten. "Wir dachten schon, ihr kommt überhaupt nicht mehr." Daraufhin neckte Thomas die beiden. "Was ist denn mit euerem Auto? Inzwischen hättet ihr genügend Zeit gehabt, es selbst zu reparieren. Stattdessen sitzt ihr faul auf der Bank herum und wartet auf Hilfe." Geli gab ihm lachend zur Antwort: "Denkste. ich habe schon nach dem Motor geschaut, konnte aber nichts finden. Keilriemen, Zündkerzen müßten noch in Ordnung sein." "Wann wollt ihr eigentlich heimfahren?" fragte sie Thomas daraufhin ernster. "Och, wir denken morgen früh irgendwann", meinte Feli zu Geli blickend, die zustimmend mit dem Kopf nickte. "Gut, bis dahin versuche ich das Beste, damit ihr mit der Kiste bedenkenlos bis nach Karlsruhe fahren könnt", erwiderte Thomas recht zuversichtlich. "Also, ich würde nun vorschlagen, eine schöne Kneipe zu suchen, in der wir einmal so richtig fein essen können", schlug Geli vor. Dagegen gab es nichts einzuwenden. So spazierten wir in Parma herum und suchten nach einer Kneipe, in der wir uns so richtig satt essen konnten. Wir hatten sehr schnell Glück. Plötzlich standen wir vor einer Kneipe, die von außen sehr traulich wirkte. Innen war der Speiseraum sehr gemütlich mit ziemlich niedriger Decke, die, wie auch die Wände, mit weißem, groben Bröckelputz versehen war. Dazu noch die Teller und Krüge aus Kupfer auf den Regalen. Man hätte meinen können, wir wären in einer Burg oder einem Schloß gelandet. Durch kleine Fenster preßte sich das Tageslicht hinein. Auch von der Speisekarte her merkten wir sofort, daß wir in einer sehr komfortablen Speisegaststätte saßen. Das nutzten wir aus, in drei Gängen zu essen. Alle waren ganz verrückt nach etwas Fremdartigem, wie Meerestiere in delikater Sauce. Ich dagegen zog es lieber vor, eine bekanntere Speise auszusuchen. Wir waren mit dem Essen sehr zufrieden. Dazu tranken die anderen Rotwein. Ich begnügte mich mit Apfelsaftschorle. Thomas und auch die andern schienen den Wein besser zu vertragen als Bärbel. Ihre Wangen glühten nämlich plötzlich ziemlich rot auf. Bärbel mußte sich viele spaßhafte Bermerkungen von uns gefallen lassen. Doch bei einem Glas Wein blieb es nicht, Bärbel bestellte sich noch ein zweites und ein drittes Viertele Rotwein. Dabei wurde sie immer gesprächiger und lustiger. Bärbels Schwips machte sich jedoch erst so richtig bemerkbar, als wir gesättigt aus dem Lokal ins Freie kamen. Draußen war es inzwischen dunkel geworden. Der Mond stand hell am Himmel. So beschwipst hatte ich meine Schwester noch gar nicht erlebt. Sie schwankte ganz schön von einer Seite zur andern. War das ein herzhaftes Gelächter von uns allen! Andrea, Geli und Feli hängten Bärbel ein und schritten erzählend und singend vor uns her. Für die andern war es nichts Außergewöhnliches, Bärbel durch den Alkohol so aufgeheitert zu erleben. Dagegen war ich schon etwas verwundert darüber. Mehrmals mußte ich Bärbel anstarren, ob sie es auch wirklich war, denn nun fing Bärbel auch noch zu lallen an. "Bist du schon müde?" fragte mich Thomas plötzlich, als wir an einem sehr tollen Biergarten vorbeikamen. Ich schüttelte noch recht munter den Kopf, während Thomas schon vorschlug, noch ein wenig in den Biergarten zu sitzen. Die Mädchen waren sehr angetan von diesem Vorschlag. Heiter klangen in der Dunkelheit die Stimmen wild durcheinander. Aber wegen der anderen Sprache konnte man überhaupt nichts verstehen. Es waren noch genügend Tische frei. Bunte Lampions, waren an den vielen Bäumen angehängt. Die Äste ragten wuchtig über die Tische hinweg. Das Rascheln der Blätter bei jedem Windstoß tauchte alles in eine verzaubernde Atmosphäre. Mann o Mann, waren wir in dieser Nacht heiter und aufgekratzt! Bärbel hatte immer noch nicht genug, sie trank nun mit den anderen ein Bier. Mit Feli, die mir mit ihren trockenen Bemerkungen sehr imponierte, plauderte, alberte und lachte ich in dieser Nacht sehr viel herum. "Gell, ich darf doch meine Füße mit auf dein Trittbrett stellen?" fragte mich Feli plötzlich in ihrer lieben, irgendwie tollpatschigen, anhänglichen Art." "Aber selbstverständlich kannst du das tun. Es stört mich nicht im geringsten", stieß ich die Antwort etwas aufgedreht heraus. Eine Straßenuhr zeigte halb drei, als wir uns auf den Weg zu unseren Autos machten. In der Nacht hatte es etwas abgekühlt. Mehrmals atmete ich tief durch. Das Städtchen Parma lag verträumt im Mondesschimmer. Bald erreichten wir den Park, wo unsere Autos standen. Da wir zu dieser späten Stunde erst gar nicht mehr zu versuchen brauchten, noch einen geöffneten Campingplatz zu finden, übernachteten wir einfach im Park. Die Mädchen, sowie Thomas, legten sich auf die freie Rasenfläche und rollten sich in ihre Schlafsäcke ein. Ich dagegen schlief wieder im Auto, wo ich sehr rasch eingeschlafen sein mußte.

Als die Sonne am Morgen warm ins Auto schien, richtete ich mich noch etwas verschlafen auf. Wie ich aus dem Fenster sah und mir die fünf prallgefüllten Schlafsäcke ins Auge fielen, mußte ich unwillkürlich lachen. Dieser Anblick amüsierte mich sehr, weil man niemanden erkannte. Wie hingeworfene Müllsäcke lagen sie da. Mir kam gleich die Geschichte von Max und Moritz in den Sinn, als diese wegen einer Lausbuberei zur Strafe in Kartoffelsäcke eingebunden wurden. Direkt vor mir auf dem Amaturenbrett lag der Fotoapparat. Wenn ich in der Lage gewesen wäre, hätte ich diesen sehr lustigen Anblick zu gerne festgehalten. Ganz regungslos lagen sie wie fette, abgebundene Würste da. Noch längere Zeit konnte ich diesen lustigen Anblick genießen, bis sich plötzlich ein Sack nach dem anderen bewegte und sich zuerst Geli, dann Andrea und schließlich nach einer gewissen Zeit auch Thomas, Bärbel und Feli aus dem Schlafsack herausschälten. Aus den nahe liegenden Häusern schauten einige Leute verdutzt aus den Fenstern. Zum Frühstück holten wir einfach frische Brötchen, sowie frische Wurst in den naheliegenden Einkaufsläden und vesperten auf der Parkbank. Anschließend machte sich Thomas an die Arbeit, das Auto von Geli zu reparieren. Wir gingen unterdessen ein wenig in dem Park spazieren, wobei wir noch angeregte Gespräche miteinander führten. Recht interessant fand ich, zwischen den knorrigen, alten Bäumen am Wegesrand herumzuschlendern. Es wehte noch ein angenehm kühler Morgenwind. Die Sonne schien noch nicht mit voller Kraft. Doch der blaue, wolkenlose Himmel ließ ahnen, daß es heute warm werden würde. Ziemlich rasch hörten wir aus der Ferne Thomas rufen. Er sei mit dem Auto fertig. Sofort machten wir kehrt, um zu Thomas an den Parkplatz zu gelangen. "So, ich denke, das Auto hält euch jetzt bis nach Hause", meinte Thomas recht vergnügt. Dann traten die drei, Geli, Feli und Andrea die Heimreise an. Schließlich trennten sich unsere Wege. Für Bärbel, Thomas und mich fing der Urlaub nun erst richtig an.

Unser erster längerer Aufenthalt war nach mehrstündiger Fahrt in Pisa. Dort bin ich unter dem schiefen Turm eingeschlafen, während Thomas und Bärbel hoch auf den Turm gegangen sind. Ich lag auf einer schönen, weiten Rasenfläche. Der schiefe Turm neigte sich direkt auf mich zu. Darüber wölbte sich der blaue Himmel, der mit ein paar weißen Wölkchen verziert war. Bärbel und Thomas winkten mir gelegentlich von Etage zu Etage herunter. Dieser Anblick mußte mich so sehr beruhigt haben, daß ich trotz des großen Menschengewimmels in einen tiefen Schlaf versank. Wir besichtigten auch die neben dem schiefen Turm liegende Kathedrale. Zwei Tage blieben wir auf dem sehr schönen Campingplatz in Pisa, bevor uns unsere Reise nach Florenz führte. Das Zelten auf verschiedenen Campingplätzen wurde für mich schon zur Gewohnheit. Oft kochten wir auch mit unserem Gaskocher, nachdem wir die Zutaten in Supermärkten eingekauft hatten. Thomas und Bärbel fabrizierten aus freien Ideen gute Essen. Sehr gern legte ich mich währenddessen auf die Gummimatte ins Gras und hörte mir im Radio italienische Lieder an. Auf den Zeltplätzen war es immer sehr lebhaft. Gerade der Trubel gefiel mir so, wenn ich auch selten etwas von den vorbeigehenden Leuten verstand.

Nachdem wir drei schöne Tage in Florenz verbracht hatten, fuhren wir nach Lopiano zu der christlichen Liedergruppe Gen Rosso.

Diese Liedergruppe kenne ich schon zwölf Jahre. Immer, wenn Gen Rosso in Karlsruhe oder der näheren Umgebung einen Auftritt hatte, war ich mit der größten Begeisterung dabei. Bis jetzt konnte ich diese internationale Liedergruppe schon vier Mal erleben. Es imponierte mir jedesmal, wie Leute aus den verschiedensten Nationen es fertigbringen, so vielsagende Lieder zusammen zu singen. Nach jeder Vorstellung kam Mario, ein Sänger aus Italien, von der Bühne zu mir herunter. Frau Vogel, eine ehemalige Kindergärtnerin von mir, die auch immer zu den Vorstellungen kam, versuchte, mir alles zu übersetzen. Zum Glück verstand sie ein wenig italienisch. So konnte ich mich mit Mario recht gut unterhalten. Einmal ließ mich Mario am Schluß noch ein Lied wünschen. Bei dieser Gelegenheit bat ich um mein Lieblingslied: "Ich möchte singen vor lauter Freude."
Zwei, drei Tage blieb die Gruppe meist, bevor sie wieder abreiste. Oftmals wurde ich an einem der folgenden Tage von den Leuten im Gemeindehaus zum Abendessen eingeladen. Das war für mich jedesmal sehr toll, mit Leuten aus der ganzen Welt zusammen an einem Tisch zu sitzen. Die verschiedenen Sprachen und Menschenrassen waren kein Hindernis, um sich gegenseitig gut zu verstehen. Es waren auch zwei schwarzhäutige Menschen darunter. Die zwei Deutschen unter ihnen übersetzten mir alles. Vor dem großen Abschied lud mich Mario jedesmal ein, einmal zu ihnen nach Lopiano in ihre selbst aufgebaute Stadt zu kommen. Als dann schließlich der große Reisebus anfuhr, riefen die Leute alle im Chor: "Ciao, Michael!" wobei sie mir noch alle kräftig zuwinkten. Diese nette Geste rührte mich immer sehr.

Nun, im Sommerurlaub 1982 mit Thomas kam ich endlich dazu, die Gruppe Gen Rosso in Lopiano zu besuchen. Lopiano selbst, einen kleineren Ort, fanden wir mit Hilfe der Landkarte recht schnell. Von dort aus zeigte ein Schild zu einem schmalen, holprigen Feldweg. Vor uns lag eine recht hügelige Landschaft mit weiten Feldern und Obstplantagen. Frau Vogel, die auch schon in Lopiano war, gab mir eine genaue Wegbeschreibung mit. Plötzlich tauchte nach ungefähr einem Kilometer auf der linken Seite des Weges ein größeres weißes Haus auf. Sehr gespannt stiegen wir aus dem Auto. Eine Tür des Hauses stand einladend offen. Also liefen wir hinein in einen recht kühlen Vorraum. Einen Augenblick lang waren wir alleine, bis plötzlich eine jüngere Frau mit einem auffällig freundlichen Blick auf uns zu kam. Diese Frau mit schulterlangem, dunklem Haar mußte uns schon sprechen gehört haben, denn sie sprach uns sofort in deutscher Sprache an. "Zunächst möchte ich sie hier bei uns recht herzlich willkommen heißen. Aber was führt sie zu uns?" begrüßte sie uns ebenfalls sehr freundlich. "Wir wollten eigentlich zu der Gruppe Gen Rosso", antworteten wir etwas verwundert. "Nein, nein, hier sind sie bei der "Gen Verde." Wir singen Ähnliches wie Gen Rosso, nur sind wir lauter Frauen aus verschiedenen Ländern und Nationen. Die Männer leben extra", erklärte sie uns recht ausführlich, während sie uns zur Tür führte, wo die schimmernde Hitze herein kam. Die Frau zeigte mit dem Finger weiter Richtung des Weges, auf dem wir gekommen waren. "Ihr müßt ungefähr noch drei Kilometer fahren, dann seid ihr dort." Ich fand es gleich etwas seltsam, daß Männer und Frauen, die ähnliche Lieder singen, so streng voneinander getrennt leben müssen. Also mußten wir noch einmal in das sehr heiße Auto steigen. Bärbel klagte schon, ihr sei ein wenig übel von der langen Autofahrerei geworden. Eigentlich endete der Weg sehr schnell vor einem ähnlich aussehenden Bauernhaus. Sehr erleichtert, endlich an unserem Ziel angelangt zu sein, läuteten wir an einer alten Tür. Ein großer, kräftiger Mann öffnete uns nach einem kurzen Augenblick die Tür. Ich fragte ihn nach den Leuten von Gen Rosso. "Leider habt ihr Pech, sie sind erst vor einer Woche zu einer größeren Tournee durch ganz Europa weggefahren. Sie werden erst wieder Ende Oktober nach Hause kommen. Ich bin der einzige, der dieses Mal zurückgeblieben ist, um sich um das Haus zu kümmern." Etwas enttäuscht war ich zunächst schon, denn die Leute, besonders Mario, hätte ich gerne gesehen. Aber da war nun nichts mehr zu ändern. Als dieser Mann meinen Namen hörte, erinnerte er sich sofort an mich: "Du bist doch der Michael aus Karlsruhe!" sagte er plötzlich sehr freudig: "Weißt du, wir erzählen oft von dir. Da werden sich die anderen aber ärgern, daß sie dich nicht angetroffen haben. Lange hoffte Mario schon, daß du einmal zu uns nach Lopiano kommst. Ich heiße euch aber trotzdem hier in Lopiano willkommen! Mein Name ist Herbert. Ihr könnt ruhig Du zu mir sagen. Ihr habt bestimmt Hunger. Ich richte uns etwas zum Essen. Setzt euch hier an den Tisch in den Schatten!" So machten wir es auch. Zwei kleinere Obstbäume spendeten am Tisch genügend Schatten, um nicht in der Sonne schmoren zu müssen. Es tat gut, jetzt im Freien zu sitzen. "Und du kommst aus Deutschland?" fragte Thomas, als Herbert mit zwei Körben Butterbretzeln und jeder Menge Obst aus dem Haus kam. "Ja, ich stamme aus Düsseldorf und lebe jetzt schon zwölf Jahre hier in Lopiano bei der Gruppe Gen Rosso. Ich bin für die technischen Dinge, wie

Beleuchtung und Ton verantwortlich", antwortete er. Durch Herbert erfuhren wir viel, auch was hinter den Kulissen so vor sich geht. Wir konnten in Lopiano auf einer Wiese inmitten von Obstbäumen und weiten Getreide- und Gemüsefeldern unser Zelt aufschlagen. Herbert sowie andere, die nur zwei Jahre als Missionare in Lopiano leben, zeigten uns alles. Die Leute sind sehr produktionsfähig, wie wir verwundert feststellten. Manfred, ein sehr junger Typ aus Deutschland, führte uns durch sämtliche Fabrikhallen in eine Schreinerei, in der richtige Möbel, Stühle sowie Holzspielsachen gemacht wurden; in eine Autohalle, in der die Leute sogar, was ich niemals vermutet hätte, ihre Autos selber herstellen. So war gerade ein ganz toller Reisebus mit allen Neuheiten für die Gruppe Gen rosso im Bau. Töpfereien, Webereien und vieles mehr gab es in Lupiano, wo junge Leute aus der ganzen Welt ihre Arbeit gefunden haben.

Neben uns auf dem Zeltplatz hatte zufälligerweise auch ein junges aufgeschlossenes, deutsches Ehepaar sein Zelt aufgeschlagen. Nachdem wir unseren Rundgang beendet hatten und wir an unseren Zeltplatz zurück kamen, lud uns die Frau zum Spaghetti-Essen ein. Wenn auch Bärbel und Thomas noch genügend gesättigt waren, ich konnte das liebe Angebot nicht ablehnen. Die Leute kamen aus Köln, wie sich bald heraus stellte. Mit ihnen verstanden wir uns gleich recht gut. Schon am Abend fuhren sie wieder weiter. Das fanden wir etwas schade. Diese zwei Tage hätten wir gern mit den Leuten verbracht. Dann war noch ein italienisches Ehepaar mit einem Baby da, das gerade wenige Wochen alt gewesen sein mußte. Der Vater war ganz verliebt in das kleine Geschöpf. Wenn es schrie, trug er es immer sehr geduldig umeinander. Er kam auch einmal zu uns und zeigte voller Stolz sein Kind. Schon in aller Frühe sang der Vater dem schreienden Kind ziemlich laut italienische Wiegenlieder vor. Ich fand es sehr traulich, obwohl wir sehr früh von dem Gesang geweckt wurden.

Zwei Tage bekamen wir also das Leben in Lopiano mit. Die Mahlzeiten nahmen wir zusammen mit den anderen in einem großen, schlichten Speiseraum ein. Die vielen lächelnden Gesichter kamen mir persönlich etwas überzogen vor. Ich fände es sehr viel wichtiger, wenn sich die Leute, die ihren festen, lebendigen Glaubensweg gefunden haben, unter die Bevölkerung mischen und nicht ihre heile, mit Freude erfüllte Welt abgekapselt nur in Lopiano suchen würden. Beim Abendessen saßen wir zufälligerweise unter anderen mit einem deutschen jungen Mann aus München zusammen. Mit ihm kamen wir auch sehr schnell ins Gespräch. Das war auch gut, so hatten wir gleich einen Dolmetscher am Tisch. Karlheinz war sein Name. Für die Leute in Lopiano war es ganz selbstverständlich, gleich das Du anzubieten. Karlheinz erzählte uns und den anderen am Tisch voller Eifer, daß ihn heute Mittag bei der Landarbeit eine Schlange gebissen habe. Unter anderem erzählte uns Karlheinz auch, wie er nach Lopiano kam und was für ihn Lopiano bedeute. Karlheinz ist gelernter Autoinstallateur. Seine Erzählungen ließen durchschimmern, daß er es nicht so leicht mit seinen Arbeitskollegen sowie mit der Konsumgesellschaft hatte. "Hier in Lopiano fühle ich mich wohler. Irgendwann merkte ich, für mich ist mein Zuhause nur hier in Lopiano. Da sind die Menschen noch richtig brüderlich zueinander. In Lopiano zählt nicht nur das verdiente Geld, das in die Gemeinschaftskasse kommt, sondern jeder einzelne Mensch", erzählte uns Karlheinz, wobei seine Augen aufblitzten. Thomas, der absolut anderer Ansicht war, kam mit ihm in eine richtige tiefe Diskussion hinein. Er trieb Karlheinz mit seinen realistischen Argumenten aus der Welt richtig in die Enge. Bärbel und mir tat Karheinz schon leid, weil seine Argumente Thomas nur Antrieb gaben, ihm zu widersprechen. Für Thomas ist Lopiano ein bißchen Flucht vor der Realität. Zum Thema Papst, als Oberhirte der Christen, gab es auch einige Meinungsunterschiede. Thomas fing eine offene Diskussion mit den Leuten an, wobei er mit seiner Meinung nicht hinter dem Berg hielt. Obwohl Bärbel und ich eine ähnliche Ansicht zu den Themen vertraten, hielten wir uns in dem Gespräch ziemlich zurück. Thomas diskutierte mit den Leuten schon so heftig, daß wir ihren Lebenssinn nicht auch noch hinterfragen wollten. Wohlbemerkt, ich kann ein Stück weit ähnlich wie die Christen aus Lopiano fühlen. Ich selbst bezeichne mich auch als Christ, nur kann ich einige Rituale und Bestimmungen der Kirche nicht mitvertreten. Kirche und Glaube kann ich für mich, Gott sei Dank, scharf voneinander trennen. Denn ich glaube, diese Hierachie der Kirchenführer, die meinen, durch ihre Theologie den richtigen Glauben gepachtet zu haben, ist alles andere, nur nicht von Gott gewollt. Wie lauten die Worte Jesu in der Bibel? Die Ersten werden die letzten sein und die Letzten die ersten. Deshalb achte ich die Leute, bis zum Papst hinauf, die zum Priester geweiht worden sind, nur als Menschen unter uns. Als solche versuchen sie, uns das Wort Gottes näher zu bringen, nicht als "Heilige", schon gar nicht als Moralprediger! Die Leute an unserem Tisch waren Thomas wegen seiner ähnlich offenen Bemerkungen auf keinen Fall böse. Karlheinz betonte sogar, daß selten jemand gekommen sei, der so ein offenes Gespräch begann. Auch in Lopiano kamen wir in der Nacht sehr spät zum Schlafen. An einem Abend sahen wir in einem Gemeinschaftsraum einen Film über den Deutschlandbesuch des Papstes an. Anschließend, als wir hinaus in die Dunkelheit kamen, stieg einem sofort eine würzige Landluft in die Nase. Die Bäume und das Getreide raschelten leicht im Wind. Doch was sich viel lauter anhörte als in Deutschland, das waren die Grillen, wenn es überhaupt Grillen gewesen sind. Jedenfalls das Zirpen war so ähnlich, nur viel, viel lauter. Es erinnerte mich schon an ein gleichmäßiges Affengeschrei. Trotzdem fand ich, in der Natur zu übernachten, sehr schön, umgeben von Obstplantagen und freien Feldern. Im Auto ließ ich extra ein Fenster halb offen. Früh am Morgen des dritten Tages fuhren wir weiter. Wir hinterließen für Mario und die ganzen Leute von Gen Rosso noch ein paar Zeilen, bevor wir von Karlheinz und von ein paar Leuten ganz herzlich verabschiedet wurden.

Unser nächstes Ziel war Siena, ein kleineres, aber sehr hübsches älteres Städtchen mit vielen ziemlich engen Gassen. In Siena konnte man sich, wie ich fand, richtig in die Lebensatmosphäre der Italiener hineinversetzen. Da waren von weit geöffneten Fenstern laute Wortwechsel zu hören. An vielen alten Häusern hing die Wäsche hoch an den ziehbaren Wäscheschnüren vor den Fenstern. Laut spielende Kinder tobten in den engen Gassen herum. Das temperamentvolle Leben mitzubekommen, fand ich genauso toll, wie alte, geschichtliche Bauten zu besichtigen. Weiter des Weges nach Rom fanden wir einen sehr urigen Campingplatz, direkt am Meer.

Viele Nadelbäume unterteilten die einzelnen Zeltplätze. Außerdem schützten die dunklen Nadelbäume auch vor der heißen Sonne. Ich war jedesmal, wenn Bärbel und Thomas das Zelt aufbauten, beschäftigt, die große Luftmatratze mit dem Blasebalg aufzupumpen. Die beiden mußten gerade nach dem Waschhaus geschaut haben, als ich einen Teil der großen Luftmatratze vollgepumpt hatte. Da Bärbel und Thomas in diesem Augenblick nirgends zu sehen waren, dachte ich, ich müsse nun warten, bis sie wiederkämen, um mir den Schlauch in ein anderes Ventil stecken zu lassen. Plötzlich aber kam mir der Mann des Nachbarzeltes zu Hilfe. Ganz selbstverständlich steckte er mir den Schlauch um, damit ich weiterpumpen konnte. Diese Geste freute mich unheimlich. Ich bemerkte nämlich, wie die ganze Familie nebenan vor dem Zelt saß und mich interessiert beobachtete. Es waren Italiener. Ein etwas kleinerer, lebhafter Mann mit schwarzen leicht angegrauten Haaren, gab mir ein freundschaftliches Zeichen zum eifrigen Weiterpumpen. Da war kein falsches Mitleid dabei. das fühlte ich, sondern etwas Liebes und Kameradschaftliches. Etwas später stellte sich heraus, daß dieses Ehepaar auch zwei Kinder hatte. Ich beobachtete, wie sie gerade vom Baden kamen: ein Junge, nach meiner Schätzung so fünfzehn, sechzehn Jahre alt und ein Mädchen, ungefähr drei Jahre jünger. In dieser Familie herrschte ein recht lebhaftes Klima.
Der unruhigste und wuseligste war der Vater. Mit dieser Familie freundete sich auch Bärbel und Thomas recht schnell an. Gut war, daß der Sohn ziemlich gut englisch konnte. Mit dieser Sprache, die auch Bärbel und Thomas recht gut beherrschten, konnten wir uns ganz gut verständigen. Ich selbst konnte ja von der Schule auch ein wenig englisch. Wir wurden gleich zum Abendessen eingeladen.

Der Vater kochte in einem großen Topf Muscheln, die die ganze Familie im Meer gesammelt hatte. Noch spät in der Nacht saßen wir beisammen und erzählten eine Menge voneinander. Für den Sohn war es eine richtige Prüfung in der englischen Sprache. Denn die ganze Zeit mußte er die Gespräche übersetzen. Etwa um halb zwei Uhr gingen wir dann schlafen. Thomas bot mir an, wenn ich am Morgen früher erwachen sollte, ihn zu wecken. Dann würde er mich für den neuen Tag fertig machen und ins Wägelchen setzen. Er selber würde sich dann noch einmal ins Zelt legen. Dieses Angebot nutzte ich früh am nächsten Morgen. Einmal in aller Frühe an das rauschende Meer zu fahren, reizte mich irgendwie. Die Luft war noch herrlich frisch. Die Nadelbäume knarrten leicht im Wind. Der Weg bis zum Meer war sandig und etwas steinig, aber trotzdem gut zu befahren. Die wenigen Anstrengungen in diesen frühen Morgenstunden waren für mich ein guter Frühsport, denn mitten am Tage, wenn die Sonne heiß auf die Erde brannte, war ich in der Hitze schon etwas träger und fauler. Bald hatte ich das Ufer erreicht. Nur vier, fünf Meter vor mir spülten die Wellen rauschend den Strand hoch. Eine längere Zeit verweilte ich an einer Stelle und beobachtete die schöne, morgendliche Atmosphäre am Meer. Die Sonne stand noch etwas rötlich am Himmel und spiegelte sich im Meer wieder. Das gleichmäßige Rauschen der Wellen entfachte in mir eine innere Ruhe. Doch ich nahm mir vor, hier an diesem Strand lieber nicht baden zu gehen, weil mir die Wellen zu hoch waren. Schon einmal hatte ich ja meine Erfahrungen gemacht. Daraus zog ich eine Lehre. Salzwasser in der Nase ist nämlich etwas ganz Ekelhaftes. Während ich über einen Umweg wieder in Richtung unseres Zeltes fahren wollte, kam plötzlich der Junge von dem Nachbarzelt angerannt und hielt

mich an. Da ich noch zu wenig englisch konnte, verstand ich anfangs nicht recht, was er von mir wollte. Ich merkte nur, daß er ziemlich aufgeregt auf mich einsprach. Da ich mit der Zeit doch einige Wortfetzen verstand, wußte ich allmählich, was los war.
Er war beunruhigt, weil ich mich alleine vom Zelt entfernt hatte. Mein Reden nützte nichts, der Junge ließ mich einfach nicht mehr weiterfahren. Das Wenige, was er auf deutsch sagen konnte, war: "Gefährlich, sehr gefährlich." Diese Worte wiederholte er mehrmals. Wegen meiner mangelhaften Englischkenntnisse mußte ich es aufgeben, ihm klar zu machen, daß ich durchaus ohne eine Begleitperson selbstständig herumfahren könne. So mußte ich mich wie ein kleines Kind zu unserem Zelt zurückbringen lassen. Thomas war schon wach. Er wollte sich gerade zum Duschen auf den Weg machen. Thomas lachte nur, nachdem ich ihm die Geschichte erzählt hatte. "Und du hast dich brav zurückfahren lassen! Warum hast du ihm nicht noch etwas länger klar zu machen versucht, daß du durchaus ein erwachsener Mensch bist, der sich alleine etwas umsehen kann?, meinte Thomas etwas spöttisch. "Was hättest du denn an meiner Stelle gemacht? Ich habe es doch versucht, aber er gab absolut nicht nach", antwortete ich. "Tja, es ist halt blöd, wenn man keinen Schritt selbstständig machen kann, ohne die Befürchtung zu haben, einfach zurückgebracht zu werden. Ich werde einmal mit deinem heimlichen Aufpasser reden, wenn es dir dann wohler ist", erwiderte Thomas, wobei er mir freundschaftich auf die Schulter klopfte und weiter des Weges zum Waschhaus lief. Dem sehr netten Jungen war es, wie es sich etwas später herausstellte, peinlich, mich zurückgeholt zu haben. Thomas hatte also mit ihm geredet. So machte ich gleich noch eine Rundfahrt durch den Campingplatz, den

ich bis jetzt mit den vielen Bäumen am schönsten fand. Da machte ich noch eine sehr nette Bekanntschaft mit einem jungen Italiener. Zufällig konnte er ein wenig deutsch. Er käme aus Neapel, erzählte er mir fast etwas stolz. Ich erzählte ihm, daß ich in Karlsruhe auch einen Freund aus Neapel habe. Gespannt sagte ich ihm einmal seinen Namen. Ich dachte, es könnte ja zufälligerweise sein, daß er mit Gino schon einmal zusammen war. "Weißt du, Neapel ist zu groß, um jeden zu kennen, der dort wohnt", meinte er immer noch etwas nachdenklich. Ich erzählte ihm, daß wir auf unserer Rundreise durch halb Italien auch Neapel besuchen würden. Gerade deshalb, um noch etwas von Italien zu sehen, mußten wir uns auch von diesem tollen Campingplatz und der lieben Familie des Nachbarzeltes verabschieden. Kurz vor der Abfahrt bestand der Vater darauf, noch ein Abschiedsfoto zu machen. So ließen wir uns zusammen mit der Familie fotografieren. Wir machten auch ein paar Bilder. Der Vater zeigte Thomas noch auf seiner Straßenkarte den schnellsten Weg nach Rom. Bis nach Rom mußten wir ungefähr noch drei bis vier Stunden fahren. Zu allererst suchten wir in Rom schon gewohnheitsmäßig nach einem Campingplatz, den wir eigentlich sehr schnell fanden. Jetzt erst, in der schon südlich gelegenen Hauptstadt Italiens, erschien es mir richtig heiß. Duschen war das erste, was wir auf dem Campingplatz in Rom machten. Bärbel verschwand in der Frauenduschkabine und Thomas und ich, wir duschten in der Männerkabine. Durch die ständig wechselnden Waschverhältnisse wurde ich im Laufe der Zeit richtig flexibel. Im Grunde ähnelten sich die Waschhäuschen, dennoch waren sie von innen, besonders von der Größe her, immer etwas verschieden. Aber mit Thomas kamen meine ursprünglichen Ängste vor dem immer wieder fremden Umfeld nie auf. In dieser Zeit gewöhnte ich mir an, mich zum Schluß nach dem warmen Duschen eiskalt abspritzen zu lassen. Dazu braucht man zwar eine unheimliche Überwindung, doch es erfrischt sehr und ist gut für den Kreislauf.

Gegen Abend fuhren wir dann in den Stadtkern Roms, um etwas in der Stadt herumzuschlendern. Rom ist so groß, daß wir unbedingt das Auto dazu brauchten. Unser Campingplatz lag zwar in Rom, doch wir mußten noch etliche Kilometer fahren, um das Stadtzentrum zu erreichen. Selbst in der Stadt wären wir ohne Auto aufgeschmissen gewesen. In Rom gab es so viel zu sehen, daß wir zunächst gar nicht recht wußten, was wir vorziehen sollten. Rom war eine sehr vielseitige Stadt, die man in drei Teile unterteilen konnte. Zuerst in eine übliche Einkaufsstadt mit vielen Fußgängerzonen und Kaufhäusern. Dann war der Vatikan ein Ausflug für sich und schließlich eben noch der geschichtliche Teil Roms. Da fiel uns zuerst der runde Bau des Kolosseums auf. 72 n. Chr. wurde mit dem Bau begonnen, und im Jahre 80 wurde das Kolosseum von dem Sohn des Bauherren fertiggestellt. Blutige Kämpfe der Gladiatoren fanden darin statt. So wurde das blutrünstige römische Volk befriedigt, das, ähnlich wie in einem Fußballstadion, auf den Rängen saß und schräg hinunter blicken konnte, um den Kämpfen voller Spannung und Aufmerksamkeit zu folgen. Was für ein eigenartiges Gefühl war das, als wir inmitten des Kolosseums standen, wo so viele Menschen vor der Bevölkerung getötet wurden? Wilde Tierkämpfe wurden darin benutzt, um die Greuel der Spiele zu erhöhen. Nach Beendigung der Tierjagden wurde die Arena oft mit Wasser gefüllt und Seeschlachten gegeben. In Rom gab es für mich viel Geschichtliches zu sehen: die Katakomben, der Triumphbogen, Ruinen alter Bauten, die schon viele Jahre vor Christus errichtet wurden. Es war sehr interessant, vor allem weil die Leute früher noch keine Kräne, Bagger und sonstige Baumaschinen besaßen. Da wurde eben mit der Hand geschafft, und es entstanden, wie es uns viele Kirchen, Paläste, Mauern und Burgen bewiesen, sehr prächtige Bauten. Bärbel und Thomas waren ganz verrückt, soviel wie möglich aus der Geschichte zu lernen. Ich selbst interessierte mich auch sehr, nur hatte ich keine so lange Ausdauer, ständig immer Neues aus der ganz frühen Geschichte aufzunehmen. Nach vier, fünf Stunden schaltete ich ab. Ich mußte einfach mal dazwischen Häuser und Straßen aus der Gegenwart sehen, wo man das Leben auch spüren kann.

In Rom ist bekanntlich auch der Vatikan mit dem großen Petersplatz. Uns interessierte es, einmal morgens dabeizusein, wenn der Papst auf dem Petersplatz seine Ansprache hält. Aber, der Wille war stark, nur die Überwindung, so früh am Morgen aufzustehen, gelang uns nicht. Wir verschliefen also die Morgenrede des Papstes. Eine Stunde kamen wir an diesem Sonntag zu spät an. Der Papst war schon nicht mehr zu sehen. Aber es war noch recht voll vor der Peterskirche. Plötzlich ertönte doch noch die Stimme des Papstes. Bärbel zeigte etwas gespannt in eine Richtung. Von dort müsse die Stimme kommen. Lautes Geklatsche der Menschen war die Folge. Alle schauten wir vor zu den Stufen der Peterskirche, bis Thomas hell auflachte und auf eine Reihe von Lautsprechern zeigte. Jetzt war alles klar, die Stimme des Papstes, wie auch der große Menschenjubel ertönte nur aus den Lautsprechern, die zwischen den großen Seitenaltären aufgestellt waren. Gerade weil wir eigentlich einmal eine persönliche Ansprache des Papstes hören wollten, kamen wir uns etwas verschaukelt vor. Wir beschlossen ganz spontan, einmal in die Peterskirche zu gehen. Natürlich hatten wir in der Hitze alle kurze Hosen an. Bärbel trug zusätzlich eine luftige, weite Bluse. Kurz vor dem Haupteingang der Peterskirche mit den vielen, wuchtigen Säulen ahnten wir noch nicht, daß unsere sommerliche Kleidung ein Hindernis werden würde, in die Kirche zu kommen. Plötzlich versperrte uns ein Mann mit fuchtelnden Armen bestimmend den Weg. Zunächst wußten wir gar nicht, was er von uns wollte. Er zeigte auf unsere kurzen Hosen und auf Bärbels weit ausgeschnittene Bluse. Kopfschüttelnd wies uns der Mann an umzukehren. Ich verstand es als ein hartes Verbot, nicht in die Kirche gehen zu können. In meinem Inneren kam ein stiller Zorn auf. Ich erinnerte mich an die Bibel, als sich Jesus dagegen wehrte, daß andersartige Menschen von den Pharisäern aus der Kirche verwiesen wurden. Wie steht es in einem Gleichnis? Achtet nicht auf Äußerlichkeiten, sondern schaut mehr auf das Innere, was euch das Herz im Gotteshaus zu sagen hat. Für Bärbel und Thomas, die sehr wenig von der Kirche halten, bedeutete dies nichts Schlimmes, da sie den Innenraum der Peterskirche sowieso eher als ein wertvolles Museum betrachteten. Sie konnten sich sogar noch darüber amüsieren. Hingegen für mich war diese Ausladung, nur der kurzen Hosen wegen, schon eine schwerwiegende Sache. "Gut, gut, ich lauf schnell zum Auto und hol die langen Hosen her. Soll ich für dich eine Jacke mitbringen? Die kannst du zu jeder Zeit wieder ausziehen", schlug Thomas, an Bärbel gewandt, rasch vor. Bärbel nickte den Kopf und erwiderte, Thomas zulächelnd: "Ja! Das wird das Beste sein." Ich selbst war ja nicht mehr so scharf, in die Peterskirche hineinzugehen. In mir wühlte eine unheimliche Wut im Bauch. Bärbel und ich warteten direkt vor dem Haupteingang neben den wuchtigen Säulen der Peterskirche auf Thomas. Unser Auto stand nämlich nicht so nah. Thomas mußte da schon eine ziemlich weite Wegstrecke zurücklegen. Unterdessen alberten wir ganz schön herum. Auf der Treppe, blickten nun Bärbel und ich, lachend und noch ein wenig sauer, über das Menschengewimmel auf dem Petersplatz hinweg. Dabei hielten wir auch ständig Ausschau nach Thomas, den wir erst an der Treppe erblickten. Ungeniert, sie wollten es auch nicht anders, zogen wir uns seitlich des Haupteingangs um. Dann endlich, schön verdeckt, als wären nackte Beine etwas Giftiges, waren wir berechtigt, vor Gott zu treten. Wenn der freie Eintritt nur wegen so einer Äußerlichkeit gewährt wird, braucht sich die Kirche nicht zu wundern, wenn sich die neue, kritischere Generation, die mehr die Innerlichkeiten sehen möchte, immer mehr von der Kirche distanzieren muß. Ich rede damit auch von mir persönlich.

Wie ich es erwarten mußte, war die Peterskirche sehr prunkvoll. Die Säulen und Teile des Bodens, der von sehr vielen Denkmälern unterbrochen war, waren aus wunderschönem Marmor. Der Altar funkelte nur so vor Gold. Die tolle Decke wölbte sich mit der farbenprächtigen Kuppel dazwischen kunstvoll wie ein endloser Himmel über alles hinweg. Es war schon phantastisch, sich in der Peterskirche umsehen zu können. Der Vatikan besteht nicht nur aus der Peterskirche. Nein, der Vatikanische Baukomplex verfügt über 11000 Zimmer, Säle, Museen, Galerien, Bibliotheken, Kapellen,

Gänge, Höfe und Gärten. Thomas und Bärbel besichtigten einen kleinen Teil davon. Ich blieb unterdessen wegen zu hoher Treppen in der Peterskirche zurück und lauschte andächtig einem gregorianischen Gesang, der im Hintergrund leise aus den Lautsprechern der Kirche ertönte. Bei diesem schönen Gesang erinnerte ich mich wieder, daß ich mich überhaupt in einer Kirche verweilte. Sonst war es mir, als sei ich in einem sehr prachtvollen Museum gelandet. Sicherlich wußte ich, daß die vielen kostbaren Dinge hauptsächlich Stiftungen waren. Nur ich würde mich nicht getrauen, Kostbarkeiten zu behalten, die mir dutzendweise gestiftet worden sind, vor allem nicht, wenn ganz in meiner Nähe die Elendsviertel beginnen. Ich möchte von mir nicht behaupten, daß ich überhaupt nichts behalten würde, doch soviel Kostbarkeiten würde ich mir sicherlich nicht zusammenhorten lassen, zumal es sich um eine "heilige Kirche" handelt. Die ganze Menschheit kann gezwungenerweise nur noch im ewigen Konkurrenzkampf leben. Tun oder können es einzelne Völker nicht, weil sie sich nicht vom Profitdenken anstecken lassen, werden sie ganz einfach von den Ländern, die es besser beherrschen, ausgebeutet und somit in eine entsetzliche Armut gestoßen. Gerade da müßte die Kirche viel entschiedener entgegenwirken und nicht von Spenden armer Leute leben und vor allem das Profitdenken der Menschheit nicht noch zusätzlich durch den Reichtum der Kirche verstärken. Der eigentliche Reichtum der Christen sollte im Herzen sein. Da müßte die Kirche ein gutes Vorbild sein.

Nachdem Bärbel und Thomas wieder nach der kleinen Besichtigung bei mir auftauchten, sahen wir uns in dem daneben liegenden

Verkaufsräumchen um. Es war ein kleiner Souvenierladen, der vom rechten Kirchenschiff durch einen breiten Durchgang getrennt war. Viel Kitsch gab es darin zu kaufen. Anders die geschnitzten Holzfiguren, die waren schon toll, nur viel zu teuer. Die Werbung sorgte auch hier für viele Käufer. Gerade weil hier innerhalb des Vatikans Souveniersachen angeboten werden, finden sich viele Leute bereit, auch die es ursprünglich gar nicht vorhatten, in der Peterskirche für sich oder für Bekannte ein Souvenier aus Rom einzukaufen und sei es auch nur eine Postkarte des Papstes, der lieblich vom Himmel aus einer Wolke zur Erde herunterwinkt. Bei so blöden Dingen macht also selbst der Vatikan erfolgreich mit, dazu in einem Verkaufsraum, der von dem anhängenden Kirchenraum den Geruch eines festlichen Gotteshauses annahm. Was würde Jesus aus diesem Verkaufsräumchen machen? Würden da nicht auch, wie es in der Bibel zu lesen ist, Tische der Geldwechsler und Stände fallen und gleich anschließend die Verkäufer hinausfliegen? "Mein Haus soll ein Haus des Gebetes genannt werden. Ihr aber macht daraus eine Räuberhöhle", waren die empörten Worte Jesu. Dies, finde ich, müßte die Kirche beherzigen, wenn sie die Bibel tatsächlich als oberstes Glaubensbekenntnis benennen möchte.

In dem Kirchenraum war es angenehm kühl, aber als wir anschließend wieder ins Freie kamen, meinten wir erst recht, in der Hitze zu vergehen. Wir machten uns sehr schnell daran, wieder unsere kurzen Hosen anzuziehen. Danach bummelten wir noch ein wenig in den Verkaufsstraßen Roms herum. Wegen des Sonntags waren die Läden geschlossen. Plötzlich blieb Thomas stehen. "So, jetzt sagt ihr mal, wie wir weitergehen. Jedesmal muß ich mich alleine entscheiden, in welche Richtung wir weitergehen wollen. Ihr laßt euch gemächlich herumführen, und ich habe die alleinige Verantwortung. Das stinkt mir so langsam, ich bin doch kein Reiseführer. Auf Michael! Jetzt schlage du einmal vor, wie wir weiterlaufen sollen. Nach links, rechts oder geradeaus." Als ich mich schließlich für eine Richtung entschieden hatte, die etwas außerhalb in eine stillere Wohngegend führte, meinte Thomas nach einer kurzen Zeit etwas nörglerisch: "Was du da Besonderes findest, weiß ich auch nicht. Wollen wir nicht wieder umkehren? So langsam bekomme ich einen Bärenhunger." Daraufhin befiel mich das beklemmende Gefühl, das ich in Thomas Gegenwart bisher noch nicht gekannt hatte. Ich versuchte, mein ungutes Gefühl zu Thomas zu unterdrücken und gab zu schnell auf, mein eigenenes Intresse auch wirklich durchzusetzen. Da es in mir die ganze Wegstrecke bis zum Auto kochte, mußte ich Thomas einfach zurückkontern. Im Auto sagte ich ihm: "Weißt du Thomas, das finde ich nicht gut, zuerst beschwerst du dich, wir würden zu wenig im Urlaub mitbestimmen, und als ich mich dann äußerte, wohin ich gehen wollte, war es dir auch nicht recht." Thomas sah mich daraufhin nur nachdenklich an und schwieg. Bärbel hielt sich bei diesem Gespräch völlig zurück, was ich sehr gut fand. Hinterher reute es mich überhaupt nicht, daß ich da bei Thomas noch einmal nachgehakt hatte. So war zwischen uns gleich alles wieder gut. Vor allem konnten sich wegen dieser Kleinigkeit keine Mißverständnisse bilden. Erst in Rom begegneten uns die schwarzlockigen Italiener, die ich im Norden Italiens vermißt hatte. Natürlich aßen wir in Italien viele Pizzas, die man in gemütlichen Hinterhöfen im Freien verspeisen konnte. Bei vielen Pizzerias stand ein großer Backofen aus Stein im Hof. Die hungrigen Gäste konnten somit zuschauen, wie ihre Pizzas zubereitet wurden. Das Fleisch wurde ebenfalls in vielen Gartenkneipen im Freien auf einem großen Grill mit offenem Feuer gegrillt. Das war besonders an den warmen Abenden sehr romantisch, wenn so langsam die Dunkelheit hereinbrach. In Italien gibt es ziemlich viele wild herumstreunende Hunde und Katzen. Einmal saßen wir in einem Biergarten. Wir aßen gerade hungrig zu Abend. Plötzlich hörten wir unterm Tisch ein Rascheln. Etwas erschrocken blickten wir unter unseren Tisch, um zu sehen, was da vor sich ging. Bärbel sprang entsetzt in die Höhe. Eine Maus zappelte am Boden herum und kämpfte, von einer Katze bedroht, um ihr Leben. Die Katze mußte sehr jung gewesen sein. Mit ihren recht tollpatschigen, kleinen Pfötchen hatte es die Katze noch nicht heraus, das Mäuschen schnell und schmerzlos zu töten. Bärbel wollte schon nicht mehr weiteressen. Uns tat die Maus schrecklich leid, die immer erneut angegriffen wurde. Schon etwas verletzt, konnte sie gar nicht mehr recht vor der Katze fliehen. Mein Körper schüttelte sich vor diesem Schauspiel. Aber Thomas blieb sachlich. Er meinte kurz: "Das ist eine ganz natürliche Sache. Die Katze kämpft nur um ihr Überleben. Wenn diese junge Katze es nicht lernt, Mäuse zu fangen, kann das für sie den Tod bedeuten." "Ja, das mag schon stimmen", entgegnete Bärbel trocken zurück, "nur unter unserem Tisch braucht das nicht unbedingt sein. Also mir ist jetzt der Appetit vergangen", fügte sie noch hinzu. Glücklicherweise schnappte die Katze plötzlich zu und tappte mit der schon halbtoten Maus davon. So konnten wir nach diesem schrecklichen Schauspiel in Ruhe weiteressen. Zum Dessert bestellte ich mir Fruta mista. Ich war riesig gespannt, was das war. Schon nach kurzer Zeit brachte der noch sehr junge Ober einen riesigen Korb voll Obst. Verwundert, auch ein wenig ratlos, schaute ich Bärbel und Thomas an. "Den riesigen Korb soll ich alleine essen? Das schaffe ich nie", stammelte ich. "Du brauchst ja nur das essen, was du magst. Es ist nicht gedacht, daß du den ganzen Obstkorb leeressen sollst. Das wäre sogar unverschämt", antwortete Thomas lächelnd, wobei er sich einen Apfel herausnahm und kräftig hineinbiß. Tief atmete ich vor Erleichterung ein und meinte: "Da bin ich aber sehr froh."

Bei der Weiterfahrt zwischen Rom und Neapel wollten wir wieder einmal im Meer baden. Im Auto wurde es im Süden immer heißer. Nur an den üblichen Badestränden war es uns zu überlaufen. Von der Küstenstrasse konnten wir die Badestrände gut sehen. Nein, wir hatten keine Lust, uns unter die vielen Touristen zu mischen. Das war ja der reinste Fleischmarkt. Also mußten wir irgendwo einen einsamen, etwas versteckten Strand suchen. Das hieß also, daß wir ein Waldstück finden mußten, um dahinter an einen verlassenen Strand zu gelangen. Wir hatten Glück. An der Küstenstraße tauchte auf der rechten Seite ein größeres Waldstück auf und verdeckte den Blick zum Meer. Da stellten wir das Auto an einer Waldschneise ab und wanderten mitten durch den Wald. Die Wege hörten bald auf. Wir mußten uns über Stock und Steine hindurchkämpfen. Als der Weg für den Rollstuhl doch zu schlecht wurde, trug mich Thomas weiter. Bärbel schob den Rollstuhl hinterher. Das schon in der Nähe rauschende Meer gab uns Mut und Kraft für Thomas, der noch mein Gewicht zu tragen hatte, weiter durch das Gebüsch zu stapfen. Ich kam mir wie Tarzan im wilden Urwald vor. Nur noch das

Affengeschrei und das Gebrüll wilder Löwen fehlten. Die Wellen rauschten jetzt immer deutlicher durch das Blätter-Dickicht. Dies hieß also, daß wir bald an unserem Ziel waren. Jetzt mußte mich Thomas auf den Boden setzen, da Bärbel mit meinem Rollstuhl nicht so schnell über Stock und Stein laufen konnte. Sie lag so weit hinter uns, daß wir sie beinahe nicht mehr sehen konnten. Wie ich so auf dem warmen, von der Hitze ausgetrockneten Waldboden saß, dachte ich plötzlich an Karlheinz von Lopiano, der bei der Feldarbeit von einer Schlange gebissen wurde. Auf einmal lief es mir eiskalt den Rücken hinunter. Mit Schrecken malte ich mir aus, eine Schlange käme schön langsam auf mich zugeschlängelt, würde genüßlich herumzüngeln und den Zeitpunkt abwarten, bis sie mich beißen könne. Wie erleichtert war ich, nach einer Weile Bärbel und Thomas zu erblicken. Noch wenige Meter fehlten, bis sich der dichte Wald vor uns öffnete und das weite Meer mit einem schönen Sandstrand vor uns lag. Freudig, daß sich der anstrengende Marsch durch die Wildnis auch gelohnt hatte, zogen wir uns aus und tappten sofort in das frische Wasser hinein. Für mich hieß es, in meinem Schwimmring aufzupassen, weil das Wasser wieder verdächtig unruhig war. Die Wellen kamen so unterschiedlich heran, eine war höher als die andere. Da konnte ich wieder sehr hoch auf den Wellen reiten. Bärbel und Thomas mußten meinetwegen lachen, wenn eine Welle rauschend auf mich zukam und ich unwillkürlich einen Brüller ausstoßen mußte. Das war ein Gefühl! Aber trotzdem machte es einen Riesenspaß, im großen, weiten Meer zu baden. Nur von wenigen Leuten war der Strand besucht. Das machte die besondere Atmosphäre aus. Wir saßen hauptsächlich in der Natur, nicht in einem Menschengewimmel. Außerdem durfte man an diesem Strand auch nackt baden. Dies nützen wir auch aus. Ich frage mich oft, warum dies für die meisten so ein heißes Thema bedeutet. Ist der nackte Körper des Mensches etwas Ekelhaftes? Oder "nur" ein Sexualobjekt?? Mit fester Überzeugung glaube ich, wenn eines nackten Körpers wegen kein so arges Aufsehen gemacht würde - und dies müßte schon in der Kindererziehung beginnen - könnte das von der oftmals verklemmten Bevölkerung <u>selbstverständlicher</u> wahrgenommen werden. Manchmal kommt in mir der starke Verdacht auf, man möchte gerade die verträngten sexuellen Lüste für die Heimlichtuer bewahren. Ein selbstverständlicheres Denken würde so viel Spaß wegnehmen. Mein Gedanke ist vergleichbar mit der Weihnachtsüberraschungsfreude. Wenn man ohne Überraschung alles selbstverständlich abwickeln würde, wäre der Glanzeffekt erloschen. Ähnlich kann es auch mit einem nackten Körper sein. Das hat weniger mit dem Wunsch nach mehr Moral zu tun, wie es ältere Menschen zu sagen pflegen. Entweder steckt da Neid dahinter oder ist es, wie ich es auszudrücken versuchte, der reine Spaß, etwas Heimliches, Verdecktes zu tun. Nur leider muß da das "schwächere" Geschlecht meist enorm leiden.

Ich fühlte mich recht wohl, einmal völlig frei und unverdeckt zu sein. Wir trieben auch unsere Späße miteinander. Als Bärbel, wie so oft im warmen Sand, eingeschlafen war, zwinkerte mir Thomas zu. Sehr flink grub er dicht neben Bärbel ein riesiges Loch. Zunächst wußte ich gar nicht, was er so eilig vorhatte. Erst als dicht neben Bärbels Körper ein riesiger Graben klaffte, wußte ich, was Thomas machen wollte. Schön vorsichtig wälzte er Bärbel in das Loch hinein und deckte sie mit dem warmen Sand zu. Bärbel erwachte erst, als sie im Sand eingegraben war. Nur noch der Kopf ragte vorwitzig aus dem Sand heraus. Im ersten Augenblick erschrak Bärbel schon etwas. Aber dann lachte sie nur und fand das recht schön und kuschelig. Nur etwas heiß war es, wie sie behauptete, in dem von der Sonne erhitzten Sand. Ein Eisverkäufer, der gerade daher kam, lachte bei diesen Anblick. Doch blitzschnell ergriff er behilflich ihre Arme und zog sie mit einem Schwung aus dem Sand heraus. Auch mich grub Thomas einmal in den Sand, nur gelang es ihm nicht so gut, weil ich mich durch meine Körperbehinderung immer etwas bewegte. Nach dem Badevergnügen fuhren wir weiter nach Neapel. Wärend wir durch die Stadt fuhren, dachte ich an Gino, der dort aus irgendeiner Straße herkam. Doch da wir in Neapel nur einen überfüllten Campingplatz fanden, fuhren wir bald die Küstenstraße entlang weiter nach Pompeji. Pompeji ist durch seine Schicksalsschläge weltweit bekannt. Als wir den Vesuv, einen harmlos aussehenden Berg, aus der Ferne erblickten, wußten wir, daß wir unser Ziel erreicht hatten. Man konnte sich nur schwer vorstellen, daß der Vesuv so Schlimmes angerichtet hatte. Wir spazierten durch die lange, verschüttete Stadt Pompeji. Das war für mich mit meinem Rollstuhl eine abenteuerliche Geländefahrt. Der Boden war vor über 1000 Jahren nicht so geteert wie heute. Die spitzen, ungleichmäßigen Platten sorgten für einen sehr unebenen Boden. Etwas verkrampft kauerte ich mich im Rollstuhl zusammen, denn die vorderen kleinen Räder blieben ständig in den breiten Spalten zwischen den Platten hängen, die in den vielen Jahren schon ziemlich ausgemergelt waren. Obwohl ich angegurtet war, stieß ich manchmal unwillkürlich einen kleinen Brüller aus. Doch Thomas sagte nur: "Du kannst dich sicher fühlen. Ich werde dich schon nicht umwerfen." Es war phantastisch, in der historischen Stadt Pompeji herumzulaufen, vor allem weil man die Häuser, die Basilika, das Forum usw. zum Anfassen vor sich hatte. Die Böden waren zum Teil noch so erhalten geblieben, daß die Musterungen der handgemachten Bodenflächen noch sehr gut erkennbar waren. Teilweise zeigten die Böden in Häusern, Basiliken, Tempeln, aus winzigen Mosaiksteinchen zusammengesetzt, richtige bedeutungsvolle Motive, sogar Meldungen und Anzeigen. Dies war nur manchmal durch die lange Zeit und die etwas andere Schriftart schwer zu entziffern. Solche Meldungen waren ein Zeitungsersatz. Zeitungen gab es ja früher noch nicht. Auch auf Säulen konnte man manchmal noch Anzeigen erkennen. Wir spazierten auch in verschiedenen Tempeln herum, die noch sehr gut erhalten waren. Lediglich die Decken waren von der Lava- und Aschenschicht heruntergedrückt worden. Sonst war alles noch stehen geblieben. Man konnte sogar die Altäre noch gut erkennen. Besonders fasziniert haben uns die vielen runden Säulen, die nur mit der Hand verarbeitet wurden. Dazwischen überfielen mich immer wieder die Ängste, weil ich meinte, mein Rollstuhl kippe nach vorne. O weh, einmal mußten wir einen größeren Mauervorsprung hinunter. Thomas nahm einer Schwelle wegen einen kleinen Anlauf, und schon knallte ich, zunächst nur mit einem großem Hinterrad, den größeren Mauervorsprung hinunter. Die vorbeikommenden Leute sahen Thomas entgeistert an. Mein Gesicht mußte ja in dem Augenblick, als mein Rollstuhl hinuntergeknallt war, auch nicht gerade entkrampft gewesen sein. Für die Mühen, mich überall mitzunehmen, mußte sich Thomas die vorwurfsvollen Blicke einiger Leute gefallen lassen, die mit mir sicherlich wegen der rasanten Fahrt Mitleid empfanden. Darüberhinaus mußte Thomas auch noch mein ängstliches Gejammer anhören. Pompeji war schon ein Eindruck für sich, trotz der vielen Sehenswürdigkeiten, die Italien uns bis jetzt geboten hatte. Als wir schließlich außerhalb der überschütteten Stadt wieder auf normalem, geteerten Boden standen, atmete ich schon etwas erleichtert auf. Jetzt zur Mittagszeit standen riesige Menschenschlangen an den Eintrittshäuschen. Reisebusse, auch aus dem Ausland, parkten auf den Parkplätzen möglichst im Schatten. Deswegen nützten wir die frühen Morgenstunden aus, als es noch etwas ruhiger in dieser alten, ausgegrabenen Stadt Pompeji war. Nun standen wir wieder in der Gegenwart und hatten in der Hitze einen riesigen Durst. In Italien standen an freien Plätzen immer wieder Erfrischungswägen bereit, um den Durst zu löschen. Getränke wie Fanta, Cola, Bier, Fruchtsäfte usw. wurden angeboten. Jeder von uns wählte zur Erfrischung einen der frischen Fruchtsäfte.

Auf dem Campingplatz, nahe bei Pompeji, war auch einiges geboten. Da gab es eine gute Gaststätte, wo man unter einer Plane auch draußen sitzen konnte. Wir warteten, recht abgeschlafft, auf unser bestelltes Essen. Bärbel und Thomas hatten sich an diesem Abend gegrilltes Hammelfleisch bestellt. Für mich kam eine leckere Pizza. Gerade platschte ein gewaltiger Gewitterregen herunter. Im Süden Italiens kommt es sehr selten zum Regnen, aber wenn, dann kübelt es richtig stark auf die Trockenheit nieder. Plötzlich entdeckte ich neben mir zitternd und frierend einen kleinen, noch ziemlich jungen Hund. Treuherzig schaute er uns hungrig zu, wie wir uns das Essen schmecken ließen. Es war irgendeine Mischung aus mehreren Hundesorten. Die prallen Pfötchen verrieten, daß es einmal ein großer Hund werden würde. Nun wedelte er auch noch mit dem Schwanz, und tapps sprang er auf meinen Schoß. Da war meine Freude groß. Bärbel, wie auch Thomas, gaben dem Hund die ganzen Knochen. Wir merkten richtig, wie sehr sich der Hund über diese Leckerbissen freute. Richtig hastig nagte er an den Knochen herum, als wollte einer ihm die guten Leckerbissen wieder wegnehmen. Der Hund fraß so gierig und schnell, daß er immer wieder um neue Nahrung bei uns bettelte. Selten wich er von unserem Tisch. Bärbel warf ihm immer wieder etwas vor die Pfoten. Schwanzwedelnd bedankte er sich jedesmal. Uns gefiel, daß der kleine Hund, auch als er gesättigt war, noch bei uns blieb. So als würde er uns schon lange kennen, ließ er sich von uns kraulen und streicheln. Sogar von mir mit meinen unruhigen Bewegungen ließ sich der Hund geduldig streicheln und liebkosen. Ich hatte schon das Gefühl, der kleine Kerl gehöre zu uns. Thomas nahm ihn auf seinen Schoß, als wir merkten, daß der Hund von dem naßkalten Wetter fror. Sein ganzer Körper zitterte. Thomas steckte ihn in seinen warmen Strickpullover und streichelte ihn behutsam. Das schien dem kleinen Hund richtig zu gefallen. Mit treuen Äuglein ließ er das alles über sich ergehen, während der gewaltige Regenguß unaufhörlich auf die Plane herunterprasselte. Doch schließlich kam die Frage, als uns so langsam die Müdigkeit überfiel, wohin mit dem kleinen Hund, der sich von uns nicht trennen wollte. So als wäre es das Selbstverständlichste auf der Welt, tappte er uns nach bis zu unserem Zelt. Da konnten wir einfach nicht anders, als den Hund über Nacht bei uns zu lassen. So ließen Bärbel und Thomas den kleinen Gast bei sich im Zelt schlafen. Ich freute mich riesig über das zugelaufene und noch so zutrauliche Tier. Im Auto dachte ich noch: Was ist, wenn der Hund austreten muß? Würde er Bärbel und Thomas eine Wurst ins Zelt setzen?? Doch bei diesem Gedanken mußte ich eingeschlafen sein. Am Morgen erzählten mir Bärbel und Thomas voller Faszination, der kleine Hund hätte sie in der frühen Morgendämerung geweckt und wäre ziemlich aufgeregt schwanzwedelnd immer wieder zum geschlossenen Zeltausgang gesprungen. Dies war ein Zeichen, daß unser kleiner zugelaufener Gast ganz sauber und erzogen war. Doch leider mußten wir uns an den Gedanken gewöhnen, daß wir den niedlichen, zutraulichen Hund zurücklassen mußten. Ich und Bärbel wollten den Gedanken schon verdrängen. Ja, wir waren so verliebt in den Hund, daß wir den tollpatschigen Kerl schon mitnehmen wollten. Ich fühlte, wie auch schon Thomas im Innern mit dem Gedanken spielte, aber dann war er doch der Objektivere. Er meinte: "Woher wißt ihr, daß es dem Hund hier so furchtbar schlecht geht? Er ist es so gewohnt, wild herumzustreunen. Ich bezweifle es sehr, ob der Hund überhaupt in der engen Stadtwohnung leben könnte. Außerdem wird der jetzt noch kleine, niedliche Hund ziemlich groß. Ihr braucht nur seine breiten Pfoten anzuschauen." Mit dieser Antwort konnte uns Thomas noch nicht überzeugen. "Aber Du hast doch selbst gesehen, wie der Hund gestern Abend fror und Hunger litt!" Thomas antwortete nun etwas verärgert. "Jetzt stellt ihr mich hin, als wäre ich ein gefühlloser Tierquäler. Ihr könnt mir glauben, ich würde den Hund auch am liebsten behalten. Aber es geht nun mal nicht. Er kann nicht den ganzen Tag allein in einer Stadtwohnung leben. Man kann da nicht immer von Gefühlen ausgehen. Unsere egoistischen Gefühle zu dem Hund wären für ihn schadhaft." Nach einer kurzen Überlegung antwortete ich Thomas hartnäckig. "Aber bei mir wäre der Hund doch nie allein!" "Also gut,

Michael, wir nehmen ihn mit", entgegnete mir Thomas bestimmend, "aber ich setze dich mit dem Hund zusammen zu Hause ab, und was deine Eltern meinen, ist mir scheißegal. Ich sage nur, Michael bestand unbedingt darauf, den Hund mitzunehmen, und alles weitere mußt du deinen Eltern erklären. Eines aber weiß ich, daß deine Eltern nicht freudig reagieren werden über diesen kleinen Hund, zumal es einmal ein sehr großer Hund werden wird." Daraufhin wurde ich sehr nachdenklich. Über meine Eltern hatte ich bis jetzt noch gar nicht so nüchtern nachgedacht. "Aber ich wäre ja auch noch da", wandte Bärbel ein. "Ja, weil du den ganzen Tag zu Hause bist! Also mir täte der Hund bei uns leid, den ganzen Tag allein in der kleinen Dachwohnung", entgegnete Thomas spontan, während er anfing, unser Zelt abzuschlagen. Unterdessen spielte der Hund freudig mit meinen Beinen und den Schuhbändern. Sehr quirlig hüpfte er jaulend zwischen meinen Beinen herum. Es war einfach schön, so einen lieben Spielgefährten zu haben. Trotzdem war ich zur Besinnung gekommen. Es hatte wirklich keinen Wert, den Hund mit nach Karlsruhe zu nehmen. Bärbel fragte mich zwar noch, ob ich von meinen Bekannten niemanden wüßte, der gern einen Hund haben wollte, doch das war auch so eine unsichere Sache. In diesem Augenblick, als der Hund wie wild mit mir spielte, wünschte ich, er würde von selbst wieder abhauen. doch er blieb bis zu dem Zeitpunkt, als Thomas ihn wegbrachte und irgendwo bei anderen Leuten absetzte. Zwar war es uns etwas traurig zumute, andererseits war es für den Hund und uns die beste Lösung.

Nun lag ungefähr die Hälfte unserer Urlaubszeit hinter uns. Nach Pompeji fuhren wir quer durch das Landesinnere hinüber zur Adriaküste in Richtung Heimat. Faszinierend war, daß Italien so ungemein vielfältig war. Die Vegetation veränderte sich ganz rasch. Im Innern des Landes wurde es plötzlich sehr bergig. Irgendwie toll fand ich auch, daß am Straßenrand gelegentlich Melonenverkäufer standen. Auch anderes frisches Obst boten sie an. Immer wieder, wenn links oder rechts der Straße ein großer Sonnenschirm auftauchte, fuhren mehrere Autos von der Strasse herunter. Auch wir nutzten oftmals die Gelegenheit, um uns in der Hitze mit Melonen zu erfrischen. Nun fuhren wir mit mehreren Aufenthalten über Ancona nach Rimini.

Das direkt am Meer liegende Rimini ist ein richtiges Touristennest. Hier gab es mehr Ausländer als Italiener. In einer Eisdiele meinten wir, wir seien irgendwo im norddeutschen Raum. Schlimm war, wie sich einige Touristen als Gast in einem anderen Lande benahmen: so als gehöre ihnen die ganze Welt. Oft konnte man mitbekommen, wie diese Leute das Bedienungspersonal sogar noch herumkommandierten. Scheinbar sind für solche Menschen die fremde Bevölkerung im Gastgeberland auch nur schmutzige Gastarbeiter, die man gewissenlos herumscheuchen kann. Diesen Menschen hätten wir eine reinwischen können. Tja, das innere Bewußtsein vom großen Deutschen ist bei leider nicht sehr wenigen immer noch tief verwurzelt. Es bleibt nur die Hoffnung, daß eine solche gemeine Arroganz nicht erblich ist.
Was mir aber trotzdem nach dieser langen Zeit gefiel, in Rimini wurden in Gaststätten und Imbißplätzen wieder deutsche Gerichte

angeboten. So bestellte ich dort mein erstes Schweineschnitzel mit Pommes frites nach gewohnter Art. Das war vielleicht wieder gut!

Schließlich besuchten wir nach einer längeren Fahrt noch Venedig. Auf die berühmte alte Stadt, die bekanntlich auf Holzpfählen im Meereswasser erbaut worden war, waren wir alle sehr gespannt. Zunächst suchten wir, wie immer bei unserer Ankunft, einen Campingplatz. Es war ein großer Zeltplatz mit vielen Pappelbäumen, die wie Sonnenschirme wirkten. Dort war es jedoch nicht mehr nötig, sich in den Schatten zu verkriechen. Die ganz große Hitze war vorbei. Wir befanden uns schon wieder im nördlichen Teil Italiens. Unweit von unserem Zeltplatz lag schon der Hafen, wo die Boote jede halbe Stunde die Leute zur Inselstadt hinüberbrachten. Unsere Befürchtung, der Rollstuhl passe vielleicht nicht in das allzu große Boot, war überflüssig. Zwar war die Treppe, die hinunter in das kleine Boot führte, etwas schmal, doch Thomas konnte das kleine Hindernis gut mit mir bewältigen. Auch im Innenraum war für mich im Rollstuhl genügend Platz. Im Freien hatte ich einen sehr guten Ausblick. Von der Ferne konnte man schon Venedig erkennen. Plötzlich heulte der Motor auf, während sich um das Boot schon hohe Wellen bildeten, und los ging die Fahrt. Eine gute Viertelstunde später ankerte das Boot drüben in Venedig. Nun waren wir da in der zauberhaften Stadt. Viele Möven umkreisten schreiend in der Luft das Boot. Venedig war für mich gleich sehr faszinierend. Da gab es zwischen den Häusern keine Straßen, sondern sie wurden durch Wasserflächen ersetzt. Die Häuser standen praktisch ganz im Wasser. Die Bewohner ruderten mit Ruderbooten umher. Auch Motorboote bestimmten den Verkehr. Statt

Autotankstellen sowie Autowerkstätten gab es Bootstankstellen und Werkstätten. Da wurde geklopft, gebohrt und herumgelötet. Eben nur für den Wasserverkehr zugeschnitten. Die Boote hatten in Venedig zwangsläufig den gleichen Stellenwert wie in einer üblichen Stadt die Autos. Zum Einkaufen, ja nur um in der Nähe wohnende Nachbarn zu besuchen, sind die Leute auf ihre Boote angewiesen. Kurz kam in mir die Überlegung in den Sinn, müßte ich in Venedig wohnen, dann wäre ich ständig auf Hilfe angewiesen, um irgendwohin zu kommen. Thomas meinte in seiner praktischen Art: "Man müßte eben für den Behinderten Wasserstühle entwickeln." Daraufhin fragte Bärbel recht nachdenklich: "Ja, wäre das auch realisierbar?" Thomas antwortete achselzuckend: "Warum nicht? Realisieren kann man viel, wenn man sich die nötigen Gedanken dazu macht." Für den Rollstuhl war Venedig mit den vielen Brücken sehr beschwerlich. Um über die Brücken zu kommen, mußte man jedesmal kleinere Treppchen hinauf und schließlich wieder hinuntergehen. Da mußte ich schon bei den vielen Brückchen mit etwas komischem Gewissen an das Kreuz von Thomas denken, weil er mich ständig mit dem Rollstuhl hinaufziehen mußte. Manchmal kam nach 5 bis 10 Metern schon die nächste Brücke. Die vielen kleinen Gäßchen mit den alten, zum Teil verwinkelten Häuschen, mit dem etwas gelblichen Verputz, dann das ungewohnte Bild mit dem Wasser dazwischen, imponierte mir immer wieder. Schließlich kamen wir zu dem Markusplatz mit den vielen Tauben. Prächtig stand die San Marco Basilika mit den künstlerischen Säulen vor uns. Schwer war es für mich mir vorzustellen, daß der Markusplatz mit der riesigen San Marco Basilika praktisch auch im Wasser steht. Schon seit Jahren versucht man, die vom Wasser verfaulten Holzpfähle auszubessern. Mit Sorgen wurde festgestellt, daß Venedig langsam immer tiefer sinkt. Diese Anzeichen konnten wir auch selbst entdecken. An einigen Stellen bildeten sich in dem gepflasterten Boden Mulden. Auch innerhalb der San Marco Basilica waren die Anzeichen ganz deutlich zu erkennen. Die Jahrhunderte machen den Stützen im Wasser halt doch zu schaffen. Der Kirchenraum von San Marco war rund. Überall schimmerte es farbenprächtig und golden herunter. Viele Heiligenfiguren schauten uns tröstend an. Das feste Mauerwerk, die schwere, prachtvolle, farbige Kuppel in der Mitte über uns, die viel Tageslicht hinein ließ, alles war auf Wasser erbaut. Ja, unter dem stillen Kirchenraum plätscherte das salzige Meereswasser. Nach der Besichtigung der San Marco Basilika fanden wir am Rande des Markusplatzes ein gemütliches Cafe, wo Tische und Stühle auch draußen im Freien standen. Dort setzten wir uns an einen noch freien Tisch und bestellten uns guten Kuchen und etwas zum Trinken dazu. Diese Päuschen zur Stärkung fand ich immer sehr gemütlich und schön.

Auf dem Zeltplatz hatten wir plötzlich noch ein Haustier. Dieses Mal nistete sich eine Katze bei uns ein. Sie saß ganz oft neben mir auf der Matte und ließ sich streicheln, wobei sie behaglich zu schnurren begann. Thomas meinte: "Aber gell, macht mir bitte nachher, wenn wir weiterfahren, keine Szene. Dies ist schon eine ältere Katze, die könnte sich mit Sicherheit nicht mehr in einer Stadtwohnung eingewöhnen." Bärbel fütterte die Katze behutsam mit Wurst, und wir gaben ihr auch auf einem Tellerchen Milch zu trinken. Bei uns mußten sich die Tiere einfach wohl fühlen, die sich mit ihrer Zärtlichkeit bei uns zu bedanken schienen. Nur verlassen mußten wir sie nachher doch. Venedig war der letzte Aufenthalt in Italien.

Nun fuhren wir über Bozen den Brenner entlang über die österreichische Grenze. Das saftige Grün der Wiesen blendete direkt in unseren Augen. Vier Wochen waren wir jetzt die matten, etwas ausgetrockneten Rasenflächen gewohnt, so daß uns jetzt das satte, frische Grün richtig auffiel. Schnell hatten wir Insbruck erreicht, wo wir die Grenze nach Deutschland passierten. Ich weiß nicht, mit Thomas kam mir die Welt einfach kleiner vor. Vor gut vier Stunden waren wir noch in Venedig, und nun winkte uns schon im Wind die deutsche Flagge an der Grenze entgegen. Ich war wie elektrisiert, als während der Fahrt auf der Autobahn plötzlich ein Schild mit dem Namen einer Stadt auftauchte: "KARLSRUHE 210 Kilometer", las ich. Voller Spannung verfolgte ich, wie von Schild zu Schild die Kilometerzahl schrumpfte. So langsam wurde die Landschaft immer bekannter und vertrauter. Nun kam bald eine Autobahnabzweigung. Ein großes Schild MANNHEIM – KARLSRUHE – STUTTGART zeigte nach rechts. Nun war es wirklich nur noch ein Katzensprung bis nach Karlsruhe. Kurz vor dem Ziel fragte mich Thomas etwas frech. "Na, was meinst du Michael, sollen wir jetzt noch einmal umkehren? Ich habe eigentlich jetzt noch keine Lust, schon wieder zu Hause zu sein." Bärbel lachte hinter mir und sagte: "Ich wäre auch noch einmal dafür, weit wegzufahren. Schau nur, wie Michael erschrocken reagiert. Können wir ihm das antun, noch einmal fortzufahren?" Beide ärgerten mich zum Abschluß der Fahrt noch einmal richtig. AUSFAHRT KARLSRUHE – DURLACH. Am Wertkauf fuhren wir von der Autobahn herunter. Wir hatten es geschafft! Auf der Durlacher Allee fuhren wir in die Stadt hinein. Es war komisch, plötzlich wieder in Karlsruhe zu sein. Die Häuser, Straßenschilder, alles schien mir so vertraut und doch irgendwie anders zu sein. Nun war es mit meiner Geduld endgültig vorbei. Vom Gottesauerplatz an gab es noch wegen der vielen Ampeln einen Stau. Leid tat es mir auch, daß der Urlaub zusammen mit Thomas und Bärbel nun auf einmal vorbei war. Meine Gefühle waren in diesem Augenblick recht gemischt. Endlich bogen wir in die Markgrafenstraße ein. In diesem Augenblick dachte ich an unsere Abfahrt vor vier Wochen. Mir kam es jetzt komischerweise so vor, als läge von diesem Zeitpunkt an nichts dazwischen. O weh, die Blätter der jungen Bäume vor dem Haus waren schon herbstlich gelb geworden. Nun drängte es mich, aus dem Auto hinauszukommen. Als ich draußen in meinem Wägelchen saß und die vertrauten Klänge der Straße an mein Ohr kamen, dachte ich wieder an das Glück, hier zu wohnen. Hier war irgendwie Leben. Ich schaute extra umher, ob ich nicht schon ein bekanntes Gesicht sehen konnte. Fast wie im Traum fuhr ich hinter Thomas und Bärbel in unser Treppenhaus. Die beiden trugen mein Gepäck. Bärbel mußte schon geläutet haben, denn plötzlich kam eine braungebrannte Frau aus dem Aufzug. Erst beim zweiten Hinschauen und an der Geste von Bärbel und Thomas wußte ich, daß es Mama war. "Mama! Bist du aber braun", rief ich impulsiv aus, bevor wir uns herzlich begrüßten. Meine Mutter trug eine kurzärmelige Sommerbluse mit kurzen Hosen. Freudig, uns nach dieser Zeit wieder zu sehen, fuhren wir im Aufzug hoch in unsere Wohnung. In der nächsten Zeit gab es viel voneinander zu erzählen. Uns interessierte es auch sehr, was Mami in Griechenland erlebt hatte. Papa machte Besorgungen in der Stadt. In der Wohnung kam es mir so komisch und begrenzt vor. Am Abend hatte ich mich noch nie so auf ein weiches Bett gefreut. Schon ziemlich früh kuschelte ich mich hinein. Vier Wochen kein Bett mehr gehabt. das war schon eine lange Zeit! Behaglich streckte ich mich darin aus und fiel sofort in einen tiefen Schlaf.

An den nächsten Tagen gab es natürlich auch ein heiteres Wiedersehen mit anderen Freunden und Kumpels vom Hof. Gino und die anderen Leute aus Italien waren besonders gespannt, wie ich ihr Land fand. Ich fühlte mich recht wohl. wieder daheim zu sein. Die täglichen Zusammentreffen mit den Leuten der nahen Nachbarschaft zeigten mir, daß ich dem Glück nicht nur für kurze Zeit begegnet bin. Es ging nach dem Urlaub genauso weiter wie zuvor. Somit begriff ich so langsam, daß ich nicht krampfhaft an meiner neuen Welt kleben bleiben mußte. Sie war Realität geworden.

Im nächsten Jahr lernte ich noch einen Schwung neuer Leute kennen. Das neue Jahr war gerade acht Tage alt, da machte ich mit Michael Waldmann zusammen meine zweite Hofparty. Dieses Mal brauchte meine Mutter nur ein paar Salate zuzubereiten. Alles weitere, den Raum schmücken und herrichten, übernahm Michael mit seiner Mutter. Sie machten es auch sehr schön und schnell. Herr Waldmann, mit Vornamen Heinz, konnten wir alle dutzen. Er machte an dieser rasanten Party viele, schöne Fotos. Heinz war ein lieber Kerl. Bei dieser Party hatte ich die Gelegenheit. mit ihm unter anderem auch über meine Idee zu sprechen, ein Lampionfest mit allen Anwohnern unseres Häuserblocks zu machen. Ich stieß bei Heinz auf reges

Interesse. Wir beide malten uns aus, wie es werden könnte. Wir hatten es uns so gedacht: Im Hof werden mehrere Buden aufgebaut, in denen die verschiedensten Speisen von den Hausbewohnern selbst angeboten werden. Die einen machen zum Beispiel heiße Würstchen und Fleisch auf dem Grill. Andere bieten belegte Brötchen an. Wieder andere sind für Kuchen verantwortlich usw. Hinzu machte mich Heinz auf etwas aufmerksam, indem er meinte: "Hier bei uns wohnen ziemlich viele Ausländer beieinander, Türken, Italiener, aus Polen sind welche da, aus der Tschechoslowakei kenne ich hier einige. Was meinst du, wenn die noch mit ihren fremden Spezialitäten kommen!" Für Musik wäre unter anderem auch gesorgt", versicherte mir Heinz dazu: "Ich bin Hobbymusiker, ich könnte mit meinen Leuten im Hof schöne, gemütliche Musik machen. Was meinst du, welche Stimmung es dann gibt, wenn ich mit meiner kleinen Band aufkreuze." Ich freute mich sehr, daß ich bei Heinz auf so große Resonanz stieß. "Aber es ist, finde ich, sehr notwendig, daß sich die Leute, die etwas zu diesem Lampionfest beitragen wollen, in einer gemütlichen Runde bei einem Glas Wein treffen." "Am besten machen wir den Besprechungsabend hier im Gemeinschaftsraum", schlug Heinz vor. "Ja, dann wird alles besprochen, und außerdem lernen sich die Leute schon während dieses Abends kennen", erwiderte ich freudig und sah mich schon mit den Hausbewohnern in gemütlicher Atmosphäre bei unserem Lampionfest im Hof sitzen. Heinz fügte noch etwas ganz wichtiges hinzu: "Außerdem sind wir aus der Hauptverantwortung heraus, wenn unsere Idee Resonanz findet. Allein können wir dieses Fest nicht durchziehen, wenn irgendetwas passieren sollte, würde alles an uns hängen. Möchtest du das? Ich nicht", entgegnete mir Heinz mit forschenden Augen, wobei er mich herzlich anlächelte. Gleich in den nächsten Tagen machte ich mich daran, sämtliche Anwohner anzuschreiben. Zum größten Teil brachte ich die Briefe selbst zu den Leuten. Bei Frau Koch, Frau Röck und bei vielen anderen mehr, stieß ich auf großes Interesse. Ich glaube nicht, daß Heinz bei dieser Party ahnte, wie ernst ich es mit diesem Lampionfest in der ewig geschonten Grünanlage meinte. Als schließlich mein Vater die kopierten Briefe bei Heinz vorbeibrachte, hieß es plötzlich, Heinz habe sich herumgehört und habe keine rechte Resonanz bei den Leuten gefunden. Dies konnte ich eigentlich nicht so richtig glauben, weil ich mich ja auch bei verschiedenen Leuten herumgehört hatte. Außerdem konnte ich mitbekommen, daß die Durchführung solch eines großen Festes in der Hofanlage bei dem Volkswohnungsamt nicht so gern gesehen würde. Meine Ideen wurden also schon anfangs "von oben" zunichte gemacht. Indirekte Drohungen wie: "Sie haben die alleinige Verantwortung dafür, wenn etwas kaputt gemacht wird oder sonst etwas passieren sollte" reichen in unserer Gesellschaft schon aus, um jede spontane Idee platzen zu lassen. Die Erfahrung ist traurig aber leider wahr.

Eigentlich kam ich nur wegen Streitigkeiten meiner Eltern in die BRÜCKE, eine ökumenische Kontaktstelle. Meine Mutter war diejenige, die mir dazu riet, nachdem sie selbst einmal dort war. Sie erzählte von einem sehr sympathischen Mann, mit dem sie ganz gut über ihre Probleme sprechen konnte. Etwas skeptisch fragte ich sie: "Meinst du wirklich, daß die "Brücke" auch etwas für mich wäre? Gehst du einmal mit mir dorthin?" Daraufhin schaute mich meine Mutter etwas unverständlich an und erwiderte: "Da kannst du schön und leicht selbst hinfahren. Die "BRÜCKE" ist ganz in der Nähe von uns, Kronenplatz 1. In einem der Seiteneingänge des Jugendzentrums. Dies zu finden dürfte überhaupt kein Problem für dich sein." Ich erschrak etwas über diese einfach so dahin gesagte Antwort. Mich überkam im nächsten Augenblick ein Gefühl, im Stich gelassen zu sein. Zugleich war ich dennoch sehr stolz, was mir meine Mutter so alles zutraut. "Ja wie ist es darin? Wie komme ich zu diesem Mann, der mit dir gesprochen hat?" fragte ich schließlich schon etwas intensiver nach. "Wenn du durch den Eingang hineingekommen bist, die sehr netten Frauen öffnen dir sicherlich die Tür, stehst du zunächst einmal in einem größeren Raum, in dem Tische und Stühle vorhanden sind. Dort sitzen meistens schon wenige Leute und warten auf ein Gespräch. Irgendwann wirst du gefragt, mit wem, ob Frau oder Mann, du dich unterhalten möchtest. Bei mir hat es überhaupt nicht lange gedauert, bis ein jüngerer Mann kam, der mir irgendwie sehr sympathisch erschien. Für diesen Gesprächspartner entschied ich mich dann auch. Ich bin mit ihm durch einen Gang in ein Zimmerchen gegangen. Tja, dann kannst Du sagen, auf was du tiefer mit ihm eingehen möchtest." Noch etwas mißtrauisch fragte ich nach einigen Äußerlichkeiten, wie Haarfarbe, Brille usw. Nun hatte mich meine Mutter richtig mutig gemacht, einmal etwas Neues selbstständig auszuprobieren. Gleich nach dem Mittagessen machte ich mich auf den Weg. Ich fand gleich die Tür mit den großen Buchstaben darüber. Ich brauchte, wie meine Mutter schon sagte, keine Treppe zu überwinden. Endlich stand ich vor der Glastür. Mein Herz schlug schon etwas wild bei dem Gedanken, was mich an Unbekanntem erwarten wird. Flüchtig kam mir in diesem Augenblick der Gedanke, ob ich noch wegfahren sollte.

aber da öffnete mir schon eine Frau die Tür. Freundlichst wurde ich hineingebeten. Ob ich schon einen Termin für ein Gespräch ausgemacht hätte, wollte die Frau wissen. Als ich es verneinte, bot sie mir an, im Vorraum etwas zu warten. Da saßen noch mehrere Leute und warteten auf ein Gespräch. Das ganze hatte eine Atmosphäre, ähnlich wie im Wartezimmer einer Arztpraxis, nur viel gemütlicher. An den Wänden waren Bilder ausgestellt, welche ich mir später etwas genauer betrachtete. Das erste Mal mußte ich verhältnismäßig lange warten, sonst komme ich eigentlich immer sehr schnell dran. Plötzlich erschien ein schwarzhaariger Mann mit einem Oberlippenbart und einer Brille. Er fragte mit einem sehr tiefen Blick, wem es besonders eilig sei. Dabei schaute er auch mich an. "Möchten Sie auch zu mir?" fragte mich der Mann. Ich antwortete: "Ja, wenn sie Zeit haben." Der Mann schaute etwas nachdenklich auf seine Armbanduhr und entgegnete mir: "Sie sehen, hier ist etwas Betrieb. Wenn sie sich hier noch ein wenig verweilen könnten, ungefähr in einer knappen Stunde hätte ich Zeit, geht das für Sie?" Ich nickte den Kopf und war schon einmal zufrieden, daß ich schon mit Herrn Herr Bekanntschaft gemacht hatte. Durch die Spannung und die fremden Räumlichkeiten verging die Stunde rasend schnell, bis ich Herrn Herr durch den schmalen Gang in ein Zimmer folgen konnte. Anfangs sprach ich mit meinem Gesprächspartner viel von meinen Eltern, weil mir die damaligen Streitigkeiten zwischen ihnen zu schaffen machten. Meine Eltern sind einfach manchmal etwas zu verschieden. Sie beherrschen es, furchtbar viel zu schlucken. Dann äußern sie sich in Form von gegenseitigem Sticheln, wenn aber dann der Streit ausbricht, dann geschieht das oftmals explosionsartig. Herr Herr brachte mich im

Laufe der Gespräche dazu, daß ich nicht immer die Probleme von meinen Eltern mit meinen eigenen vermischte. Da ich eine eigene Persönlichkeit sei, solle ich mehr von mir reden. "Deine Eltern können weiterhin zu mir kommen. Weißt du, in der Brücke bin ich zur Schweigsamkeit verpflichtet gegenüber Leuten, die selber vertrauensvoll zu mir kommen. Es sei denn, die Leute sitzen sich hier im Raum gegenüber", erklärte mir Heinz, den ich später durch unsere wachsende Freundschaft dutzen durfte. Mit Heinz wurde ich im Laufe der Gespräche so warm, daß ich ihn sehr schnell als guten Freund betrachten konnte. In dieser Zeit kam ich erst so richtig zu mir selbst. Der Eindruck von Heinz war, daß ich ein wenig dazu neigte, die Probleme anderer Menschen als wahnsinnig wichtig zu betrachten, mich selbst aber dadurch leicht vergesse. Warum dies so war, darüber führten wir sehr tiefe Gespräche, die zum Teil bis in die Kindheit zurückführten. "Wie gern hast du dich eigentlich selbst", fragte mich Heinz eines Tages sehr nachdenklich. Nach einigem Zögern antwortete ich: "Nicht so gern." Durch Heinz hat sich das aber in der letzten Zeit wesentlich gebessert. Einmal stellte Heinz eine Tasse auf den Tisch. Ich dachte: Was hat denn der mit der Tasse vor. Schließlich fragte Heinz: "Du erlaubst mir, ein kleines Spielchen mit dir zu machen. Ich bin der Verkäufer und du möchtest unbedingt diese Tasse kaufen. Nur einen Haken hat die Sache, diese einfache, primitive Tasse kostet hundert Mark. Jetzt handle mit mir mal die Tasse fleißig herunter." Da sich Heinz ziemlich stur verhielt, brachte ich die Tasse nur zwanzig Mark herunter. Genau solche Streitgespräche fallen mir unheimlich schwer. Irgendwann mußte ich es aufgeben, ohne die Tasse kaufen zu können. Solche Dinge probierte Heinz mit mir aus. Durch diese

Gespräche kann ich heute eine Beziehung zu Freunden viel nüchterner betrachten. Mein Selbstbewußtsein, das schon durch die Clique im Hof enorm gestärkt wurde, konnte sich mit Heinz noch mehr verstärken. Schon früher hatte ich mich nach einem eigenen Freundeskreis gesehnt. Damals sah ich mich noch hauptsächlich von meinem Vater abhängig, um unter die Leute zu kommen. Über die gemeinsamen Spaziergänge freute ich mich auch, ohne Zweifel, wenngleich mir etwas fehlte. Als ich durch den Wohnungswechsel plötzlich zu meinem Glück kam, selbst eigene Leute kennenzulernen, war ich so happy, daß ich dazu neigte, eine ganz normale Beziehung überzubewerten. Dies brachte für mich und für andere auch erhebliche Schwierigkeiten mit sich. Mit Heinz konnte ich tief bis zu den Wurzeln der Ursprünge blicken. Im Laufe der Zeit wurde mir so manches klar, und mir gelang es, vieles anders einzuschätzen, vor allem lockerer zu sehen. Das Wichtigste war, daß es mir in den vielen Gesprächen gelang, mich mit meinem Körper zusammen ein wenig gern zu haben und vor allem die athetotischen Bewegungen, die ich früher ständig krampfhaft unterdrücken wollte, einfach zu akzeptieren. Heute lasse ich die unkontrollierten Bewegungen besser zu, weil sie einfach zu mir gehören. Somit habe ich die wichtige Erfahrung gemacht, daß ich innerlich hauptsächlich bei freudigen Anlässen viel entkrampfter reagieren kann. Jedenfalls hatte ich mit meinem Gesprächspartner Glück gehabt. Ich wüßte nicht, ob die "Brücke" in der Lage gewesen wäre, mir in meinem Leben so intensiv zu helfen, wenn ich einem anderen Gesprächspartner begegnet wäre. Heinz nahm mich von Anfang an ernst, wie jeden anderen auch. Vor allem schmiert er mir bei seinen Einwendungen keinen Honig um den Mund. Mein Vertrauen zu ihm wurde im Laufe der Zeit so stark, daß ich mit ihm über meine intimsten Angelegenheiten reden konnte. Auch über meine verdrängte, aber vorhandene Sexualität.

Im Frühling fuhr ich wieder öfters raus in den Hof, wo sich wieder bei ansteigenden Temperaturen immer mehr Jugendliche trafen. Interessant war, daß plötzlich wieder neue Leute da waren. Als erstes fiel mir ein Junge mit dunkelbraunen, längeren gelockten Haaren und großen braunen, sehr gewitzten Augen auf. Er machte bei allem recht selbstbewußt mit, obwohl er nicht gerade der Größte war. Sehr bald kam auch ich mit ihm ins Gespräch. Er sagte, sein richtiger Name sei Andreas, aber ich solle ihn einfach Fuzzy nennen. "Die andern haben mir schon sehr viel von dir erzählt. Ich finde es toll, wie du, obwohl du im Rollstuhl sitzen mußt, so am normalen Leben teilnimmst", meinte Fuzzy für mich ganz unverhofft, während er genauso schnell verschwunden war, wie er gekommen war und dem Ball nachjagte, den Ditmar Krauss herunter gebracht hatte. Fuzzys älterer Bruder, Thomas, war auch in unserer Hofclique. Er ist ein stillerer Typ als sein jüngerer Bruder, doch auch sehr sympathisch. Mit ihm kam ich erst etwas später ins Gespräch, dennoch fühlte ich, wie er mich oft beobachtete, wenn ich mit anderen herumplauderte und mancherlei Blödsinn mitmachte. Thomas spielte zu der Zeit noch leidenschaftlich Fußball mit den anderen Jungs vom Hof. Er sei in einem Fußballverein, erzählte er mir einmal flüchtig, doch irgendwie stolz. Obwohl ich selber nicht mitspielen konnte, wurde ich überall miteinbezogen, so daß ich oftmals aufgefordert wurde, bei den verschiedensten Dingen mitzureden. Schließlich kam ich immer mehr mit neuen Leuten in

Berührung. Diese fanden durch den ganz normalen Umgang, der sich im Laufe der Zeit mit den Leuten des Hofes entwickelt hat, wiederum eine selbstbewußte Umgangsweise zu mir. Das nenne ich Schneeballeffekt. Durch den unproblematischen Umgang mit den mir vertrauten Leuten, lernten es die andern gar nicht erst, mich irgendwie abgesondert als armen Behinderten zu behandeln, den man sowieso nicht für voll nehmen kann. Sie bekamen es einfach nicht anders mit. Ich wurde bald genauso ernstgenommen, hochgenommen oder geärgert wie jeder andere im Hof auch. Es wäre von mir etwas übertrieben, wenn ich behaupten würde, ich wäre auf keine Hemmschwelle gestoßen. Wohl bemerkt, eine Hemmschwelle kann auch von mir ausgehen. Ich bin kein Typ, der schnell auf neue Leute zugehen kann. Auch als Nichtbehinderter würde ich zu einem Rückzieher neigen, wenn mir durch moralischen Druck eine <u>besondere</u> Verhaltensweise vorgeschrieben würde. Mein eigenes Gefühl zu dem anderen würde dann gar nicht zur Entfaltung kommen. Nun möchte ich einmal bewußt den Spieß umdrehen: Ich hätte verpflichtend den Gedanken im Hinterkopf, gerade weil du ein Nichtbehinderter bist, müsse ich mich besonders um d i c h kümmern und dabei noch eine echte Beziehung aufbauen. Nur, mag ich dich dabei auch? Du bist doch ein armer, armer Nichtbehinderter! Die Frage, ob ich dich auch noch mag, spielt dabei kaum eine Rolle. Dich, der so wenig vom Leben hat, muß man ja einfach gern haben. Wenn ich so behandelt werden würde – ich würde gefühlsmäßig verhungern. Natürlich gibt es auch das Gegenteil. Es gibt Leute, die sich ganz abweisend gegenüber einem Menschen mit Behinderung verhalten. Dahinter kann sich aber manchmal eine große Unsicherheit verbergen. Ich persönlich möchte nichts anderes als ganz normal

akzeptiert oder nicht akzeptiert werden. Es gab auch Leute im Hof, mit denen konnte ich nur wenig oder überhaupt nichts anfangen und sie mit mir auch nicht. Dafür ist meine körperliche Behinderung nicht verantwortlich. An ihr würde ich das nicht aufhängen.
Es ist dem Menschen beschieden, daß er sich nicht mit jedem gleich gut verstehen kann. Dies finde ich eigentlich in Ordnung. Weil ich mich schon mit gewissen Leuten im Hof recht gut verstand und auch verstanden fühlte, spürte ich keinen so starken Drang mehr auf neue Bekanntschaften. Dies bedeutete aber nicht, daß ich niemanden mehr neu kennenlernen wollte. Nur sah ich alles viel realitätsbewußter und lernte somit, mich und meine Stellung als Behinderter in einer Clique von nichtbehinderten Jugendlichen als stinknormal zu betrachten. Ich finde, man kann nicht andern insgeheim vorwerfen, sie würden Behinderte nicht als gleichwertige Menschen betrachten, wenn sich der Behinderte s e l b s t nicht als normaler Mensch akzeptiert. Jeder Mensch, auch der Behinderte, muß selbstkritisch sein, die eigenen Grenzen erkennen und nicht nur andere dafür verantwortlich machen.

Jörg war ein Junge, den ich im Hof neu kennenlernte. Ich fand ihn sehr in Ordnung mit seinen fröhlichen Augen. Anfangs hatte ich das Gefühl, als wolle Jörg mich in diesem Kreis übersehen. Da ich diesen Verdacht hatte, kümmerte ich mich auch nicht besonders um ihn. Es kränkte mich nicht und schüchterte mich keinesfalls ein, wie es früher wahrscheinlich der Fall gewesen wäre. Trotzdem mischte ich mich in manche interessanten Gespräche ein. Da viele in diesem Sommer aus der Schule entlassen wurden, erzählten sie von ihren Berufszielen. Einige ließen durchblicken, daß sie wegen der Arbeitslosigkeit besondere Prüfungsängste hätten. Nur mit den besten Noten besteht die Aussicht auf gute Berufschancen. Natürlich gab es auch Zeiten, in denen wir nur Blödsinn machten. Es gab Spezialisten für gute und für üble Witze. Türkenwitze gingen um wie ein Lauffeuer. Für solche Späße war ich nie aufgelegt. Diese Witze finde ich zu ernst, um über sie zu lachen. Schließlich befanden sich manchmal auch Türken unter uns. Filiz und ihren Bruder Anes habe ich schon erwähnt. Aus Zeitmangel und wegen der Arbeit kamen sie weniger zu uns. Filiz sahen wir, nachdem ihre Mutter plötzlich einen Gehirnschlag bekommen hatte, kaum noch im Hof. Kam sie doch einmal, dann tauchte sie mit einem Lehrbuch auf. Voller Zuversicht teilte sie uns mit, daß sie ab Herbst eine Schule für Kosmetik besuchen werde. Meftun ist auch ein Türke, der sich gelegentlich zu uns gesellte. Er spricht aber trotzdem ein reines Schriftdeutsch. Nur an seinen pechschwarzen Haaren kann man sehen, daß Meftun kein Deutscher ist. Mit ihm verstand ich mich gleich. Nachdem wir ein wenig voneinander erzählt hatten, ließ ich mich über die türkische Religion aufklären. So spielte sich ständig Neues im Hof ab. Bald taute auch Jörg mir gegenüber auf. Ich merkte, daß er seine Worte nun auch immer mehr an mich richtete. Auf einmal wollte er mehr über mich und meine Behinderung wissen. Jörg fing so an: "Du Micha! Du kannst, wenn du möchtest, meine Frage selbstverständlich ablehnen, aber mich würde einmal interessieren, wie das mit deiner Behinderung gekommen ist, und macht es dich nicht traurig, wenn du uns ständig nur beim Fußballspielen zuschauen kannst?" Jörgs Blick verriet starke Verlegenheit. Er schaute zu Boden. Ich spürte aber zugleich, wie Jörg Erleichterung empfand, als ich anfing zu reden. Offen erzählte ich ihm von der schweren Zangengeburt, die meine Mutter mit mir hatte und daß dabei das Bewegungszentrum in meinem Gehirn zerstört wurde. "Mein Großhirn", fügte ich hinzu, blieb glücklicherweise unversehrt, so daß bei mir geistig alles in Ordnung ist." Danach betonte ich absichtlich recht spaßig: "Also, verkohlen lasse ich mich nicht. Soweit funktioniert bei mir da oben noch alles." Nach diesen Worten mußte Jörg lachen. Die zweite Frage beantwortete ich so: "Manchmal macht es mir schon zu schaffen, nicht mit euch mitspielen zu können. Nur, ich glaube, bei mir ist es eher ein nicht recht vorstellbarer Wunschgedanke. Für Leute hingegen, die keine angeborene Behinderung haben, wie zum Beispiel für einen Querschnittsgelähmten, der wegen eines schweren Unfalls plötzlich an den Rollstuhl gefesselt wurde, ist so ein Schicksalsschlag doppelt so schwer zu verkraften, weil er ja noch sein altes Leben gewohnt war." Jörg schaute mir zum ersten Mal richtig in die Augen und entgegnete kurz: "Danke, daß du mir das anvertraut hast. Schon lange habe ich mich gefragt, ob ich mit dir so offen darüber reden kann. Du hast es mir dabei richtig leicht gemacht. Was du mit deinem Körper nicht kannst, das machst du mit deiner tollen Art. Eigentlich unterscheidest du dich nicht von anderen, außer daß du im Rollstuhl sitzt. Dies zu hören, war für mich eine weitere Bestätigung, daß die Tatsache, schwerbehindert oder Rollstuhlfahrer zu sein, einen nicht auf das Abstellgleis bringen muß. Jörg konnte von jetzt an unbefangener mit mir lachen, reden, diskutieren und mancherlei Blödsinn machen. Auch konnten wir einander widersprechen. Dies gehört, finde ich, auch dazu. Jedenfalls in Jörg fand ich einen guten Freund.

Robi und Martin sind Brüder. Mit denen kam ich auch sehr gut aus. Sie wohnen in Hausnummer 23. Irgendwie stieß ich auf wenig Schwierigkeiten mit meinem neuen Bekanntenkreis. Als ich einmal bei Robi und Martin zu Hause war, waren außer vielen Jugendlichen noch eine Frau zu Besuch. Da sagte die Mutter von Robi und Martin zu der Frau: "Das ist Michael. Ich finde es ganz toll, wie natürlich und selbstverständlich die jungen Leute ihn hier aufgenommen haben." Darauf entgegnete Robi mit einem recht verdutzten Gesicht: "Mama! Warum sollen wir Micha, weil er nun mal behindert ist, nicht ganz selbstverständlich aufnehmen? Ich finde das ein Geschwätz, wenn man das noch so hervorhebt. Micha ist gern mit uns zusammen und wir mit ihm, damit basta."

Ich hegte einen Wunsch, den ich aber lange bei mir behielt. Erst als wieder einmal Thomas bei uns auftauchte, machte ich meinem Inneren Luft. Ich erzählte ihm, daß ich es ganz toll fände, einmal zusammen mit meiner Clique über ein verlängertes Wochenende irgendwo zu zelten. Thomas sah mich verständnisvoll an und fragte: "Hast du mit deinen Leutchen schon darüber gesprochen? Ich wüßte eine schöne Stelle, wo ihr zelten und noch in einem Baggersee baden könntet." Begeistert rief ich: "Mensch, wenn das klappen sollte, das wäre toll!" Da hakte Thomas entschieden ein: "Kannst du mir sagen, was da nicht realisierbar sein sollte? Du mußt deine Idee halt mal den Leuten vorschlagen. Zelten macht eigentlich den meisten jungen Leuten Spaß. Ich sehe da eigentlich keine Schwierigkeiten." Ich wußte nur noch ein Problem. Dies äußerte ich Thomas gegenüber sofort, nämlich: "Wie sollten wir dorthin kommen?" Da nur zwei von meinen Kumpels ein Auto besaßen, stimmte mich dieses Problem sehr nachdenklich. Darauf erwiderte Thomas: "Wenn ihr mir rechtzeitig eueren Termin mitteilt, kann ich mir von Freunden schon einen Bus leihen, dann zelte ich mit euch. Ich bin auch einmal wieder gern mit deinen Leuten zusammen." Schließlich wurde ich ziemlich ungeduldig, bis ich am Mittag mit meinen Leuten im Hof über diese Idee sprechen konnte. Das Wetter war recht wechselhaft. Die Sonne spielte manchmal hinter dunklen Wolken Versteck. Es war ein typisches Aprilwetter. Bäume und Sträucher waren wieder voll mit aufplatzenden Knospen und frischem Grün. Einige traf ich schon bald im Hof: Sie saßen hinten in der Hofanlage auf der Bank. Fuzzy sprang sofort auf mich zu und schob mich das kurze Stück hin zur Bank. Frank lachte mir zu und sagte: "Servus Micha! Schön, wirst du heute wieder verwöhnt! Mann, du wirst noch richtig faul und träge." Spaßig erwiderte ich: "Und wie ist es mit dir? Du machst ja bald den Mopedführerschein. Wenn du den bestehst und das Moped von deiner Schwester hast, wirst du auch jede kurze Strecke mit dem Moped fahren. Oder nicht?" Jetzt sprang Frank von der Bank auf und meinte: "Das ist richtig, nur laufen muß ich trotzdem noch zwischendurch." Da mischte sich Fuzzy ein, der das Ganze in den falschen Hals bekommen hatte: "Wieso? Hast du etwas dagegen, wenn ich Micha etwas helfe?" fragte Fuzzy, wobei er Frank mit seinen großen, dunklen Augen etwas verdutzt musterte. "Ich finde, du kannst froh sein, daß du laufen kannst", fügte Fuzzy noch hinzu. "Oh Fuzzy! Merkst du denn nicht, daß ich mit Michael nur Spaß mache. Soll ich denn Michael ewig bemitleiden. Da helfe ich ihm auch nicht dabei. Mit der Behinderung muß Michael leben, aber ich weiß nicht, ob er das kann, wenn ihn alle nur bedauern. Hab ich nicht recht, Michael?" Ich mischte mich bisher absichtlich nicht in das Gespräch ein, um zu hören, was dabei herauskäme. Ich versicherte Fuzzy, daß ich das wirklich als Spaß aufnähme und es eigentlich von anderen auch erwarte, genauso behandelt zu werden wie jeder andere. "Dazu gehört auch, mal geärgert und hochgenommen zu werden. Dem stehe ich ja keinesfalls wehrlos gegenüber, weil ich ja auch einen Mund habe zurückzukontern", fügte ich noch hinzu. Während dieser Diskussion, die noch eine Weile andauerte, konnte ich eine gewisse Umwandlung erleben, was die Beziehung zwischen Fuzzy und mir betrifft. Auch Gino mischte sich in das Gespräch ein. Er fragte Fuzzy: "Könntest du Michael gegenüber etwas ablehnen? Angenommen, Michael möchte jetzt mit dir Fußball spielen und du hättest absolut keine Lust dazu. Sei mal ehrlich, du würdest, nur weil Michael behindert ist, mit ihm spielen. Du könntest nicht wie bei uns einfach nein sagen." Fuzzy gab zu, daß er in diesem Punkt Schwierigkeiten hätte. Danach erklärte ich ihm, daß ich mich eigentlich wie jeder andere hier fühle. Und ich fügte hinzu: "Dazu gehört auch, daß ihr mir ungeniert eine Absage erteilen könnt. Sonst wäret ihr ja, kraß ausgedrückt, aus lauter Mitleid meine Sklaven. Ich persönlich hätte aber von dem gemeinsamen Spiel überhaupt nichts, weil mein Mitspieler nicht aus freiem Herzen mit mir spielen würde, sondern nur aus innerem Zwang. Fuzzy! Ich bin überzeugt, du würdest genauso fühlen, denn irgendwie möchte man mit den anderen wirklich zusammensein." Fuzzy stellte immer wieder interessiert neue Fragen und gab Denkanstöße zu diesem Thema. Es war keineswegs so, daß das ganze Gerede von mir ausging. Inzwischen tauchten immer mehr von der Clique auf, die sich unwillkürlich auch zu diesem Thema äußerten. Mit Freude beobachtete ich, wie sich Fuzzys letzte

Hemmungen mir gegenüber lösten. Plötzlich saß er neben mir auf der Lehne meines Wägelchens. Seit dieser Unterhaltung sah mich Fuzzy von Tag zu Tag mit anderen Augen an. Erst als unsere Clique vollzählig war, fragte ich sie, was sie davon hielten, einmal über ein Wochenende zusammen zelten zu gehen. Sofort merkte ich, daß ich auf reges Interesse stieß. Fuzzy, der es sich immer noch auf meiner Lehne bequem machte, klopfte mir begeistert auf die Schulter und rief: "Doch, jetzt ohne Scheiß, da wäre ich mit Vergnügen dabei. Ich sage dies nicht aus Mitgefühl zu dir!" Auch bei den anderen kam eine ähnliche spontane Begeisterung auf. Nur Gino zögerte etwas, weil er fürchtete, daß Martina von ihrer Mutter aus nicht mitdürfe. "Dies bezweifle ich schwer, daß Frau Koch da Martina nicht mitmachen läßt", sagte ich zu Gino. "Du kennst in so einem Fall Frau Koch nicht. Immerhin wären es zwei Nächte. Da könnte Vieles passieren", warf Gino ein. Von dieser Seite hatte ich das bisher noch nicht gesehen. "Es kann ja gefährlich sein, wenn Männlein und Weiblein in der Pubertät zwei Nächte zusammen sind, des unerwünschten Nachwuchses wegen", meinte Gino. Ich entgegnete: "Ich verstehe nur nicht, warum du deine Teilnahme so stark von Martina abhängig machst. Mir läge viel daran, wenn du beim ersten Male dabei wärest." Gino stellte klar, daß die Entscheidung, eventuell nicht mitzugehen, nicht gegen mich gerichtet sei. Er fügte noch hinzu: "Außerdem sind wir ja sowieso fast jeden Tag zusammen." Ich mußte dies einfach akzeptieren, egal wie. Nun war das Zelten ein großes Thema im Hof. Oft verhandelten wir so lautstark, daß sich die Hausbewohner bei uns und beim Hausmeister wieder einmal beschwerten. Wir mußten uns auf einen Termin einigen. Dieser Prozeß dauerte eine Ewigkeit. Wenn ich meinte, die Einigung stehe fest, dann funkte immer wieder einer dazwischen. Mit der Zeit regte mich dies gewaltig auf. Ich fühlte, daß das gemeinsame Unternehmen, zelten gehen zu wollen, für meine Leute eine andere Bedeutung hatte als für mich. Nicht selten spitzten sich die Diskussionen zum Streit zu. Dabei wurde auch ich immer zorniger. Zuschauen zu müssen, wie andere meinen Wunschtraum zerredeten, war nicht leicht. Wieder einmal fühlte ich mich gekränkt. Diese ganze Uneinigkeit bezog ich zu sehr auf mich. Ich hatte schon überhaupt keine Lust mehr, in den Hof zu fahren. Wir kamen ja doch nicht auf einen Nenner. Als dann lang über das Essen herumdiskutiert wurde, ob jeder einen Beitrag zahlen solle oder einer für alle einkaufe, ob jeder sein Essen selbst mitbringen solle usw., bekam ich mit noch ein paar anderen eine gewaltige Wut. Da waren immer zwei, drei, die gegen die Planung der Allgemeinheit querschießen mußten. Es wurde solange herumdebattiert, bis auch diejenigen, die das Zelten anfangs noch recht ernst genommen hatten, aufgaben und selber angesteckt wurden, das ganze unsachlich zu zerreden. Ralf Hempel ärgerte sich so sehr, daß er plötzlich zu mir sagte: "Michael, es tut mir schrecklich leid. Mit den Leuten ist mir die Lust vergangen, zelten zu gehen. Mich kannst du abschreiben. Ich fahre nicht mit. Es bringt nichts mit so einer großen Menge." Ich glaube, zum ersten Mal reagierte ich im Hof ungerechterweise stinksauer. Ich schimpfte Ralf entsetzlich aus. Worte, die mir einen Augenblick später entsetzlich leid taten, rutschten mir von den Lippen: "Gut, dann brauchst du auch nie wieder zu meiner Party erscheinen." Es ließ mir keine Ruhe. Ich mußte mich bei Ralf entschuldigen, denn das hatte ich wirklich nicht so gemeint. Ich war eben stark gereizt, weil ich mich schon sehr auf den Gedanken fixiert hatte, einmal mit vielen Freunden zelten zu gehen. Das verstand Ralf auch irgendwie, er war selber sehr ärgerlich über die Uneinigkeit. Sicher war nun, daß Gino und Martina nicht mitgehen wollten. Martinas Mutter hatte überhaupt nichts dagegen, ich sprach selbst mit ihr darüber. Ich hatte das Gefühl, Gino war nicht so entzückt, mit der ganzen Hofclique zu zelten. Ganz egal warum, ich mußte Gino seinen freien Willen lassen. Ich hätte ihn halt so gern dabei gehabt, auch, ich bin jetzt ganz ehrlich, weil er mich so leicht und unproblematisch herumtragen konnte. Ich weiß, ich bin unmöglich: Nur weil mich Gino ein paarmal herumgetragen hatte, fixierte ich mich diesbezüglich hauptsächlich auf ihn, obwohl ja auch noch genügend andere da waren, die mir nach den ersten Erfahrungen zumindest genauso gut helfen konnten. Das sah ich mit meinem Verstand schon ein, nur mein Gefühl revoltierte bei diesem Gedanken. Dennoch mußte ich mich, wenn es überhaupt stattfinden sollte, weiterhin auf unser gemeinsames Zelten freuen. Diese Hofdebatten, die anfangs absolut nichts brachten, bereiteten mir einige schlaflose Nächte. Obendrein fing Ralf Koch noch an, dumm über unser Zelten zu schwatzen: Es regne ja zu Pfingsten sowieso, wir hätten lieber einen Monat später fahren sollen. Da rastete ich ganz aus. Ich schrie Ralf an, was ihm einfiele, den Termin streitig zu machen, für den er vor wenigen Tagen noch selbst gestimmt habe. Wir hatten uns fest auf das verlängerte Pfingstwochenende geeinigt. "Möchtest du alle Leute gegen das Zelten beeinflussen? Bevor du es geschafft hast, verschwinde lieber!" Da entgegnete Ralf: "Ich möchte keinen beeinflussen und ihm den Spaß verderben, aber ich habe zum Beispiel in der Frage des Essens meine Vorbehalte. Ich fände es besser, wenn jeder sein Essen selbst mitbrächte. Denn wenn ich Hunger habe, möchte ich nicht warten, bis die Allgemeinheit beschlossen hat, etwas zu essen." Daraufhin applaudierte manch einer, der vor wenigen Tagen selbst dem Beschluß zugestimmt hatte, daß einer von uns Geld einsammle, um für alle einzukaufen. Gerade dies ärgerte mich, nicht weil ich unbedingt alle auf meiner Seite haben wollte. Schließlich wurden wir uns doch noch einig, nachdem die Gruppe kleiner geworden war. Nachdem Klarheit in unseren Reihen herrschte, entschloß sich Ralf Hempel, doch wieder mitzufahren. Es waren so acht bis zehn zuverlässige Leute übriggeblieben. Leider wurde das Wetter immer schlechter. Alle hielten wir die Daumen, daß an Pfingsten die Sonne scheinen möge.

Zwei Tage vor unserer Abfahrt, es regnete immer noch ununterbrochen, kam Fuzzy mit seinem Bruder Thomas hoffnungsvoll zu mir in die Wohnung hinauf und meinte: "Das Zelten braucht trotz des Regens nicht ins Wasser fallen. Wir bräuchten nur eine große Plane, dann wären wir im Trockenen." Als ich dies hörte, gab ich mich wieder voll der Hoffnung hin. So malten wir uns diese knappen drei Tage recht toll aus, bis Thomas bei uns im Zimmer auftauchte. Er schüttelte den Kopf, als er hörte, daß wir eifrig vom Zelten sprachen. "Spekuliert ihr trotz des Regens immer noch fleißig? Ich glaube, ich spinne. Habt ihr eigentlich schon gehört, daß überall größere Überschwemmungen sind? Da, wo wir übermorgen unsere Zelte aufschlagen wollen, ist nach der langen Regenzeit alles überschwemmt. Ich bin gestern extra dort vorbeigefahren. So leid es mir tut, mir hätten die paar Tage mit euch auch Spaß gemacht, aber übermorgen können wir unmöglich zelten." Überlegend fragte Fuzzy:

"Wie wär's, wenn wir einfach woanders hinfahren?" Thomas lächelte und meinte: "An mir soll es nicht liegen, ich habe auch schon öfters im Regen gezeltet, aber in diesem Fall ist es unmöglich. Wie wollt ihr denn mit den Zelthaken in diesem durchwässerten Boden die Zelte befestigen? Die Zelte würden weggeschwemmt werden. Ihr müßt die Realität sehen." Sehr enttäuscht blickten wir uns gegenseitig an. Also sollte unsere ganze Planerei und einige unserer Streitgespräche völlig umsonst gewesen sein? Der wochenlange Dauerregen ließ alles ins Wasser fallen. Es war traurig, aber nichts zu ändern.

Erst als die Sonne wieder ganz allmählich den Himmel aufriß, konnten wir uns im Hof auch wieder außerhalb der Überdachung aufhalten. Außerdem hatte es sich wieder enorm erwärmt.
Eines Tages schlug Fuzzy vor, zur Frühjahrsmesse zu gehen. Alle sprangen spontan in die Höhe. Für mich war es ein eigenartiger Augenblick. Gespannt, ob man mich auch mitnehmen würde, wartete ich mal ab. Mit dem heimlichen Wunsch, zusammen mit meiner Clique den Jahrmarkt besuchen zu dürfen, mußte ich zusehen, wie einer nach dem anderen davonlief. Einige sahen mich noch recht nachdenklich an, bis Fuzzy sehr wichtig zu mir zurückgeeilt kam. Er fragte mich etwas verärgert: "Ich sehe es dir an, daß du auch zur Frühjahrsmesse möchtest. Warum hast du dich nicht wie die anderen gemeldet, als ich diesen Vorschlag machte? Ich und auch manch anderer haben sich gewundert, daß von dir absolut keine Reaktion kam, als es hieß, wir gehen alle zusammen zur Messe." Fuzzy fügte irgendwie in einem recht ungeduldigen Ton hinzu. "Micha, entschuldige, das nervt mich an dir. Also jetzt sage endlich,

möchtest du mit oder lieber hierbleiben?" "Ich würde schrecklich gerne mit euch wieder einmal auf dem Jahrmarkt herumschlendern", entgegnete ich spontan. Ich war froh, daß Fuzzy, wenn auch nicht sehr freundlich, noch einmal zu mir zurückgekehrt war. Wir eilten rasch zu mir hoch, um im Treppenhaus den Rollstuhl zu holen. Ralf begleitete uns, um mich in mein anderes Gefährt zu setzen. Als wir schließlich lostrotteten, fühlte ich mich unsagbar frei. Ralf machte anfangs mit meinem Rollstuhl wahnsinnigen Blödsinn, indem er mit mir Rally fuhr. Dabei kratzte er die Kurven, aber wie! Oder er kippte mich nach hinten und fuhr mit mir recht rasant nur auf den beiden großen Hinterrädern herum. Beruhigend meinte er, als ich ein paar verängstigte Schreie von mir gab: "Keine Angst! Schau, ich habe den Rollstuhl sicher in meinen Händen." Solche Dinge erlaubten sich manchmal noch andere von der Clique mit mir. Von irgendwelcher Scheu gegenüber dem Rollstuhl bemerkte ich beim größten Teil meiner Leute überhaupt nichts. Natürlich mußte ich vielen kurz erklären, wie man den Rollstuhl kippt, wenn man auf den Bordstein oder vom Bordstein hinunter muß. Dies genügte völlig. Ich machte daraus keine größere Erklärungskampagne. Mir ist vollkommen klar, daß es uns bei allen neuen Sachen so ergeht, daß man sie nicht sofort beherrscht. Die eigene Erfahrung ist der beste Lehrmeister. Ich möchte nicht wie eine Sache behandelt werden. Dagegen wehre ich mich entschieden. Für mich steht gemocht zu werden im Vordergrund. Alles andere kann sich dann von selbst entwickeln. Ständig wechselten sich die Leute ab, mich zu fahren. Fuzzy fuhr mit mir sofort irgendwelche Treppen hinunter, indem er meinen Rollstuhl ganz selbstverständlich nach hinten kippte. Ich möchte erwähnen, daß Fuzzy und auch manch anderer durch mich

zum ersten Mal einen Rollstuhl in der Hand hatte. Gerade um solchen Leuten das nötige Selbstvertrauen zu geben, muß man ihnen erst ganz viel Vertrauen schenken. Oftmals muß ich mich auf Grund meiner vielen Erfahrungen fragen, warum die behinderten Menschen selber in diesem Punkt so lange und andauernde Aufklärungssgespräche führen müssen. Ich meine, gerade diese Leute dramatisieren unbewußt die ganze Angelegenheit noch mehr. Ein wenig drängt sich mir die Frage auf, wie viele Menschen mit Behinderungen verstecken sich hinter ihren ewigen Theorievorstellungen? Gerade sie sollten nicht immer krampfhaft die Menschen umerziehen wollen. Man ist in der Gefahr, vieles nur auf sich zu beziehen. Auch andere Leute werden in der Gesellschaft unbewußt oder bewußt unterdrückt. Es mag jetzt von mir recht arrogant klingen, wenn ich sage: "Viele behinderte Menschen, die ich kennengelernt habe, finde ich hier in Karlsruhe lasch und nur auf ihre Probleme bezogen. Ich meine, wenn es mal wirklich einen Grund gibt, sich auch öffentlich zu wehren, ziehen sich viele aus Selbstmitleid und falscher Dankbarkeit zurück. Schon allein der Name Sorgenkind besagt alles. Da definiert man eine Gruppe von Menschen einfach als Sorgenkinder. Somit schiebt man die ganzen Probleme, die wir anderen angeblich bereiten, nur uns in die Schuhe. Von Problemen, die uns durch die Gesellschaft das ganze Leben begleiten, möchte man wenig wissen. Aber zu solchen Erkenntnissen muß der behinderte Mensch <u>selbst</u> kommen.
Mir gefällt es immer auf der Messe, wo viel los ist und von allen Seiten Musik dröhnt. Doch dieses Mal machte es mir in der Begleitung der Hofclique doppelten Spaß. Begeistert sah ich zu, wie sie die schnellsten Fahrgelegenheiten ausprobierten. Immer

blieb bei mir jemand stehen, um sich mit mir über die anderen zu amüsieren. Ich stellte es ihnen selbstverständlich frei, auch einmal alle zusammen etwas zu unternehmen. Doch mich ganz alleine irgendwo stehen zu lassen, das gab es bei meinen Kumpels nicht. Geisterbahn und Riesenrad fuhr ich auch mit. Gino hob mich in den Wagen der Geisterbahn hinein, wo plötzlich auch Ralf Hempel hineinhüpfte. Anfangs machte ich mir wieder zu viele Gedanken, ob ich meinen Leuten zumuten könne, mich so umherzuheben. Doch es klappte so unbeschwert, daß ich die Fahrten mit meinen Freunden auch wirklich genießen konnte. Hoch oben in der Luft machten wir, ähnlich wie in der Geisterbahn, so einigen Quatsch miteinander. Frank, Ditmar und Fuzzy, die ständig für einen neuen Spaß aufgelegt waren, drehten die Gondel des Riesenrades so schnell, daß es mir in der Höhe beinahe schwindelig wurde. An verschiedenen Schießbuden blieben einige immer wieder hängen, um eine Rose, einen Fuchsschwanz oder sonst etwas abzuschießen. Auf der Messe bekam ich die erste Gelegenheit, Renato so richtig kennenzulernen. Sonst sah ich ihn nur flüchtig, wenn er sich bei uns im Hof kurz sehen ließ, dann aber meist sehr bald mit seinem Moped wieder abdüste. Renato ist ein stiller, wie ich nach kurzer Zeit festellte, sehr tieffühlender Mensch. Irgendwie verstanden wir uns gleich. Unser Kontakt wurde im Laufe der Zeit sehr intensiv. Auf dem Weg nach Hause bestand Renato darauf, mich auch einmal zu fahren. Wieder brauchte es keine längeren Erklärungen. Kaum packte Renato die Griffe des Rollstuhles, schon fühlte ich mich sicher. Ich spürte bei ihm keine versteckte Unsicherheit. Auch das Kippen an höheren Bordsteinen klappte bei ihm auf Anhieb trotz der Unterhaltungen, die vom Rollstuhlfahren ablenkten. Diese weiteren

Erfahrungen machten mich ganz seelig. Meine Freunde behandelten den Rollstuhl nicht als etwas Besonderes, sondern eher als ein Fahrzeug, das einfach zu mir gehört. So konnten sie ihre eigenen Erfahrungen mit meinem Gefährt machen. Zwar machte ich bei der gelegentlichen Raserei manchmal fast in die Hosen, doch mir machte es einen Riesenspaß. Gegen 23.00 Uhr brachten mich Fuzzy, Renato und Ralf dann nach Hause. Es war Vatertag. Meine Mutter und ich, wir waren alleine zu Hause. Mein Vater machte an diesem verlängerten Wochenende einen Kegelausflug. Guter Dinge empfing uns meine Mutter, als wir recht aufgekratzt von der Messe kamen. Sie bot, trotz der späten Stunde, meinen Leuten noch etwas zu trinken an. Meine Freunde hatten da nichts dagegen. In dieser späten Runde war ich sehr locker und vollauf zufrieden, insbesondere weil ich in Renato, das spürte ich, einen wertvollen Freund gefunden hatte. Meine Mutter gesellte sich auch zu uns, sie lachte und amüsierte sich. Es war wirklich noch ein unerwarteter, sehr schöner Abschluß dieses Tages.

In den darauffolgenden Nächten hatte ich einen bemerkenswerten Traum, der mir etwas sehr Wichtiges mitzuteilen schien. In meinem Traum befand ich mich mit Frank Elchinger auf dem Jahrmarkt. Als wir an der riesigen Achterbahn vorbeikamen, begann mich Frank zu überreden, mit ihm zusammen eine Runde Achterbahn zu fahren. Daraufhin reagierte ich ziemlich sprachlos. Ich sollte mit Frank Achterbahn fahren? Ich, der die Leute in den Wägen voller Respekt betrachtet hatte und recht feig an der Achterbahn vorbeigeschlichen war, sollte plötzlich auch die steilen Bahnen hinuntersausen? Von dieser Angst, die ich vor allem vor der steilen

Abfahrt hatte, erzählte ich auch Frank. Dieser lächelte mich daraufhin im Traum nur ermutigend an und prophezeite mir, daß es einen riesigen Spaß mache. Außerdem redete er mir eine Menge Mut zu. Noch ehe ich mich versehen konnte, hatte Frank mich ganz leicht ohne größere Mühe aus dem Rollstuhl gehoben und mich an den Kassen vorbei in eine der Wägen gesetzt. Alles erfolgte so schnell. Mein Herz pochte. Wenn ich an die Abfahrten dachte, wurde mir schon zu Beginn der Fahrt hundeschlecht. Frank faßte mich freundschaftlich und ermutigend um die Schultern. Jetzt ruckelte unser Wagen schon eine recht steile Strecke hinauf. Meine Angst wurde immer stärker. Nun hörte die steil hinaufgehende Strecke plötzlich auf. Vor mir sah ich nur noch Himmel und kein Weiterkommen mehr. Mein Blick streifte noch Frank, der mich nur zuversichtlich anlächelte. Unser Gefährt hatte oben die Plattform erreicht. Der Wagen kippte, senkte sich nach vorne und schon schossen wir pfeilschnell hinunter. Frank stieß einen Freudenschrei aus. Ich war sehr überrascht, daß mir die Fahrt in die Tiefe so wenig ausmachte. Ja, mir machte sogar die Raserei durch die kurvenreichen Höhen und Tiefen noch Spaß. Bei den weiteren Abfahrten, deretwegen ich gedacht hatte, der Magen drehe sich mir um, konnte ich sogar mit Frank zusammen einen Freudenbrüller loslassen. Zusätzlich war ich noch stolz, daß ich mich von einem Freund hatte überzeugen lassen, die Hindernisse etwas mutiger zu überwinden. Dieser Traum gab mir zu verstehen, daß ich insgesamt viele Situationen einfach mutiger und leichter angehen solle. Ich war froh und dankbar, diesen Traum mit Frank und der Achterbahn, deren Symbolik mir soviel für mein Leben gab, geträumt zu haben.

An einem warmen Tag im Mai geschah auch mal zur Abwechslung ein kleines Unglück. Es passierte, als wir auf der Wiese in der Hofanlage ein wenig Fußball spielten. Fuzzy kam von hinten auf mich zu, drehte mich zu schnell, ich verlor das Übergewicht, kippte aus dem Wägelchen und knallte mit dem Kopf auf den bepflasterten Weg. Einen kurzen Augenblick mußte ich das Bewußtsein verloren haben, jedenfalls bekam ich nicht mit, wie mich Gino wieder in mein Wägelchen setzte. Ich weiß noch, wie ich Gino und auch andere immer wieder beängstigt fragte, ob ich wirklich nicht aus dem Kopf blute. Gino, Ralf Waldmann und Frank überzeugten sich mehrmals, daß ich nicht blute. Nur war mir so furchtbar übel. Auch Martina Koch vergewisserte sich nach meiner Bitte an meinem Kopf, daß nichts Ernsthafteres passiert sei. Benommen wie ich war, wurde ich von Gino und Ralf nach oben gebracht. Wie betrunken kam ich mir vor. Vor mir flimmerte alles. Im Aufzug fragte mich Ralf prüfend, wie er denn heiße. Aber das wußte ich zum Glück noch. Die beiden erklärten meinen Eltern alles. Wobei ich, der selber noch nicht richtig fassen konnte, was passiert war, noch beschwichtigend hinzufügte: "Das ist nicht so schlimm." Nachdem sich Gino und Ralf Waldmann mit "gute Besserung" verabschiedet hatten, holte meine Mutter gleich einen Löffel, den sie gegen mein entstehendes Horn drückte. Da mir immer noch so übel war und ich absolut nichts zum Abendbrot essen konnte, entschloß sich mein Vater, doch vorsichtshalber mit mir ins Krankenhaus zu fahren. Ich erschrak zwar bei diesem Entschluß, aber ich fügte mich sofort der Besorgnis meiner Eltern. Meine Mutter lachte und meinte: "Wahrscheinlich ist gar nichts, trotzdem finde ich es besser, du läßt einmal deinen Kopf untersuchen." Dies sah ich auch gleich ein.

Mit gemischten Gefühlen fuhr ich mit meinem Vater los. Zugegeben, ein wenig Angst hatte ich schon. als wir schließlich dort waren und durch einen langen Flur eilten. Nach meiner Anmeldung wurden wir gleich in ein Zimmer gewiesen. Ich mußte zwei jüngeren Krankenpflegern von dem Unfall kurz berichten, ehe meine Kopfwunde untersucht wurde. Sie meinten daraufhin: "Du hast noch einmal Glück gehabt, die Wunde ist noch geschlossen. Wir müssen dir aber trotzdem zwei Tetanusspritzen verpassen." "Oje", rief ich ängstlich und wurde sogleich auf die Liege gelegt, damit die beiden Krankenpfleger an mein Hinterteil kamen. Zum Glück waren mir diese sympathisch, denn sie gaben sich recht kameradschaftlich. Zu meiner Überraschung taten die Pickser der Spritze kaum weh. Irgendwie mußte ich dabei besonders an meine Freunde im Hof denken, die, wie einige erzählt hatten, schon vielmals nach einem Sturz ins Krankenhaus mußten. Als ich anschließend wieder erleichtert im Rollstuhl saß, wurde mir aber trotzdem sicherheitshalber geraten, meinen Kopf röntgen zu lassen. Dies war eine Prozedur, kann ich nur sagen! Gerade wenn es besonders darauf ankommt, kann ich meinen Körper nur äußerst schwer still halten. Ich mußte auf dem schmalen Brett ganz schön schwitzen, bis der Röntgenapparat meinen Kopf richtig zum Knipsen erwischte. Der Ärztin und meinem Vater standen ebenfalls Schweißperlen an der Stirn, da sie mich nur mit äußerster Mühe festhalten konnten.
Wenn die Liegefläche etwas breiter gewesen wäre, hätte ich mich selbst um einiges entkrampfter und leichter stillhalten können. Nachdem es schließlich doch geklappt hatte, fuhr ich recht erleichtert und ein wenig stolz mit meinem Vater heimwärts. Ich bat meinen Vater, mit mir noch kurz in die Hofanlage zu schauen,

damit ich meinen Leuten sagen konnte, daß ich noch lebe. Als ich im Hof gesehen wurde, kamen viele mit einer gewissen Spannung auf mich zu. Sie erkundigten sich sofort nach meinem Wohlergehen. Suchend blickte ich umher: "Wo ist Fuzzy?" fragte ich erstaunt. "Ach, dem hat es nach dem kleinen Unfall die Sprache verschlagen. Er ist, nachdem er von deiner Mutter gehört hatte, daß du ins Krankenhaus gefahren bist, sofort nach Hause gegangen. Ihm ist selber schlecht geworden. Er macht sich wahnsinnige Vorwürfe wegen seines Mißgeschicks, berichtete mir sein Bruder Thomas. Daß Fuzzy sich wegen mir so viele Vorwürfe machte, war mir gar nicht recht. Auch mein Vater bestätigte es meinen Kameraden, daß es nun wirklich nicht so schlimm war, wie es vielleicht ausgesehen hatte. Ich beschloß, Fuzzy noch am selben Abend anzurufen. Abschließend wollte Martina grinsend von mir wissen, ob es sehr schlimm im Krankenhaus gewesen sei. Danach antwortete ich lachend: "Nein, trotz der Tetanusspritzen, die ich verabreicht bekam, lebe ich noch." Einige lachten und meinten: "Micha, das war noch gar nichts." Schließlich folgte ich dem Rat der Ärzte und ließ mich, um mich noch ein wenig zu schonen, von meinem Vater nach oben bringen. Erst oben, während ich mir noch einmal die ganze Geschichte durch den Kopf gehen ließ, überkam mich eine Angst, meine Freunde würden mich von nun an nicht mehr so frei und unbefangen ins Freibad oder sonstwohin mitnehmen, weil mein Sturz aus dem Wägelchen einigen in den Nacken gefahren ist. Aber Mensch, ich bin ja nicht aus Porzellan. Auch ich kann mir einmal so einen Unfall leisten! Meine Körperbehinderung bewirkt ja nicht, daß mein Körper empfindlicher reagieren muß als der eines Nichtbehinderten. Anders wäre es, wenn ich Muskelschwund hätte, wie es mein bester

Klassenkamerad hatte. Vor dem Zubettgehen rief ich noch Fuzzy an und teilte ihm mit, daß der ganze Vorfall am heutigen Tag wirklich nur halb so schlimm war. Ich merkte, wie Fuzzy daraufhin erleichtert aufatmete. Er meinte: "Mensch Micha, hat das geknallt, als du mir aus dem Wägelchen gefallen bist. Das war mir eine Lehre. Von nun an werde ich besser aufpassen, wenn ich dich schiebe. Du glaubst gar nicht, wie mir da zumute war. Wirklich, mir war hundeschlecht danach."

Am anderen Tag fühlte ich mich so fit, daß ich wieder hinunter zu meinen Freunden konnte. Ich mußte mich einfach wieder zeigen, um meine Bedenken, nicht mehr gleich behandelt zu werden, ausräumen zu können. Nur Ralf Hempel und Frank Elchinger fand ich froh gelaunt hinten in der Hofanlage unter den Balkons an den Tischen sitzen. "Ah, hallo Michael, von dem gestrigen Sturz wieder erholt?" fragte mich Ralf, während er mich verschmitzt anlächelte. Ich nickte mit dem Kopf und antwortete: "Ja, etwas spüre ich die Wunde noch, doch mir geht es schon viel besser." Frank sah mich unterdessen unternehmungslustig an, während er plötzlich Ralf von der Seite zulächelte. Ich merkte, daß die beiden mit mir etwas im Schilde führten. Da packte Frank plötzlich aus. "Wenn du einverstanden bist, wollen wir dich ein wenig zu uns auf den Tisch setzen. Wir haben gedacht, daß es gerade nach dem gestrigen Unfall wichtig für dich wäre, damit du nicht noch ängstlicher wirst." Zunächst einmal war ich richtig baff. Mit so einer Reaktion meiner Leute hätte ich eigentlich am allerwenigsten gerechnet. Wenn auch mit etwas gemischten Gefühlen, so ließ ich mich dennoch auf den Tisch setzen. Ralf und Frank setzten sich rechts und links neben mich. Anfangs hielten mich die beiden noch ein wenig fest, bevor sie mich ganz losließen. Ich hatte schon etwas Angst, plötzlich auf dem ungewohnten Tisch zu sitzen, der auch noch zu meinem Schrecken etwas wackelte. Nach kurzer Zeit rutschte erst Frank ein wenig von mir weg, dann, o weh, entfernte sich auch noch Ralf von mir. "Siehst du, wie gut du frei sitzen kannst. Wir brauchen dich nicht einmal zu halten", rief Frank erfreut aus. Verzweifelt rief ich nach Frank, der jetzt auch noch ganz langsam vom Tisch herunterrutschte. Jetzt überfiel mich die Angst. Mit Entsetzen schaute ich vom Tisch hinunter. Er erschien mir so entsetzlich hoch. Frank stand lächelnd vor mir. "Was denn, dir passiert schon nichts", rief er mir beruhigend zu. Nun betrachtete ich verzweifelt Ralf: "Aber du, du wirst doch wenigstens neben mir sitzen bleiben, sonst falle ich wirklich vom Tisch herunter", flehte ich Ralf an, der mich nur von der Seite angrinste. Aber es half nichts, die Burschen schienen sich etwas vorgenommen zu haben. Auch Ralf verließ mich. Ralf stand nun neben dem Tisch, während ich zitternd ganz alleine auf dem Tisch saß. "Sei doch ganz ruhig, du fällst schon nicht. Wir stehen ja ganz nahe bei dir. Siehst du, wie gut du auch auf dem Tisch sitzen kannst", versuchte mich Ralf zu trösten. "Von wegen, ihr steht ganz nahe bei mir", rief ich aus. Frank spazierte nämlich bestimmt schon 3 bis 5 Meter neben mir herum. "Was hast du da zu mosern? Du kannst doch ganz gut sitzen. Weißt du, ich glaube, du hast nur Angst. Wenn du dir selber etwas mehr zutrauen würdest, könntest du um einiges mehr", konterte Frank zurück. Ich bleibe hier stehen", meinte Ralf beruhigend, ehe er hinzufügte: "Versuch doch mal zu denken, du säßest in deinem gewohnten Wägelchen. Ich denke, wenn du dir das einsagen könntest, wäre es dir auch leichter, auf dem Tisch zu sitzen." Dieser Ratschlag half mir etwas. Zwar spähte ich immer mal seitlich und vor mir in die Tiefe hinunter, doch ich beruhigte mich etwas. Wir fingen einfach an, über alle möglichen Themen zu plaudern. Frank nutzte den neuen Sitzplatz und fuhr vergnügt mit meinem Wägelchen umher. "Huch, das Fahren muß man aber auch beherrschen", meinte er spaßig und ließ sich das kurze Stück des Weges hinunterrollen. Durch Franks Fahrkünste abgelenkt, vergaß ich beinahe, daß ich auf einem wackeligen Tisch saß. Plötzlich tauchte Thomas auf. Er war ganz erstaunt, mich auf dem Tisch sitzen zu sehen. "Wenn das mein Bruder sehen würde, daß du schon wieder so fit bist. Machst du einmal Platzwechsel?" Lachend nickte ich und entgegnete Thomas: "Diese tolle Idee kam eigentlich nicht von mir." Dabei blickte ich fröhlich auf Ralf und Frank. Inzwischen hatte sich Frank wieder aus meinem Wägelchen erhoben. "Warum sollte Michael nicht einmal woanders sitzen können? Zu Hause auf dem Boden kann er ja auch frei sitzen", antwortete Frank sehr lässig. Nach einer guten Viertelstunde ließ ich mich wieder in mein vertrautes Gefährt setzen. Meine Bedenken, die Leute im Hof würden mich nach dem kleinen Unfall mit Fuzzy anders, vorsichtiger behandeln, erwiesen sich als unbegründet. Wer weiß, vielleicht lösten sie sogar das Gegenteil aus. Ich meine, man hat einmal gesehen, daß ein Mensch mit Behinderung auch einen Sturz ertragen und überleben kann.

Bei schönem Wetter, besonders im Sommer, ließ ich mich öfters im Hof mit den anderen im Gras nieder. Hauptsächlich Fuzzy und Frank, auch viele kleine Kinder vom Hof, wie Sascha und Thorsten, spekulierten dann darauf, mit meinem Wägelchen ein wenig in der Hofanlage herumfahren zu können. Selbstverständlich erlaubte ich ihnen diesen Spaß. Ich freute mich sogar, daß mein Gefährt von den Leuten nicht als Krankenfahrzeug betrachtet wurde. Sie fanden es recht bequem. Somit bot sich für Kinder und Jugendliche die Chance, sich einmal im Spiel in die Lage eines körperbehinderten Menschen zu versetzen. Mit großem Interesse beobachtete ich die Jungs, wie sie streng die Regeln einhielten. Auch wenn sie von hinten im Spiel angegriffen wurden, versuchten sie, sich aus meiner niedrigen Lage heraus zu wehren. Beim Rasen kam es sehr oft vor, daß sich mein Wägelchen vom einseitigen Schwung um die eigene Achse drehte. Fuzzy meinte einmal, das Fahren sei wirklich nicht so leicht, wie es aussieht. Wärenddessen saß ich gemütlich bei den andern auf dem Rasen. Aus dem Radiorecorder von Ralf oder Michael klang immer gute Discomusik in Stereoton, die die ganze Athmosphäre mit der Hofclique unheimlich prägte. Besonders Frank Elchinger reagierte seine überschüssigen Kräfte auch mal bei mir auf dem Rasen ab. Da konnten mich die Leute einmal ganz anders erleben. Bei Frank konnte ich mich auf manche hinterhältigen Angriffe gefaßt machen. Mich reizte es einfach, mit den anderen auch ein wenig herumzutollen. Frank war derjenige, der sich am meisten getraute, mit mir zu kämpfen. Mit ihm hatte ich manchmal alle Mühe. Frankys Ziel war, auf meinem Bauch zu sitzen und sich breit auf meine Arme zu stützen. Sobald er das geschafft hatte, war ich vollkommen wehrlos. Jedoch versuchte auch ich, ihn in den Schwitzkasten zu nehmen, was mir leider nur zu selten gelang.

Für mich ergab sich eines Tages in der Hofanlage eine äußerst merkwürdige Situation. Als ich wieder einmal zwecks Bewegungsausgleich durch die grüne Hofanlage fuhr, sah ich auf einer Bank einen Landstreicher sitzen. Ich wollte gerade zu ihm hinfahren, als er plötzlich aufstand und davonrannte. Recht verdutzt blieb ich stehen. Mir war etwas peinlich zumute. So etwas ist mir noch nie vorgekommen. Kann das die Möglichkeit sein, daß Menschen wie wilde Tiere vor Menschen fliehen? Des öfteren unterhielt ich mich schon mit Landstreichern oder Pennern. Ein Landstreicher erzählte mir einmal von seinem sehr interessanten Leben. Die Gesellschaftsstruktur sei nichts mehr für ihn, deshalb habe er das ganz andere Leben begonnen. Er sei bestimmt schon durch die halbe Welt gezogen, erzählte er mir mit seiner lebendigen Stimme. Er war sehr offen auch für meine Fragen, die ich ihm stellte. Der Mann war mir sehr sympathisch und bot mir gleich das Du an. Es entwickelte sich eine kameradschaftliche Unterhaltung. Viele Fragen wurden gestellt. Unser Interesse beruhte irgendwie auf Gegenseitigkeit. Er ließ mich Vieles von seinem ganz anderen Leben wissen. Ob er sich am Abend nicht nach einem gemütlichen Bett sehne, war eine der naheliegendsten Fragen, die ich ihm stellte. "Weißt du, man gewöhnt sich im Leben an alles. Im Winter steuere ich wärmere Länder an. Irgendwie drängt es mich, einfach in der Welt umher zu bummeln. Sicherlich gibt es auch Schattenseiten in diesem Leben, weil man ja kein Geld verdient. Doch das nehme ich gern in Kauf, viel lieber als ein Leben hinter Schreibtischen, wo andere völlig über deinen Lebensrhythmus bestimmen." Zum Abschied klopfte er mir kameradschaftlich auf die Schulter und meinte: "Es ist jetzt für mich höchste Zeit, daß ich mich weiter auf den Weg nach Kiel mache. Also Du, lebe wohl!" Irgendwie tat mir der Abschied von diesem Mann, den ich wahrscheinlich nie mehr sehen werde, leid. Ich versprach ihm noch, ihn in meiner Biographie zu verewigen.

Ich finde es wichtig und eigentlich ganz selbstverständlich, auch Landstreicher als Menschen zu akzeptieren. Ihre Menschenwürde ist einfach zu groß, als daß man berechtigt ist, sie wie irgendwelche Untiere zu behandeln, die überall verjagt werden können. So mußte es dem Mann öfters ergangen sein, der vor mir plötzlich das Weite gesucht hatte. Dabei verstehe ich die Menschen nicht. Sie reagieren so, als wären sie letzten Endes noch neidisch auf die Landstreicher und auf die zum größten Teil alkohol- und psychischkranken Penner. Gräßlicher Name! Man sagt zwar, diese Leute seien faul, aber ich glaube, daß jeder Mensch für sein Leben kämpfen und auch irgendwie arbeiten muß. In unserer hoch zivilisierten Gesellschaft steht nur der Kampf ums Geld im Vordergrund.
Ich unterhielt mich auch einmal mit einem Mann mittleren Alters, der eine Flasche Wein neben sich auf der Bank stehen hatte. Plötzlich hielt er mir seinen Schwerbehindertenausweis unter die Nase und sagte: "Siehst du, wegen dieser verdammten Kriegsverletzung bekomme ich nirgends einen Job. Was meinst du, wie oft ich schon vergeblich die Arbeitsämter besucht habe. Also was bleibt mir dann noch übrig, als hier zu krepieren. Früher habe ich nicht getrunken, aber jetzt, wo auch noch meine Frau von mir gegangen ist, ist mir alles egal." Daraufhin meinte ich: "Trotzdem würde ich an ihrer Stelle etwas auf die Gesundheit achten und das Bestmöglichste aus dem Leben machen, auch wenn es manchmal schwer fällt." Da kam zum ersten Mal ein flüchtiges Lächeln ins Gesicht

dieses Mannes, ehe er sagte: "Daß ausgerechnet Du zu mir so etwas sagen kannst!" Noch längere Zeit unterhielt ich mich mit diesem lieben und sehr offenen Mann; nicht wegen einer guten Tat, daß ich vielleicht besser in den Himmel komme, sondern weil mich dieser Mann einfach interessierte und mich innerlich ansprach. Ich finde, man sollte mit allen möglichen Menschen zusammenkommen, um sie vielleicht doch in ihren einzelnen Situationen zu verstehen.

Neben dem Hof war ich auch noch oft im "Gottesacker", einem größeren Freizeitpark auf einem ehemaligen Friedhof zu finden. Dort lernte ich auch viele neue junge Leute kennen. Auch dort fühle ich mich von einigen in die Gemeinschaft echt integriert. Dort hielten sich auch oft Fuzzy und Markus Lamm auf. Sie machten manchmal bei den recht interessanten Fußballspielen mit, wo ich gerne zuschaute. Auf dem Gottesacker lernte ich auch Hans Klicks kennen, der mir anfangs durch seine so albernen Bemerkungen furchtbar auf den Wecker fiel. Erst nach einer gewissen Zeit stellte sich bei mir eine Sympathie für den recht witzigen Hans ein. Hans ist ein großer, stämmiger Kerl. Seine Haare hat er meistens stoppelig kurz geschnitten. Dazu hat er ein gutmütiges, oft sehr grinsendes Gesicht. Deshalb nenne ich ihn im Spaß oft Riesenbaby. Auch Holger und Damir lernte ich dort neu kennen. Es sind stillere aber irgendwie liebe Typen. Komisch, zu Leuten, die mir sofort besonders zusagen, entwickelte sich meist ein näherer Kontakt. Diese Leute nehmen mich auch voll. Das merke ich an den Gesprächen, in die sie mich gleich einbeziehen. Nur bei den Mädchen, außer der Claudia und noch einer anderen mit roten Haaren, fühle ich mich dort nicht richtig verstanden. Wenn ich ihnen begegne, fühle ich mich wieder in alte Zeiten versetzt. Nicht, daß sie mich direkt ablehnen, sondern sie quatschen mich halt so dumm von oben herab an. Ein Beispiel möchte ich nennen: Mit Renato schlenderte ich einmal durch die Herbstmesse. Da begegnete uns ein Mädchen, das ich auf dem Gottesacker kennengelernt hatte. Sie fragte mich in einem Ton, der bei Kleinkindern angewandt wird: "Ja Michael, wie geht es dir denn?" Daraufhin fragte Renato das Mädchen ganz verdutzt: "Sag mal, würdest du mich auch so dumm anquatschen? Kannst du mit Micha nicht normal reden?" Das Mädchen schaute Renato nur verständnislos an und verschwand. Renato fragte mich anschließend noch recht fassungslos: "Sag mal Micha, regt dich das nicht furchtbar auf, wenn dich manche Leute nicht ganz für voll nehmen? Also, ich glaube, wenn ich du wäre, könnte ich da nicht so gelassen reagieren." "Ach Renato", entgegnete ich nur, "weißt du, man gewöhnt sich an Vieles." Daraufhin vergnügten wir uns weiter bei den Buden und den vielen Fahrgelegenheiten.

Alex, der mit dem kurzen Hals, wie sie alle sagen, probierte mit mir einmal folgendes aus: Wir tauschten im Hof ein paar Stories vom Gottesacker aus. Alex bemerkte dabei am Rande, daß er es gut findet, daß ich seit neuestem nicht nur im Hof und vor dem Haus sitze, sondern auch hin und wieder rüber in den Gottesacker fahre. Schließlich erkundigte er sich, ob ich da immer gut über die Kapellenstraße komme. "Eigentlich schon, ich muß halt manchmal warten, bis mich jemand über die Straße bringt", antwortete ich. Daraufhin schaute mich Alex forschend von der Seite an. "Micha, hast du eigentlich schon versucht, den Ampelübergang vor der

Schillerschule zu benutzen? Da müßtest du doch auch alleine hinüberkommen", meinte Alex recht zuversichtlich. "Die Zeit der Grünphase müßte mir eigentlich reichen. Nur ob ich mit der Hand hoch zum Druckknopfschalter komme, um die Ampel umzuschalten", gab ich ihm etwas aufgeregt über diese neue Idee zur Antwort, "weiß ich nicht." Unverständnis las ich im Gesicht von Alex. "Micha, warum hast du das noch nicht ausprobiert? Ich an deiner Stelle hätte das schon längst getan. Weißt du was, wir probieren es jetzt gleich einmal aus. Das möchte ich sehen, wie du fertig bekommst, alleine die Straßenseite zu wechseln, denn an der Ampel kann dir überhaupt nichts passieren." So fuhr ich zusammen mit Alex zur Ampelanlage. Die andern fragten schon, wo wir denn so dringend hinwollten. Darauf antwortete Alex: "Ich muß nur mal etwas mit Michael ausprobieren." Als wir schließlich die fünfzig Meter bis dorthin gelaufen waren, streckte ich mich gleich nach dem für mich etwas zu hoch gelegenen Schalter. Alex stand scharf beobachtend neben mir. "Laß dir ruhig Zeit", waren seine beruhigenden Worte, denn ich mußte ganz schön mit meinen unkontrollierbaren Bewegungen zielen, bis ich den relativ kleinen, runden Knopf mit einem der Finger traf. Aber nach einiger Zeit gelang es mir schließlich doch, den Knopf tief genug zu drücken. "Siehst du, wie gut du das kannst", rief Alex erfreut aus. "Du mußt dir einfach viel mehr zutrauen", meinte er weiter. Daraufhin fuhr ich, schon etwas aufgeregt, ganz dicht an den Rand des Gehweges, der zu meinem Glück schön abgeflacht ist, um bei dem Grünzeichen der Ampel sofort losfahren zu können. Mein Herz pochte. Ob mir die Zeit zum Rüberfahren auch reichen würde? dachte ich, während ich meinen Blick noch kurz von der Ampel auf Alex richtete. Da plötzlich schaltete die Ampel auf grün um. Mit einem Satz fuhr ich los. "Du brauchst nicht allzu hastig fahren. Fahre doch ganz normal. Keine Angst, selbst wenn es wieder rot wird, überrollt dich schon kein Auto. Die Leute dürfen erst dann losfahren, wenn alle Fußgänger die Straße überquert haben." Nahe der gegenüberliegenden Straßenseite schaltete die Ampel wieder auf rot um. Nach dieser kurzen Wegstrecke atmete ich erleichtert auf. Der Autoverkehr konnte wieder normal weiterziehen. "Siehst du Micha, von heute ab bist du auf keinen Menschen mehr angewiesen, wenn du rüber zum Gottesacker möchtest", versicherte mir Alex, der selber sehr glücklich war. Nun probierten wir das gleiche nochmals aus, um zurück auf die andere Straßenseite zu kommen. Der Druckknopfschalter auf dieser Seite der Ampelanlage war zu meinem Vorteil etwas tiefer angebracht. So konnte ich viel besser und etwas gezielter den Knopf richtig erreichen und reindrücken. Beim zweiten Mal klappte es so, daß ich gerade auf den Gehweg kam, bevor die Ampel auf rot umschaltete. Alex klatschte teilnehmend in die Hände. Um auf Nummer sicher zu gehen, wiederholten wir diesen Vorgang noch zwei, drei Mal hintereinander, wobei ich wiederum gut und vor allem sicher die Straßenseiten wechselte. Während wir uns wieder heimwärts bewegten, sagte mir Alex sehr ernst: "Ich habe das Gefühl, du probierst viel zu wenig aus. Wenn deine Ängste nicht so groß wären, könntest du um einiges mehr." Diese Worte von Alex gaben mir viel zu denken. Ich war sehr froh, daß mir Alex diesen Weg zur weiteren Selbständigkeit gezeigt hatte.

Am nächsten Tag wußte ich nicht genau, was mir mein Gefühl sagte. Einerseits freute ich mich auf meinen ersten Versuch, die

Ampelanlage alleine zu überqueren. Diesen Zeitpunkt konnte ich am Morgen während meiner Schreibarbeit kaum noch erwarten. Andererseits hatte ich Angstgefühle. Was ich mir aber in den Kopf setze, führe ich meistens auch aus. Am Mittag fuhr ich mit einem spannenden, bohrenden Gefühl los. Meine Mutter rief mir noch nach: "Aber paß bloß auf!" Dann, im nächsten Augenblick war ich schon den Gefahren alleine ausgesetzt. Auf dem Weg zum Ampelübergang pochte mein Herz wie wild, aber schließlich dort angekommen, fühlte ich in mir eine unheimliche Ermutigung, mein gestecktes Ziel zu erreichen. Ich schaute extra noch, ob niemand des Weges kam, der für mich auf den Knopf drücken könnte. Nein, ich wollte die Ampel mit dem Grünsignal selbst betätigen. Ein wenig zu hastig versuchte ich dann den Druckknopf zu erreichen. Dabei schlug ich einige Male mit meinen fahrigen Bewegungen den Arm an den Ampelpfosten, ehe ich diesen für mich etwas zu kleinen Knopf richtig erwischen konnte. Daraufhin schaltete die Ampel ziemlich schnell auf Grün um. Jetzt war also der Augenblick gekommen. Eilig rollte ich auf die Straße. Ich bemerkte, wie mir die Leute in den stehenden Autos interessiert und zugleich etwas verwundert nachschauten, wie ich mich mit meinem Wägelchen vorwärts bewegte. Sehr glücklich erreichte ich die gegenüberliegende Straßenseite. Vor mich hinsingend fuhr ich in den Gottesacker hinein. Der ehemalige Friedhof ist voll mit prächtig ausgewachsenen Bäumen. Die warme Luft roch in diesem Freizeitpark noch einigermaßen frisch nach dem vielen grünen Laub. Weiter vorne wurde wieder Fußball gespielt, und rechts davon saßen viele Jugendliche auf der Tischtennisplatte, darunter Evelin, ein Junge aus Jugoslawien, mit dem ich mich bald gut verstand. Er, wie auch Jörg, Lolle, Alex

Müller, Damir und Hans interessierten sich vor allem für mein Buch, woran ich die ganze Zeit über jeden Morgen konsequent arbeitete. "Evelin, du spielst doch sonst immer mit den anderen Fußball. Was ist denn heute mit dir los?" fragte ich, wobei ich interessiert hinüber auf das Fußballfeld schaute, wo der blonde Jürgen, Hans Klicks, Jörg, Holger, Lolle usw. Fußball spielten. "Warte nur, das kommt schon noch. Ich bin ja auch erst gekommen", entgegnete mir Evelin. Ich freute mich schon wieder, ein interessantes Fußballspiel zu sehen. Dabei sitze ich meist seitlich unter einem großen Baum, der seine Äste breit über den Weg und die daneben liegende Wiese ausbreitet. Unter Bäumen verweile ich mich sehr gern, da komme ich mir so geborgen vor. So war auch jeden Tag im Gottesacker etwas los, während mein Bekanntenkreis ständig größer wurde. Bald wußte ich gar nicht mehr recht, wo ich mich aufhalten sollte. Vom Hof kamen nur ganz vereinzelt Jugendliche auf den Gottesacker hinüber. Nur Gino, Ralf Koch und Alex Polzer spielten dort auf der Fußballfläche öfters mal mit den anderen Fußball. Darüber freute ich mich natürlich sehr, denn im Hof und zugleich auf dem Gottesacker konnte ich schließlich nicht sein. Da ich mich öfters auf dem Gottesacker aufhielt, mußte ich unwillkürlich mehr fahren. Das machte ich natürlich gern. Es erhöhte sehr mein Selbstständigkeitsgefühl und außerdem tat mir auch die Bewegung gut. Nur die Reifen meines Wägelchens wurden dabei viel schneller abgefahren. Eines Tages erschrak ich auf dem Gottesacker sehr. Als ich ganz zufällig einmal auf die hinteren Räder schaute, glaubte ich, ich spinne. Aus einem schon ziemlich abgefahrenen Reifen preßte sich eine sehr dicke schwarze Blase heraus. Erschrocken rief ich Holger herbei und zeigte ihm diese

Bescherung. "Schau mal den Reifen an! So etwas habe ich auch noch nicht gesehen." Holger lächelte nur, als er die riesige Blase aus dem Radmantel herausquellen sah und antwortete: "Ja, das ist der Schlauch. Demnächst kannst du damit rechnen, daß es knallt. Lange hält der Schlauch das sicherlich nicht mehr aus. Du mußt nur über einen spitzen Stein fahren, dann ist es passiert." Respektvoll schaute ich noch einmal nach hinten, um die größer werdende Blase zu betrachten. Obwohl es nur schwarzer Gummi war, ekelte mich der Anblick. Irgendwie erinnerte mich diese herausquellende Blase an eine Wasserblase. Auch beim Fahren merkte ich sie jetzt. Damir und Hans, die inzwischen auch hergekommen waren, lachten und meinten: "Mann oh Mann, daß das nicht schon längst gekracht hat. Aber mache dir darüber keine Gedanken, auch wenn du nachher einen Platten hast, kommst du heute Abend sicher nach Hause. Wir sind ja auch noch da", versicherten mir Damir und Hans beruhigend. Trotzdem hatte ich vor dem Knall etwas Angst. Nicht daß es mich vor Schreck aus dem Wägelchen haut, dachte ich besorgt. Meftun, der auch öfters auf dem Gottesacker war, meinte nur, vor dem Knall bräuchte ich wirklich keine Angst zu haben. An diesem Tag war auch Frank Elchinger mit seinem Rennrad da. Ausgerechnet er, der von der prallen Blase aus meinem Reifen noch nichts wußte, brachte den Schlauch endgültig zum Platzen. Frank kam, wie schon so oft, recht hinterhältig von hinten angeradelt und wollte mich am Rande des Fußballfeldes etwas erschrecken, indem er mich mit dem Rad etwas vorwärts drückte. Ich verspürte noch einen kurzen Ruck nach vorne, ehe es plötzlich laut knallte. So erschrocken hatte ich Frank bisher noch nie gesehen. Verdutzt schaute er seitlich an seinem Rad hinunter. Ich meine, ich fuhr auch ganz schön zusammen, aber dennoch war ich ja auf einen baldigen Knall gefaßt. Deshalb konnte ich auch sehr schnell wieder lachen. Nur Frank schaute immer noch etwas verwirrt auf sein Rennrad. "Was war das? Kam der Knall von mir oder von dir?" fragte er mich recht verdattert. Inzwischen waren auch die anderen, die etwas von dem Knall gehört hatten, herbeigeeilt und besichtigten interessiert meinen Platten am Rad: "Mann, hat das geknallt", rief Fuzzy in seiner typischen Art. Holger erkundigte sich ganz trocken, ob ich noch lebe. Jetzt erst begriff Frank, was los war. "Hast du mir einen Schrecken eingejagt. Das hättest du mir auch gleich sagen können. Bei diesem Knall meinte ich schon wunder was." Bei diesen Worten strich er mir mit einer gewissen Erleichterung über das Haar. Am Abend brachte mich Meftun und Holger trotz des totalen Plattens sicher über die Kapellenstraße nach Hause.

Wie gut es ist, eine gute Nachbarschaft zu haben, zeigte sich, als ich meiner Mutter einmal an einem sonnigwarmen Morgen etwas zum Muttertag kaufte. Nachdem ich bei Heinz in der "BRÜCKE" wieder einen Besuch gemacht hatte, fuhr ich einmal ganz spontan zur "Schatule" hin. Die "Schatule" ist ein gemütliches Geschenklädchen am Kronenplatz ganz in unserer Nähe. In diesem kleinen Laden gibt es viele originelle Kleinigkeiten zu kaufen. In der "Schatule" - das gefiel mir besonders - konnte man sich richtig Zeit lassen, ohne unbedingt etwas kaufen zu müssen. Außerdem waren auch die Verkäuferinnen sehr behilflich beim Aussuchen eines Geschenkes. Vor allem mir kam das sehr zugute. Ich kann ja nichts alleine mit den Händen erreichen. An jenem Tag suchte ich mit Hilfe einer geduldigen Verkäuferin für meine Mutter ein Kakteenleiterchen

aus, auf dessen Stufen man auch andere Kleinigkeiten zur Zierde stellen konnte. Dazu nahm ich noch zwei Untertöpfchen und zwei niedliche Kätzchenfiguren mit. Obwohl es manchmal einige Überwindung kostet, finde ich unheimlich wichtig, auch einmal alleine in einen Kaufladen zu gehen. Dies stärkt sehr das Selbstständigkeitsgefühl. Gerade beim Kauf hat es eine Begleitperson schwer, den Behinderten nicht zu beeinflussen. Das kann ich aus eigener Erfahrung behaupten. Heute bin ich imstande, mir auch größere Dinge selbstständig anzuschaffen oder zu erledigen.
Auch die Überlegung, wie bringe ich das Eingekaufte unbemerkt von meiner Mutter nach Hause, machte mir an jenem Tag viel Spaß. Denn mit meinem Wägelchen würde ich das Muttertagsgeschenk kaputt nach Hause bringen. Aber da wußte ich einen Weg. Da ich diesen Kauf wirklich alleine bewältigen wollte, klammerte ich dabei die Hilfe meines Vaters oder meiner Schwestern von vornherein aus. Am Mittag traf ich zufälligerweise Angelika Ludwig aus unserer Nachbarschaft im Hof. Selbstverständlich fand sie sich auf meine Frage hin bereit, mir das Geschenk für meine Mutter noch am gleichen Tag in dem Geschenklädchen abzuholen. Sie brachte es kurze Zeit später schön verpackt in einer Tüte in mein Zimmer, damit meine Mutter nichts sehen konnte. Entsprechend meiner Anweisung legte sie meine Überraschung sofort in den Schrank.

Im Nu war es wieder Sommer geworden. Eines Abends sah ich Renato auf der Mauer im Vorhof sitzen. Etwas angestrengt beugte er sich über ein Blatt Papier, das noch fast unbeschrieben vor ihm lag. Die anderen saßen auf der Bank oder standen eher unbeteiligt daneben. "Ah Micha, sehr gut, daß du kommst", rief mir Renato gleich zu, während ich mich unter die Jungs mischte. "Du schreibst doch viel, nicht wahr? Könntest du mir ein wenig beim Aufsetzen der Ansprache anläßlich unserer Schulabschlußfeier helfen? Selbstverständlich bist du da auch eingeladen. Ich bekomme einfach nichts Gescheites zusammen." Natürlich war ich sofort bereit, Renato zu helfen. Zuerst fragte ich nach dem Stil der Ansprache, ehe ich meine Vorschläge einbrachte. Es sollte eine sehr lockere Ansprache zur Einführung der Abschlußfeier werden. Nach kurzem Überlegen fiel mir ein guter Begrüßungssatz ein. Dann, nachdem mich Renato über das große Programm, das von den Schülern selbst vorbereitet war, informiert hatte, fielen mir nach und nach weitere gute Sätze ein, die Renato mit Freuden aufschrieb. Bald waren wir mit der Rede zur Programmeröffnung fertig. "Danke Micha, für deine Hilfe! Alleine hätte ich da bestimmt noch einige Stunden gebraucht", rief Renato sichtlich erleichtert aus, ehe er nach dem Durchlesen das Blatt Papier sorgfältig zusammenfaltete und in seine Hosentasche steckte. "Auf unser Programm kannst du dich freuen, das kann ich dir jetzt schon verraten", meinte Fuzzy, während er mit einem Sprung von der Mauer direkt vor mir aufhüpfte und mir vielversprechend auf die Schulter klopfte. Daraufhin fragte ich etwas erstaunt: "Was Fuzzy, du kommst auch schon dieses Jahr aus der Schule? Das hätte ich noch nicht gedacht." "Das sagen viele, weil ich nicht allzu groß bin", antwortete mir Fuzzy schon ein wenig zurückhaltender. "Na ja, du bist ja erst fünfzehn, außerdem denke ich: Warum muß man immer der Größte sein, um womöglich den stärksten Typen zu markieren? Für mich kann auch der kleinste und schwächste Mensch in seinem Wesen und der Ausstrahlung sehr groß sein. Außerdem bist du ja noch nicht ganz ausgewachsen. Aber wie gesagt, du bist so ein netter Kerl, auf die Größe würde ich pfeifen." Schließlich setzte sich Fuzzy wieder einmal auf die Lehne meines Wägelchens. Lächelnd legte er seinen Arm auf meine Schultern und erwiderte ziemlich leise: "Eigentlich hast du recht Micha, aber unsere Gesellschaft ist eben so, daß man nicht untergehen möchte." Bei dieser Gelegenheit fragte ich Fuzzy, wie er eigentlich zu diesem Namen gekommen sei. "Das war einfach so", antwortete er und begann es mir zu erzählen. "Es ist jetzt schon einige Jahre her, damals wohnten wir noch drüben in der Pfalz. Als ich im Hof Fußball spielte, rief mich unser Nachbar plötzlich mit dem Namen Fuzzy herbei. Na ja, seither bin ich bei allen der Fuzzy." "Möchtest du eigentlich nicht mehr mit deinem richtigen Namen gerufen werden? Ich meine, damals warst du ja noch klein, als dich der Mann plötzlich auf Fuzzy umbenannte. Außerdem finde ich deinen eigentlichen Namen Andreas recht schön", fragte ich Fuzzy, nachdem er seine kurze Erzählung beendet hatte. "Nein, wieso? Ich bin gern der Fuzzy und möchte auch künftig so genannt werden", erwiderte er kurz, ehe er sich von meiner Lehne erhob und sich wieder den anderen zuwandte.

Ich war schon sehr gespannt auf die Schulabschlußfeier in der Schillerschule. Noch eine Woche mußte ich warten, bis mir Renato eine Einladung brachte. Die Einladung fand ich sehr originell gemacht. Sie war rosafarbig und nach einer alten, schön geformten Schultüre zugeschnitten, die man öffnen konnte. Darin war dann der Ablauf des Programms zu lesen. An einem Freitagabend sollte diese Feier stattfinden. Martina Koch versprach mir, mich an diesem Abend abzuholen. Schon im Hof bekam ich einiges von diesem vielversprechenden Programm zur Abschlußfeier mit. Syren, Renato, Fuzzy und Thomas planten, mit einem lustigen Trampolinspringen aufzutreten. Rasch vergingen die Tage. An jenem Freitag um 18,30 Uhr holte mich Martina Koch mit einer Klassenkameradin zur Abschlußfeier ab. Der Weg zur Schillerschule ist nicht weit. Ungefähr fünf Minuten zu Fuß. Die Schillerschule liegt direkt neben dem Gottesacker. Martina und auch das andere Mädchen versicherten mir gleich, daß ich bei ihrer Abschlußfeier im nächsten Jahr auch kommen könne. Wir wurden schon im Schulhof von Fuzzy und Renato erwartet. Die Feier wurde in der neben der Schule befindlichen Sporthalle abgehalten. Unwillkürlich schaute ich gleich nach Treppen vor der Sporthalle, die den Eintritt für mich erschweren könnten. Aber die drei Stufen waren für meine Freunde kein Problem. Fuzzy schnappte mich gleich und rief ziemlich wichtig die anderen aus dem Weg. Mit einem Schwung zog mich Fuzzy auf den Hinterrädern nach oben. Jetzt freute ich mich riesig. Sehr viele Bekannte kamen freudig auf mich zu und begrüßten mich herzlichst in ihrer Schule. Ich fand es herrlich, wie froh und ausgeglichen sie alle zu diesem Zeitpunkt wirkten. Meftun, der auch aus der Schule kam, lief uns voran und hieß Fuzzy, mich ganz vorne bei den Lehrern abzustellen. Ich kam mir wirklich wie ein Ehrengast vor. Als ich Fuzzy meine Bedenken, ganz vorne bei den Lehrern zu sitzen, äußerte, rief Fuzzy: "Ach halt doch den Mund! Ich habe doch mit Herrn Hirsch darüber gesprochen. Du brauchst dir wirklich keine Gedanken zu machen", sagte Fuzzy, ehe er mir ins Ohr flüsterte: "Keine Angst! Die Lehrer tun nicht weh. Sie geben nur ab und zu schlechte Noten." Ich lachte und erwiderte: "Das weiß ich aus eigener Erfahrung." Sehr wichtig eilten Schüler auf der Bühne herum, um alles Technische, wie Mikrophone, Lampen, Musikboxen für das Programm fertig zu machen. Weiter hinten saß ein dunkelhaariger Junge und probierte an einem Mischpult den richtigen Sound aus. Alles sah recht professionell aus. Die Lehrer schienen für die Schüler die zweite Hand zu sein, was die Organisation und die letzten Arbeiten auf der Bühne betraf. Schüler bestimmten an diesem Abend wie und was, nicht umgekehrt. So aktiv und glücklich hatte ich meine Freunde und Kameraden, außer damals beim Errichten des Bolzplatzes, noch nicht gesehen. Meine These erwies sich wieder als richtig: Wenn man jungen Menschen einfach mehr Zutrauen und Spielraum schenkt, sind sie automatisch zufriedener. Dies geht mir persönlich nicht anders. Noch eine kurze Zeit verging, ehe Renato mit Anzug und Fliege mit der Ansprache das Programm eröffnete. Wie bei den Schulabschlußfeiern in den folgenden zwei Jahren sangen die Erst- bis Drittklässler den Schulabgängern ein schönes Volkslied vor. Dann wurde es mit Sketchen, einer Playbacksängerin, den lustigen Trampolinspringern, Tänzen usw. erst richtig lustig. Den Programmablauf so zu schildern, wie er war, ist unmöglich. Jedenfalls wurde den Zuschauern eine sehr tolle, spontane, witzige Vorführung geboten. Viele Erwachsene behaupten, die Jugendlichen von heute würden nichts mehr zustandebringen. Wer sich vom Gegenteil überzeugen möchte, hätte zu einer der Schulabschlußfeiern kommen müssen, bei denen ich Zeuge war. Das Ganze, außer dem Kinderchor, sah nicht so furchtbar einstudiert aus. Bei den Vorführungen hatte auch so mancher Fehler Platz, der aber eher belustigend als falsch wirkte. Ab und zu mußte ich Tränen lachen. Nach der letzten Darbietung stand der Schulrektor auf, um seine letzten Worte an die

Entlassungsschüler zu richten. Er sprach sehr viel Lob aus über die zurückliegende Schulzeit, aber er sprach auch über den Ernst des kommenden Berufslebens. Die Ansprachen der Schulrektoren an den Abschlußfeiern ähneln einander alle irgendwie. Ich hatte ja einen Vergleich zu meiner eigenen Abschlußfeier. Mit guten Wünschen und der Zusprache, in der heutigen Arbeitslosigkeit nicht gleich zu resignieren, wenn es mal nicht gleich nach der ersten Berufsvorstellung klappt, beendete der Schulrektor seine Ansprache. Schließlich wurde den Schülern mit den besten Zeugnissen ein Geschenk der Schule überreicht. Renato und Claudia, die ich kannte, wurden dabei auch auf die Bühne gerufen. Den Schluß fand ich besonders traurig, da sang der Chor. "Nehmt Abschied, Brüder." Dabei standen die Schulabgänger auf der Bühne und winkten allen zu. Daß einige Tränen zu unterdrücken versuchten, konnte man erkennen. Anschließend folgte eine kameradschaftliche Umarmung zwischen den Schülern und Lehrern, bevor nach einigen kuzen Dankesworten die Geschenke der Schüler an die Lehrer verteilt wurden. Als ich nach Beendigung der Feier aus der Halle herausgefahren wurde, konnte ich, ohne zu übertreiben, die Abschulßfeier als sehr gelungen bezeichnen.

Mit den Jahren bekam ich auch zu manchen Lehrern der Schillerschule Kontakt. Frau Bodenschatz, die Lehrerin von Martina, fand ich recht sympathisch. Nein, nicht nur bei den Schulabschlußfeiern konnte ich dabei sein, auch zu einer Discoparty der Schule wurde ich eingeladen. Fuzzy, Meftun, Alex Müller scheuten dabei die langen Treppen der Schule nicht. Mit dem Rollstuhl zogen sie mich bis in das dritte Stockwerk hinauf. Oben war ein Klassenzimmer recht discomäßig eingerichtet. Es war mit zwei Lichtorgeln, einer großen Leuchtkugel, die sich an der Decke ständig drehte, und mit Buntpapier an der Decke und Wänden dekoriert. Auf die Tafel war eine lustige Fratze gemalt. In dem ausgeräumten Klassenzimmer wurde wie wild herumgetanzt. Auch einige Lehrer waren sehr eifrige Tänzer. Unter ihnen entdeckte ich auch Frau Bodenschatz, die mit Holger einen Stehblues tanzte. Axel machte vorne den Diskjockey. Von allen Seiten wurde ich aufgefordert, mich im Rollstuhl auch etwas nach der Musik zu bewegen. Fuzzy, Jörg, Alex Müller, Markus, Frank, Lolle usw. lachten sich wegen mir fast einen Ast ab, weil ich während der Begrüßung mit der Hand Silvia aus Versehen zu weit unten auf das Hinterteil klappste. Mir wurde wieder alles unterstellt. "Gell Micha, da waren wieder deine unkontrollierten Bewegungen schuld", fragte mich Alex hintergründig. An diesem Abend war ich sehr lebhaft und konnte so richtig aus mir herauskommen. Plötzlich holte mich Fuzzy mit dem Rollstuhl auf die Tanzfläche und tanzte mit mir auf den beiden Hinterrädern heiter drauf los. Ich fühlte mich einfach happy. Dabei kam mir die Idee, dieses herrliche Gefühl auch anderen behinderten Jugendlichen meiner früheren Schule zuteil werden zu lassen. Nach diesem lebhaften Tanz mit Fuzzy rief ich Frau Bodenschatz zu mir, um mit ihr einmal über eine Schulpartnerschaft mit der Körperbehindertenschule in Langensteinbach zu sprechen. Über Integration zwischen Behinderten und Nichtbehinderten wird so schrecklich viel herumgeredet und herumtheoretisiert, anstatt einfach mal etwas in die Tat umzusetzen. Ich dachte, wenn ich in der Schillerschule so gut aufgenommen werde, warum sollten andere Behinderte hier nicht auch irgendwie Anschluss finden? Ich fragte Frau Bodenschatz, ob

es nicht möglich wäre, daß sich mindestens viermal im Jahr die Oberklassen beider Schulen abwechselnd in den jeweiligen Schulen treffen könnten. Dazu würden sich die Schulfächer Erdkunde, Geschichte, Gemeinschaftskunde, Biologie und Religion besonders gut eignen, weil da am wenigsten geschrieben wird. Dies würde auch zeigen, daß ein körperbehinderter Schüler keinesfalls dümmer oder gescheiter sein muß. Dieser gemeinsame Unterricht könnte auch hinsichtlich des Leistungsdenkens ganz andere Vorstellungen vermitteln und die Barrieren auf beiden Seiten abbauen helfen. Bei Frau Bodenschatz fand ich mit dieser Idee große Resonanz. Sie meinte sogar, daß vier Treffen im Jahr für beide Klassen zu wenig seien. Ich nannte ihr einmal einen Lehrer der Körperbehindertenschule in Langensteinbach, der zu dieser Zeit die Abschlußklasse hatte. Frau Bodenschatz meinte daraufhin echt begeistert, daß sie demnächst in der Schule wegen dieser guten Idee einmal anrufen werde. Ich hatte schon eine leise Ahnung, daß unsere Schule Verschiedenes viel zu bürokratisch sehen würde.
Tatsächlich hatte der Lehrer Bedenken. Wegen der Unfallversicherung, die nur auf dem Schulgelände gilt, würde es große Schwierigkeiten geben. Auch wäre es wegen der vielen Treppen in der Schillerschule ein Problem. Problem, Problem, ich hörte nur noch Problem. In der Schillerschule gibt es doch viele starke Schüler. Ich mußte ja auch nicht auf einmal die Treppen hochlaufen. Außerdem sind ja nicht einmal alle von der Abschlußklasse im Rollstuhl, versuchte ich den Lehrer für diese Sache zu begeistern. Ich könne so etwas im privaten Bereich machen, aber wo die Verantwortung jemand anders trägt, ginge das nicht so ohne weiteres. Er erklärte mir noch, wenn in der fremden Schule etwas

passiere, wäre ich mit der ganzen Schulleitung der Dumme.

Gerade deshalb bin ich froh, daß ich in keiner Behinderteninstitution leben muß. In Heimen läuft es ja auf ähnliche Art und Weise ab. Man kann nicht sein eigener Herr sein. Aber das nennt man dann richtige "Hilfe". Na ja, jedenfalls konnten sich die Abschlußklassen beider Schulen niemals sehen. So kann man nie eine im Grunde selbstverständliche Integration schaffen. Aber möchte man dies überhaupt? Wollen dies die Verantwortlichen der höheren Etagen? Wollen dies unsere zuständigen Politiker???

Von Fuzzy wurde ich ganz alleine die Treppen wieder hintergefahren. Ich wurde nach der sehr tollen Schuldiscoparty wieder heil nach Hause gebracht.

Wenn sich der Sommer mit seiner ersten großen Hitzewelle ankündigte, sah ich dem mit etwas gemischten Gefühlen entgegen. Einerseits freute ich mich über die andauernde Wärme, andererseits schmerzte es mich, wenn sich dann meine Hofclique häufig an den Wochenenden im Rüppurer Freibad verabredete. Da sah ich mich immer vor eine komische Situation gestellt, obwohl mich mein Freundeskreis eigentlich selbstverständlich mehrmals mit ins Schwimmbad nahm. Da wurde halt das Behindertentaxi gerufen oder mein Vater brachte mich mit dem Auto ins Freibad. Aber wie ich dorthin kommen sollte, das mußte ich selber organisieren. Ich wurde jedoch den Gedanken einfach nicht los, daß, wenn ich zu oft den Anspruch hätte, mit zum Schwimmen zu gehen, ich mit der Zeit eine Last für meine Freunde sein würde. Diese Angstgedanken bremsten mich immer

wieder, von mir aus meinen Wunsch so frei und offen zu äußern. Immerhin mußte ich an- und ausgekleidet und immer mal wieder ins Wasser transportiert werden. Auf Anweisung des Bademeisters mußte immer jemand von meinen Leuten ein Auge auf mich werfen, obwohl ich auch alleine und ohne Aufsicht im Becken schwimmen könnte. Wenn ich als großer Angsthase das schon sage!
Zu essen geben mußte man mir auch, obwohl ich dies nicht so ernst nahm, denn beim Füttern braucht ja keiner mein Gewicht zu tragen. Also hörte ich mit wehmütigem Herzen oft nur zu, wenn sich meine Clique oftmals erst am Abend, kurz vor dem Auseinandergehen, ganz spontan im Freibad verabredete. Bis mir Fuzzy eines Tages etwas sehr Wichtiges sagte: "Micha! Du meinst immer, du brauchst eine Sondereinladung. Das stinkt mir jedes Mal an dir. Merke dir eines, du bist ein guter Kumpel von uns. Wir wollen keine Aktion Sorgenkind mit dir machen. Mensch verstehe doch, täglich können wir sehen, was du aus deinem Leben machst: Du verschließt dich nicht, deine Augen sind auch für die Probleme anderer offen. Wenn wir dich nicht leiden könnten, würden wir dich auch nicht mitnehmen. Für uns bist du nicht mehr "der Behinderte." Auch andere teilten mir im Laufe der Zeit Ähnliches mit. Dies zu hören, war für mich etwas ganz Wunderbares. Schließlich fügte Fuzzy noch hinzu: "Aber, wie du ins Freibad kommst, ist schließlich deine Sache. Bestimmt würde dich jemand von uns mitnehmen, aber du weißt, keiner von uns hat bis jetzt noch den Führerschein. Wir liegen immer an der Uhr. Also ist es nicht schwer, unseren Liegeplatz zu finden. Jetzt kannst du gerade machen, was du möchtest. Wir freuen uns, wenn du kommst, und wenn nicht, können wir dir auch nicht helfen." Dies waren zwar etwas harte Worte,

aber sie drückten etwas aus, was mir gut tat. Sie machten bei mir in der Clique überhaupt keine Unterschiede. Nur für meinen Vater war das etwas unverständlich, weil er ja selber bei unseren Abmachungen im Dunkeln blieb. Nur ich wußte über alles Bescheid. Die andern, da hatte ich volles Verständnis, wollten sich auch nicht immer abhängig von mir machen. Jeder einzelne rauschte mit seinem Moped oder der Straßenbahn los, und Treffpunkt war dann im Rüppurrer Freibad die große Uhr. Im Schwimmbad fand ich es immer ganz toll. Ich fühlte mich einfach wohl und frei und von meiner Clique ganz angenommen. Ein Gleicher unter Gleichen! Die notwendigen Hilfen, die ich brauche, waren für meine Freunde etwas ganz Selbstverständliches. Beim Aus- und Anziehen, das tat mir besonders gut, brauchte ich keine Leute mit einer besonderen Erfahrung. Fuzzy, Frank Elchinger, Claudia, Ralf Hempel und mehrere langten halt zu. Ich mußte ihnen anfangs nur mündliche Ratschläge geben. Da war kein Helfer, der aufgrund seiner speziellen Ausbildung über meinen Kopf hinweg alles besser wußte. So klappte aber auch alles viel leichter und unproblematischer. Fuzzy sagte mir gleich, wenn ich etwas wolle oder bräuchte, solle ich es auch gefälligst sagen und nicht warten, bis mir jemand meinen Wunsch von den Augen abliest. Auch im Wasser machte es mir einen Riesenspaß, mich mit den anderen kräftig auszutoben. Mit Ralf Hempel, Fuzzy und Frank Elchinger, den ständigen Helfern, klappte es wunderbar. Die Burschen tauchten öfters direkt unter mir durch. Das war dann so ein prickelndes Gefühl. Einmal erwischte ich dabei Fuzzy mit meinen Beinen fast am Körper. Junge, Junge, da hatte er Glück gehabt, sonst hätte ich ihn eine Weile getaucht. Die arme Silvia Lamm, die wurde von den Jungs häufig ins Schwimmbecken geworfen. Dennoch konnte sie sich viel entschiedener wehren, als es in den Jahren zuvor die Ute getan hatte. Innerhalb der Clique war immer etwas los. Mit denen konnte es im Schwimmbad einfach nicht langweilig werden.

Toll fand ich, daß auch andere von der näheren Wohngegend plötzlich Parties veranstalteten. Fuzzy machte gleich drei Parties hintereinander. Sein Vater stellte uns als Schulhausmeister der Karl-Hofer-Schule einmal einen Schulraum zur Verfügung. Zu dieser Party wurde ich auch eingeladen. Er sagte aber gleich, daß ich da mit meinem Wägelchen auch eifrig mittanzen sollte. Die Schule ist von uns nicht weit entfernt. So konnte ich mit meinem Wägelchen selbstständig dorthin fahren. Schon im Schulhof drang tolle Discomusik an meine Ohren. Sehr freudig fuhr ich um den Bau herum bis zum Eingang. Dort standen schon ein paar, die Fuzzy herausriefen. Alex Müller stand plötzlich auch grinsend vor mir: "Und, sollen wir dich jetzt diese Treppe hochbringen? Wir könnten dich auch hier draußen in der frischen Luft stehen lassen", sagte Alex, wobei er mir kameradschaftlich einen Freundschaftsklaps gab. Fuzzy funkte dazwischen: "Ah was, das können wir mit Micha nicht machen. Auf, komm, jetzt pack auf der anderen Seite mit an!" Mit einem Schwung saß ich plötzlich drei Stufen höher am Eingang. Während Fuzzy einen gewaltigen Freudenschrei ausstieß, schob er mich in den Raum zu den andern, wo mich viele Bekannte freudig und ausgelassen nach und nach begrüßten. Es war ein dunkler Nebenbau der Berufsschule mit alten Backsteinwänden. Der Raum war gerade für eine Party gut geeignet. Hinten an der Wand stand zwar eine große, alte Drehbank, doch diese störte uns nicht im geringsten.

Axel hatte wieder einmal seinen Stereoplattenspieler aufgebaut. Viele bunte Lampen blinkten neben und auf der Theke. Nebenan war noch ein kleinerer Raum. Darin standen auf einem langen Tisch die Salate und das Knabberzeug. Dahinter saßen jeweils zwei Leute, die für den Ausschank der Getränke sorgten. Als ich zum ersten Mal in den Raum kam, saß Silvia Lamm hinter dem Tisch. "Gell, wenn du etwas möchtest, mußt du es uns sagen", rief sie mir recht heiter zu. Diese Worte waren für mich eine direkte Aufforderung, mich dann auch bei Jemandem zu melden, und wenn ich es nicht tat, war ich selber schuld. Es wurden lustige Spiele gemacht, doch hauptsächlich zu guter, aktueller Discomusic getanzt. Zwischen fünf Play-Back-Sängern, die einen Sänger oder eine Sängerin imitierten, mußten alle wählen. Ich wurde von meinen Leutchen fast ständig aufgefordert, auch eifrig mit meinem Wägelchen mitzutanzen. Da war noch ein mir sehr sympathischer blonder Typ, den ich an dieser Party neu kennengelernt hatte. Auch er zog mich immer wieder zwischen die tanzenden Leute und animierte mich, mit ihm zu tanzen. Eugen ist sein Name, wie ich später erfuhr. So macht man immer neue Bekanntschaften. Während einer solchen Party, das ist klar, wird bei Jugendlichen auch Alkohol getrunken. Bier und, was besonders beliebt ist, Cola mit Schuß. Ich selber rühre ja nur äußerst selten Alkohol an. Wahrscheinlich hatte Fuzzy an seiner Party zu viel von den Mixgetränken, die ja besonders heimtückisch sind, versucht. Natürlich erschrak ich ein wenig, als Fuzzy recht schwankend zu mir kam. Er ließ sich erschöpft auf meinen Schoß fallen, umarmte mich wie ein hilfloses Kind und sagte mir, wobei er selbst beim Sprechen etwas Schwierigkeiten hatte: "Michael, das kannst du mir glauben, du bist mein allerbester

Freund. Leider gibt es nur wenige, auf die man sich auch in schwierigen Situationen verlassen kann. Bitte verzeih mir, Micha, daß ich dich manchmal so angeschrien habe. Ich meinte es nicht so. Glaub mir bitte, ich meinte es nicht so." Dabei klammerte er sich immer heftiger an mich und fing auf einmal ganz bitterlich an zu weinen, während er mich beinahe anflehte: "Bitte Micha, trotz allem, was ich dir getan habe, verzeihe mir bitte. Wenn ich auch nur Maler werde, bitte verlaß mich nicht." Die letzten Sätze wiederholte er mehrmals. Ich antwortete schon etwas erschrocken und gerührt zugleich: "Nein Fuzzy, das siehst du falsch. Durch deine superehrliche Art hast du mir schon so viel gebracht, das weißt du gar nicht. Gerade deshalb habe ich eigentlich den Wunsch, weiterhin dein Freund zu bleiben." Fuzzy hatte seinen Kopf die ganze Zeit schon auf meine Schulter gelegt, und dicke Tränen kullerten von seinen Wangen herab. Inzwischen hatten andere seinen älteren Bruder Thomas geholt, der mich etwas peinlich fragte, ob er Fuzzy von mir nehmen solle. Aber ich antwortete schnell: "Ach nein, er soll sich noch ein wenig bei mir abreagieren."

Am nächsten Tag ließ es mir keine Ruhe. Ich mußte Fuzzy, jetzt wo er wieder über einen klaren Kopf verfügte, ein kleines Briefchen schreiben. Wie sich Fuzzy am Abend zuvor darstellte, ging mir einfach zu nahe. Ich versuchte ihm klar zu machen, daß ich den Malerberuf keinesfalls als minderwertig betrachte. Wenn es keine Maler gäbe, versicherte ich ihm, dann würden sich einige bedanken, die dafür völlig unbegabt sind. Außerdem, schrieb ich, hatte ich Fuzzy tausendmal lieber, als viele kalte, hochnäsige Beamte. Viele Beamte und auch Studierte haben, so finde ich, etwas sehr

Wichtiges verlernt: das Mitfühlen. Dieses Talent, das sogar manchmal in sozialen Berufen fehlt, weil gute Noten oft genügen, finde ich im Leben mit anderen viel wichtiger. Nicht derjenige, der im Beruf oder gesellschaftlich weit nach oben gekommen ist, muß ein großartiger Mensch sein. Nein, solche Leute haben meistens kein eigenes Rückrat mehr, weil sie mit anderen ständig im Konkurrenzkampf leben müssen. Viele Menschen, die nicht all zu weit nach oben kommen wollen, haben oftmals eine viel frohere Lebenseinstellung, weil sie sich mehr auch über die kleinsten Dinge erfreuen können. So leben sie auch intensiver und sind oftmals um einiges zufriedener auf der Welt. Sie sind nicht so verkopft. Ich halte nichts von dieser unnötigen Klassifizierung der Menschen.

Es ergab sich ganz zufällig, Ende Septemper, daß ich in der Fersehsendung "Zu Gast" einen Kommentar abgeben konnte. Ich kam gerade von Frau Traub aus der Hofanlage wieder vorgefahren, als ich unter den Akazienbäumen vier, fünf Leute, von denen gerade einer eine Fernsehkamera auf mich richtete, sah. Zunächst reagierte ich etwas überrascht und blieb unwillkürlich stehen. Daraufhin wurde ich von den Männern gebeten, ganz normal weiter zu fahren, bis ein anderer, ein schon etwas älterer Herr, dem Kameramann die Klappe zeigte. Schließlich konnte ich mit den Leuten reden und sie vor allem fragen, was sie hier bei uns im Hof machten. Ein großer blonder Mann erklärte mir, daß sie hier und parallel in der noch übriggebliebenen Altstadt Bewohner über den Sinn und Unsinn der Altstadt-Sanierung befragen wollen. Sie wollten die Vorteile und Nachteile von den Bürgern selbst hören.

Da war ich bei diesen Leuten gerade richtig. So konnte ich ihnen einmal unsere Situation als heranwachsende junge Mitbürger hier in der Hofanlage schildern. Der junge Mann, der vorhin die Kamera auf mich gerichtet hatte, meinte: "Sie kommen uns gerade recht." Zunächst fragte ich Herrn Felsberg, so hieß der eine blonde Mann, wie sie gerade auf die Idee gekommen seien, in unserer Hofanlage zu drehen. "Ganz einfach, dieser Hinterhof wurde uns am wenigsten empfohlen, und gerade das machte uns besonders neugierig, auch einmal hier hineinzuschauen", antwortete Herr Felsberg mit einem grinsenden Lächeln im Gesicht. Diese Leute gefielen mir gleich, so aufgeschlossen, heiter, aber doch mit einer unheimlichen Gründlichkeit. In ihrem Kreis fühlte ich mich sofort auf eine kameradschaftliche Weise aufgenommen und vor allem auch ernst genommen. Ich machte die Herren gleich auf die große brachliegende Fläche aufmerksam. "Die Leute bräuchten hier nicht einmal auf die Grünanlage zu verzichten, wenn sie uns hier einen Bolzplatz mit einem richtigen Rasen und zwei Toren machen würden," sagte ich zu den Leuten, die mir recht interessiert zuhörten. Auch ließ ich sie wissen, daß ich anläßlich dieser Sache schon dem Volkswohnungsamt geschrieben hatte und daraufhin nur eine indirekte, freundliche Ablehnung auf meine Bitte erhielt. Außerdem erwähnte ich noch die Kettenbriefe an die Anwohner und meinen Bericht "Zum Nachdenken", den ich diesbezüglich durch eine Zeitung veröffentlichen lassen konnte. Dann erzählte ich ihnen von meiner Idee, hier in der Hofanlage ein Lampionfest zu machen, die aber von den Anwohnern nur als ein nicht zu realisierender Traum betrachtet wurde. Die vergebliche Schreibarbeit betonte ich auch am Rande. "Ja, woran kann so eine Reaktion der Anwohner liegen?" wurde ich daraufhin gefragt. "Ich glaube, jeder hat Angst vor einer Beschädigung der wunderschönen Hofanlage der Volkswohnugs GmbH. Es könnte ja die Rasenfläche ein bißchen zertreten werden", antwortete ich etwas überspitzt. "Ja wieso? Wird die Hofanlage von den Anwohnern sonst nicht zum gemütlichen Zusammensitzen genutzt?" fragte Herr Felsberg forschend nach. Ich schüttelte nur heftig den Kopf und sagte: "Nein, außer jüngeren Müttern, die gelegentlich am Sandkasten ihre Kleinkinder bewachen, ist niemand auf die Idee gekommen." Daraufhin erzählte ich etwas von meinem Schwedenurlaub 1976. Dort geht es in dieser Hinsicht in den Hinterhöfen um einiges lockerer zu. Kurz berichtete ich noch über die nette Clique hier. "Aber ihr trefft euch doch wenigstens öfters hier im Hof?" wurde ich gefragt. "Ja, hauptsächlich am Abend", antwortete ich, ehe ich ihnen noch von unseren gemeinsamen Parties erzählte. "Na ja, zum Glück klappt das nachbarliche Verhältnis wenigstens bei euch jungen Leuten noch ein bißchen", meinte Herr Felsberg recht nachdenklich. Mit diesen lieben Männern wurde ich richtig warm. Auch konnte ich ihnen noch verschiedene Auskünfte geben, wo sie für diese Sendung weitere interessante Beiträge erwarten konnten. Nun erkundigte sich einer dieser Männer, wie ich denn schreiben könne. Als ich ihnen das genauestens erklärt hatte, meinte Herr Felsberg: "Sie könnten für unsere Fernsehsendung auch interessante Beiträge abgeben. Hätten Sie etwas dagegen, wenn wir Sie am Montagmittag so gegen 15.00 Uhr bei ihnen zu Hause etwas interviewen?" Zunächst reagierte ich ängstlich. "O je, ob ich das kann", waren meine ersten Worte. "Das haben schon ganz andere Leute gesagt, auch ganz berühmte Politiker", erzählte mir Herr Felsberg und meinte weiter: "Wissen Sie, was meine

Berufserfahrung in den vielen Jahren ist, seitdem ich verschiedene Leute interviewe? Daß Leute, die absolut keine Erfahrung haben, frei ins Mikrophon zu sprechen, viel bessere und lebendigere Aussagen machen können. Was meinen Sie, warum die Leute im Fernsehen so perfekt reden können? Das wurde vorher meistens schon ein paarmal eingeübt." Na ja, dies machte mir etwas Mut, und ich sagte zu, denn so eine Gelegenheit durfte man sich nicht entgehen lassen. Mein Vater hatte, wie schon vorher geahnt, Bedenken, daß ich mich in dieser Sendung "Die Altstadt stirbt, es lebe die Karlsruher-Stadt-Sanierung" auch zu Wort melden wollte. Er kannte nämlich meine kritischen Gedanken, gerade wenn es um die Hofzieranlagen geht. Dies störte mich aber nicht im geringsten, denn wir leben ja schließlich in einer Demokratie. Oder ist sie inzwischen nicht zu einer Scheindemokratie geworden? Darf man heute wirklich seine innere Einstellung frei äußern, ohne gleich als ein Grüner, Roter, Schwarzer oder was es sonst noch für Gruppierungen gibt, abgestempelt zu werden??? Die verschiedenen Bezeichnungen der Gruppen wären, denke ich, ganz normal, wenn sie nicht immer mehr zu Schimpfwörtern gemacht würden. Heute sieht man keine Menschen mehr mit verschiedenen Ansichten, die nur zu Lösungen von Gesellschaftsproblemen in die Politik kommen wollen. Nicht mal über den Sinn und Zweck einer Gruppierung oder Partei wird nachgedacht. Jude...War das nicht auch so ein übliches Schimpfwort? Ich denke, so furchtbar viel hat sich in unserer Demokratie nicht geändert. Die Leute machen sich in dieser Hinsicht nur etwas vor. Das ganze läuft heute nur etwas subtiler ab. Ich selbst wurde auch schon von einer Bekannten einfach als "Roter" abgestempelt, nur weil ich versuche, mich für Minderheiten einzusetzen.

Tja, das geht eben recht schnell.

Herr Felsberg machte mir noch den Vorschlag, an diesem Montag ein paar Kumpels der Hofclique zusammenzurufen, die, wenn sie wollten, bei unserem Interview teilnehmen könnten. Am Abend gab ich diese, wie ich fand, einmalige Gelegenheit, einmal etwas öffentlich sagen zu können, im Hof weiter. Bereit dazu wären sicherlich mehrere Leute gewesen, wenn die Scheu, etwas ins Mikrophon zu sagen, nicht vorhanden gewesen wäre. So stellten sich nur Gino und Ralf Hempel bereit. Das folgende Wochenende verging recht langsam. Mit Ungeduld sehnte ich Herrn Felsberg und die anderen Leute des Fernsehens herbei, die mir so viel zutrauten. Pünktlich am Montag, 15.00 Uhr, trat zuerst Herr Felsberg in mein Zimmer, danach folgten die anderen mit Kamera, großem Scheinwerfer u.a. Jedenfalls, mein Zimmer wurde auf einmal sehr klein. Die Leute waren wieder sehr lustig und froh gelaunt. Der ältere Mann, der bestimmt schon die sechzig erreicht hatte, aber trotzdem in seiner Art noch sehr jung wirkte, tanzte gleich nach der Radiomusik Boogie. Das fand ich so super. Die anderen waren damit beschäftigt, die Scheinwerfer zusammenzubauen. Dabei quatschten und lachten wir wie alte Freunde miteinander. Die Leute schienen mein Zimmer sehr interessant zu finden. Vor verschiedenen Bildern an der Wand blieben sie recht lange stehen. Herr Felsberg wollte sich immer wieder für die lange Vorbereitungszeit entschuldigen. Darauf antwortete ich nur: "Das macht doch nichts, mir macht es doch Spaß, mit euch eine längere Zeit zusammensein zu können. Außerdem finde ich das alles sehr interessant." Jetzt erstrahlte mein Zimmer auf einmal sonnenhell. Der eine Typ hatte den Scheinwerfer eingeschaltet. Mir war so, als schiene die mächtige Sonne direkt in mein Zimmer. Die Helligkeit war beinahe identisch mit dem Tageslicht draußen. Meine Bilder an der Wand schienen anders zu wirken. Viele Halterungen für die Scheinwerfer standen vor und hinter mir auf dem Boden herum. Nun streifte mein Blick die Uhr. Es war schon kurz vor halb vier. Mensch, Gino und Ralf Hempel werden mich doch jetzt nicht im Stich lassen? Aber da läutete es auch schon Sturm. Endlich, ein Stein fiel mir vom Herzen! Bald darauf kamen etwas zögernd Gino und Ralf in das Zimmer hineingeschlichen. Sie schienen etwas verwundert über mein so ganz anders beleuchtetes Zimmer. Meine Freunde merkten sofort, daß man mit den Leuten ganz locker umgehen konnte. Zunächst einmal erkundigten sie sich genau über den Sinn und Zweck dieser Sendung. Dann ging es so langsam los. Erstmals mußte die Kamera so auf uns gerichtet werden, daß sie uns alle erfaßte. Es zeigt sich, daß der Platz in meinem Zimmer nicht ausreichte, so daß der Mann mit der Fernsehkamera die nötige Entfernung nur schwer einhalten konnte. So blieb ihm keine andere Wahl, als sich mit der Fernsehkamera in mein Bett zu legen. Mußten wir an diesem Mittag lachen! Dann noch die lustige Geste, wie er mich fragte: "Gell, du gestattest mir doch, daß ich mich bei dir etwas ins Bett lege?" Ich nickte natürlich lachend mit dem Kopf. Herr Felsberg schaute grinsend auf ihn herab und sagte: "Ja, ja, ich glaube es dir sofort, das gefällt dir mal wieder, während deiner Arbeitszeit im Bett herumzuliegen." Diese lustigen Anspielungen ließen das Lampenfieber vor dem bevorstehenden Interview immer kleiner werden. Endlich war es so weit, einer gab dem Kameramann im Bett mit der Klappe das erste Zeichen. Herr Felsberg, der uns locker im Schneidersitz gegenübersaß, stellte mir die erste Frage. Ich mag jetzt nicht das ganze Gespräch wiedergeben. Da würde ich einiges aus dem Vorgespräch wiederholen. Jedenfalls empfand ich die Antworterei gar nicht so schwer, wie ich es anfangs befürchtet hatte. In den Pausen dazwischen, wo der Mann mit der Kamera immer mal wieder aussetzte, konnte man wieder Luft holen. Plötzlich beschwerte sich der Kameramann über den schlechten Hintergrund. "Der Schrank müßte aus dem Zimmer. Das Glasfenster spiegelt zu sehr, das werden keine gescheiten Aufnahmen werden", meinte er und drehte an der Kamera herum. "O je, ihr werdet doch mein Zimmer nicht völlig ausräumen wollen", rief ich ausgelassen, denn meine Korbbank hatten sie schon ganz nach vorne in die Pflanzenecke geschoben. Doch schließlich konnte die Filmerei weiter gehen. Jetzt befragte Herr Felsberg Gino und Ralf, warum sie glauben, daß es kein Zusammensitzen der Anwohner an den Feierabenden unten in der Hofanlage gäbe. Daraufhin antwortete Ralf etwas zögernd: "Ich glaube, es liegt daran: Wenn die Leute abends müde von der Arbeit nach Hause kommen, sind viele froh, die Haustüre hinter sich zu schließen, um sich vor dem Fernseher ausruhen zu können. Das meine ich, ist ein schwerwiegender Grund. Außerdem trauen sich die Leute nicht, in den Hof zu sitzen, auch wegen der strengen Innenhofordnung. Sie könnten ja aus Versehen etwas beschädigen, was ihnen nicht einmal gehört. Erst vor kurzem wurde die Polizei gerufen, nur weil sich eine Frau, die hier wohnt, auf einer Rasenfläche in der Hofanlage im Bikini gesonnt hatte. Also, sehen Sie, hier darf man sich absolut nichts erlauben." In der Pause, nach der sehr wichtigen Aussage von Ralf, wollte Gino unwillkürlich den Aschenbecher aus unserem Sitzkreis stellen. Wahrscheinlich hatte Gino gedacht, der

Aschenbecher braucht nicht unseren Mittelpunkt darstellen. Da fuhr ihn Herr Felsberg etwas heftig an: "Nein, bitte laß den Aschenbecher stehen, sonst gibt es Schwierigkeiten beim Schneiden. Wir wollen ja keinen Zaubertrickfilm produzieren, wo plötzlich während der Gespräche der Aschenbecher verschwindet und wieder auftaucht." Wir schauten uns erstaunt an. An dies hatte keiner gedacht. Ungefähr so knappe zehn Minuten lang wurden wir interviewt. Anschließend filmten die Leute noch, wie ich mit der Schreibmaschine schreibe. Herr Felsberg hatte nämlich mein selbstgeschriebenes Buch etwas durchgeblättert und fand es wichtig, den Leuten zu zeigen, wie ich eigentlich mit meiner Behinderung schreibe. Damit es schneller ging, setzte mich Gino an die Schreibmaschine und Ralf steckte mir lächelnd den Mundschreiber in den Mund. Sonst kann ich dies alles selbstständig machen. In diesem Augenblick war ich schon etwas aufgeregt, denn wenn ich mich beobachtet fühle, ist das für mich immer so eine kritische Sache. So mußte ich irgendetwas schreiben und wurde dabei gefilmt. Währenddessen las der Mann mit der Brille mein Schreiben "Zum Nachdenken" durch. Hinterher meinte er anerkennend: "Mensch, der Junge hat wirklich etwas drauf. Das müßt ihr einmal lesen." Dabei schaute er zuversichtlich auf mich: "Doch wirklich, mir liegt es fern zu übertreiben, aber dies hier haben Sie ganz fachmännisch geschrieben. Man könnte fast meinen, Sie wären ein Kollege von uns", sagte er weiter. Eigentlich fällt es mir ziemlich leicht, wenn ich mich in eine Sache richtig vertiefe, meine Gedanken auf das Papier zu bringen. Dennoch freute ich mich über dieses Lob. Es brachte mir die Bestätigung, mir nichts vorgemacht zu haben, mich selbst bilden zu können. Auch ohne

Berufstelle oder Ausbildung, wo ich im Endeffekt sowieso keine Chance gehabt hätte, irgendwo hineinzukommen. Damit waren die Leute vom Fernsehen in meinem Zimmer fertig. Herr Felsberg sagte mir beim Abschied, daß sie sich noch zwei Wochen hier in der Wohngegend herumtreiben würden. Somit versicherte er mir, werden wir uns sicherlich noch öfters draußen begegnen.

So war es auch, noch zweimal drehten die Leute bei uns in der Hofanlage. Direkt in meinem Sinne filmten sie kleinere, spielende Kinder, die ihr Versteckspiel in der verbotenen und nicht geeigneten Zieranlage machten. In diesem Augenblick war gerade Eli zufälligerweise bei mir im Hof. Sie wurde als neutrale Person auch über ihre Meinung gefragt, wie sie unseren Hof finde. "Die Fläche ist hier zwar ziemlich groß, nur für die Bedürfnisse der Heranwachsenden, auch für die Erwachsenen selbst, nach meiner Meinung zu verplant", konnte Eli nach einem herzhaften Kichern vor dem überraschenden Interview gerade noch ins entgegengestreckte Mikrophon sagen.

Noch einmal traf ich die Leute in unserer Hofanlage. Sie waren gerade im Ritchy's Treff, wie sie mir berichtet hatten. Ich folgte ihnen bis zum Vorhof. Au, das ergibt sich gut, dachte ich. Auf dem Zwischenplatz, seitlich der Sparkasse, bolzten die Jüngeren wieder verbotenerweise mit dem Ball herum. Sofort rief ich Ronald und Andreas herbei, bei denen ich meinte, sie würden sich bestimmt vor der Fernsehkamera zu der Situation "Kinder im Hof" äußern. Herr Felsberg und seine Leute fingen schon bereitwillig an zu drehen, während ich den Leuten die einmalige Gelegenheit, sich einmal öffentlich zu äußern, nahe zu bringen versuchte. Michael Koen saß auch noch dabei seitlich auf dem Mauervorsprung. Auch er schien zwar die Gelegenheit zu wittern, dennoch fehlte auch ihm der richtige Mut dazu. Aufgehetzt habe ich niemanden dazu. Ich wollte nur, daß sie vor den Fernsehleuten wiederholen, worüber sie sich bei mir immer mal wieder beklagt hatten. Deswegen ärgerte es mich, weil die Hemmschwelle in diesem Augenblick doch zu groß war. Sie grinsten mich nur recht verlegen an und fragten, was sie denn sagen sollten. So blieb den Fernsehleuten nichts anderes übrig, als die Leute ohne Kommentar beim Fußballspielen zu filmen und aus meinen Erzählungen einen Kommentar zu machen.

Was muß man alles so erleben! Im Gottesacker war einmal unter uns Jugendlichen ein Typ. Er war so 18- oder 19 Jahre alt. Ich dachte, ich höre nicht gut, als er vor allem für Adolf Hitler Werbung machte. Deutschland muß wieder eine Macht werden. Die vielen Ausländer hätte es früher bei Hitler nicht gegeben, denen habe er den Marsch gegeben. Hitler sei für ihn ein richtiges Idol. Solche dumme Sachen schwafelte er dahin. Erst später bemerkte ich an seinem rechten Ärmel das Nazizeichen aufgenäht. Junge, Junge, obwohl ich vor etwas mehr als vierzig Jahren zum großen Glück noch nicht auf der Welt war, kam ich mir richtig in die grauen Zeiten versetzt vor. Nachdem ich diesem Kerl lange genug zugehört hatte und merkte, wie gefährlich leicht die anderen für Hitlers Methode, Arbeitsplätze zu beschaffen, zu faszinieren waren, mußte ich mich einfach ins Gespräch mischen. Ich fing so an: "Deinen Herrn Hitler fand ich aber nicht so gut. Der wußte mit seinen Produktionen genau, wie er die Leute verarschen kann." Der junge Mann blickte mich erstaunt und zugleich sehr erschrocken an, ehe er mir schon etwas kleinlauter erwiderte: "Immerhin gab es früher unter Hitlers Macht längst nicht so viele Arbeitslose wie heute." "Mensch sei doch nicht so dumm und naiv, dies erreichte er doch nur auf Kosten der armen und der dummen Leute, die, entschuldige bitte, genauso naiv wie du gedacht hatten", konterte ich scharf zurück. "Dafür konnte man früher, auch die Frauen, in der Nacht viel sicherer spazieren gehen, ohne belästigt oder überfallen zu werden", meinte er weiter. "Ja, nur dafür haben Hitler und seine Leute Morde an Juden, Sozialisten, Behinderten und Andersdenkenden begangen. Was meinst du, wenn dein Herr Hitler heute regieren würde, müßte ich höchstwahrscheinlich, wenn ich nicht irgendwie versteckt werden würde, in der Gaskammer sterben. Dann wären wir uns hier nicht begegnet", antwortete ich verärgert. Etwas berührt und stark im Innern getroffen, stotterte er. "Das hätten Hitler und seine Leute auch nicht machen brauchen." "Mensch, das haben sie aber gemacht, und nicht nur einmal", unterbrach ich ihn recht aufgebracht. "Ich weiß, daß du mich nicht leiden kannst, aber, jetzt einmal von den Behinderten weg. Das Judenvolk hätte beinahe die ganze Macht an sich gerissen, und das übrige Ausländerpack nahm den Deutschen, wie heute auch wieder, die Arbeitsplätze weg. Kann man das so einfach hinnehmen?" fragte mich der Typ. "Dazu kann ich dir nur sagen: Weißt du eigentlich, wieviel die Deutschen den Gastarbeitern gerade nach dem von Hitler angefangenen Krieg zu danken haben, Deutschland wieder aufzubauen? Selbst auf dem Arbeitsmarkt sorgten vor allem die Ausländer wieder für den baldigen Konjukturaufschwung. Ohne diese Leute, man möchte das nur nicht mehr zugeben, wäre Deutschland heute nicht so weit gekommen. Hast du dir das schon einmal überlegt? Und noch einmal zu den Juden. Das war früher gegenüber den Deutschen vielleicht ein fleißigeres Volk. Warum sollten diese Leute nicht auch ihre Karriere machen? Nur weil sie zufälligerweise aus dem Judenvolk stammten? Nein, das ging nicht mit rechten Dingen zu", beantwortete ich ihm seine Frage. "Sag mal, von wem hast du eigentlich deine komischen Weisheiten? Gibt es in Karlsruhe noch mehr, die wieder leider so gefährlich denken wie du?" erkundigte ich mich schon etwas traurig, daß es jetzt immer mehr Jugendliche gibt, die dem Spinner Adolf Hitler wieder nacheifern wollen. Nach einigem längeren Herumstammeln flüsterte er beinahe: "Von einer Gruppe junger Männer. Wir treffen uns einmal in der Woche montags. Wo, darf ich dir leider nicht sagen." Da konnte ich nur sagen: "Das ist vielleicht auch besser so. Wenn ihr in gemeinster Weise auf die Türken losgeht, wird es sicherlich nicht mehr lange dauern, bis ihr auch auf behinderte Leute euere brutale Jagd macht, und dies nur, weil wir angeblich dem Staat zuviel Geld kosten." Der junge Kerl erwiderte jetzt sehr betroffen: "Nein, nein, so etwas würde ich selbst niemals tun. So gemein kann ich niemals sein." Darauf antwortete ich ziemlich schnell: "Also, dann bist du zu deinem Glück noch kein richtiger Nazi, denn ein Nazi muß viel grausamer sein. Mensch hör doch damit auf! Zu denen gehörst du nicht, glaube mir, das sind die falschen Kameraden für dich. Du bist nämlich von Grund auf, glaube ich, ganz in Ordnung. Jetzt aber beantworte mir bitte noch eine Frage, dann möchte ich davon nicht mehr reden und auch nichts mehr hören. Warum könntest du absolut nicht auf behinderte Menschen, dafür aber wahrscheinlich um so mehr und grausamer auf die Ausländer losgehen? Ich meine, beide sind doch

Menschen wie du und ich, die einen Anspruch haben, gut zu leben", fragte ich noch schnell. Jedoch das war für den jungen Kerl zu viel. Er wurde rot und machte sich ganz schnell aus dem Staub. Daraufhin lachte so mancher von meinen Kameraden und meinte: "Mensch, Micha! Den hast du schön fertig gemacht. Das hätten wir dir gar nicht zugetraut." Recht nachdenklich, eher etwas geknickt, gab ich ihnen zur Antwort: "Na ja, mir ging es bei diesem Gespräch eigentlich weniger um das Fertigmachen. Ich wollte ihm nur klar machen, daß er mit der widerlichen Idee, Nazi zu sein, auf dem falschen Weg ist."

Aber noch viel trauriger machte mich die Tatsache, daß hinter so einer gefährlichen Organisation die Polizei nicht so her ist wie hinter linksgerichteten Gruppierungen. Meine Schwester erzählte mir einmal, sie sei in der Nacht einer Gruppe junger Männer begegnet, die mit Nazihakenkreuzen gekennzeichnet waren und ganz laut die alten Kriegslieder in der Stadt herumgegrölt hätten. Nicht nur das, sie belästigten auch andere Menschen auf der Straße. Auch meine Schwester Bärbel und Andi, der etwas lange Haare hat, machten, daß sie diesen unberechenbaren Leuten aus dem Weg kamen. Jedenfalls, da sah man weit und breit keine Polizei.
NACHTRAG 1988: Gerade kürzlich wurde ich mitten in der Stadt von zwei Neonazis kurz belästigt und ausgelacht, als sei ich nur ein übler Haufen Dreck. Bei diesem Treffen kam mir vor Angst nur so die Gänsehaut hoch. Angegriffen haben sie mich zum Glück nicht. Trotzdemm ließ ich mir diese Gelegenheit nicht nehmen und schrieb der Polizei einen Brief. Kurz darauf machte mir Willi, der Kriminalbeamter ist, die traurige Mitteilung, daß noch ein

weiterer Rollstuhlfahrer an die Polizei geschrieben hätte. Dieser sei wegen einer leichten Gehirnerschütterung ins Krankenhaus gekommen, weil er, nachdem er sich mündlich gegen massive Beleidigungen der Neonaziß gewehrt hatte, mit dem ganzen Rollstuhl umgekippt worden ist. Mir liegt es fern, diese Erfahrung zu dramatisieren, jedoch denke ich, man hat leider in der Hitlerdiktaktur zu lange geschwiegen, um die harmlosen Anfänge gleich zu stoppen. Es gibt einem schon zu denken, warum der Staat bei den Rechtsgerichteten eher ein Auge zudrückt. Oft habe ich die Befürchtung, daß sich das Geschichtsrad wieder rückwärts dreht. Die Menschen unserer Nation scheinen von dem blutigen zweiten Weltkrieg wirklich nichts oder nur sehr wenig dazugelernt zu haben. Damit aber hier kein Mißverständnis entsteht, ich bin genauso gegen die radikalen Linksorganisationen, welche dem Terrorismus beinahe die Hand reichen. Jedoch wäre es einmal recht aufschlußreich, darüber nachzudenken, weshalb diese Entwicklung so gekommen ist.

Einmal wurde Michael Koen im Hof plötzlich sehr ernst. "Entschuldige Micha, wenn ich jetzt zu dir wahrscheinlich etwas sehr Hartes sage. Früher, als ich dich noch nicht gekannt habe, dachte ich, daß es besser wäre, wenn alle Behinderten umgebracht würden. Jetzt erst, wo ich dich im Laufe der Zeit kennengelernt habe, kann ich nicht mehr so denken", sagte mir Michael direkt ins Gesicht. Ein wenig erschrak ich zunächst schon über diese Äußerung. Dennoch freute ich mich über diese Offenheit, denn sie drückte ein gewisses Vertrauen aus. Dies ließ ich Michael auch gleich wissen. Nur so konnte das Gespräch weitergehen. Schließlich wollte ich

von Michael genauer wissen, wie er zu diesem Gedanken eigentlich gekommen sei, daß es besser wäre, man brächte die behinderten Leute einfach um. Verlegen, aber doch etwas erleichtert, blickte Micha zu Boden. "Ha, weißt du, wenn ich sonst so Behinderte sehe, wie teilnahmslos sie in den Rollstühlen sitzen, dann mußte ich mir einfach die Frage stellen, ob dieses leere Dasein für diese Menschen selber noch Leben bedeutet", antwortete Micha. "Du wirst dich jetzt wundern, über deine letzte Frage habe ich mir auch schon gedanken gemacht. Von den ganz Schwer- und Geistigbehinderten mal abgesehen die können, finde ich, manchmal sogar noch fröhlicher ins Leben schauen." Weiter sagte ich: "Deshalb brauchst du dich, finde ich, nicht zu schämen. Es setzt sogar voraus, daß du dir über solche Menschen starke Gedanken machst. "Jetzt bin ich aber erleichtert. Schon lange wollte ich mit dir darüber reden, aber ich getraute mich nicht so recht, weil ich befürchtete, du wärst mir dann für immer böse."
Auch Andreas Krumhard, Cristian und Ronald hatten dem Gespräch nachdenklich zugehört.

Die Leute sollte man selber kommen lassen mit dem, was sie beschäftigt, und nicht immer die eigene Behinderung in den Mittelpunkt stellen und sie aufklären wollen. Diesen Drang hatte ich früher auch, um so vielleicht mehr Freunde zu gewinnen, aber das bringt nach meiner Erfahrung nichts, im Gegenteil. Etwas ganz Wesentliches sollte da vorausgehen, man muß mit sich <u>selbst</u> ins Reine kommen.

Es ergab sich schon eine merkwürdige Situation, als ich zusammen mit Jörg, Holger und Meftun vom Gottesacker nach Hause gehen wollte. Plötzlich schwatzte mich von der Seite ein junger Mann an. Dazu wäre noch zu betonen, daß er etwas betrunken war. Was heißt schon "etwas"? Ganz schön sogar. "Ihr braucht vor mir keine Angst zu haben. Keiner Fliege würde ich etwas zu leide tun", sagte er gleich und begann, mit uns über seine Familie zu sprechen. Da Jörg, Holger und Meftun weiter mußten, ließen sie mich mit diesem Mann alleine. Plötzlich hielt er mir ein paar Fotos seiner Familie unter die Nase. Ich sah ihn zusammen mit seiner Frau und noch zwei kleineren lieblichen Kindern. Ich dachte noch, eine glückliche Familie muß das einmal gewesen sein. "Heute hat sich das alles geändert, früher lebten wir wirklich recht froh miteinander", versicherte mir der arme Kerl, dem plötzlich dicke Tränen die Wangen herunterkullerten. Er erzählte mir offen weiter: "Bis sich meine Frau in einen anderen verliebte. Dabei habe ich meine Frau immer noch sehr lieb. Erst recht meine beiden noch sehr kleinen Kinder. Wir wohnen in Heidelberg. Können Sie sich vorstellen, mein Kummer ist so groß geworden, daß ich extra in eine fremde Stadt gefahren bin, um mir einmal einen anzutrinken. Hier kennt mich ja niemand. Sonst mache ich so etwas nie, und anschließend habe ich vor, mich vor ein Auto zu werfen. So kann ich nicht mehr am Leben bleiben. Meine Familie und auch ich sind kaputt!" Recht erschrocken über diese letzten Sätze, sagte ich, nachdem ich ihm nur zugehört hatte: "So etwas würde ich trotzdem niemals tun. Denken sie doch nur an ihre Kinder, die können ja nichts dafür, daß sich ihre Frau für einen anderen Mann entschieden hat. Wenn das Verhältnis zwischen ihnen und ihren Kindern gut war, werden ihre

Kinder, ganz gleich, was ihre Frau macht, sie immer noch brauchen. Außerdem würde ich niemals sterben wollen. Das eigene Leben wäre mir persönlich viel zu kostbar dafür." Daraufhin lächelte der Mann zum ersten Mal. Er klapste mir vorsichtig auf die eine Schulter und meinte. "Sie wissen gar nicht, wie sehr Sie mir mit diesem kurzen Gespräch geholfen haben. Sie können sich gar nicht vorstellen, wie froh ich bin, Sie getroffen zu haben, sonst hätte ich wahrscheinlich wirklich eine große Dummheit begangen und auch meine Kinder im Stich gelassen." Dann fügte er noch hinzu: "Außerdem haben mich ihre letzten Worte sehr fasziniert. Ausgerechnet ein Mensch wie Sie mit einer so starken Behinderung kann soetwas sagen! Abschließend fragte er nach dem Weg zum Karlsruher Hauptbahnhof, um wieder zurück nach Heidelberg zu fahren. So kann selbst ein behinderter Mensch anderen Leuten helfen. Er muß nur dazu bereit sein. Wenn solche Aufgaben Behinderte mehr sehen würden, hätte auch der behinderte Mensch eine wichtige Funktion in der oftmals sehr kalten und unpersönlichen Gesellschaft.

Ich hoffe, daß es mir gelingt, andere behinderte Leute etwas aufzumuntern, ihr Leben selbst besser zu nutzen, privat wie im Beruf. In meiner Situation als Schwerstbehinderter möchte ich ein Arbeitsleben eher als Beschäftigungstherapie bezeichnen. Anstatt uns vollwertige Arbeiten am Computer zu geben, hören nach der Ausbildungszeit fast alle Wege eines Schwerstbehinderten auf. Hier müßte man die fortschreitende Technologie nützen. Stattdessen versucht man, sämtliche Behinderte zu verarschen und lahmzulegen. Behinderte Menschen könnten ja zu sehr an die Öffentlichkeit treten und andere dadurch behindern. Aber selbst als

Nichtbehinderter wollte ich nicht von einer starren Arbeitsregelung abhängig sein. Keinesfalls, weil ich faul wäre — ich würde auch meinen Teil arbeiten — aber ich denke, daß die Menschen eigentlich überhaupt nichts dazuverdienen, sondern nur die Zeit gegen Geld austauschen. Ich habe zwar weniger Geld zur Verfügung, dafür aber mehr Zeit, mein Leben so schön wie möglich zu gestalten. Ich würde mich, wenn ich zur Arbeit gehen könnte, auch vor keiner Arbeit drücken. Nur in diesem Arbeitssystem hätte ich meine Schwierigkeiten. Ich fände es sehr viel besser, wenn abwechselnd vier Stunden die Frauen und vier Stunden die Männer zur Arbeit gehen könnten. Die Arbeitszeiten müßte man sich bis zu einer gewissen Abendstunde selbst einteilen können. Das brächte eine gewisse Flexibilität in den Arbeitsrhythmus, und die acht Stunden am Tag wären viel leichter zu bewältigen. Diese Regelung hätte mehrere Vorteile. Die Frau wäre in der Familie nicht mehr alleine von dem Verdienst des Mannes abhängig. Der Mann bräuchte es nicht mehr zu verlernen, seine Zeit mit Freuden auszufüllen. Falls Kinder da wären, wäre mit dieser Arbeitsregelung auch ständig ein Elternteil zu Hause. Frau und Mann wären mit dieser Arbeitsregelung keinesfalls weniger zusammen. Außerdem hätte es noch einen sehr wichtigen Nebeneffekt für ein ausgeglicheneres Eheleben. Die beiden Ehepartner hätten mehr Zeit, mit oder ohne Kinder, in den nicht paralell laufenden Arbeitszeiten auch mal unabhängig voneinander ihr eigenes Leben fortzusetzen. Wenn dadurch Ängste entstehen, ein Lebenspartner gehe fremd, kann man, wie ich finde, eine Partnerschaft sowieso vergessen. Durch die getrennten Erlebnisse im Beruf könnten mehr und vor allem lebendigere Themen auf den Tisch kommen. Erst bei dieser anderen

Arbeitsregelung müßte ich mein Leben mit meiner körperlichen Behinderung als einen Nachteil empfinden. So behindern sich die Menschen gegenseitig, und das eigentliche Leben beschränkt sich nur auf die Wochenenden, Urlaubstage, sowie die paar Feiertage im Jahr. Ach ja, wenn sie Glück haben, kommen sie noch ins Rentenalter. Aber nur zu viele Leute haben es bis dahin verlernt, die freie Zeit für sich selbst sinnvoll auszunützen.

Die Zeit verging sehr schnell. Inzwischen bin ich trotz meiner mir unverständlichen Skepsis doch aus eigenem Antrieb zu einem elektrischen Rollstuhl mit Kinnsteuerung gekommen. Thomas half mir dabei. Schon lange wurde mir von mehreren Leuten, auch von Dieter, der selbst einen elektrischen Rollstuhl fährt, und zuletzt von Thomas, geraten, einen elektrischen Rollstuhl zu beantragen. Zunächst wollte ich nicht so richtig, weil ich befürchtete, das Fahren mit dem Kinn wäre zu schwierig. Wie so oft brauchte ich meine Zeit zu etwas Neuem. Erst nachdem ich selbst auf Thomas zugegangen bin, um so einen Elektro-Rollstuhl wenigstens einmal auszuprobieren, brachte ich die Lawine ins Rollen. Thomas war daraufhin sofort bereit, mit mir einmal nach Nekargemünd ins Rehabilitationszentrum zu fahren. Ich war so richtig glücklich, als ich zum ersten Mal in einem elektrischen Rollstuhl saß. Sie gaben mir ein älteres Modell zum Testen. Ob so ein Fahrzeug überhaupt sinnvoll für mich sei, war ja zunächst einmal die Frage. Ich fuhr mit diesem Rollstuhl für den Anfang ganz gut. Nur äußerst selten fuhr ich an die Wand. Plötzlich gab mir Herr Schneider einen Freundschaftsklaps auf den Rücken und meinte: "Ich habe schon längst gesehen, dich kann man auf die Menschheit loslassen." Daraufhin fiel mir ein Stein vom Herzen. Also konnte ich so ein Fahrzeug endgültig beantragen lassen. Für mich war in diesem Augenblick schon klar, daß ich mit einem elektrischen Rollstuhl nicht nur bei uns im Hof herumfahren würde. Deshalb ließ ich mich auf einen besseren Ratschlag von Herrn Schneider ein. Herr Schneider empfahl mir wegen der größeren Sicherheit bei der Auswahl gleich einen E-Stuhl, der die großen Räder vorne hat. Daraufhin mußte ich mich ein starkes halbes Jahr gedulden, bis die Lieferung von Kiel nach Negargemünd erfolgte. Zuerst mußte ja mit einem ärztlichen Attest der Antrag bei der Krankenkasse durchgehen. Thomas lachte nur und meinte: "Jetzt hast du so lange gezögert. Nun wirst du die paar Monate auch noch warten können."

Diese Zeit nutzte ich dazu, um dafür zu sorgen, daß die Stufe an unserem Hauseingang entfernt wurde. Denn diese eine Stufe war so entsetzlich hoch, daß ich da mit dem elektrischen Rollstuhl nur mit fremder Hilfe in den Hausgang gekommen wäre. Ich kam selbst auf die Idee, einmal die Volkswohnungs GmbH anzuschreiben. Ich fragte an, ob es nicht möglich wäre, statt der hohen Stufe, unseren Eingang abzuflachen. Natürlich erklärte ich ihnen den Grund dafür. Schon wenige Wochen später bekam ich die erfreuliche Antwort, daß die Umänderung des Hauseingangs Nr. 25 genehmigt worden sei. Sobald das Wetter im Frühling stabiler werden würde, hieß es, würde mit der Änderung begonnen. Ich hätte vor Freude in die Luft springen können über meinen eigenen Erfolg. Bei dieser Sache hatten sich meine Eltern absolut nicht eingemischt. Ständig sagte ich morgens zu meiner Mutter, sie solle aufpassen, wenn

Arbeiter vor unserem Hauseingang sich zu schaffen machen würden.

An einem strahlend hellen sonnigen Tag im März war es schließlich so weit. Eines Morgens rief mich meine Mutter, die gerade vom Einkaufen kam. "Michael, ich glaube, die Arbeiter sind da. Sie beginnen gerade mit dem Umbau unseres Hauseingangs." Da hatte ich es natürlich eilig, hinunter zu kommen. Mich interessierte sehr, wie die hohe Stufe weggerissen wurde. Ich kam gerade dazu, als zwei Arbeiter unseren Hauseingang als eine kleine Baustelle abgrenzten. Die Männer sprachen mich sofort an: "Ach, der Eingang soll für dich gemacht werden?" fragte mich der Jüngere. Ich nickte zufrieden und erzählte ihnen kurz von meinem elektrischen Rollstuhl, den ich in wenigen Monaten bekommen würde. Zuerst wurden die Pflastersteine unmittelbar vor unserem Hauseingang herausgenommen. Dann begann die eigentliche Arbeit mit der hohen Stufe. Zunächst wurden mit einem großen Pickel die Kacheln um die Stufe herum kaputt geklopft. Erst anschließend, als der blanke Zement freigelegt war, mußte die Stufe stückweise weggeklopft werden. Da steckte die meiste Zeit drin. Es war recht mühsam. Während dieser Zeit freundete ich mich mit den Arbeitern an. Ich fand sie richtig lieb und lustig obendrein. Sie klingelten mich sogar morgens heraus, wenn sie sich wieder an die Arbeit machten. Am zweiten Tag begannen sie, den Sand schön abgeschrägt vor dem Hauseingang zu ebnen. Anschließend wurden die kleinen Gehwegsteine gesetzt. Die ganze Arbeit dehnte sich auf drei Tage aus. In dieser Zeit mußte sich meine Mutter mit dem Mittagessen nach der Mittagspause der Arbeiter richten. Die Männer machten es sich dann für ca. eine Stunde in ihrem Arbeitsbus gemütlich. Dabei durfte natürlich die Flasche Bier nicht fehlen. Immer stand ich neben der Baustelle und beobachtete die Arbeiter. Am dritten Tag wurde die abgeflachte Stelle schließlich abgedeckt, damit der frische Zement zwischen den Steinen trocknen konnte. Die Auffahrt zu unserem Hauseingang war also gemacht und mein elektrischer Rollstuhl konnte kommen.

Einen Freudenschrei stieß ich aus, als mich Herr Schneider im Juni benachrichtigte, mein Rollstuhl wäre da. Mit Thomas ließ es sich regeln, daß wir noch in derselben Woche nach Neckargemünd fuhren. Meine Kumpels im Hof hatten mich in der letzten Zeit ständig gefragt, wann ich nun endlich meinen elektrischen Rollstuhl bekäme. Jetzt, nach den vielen Monaten, sollte es endlich soweit sein. Ich konnte mir überhaupt nicht vorstellen, daß ich mich von nun an selbständig in der Stadt und auch außerhalb bewegen konnte. Thomas gegenüber äußerte ich mich noch etwas bedenklich, ob ich den Rollstuhl auch in jeder Straßensituation fahren könne. Thomas schüttelte lachend den Kopf und meinte: "Du sollst auch nicht jetzt sofort, weiß Gott wohin fahren, du mußt erst einmal in eurem Hof das Fahren üben. Wenn du dann dein Fahrzeug kennst, dann kannst du auch außerhalb fahren, aber da würde ich mir erst einmal Zeit lassen. Ich bin sicher, daß es bei dir, wie so oft, nur eine Gewöhnungssache ist. Wenn du das Ding erst einmal eine gewisse Zeit hast, wird dir das Fahren sicherlich genauso leicht fallen wie anderen, die mit dem Fahrrad, Motorrad oder Auto fahren."

Im Rehabilitationszentrum bei Herrn Schneider meinte ich, vor Glückseligkeit zu zerspringen, als mein Wagen glänzend und ganz neu aus einem Nebenraum herausgefahren wurde. Die Lichter, die Räder mit den stabilen Aluminiumfelgen, die glänzenden Seitenbleche, das volle Profil auf den Reifen, das ganze Fahrzeug wirkte einfach so prächtig. Dieser Rollstuhl, der für mich nicht wie ein Rollstuhl wirkte, sollte auf einmal mein Fahrzeug sein? Das konnte ich in diesem Augenblick einfach noch nicht glauben. Thomas gab an meiner Stelle die Unterschrift für den Erhalt des elektrischen Rollstuhls. Dann wünschte mir Herr Schneider eine gute Fahrt, und wir konnten den Rollstuhl mitnehmen. Thomas hatte sich für den Transport den Geschäftsbus geliehen. So konnten wir mein neues Fahrzeug problemlos nach Hause bringen. Ach natürlich, das Ladegerät wurde uns noch mitgegeben.

Endlich daheim angekommen, kam gerade Gino des Weges. Er half Thomas, den schweren E-Rollstuhl aus dem Bus zu heben. Ich sah im Rückspiegel, wie Thomas abwechselnd mit Gino den Rollstuhl neben meine Seitentür des Buses fuhr. Das Fahren wäre ganz schön schwierig, meinte Gino, während mich Thomas aus dem Bus in mein neues Fahrzeug hob. Gleich drückte ich freudig auf den grünen Knopf und fuhr noch recht zögernd davon. Die sechs Geschwindigkeiten lassen sich eindrehen. Da mußte man mir noch eine Vierkantschraube darüber kleben, damit ich die Geschwindigkeiten auch selbst einstellen konnte. Zunächst fuhr ich lieber noch in der zweiten Geschwindigkeit, weil ich anfangs noch etwas kurvenreich fuhr. Sofort standen mehrere vom Hof bei mir und interessierten sich für mein neues Fahrzeug. "Super sieht der Schlitten aus", meinte Ronald, der auch dazu gekommen war. "Mit richtigen Alufelgen! Na Michael, jetzt bist du stolz, was", hörte ich

Adrian sagen, wobei ich bemüht war, erstmal von der Hausmauer wegzukommen. "Das wurde Zeit! Jetzt kannst du auch mal selbstständig in die Stadt fahren, ohne dich ständig nach den anderen zu richten", rief Frank Elchinger, während er mit einer schnellen Handbewegung meine Steuerung betätigte und den Rollstuhl in eine andere Richtung lenkte. Thomas lachte und wandte ein: "Aber vorher muß Michael erst noch eine Weile im Hof umherfahren, damit er es lernt, den Rollstuhl besser unter Kontrolle zu haben." Dann verabschiedete sich Thomas von uns. So war ich mit meinem neuen Fahrzeug und meinen Freunden alleine. Natürlich hatte ich nun keine Ruhe mehr. Mich trieb ein neues Freiheitsgefühl an, das mich zum ständigen Herumfahren drängte. Ich beachtete nicht, was in der Gebrauchsanleitung stand, die ich von Herrn Schneider mitbekam. Da stand nämlich auch unter anderem, daß dringend empfohlen wird, den Rollstuhl nachzuladen, da die Batterie nur zu 20% aufgeladen sei. Stattdessen fuhr ich tüchtig inner- und außerhalb der Hofanlage herum, bis ich nach einer kurzen Fahrpause am Sandkasten voller Stolz – Frank war wieder dazu gekommen und wollte mir ein wenig zuschauen – mit meinem Kinn auf den grünen Knopf drückte, den Steuerstift nach vorne schob und weiterfahren wollte. Wie erschrak ich, als sich mein Rollstuhl keinen Zentimeter mehr bewegte. Stattdessen war ein leiser, ständiger Piepston zu hören. Meine ganze Freude war zunächst einmal dahin. Frank forschte nach, warum mein elektrischer Rollstuhl absolut nicht mehr fahren wollte. In mir kam enorm schwer das Gefühl der Hilflosigkeit und der Ohnmacht auf. Wenn Frank nicht gewesen wäre, hätte ich bestimmt eine Zeitlang auf Hilfe warten müssen. Er konnte nämlich gleich meinen Vater holen. Auch für meinen Vater war das ein guter Anfang mit meinem neuen Gefährt. Da er sich genau so wenig damit auskannte wie Frank und ich, schickte ich Frank noch zu Gino. Ihm hatte Thomas vorhin so einiges erklärt. Nach kurzem Überlegen drückte Gino vorne unter dem Sitz die beiden roten Schalter nach vorne. Somit war der Rollstuhl ausgekuppelt, und man konnte ihn mit mir nach Hause schieben. Daraufhin fand mein Vater alle möglichen Mängel an meinem Rollstuhl. "Da habt ihr euch etwas andrehen lassen", meinte er immer wieder herabwürdigend und brach jeglichen Stolz in mir. Er sei außerdem zu hoch für Mama. "Wie soll sie dich hier hinein bringen," fragte er mich. So flößte er mir gleich zu Beginn eine tiefe Angst ein, die sich aber später durch Mami selbst als überflüssig erwies.

Während dieser Zeit mußte meine Mutter wieder einmal wegen ihrer Depressionen im Krankenhaus sein. Da Gino in dieser Zeit sowieso arbeitslos war, konnte ich ihn als Pfleger bei mir anstellen. Ich glaube, das war ein wichtiger Ausgleich für mich. Denn zu dieser Zeit hatte ich viele Sorgen, und es stellten sich viele Lebensfragen für mich. Mit Gino konnte ich mich austauschen, weil wir uns gut verstanden. Somit war uns beiden gedient, Gino konnte von der Krankenkasse etwas Geld verdienen, und mir war auch sehr geholfen. Ich glaube, es ist ganz unnötig zu erwähnen, wieviel Spaß wir den ganzen Tag mit Kochen usw. zusammen hatten. Aber eines drängt mich zu betonen: Gino, der keine Ausbildung als Pfleger machen konnte, der mich aber trotzdem an- und ausziehen, füttern, baden und auf meinen Klostuhl setzen mußte, war für mich <u>gefühlsmäßig</u> ein weitaus besserer Pfleger, als so manch anderer in meiner Schule. Ich benenne absichtlich einen Pfleger nicht gleich zum Betreuer, denn ich bin inzwischen aus dem Alter heraus, wo ich mich betreuen lassen muß. Dies merken dann schließlich auch die Leute, mit denen ich verkehre.

Für mich begann nun durch meinen elektrischen Rollstuhl eine ganz andere Zeit. Mein Erfahrungsbereich wurde so automatisch erweitert. Zwar war ich anfangs verstärkt mißtrauisch gegenüber der Batterie und der ganzen Technik meines Rollstuhls, weil ich gleich bei der ersten Fahrt in der Hofanlage stehengeblieben war. Doch nach dem Aufladen der Batterie hat mich mein Gefährt auch bei den weitesten Touren noch nie im Stich gelassen. Nachdem ich schließlich im Hof sicher fuhr und somit schon in der vierten Geschwindigkeit davonflitzen konnte, fragte mich meine Schwester Bärbel, ob ich es mir schon zutrauen würde, sie in die Stadt zu begleiten. Darüber war ich für den Anfang recht froh, denn alleine traute ich mich doch noch nicht, zwischen fremden Leuten zu fahren. Der kleine Spaziergang in die Stadt forderte mich erstmals heraus, kleinere Straßen in der Fußgängerzone zu überqueren. Leute, die an mir vorüberschlenderten oder mich ein Stück des Weges begleiteten, musterten mich erstaunt, einfach weil sie einen Rollstuhlfahrer mit einer Kinnsteuerung vielleicht noch nie gesehen hatten. Etwas anderes möchte ich den Leuten nicht unterstellen. Ich kam mir ungewohnt selbstständig vor, wie ich mich so zwischen den Leuten hindurchbewegte. Bärbel, die mich zum ersten Mal fahren sah, war sehr fasziniert davon.

An einem der darauffolgenden Tage verspürte ich das Verlangen, dieses Mal alleine in den nahe liegenden Schloßpark zu fahren.

Wie seltsam frei kam ich mir dabei vor, als ich so selbständig aus unserer Wohngegend fuhr. Der Schloßpark liegt ca. 2 km von uns entfernt. Wie stolz war ich, als ich auf dem Weg dorthin die ersten Straßen völlig selbstständig überqueren konnte. Dies hätte ich mir früher nicht mal träumen lassen. Welche Freude kam in mir auf, als ich mein erstes Ziel gut erreicht hatte! In dem grünen Schloßpark fand ich dann so viele Richtungen vor, daß ich zunächst wie erstarrt stehen blieb und krampfhaft überlegte, welchen Weg ich fahren sollte. Sogar nachts in den Träumen verfolgten mich die verschiedensten Wegrichtungen und Wegweiser.

In der ersten Zeit war es kein Spazierenfahren, nein, eher ein berauschender Zustand, ständig den Aufenthaltsort wechseln zu müssen. Das sehr starke Bedürfnis, ständig meine immer größer werdende Mobilität beweisen zu müssen, beherrschte mich bei meinen ersten Fahrten total. Unmittelbar vor der Fahrt empfand ich anfangs nicht nur die reine Freude. Es saß eine starke Angst in mir, weil ich mich jetzt, völlig auf mich alleine gestellt, von meiner beschützenden Wohngegend entfernte. Die Bestätigung, daß ich es schaffte, mich ins Ungewisse und Unbekannte zu stürzen, mußte ich erst einmal verdauen. Denn anfangs kannte ich die sicheren Schleichwege in und um Karlsruhe ja noch nicht.
Mein erster weiterer Ausflug war nach Rintheim zu meiner früheren Schule. Leider sind die körperbehinderten Schüler inzwischen nach Langensteinbach ausgesiedelt worden. Zum Nachteil für diese Schüler, wie ich meine. Schön weg von der Bevölkerung! Innerhalb eines großen Klinikgeländes, hoch auf einem Berg, abseits von dem Dorf Langensteinbach, hat man wieder an uns behinderte Menschen

gedacht und einen riesigen Komplex erbaut. Deshalb habe ich selbst als Behinderter keinen selbstständigen Zugang zu meinen gleichgestellten Kameraden. Nachdem ich mit meinem elektrischen Rollstuhl meine frühere Schule erstmals erreicht hatte, war ich happy. Früher hat man mich mit dem Schulbus dorthin gefahren. Heute kann ich mich selbst dorthin transportieren. Ich werde nicht einfach gefahren, sondern ich fahre selbst. Ein neues Gefühl war auch das Selbstbestimmen, wo und wie lange ich mich irgendwo verweilen wollte. So besuchte ich Frau und Herrn Schäufele, das Hausmeisterehepaar der Schule. Wie staunten sie, als sie mich ganz alleine in den Schulhof fahren sahen! Anfangs wollten sie mir nicht so richtig glauben, daß ich wirklich ganz alleine gekommen sei. Ich konnte wunschgemäß in den Neubau hineinfahren und die alten Erinnerungen auffrischen. Auch öffnete mir Frau Schäufele mein früheres Klassenzimmer, wo jetzt die Sehbehinderten hausen. Nach einem kurzen Schwätzchen fuhr ich noch ein wenig den "Weinweg" entlang. Auch hier kamen mir alte Bilder der Schulzeit in den Sinn. Mit Frau Hermanns machten wir an den schönen sonnigen Tagen oft kurze Spaziergänge zum Bewegungsausgleich, oder wir spazierten herum, wenn wir im Naturkundeunterricht gerade die Feldarbeit der Bauern und die verschiedenen Anbaupflanzen des Jahres beobachten wollten. In dieser Zeit mühte ich mich, daß ich mit den kleinen Rädchen meiner Orthoschale mit der Klasse Schritt halten konnte. Damals mußte ich mich, wie bei meinem kleinen Wägelchen zu Hause, mit meinen Beinen rückwarts abstoßen. Ich wußte damals schon, was ich geschafft hatte. Heute dagegen fahre ich ganz problemlos von zu Hause aus auf dem Weinweg spazieren. Diese Erweiterung mußte ich, wie schon einmal betont, erst mal verkraften. Nur mit der

Gummikugel auf dem Steuerstift war ich nicht zufrieden. Ständig rutschte ich mit dem Kinn aus, bei jeder Kurve oder auch nur, wenn der Weg ein wenig uneben war. Automatisch löste sich dann die Bremse und der Rollstuhl blieb stehen. Das ärgerte mich mit der Zeit, weil deshalb ein etwas weiterer Weg eine Ewigkeit dauerte.

Zunächst suchte ich aber kein spezielles Orthopädiegeschäft auf, sondern eines Nachmittags hatte ich den schnellen Einfall, einmal bei der Schneiderei Giuditta in unserer Nachbarschaft vorbeizufahren. Dieses Geschäft wird von Renatos Eltern geführt. Mit Renato bin ich ja enger befreundet. Durch diese Freundschaft bekam ich auch ein nettes Verhältnis zu der ganzen Familie. Renatos größere Schwester kam sofort aus dem Geschäft heraus, um sich mein spezielles Problem mit der Steuerkugel meines Rollstuhls anzuhören. Ich hatte die Vorstellung, man könne die Gummikugel irgendwie mit einem rutschfesten Stoff überziehen. Giojanna nahm sich trotz des Betriebs in der Schneiderei für mein Problem sehr viel Zeit, um mit mir zusammen nach einer guten Lösung zu suchen. Das fand ich richtig lieb von ihr. Ich meine, mit so einem speziellen Anliegen wären normalerweise Leute vom Fach zuständig gewesen. Doch ich dachte, warum sollten mir die Leute von der Schneiderei, mit denen ich gut befreundet bin, nicht auch helfen können. Oft stinkt es mir, wenn behinderte Menschen bei jedem kleineren Problem an Spezialgeschäfte verwiesen werden, aber die Krankenkasse zahlt keinen Pfennig, wenn nicht ein Fachgeschäft aufgesucht wurde. Man wird praktisch gezwungen, in so einer Situation den Orthopädieladen aufzusuchen, bei dem oft das Doppelte verlangt wird. Krankenkassengeld muß der Behinderte ja

auch regelmäßig einbezahlen, deshalb ist es auch eigentlich mit unser Geld. Außerdem geht man in solchen Orthopädieläden meist nur von fertigen Mustern aus. Möchte man einmal etwas außerhalb des Schemas, zeigen selbst viele Berater und Verkäufer in so einem <u>Sonder</u>laden wenig Erfahrungen, weil sie ständig mit ihren Katalogen arbeiten. Natürlich läßt sich das nicht verallgemeinern, mir liegt es fern, gleich alle Fachgeschäfte schlecht zu machen. Jedoch mußte ich diesbezügliche Erfahrungen eben auch machen.
In meinem Orhtopädieladen in Karlsruhe habe ich inzwischen glücklicherweise einen ganz wertvollen Vertrauensmann gefunden. Dieser Mann nimmt mich völlig ernst, und ich kann auch zu jeder Zeit mit speziellen Verbesserungsideen kommen, wenn einmal an meinem elektrischen Rollstuhl etwas ist. Besonders erfreute mich Herr Schäfer, als er sogar an einem Wochenende nach mir und meinem kaputtenen E-Stuhl schaute. Da geht schon ein wirkliches Interesse neben dem nötigen Geldverdienen vorraus. So stelle ich mir Leute vom Fach vor.
Komisch, selbst noch etwas Unerfahrene, die in diesem Beruf erst noch eingelernt werden müssen, ziehe ich einem arroganten Spezialisten vor. Diese stellen sich nicht so derart über ihre Kunden, die nun mal behindert sind. Da kann ich sehr empfindlich reagieren, besonders wenn es um Hilfen für meine lang erfahrene Körperbehinderung geht. In dieser Situation war mir Giojanna erst mal viel lieber als so ein Klugredner, der meist das menschliche Denken verlernt hat. Damals kannte ich Herrn Schäfer noch nicht. Giojanna fiel schon nach kurzem Nachdenken etwas ein. Mit flinken Schritten verschwand sie für einen kurzen Augenblick im Laden und kam wieder mit zwei halben Schaumstoffbällchen und einer Tube

Klebstoff heraus. "So, ich weiß natürlich nicht, ob das eine optimale Lösung ist, aber das ist im Augenblick die einzige Möglichkeit, die ich sehe", rief Giojanna und fing mit geschickten Händen an, als ob sie das oftmals machen würde, die Gummikugel am Steuerhebel zu überkleben. Wärenddessen plauderten wir natürlich über alles Mögliche miteinander. Schließlich legte sie noch ein Lederstück, das extra für mein Kinn recht rau war, über die dicker gewordene Kugel und band es stramm mit einem starken Faden fest. Daraufhin waren wir beide auf das Ergebnis sehr gespannt. Schon bei der ersten Berührung des Kinns an dem Steuerstift merkte ich eine erhebliche Erleichterung. Freudig bedankte ich mich bei Giojanna. So hatte ich auch die Schwester von Renato näher kennengelernt. Giojanna verlangte nicht einmal etwas für ihre Arbeit. Das sei ja doch nur eine Notlösung, die nicht ewig hielte, waren ihre letzten Worte.

Giojanna hatte recht. Nach längerer Zeit, ich hatte natürlich meine Fahrten inner- und außerhalb Karlsruhes erweitert, wurde das Stück Leder durch die ständige Reibung meines Kinns immer glatter. Schließlich rutschte ich am Leder genauso ab wie zuvor, und ich konnte wieder keine längeren Wegstrecken zurücklegen, ohne ständig anhalten zu müssen. Natürlich wechselten wir das Stück Leder, aber nach einer gewissen Zeit war es jedesmal das Gleiche. Es galt, sich weitere Gedanken um eine bessere Lösung zu machen. Als ich zum Sommerfest in unsere Schule nach Langensteinbach eingeladen wurde, interessierten sich Lehrer und Betreuer sehr für meinen elektrischen Rollstuhl mit der Kinnsteuerung. So äußerte ich mich natürlich auch über meine Schwierigkeiten, mit der Gummikugel zurecht zu kommen. Für mein Problem interessierte sich vor allem eine Beschäftigungstherapeutin, die mich gleich in ihr Zimmer führte. Natürlich hatte ich da nichts dagegen einzuwenden. Da es um eine mögliche Verbesserung meines Fahrgefühls ging, war ich natürlich mit Freuden dabei. Obwohl ich diese Frau von meiner eigenen Schulzeit nicht mehr kannte, verstand sie mich gleich sehr gut mit meinem Problem. Ich brauchte ihr eigentlich überhaupt nicht viel zu erklären. Obwohl wir viel von Leuten gestört wurden, die zur Besichtigung ins Zimmer hineinschauen wollten, machte sie sich an die Arbeit. Die Frau durchschnitt einfach einen kleinen Gummiball in zwei Teile, wobei sie eine Hälfte mit dem Messer für mich kinngerecht bearbeitete und schließlich auf den Steuerhebel steckte. Das war natürlich ein mordsmäßiger Klumpen am Steuerhebel, doch tatsächlich bewährte sich zunächst einmal der zurechtgeschnittene Gummiball beim Fahren enorm. Unmöglich konnte ich mit dem Kinn an dem Gummi abrutschen. Ich war dieser Frau sehr dankbar. So plante ich an den nächsten Tagen, wieder weitere Ausflugsfahrten zu unternehmen. Nur als ich einmal in den Regen kam, erlebte ich mit der neuen Erfindung einen Reinfall. Ich wollte stehen bleiben, und deshalb ließ ich mit dem Kinn die Steuerung los. Da plötzlich flitzte mein Gefährt mit einer enormen Geschwindigkeit rückwärts davon. Vor Schrecken drückte ich blitzschnell auf den grünen Knopf, damit der Rollstuhl erst einmal stehen blieb. Zum Glück war ich nicht mehr weit von zu Hause entfernt. Ganz vorsichtig fuhr ich den kurzen Weg heimwärts. Ich mußte eben aufpassen, daß ich den Steuerhebel mit dem Kinn ständig berührte, wenn ich nicht wieder nach hinten rollen wollte. Ich befürchtete schon, daß etwas mit der Elektronik nicht stimmte.

Erst daheim stellte sich heraus, daß sich der halbierte Gummiball mit Regenwasser vollgesogen hatte und dadurch für die feine Steuerung zu schwer geworden war. So wurde der Steuerhebel ständig etwas nach unten gedrückt, so daß sich der Rückwärtsgang einschaltete. So war meine Freude wieder umsonst gewesen. Auch dies war also nicht die richtige Lösung. Nein, es war sogar recht gefährlich. Sehr schnell schrieb ich Herrn Schneider in Neckargemünd einen Brief zu meinem speziellen Problem. Daraufhin fertigte mir die Firma eine nach unten abgeflachte, abgepolsterte Kugel, die man genauso wie die Gummikugel am Steuerhebel eindrehen konnte. Aber selbst mit dieser Erfindung hatte ich mit dem Kinn keinen richtigen Halt. Ich konnte auch nicht so richtig zufahren, wie ich es wollte.

Meine Enttäuschung war groß. Deswegen sprach ich mit Thomas darüber. Ich hatte zwar eine Idee, doch ich brauchte jemanden, der mir meine Vorstellung in die Tat umsetzen konnte. Thomas machte einfach von meinem Kinn einen Knetabdruck, und goß mir in seinem Geschäft mit Plastelin eine Kinnschale. Man muß sich einfach ein halbes hohles Ei vorstellen. Diese wertvolle Erfindung ließ sich genauso wie die Gummikugel mit einem Gewinde auf den Steuerstift schrauben. Mein sicheres Fahrgefühl war zum ersten Mal perfekt. So gut weite Strecken fahren zu können, ohne ständig anhalten zu müssen, war mir nie möglich gewesen. Damit waren für mich auch Fahrten außerhalb, in die schöne Pfalz, jetzt ganz bequem möglich. Thomas meinte einmal im Spaß: "Was meinst du, wenn wir unsere gute Erfindung patentieren lassen würden und das Ding würde sich auch bei den anderen bewähren, wie steinreich wir würden."

Auf einer Rehabilitationsausstellung in Karlsruhe, wo neue Hilfsmittel für Behinderte gezeigt und vorgestellt wurden, mußte ich mich einmal sehr amüsieren. Ich unterhielt mich gerade an dem Stand der Firma Schneider angeregt mit den mir sehr symphatischen Leuten. Mit Herrn Schneider, der mir meinen elektrischen Rollstuhl besorgt hatte, war ich gerade über meine Vorteile durch die neu gewonnene Mobilität vertieft. Da, plötzlich faßte ein Mann die von Thomas hergestellte Kinnschale an und sagte mit einer gewissen Verwunderung in der Stimme: "So eine tolle Erfindung habe ich noch nie gesehen. Bisher gab es doch nur diese Gummikugeln an der Steuerung. Na klar, das wäre für diesen jungen Mann zu schwierig, mit dem Kinn zu lenken", meinte der mir fremde Mann recht begeistert zu Herrn Schneider gewandt. Dieser verriet natürlich nicht, daß er meine Kinnschale nicht selbst erfunden und gemacht hatte. Ich selbst hätte zwar einhaken können, doch so schäbig konnte ich auch nicht Herrn Schneider gegenüber sein, denn ihm hatte ich schließlich meine neu erworbene Freiheit auch ein wenig zu verdanken. So ließ ich also Herrn Schneider mit Thomas und meiner Erfindung glänzen. Hilfsmittel zu erfinden, könnte dies nicht durch die eigene Lage geprägt, zu einer verantwortungsvollen Arbeitsstelle für Behinderte ausgebaut werden???

Zusätzlich montierte mir Renato noch einen Voltmesser an meinen elektrischen Rollstuhl. So habe ich jetzt gerade bei längeren Fahrten eine genaue Kontrolle, wieviel Strom ich noch verfahren kann. Meine erweiterte Mobilität verschafft mir Zugang zu einer neuen Erfahrungswelt. Deshalb sehe ich gerade unseren Hof nicht mehr als Mittelpunkt meines Lebens an. Somit bekam auch meine

Hofclique einen ganz anderen Stellenwert für mich. Sie ist mir aber deswegen keinesfalls gleichgültig geworden. Im Gegenteil, die Verhältnisse sind sogar viel lockerer und irgendwie nüchterner geworden. Das kam, denke ich daher, daß ich nun nicht mehr angewiesen bin, ständig auf meine Freunde im Hof zu warten. Der Spieß hat sich plötzlich gedreht. öfters werde ich nun auch mal gefragt, wo ich denn die ganze Zeit stecke. Diese Nachfrage tat mir besonders anfangs gut. Wenn ich Lust bekomme, einmal etwas anderes zu sehen oder andere Menschen zu besuchen, die nicht in unserer Nähe wohnen, fahre ich eben ganz einfach weg. Somit konnte ich viele alte, etwas eingeschlafene Beziehungen wieder neu auffrischen oder auch ganz andere Bekannte und Freunde hinzugewinnen. Dabei empfand ich besonders am Anfang meiner selbst erworbenen Selbstständigkeit ein wohltuendes, großartiges Gefühl, ganz ohne Begleiter einen Besuch bis über den Landkreis hinaus machen zu können. Sicherlich hätte ich ohne meinen elektrischen Rollstuhl keinen Kontakt zu Leuten, die so weit von unserer Wohngegend entfernt wohnen, knüpfen können. Irgendwann bekam ich mit, daß auch außerhalb meiner näheren Umgebung liebe Menschen wohnen, auf die ich bauen kann. Ich habe gelernt, meine Beziehungen zu bestimmmten Menschen nicht mehr nach Gruppen zu sortieren, sondern vielfältiger zu betrachten. Inzwischen habe ich meinen elektrischen Rollstuhl auch schon etwas über zwei Jahre, und das neue Freiheitsgefühl ist im Laufe der Zeit selbstverständlich geworden. Ich erinnere mich aber gut an meine ersten Besuche, bei denen es noch ganz anders war. Wenn ich früher Leute besuchte, wurden meine Begleitpersonen, nach meinem Empfinden jedenfalls, mehr anerkannt, als ich, der sowieso ohne Hilfe nicht in der Lage gewesen wäre, auf andere Menschen zuzugehen. Ich war zwar anwesend, aber meine Begleitperson stand meist im Vordergrund. Mir wurden zwar Getränke und manchmal auch etwas zu essen angeboten, doch die Gespräche, die mir heute so wichtig sind, richteten sich hauptsächlich an meine Begleitperson. Rein oberflächlich betrachtet — und dies kann ich heute nicht mehr verstehen — fehlte mir damals nicht einmal etwas. Als Mitgenommener amüsierte ich mich halt trotzdem irgendwie. Ich glaube, das hat weniger damit zu tun, daß ich im Mittelpunkt stehen möchte. Nein, im Unterbewußten nagte in mir viel mehr das Verlangen, auch einmal unabhängig von einer Begleitperson von den Gastgebern geschätzt, angeredet, akzeptiert und wahrscheinlich auch geliebt zu werden.

Heute mit meinem elektrischen Rollstuhl kann ich es genügend erleben, richtig anerkannt zu sein, und dadurch konnte auch meine eigene Persönlichkeit wachsen. Anfangs war es für mich bei den ersten Besuchen auch äußerst ungewohnt, plötzlich als Ganzheit, ohne jemand anderen dabei zu haben, vor der Tür zu stehen. Das kam mir besonders zu Bewußtsein, nachdem die Stunden in gemütlicher Runde davongeeilt waren und der Zeitpunkt gekommen war, wieder einmal daran zu denken, nach Hause zu fahren. Da hatte ich tatsächlich das Gefühl zu warten, bis ich nach Hause geschickt werde. Da das aber normalerweise kein Gastgeber macht, kam es vor, daß ich mich schon ganz schön in der Zeit verkalkulierte. Darum finde ich es sehr wichtig, daß ein behinderter Mensch auch mal seine Bekannten und Freunde selbständig besuchen kann ohne eine Begleitperson daneben, die ihm leicht jegliche Verantwortung abnimmt, sich Menschen gegenüber richtig zu verhalten. Nach meiner Beobachtung kommen viele Schwerbehinderte zu keinem elektrischen Rollstuhl, weil ihre Eltern zu überängstlich reagieren: Was könnte dem Kind nicht alles im Straßenverkehr passieren! Aber muß nicht jeder im dichten Straßenverkehr auf der Hut sein? Oder spricht man uns Behinderten einfach ab, für uns selbst verantwortlich zu sein???? Somit bleibt der Behinderte ewig ein kleines Kind, das keine Verantwortung kennt.

Durch meine Rollstuhlfahrten fühle ich mich automatisch in den Straßenverkehr integriert. Anfangs hatte ich bei jedem Straßenüberqueren gewaltige Befürchtungen. Das ist ja klar. Heute ist das für mich kein besonderes Problem mehr. Selbst durch den dicksten Autoverkehr fahre ich ganz selbstverständlich, um an ein Ziel zu kommen. Immer wieder versuche ich, besorgten Menschen klarzumachen, daß ihnen im Straßenverkehr genauso viel passieren kann, wenn sie nicht genügend aufpassen, als anderswo.. Sicherlich erlebte ich schon unverschämte Autofahrer, z.B. einen, der mir ganz plötzlich an einem Zebrastreifen die Vorfahrt nahm. Aber ich konnte auch schon ganz nette Gesten von Autofahrern erleben. Ich möchte nur ein Beispiel nennen. Dieses tolle Erlebnis hatte ich in Durlach. Ich wollte gerade die Schnellstraße zum Turmberg überqueren, als ein ziemlich langer LKW sich quer über die Straße stellte und somit den Verkehr auf beiden Fahrspuren für mich lahmlegte. Der LKW-Fahrer, der mich freundlichst herüberwinkte, hat mir sehr imponiert. Ich bin ein Verkehrsteilnehmer mit einem Verkehrsmittel wie jeder andere auch, der ganz selbstverständlich gute und manchmal auch schlechte Erfahrungen machen muß. Dabei mache ich den einen Fehler nicht, den viele behinderte Menschen in ihrer Verbitterung machen: Ich mache die eher negativen Geschehnisse keinesfalls von meiner Körperbehinderung abhängig, weil ich weiß, daß jeder mal schlechte Erfahrungen mit den Mitmenschen macht. Wir sind nun mal keine perfekten Menschen. Wir sind eher eine Ellenbogengesellschaft, in der man oftmals das Gute im Verborgenen erst erkennen muß. Da sollte sich der behinderte Mensch keinesfalls abgrenzen. Kämpfen im Leben muß jeder, wenn er den Anspruch an seine Mitmenschen erhebt, gleichberechtigt zu sein. Dies richte ich auch vor allem an Eltern, die Kinder erziehen. Selbst ein behindertes Kind sollte nicht als Leisetreter in der Gesellschaft erzogen werden. Nur so kann es später mitreden über das, was um es geschieht.

Einmal bot mir Renato völlig unverhofft an, mit ihm zum Ringen zu kommen. Etwas erstaunt war ich schon darüber, daß er selbst ein Ringer war. Aber gerade deshalb mußte ich eines sonntagmorgens zum Germania - Sportzentrum fahren. Das war so gegen Ende August. Am frühen Morgen war es noch angenehm kühl, durch den Wald zu fahren. Das Germania Sportgelände liegt nämlich mitten im Karlsruher Schloßwald. Ich war schon gespannt auf diese Sportart, die ich zuvor höchstens einmal im Fernsehen gesehen hatte. Der Eingang in die Sporthalle hatte zum Glück nur eine ziemlich niedrige Stufe. So konnte ich mit meinem elektrischen Rollstuhl problemlos in die Sporthalle hineinfahren. Damals wußte ich noch nicht, daß mich außer einer neuen Sportart auch ein neuer Freundeskreis erwarten würde. Das erste Mal kam ich nur wegen Renato, der mich schon draußen erwartet hatte. Renato stellte mir gleich seine Freundin

Vera vor. Noch recht schüchtern begrüßte sie mich. Veras elegante Kleidung, die nicht eine Kopie anderer war, fiel mir sofort auf. Sie ist blond, und ihr wacher und witziger Augenausdruck verriet mir, daß sie nicht auf den Mund gefallen war. In der Halle fiel mir sofort eine große Ringermatte ins Auge. Dahinter stand ein längerer Tisch, wo drei, vier Männer konzentriert etwas notierten. Die anderen Ringer, es waren auch Männer, nicht nur Jugendliche darunter, wie ich gleich bemerkte, standen und hüpften auf und neben der Matte herum. Sie machten sich für den Kampf warm. Das war auch für mich, der den Ablauf beim Ringen noch nicht kannte, leicht zu erahnen. Nun entdeckte ich unter den anderen auch Toni, Renatos älterer Bruder. Alle Kämpfer trugen einen einheitlichen Sportanzug. Manche Kämpfer von der gegnerischen Mannschaft nutzten die Zeit, um auf der großen Matte noch einmal ihre Kampftechnik auszuprobieren. Renato machte sich jetzt auf der gegenüberliegenden Seite auch warm. Schon alleine die Vorbereitungszeit löste in mir eine gewisse Spannung aus. Nun verhandelte am Tisch auch noch der Kampfrichter mit. Der Kampfrichter ist ganz weiß bekleidet mit einem roten und einem blauen Ärmel. Inzwischen waren auch einige Zuschauer gekommen. Jetzt endlich tat sich etwas. Alle Ringer verließen die Halle. Einen kurzen Augenblick später traten beide Mannschaften, vom Kampfrichter angeführt, wieder mit einem rhythmischen Geklatsche in die Halle. Sie marschierten um die Matte herum, bis sich die beiden Mannschaften gegenüberstanden. Dann wurden die jeweiligen Kampfpartner in den Gewichtsklassen aufgerufen, wobei sie zusammentraten und sich kameradschaftlich die Hand reichten. Anschließend wurden die ersten Ringer aufgerufen, ehe ein schriller Pfiff des Kampfrichters

ertönte und der Kampf freigegeben wurde. Wenn die Ringer auch den ersten Kampf in der Bezirksliga-Süd verloren hatten, war ich von dem Ringen so angetan, daß ich versuchte, keinen Kampf zu versäumen. Renato schrieb mir extra die genauen Termine auf. So lernte ich im Laufe der Zeit auch die anderen Ringer näher kennen. Ich spürte dann irgendwann, daß sie mich in ihre Mannschaft so aufnahmen wie ein ganz normales Ringermitglied. Die echte Kameradschaft imponierte mir besonders in diesem Verein. Mir gefällt es, daß dort innerhalb des Vereins Jungs vom vierzehnten Lebensjahr bis zum Mannesalter aktiv dabei sind, gerade weil es bei uns in Deutschland so üblich ist, die Generationen, die angeblich nicht zusammen harmonieren können, einfach voneinander abzutrennen. Trotz der erheblichen Altersunterschiede klappt es in den Ringervereinen sehr gut, die Generationen zu verbinden. In der zweiminütigen Pause helfen sie sich gegenseitig beim Massieren, Brustkorb ausstrecken, Schweiß abtrocknen usw. Diese gegenseitigen Hilfen werden mit einer Selbstverständlichkeit geleistet. Egon, ein früherer Ringer, der aber trotzdem noch ständig dabei ist und die Vereinskasse verwaltet, ist zum Beispiel schon 50 Jahre alt. Aber dennoch ein Bombenkamerad, dem man das Alter überhaupt nicht ansieht. Dazu noch ein eifriger Fußballspieler. Dies kann ich jedesmal nach dem Training erleben.
Die folgenden Kämpfe wurden alle gewonnen. Das will ich betonen. Am Ende der Runde standen wir auf Grund guter Leistungen auf dem zweiten Tabellenplatz.

Mit Vera, Renatos Freundin, die auch eine treue Zuschauerin war, verstand ich mich mit der Zeit auch immer besser. Heute kann ich sie als eine gute Freundin von mir betrachten, die ich hinzugewonnen habe. Ich hatte anfangs den leisen Verdacht, Vera wolle oder könne mit mir nichts anfangen. Denn ich hatte manchmal das Gefühl, sie geht mir ein bißchen aus dem Weg. Dieser Verdacht war viel zu voreilig. Wir erzählten uns die neuesten Erlebnisse, wir blödelten vor jedem Kampf zusammen herum und sowohl ich als auch Tanja, die Freundin eines Ringers, lobten sie wegen ihres fleißigen Strickens. Mit Tanja bekam ich mit der Zeit auch ein gutes Verhältnis. Innerhalb dieses Vereines konnte ich auch einmal außerhalb meines Wohngebiets meinen Nachholbedarf decken, inmitten von guten Kameraden meinen Platz zu finden. Auf Grund der vielen Kämpfe, die ich mit größter Anteilnahme sah und auch anfeuerte, ging der Prozeß des gegenseitigen Kennenlernens sehr schnell voran. Weil ich anfangs die Ringerregeln noch nicht kannte, gab es für mich vieles zu erfragen. So entwickelte sich fast automatisch ein Gespräch nach dem anderen, bis auch die letzten Hemmschwellen auf beiden Seiten überwunden waren. Nach jedem Kampf gehen wir dann noch rüber in die Germania-Gaststube etwas trinken. Oder wir essen noch etwas miteinander, wobei Egon großzügig Geld aus der Vereinskasse verteilt. Jeder bekommt zwanzig Mark in die Hand gedrückt. Sogar die fleißigen Zuschauer, Vera, Tanja und ich, wurden miteinbezogen. Anfangs war es mir etwas komisch, einfach auf fremde Kosten zu essen. Ich ließ es erst freimütig geschehen, nachdem ich gesehen hatte, daß auch die Mädchen in der Gaststätte das Essensgeld von Egon ausgehändigt bekamen. Denn ich bin es leider schon zu sehr gewohnt, daß mir Leute wegen meiner Körperbehinderung, nicht aber wegen der Kameradschaft, etwas schenken. In dieser Situation war es wirklich eine ganz andere Sache. Vera meinte einmal, nachdem ich ihr von meinen schlechten Gewissen erzählt hatte: "Du wärst schön blöd, wenn du dieses Geld ablehnen würdest, das ja schließlich alle zugesteckt bekommen." In dieser Gemeinschaft, als eine absolut gleichwertige Person geachtet zu werden, tat mir gut.

Als kleine Aufmerksamkeit verfaßte ich mit meiner Mutter zusammen für meine Ringerkameraden ein Reimgedicht. Nachdem der letzte Kampf in der Runde bestritten war, nutzte ich die Gelegenheit, um mit meinem Gedicht und einem Geschenk dazu mich bei den Ringern erkenntlich zu zeigen. Nach diesem recht spannenden Kampf mußten wir einfach unseren zweiten Platz in der Tabelle feiern. Der Wirt hatte uns Kassler mit Kartoffelsalat und verschiedenen Salaten aufgetischt. An diesem feierlichen Abend wartete ich einen passenden Augenblick nach dem Essen ab. Wir waren mit den Frauen gut dreißig Leute. Eine richtig tolle Gesellschaft. Auch mit dem größten Teil der Frauen verstand ich mich auf eine einfache Weise gleich recht gut. Ich sah mich aber nicht in der Lage, meine paar Verse so lustig und ausdrucksvoll vorzulesen. Darum fragte ich einmal in der Runde nach, wer dazu in der Lage wäre, meine Worte allen vorzulesen. Dazu fand sich Hans Dietchen bereit, der Vater unserer Nachwuchsringer Thomas und Patrick. Ich hatte die Reimverse mit meinem selbsterkämpften Computer geschrieben. Das längere Computerpapier mit den Versen hatte ich mir zuvor einrollen lassen. Da stand nun Hans recht feierlich neben mir und trug mein Werk mit guter Betonung vor. Da wurde gelauscht und stellenweise laut hinausgelacht. Hinterher bekam ich einen Riesenbeifall. Mir wurde von verschiedenen Seiten anerkennend auf die Schultern geklopft. Anschließend ließ ich meinen neuen Freunden mein Geschenk überreichen.

Noch am gleichen Abend wandte ich mich mit folgender Bitte an den Trainer Bernd. Ich fragte ihn ganz offen und frei, ob es für mich möglich wäre, im nächsten Jahr, wenn wieder das Training losginge, auf einer Matte während des Trainings meine Gymnastikübungen durchzuführen. Ich betonte noch, ich würde das Ringertraining bestimmt nicht stören. Bernd lächelte mich nur mit seinen tiefen ausdrucksvollen Augen an und gab mir zur Antwort: "Das ist doch keine Frage, natürlich kannst du bei uns deine Turnübungen machen. Warum bist du so bescheiden? Mit nur einer Matte kann man nichts Gescheites machen. Dir legen wir auch drei oder vier Matten aus. Das ist doch ganz klar und selbstverständlich. Nur eines sage ich dir, mit der normalen Bekleidung bringt es nichts, auf der Matte zu turnen. Wenn, dann mußt du genauso wie wir mit einem Trainingsanzug erscheinen. Dann kannst du dich erst mit uns richtig abplagen." Dies beherzigte ich und kaufte mir in der Stadt bald einen Trainingsanzug. Mir tat gut, daß Bernd überhaupt keinen Unterschied zu den anderen machte. Alle kommen sportlich leicht gekleidet in die Halle. Also sollte ich nicht anders kommen.

Im neuen Jahr 1986, eine Woche nach den Heiligen drei Königen, ging wieder das Ringertraining los. Kaum konnte ich erwarten, nach den Feiertagen meine Freunde vom Ringersport wiederzusehen. So fuhr ich also mit dem Trainingsanzug fröhlich und voller Erwartungsfreude durch den Wald zum Ringertraining. Der Hausmeister schloß mir extra die Tür zur Halle auf. Die Sportler kommen immer

durch die Dusch- und Umkleidekabinen in die Turnhalle. Die Ringer waren gerade beschäftigt, die große Ringermatte auszulegen, die aus vielen kleinen Matten zusammengelegt wird.
Rüdiger, Andreas und Harald pfeifen dabei meistens fröhlich eine Melodie. Ebenso fröhlich wurde ich begrüßt. Sie klatschten alle wegen meines Trainingsanzugs. Bernd, Renato, Jürgen und Toni legten mir gleich, nachdem sie mich gefragt hatten, wo ich turnen möchte, drei, vier Matten aus. Danach kam Bernd recht unternehmungslustig zu mir und bat mich zunächst einmal, ihm alles zu erklären. Da ich nicht auf die Schrauben meines Rollstuhls deuten konnte, die man aufdrehen muß, um die Kinnsteuerung auf die Seite zu schwenken, zeigte Renato, der das schon längst genau wußte, Bernd den ganzen Vorgang. Daraufhin hob mich Bernd mit folgenden Worten runter auf die Matte: "Gell, du mußt es mir halt sagen, wenn ich dir irgendwie weh mache." Ich lachte und sagte: "Ja, ja, sei beruhigt, das tue ich schon, aber so schnell kann man mir eigentlich nicht weh machen." "Den Micha kannst du ruhig auf die Matte werfen. Was meinst du, was wir, die Clique vom Hof, mit Micha schon alles gemacht haben", warf Renato lachend ein. Dann, als ich auf der Matte lag, fühlte ich mich so frei wie ein Fisch. Zunächst drehte ich mich sportlich schnell auf den Bauch, um mich im Vierfüßlerstand aufzurichten. Es klappte noch recht gut nach dieser langen Pause, denn seit dem Schulabgang hatte ich keine Gymnastik mehr gehabt. Auch im Kniestand konnte ich noch recht gut und für eine gewisse Zeit stehen. Zunächst blieben die Ringer noch etwas erstaunt bei mir stehen und sahen zu, wie unbeschwert leicht ich mich auf der Matte bewegen konnte. Mit einem Satz sprangen Thomas und Patrick auf mich drauf, um mit mir etwas zu kämpfen.

So fühle ich mich richtig pudelwohl, wenn ich nicht immer ganz vorsichtig und mit sehr viel Abstand behandelt werde. Gerade bei solchen Gelegenheiten kann ich die Leute auch mal drücken. Ja, wenn man es so nimmt, auch mal liebkosen. Umgekehrt erfährt man diese Gefühle von dem anderen auch, die besonders beim Anfassen wachsen und sich vertiefen können. Ein behinderter Mensch steht sonst immer unantastbar daneben. Oft nicht einmal aus bösartigen Gründen. Nein, es herrscht die verbreitete Befürchtung, dem armen Kerl nicht auch noch weh zu tun, wo er doch sonst schon so beschädigt ist. Daher, da bin ich ganz sicher, kommen auch gelegentlich meine Nachholbedürfnisse, trotz meiner 25 Jahre mit Freunden mal zu raufen. Gerade in diesem Ringerverein habe ich öfters die Gelegenheit, mit verschiedenen Leute auf der Matte herumzukämpfen. Somit war ich in diesem neuen Bekanntenkreis auch bald nicht mehr "der Behinderte", sondern Micha, eine Persönlichkeit für sich.
Bernd, der Trainer, rief die anderen dann bald zum Traning auf. "Falls du einen Ball oder irgendetwas möchtest, kannst du es ja Vera sagen", rief mir Bernd noch augenzwinkernd zu, bevor er die anderen zur großen Matte wies, um sich erst mal kräftig warm zu machen. Vera und auch Tanja saßen währendessen meistens neben mir auf dem Mattenwagen und feuerten mich zu meinen Turnübungen an. Das macht mir sehr viel Spaß, mit den anderen zu trainieren. Alleine meine Turnübungen zu machen, wäre mir zu langweilig. Das Training der anderen spornte mich so richtig an, ebenfalls gute Leistungen auf der Matte zu bringen. Ich konnte mir sogar Liegestützen selbst beibringen. Die Ringer, das wunderte mich schon beim ersten Mal, haben ein recht hartes Training. Es tut

einfach gut, in der Halle dieselbe Luft einzuatmen, wie die anderen, die manchmal nach Schweiß muffelt. Manchmal, wenn ich eine Ruhepause einlege und beim Training der anderen etwas zuschaue, rufen mir die Ringer herausfordernd zu, "Was ist, Micha, mach was!" Zum guten Schluß machen Renato, Willi oder Werner noch ein paar Bauchmuskelübungen mit mir, indem sie mir auf die Beine sitzen, wobei ich dann vom Langsitz aus ein paar mal hinten runter und hoch muß. Die Übung konnte ich noch von der Schule her. Das zieht schon überall, kann ich da nur sagen. Werner fragte anfangs Renato recht verblüfft, ob er das irgendwie gelernt habe, mit mir diese Übungen durchzuführen. Daraufhin konnte Renato nur den Kopf schütteln. Nachdem ich das so ungefähr 10 oder 15 mal gemacht hatte, trug mich Renato ebenso verschwitzt wie ich wieder in mein Gefährt. Dann gehe ich mit Vera, und manchmal kommt Tanja noch mit, meist schon einmal rüber in die Gaststube. Dort muß ich mir sofort etwas zu trinken bestellen. Vera lacht oft wegen meines großen Zuges, wenn ich zum ersten Mal am Halm ziehe und mir die Apfelsaftschorle hinunterlaufen lasse. Bis sich die Ringer geduscht und wieder schön gemacht haben —Renato ist dabei häufig der letzte— vergnügen wir uns in der Germahia-Gaststätte. So kam ich auch Vera richtig nahe, die ich auch recht in Ordnung finde. Die Ringer trinken dann zur Krönung des Abends auch noch etwas. Dies finde ich, ist dann immer ein gemütlicher, unterhaltsamer Abschluß. Draußen ist es längst dunkel geworden, wenn ich mich dann durch den Wald auf den Heimweg begebe.

Kurze Zeit nach meinem ersten Training tauchte plötzlich Renato mit einem Loch im Kopf bei mir auf. Nachem ich ihn danach interessiert gefragt hatte, erzählte er mir, er sei bei einem Ringertunier mit seinem Gegner voll zusammengeprallt. Renato teilte mir an diesem Mittag, für mich ganz unerhofft, auch mit, daß Bernd den Verein gewechselt habe. Bernd hatte früher, als er noch jünger war, lange Zeit in der 2. Bundesliega in Kirrlach gerungen. Gerade der Bernd, mit dem ich mich besonders verbunden fühlte, dachte ich noch und war dem Weinen nahe. Renato und Vera brachten mich aber auf die Idee, mit meinem elektrischen Rollstuhl den Bernd ab und zu auf seiner Arbeitsstelle, dem Daxlanderner Friedhof, zu besuchen. Er war Leichenbestatter und ich schmunzelte zuerst ein wenig, bevor ich mir Bernd mit diesem Beruf vorstellen konnte. Außerdem teilte mir Renato recht vorsichtig mit, daß es ohne richtigen Trainer fraglich sei, ob die Truppe noch zusammenbliebe. Das war ein gewaltiger Schock für mich. Mir war wirklich ganz anders zumute, weil ich nach diesem schönen halben Jahr wieder einmal gemeint hatte, eine kleine Familie gefunden zu haben.

An einem der darauffolgenden Abende trafen wir uns nach dem Training in der Sportclubgaststätte und besprachen unsere Lage. Jürgen bot sich an, den Trainerposten zu übernehmen. Für Renato hieß es, eine harte Entscheidung zu treffen, wegen des Weiterkommens doch einmal den Ringerverein zu wechseln. Das war selbst für mich eine recht komische Situation. Obwohl ich insgeheim hoffte, daß Renato bleiben würde, versuchte ich doch mit ihm, objektiv über die ganze Sache zu reden. Toni, sein Bruder, wechselte ohne große Diskussionen nach Daxlanden. Dort konnte er eine Klasse höher in der Landesliga ringen. Das war natürlich auch ein Anreiz für Renato, mit stärkeren Gegnern zu ringen und etwas dazuzulernen. Wenige Vereinsleute warfen Renato wegen seiner Gedanken schon Vereinsuntreue vor. Renato tat mir in dieser Zeit richtig leid, wo er selbst nicht genau wußte, was er machen sollte. Renato war schon acht Jahre im Karlsruher Germania Ringerverein, und Jürgen bestimmt auch ein guter Trainer. Ich konnte mich gut in seine Lage hineinversetzen, denn er saß zwischen zwei Stühlen. Die Zeit heilte Wunden. Nach einem langen Hin und Her unterschrieb Andreas —auch ein besserer Ringer, der angeblich ganz aufhören wollte— für ein weiteres Jahr im Verein zu ringen. Dennoch entschied sich Renato bei der letzten Gelegenheit endgültig für Daxlanden. Dies bedeutete für mich, daß ich mich an andere zu gewöhnen hatte, die mich auf die Matte legen und wieder in den Rollstuhl setzen mußten. Die Angst war schon da, daß der engere Kontakt zu Renato und Vera aufhören würde. Auch die anderen Ringer waren natürlich aus anderen Gründen nicht so erfreut von Renatos recht konsequentem Entschluß, denn Renato zählte schon zu den besseren Ringern im Verein.

Als ich sehr bald danach, noch etwas geknickt über den Weggang von Renato, durch den Wald zum Training fuhr, war die Überraschung um so größer, Renato mit den anderen Ringern in der Turnhalle vorzufinden. Vera lachte mich nur mit ihrem grinsenden Blick an und sagte, wobei sie mir aus dem Anorak half: "Da sind wir wieder. Das hättest du nicht gedacht, ich auch nicht. Renato hat sich gestern Abend doch noch anders entschieden." Somit konnte ich Renato mit Vera noch zweimal in der Woche regelmäßig treffen. Aber trotzdem hatte ich in dieser Zeit etwas dazugelernt: mich nicht mehr so stark auf einzelne Leute zu fixieren, die ich selbst, ohne es zu wollen, zu einem Fachmann für die Hilfen, die ich brauche, mache. Inzwischen, da bin ich froh, kann ich mir ohne starke Bedenken zu bekommen, von jedem irgendwie helfen lassen.

Jürgen ist auch ein ganz netter Kerl. Als neuer Trainer bezieht er mich auch in die Mannschaft ein, so als könnte ich richtig mitringen. Das merke ich, wenn er während des Trainings plötzlich zu mir an die Matte kommt und mich bittet, auf seine Beine zu liegen, damit er seine Bauchmuskeln dehnen kann. Später macht dann Jürgen meist dasselbe mit mir. In diesem Augenblick fühle ich mich auch gebraucht. Oder ein weiteres Beispiel, wenn ich manchmal bei starkem Regenwetter von Renato mit dem Auto ins Training abgeholt wurde und ich nach dem Training noch auf Renato warten mußte, ließ mich Jürgen nie alleine in der Turnhalle zurück, sondern trug mich zu den anderen in den Umkleideraum.

Wir machten auch schon tolle Tagesausflüge miteinander. So machten wir im Frühjahr 1986 nach dem verlorenen Aufstiegskampf in Ziegelhausen einen Tagesausflug nach Heidelberg. Das war für mich ein Erlebnis, in dieser geschlossenen Gruppe wegzufahren. Da kam ich auch mit Gerd, einem Studenten, sehr gut ins Gespräch. Abwechselnd wurde ich bestimmt von jedem einmal geschoben. Und wieder bestätigte sich dabei meine Erfahrung auch mit diesen Leuten. Man braucht die Kunst mit der Rollstuhlfahrerei nicht so hochspielen, wie man es häufig tut. Dabei werden oft ungewollt die Nichtbehinderten mit zu vielen Theorien überschüttet und zusätzlich eingeschüchtert. Dadurch kann ein privater Helfer <u>seine</u>

<u>eigenen</u> praktischen Geschicklichkeiten nur schwer ausproberen und zur Entfaltung bringen. Dazu braucht man nur einen guten Willen sowie Zeit und Gelegenheit, es einmal geduldig zu versuchen. Jedenfalls Jürgen, der, wie er mir erzählt hatte, zuvor noch keinen Rollstuhl in der Hand gehabt hatte, packte mit mir gleich die hohen, kurvenreichen Treppen zur Seilbahn hoch, um auf das Heidelberger Schloß zu kommen. Auch mancher andere, zum Beispiel Harald, schaffte es sofort, irgendwelche Treppen mit dem Rollstuhl zu überwinden. Michaela, Jürgens Tochter, wollte mich auch manchmal fahren. Somit kamen wir uns beide auch näher. Sie ist sehr aufgeschlossen und hat irgendwie eine liebe Art. Sicherlich könnte sie noch ihre letzten Unsicherheiten wegen meiner Körperbehinderung ablegen, wenn wir uns öfters sehen würden. Lachen muß ich jedesmal nach unserem Training, wenn ich Michaela einen Gruß bestellen lasse, und Jürgen nur wegen meiner Männlichkeit zu schmunzeln beginnt.
Nachdem wir oben im alten Schloßpark ein wenig herumgeschlendert waren, und die wunderschönen Ausblicke hinunter auf Heidelberg genossen hatten, kehrten wir noch in das obenliegende, recht urige Schloßcafe ein.

Thomas Fuchs mit seiner Frau Mary sind für mich im Laufe der Zeit auch gute Freunde geworden. Ich kann mich noch gut erinnern, als ich mich während eines Freundschaftskampfes gegen Schuttertal mit Mary das erste Mal unterhielt. Anfangs unterhielten wir uns noch über ihren Hund Willi, einen sehr seltenen Mischlingshund. Die kurzen Beine stammen von einem Dackel und der Körper sowie der stolze Kopf von einem Schäferhund. Mary konnte ich gleich irgendwie sehr gut leiden. "Bist du alleine hier?" fragte sie mich gleich. Als ich daraufhin mit dem Kopf nickte, befragte sie mich schon etwas verwundert wegen meines elektrischen Rollstuhls, denn eine Kinnsteuerung hatte sie zuvor noch nie gesehen, wie sie mir sagte. Sie fand das enorm, daß ich damit so gut zurecht komme. Sicherlich wären wir damals noch länger zusammen gesessen, wenn nicht auch Thomas gerungen hätte und Willi, der Hund, wie ein Verrückter tobend zu bellen angefangen hätte. Klar, ein Hund kann nicht unterscheiden, ob der Kampf Ernst oder Spiel ist, wenn sein Herrchen auf der Matte angegriffen wird. Jedenfalls mußte Mary so schnell wie möglich die Halle verlassen. Thomas ist auch so ein toller Kamerad. Gerade gestern kämpfte er mit mir wie ein Wilder auf der Matte herum. Oh je, mir taten hinterher alle Knochen weh. Diese Härte müßte ich auch mal spüren, meinte er. Thomas ist ein lieber Kerl, der mit einem, da bin ich ganz sicher durch Dick und Dünn gehen würde. Er gehört zu unserem Schwergewicht über 80 Kilo. Beim Training zeigt er keine allzu lange Kondition. Lächeln muß ich oftmals, wenn er sich immer tapsig wie ein Bär auf der Matte bewegt. Nur sagen darf ich nichts, denn dann kommt Thomas meistens zu mir auf die Matte und versucht mich, übers Knie zu legen. Thomas und Mary besuchte ich eines Tages mit meinem elektrischen Rollstuhl in Berghausen. Es war ein recht schöner Mittag, den ich zusammen mit ihnen zu Hause verbrachte. Selbst mit dem Hund Willi konnte ich mich anfreunden. Er läßt sich inzwischen nach einigem Herumschnuppern auch von mir kraulen und streicheln, während er mich mit treuen Augen ansieht.

Neu kennen gelernt habe ich auch die Familie Dietchen. Das sind richtig liebe Leute. Plötzlich zählten Thomas und Patrick als sehr wichtiger Nachwuchs im Ringerverein Germania-Karlsruhe. Es sind zwei nette Jungs, bei denen ich mich sofort herzlich aufgenommen fühlte. Es sind so richtige Rauferkatzen, die sich auch vor meiner Körperbehinderung nicht respektvoll benehmen. Da ich mir ja schon immer solche Brüder gewünscht hatte, zogen mich gerade Thomas und Patrick durch ihre unbeschwerte Art wahnsinnig an.

Auch Hans, den Vater der beiden Burschen, finde ich sehr sympathisch. Er ist auch immer beim Ringen dabei. Manchmal trainiert er auch ein wenig mit. Dabei merkt man richtig das gute, kameradschaftliche Verhältnis zwischen ihm und seinen beiden Söhnen. In der Wirtschaft plaudern wir oft miteinander über den Ringersport und auch über allgemeine Dinge. Auch bei Hans verläuft das Ganze nicht auf die Mitleidstour, wie ich es früher allzuoft erleben mußte. Als ich mir einmal in einer anderen Kneipe etwas zu essen bestellt hatte, fütterte er mich ohne lange Reden zu halten, so als wäre es das Selbstverständlichste auf der Welt.

Mit Frau Dietchen, für mich ist es inzwischen die Erika, verstand ich mich sofort gut. Da sie manchmal zum Kampf kam, konnte ich auch mit ihr einen netten Kontakt aufbauen. Da dies aber nicht zu oft vorkommt, besuche ich sie manchmal in Wörth. Dort wohnt die Familie Dietchen, wo ich bei schönem Wetter öfters mit meinem elektrischen Rollstuhl meine Spazierfahrt über den Rhein in die Pfalz mache. Erika ist für mich als Frau und Mutter eine richtige Ausnahme. Sie kennt nicht hauptsächlich die Küchenarbeit, sondern ist, wie sie mir erzählt und bewiesen hat, fast jeden Tag irgendwo mit irgendwelchen Freundinnen oder Bekannten verabredet. Sie amüsiert sich darüber, wenn sie merkt, einige andere Leute zerbrechen sich den Kopf über ihre Ehe mit Hans und über die armen Kinderlein. Ihre Familie findet es völlig in Ordnung, wenn sie ihre Freizeit gestaltet wie sie will und nicht gelangweilt zu Hause herumsitzt. Sie tut ja nichts Unrechtes was andere aber als solches betrachten, wenn sie häufiger mal unterwegs ist, denn die Jungs befinden sich ja sowieso schon ziemlich im selbstständigen Alter. Thomas lernt ja schon in einem Friseursalon. Die Leute sind dann völlig verwirrt, wenn Erika zwischendurch wieder in glücklicher Begleitung mit ihrem Mann ist. Erikas Kleidung paßt richtig zu ihrer Art. Sie hat nämlich eine Vorliebe für bunte Sachen. Petra erzählte mir einmal, sobald man selbst mit der Bekleidung nicht nach der Norm geht, wird hintenherum nur gelästert. Aber Petra macht das einzig Richtige daraus, sie amüsiert sich noch über solche Menschen, die scheinbar wenig von ihrem eigenen Leben ausgefüllt und zufriedengestellt sind.

Toll ist es auch, wenn wir irgendwo auswärts ringen müssen. Ganz selbstverständlich werde ich da auch immer mitgenommen. Am Gottesauerplatz ist immer großer Treffpunkt. Wegen des Abwiegens, das von den Kampfrichtern genauestens überprüft wird, müssen wir jedes Mal sehr zeitig, eine Stunde bevor der Kampf beginnt, an dem Austragungsort sein. Um die lange Zeit bis zum Kampf besser auszufüllen, gehe ich mit den Frauen manchmal noch ein wenig spazieren. Bei einem Auswärtskampf habe ich, weil es einfacher ist, immer meinen zusammenklappbaren Rollstuhl dabei. In Schuttertal zum Beispiel, liefen wir auch noch etwas umher und genossen noch etwas die würzige Schwarzwaldluft. Dieses Mal schob mich

Vera. Das war lustig. Manchmal drohte sie mir im Spaß, mich einfach die verschiedenen Steigungen hinunterrollen zu lassen. Ziel unseres gemeinsamen Ausfluges ist es oftmals, noch in ein Cafe oder eine Wirtschaft einzukehren. Oh je, da führte hinter einem Bach ein recht schmaler, unebener Weg ans Haus hin. Der Weg endete dann auch noch vor einem ebenfalls sehr schmalen Treppchen, das auch noch eine Kurve machte. Mensch, wurde mir da heiß. Aber die Frau von Günter schnappte mich sehr schwungvoll von hinten, und zog mich mit dem Rollstuhl nach oben. Vera, Mary und Monika, die Frau von Jürgen halfen den Rollstuhl an den Armlehnen hoch zu drücken. Dabei meinten sie bestimmt: "Warum sollten wir das, was unsere Männer können, nicht auch beherrschen?" Tatsächlich, ich bezweifelte das eigentlich auch nicht, erreichten wir die Wirtsstube. Das gemeinsam Erreichte löst manchmal auch schneller eine Freundschaft aus. Somit kam ich im Laufe der Zeit auch mit den Frauen in netten Kontakt. Wenn Mary dabei ist, freue ich mich irgendwie besonders. Aber auch die anderen mag ich sehr. Monika bot mir gerade beim letzten Mal das Du an. Sie ist eine etwas stillere, zurückhaltende, aber sehr liebe Person. Wenn sie etwas von sich äußert, hat es dann meistens Hand und Fuß. Monika und auch Jürgen haben beide eine etwas rauhe Schale aber dahinter verbirgt sich ein butterweicher Kern. Unmittelbar vor einem Kampf bin ich immer furchtbar aufgeregt. Wenn es in dem Gasthaus auch noch so gemütlich ist, bringe ich beim besten Willen keinen Kuchen oder sonst etwas hinunter. Die anderen schafften das immer noch in aller Gemütsruhe. Trotz der Unterhaltsamkeit erinnerte ich die anderen gelegentlich an die Zeit, damit wir den Kampf ja nicht versäumten. Die schwierigen Treppen, der steile Weg hinunter und schließlich der Weg zurück zur Sporthalle, alles klappte sehr gut. Die immer aufkommende Angst, aus dem Rollstuhl gekippt zu werden, stellte sich auch bei den Frauen wirklich als unnötig heraus. Jedes Mal nach unserem kleinen Ausflug in die Ortschaft kam ich zur rechten Zeit zum Kampf. Gerade die letzten zehn Minuten vor dem Anpfiff, wenn die Spannung noch voll in der Luft liegt, imponieren mir so.

Inzwischen hat es Renato endgültig wahrgemacht. Er ringt nun in Daxlanden zwei Klassen höher. Beim Training fehlte mir Renato anfangs schon sehr. Nun bin ich aber im Ringerverein kein Anhängsel mehr von Renato, sondern bin plötzlich mit den neuen, mitunter auch sehr lieben Kameraden auf mich alleine gestellt. Ich merkte dann im Laufe der Zeit, daß mir die anderen genauso helfen können und auch wollen. Mit Werner mache ich meine Gymnastikübungen weiter, wobei wir sehr viel Spaß miteinander haben. Somit sind wir ein richtiges Team und es gibt Vieles zu erfragen und nachzuahmen.
Wenn wir zum Auswärtskampf oder sonst irgendwo hinfahren, kann ich mich auf den Willi auch verlassen. Seine ruhige, liebe Art schätze ich sehr. Willi hat es im Laufe der Zeit, auf Grund unserer Gespräche über die Gesellschaft und Politik, auch gelernt, mich für voll zu nehmen. Da er bei der Kriminalpolizei arbeitet, gibt es eine Menge Anlässe, über Vieles auch hintergründig zu diskutieren. Gerade innerhalb verschiedener Generationen fühle ich mich richtig wohl. Könnte dies nicht auch im Alltagsleben viel öfters klappen? Schon die Kinder werden ohne diese Einstellung großgezogen. Kein Wunder, daß man dann auch allzu schnell dazu neigt,

alte Menschen einfach ins Altersheim abzuschieben, wo ihnen jegliche Selbstverantwortung mit einem Schlag genommen wird. Und das nur, weil man nicht mehr in der Lage ist, sich zusammenzutun, sowie sich auch mal in einem Streitgespräch auseinanderzusetzen. Das Proplem, wie Generationen miteinander leben, beschäftigt mich sehr. Deshalb möchte ich noch folgendes erzählen.

In unserem Jugendhaus hatte ich die Gelegenheit, mich bei einer Diskussion zum Thema: "Jugend in unserer Stadt" zu beteiligen. Politiker stellten sich zum offenen Gespräch mit uns Jugendlichen. Zunächst einmal ärgerten mich die langen Vorstellungen jedes Einzelnen. Eine Stunde verstrich, und immer mehr Jugendliche verließen gelangweilt den Raum. Da ich das Glück hatte, bei sehr lieben jungen Leuten am Tisch zu sitzen, die sich für mich meldeten, kam auch ich im Verlauf des Abends sehr oft zu Wort. Natürlich nutzte ich diese Gelegenheit. Als ich verdeutlichte, daß ich als behinderter Mitbürger gegen jede Art von Gettos bin und leider zusehen muß, wie so langsam ein Jugendgetto mit immer mehr Jugendhäusern aufgebaut wird, kamen die Leute hinter der langen Tischreihe schon aus ihrem Konzept. Deswegen wollte Herr X, der Oberbürgermeisterkandidat, meine Kritik in die Schublade "Behindertenprobleme" legen. Da stand weit hinter mir ein junger Mann auf und sagte: "Ich finde es sehr unverschämt, wie der Mann im Rollstuhl von ihnen einfach so übergangen wird. Er meinte nicht nur das Getto im Behindertenbereich, sondern sprach etwas sehr Wichtiges für uns alle hier an." Danach wurden die Leute recht verlegen und antworteten halt um den heißen Brei herum. Noch fünfmal mußte ich mich melden. Es reizte mich irgendwie, bis ich mich richtig verstanden fühlte. Gut fand ich, daß die jungen Leute meine Gedanken mit ihren Anliegen weiterführten. So bekam das Gespräch eine ganz andere, vor allem direktere Richtung. Das freute uns, aber weniger die Leute auf dem Podium. Auf der anderen Seite kam ich mir richtig gemein vor. Zum Schluß kamen einige Leute zu mir und teilten mir ihre Zustimmung für meine Kommentare mit. Aber plötzlich stand ein Mann neben mir und drohte mir mit folgenden Worten: "Ihre schlimme Behinderung in allen Ehren, doch das, was sie an diesem Abend gesagt haben, ging zu weit. Wenn sie sich schon gern selber reden hören, tun sie es woanders und unterlassen sie es gefälligst das nächste Mal bei so einem Gespräch, so über den Rahmen zu gehen." Ich war ziemlich geschockt über diese Worte. Die Leute an meinem Tisch empörten sich auch über diesen Mann und versuchten vergeblich, ihn zur Rede zu stellen. Dieser Abend sollte ja gerade zu diesem Zweck sein, mit den Verantwortlichen einmal offen über unsere Probleme in der Stadt zu reden. So werden durchaus auch realisierbare Gedanken und Vorstellungen einfach aufs Eis gelegt und übergangen oder brutal abgelehnt. So fördert man auch die Resignation der Menschen. Das Alter spielt dabei keine Rolle. Auch einmal von dieser Seite sollte man das sehen. und nicht immer nur blind auf die Antworten derer, die an den Rand gedrängt werden. schimpfen. Der Mensch kann schon grausam sein. wenn er sich nie ernst genommen fühlt und zu oft in subtilster Weise übergangen und so langsam gewissenlos gemacht wird. Damit möchte ich auf keinste Weise den schlimmen Terrorismus auf der Welt entschuldigen, aber er wurde einmal von verantwortlichen Politikern provoziert. Wir brauchen keine einfache Abstempelungspolitik, die oftmals betrieben wird,

sondern es muß mehr auf die Bedürfnisse der Menschen eingegangen werden. Gerade die junge Generation sollte Verantwortung übernehmen dürfen, sie sollte Gewicht in den einzelnen Entscheidungen bekommen, sie sollte einfach mehr ernst genommen werden. Alle Jugendlichen müßten miteinbezogen werden. Politiker sollten die Fähigkeit besitzen, auch Kindern und Jugendlichen die eigentliche Politik schmackhaft zu machen. Jedoch nicht nur gnädigst von oben herunter, wie man es oft so beobachten kann. Nein, allen Kindern und Jugendlichen sollte man Entscheidungsmöglichkeiten geben, wenigstens in jenen Sachfragen, die sie betreffen. Damit hätte man die Möglichkeit, der heranwachsenden Generation schon früh genug ein Gefühl der Mitbestimmung aber auch der Mitverantwortung zu vermitteln.
Vor allem die erschreckend zunehmenden Randgruppen nicht einfach mit einem Stempel auf die Seite zu schieben, und im Gefühl des Nichtverstandenwerdens, erblinden und erbosen zu lassen, das wäre mein Anliegen an die Politiker.

Ich hatte Herrn X an jenem Diskussionsabend meinen Text zum Nachdenken mitgegeben. Nachdem er mir höflicherweise zurück geschrieben hatte, wendete ich mich nocheinmal in einem Brief mit meinen Gedanken an ihn. Daraufhin ließ Herr X außer einer Rose, die er meiner Mutter im Treppenhaus wegen der bevorstehenden Oberbürgermeisterwahl in die Hand drückte, nichts mehr von sich hören.

Die Familie Pommerening im Garten zu besuchen, gehörte auch zu meinen neuen Erungenschaften. Diese für mich im Laufe der Zeit wachsende, tiefe Freundschaft habe ich Elli zu verdanken, auf deren Familie ich gestoßen bin und so herzlich aufgenommen wurde. Dort treffe ich Ellis Vater Helmut, sowie ihre Brüder Bernhard und Helmut an. Manchmal kommt auch noch Christine, Ellis jüngere Schwester in den Garten geschneit. Es ist aber kein gewöhnlicher Garten, sondern ein Kleintierzuchtgarten. Das Gartengelände liegt in Karlsruhe-Rintheim. Um dorthin zu fahren, brauche ich mit meinem elektrischen Rollstuhl von zu Hause aus so ungefähr 50 Minuten. Helmut, der Vater, hat neben einigen Pflanzen auch viele Tiere. Verschiedene Hasen-, Hühner- und Taubenrassen. Außerdem zog Helmut noch einige Enten und Gänse groß. Ach ja, eine junge, sehr verspielte Katze schleicht auch noch zwischen den Umzäunungen der Federtiere umher. Dort, zwischen all den Tieren, fühle ich mich besonders wohl. Bernhard, der älteste Sohn, kaufte sich im selben Zuchtverein auch einen Garten. Den Garten lockert neben einem kräftigen Kirschbaum, der im Frühling so herrlich blüht, ein von Helmut selbst angelegter Steingarten auf. In beiden Gärten sind natürlich auch viele Blumen sowie andere Zierpflanzen vorhanden. Helmut muß als Obst- und Gemüsekraftfahrer immer mitten in der Nacht aufstehen. Deshalb kommt es vor, daß Helmut schon am frühen Mittag im Garten sein kann. Helmut schenkt mir außer noch gut erhaltenem Obst und Gemüse nichts als eine reine Menschlichkeit. Helmut holte mich auch schon früh an einem Morgen mit dem LKW ab. Es war recht interessant, so hoch über die anderen Autos, die so ungewohnt klein wirkten, hinwegschauen zu können. Der Lärm des Motors übertönte sämtliche Geräusche, die von draußen kamen.

Bis Offenburg belieferten wir viele Supermärkte. Während der Fahrt kamen wir uns im Gespräch noch näher, wobei wir Bananen aßen. Das war richtig toll. Helmut machte mir zuliebe bei der Heimfahrt extra noch einen Umweg: Über die Höhe des schönen, grünen Bühlertals fuhren wir heimwärts. Während der Fahrt zeigte mir Helmut einige verwahrloste Äcker, auf denen viele, alte, verknöcherte Bäume standen. Die würde er alle zurechtstutzen, erklärte er mir, damit sie viele Früchte tragen können. Bei Helmut fühle ich mich als Kamerad noch richtig gefördert; denn oft bespricht er mit mir, wie mit seinen schon erwachsenen Kindern, was er im Garten noch alles umändern möchte. Bevor ich den Weg nach Hause fahre, erkundigt er sich oft, wann ich wieder in den Garten komme. Dies bestätigt mir jedesmal, daß ich wirklich willkommen bin. Ich lernte es mit der Zeit zu hassen, wenn bei mir immer die Initiative liegen muß, zu Leuten zu fahren. Viele denken halt, der Michael ist ja sowieso den ganzen Tag zu Hause und ist immer bereit. Deshalb ist es völlig unnötig, mich mit ihm zu verabreden, der taucht ja sowieso immer wieder von alleine auf. Wenn es so aussieht, kann ich mich nicht ernstgenommen fühlen. Somit muß ich häufig eine richtige Freundesbeziehung, die ich ja möchte und brauche, in Frage stellen. Als Arbeitsloser aufgrund meiner Körperbehinderung habe ich zwar mehr freie Zeit zur Verfügung, jedoch kann ich behaupten, daß mir als vielbeschäftigtem Menschen meine Zeit auch oftmals begrenzt ist.
Oftmals übernachtete ich auch schon im Garten, entweder in einem der gemütlich eingerichteten Gartenhäuschen oder auf dem wohl duftenden Heuboden.

Von Ellis Geschwistern ist mir Helmut, der jüngste, besonders ans Herz gewachsen. Weil Helmut genauso wie sein Vater heißt, unterscheide ich die beiden einfach mit großer und kleiner Helmut. Der kleine Helmut ist 16 Jahre alt. Ein zuverlässiger, aufgeschlossener, lieber Kerl. Mit ihm habe ich auch schon viele nette Stunden erlebt. Mit großer Freude stellte ich bei Helmut gleich anfangs fest, daß er keine Distanz zu mir wegen meiner Körperbehinderung kennt. Helmut macht mir einfach alles: Er setzt mich auf meinen Klostuhl, und wenn ich im Sommer in der großen Wanne vor dem Brunnen baden möchte, zieht er mich aus und wieder an. Selbst wenn ich unter dem Brunnen nur ganz einfach die Füße erfrischen möchte, hilft er mir bereitwillig dabei. Gerade in solchen Situationen hätte ich mich früher geniert. Aber bei Helmut geht das alles ganz frei und selbstsicher vonstatten. Wie bei einigen Freunden, so auch bei Helmut, habe ich keine Bedenken, wenn er mich trägt, und ich fühle mich federleicht dabei. Wie bei seinem Vater brauche ich auch bei ihm kein Wackeln und Zappeln zu unterdrücken, wodurch ich früher gerade noch unruhiger wurde und mich ganz zu meinen Eltern oder Schwestern verkroch. Ganz spontan packt er zu, als wäre es das "Stinknormalste", mich herumheben zu müssen. Das Allerschönste für mich ist, Helmut und sein Vater kennen viele Gedanken von mir. Somit fühle ich mich richtig erkannt und nicht fremd bei ihnen. Was mich bei Helmut besonders fasziniert, ist seine <u>innere</u> Tiefe, obwohl er manchmal den Anschein erweckt, er mache sich über Vieles nicht so richtige Gedanken. Da hat man sich aber gewaltig getäuscht. Durch Helmut konnte ich noch einmal zurückkehren in das Pubertätsalter, das bei mir eher sittlich und wohlbehütet abgelaufen ist. Bei ihm fühle

ich mich ständig herausgefordert, mich mündlich oder auch körperlich zu wehren. Dabei trifft er oft tiefe Zweifel und Komplexe in mir, die trotz der Fortentwicklung noch in mir nagen, und stellt sie einfach auf den Kopf. Somit gab er mir erstmals die Chance, die Dinge von einer ganz anderen Seite zu verarbeiten. Mit meinem Verstand, der durchaus schon fortgeschritten ist, kann ich Vieles erkennen, nur mein Gefühl macht da noch nicht so richtig mit. Jedenfalls bringt mir die Freundschaft sehr viel. Auch die körperliche Nähe mit Helmut, die Jugendliche eigentlich genießen, war auf Grund meiner Kindheit einfach neu. Er zog meinen Körper, genauso wie die seiner anderen Freunde, mit ins Geschehen ein, und dies fand ich einfach ganz großartig. Somit bekam ich erstmals die Chance, meinen im Grunde verhaßten Körper zu akzeptieren und konnte somit eine wichtige Körpererfahrung machen. Auch wurde ich mir, wie ich im nachhinein empfinde, im Toben, Kräftemessen und den mündlichen Auseinandersetzungen zusammen mit Helmut erst so richtig meiner Männlichkeit bewußt. Nur leider erlebte ich auch diese wichtige Erfahrung viel zu spät, um selbst dieser Jugendlichen Spontanität einmal satt zu werden. Ich empfinde so ein Verhalten, gefühlsmäßig immer noch als etwas Besonderes.
Manchmal kam ich mir wegen meiner 27 Jahre etwas abartig vor, doch was soll's, eigentlich sind es erst acht Jahre her, seit ich meine Erfahrungen frei mit anderen jungen Leuten teilen kann. Jedoch grüble ich manchmal darüber nach, wie wichtig ich selbst im Endeffekt für den andern bin, der mir so viel bedeutet. Ich wünsche mir, Helmut könnte auch durch mich ein wenig für sein eigenes Leben profitieren, denn mit seiner Mutter hatte er es manchmal auch nicht immer leicht.

Helmut übernachtete auch schon mehrmals bei mir. Wenn meine Eltern mal für wenige Nächte verreist waren, half er mir, die sturmfreie Bude zu hüten. Da machten wir natürlich einiges miteinander. Besonders gern spielen wir unten im Spielraum Boccia. Dieses Kugelspiel finden wir bei dem glatten Boden und den Wänden erst richtig interessant. Ich rolle die schweren Kugeln dabei mit den Füßen. Trotz der geringen Benachteiligung konnte ich Helmut auch schon besiegen, aber längst nicht so oft wie umgekehrt. Helmut ärgert mich sogar manchmal dabei. Ihm ist es, glaube ich, noch nie in den Sinn gekommen, mich extra gewinnen zu lassen. Gerade dies bedeutet für mich einen enormen Ansporn und macht mir erst richtig Spaß. Helmut hat in mir meinen allergrößten Wunsch, einen solchen lebhaften Bruder zu haben, wach gerufen. Daß Helmut aber nicht mein Bruder ist, muß ich als schmerzhafte Realität respektieren. Kurz nachdem ich aus Versehen auf meinen lieben, anhänglichen Wellensittich gelegen bin und dadurch "Pedro" durch mich leider umgekommen ist, kam Helmut als erster zu mir und versuchte, mich etwas über das Unglück hinwegzubringen. Dies war für mich gefühlsmäßig auch der Auslöser, Helmut so schrecklich gern als meinen Bruder zu betrachten. In meiner Krisenzeit mußte ich deswegen in der Nacht oft weinen, denn manchmal täte mir so ein robuster Bruder gut, der auch etwas Leben ins Haus brächte. Auch den kleinen Helmut kann ich hoffentlich noch sehr lange als einen guten Freund betrachten.
Helmut erzählte mir einmal von seiner Schulklasse, dort hätten sie einen Jungen mit einem Zwergwuchs. Der Typ wäre ziemlich klein für sein Alter, jedoch ein guter Kamerad, zu vielen Späßen aufgelegt. Daraufhin stellte ich ihm die realistische Frage, ob der Junge

manchmal wegen seiner Größe von anderen in der Schule nicht gehänselt und ausgelacht wird? Schließlich kam die spontane Antwort: "Was meinst du, denen würden wir Beine machen. Man braucht eben eine _innere_ Disziplin, keine, die nur von außen bestimmt wird." Dies besagt schon viel über den wertvollen Charakter von Helmut. Tja, solchen guten Nachwuchs gibt es schon noch in unserer Gesellschaft, man muß ihn nur finden.

Ich selbst bin ja mehr ein Faschingsmuffel. Ich halte nichts von der vielerseits durch Alkohol aufgeputschten Fröhlichkeit. Nur einmal hätte ich eine große Ausnahme gemacht. Nämlich mit Helmut, dem kleinen Helmut und Elli, wäre ich einmal mit dem allergrößten Vergnügen aktiv mit dem Faschingsumzug mitgefahren. Helmut hätte einen Anhänger faschingsmäßig umgerüstet, den ich mit meinem elektrischen Rollstuhl hätte ziehen sollen. Wir hätten uns dann als lustiges Landvolk verkleidet. Ich als Bauer, Helmut als Bäuerin, den ich auf dem Mistwagen gezogen hätte, und Elli sowie Helmut als unsere lieben Kinderlein. Auf den Mistwagen hätten wir noch etwas Lustiges draufgeschrieben. Das war jedenfalls unser Plan. Aber als Helmut uns im Rathaus für den Faschingsumzug anmelden wollte, bekamen wir eine schlichte Absage. Den ersten Grund konnten wir verstehen, wir seien mit der Zeit, vierzehn Tage vor Beginn, etwas zu spät dran. Nur den zweiten Grund, ein Rollstuhlfahrer, der den Rollstuhl auch noch mit dem Kinn steuern muß, innerhalb eines Faschingsumzuges, sei für die Zuschauer ein zu ernster Anblick, konnten wir nicht akzeptieren. Daran zeigt sich, finde ich, ganz deutlich, daß vor allem die ältere Generation immer noch der Ansicht ist, einen Menschen mit Behinderung könne man nicht in dieser lustigen Art und Weise vor der Öffentlichkeit zeigen. Früher wurden ja behinderte Leute ganz versteckt. Dies verläuft aber heute ähnlich, nur viel subtiler, mit den ganzen Behindertengettos als kostspielige Einrichtungen. Mit den enormen Kosten für die armen, armen "Sorgenkinder" wird der Bevölkerung nur etwas vorgegaukelt. Der wahre Grund ist eigentlich nur die Abschiebung vor der Bevölkerung.

Dieter, selbst ein E-Rollstuhlfahrer, hat mich anfangs mit meinem elektrischen Rollstuhl gleich bis an die Grenzen des Zumutbaren herangeführt, indem er mit mir zusammen den Abhang hinunter auf das brach gelegene Hofgelände fuhr. "Nein Dieter, das ist doch nicht dein Ernst!" rief ich ihm voller Entsetzen zu, der schon unten im steinigen Gelände stand und mir für diese, wie ich fand, gefährliche Fahrt sehr zuversichtlich Mut vermittelte. "Du kannst nicht umkippen, wirklich nicht. Das Schwergewicht der Batterien liegt einfach viel zu tief unten. Was ich schaffe, schaffst du mit deinem Rollstuhl auch." Wirklich, Dieter hatte Recht. Mit einem Gesurre der Motoren bremste ich unten neben Dieter ab. Ich war also heil geblieben. Danach fuhren wir noch ein wenig kreuz und quer über die Unebenheiten. Selbst vor einigen Schlaglöchern machten wir nicht halt. Damit möchte ich aber nicht behaupten, daß man gleich mit allen elektrischen Rollstühlen in dieser Art durchs Gelände fahren kann. Dieters Absicht war, und dies ist ihm auch gelungen, mir zu zeigen, wie weit ich mit meinem Gefährt gehen kann, um in brenzligen Situationen, welche tatsächlich auch schon bei mir vorgekommen sind, **nicht gleich** in Panik zu verfallen.

Mit Erika, der Lebenspartnerin von Dieter, bin ich inzwischen auch sehr tief befreundet. Im nachhinein kann ich mich wirklich nicht verstehen. Wegen Erikas sehr direkter Art, die keine Heucheleien kennt, hatte ich ganz früher in der Schule Angst und mußte wegen ihr oft Tränen vergießen. Dazu verhalf noch die Tatsache, daß sie ausgebildete Krankenschwester ist und mich bei Bauchweh öfters auf Blindarmverdacht untersucht hatte. Und jetzt, ein knappes Jahrzehnt später, zählt Erika mit zu meinen engsten Freunden. Wir lassen immer mal wieder voneinander hören. Nach Dieters Tod fühlte ich mich als Gesprächspartner sehr gebraucht, Erika etwas Beistand zu geben. Dieters Tod erschreckte mich auch sehr. Er hatte, wie mein Freund Klaus, Muskelschwund.
Öfters fahre ich mit dem E-Rollstuhl mal nach Ettlingen, wo Erika jetzt mit ihrer Tochter hingezogen ist. Wegen der hohen Treppen zu ihrer gemütlichen Dachwohnung — einmal trug mich Renato hoch — spazieren wir in Ettlingen umher, wobei wir später meistens noch in ein gemütliches Lokal einkehren. Erika, das kann ich spüren, sieht unsere nette Beziehung auch keineswegs irgendwie mit ihrem Betreuerberuf in der Körperbehindertenschule verbunden. Mir kommt wieder in den Sinn, daß Erika, gerade wegen Dieters Schicksal, manchen Leuten mit Erzieherausbildung im praktischen, wie im gefühlsmäßigen Bereich, weit voraus ist. Erika erzählte mir einmal, daß sie schon von vielen Leuten bewundert wurde, weil sie die ganzen Jahre über Dieter so aufopfernd gepflegt habe. Darauf fügte sie energisch hinzu: "Den Leuten geht das einfach nicht in den Kopf, daß dies eine ganz tiefe Liebesbeziehung mit Dieter war." Durch und mit Dieter sei sie viel selbstsicherer in vielen Bereichen geworden. Sogar zum Autoführerschein überredete er sie

mit Erfolg und gab ihr auf dem Verkehrsübungsplatz mündliche Hilfen dazu. So konnten sie sich einen Bus kaufen. Die Zeit mit Dieter, die vielen weiten Urlaubsfahrten mit dem Campingbus, wollte sie niemals vermißt haben. "Heute, nach Dieters Tod, bin ich in der Lage, einfachere Motorschäden selbst zu reparieren. Auch bei einem Platten stehe ich nicht ratlos davor", erzählte sie mir einmal unter Tränen.

Einen eigenen Geschmack zu finden bezüglich der Frisur, sich auch äußerlich schön zu finden, das gehörte auch zu meiner sehr wichtigen Entwicklung. Früher mußte ich halt in Begleitung meines Vaters zum Haareschneiden gehen. Ich war auf ihn angewiesen. Damit möchte ich meinem Vater keinen Vorwurf machen. Ich hätte mich einfach trotz der fast ständigen Abhängigkeit etwas mehr zur Wehr setzen müssen. Unwillkürlich hatte mein Vater einen starken Einfluß auf den Friseur. Er bestimmte mehr oder weniger, wie kurz meine Haare werden sollten. Zuletzt bestellte mein Vater einen Friseur, der bei ihm im Geschäft arbeitete, direkt zu uns nach Hause. Mit diesem älteren Herrn, der mit der Frisur vor 20, 30 Jahren stehengeblieben war, war ich nie ganz zufrieden. Somit konnte ich meinen Stil, wie ich letzten Endes aussehen wollte, noch bis zu meinem dreiundzwanzigsten Lebensjahr nicht finden. Heute, das ist klar, fahre ich mit meinem elektrischen Rollstuhl selbst zu Bekannten, um mir so, wie ich es mag, die Haare schneiden zu lassen. Da kann mir dann niemand reinreden. Das ist mein Kopf und fertig. Mit Frau Eiermann, die früher selbst einmal Friseuse gelernt hatte, bin ich sehr zufrieden. Sie nimmt mich und meine Vorstellungen, wie sie meine Haare schneiden soll, ernst.

Auch hat sie genügend Zeit und Geduld für mich. Weil ich meinen Kopf ja nie so richtig still halten kann wie andere, ist das natürlich schon die Voraussetzung. Trotzdem beherrscht es Frau Eiermann recht gut, während wir uns ganz locker unterhalten, mir einen für meinen Geschmack schicken, hinten etwas lang gezogenen Haarschnitt zu zaubern. Bei schönem Wetter schneidet mir Frau Eiermann meine Haare draußen in ihrem schönen, kleinen Gärtchen hinterm Haus. Jürgen und Michael, ihre großen Söhne sind manchmal auch dabei. Sie erscheinen besonders dann, wenn es etwas zu essen gibt. So verbinde ich die Haarschneiderei mit einem lieben Besuch bei guten Freunden. Später kommt dann noch Werner von der Arbeit, der mir früher mit seiner direkten, etwas rauhen, aber sehr feinfühligen Art, auch einen richtigen Schupser aus der Passivität gegeben hat. Werner ist kein Mensch, der nur fein herum reden kann. Wenn er auch meist im Hintergrund stehen möchte, läßt er Taten erkennen. Werner hat mir ein stabileres Wägelchen aus Stahlrohren zusammenbauen lassen. Mein altes Wägelchen aus Holz – eine Idee meines Vaters – bei dem ich mich auch mit den Beinen abstoßen mußte, um vorwärts zu kommen, ist zu klein geworden. Sein Freund, Herr Kleinkopf, war sofort dazu bereit, mit Werners Hilfe mir dieses wichtige Fortbewegungsmmittel in seiner Stahlrohr-Stuhlfabrik zusammenzubauen. Dieses Wägelchen gebrauche ich heute noch, wie ja schon genügend berichtet, in der Hofanlage und der näheren Umgebung, damit ich nicht so bewegungsfaul werde. Vor allem ist es für die Wohnung gut zu gebrauchen.
Damit hatte einmal, schon in den frühen 70er Jahren, wenn auch recht zögernd, mein langer, schwieriger, oftmals sehr holpriger Lebensweg aus der Passivität begonnen.

Schlußwort

So, einmal muß ich langsam ans Ende denken. Mir fällt es ein wenig schwer, meine lange Erzählung über mein Leben und meine Umwelt zu beenden. Ich versuchte, ein Stück meiner wichtigsten Lebensentwicklung so lebendig wie möglich zu erzählen. Sieben Jahre genau habe ich dazu gebraucht. In dieser langen Zeitspanne konnte man gut meine Entwicklung, raus zu kommen aus Abhängigkeit und Passivität, erkennen. Ja auch, daß ein behinderter Mensch mit Leuten, die man durch eigene Bemühungen kennenlernen kann, eine ganz übliche Pubertätsphase durchmachen kann und muß, wenn ich sie auch etwas verspätet erleben konnte. Nach langer Zeit bin ich nun damit fertig, ein Stück meiner, wie ich finde, wichtigsten Lebensentwicklung auf geduldiges Papier niederzuschreiben. Ich glaube, der Leser konnte ganz gut meinen Weg aus der Passivität nachvollziehen. Als ein eher passiver, angepaßter, immer freudiger behinderter Bub begann ich meine Erzählung meines Lebens. Als einer von den Eltern abgenabelter, geistig eigenständig denkender junger Mensch mit Behinderung kann ich jetzt endlich mein Buch beschließen. Meine späte Entwicklung konnte sich nicht ohne Hilfe anderer vollziehen. Ich mußte es erst lernen, eine Freundschaft richtig annehmen und auch genießen zu können. Vor allem mußte ich lernen, die vielen unterschiedlichen Beziehungen unabhängig von einem Betreuer zu sehen.
Manchmal, während ich an meinem Buch arbeitete, sah ich nur einen riesengroßen, undurchdringlichen Berg vor mir. Jetzt, da ich Dank meines konsequenten Schreibens plötzlich vor dem Ende stehe, empfinde ich neben der Freude auch Wehmut im Herzen. Während ich

vor der elektrischen Schreibmaschine und später dann vor dem Computer saß, hatte ich die Chance, diese schöne und für mein Leben wichtige Zeit noch einmal am mir vorüberziehen zu lassen. Ich glaube, das Schreiben hatte zusätzlich eine sehr wichtige Funktion. So konnte ich das viele Neue, das auf mich plötzlich nach unserem Wohnungswechsel hereinbrach, für mich viel besser verarbeiten. Alle Leute, die mich in dieser Zeit auf meinem Entwicklungsweg begleitet haben, konnte ich gar nicht erwähnen. Mein Leben wird natürlich mit vielen kleinen und großen Überraschungen weitergehen.

Mein Ziel hätte ich erreicht, wenn ich mit meinem ersten Buch, das ich mit dem Mund geschrieben habe, vielen Menschen, ganz egal, ob mit oder ohne Behinderung, ob reich oder arm, Mut zu mehr eigenem Handeln gegeben hätte. Jeder Mensch kann eine Persönlichkeit in der Gesellschaft werden, er darf nur nicht alles mit sich machen lassen. Ein behinderter Mensch wird manchmal wirklich wie ein Auto in die Werkstatt gebracht. Mir persönlich konnten aber außenstehende Menschen in vielen Situationen am besten helfen.

Das allerwichtigste bei einem Menschen mit Behinderung ist, daß er sich bei den Leuten, in der Stadt und auf der Straße, viel mehr zeigen und am Leben der Menschen teilnehmen muß.

ANHANG
Brief an meine Mutter

11.5.1989

Liebe Mami!

Ich möchte Dir einmal zum Muttertag ein kleines Briefchen schreiben.

Du hast Dich in den letzten Monaten wieder im positiven Sinn verändert. Du bist jetzt nahezu eine eigenständige Frau geworden. Die tiefe Wunde, die man Dir zuletzt geschlagen hat, hat Dich zu meinem Erstaunen erst noch stark gemacht. Keinesfalls möchte ich damit sagen, früher hätte ich keine Mutter gehabt, aber nun kann man sich auch mal an Dich anlehnen und auf Dich bauen, wenn von außen etwas ist. Jetzt endlich hast Du kapiert, daß ich ein Mensch unter Menschen bin, den man nicht zurückpfeifen braucht aus Angst, ich wäre für andere auf die Dauer zu lästig. Komischerweise, anstatt auf mein eigenes Gefühl zu hören und zu bauen, dachte ich früher auch so. Damit konnte ich viele, gerade die besten Freundschaften nur überzogen genießen. Du bedankst Dich auch nicht mehr, wenn Leute von mir nach Hause gehen, oder wenn Renato mich abholt. Erst dadurch konnte ich als Person so richtig wachsen. Somit schenkst Du mir das Gefühl, ich gehe wie andere attraktive Jungs weg, um in einer Gesellschaft mein Jungsein einfach zu genießen.

Es gibt Menschen, wie Du weißt, die mich lähmen können. Wenn ich auch durch überverwaltete Bestimmungen, wie vor kurzem, als Du mich so derart selbstsicher unterstützt hast, immer wieder zurückgeworfen werde, muß ich einfach, um selbst bestehen zu lernen, das Neue ausprobieren. Freunde schenkten mir schon genügend die Sicherheit, daß ich bei gutem Willen im Grunde sehr gut zu bewältigen bin. Nun muß ich weiter gehen. Trotzdem brauche ich Dich als liebe Mutter, als Rückhalt um so nötiger. Deshalb finde ich es auch so toll von Dir, daß Du mir in Bezug auf Frank (Zivildienstleistender) für meinen zehntägigen Urlaub in die fränkische Schweiz so die Daumen drückst. Noch vor wenigen Jahren hattest Du aus Angst, ich könnte Dich ja irgendwann überhaupt nicht mehr brauchen, anders gedacht. Selbst wenn ich in den nächsten Jahren eine Wohnung bekommen sollte, die Du mir hoffentlich gönnst, ist das mit allergrößter Sicherheit kein Schlag gegen Dich. Der überraschende Tod meines sehr anhänglichen Wellensittichs Petro, durch mein Verschulden, läßt die verfrühten Ängste manchmal ganz übermächtig zu, der Tod könnte auch uns beide ja bald trennen. Du strahlst mit Deiner lebensbejahenden, spontanen Art, die ich ja gerade bei Freunden so liebe, so etwas Gewisses, Liebes aus, so daß ich noch viele schöne, heitere Tage und Erlebnisse mit Dir zusammen verbringen möchte, selbst wenn ich einmal ausgezogen bin. Ich bin nämlich, wie Du ja weißt, ein sehr starker Gefühlsmensch, Du im Grunde auch, deshalb passen wir auch so zusammen.

Dein Michael

7.7.1989

<u>SO GEBOREN</u>: Selbsthilfeverein zur Förderung der Wahrnehmung des eigenen Individuums.

SO GEBOREN, das ist der Name eines Buches von Earl R. Carlson, das ich kürzlich gelesen habe. Herr Carlson, geboren 1897, schrieb schon damals in unserem frühen Jahrhundert mir Vieles wie aus der Seele. Dieser Mann hatte dieselbe Behinderung wie ich, einen ähnlichen Drang in seiner Kinder- und Jugendzeit, sich mit nichtbehinderten Freunden im Spiel und Toben zu messen. Auch im Himbeerstehlen mußte er mit den anderen eine gewisse Abenteuerluft schnuppern.
Gerade seine Erfahrungen mit seiner Umwelt trieben den Spastiker-Athetotiker immer wieder an, bis er ein Studium in Medizin mit Erfolg absolvierte. Somit wurde Herr Carlson mit einem wahnsinnigen Ehrgeiz Arzt. Dadurch konnte er auf viele Menschen mit Körperbehinderung ganz anders eingehen. Nicht mit bloßer Theorie, mit Besserwisserei verflochten, wie es heute leider oftmals üblich ist, sondern mit sehr viel Praxis, Verständnis und Solidaritätsvermögen.

Bisher wußte ich nicht einmal über die einfachsten Dinge meiner Körperbehinderung Bescheid. Zum Beispiel, daß man die unkontrollierten Bewegungen niemals unterdrücken darf. Das unterdrückte, im Grunde lockere Bewegungsspiel, haben dann oftmals chronische Verkrampfungen zur Folge. Bei mir geht mein unterdrücktes Bewegungsspiel dann oftmals in den Bauchmuskel, weil ich es nahezu perfekt gelernt habe, meine wedelnden Arme in den

Seiten einzuklemmen. Die vom Gehirn falsch gesteuerten Bewegungen müssen aber im Grunde ausgelebt werden. Keiner von den sogenannten geschulten Fachkräften konnte mir das bisher erklären, wieso und weshalb dies so wichtig ist. Anstatt diese Vorgänge in meinem Körper wie das 1 x 1 ganz klar zu wissen, faßte ich viele Reaktionen von mir als eine reine Eigenheit von mir auf.

Selbst auf der Toilette, wenn ich zum Stuhlgang meine Zeit brauche, um den Schließmuskel richtig zu beherrschen, kam ich nicht auf die Idee, die Schwierigkeiten als eine logische Folge meiner spastischen Behinderung einfach zu akzeptieren. Mit dem einzigartigen Gefühl, mich dank des Buches besser zu kennen, geht nun Vieles von alleine leichter. Dies merke ich in Situationen, wo ich vorher recht stutzig und empfindlich, auch manchmal recht sauer über mich selbst reagiert habe. Jetzt fühle ich mich einfach auf Grund des "über meinen Körper ein klein wenig Bescheid Wissens", viel wohler und auch entkrampfter. Somit bekam ich erstmals die Chance, meinen Körper zu akzeptieren, anzunehmen und auch ein wenig zu lieben.

Ich denke, so gibt es mehrere Dinge über uns in Erfahrung zu bringen, die wir selbst über unsere Körperbehinderung erarbeiten könnten. Ich bekomme immer wieder eine Wut über unsere schlechte Behindertenarbeit. In dem Buch "SO GEBOREN", mußte ich Dinge über meine Behinderung und somit auch über mich lesen, die für mich zwar zutrafen, aber über die ich bisher nicht aufgeklärt wurde. Wir müssen doch am ehesten über die verschiedenen Auswirkungen unserer Behinderung Bescheid wissen und unterrichtet werden.
Oder nicht??? Wir allein müssen doch unseren Körper und Gefühle

steuern, nicht andere. Gerade deshalb möchte ich diesen Selbsthilfeverein gründen, der in erster Linie, nicht wie es in Behindertengruppen leider so üblich ist, die Leute durch genügend Ablenkungsmanöver weg von ihrem Körper bringen soll. Die herkömmlichen Behindertenfreizeitgruppen klagen, sicherlich berechtigt, ständig die behindertenfeindlichen Züge unserer Gesellschaft an, nur wo bleibt hier der erste Schritt, seine eigene Identität mit der Behinderung zu erfahren und anzunehmen??? Erst wenn man dies erreicht hat, kann man gestärkt und auch selbstbewußt weitere Anforderungen an unsere Gesellschaft stellen. Auch habe ich vor, wenn der Selbsthilfeverein in sich gefestigt ist, Beratungsgespräche in erster Linie für den behinderten Menschen selbst, für Eltern, Therapeuten und Lehrer anzubieten. Eine weitere Stufe wäre dann als Glied der Gesellschaft, sich sowohl für politische Themen im Behindertenbereich als auch für allgemeine Themen zu engagieren. Denn das was einem Menschen ohne Behinderung weh tut, kann auch uns weh tun, z.B. in Atom-, Umwelt-, und Sozialfragen.
Dennoch, zunächst einmal soll der Mensch mit Behinderung auf das Allerwesentlichste hingeführt werden. KÖRPER, SEELE und GEIST gehören auch bei ihm als Einheit zusammen. Diese grundlegende Erfahrung dauerte bei mir sehr lange, sie überhaupt nur wichtig zu nehmen. Bisher sieht es nach meinem Empfinden so aus:

<u>Der Körper</u>: existiert zwar, aber er ist unbrauchbar, für andere krank und zerbrechlich. Er ist außerhalb der Norm. Somit unbrauchbar, zum Müll verbannt. Uns bleibt es oftmals als Kinder verwehrt, zusammen, im Spielen und Toben, sich auch gegenseitig gern zu

haben oder nicht, mit Nichtbehinderten unseren Körper ins Spiel einzubringen. So steht unser Körper immer im Abseits des Geschehens.

Die Seele: Wird gerade von unseren Behindertenorganisationen mit einem geldgierigen Helfertick vollkommen übersehen. Eine aufgeblähte Bürokratie, die für eine schnelle Hilfe der Benachteiligten da sein sollte, erschweren und komplizieren unsere Lebensideen durch unsinnige Bestimmungen noch zusätzlich. Gerade von ihnen wird unsere Seele verwaltet und zertreten.

Der Geist: muß Körper und Seele zum Überleben ersetzen. Unsere geistige Fähigkeit wird zwar in neuester Zeit von geschulten Fachleuten bis aufs Gehtnichtmehr geschult und trainiert, nur endet unser allgemeines Wissen, ohne eine sinnvolle Arbeit, dennoch in einer Einbahnstrasse. Das Allerwichtigste aber, was viele mit ihrem Geist tun könnten, wäre, sich mit sich selbst auseinanderzusetzen. Nur dieses Recht, sich selber helfen zu können, sowie Dinge über sich in Erfahrung zu bringen, bleibt uns vorbehalten.

Somit können sich erst geschulte Helfer, Heilpädagogen, Erzieher und Lehrer über uns stellen. Wir sind ja selbst über unseren anders funktionierenden Körper nicht geschult worden. Diese Leute haben somit unsere Steuerräder, was mit uns alles geschehen muß, vollständig in der Hand. Ein Autofahrer kann sein Auto aber auch am besten alleine steuern. In diesem Sinne denke ich, wir leben in unserem Körper und müssen, nur mit fremder Unterstützung, unser

Steuerrad selbst in die Hand nehmen dürfen. Dazu gehört natürlich, einen Einblick zu haben, wie in uns alles abläuft.
Was man sieht, ob man einen Klumpfuß, einen steifen Arm oder wie in meinem Falle unkontrollierbare Bewegungen hat, das Äußerliche wird sofort erkannt und für eine angemessene Behandlung registriert. Jedoch die Seele bleibt von vielen Helfern unerkannt. Gerade aber das seelische Gefühlsleben, besonders bei einem Spastiker, ist von größter Bedeutung, um seinen Körper einigermaßen zu beherrschen. Darum heißt in unserem Falle Körperarbeit auch gleichzeitig Seelenarbeit. Gerade dies soll zunächst einmal der Schwerpunkt in meinem Verein werden. Mit fester Überzeugung glaube ich, daß sich Menschen mit Behinderung auf diesem Wege individueller selbst am besten helfen können, indem sie sich selbst wahrnehmen, kennen und auch mögen lernen. Es ärgert mich, daß alle Menschen mit einer Behinderung irgendwie in einen einzigen Topf geworfen werden, so als wären wir Geschöpfe, ohne ein eigenes Individuum zu sein.
Darum finde ich diesen Verein "SO GEBOREN" wichtig, weil ich denke, daß ein jeder Mensch sein eigenes ICH entdecken muß.
In diesem Verein sind natürlich auch Menschen ohne Behinderung willkommen, damit sich kein Mensch mit Behinderung als einen Exoten erleben muß. Ich denke in unserer hochzivilisierten Konsumgesellschaft, wo man oftmals computerartig funktionieren muß, geht dieses Thema, sein individuelles ICH zu finden, viele an. Nach meiner bisherigen Lebenserfahrung, kann man sich da sehr gut MITEINANDER ergänzen und stark machen.
Im Grunde sind wir doch gesund, es kommt nur darauf an, wie wir uns selbst sehen. Wir sind eben "SO GEBOREN".

Mehnert, Michael, Warum kannst Du nicht fliegen,
Ludwigshafen 1990,
ISBN -3-927126-14-4

Alle Rechte vorbehalten bei:
Verlag für Medienpraxis und Kulturarbeit, 6700 Ludwigshafen, Moskauer Straße 16 B
Gesamtherstellung: dcv druck GmbH, Steinergraben 53, 4760 Werl